# 우리 안의 보편성

학 문 주 체 화 의 새 로 운 모 색

국립중앙도서관 출판시도서목록(CIP)

우리 안의 보편성: 학문 주체화의 새로운 모색 /
지은이: 김경일, 김동춘, 김정인, 김정현, 신정완, 원지연, 이병천,
이세영, 장시기, 조경란, 조석곤, 조희연. -- 파주 : 한울, 2006
p. ; cm. -- (민주사회정책연구총서 ; 6) (한울아카데미 ; 852)

민주사회정책연구원이 한국학술진흥재단의 2004년도 기초학문육성
인문사회 분야 지원사업으로부터 지원받아 수행한 '창조적 개념 개
발을 통한 학문 주체화 전략'(KRF-2004-073-BS3004)의 성과물임.
색인수록
ISBN   89-460-3538-2  93330


001.3-KDC4
001.3-DDC21                                        CIP2006001033

민주사회정책연구총서 6

# 우리 안의 보편성

## 학문 주체화의 새로운 모색

김경일·김동춘·김정인·김정현·신정완·원지연·

이병천·이세영·장시기·조경란·조석곤·조희연 지음

한울
아카데미

# 학문 주체화로 가는 항해 길에 배를 띄우며

우리 학계에서 '학문 주체화'는 매우 오래된 화두(話頭)이다. 해방 이후 각 학문 분야에서 끊임없이 우리 학문의 대외 종속성을 개탄하는 논의가 이어져 왔고, 1980년대에 들어서는 '민족적·민중적 학문 운동'의 대두와 함께 우리 학문의 대외 종속성, 특히 대미 종속성 문제가 집중적으로 거론된 바 있다. 그러나 1980년대의 민족적·민중적 학문 운동은 학문의 종속성 탈피보다는 이것의 토대가 되는 정치경제적 종속성을 극복하는 사회변혁에 관심을 집중한 관계로 학문 종속성 탈피를 위한 구체적 학문 전략을 깊이 있게 탐구하지 못했다. 1990년대에 들어서는 각종 '탈근대 담론'의 홍수 속에서 '오리엔탈리즘 비판 담론', '동아시아 담론' 등이 번성했다. 특히 오리엔탈리즘 비판 담론은 현재 절정기를 맞았다고 할 정도로 여러 학문 분야에서, 그리고 학제적 (學際的) 연구의 형태로 활발하게 전개되고 있다. 그러나 이처럼 학문 종속성의 탈피가 당위적 과제로 대두된 지 오래임에도 불구하고 학문 종속성의 탈피 가능성은 좀처럼 보이지 않고 있다. 여기에는 크게 두 가지 이유가 있다고 본다.

첫째는 학문 내용(contents) 차원의 문제로서, '주체적 학문'을 구체적으로 수행할 수 있는 방안의 실마리를 찾기가 대단히 어렵다는 것이다. 국내 학위자와 해외 학위자를 가릴 것 없이 한국의 연구자들은 학부와 대학원 과정에서 거의 전적으로 서양 학문 패러다임 속에서 학습과 연구를 수행한다. 따라서 연구자들의 '학문적 마음의 지도'는 이미 철저하게 서구적으로 그려져 있다. 예컨대 서양 학문의 패권주의적·제국주의적 성격을 폭로하는 '오리엔탈리즘 비판 담론'조차도 서양 학문의 개념과 연구방법론으로 축조되어 있다. 서양 학문을 비판하고 이에 저항하기 위한 언어 자체를 서양 학문으로부터 빌려올 수밖에 없는 현실인 것이다. 서양 학문에 의한 포위는 거의 완벽하여 이러한 포위 상태를 인식할 수 있게 해주는 학문적 언어 자체가, 우리를 포위하고 있는 서양 학문의 일부인 상황이다.

둘째는 지식사회학적 차원의 문제로서, 학문 및 학자의 재생산 구조에 이미 뿌리 깊이 종속성이 내재해 있기 때문이다. 예컨대 교수 임용에서 국내 학위자보다는 해외 학위자, 특히 미국 학위자가 압도적으로 유리한 지위를 차지하는 점, 연구자의 연구실적 평가에서 해외 학술지 게재 논문이 높은 평점을 부여받는 점, 국내 대학원의 제도적·재정적 부실로 인해 우수한 연구자를 국내 대학원에서 충실하게 육성하기 어려운 점 등이 그것이다. 이러한 상황에서 학문에 뜻이 있는 젊은이들이 해외 유학, 특히 미국 유학을 선호하는 것은 매우 자연스러운 일이라 할 수 있다. 이렇게 미국 학위자들이 대학 및 연구소 등에 대거 포진하게 되면 이들의 선호체계 및 이해관계, 관성에 의해 미국 학위자가 지속적으로 학계에 충원되는 재생산 구조가 확립되는 것이다.

이러한 상황에서 대부분의 한국 학자들은 '철저한 동화(同化) 전략'을 추구하고 있다. 서양 학문을 서양 학자들 못지않게 잘 수행함으로써, 서양의 유수 학술지에 영어 논문을 게재하고 서양 학자들과 능숙하게 논쟁할 수 있게 되는 것이 그들의 궁극적 목표이다. 그리고 이것은 일종의 시대정신으로까지 격상된 '세계화(globalization)'에 능동적으로 대응하는 최선의 전략으로 간주된다. 교육인적자원부의 학문정책과 대다수 대학의 연구진흥정책은 명백히 이것을 목표로 삼고 있다. 이러한 학문 풍토에 거부감을 가진 적지 않은 연구자들은 반(反)세계화 정서, 반(反)미국화 정서 속에서 서양 학문 및 서양 사회의 패권주의적 성격을 폭로하는 데 주력하지만, 학문 주체화 전략을 적극적으로 제시하지는 못하고 있다. 좀더 냉혹하게 말하자면 대안의 제시 없이 전개되는 '오리엔탈리즘 비판 담론' 등은 세계화·미국화라는 주된 학문 흐름에 대한 단순한 거울 상(像, mirror image)으로서 어떤 면에서는 거부의 포즈(pose)를 취한 채 세계화라는 흐름에 실질적으로 편승하고 있는 것인지도 모른다.

이제는 더 이상 '개탄'과 '폭로'에만 머물지 말고 구체적 대안을 찾아야 할 때다. 비록 희미하더라도 학문 주체화의 실마리를 찾아내고 서툴더라도 구체적인 학술 행위를 통해 학문 주체화의 실현에 나서야 한다. 이 책은 이러한 문제의식에서 출발하여 주로 학문 내용 차원에서 학문 주체화를 이루기 위한 실천적 시도를 담고 있다.

일반적으로 주체적 학문을 정립하는 과정은 두 단계를 거치게 된다. 처음은 서구적 인식 틀과 관점으로부터 탈(脫)종속화하는 단계이고, 다음은 독자적인 인식 틀을 정립하고 이를 구체적인 연구를 통해 구현하는 단계이다. 첫 번째 단계는 서구적 학문과 인식 틀의 상대화 과정이라고 할 수 있다. 이런 측면에서는 이미 우리 학계에서도 오리엔탈리즘에 대한 비판적 연구 등의 형태로 여러 영역에서 시도들이 나타나고 있으며 상당한 공감대를 형성하고 있다. 두 번째 단계는 서구에 종속된 자기정체성을 탈피하는 단계를 넘어 새로운 주체적 학문의 정립으로 나아가는 단계로서, 새로운 보편성을 갖는 지식의 생산자로의 전환을 달성하는 단계이다. 즉, 지식 소비자에서 지식 생산자로, 지식 모방자에서 지식 창조자로의 전환을 달성하는 것이다. 그리고 이것이야말로 '목숨을 건 도약'을 필요로 하는 어려운 과제이자 우리 학계의 '병목지점'일 것이다.

첫 번째 단계가 우리의 경험과 현실, 역사와 사회에 대한 '탈식민(脫植民)적 인식'의 단계라고 한다면, 두 번째 단계는 우리 현실에 대한 '주체적이고 보편적인 독해(讀解)'의 단계라 규정할 수 있을 것이다. 여기에서 '보편적 독해'라는 말은 흔히 우리 사회의 '특수성'으로 간주되는 것들 속에서 세계사적 보편성을 읽어낸다는 것을 의미한다.

우리가 탈식민적 사고를 가지고 주체적·보편적인 독해의 관점에서 우리 현실을 바라본다면, 보석으로 다듬어질 수 있는 광물이 널려 있는 놀라운 현실을 발견할 수 있을 것이다. 실제로 우리는 서구에서 수백 년이 걸렸던 자본주의적 근대화의 긴 여정을 수십 년간에 압축적으로 경험했다. 따라서 우리의 현실 속에는 자본주의적 근대화의 온갖 비밀이 농축되어 있다. 그중에는 서구의 자본주의화 경험 속에서 이미 발견된 것도 있을 것이고 아직 발견되지 않은 것도 있을 것이다. 우리의 현실 속에 이미 존재하지만 우리의 종속적·서양 추종적 인식 틀로 인해 아직 발견되지 않은 진실이야말로 세계사적 보편성을 가질 수 있고 학문의 새로운 경지를 열 수 있는 '위대한 진실'이라고 인식할 필요가 있다. 이러한 인식론적 태도는 우리 사회의 현실을 서양의 적당한 이론을 빌려와서 그대로 적용하기만 하면 충분히 설명되는 것으로 생각하는 태도나, 반대로 일종의 '잔여 영역', 신비스럽거나 너무 미개하고 후진적이어서 합리적이고 근대적인 개인과 사회를 전제로 하는 서양 이론으로는 설명이 안 되는 영역으로 생각하는 태도 모두를 거부한다. 우리 현실의 특수성 속에서 세계사적 보편성을 읽어내려는 태도, 즉 '우리 안의 보편성'을 독해하려는 태도는 자신을 '보편적인 것'으로 주장하는 서양 학문의 성취를 인정하면서도 그 제한성과 특수성을 확인함으로써, '진정한 보편성'의 발견과 구성에서 우리 고유의 몫을 담당해 내려는 태도이기도 하다.

이 책은 서장과 세 부로 구성되어 있다. 서장은 이 책 전체를 관통하는 문제의식과 지향점을 집약하여 정리한 글로서 '우리 안의 보편성'을 찾아야 하는 이유와 찾을 수 있는 길을 제시하고 있다. 제1부는 학문 주체화를 시도한 해외의 대표적 사례들을 비판적으로 검토한 다섯 편의 논문으로 구성되어 있다. 제2부는 학문 주체화를 시도한 국내의 대표적 사례들을 살펴본 세 편의 논문으로 구성되어 있다. 마지막으로 제3부는 한국 사회의 주요 측면들에 대해 적극적으로 새로이 개념화·이론화를 시도한 네 편의 논문으로 구성되어 있다. 이는 우리가 지향하는 바를 구체적 연구수행을 통해 보여주는 부분으로서 이 책의 핵심 부분이라 할 수 있다.

각 장의 주요 내용을 소개하면 다음과 같다. 서장 「우리 안의 보편성 : 지적·학문적 주체화로 가는 창」에서 조희연은 먼저 한국 학계 전체에 편만한 '지적·학문적 식민주의의 현실'을 점검한다. 지적·학문적 식민주의는 미국적 근대화를 추구했던 주류 우파 학자들뿐 아니라 이것에 저항했던 좌파 학자들도 피해 갈 수 없었다는 점을 지적한다. 이러한 식민성을 극복하려면 우선 '과잉보편화'된 서구적 보편의 특수화가 필요하며, 이와 동시에 그동안 주변적인 것으로 인식되어 오며 '과잉특수화'된 한국적·비서구적 특수의 보편화가 요구된다고 주장한다. 이를 '우리 안의 보편성' 찾기라고 표현할 수 있을 것인데, 이것은 이미 우리 앞에 주어진 것을 '발견'하는 일이라기보다는 적극적으로 '구성'해 내는 일이다. "우리 안의 보편성은 우리 속에 내재한 보편성을 발견적으로 '구성'하는 작업이다. 이는 선재(先在)하는 어떤 것을 보물찾기하듯이 찾아내는 과정이 아니라 새로운 인식적 전환을 통해서 구성해 내는 것이다. 여기서 우리 안의 보편성을 이야기하는 것은, 보편은 서구 속에 존재하는 것이 아니며 보편성은 모든 개별성과 특수성 속에 내재해 있는 것이라는 인식을 전제로 한다. 이러한 우리 안의 보편성을 발견하는 지적 과정, 혹은 '탈식민화적 보편화'의 방법론을 나는 '보편적 독해'라고 표현한다."

또한 오늘날 진행되고 있는 '지구화'는 한편으로는 서구적 가치와 제도의 지구화이지만 다른 한편으로는 비서구적 가치와 정체성이 확산·자각될 수 있는 계기로도 작용하고 있다는 점에 주목한다. 그러나 주류적 지구화에 대한 대항 전략이 민족주의에 머물러서는 안 된다. "지구화에 대한 응전에 있어서 그것을 비판하면서 민족주의로 회귀하는 것이 아니라 새로운 지구적 보편성을 확립해 가는 글로벌리즘에 서야 한다는 것이다."

특히 조희연은 어려운 여건 속에서도 상당 수준의 민주주의와 인권의식을 발전시켜 온 한국의 민중운동 및 시민운동의 전통 속에서 세계사적으로 보편적 의의를 인정받을 수 있는 것을 발견할 수 있다고 주장한다. 즉, '우리 안의 보편성'을 발견적으로 구성해 낼 수 있다는 것이다. 그리고 학문적으로 주체화를 달성할 수 있는 길로서 소재적 주체화, 개념적 주체화, 이론적 주체화, 방법론적 주체화를 제시한다.

제1부는 학문 주체화 실천의 해외 사례들을 다룬 논문들로 이루어져 있는데, 분석의 대상이 된 사회와 학자들은 다음과 같은 기획의도에 따라 선정되었다. 먼저 독일과 일본은 '선진국 따라잡기'에 몰두하여 상당한 성공을 이룬 후발 자본주의국으로서, 한편으로 선진국 추격에 골몰해야 하면서도 다른 한편으로는 선진국과 구별되는 자기정체성을 모색해야 했던 사회의 대표 사례로 선정되었다. 이러한 사회의 학자들이 학문적 모색 중에 빠진 딜레마 상황을 점검함으로써 후후발 자본주의국으로서 상당한 성과를 거둔 우리 사회와 우리 학자들에게 많은 교훈을 줄 수 있을 것이라 판단했다. 중국의 경우는 마오쩌둥(毛澤東)의 사회주의 혁명을 통해 서구적 근대화 노선으로부터 이탈하고 소련식 사회주의화 노선과도 거리를 둔 '이중의 이탈' 또는 '이탈의 이탈'을 경험한 사회로 주목받을 만하다. 중국은 1980년대 이후 개혁개방을 통해 서구화·세계화의 물결에 능동적으로 합류하는 선택을 일관되게 추진해 오면서 동아시아의 새로운 맹주로 다시금 부상하고 있다. 이러한 사회에 속한 학자들에게 고민이 없을 리 없다. 그리하여 서구적 근대화를 일면 긍정하면서도 중국 사회가 서구적 근대화 일변도로 나아가는 것을 경계하는 데 주력하는 '신좌파'의 거두 왕후이(汪暉)의 문제의식을 심도 있게 탐구했다. 한편, 한·중·일 삼국이 근대화를 경험하면서 서구의 '오리엔탈리즘'에 어떻게 대응해 왔는가 하는 점은 이 책 전체의 문제의식과 직결되는 문제이기에 연구주제로 선정했다. 마지막으로 남아프리카공화국은 오랜 인종차별주의의 경험을 극복하고 흑백 간의 화해와 조화를 이루어가고 있는 사회이자 서구적 근대화의 가장 억압적인 측면을 경험하면서도 단순히 백인중심주의에 대항하는 흑인중심주의가 아니라 차별과 배제의 근대적 논리를 극복하고 조화와 다양성, 경계 허물기로서의 탈근대적 가치를 구현하려는 움직임이 있는 사회로서 주목할 만하다고 판단했다.

제1부 제1장「프리드리히 리스트의 경제학 주체화 전략에 대한 비판적 검토」에서 신정완은 당대의 지배적인 경제학 패러다임이었던 영국의 고전파

경제학에 대항하여 독일 민족의 현실적 조건과 과제에 부합되는 경제학과 경제정책을 수립하려 했던 프리드리히 리스트(Friedrich List)의 시도를 비판적으로 검토한다. 리스트는 고전파 경제학의 보편주의적 방법론과 정책대안에 내장되어 있는 패권주의적 성격을 폭로하는 데 일정하게 성공했지만, 영국을 따라잡기에만 몰두했던 리스트의 작업은 '2등의 철학'의 한계를 여실히 드러냈다. 리스트는 당대의 '1등의 철학'이었던 고전파 경제학과 궁극적 지향가치를 전적으로 공유하면서, 1등이 되기 위해서는 고전파 경제학이 제시하는 정책대안을 따라서는 안 되며 영국이 실제로 추진해 온 산업화 전략을 압축 모방해야 한다는 점을 역설하는 데 주력했다. 그는 영국 중심의 패권적 세계경제질서에 독일 민족이 종속적으로 편입되는 것을 경계했으나 패권적 세계경제질서 자체는 비판하지 않았고, 독일의 '1등국가화'를 추구했으나 독일 사회 내의 계급·계층 문제에는 주목하지 않았다. 신정완은 그럼에도 리스트의 문제의식과 개념 틀로부터 계승할 만한 보편적 의의를 갖는 요소가 있다는 점을 인정하고, 특히 한국의 경제학자들이 리스트의 문제의식으로부터 계승하여 발전시킬 만한 유망한 연구영역들을 제시한다.

제2장 「일본적 학문을 찾아서」에서 원지연은 메이지유신에서 1930년대에 이르는 기간에 일본이 추진한 '서양 (학문) 따라잡기'의 실천 사례와 일본적 학문의 구축을 위한 시도를 보여준다. 서양 학문 배우기의 대표적 사례로 서양문헌의 번역작업과 외국인 전문가 초빙사업의 경험을 자세히 설명하고, 일본적 학문의 구축 시도로 일본사 인식의 발전과정과 야나기타 구니오(柳田國男)의 민속학 연구를 분석하고 있다. 일본 지식인과 관료들은 개항 이후 서양의 선진문물을 적극적으로 흡수하는 것이 유일한 활로라 생각하여 서양문헌의 왕성한 번역과 외국인 전문가 초빙에 몰두했으나, 일본 근대화의 모방 모델로 독일을 상정한 후에는 주로 독일의 사회제도와 학문을 집중적으로 흡수했고, 외국인 전문가 초빙의 경우에도 이들의 전문지식을 급속히 흡수한 연후에 일본 자체 내에서 전문가를 양성하는 데 주력함으로써 외국인 전문가 초빙에 따르는 경제적 부담을 줄이는 선별적·전략적 서양 배우기를 추진했다.

역사학에서는 초기에 독일의 실증주의 역사학을 주로 수용했으나 청일전쟁과 러일전쟁의 승리로 일본의 근대화 성취에 대한 자긍심이 높아진 이후에는 국민통합이라는 목표하에서 일본사를 재정리하려는 노력을 기울였다. 이를 위해서 한편으로 일본도 서양과 마찬가지의 역사발전단계를 거쳐왔다는 점을 증명하여 '서양과의 유사성'을 보이려는 노력을 경주했고, 다른 한편으로는 근대 이전 아시아의 중심국이었던 중국이나 한반도가 일본에 미친 문화적 영향이 피상적이었다는 점을 강조함으로써 '일본의 독자성'을 구축하려 했다.

　야나기타 구니오는 초기에 정부가 주도하는 근대화 정책에 대한 반발에서 중앙과는 다른 삶의 양식을 지켜온 지역민에 대한 애정을 담아 일본 사회의 혼성적 성격을 강조했다. 그러나 서양에 체류하면서 일본을 서구 열강이 다스리는 세계의 변방으로 인식한 후에는 국민통합이라는 목적의식하에 민속학을 형성해 나가는 방향으로 선회했다. 결국 "역사학에서 쓰다 소키치(津田左右吉) 등의 '일본사 만들기'와 민속학자 야나기타 구니오의 '일본 연구'는 일본의 풍토에 필요한 학문을 만들어내려는 의욕에서 출발했지만 결과적으로 '국민국가 일본'의 역사적 원형을 만들어냄으로써 근대 국민국가의 정치적 필요에 충실하게 답하는 역할을 수행했다."

　제3장 「중국 지식인의 현대성 담론과 아시아 구상 : 왕후이의 학문 주체화 전략에 대한 평가와 비판」에서 조경란은 개혁개방 이후 서구화·세계화의 물결에 적극 동참해 오면서도 중국식 사회주의 역사를 일정 정도 긍정하며 미국의 패권주의에 맞서 국제사회, 특히 아시아 지역에서 자기 위상을 재정립해야 하는 중국 지식사회의 고민을 잘 보여준다. 현재 중국의 지식사회는 서구화·세계화를 지지하며 국가의 약화와 시장 및 시민사회의 강화를 주장하는 신자유주의자들이 주도하고 있는데, 왕후이는 이에 맞서 국가의 역할을 적극적으로 인정하고 자본주의적 근대화의 문제점을 평등주의적 관점에서 비판하는 '신좌파'의 대표적 학자이다. 왕후이는 마오쩌둥의 중국식 사회주의의 경험을 청조 말기 지식인들로부터 계승된 '반현대성적 현대성'의 이념이라 규정한다. 즉, 서구문명이 주도하고 확산시켜 온 현대성의 긍정적 측면을 인정하면서도

그 서구 패권주의적 성격을 비판하며, 이와 다른 현대화의 길을 모색한 실천으로 그 적극적 의의를 긍정한다는 것이다.

왕후이는 국가의 설계하에 시장과 시민사회가 발전해 온 현대 중국의 현실에서 국가/시장, 국가/시민사회의 이분법에 기초하여 국가를 약화시키고 시장과 시민사회를 강화하는 것이 진보라고 생각하는 신자유주의자들의 논의가 비현실적이라고 주장한다. 아시아 지역의 연대·협력 방안과 관련해서는 전(前)민족국가 시대 아시아 지역의 국제질서, 즉 중국을 중심으로 하는 조공체계를 긍정적으로 재해석할 필요가 있다고 주장한다. 조경란은 왕후이의 복합적 사고의 깊이와 현실성을 높이 평가하면서도 그의 사고에서 발견되는 정치적 민주주의에 대한 상대적 무관심과 국가중심주의, 중국중심주의를 비판한다.

제4장 「오리엔탈리즘과 동아시아 : 근대 동아시아의 '타자화'와 저항의 논리」에서 김정현은 "동아시아에서 서구의 오리엔탈리즘과 일본에 의해 재생산된 오리엔탈리즘에 의해 타자화되고 허구적으로 만들어진 '동양'과 그것이 체계화되고 내면화된 역사적 흔적을 조사하고, 그에 대항하는 동아시아 연대론의 등장과 그 한계, 그리고 오리엔탈리즘 극복을 위한 저항의 논리를 주체의 성립이라는 측면에서" 꼼꼼히 살펴본다. 특히 "메이지유신 이후 서양화(=서구적 근대화)에 성공했다고 자부하게 된 일본이 동아시아에 대한 서양의 제국주의적 시점과 동일한 시점을 갖게 되면서 점차 아시아 내부에 '문명/야만'의 틀을 적용한 일본형 오리엔탈리즘"을 만들어나가는 허구적 논리와 그것이 동아시아에서 학문 권력으로 구조화되고 수용되는 과정에 주목한다. 그런데 일본은 한편으로는 동양을 미개 지역으로 타자화하면서도 서구 열강과의 제국주의적 경쟁을 위해 동아시아 연대론을 제기했는데 조선과 중국에서도 이에 대한 공감대가 상당히 형성되었다는 점을 지적한다. 그러나 동아시아 연대론이 일본의 제국주의적 팽창주의로 변모되면서 이에 대해 조선과 중국에서 저항이 확산되는데 서구와 일본은 이를 국제정치에 대한 무지의 소치라 무시했다. 이러한 사정은 조선과 중국에서 서구와 일본의 제국주의적·오리엔탈리즘적 행태와 사고에 대한 저항과 민족주의를 강화시켰는데, 마오쩌둥의 사회

주의 혁명은 동아시아에서 반(反)오리엔탈리즘 혁명으로 해석할 수도 있다.

전체적으로 볼 때 오리엔탈리즘에 대한 동아시아 지역의 대응 양식은 대단히 다양하고 복합적이었으나 "지금까지 동아시아에서 오리엔탈리즘의 진정한 극복은 아직 미완의 과정에 있다"는 점을 확인한다. 그러나 동아시아 지역이 다른 비서구 지역에 비해서는 '근대성의 도전'에 대한 대응에서 상대적으로 성공적이었다는 점을 지적하며, 결론적으로 "아시아를 '야만'으로 규정하고 자국의 문명을 강제로 이식한 서양과 달리, 식민화의 시련을 겪었지만 자신의 문화를 밑바닥에서부터 다시 검토하고, 그 위에 자발적인 연대와 저항의 힘을 생산해 온 동아시아의 역사적 경험으로부터 우리는 '타자'를 왜곡하지 않는 주체화의 추동력을 찾아내어 발전시켜야 한다"는 점을 강조한다.

제5장 「남아프리카의 노마드적 주체와 탈근대 지식」에서 장시기는 남아프리카의 저널리스트이자 사상가인 막스 두 프레즈(Max du Preez)의 탈근대적 남아프리카사 독해를 검토한다. 두 프레즈는 백인임에도 불구하고 남아프리카의 악명 높은 인종차별주의, 즉 '아파르트헤이트'에 전면적으로 저항한 투사였다. 그는 영국인과 네덜란드계 남아프리카인, 즉 '아프리카너(Afrikaner)'가 서로 경합하며 백인에 의한 세계 지배라는 서구의 근대적 이상에 따라 남아프리카를 지배해 온 역사를 비판적으로 성찰하면서도, 흑인에 의한 남아프리카 지배라는 단순한 반대 입장으로 기우는 것이 아니라, 남아프리카의 흑인과 백인, 아시아인이 모두 '아프리카인들(Africans)'이라는 새로운 비차별적·탈근대적 정체성을 공유하며 새로운 사회를 건설해야 함을 역설하면서 그 가능성이 '아프리카 민족회의(ANC)'의 실천을 통해 열려졌다고 해석한다. 그런 점에서 두 프레즈의 주체관은 고정된 경계를 갖기에 지배와 배제의 논리를 수반할 수밖에 없는 근대적 주체관이 아니라, 이러한 모든 경계를 넘어서는 탈근대적·노마드(nomad)적 주체관이라 해석할 수 있다. 장시기는 백인에 의한 세계 지배라는 근대적 기획이 가장 철저하고 잔혹하게 관철된 남아프리카에서 전개된 흑인들의 저항운동과 그 결실인 아파르트헤이트 철폐, 그리고 새로운 국가 건설은 남아프리카뿐 아니라 세계적 차원에서 근대적 기획을 극복하는 탈근대

적 삶의 질서를 생성시켜 갈 중요한 초석이 되리라는 전망을 제시한다.

제2부의 세 편의 논문은 한국에서 이루어진 학문 주체화 실천에 대한 연구들인데, 각기 한국 근현대사의 핵심 테마인 한국 자본주의 발전사, 분단과 통일 문제, 그리고 '민중'개념을 둘러싼 학문적 실천의 역사를 검토하고 있다.

제2부 제6장 「한국 자본주의사의 주체적 개념화」에서 조석곤은 한국 자본주의 발전사에 관한 주체적 이론화의 대표적 사례로 김용섭, 강만길, 송찬식의 '내재적 발전론'과 박현채의 '민족경제론'을 검토한다. 조석곤은 "이 두 이론을 한국 자본주의사의 주체적 개념화에 성공한 이론이라고 생각한다. 왜냐하면 이 이론들은, 한국 사회는 나름의 자본주의 형성과정을 준비하고 있었으며 (내재적 발전론), 식민지화에 의해 저지된 그 과정은 해방 이후 바람직한 형태로 다시 계속되어야 하며 계속될 수 있음(민족경제론)을 보여주었기 때문이다. 이 이론들은 역사발전의 일반이론이 한국 사회에도 적용될 수 있으며(내재적 발전론), 나아가 한국 사회에서는 구체적으로 어떤 방식으로 적용되어야 하는가(민족경제론)를 보여주었다"고 높이 평가한다.

그러나 내재적 발전론은 "조선 후기 자본주의 맹아에 대한 '부조적(浮彫的)' 강조, 식민지시기 역사를 수탈의 관점에서만 해석하려는 경향"을 보이고 있다는 한계가 있을 뿐 아니라, 오직 내재적 방식에 의한 자본주의 발전의 가능성만을 중시하는 이론 구조로 인해 해방 이후 "자본주의의 '비민주적' 발전에 대해 침묵할 수밖에 없었던 구조"였다는 문제가 있으며, "민족경제론은 비자본주의적 발전의 길에 대한 전망의 '역사적 실패'가 드러난 지점에서 돌파구를 찾기가 어려운 구조"였다는 문제를 안고 있다고 지적한다. 따라서 이러한 약점을 극복하기 위해서는 "내재적 발전론은 최근 진행되고 있는 향촌사회사 연구나 소농사회론 등의 성과를 적극 수용하여 전근대 사회에서 근대를 지향하는 한국적 독자성과 특수성을 구명하는 쪽으로 진전해야" 하며, 민족경제론은 세계화 시대에 "민주주의의 발전과 공존할 수 있는 국민경제의 발전전략"을 제시하는 방향으로 새로이 구현될 필요가 있다고 주장한다.

제7장 「분단과 통일에 관한 인문학적 성찰: 강만길, 백낙청, 송두율」에서

김정인은 한국 사회의 핵심적 특수성이자 아픈 상처인 분단문제에 천착한 강만길, 백낙청, 송두율의 인문학적 성찰 과정을 추적하고 이들의 학문적 성취와 한계를 상호 비교한다. 강만길의 '분단시대론'은 "남한 내 분단국가주의를 경계하고 비판"하기 위해 제기되었으며 이를 위해 "민족운동사에서 통일민족국가 수립에 이바지할 수 있는 좌우합작·통일전선적 전통을 발견"하는 데 학문적 실천을 집중했다. 그러나 분단시대론은 "체계화된 이론이라기보다는 한국적 특수 현실을 드러낸 일종의 역사철학"에 머물러 있다는 한계를 보이며, 최근 "남북을 아우르는 민족사적 차원에서 북한을 어떻게 인식해야 할지에 대해서는 명확하게 답하지" 못하고 있는데, 이러한 한계는 후학이 떠맡아야 할 과제가 무엇인지를 보여주고 있다. 백낙청의 '분단체제론'은 일종의 보편이론인 "세계체제론과 분단 한반도라는 특수 현실을 접목하여 이론화한" 것이나 "아직도 분단체제론이라는 '통론'을 뒷받침할 만한 각론적 연구가 너무나 미진"하여 "구체적 사실분석보다는 담론적 계몽에 그치고 말았다"는 한계를 보이고 있다. 송두율은 독일 통일 과정에 대한 현장경험에 기초하여 "독일식의 체제통합을 지향한 통일은 한반도에서 불가능하다고 단언"하며 "독일 통일에 대한 오해와 편견이 한반도에 미칠 악영향을 경계하고 남북의 동질성과 차이를 철학적 개념을 빌려 설명한다. 또한 보편과 특수의 잣대로 남북분단과 통일을 분석하면서, 통일을 현대적인 것인 동시에 탈현대적인 기획으로 파악"하는 복합적 사유를 제공하고 있다.

제8장「'민중' 개념의 계보학」에서 이세영은 1920년대와 1970~80년대를 풍미한 '민중' 담론을 계보학적으로 정리한다. 특히 "1970~80년대에 주로 비판적 지식인들과 학자들의 민중 담론을 통시적으로 제시함으로써 그들이 민중이라는 용어의 지시대상인 실체로서의 민중, 혹은 의식형태로서의 민중, 혹은 이 둘의 통일·결합으로서의 민중을 어떻게 형상화하고 상상했는지를 보이고자 한다." 그리하여 식민지시대의 신채호와 해방 이후의 함석헌을 거쳐 1980년대의 민중문학, 민중사학, 민족(민중)경제학, 민중사회학에 이르기까지 민중 담론의 발전과정을 정치경제적 변화와 관련하여 세밀하게 그려내고 있

다. 이 논문은 민중 담론의 변화과정에 대한 지금까지의 연구 중에서 가장 폭넓고 세밀한 내용을 갖춘 것이 아닐까 싶다.

제3부는 이 책의 핵심 부분으로 창조적인 개념과 이론의 개발을 통해 학문 주체화를 구체적으로 실현하자는 우리의 취지를 실천한 논문들로 이루어졌다.

제3부 제9장 「개발자본주의론 서설: 홉스적 협력자본주의와 그 딜레마」에서 이병천은 한국, 대만 등 동아시아 개발자본주의 발전과정에 대한 검토에 기초하여, 동아시아뿐 아니라 일본, 독일, 미국, 스웨덴 등 19세기에 국가와 자본의 밀접한 협력하에 본격적 산업화를 달성한 후발 자본주의국들의 자본주의화 과정까지 포괄적으로 설명해 내는 일반적 이론 틀인 '개발자본주의론'의 구성에 착수했다. 이 논문은 아직은 시론적 연구에 머물러 있지만 학문적 파장이 매우 클 것으로 기대되는 연구프로젝트의 개략적 내용을 보여준다.

이병천은 19세기 후발 산업국가들의 산업화 "이행기에 나타나는 고성장의 산업자본주의 발전양식, 즉 권위주의 국가와 권위주의적 자본의 지배동맹 아래 생산적 투자와 축적은 사적 자본이 주도적으로 수행하면서 독특하게 시장을 관리·조절하는, 생산중심적이고 성장지향적인 협력자본주의를 '개발자본주의'로 정의"한다. 그리고 "개발자본주의에서는 생산중심적인 고도성장 체제를 구축함에 있어서 국가와 자본, 이 두 정치경제 권력과 권위 중심의 지배동맹이 시장, 나아가 사회를 관리하고 대중을 배제적으로 동원하면서 '집단행동의 딜레마' 문제를 해결한다. 이런 협력과 배제적 동원이라는 의미에서 …… 개발자본주의가 그 핵심 구조에서 '홉스적 협력'의 구조를 가지고 있다"고 파악한다. 이병천은 이러한 개발자본주의가 형성될 수 있었던 여러 조건을 검토하고 개발자본주의 발전양식의 특징을 여러 차원에서 개념화한다. 예컨대 개발자본주의는 소유권 제도와 기업지배구조의 측면에서 '재량적인 관계 기반 거버넌스(discretionary, relation-based governance)' 형태를 취하며, 금융구조의 측면에서는 '은행 기반(bank-based) 자본주의'라는 특징을 보인다는 것이다. 개발자본주의는 높은 수준의 산업화 성취라는 강점에도 불구하고 고유의 딜레마와 구조적 모순을 갖고 있는데, 이는 '강한 성장능력 대 약한 감시능력'의 비대칭성, '사적 자본의 특권 대 근로대중의 희생, 비용 및 위험의 사회화 대 이익의 자본화'로 파악될 수 있다. 그리고 개발자본주의가 산업화 성취 이후 어떤 방향으로 진화해 가는가를 결정하는 핵심 요인을 사회에서 노동이 차지하는 위상에서 찾고 있다.

제10장「장외정치, 운동정치와 '정치의 경계 허물기' : 비합법전위조직운동, 재야운동, 낙선운동, 광주꼬뮨」에서 조희연은 한국 현대정치사에서 확인되는 여러 특징들을 그저 한국 정치의 특수성을 나타내는 사례라기보다는 근대 대의민주주의의 한계와 관련된 보편적 문제들이 한국 정치의 여건 속에서 구체화된 사례로 파악할 수 있음을 보여주려 한다. 그에 따르면 근대 대의민주주의에서 정치는 제도화된 정치를 의미하고 이것의 외부에 있는 것은 비(非)정치로 규정되는데, 정치와 사회의 경계는 결코 고정된 것이 아니라 양자의 역동적인 상호관계에 의해서 구조화된 것으로 파악되어야 한다. 이와 관련하여 정치를 국가제도의 영역 내에 가두려는 '정치의 국가화'와 이에 대항하여 정치를 전체 사회구성원의 이해관계에 부응하고 이들이 참여할 수 있는 것으로 만들려는 '정치의 사회화'의 흐름이 교차된다. '정치의 국가화'의 기제들로서 '금단', '배제', '선택적 포섭'을 지적하고 한국 현대정치사에서 금단의 기제에 맞서는 '정치의 사회화'를 위한 실천이 '비합법정치'의 형태로 출현했으며, 배제에 맞서는 실천이 '장외(場外)정치'라 할 수 있는 1960~70년대의 재야운동으로 나타났고, 선택적 포섭에 저항하는 실천이 시민정치라 할 수 있는 낙선운동과 같은 형태로 표출되었다고 본다. 그리고 재야운동과 낙선운동을 제도정치 영역과 비제도정치 영역에 걸쳐 있는 '경계정치'로 규정하고 이러한 경계정치를 제도정당에 의한 제도적 대의 기능을 시민사회 기구들이 대신 수행하는 '대의의 대행' 현상으로 개념화한다. 마지막으로 1980년 광주항쟁을 국가가 순수폭력으로 드러날 경우 이에 맞서 정치와 사회가 일체화되는 '순수정치'가 실현된 사례로 파악한다. 조희연의 논문은 '우리 안의 보편성'을 발굴하여 개념화하려는 그의 오랜 노력이 일정하게 결실을 맺은 것으로서, 한 편의 논문에서 많은 개념들을 새로이 만들어내고 이것들을 체계적으로

조직화한 보기 드문 사례로 기억될 만하다.

제11장 「한국 노동자 저항의 동력 : '권리' 담론과 '대동의 감각'」에서 김동춘은 한국 노동운동사에서 흔히 보이듯이 노동자들이 기존 질서에 맞서 분신 등의 형태로 극한적인 저항을 하는 것은 이해관계를 중심으로 집단행동을 설명하는 서구의 '권리' 담론으로는 설명이 안 되는 현상이라는 점에 주목하여, 노동자 저항의 윤리적 동기를 개념화할 필요가 있다는 문제를 제기한다. 이와 관련하여 그는 "노동자들이 자의식을 형성하는 과정에서 나의 개성과 주체성을 부정하지 않으면서도 스스로를 계급적 존재로 자각하고, 노동자들 내부에서 타인과 나를 개인 대 개인의 관계로 보지 않는 독특한 주체형성의 과정, 즉 대동적(大同的) 주체형성의 측면에 주목해 볼 필요를 느끼게 된다." 특히 "자본주의 이전의 가족관계 그리고 우애 등의 덕목이 자본주의의 착취구조와 맞물려 어떻게 독특한 주체화를 가능케 하는가 하는 점에 주목해 볼 필요가 있다"고 한다. "유교문화권인 한국에서 가족은 단순한 혈연적 관계로 끝나는 것이 아니라 사회관계의 원형이기 때문에 도덕적 질서의 기초"가 되며, "한국의 노동자들은 대체로 회사라는 하나의 확대된 가족을 통해서, 자신의 생명과 발전을 도모하기를 희망"하는데, "노동자들이 자신의 작업장에서 저항을 하게 된 가장 일차적인 계기는 바로 사용자가 자신을 가족의 구성원으로 간주하지 않는다는 점을 자각하고부터"이며, "노동자들이 동료에 대해 느끼는 사랑과 일체감도 바로 가족관계 내의 형제애에서 유추된다"는 것이다. 이러한 집단행동의 윤리적 동기와 관련하여, "사회과학은 어떻게 인간이 권리의식을 가진 주체가 될 수 있는가를 분석하는 데 여전히 중점을 두어야 하지만, 동시에 '더불어 존엄성을 유지하며 살려는 요구', 그리고 도덕적 실천이 인간의 에너지를 극대화시키는 최고치(maximum)로서 행동의 동력을 이루고 있다는 점"에 주목해야 한다고 역설한다.

제12장 「출세의 지식, 해방의 지식 : 1970년대 민주노동운동과 여성」에서 김경일은 최근 미시적 노동사 연구의 맥락에서 새로이 조명되고 있는 1970년대 여성노동자들의 노동운동과 관련하여 지식의 역할에 주목하고 있다. 여성

노동자들이 노동조합 활동이나 여러 소모임 활동 등을 통해 제도교육이 제공하는 '기능적 지식, 출세의 지식' 대신에 '해방의 지식, 실천의 지식'을 습득함으로써 노동자로서의 집단의식의 각성과 고양을 경험했으며 이것이 당시 노동운동 활력의 원천이 되었다는 점을 지적하고 있다. 또한 1970년대 여성노동운동에 대한 기존 연구들이 산업선교회나 가톨릭노동청년회(JOC) 등 외부단체들의 역할을 지나치게 강조해 왔는데 이는 어느 정도 지식인의 시각에서 노동문제를 바라보는 경향을 드러낸다고 비판적으로 평가하며, 실제로는 자신의 생활조건으로부터 스스로 배워가는 여성노동자들의 주체적 자각과 역량의 증가가 여성노동운동 발전의 가장 중요한 요인이었다고 주장한다.

공식적 학교교육을 통한 지식으로부터 거의 전적으로 배제되어 왔던 여성노동자들이 스스로의 경험과 의식을 통해 현실을 이해하고 설명하는 지식체계를 집단적으로 만들어내는 과정에 주목한 김경일의 연구는 '지식' 자체에 대한 근원적인 문제제기와 아울러 주체적 글쓰기와 학문의 토착화라는 주제에 의미 있는 시사점을 제공한다. 지식인/무식자, 교육/무학, 정신노동/육체노동, 남성/여성의 이항대립에서 후자의 범주에 속하는 여성노동자들이 스스로의 지적 자원을 동원하여 일정한 형태의 지식을 집단적으로 생산하는 과정에 대한 분석은 전자의 범주가 지금까지 전유해 왔던 인식론적 특권에 대한 급진적 성찰을 포함하고 있다. 나아가 이 논문은 '해방의 지식'이 지니는 효과가 '출세의 지식'과 같이 단순히 이론적 측면에 제한된 것이 아님을 보이고자 했다. 자기긍정과 자기의식의 획득을 바탕으로 작업장과 작업장 바깥에서의 민주주의와 인권을 위해 투쟁한 1970년대 여성노동운동의 역사는 이러한 맥락에서 해석될 수 있을 것이다.


이 연구는 상지대, 성공회대, 한신대가 공동으로 설립한 연구기관인 민주사회정책연구원이 학술진흥재단의 '기초학문육성지원사업'으로부터 재정적 지원을 받아 수행했고 한신대학교의 이세영 교수님이 연구책임자 역할을 맡으셨다. 이 연구의 또 하나의 실질적 주체는 학술단체협의회이다. 1980년대의 민족적·민중적 학문 운동의 결실로 1988년에 창립된 학술단체협의회는 최근에 학문 주체화를 위한 학술적·학술정책적 활동을 주된 사업영역으로 설정하고 다양한 활동을 전개해 왔다. 특히 2003년 학술단체협의회 연합심포지엄에서는 '우리 학문 속의 미국'이라는 주제로 학문 영역별로 우리 학문의 대미 종속성을 심도 있게 점검한 바 있다. 학술단체협의회의 전·현직 임원의 상당수가 상지대, 성공회대, 한신대에서 근무하고 있었던 관계로 이들이 자연스럽게 민주사회정책연구원 단위에서 공동연구를 수행하게 되었다.

이 책은 이제 우리도 학문 내용 차원에서 학문 주체화를 구현해 보자는 야심찬 기획의 산물이나 학문 주체화를 향한 긴 항해 길에서 우리는 아직 항구에서 그리 멀리 벗어나지 못한 상태이다. 우리 앞으로 다가올 거센 파도에 맞설 만큼 배의 엔진과 몸체가 충분히 튼튼한지도 자신할 수 없다. 그러나 난파를 두려워하지 않고 나설 때에만 학문 주체화의 길이 열릴 것이라 믿고 일단 배를 띄웠다. 우리 학계의 여러 분야에서 학문 주체화의 항해 길로 나아가기 위해 배를 띄우는 사례가 많이 늘어나길 기대한다. 그리하여 험한 바닷길에서 서로의 항해 경험으로부터 배워가며 모두 조금씩 앞으로 나아갈 수 있기를 고대한다.

2006년 4월
연구진을 대표하여 신정완 씀

# 차례

제2부 학문 주체화 실천의 궤적 : 국내 사례들

제3부 창조적 개념 개발을 통한 학문 주체화 : 새로운 시도들

# 우리 안의 보편성
## 지적·학문적 주체화로 가는 창

조희연 | 성공회대학교 사회과학부 교수

## 1. 지적·학문적 식민주의의 현실

이 글을 쓰면서 내가 겪었던 두 가지 일이 떠올랐다. 하나는 1990년대 중반 미국 서부의 남가주 대학교(USC)에 교환교수로 가 있을 때의 경험이다. 나에게 일생일대의 '지적 수치심'을 느낀 적이 언제인가 묻는다면 나는 주저 없이 이 예를 든다. 당시 나는 인근 대학에 좋은 강의가 있으면 찾아다니면서 청강을 하곤 했는데, 그때 한국에도 꽤 알려진 아리기(G. Arrighi)라는 세계체제론 계통의 학자가 강의를 한 적이 있었다. 한 주는 '세계체제의 위기와 노동운동'이라는 주제로 강의가 진행되었다. 세미나식의 이 강의에서 한국과 반(半)주변부 국가의 노동운동에 대한 언급이 있었는데, 마침 그 당시가 문민정부를 경과하는 무렵이었기에, "독재에 대항하면서 투쟁하던 노동운동이 이제 '민주정부'하에서 투쟁해야 하는데, 이 새로운 조건에서 한국을 포함한 제3세계 신흥공업국의 노동운동의 과제와 방향이 무엇이라고 생각하는가"라는 질문을 했다. 그의 대답은 간단했다. "그것은 나에게 물어야 할 것이 아니라 당신이나 한국의 운동가들이 스스로 대답해야 할 문제이다. 한국의 노동운동이 신흥공업국 노동운동의 선봉에 있기 때문에 어떤 의미에서 한국 노동운동의 향방이 세계 노동운동에 중요한 전범을 제공할 수도 있을 것이다." 순간 나는 당혹감에 얼굴이 후끈 달아오름을 느꼈다. 강의가 끝난 뒤에도 한 시간여를 캠퍼스 벤치에 앉아 있었다. 그때 나는 우리의 학계, 지성계가 우리의 현실을 어떻게 대면하고 있는지를 수치스러운 마음으로 되돌아보았다.

또 다른 하나는 얼마 전 친구와 나눈 대화이다. 오랜만에 서울 시내 모 대학에 있는 친구의 연구실을 찾아가 얘기할 기회가 있었는데, 이 친구는 미국 계량경제학 분야에서 상당한 지명도를 가지고 있는 친구였다. 학문 주체 화에 대해 이야기하던 중, 이 친구는 다소 단순하게 학문 주체화를 자기의 입장에서 정의했다. "일단 학문적 독립은 '내가 잘났다'고 하는 것이며 그러한 전제 위에서 우리의 현실에 대해 말하고 글쓰는 것이다"라면서, 그럴듯하게 "스스로 나를 능멸하고 다음에 다른 사람이 능멸하게 된다"라는 한자숙어까지 곁들였다. 서구 학자와의 관계에서도 "열심히 경청하고 배울 자세로 서구 학자를 대하는 한, 우리는 언제나 '학생'의 위치에 있게 된다"는 것이었다. 정작 미국에서 유수한 학자로 있다가도 한국에만 오면 갑자기 지식 생산성이 대폭 떨어지는 것은, 미국에서의 이론은 현실과의 대결 속에서 생산되는 데 반해, 한국에 돌아온 다음에는 한국의 현실을 새로운 이론 생산의 대상으로 바라보기보다는 미국에서 배운 이론의 적용대상 정도로만 생각하기 때문에 이론 생산의 근거지를 잃어버리고 결국에는 지식 생산을 중단하게 된다는 것이었다. 그나마 일부는 지적 모국(母國)과 소통을 하기 위해 왔다갔다하지만 그것도 나중에는 힘들어서 포기해 버리고, 주체적인 지식을 생산하는 학자로 서보다는 지식 생산을 중단한—미국에서 생산된 이론의 적용대상에 불과하다고 생각하는 한국의 현실에 둘러싸여 있는—'소외된' 학자로 살아가게 된다는 것이었다. 이러한 나의 두 가지 경험은 모두 '지적·학문적 주체화'라는 화두를 던져주었다.

## 한류, IT, 운동

최근의 한류(韓流) 열풍은 우리에게 새로운 경험이 되고 있다. <대장금> 같은 드라마가 아시아의 문화상품으로 광범한 시청자를 확보하게 된 상황은 단순히 문화적 의미뿐만 아니라 한국의 지식세계와 학계에도 많은 시사를 준다. 한류의 확산은 한국적인 것이 아시아적인 것이 될 수 있고 나아가 글로벌한 공감을 가질 수 있다는 함의를 우리들에게 주고 있는 것이다. 물론 한국영화와 문화가 미국 헐리우드의 아시아 버전이라는 비판도 제기되지만, 이런 현상은 단순히 한국영화와 문화가 아시아에 수출상품이 되었다는 차원을 넘어서서 한국적인 것이 아시아적인 것이 될 수 있다는 것, 서구와—최소한 직접적으로—연계되지 않은 아시아적 공간—그것이 소비의 공간이건 문화의 공간이건—이 가능하다는 것을 말해주고 있다. 문제는 한국영화와 문화가 그러한 가능성을 보여주고 있음에도, 한국의 지식세계와 학계는 철저히 그리고 여전히 미국과 서구 학문의 종속하에 있으면서 국경을 넘는 주체적인 지적 성과를 내놓지 못하고 있는 것이다. 이것은 한국의 지식세계와 학계의 개념적·관념적 사유과정 자체에 뭔가 문제가 있음을 시사한다. 나는 이를 넓은 의미에서 '지적 식민주의'의 문제라고 생각한다. 즉, 식민주의적 사유의 매개가 문제의 근원에 있다고 판단한다.

이러한 지적 식민주의는 소재의 측면에서 보더라도 기이한 점이 있다. 현재 한국의 IT산업이나 첨단산업은 이미 서구의 현실 속에서 그 분석을 빌려올 수 없는 '선진' 분야이다. 예컨대 IT산업 분야에서 노동과정의 변화와 소통, 그 과정에서의 새로운 문화와 관계의 출현 등은 서구나 한국이나 새로운 연구영역이다. 서구에 대한 비(非)서구의 지적 종속이 어떤 면에서는 서구의 경제적·산업적 선진성에 기인한 바가 크다는 점을 감안할 때—근대화론의 단선적 발전관을 수용하는 것이 아니라고 하더라도—서구 산업의 선진성은 비서구가 서구적 현실을 배울 수밖에 없는 조건을 창출한 것이 사실이다. 그러나 이제 그러한 소재적 측면에서의 선진성이 우리 사회 내부에 있음에도 불구하고 우리는 그것을 토대로 새로운 지적 생산을 내놓지 못하고 있는 셈이다. 사실 서구보다 발전된 분야에서는 우리의 소재 자체를 드러내는 것만으로도—비록 그러한 소재를 주체적인 새로운 관점에서 분석하는 일반론을 내놓지는 못하더라도—일정한 지적 선진성을 갖게 된다. 세계 12대 무역대국이 인문사회과학에서만은 철저히 서구에 종속된 수입상이라는 것은 한국의 소재적 현실 그 자체와도 괴리되어 있는 것이다.

다른 예를 더 들어보자. 한국의 사회운동은 세계적인 역동성과 선진성을 가지고 있다. 2005년 12월 WTO 각료회담이 열렸던 홍콩에서 한국의 농민을 비롯한 1,000여 명이 참여한 현지투쟁은 홍콩사회에 큰 충격을 주었다. 2003년 9월 멕시코 칸쿤에서 벌어진 WTO 각료회담에 대한 반대 투쟁에서도, 농민 이경해 씨의 자살을 비롯한 한국의 투쟁은 농업개방을 반대하는 전 세계의 투쟁에서도 선봉에 놓여 있다. 국내적으로도 국가에 대응하는 한국 시민사회의 역동성과 영향력은 서구나 아시아의 어떤 나라들과 비교해도 강력하다. 미국의 시민사회와 사회운동이 국가나 제도정치에 비해 영향력이 대단히 제한되고 주변화되어 있다는 점을 감안한다면, 한국의 그것은 강력한 영향력과 동원력을 가지고 있다고 말할 수 있다. 물론 이것을 과도기적 현상으로 치부해버릴 수도 있겠으나 이는 한국적인 역동성이고, 우리는 이 역동성을 서구의 프리즘과는 다른 프리즘으로 분석할 수 있다. 그렇게 되면, 한국의 사례는 후발 아시아 시민사회에 대한 비(非)서구적 일반 모델이 될 수도 있을 것이다. 그러나 한국의 시민사회와 사회운동 이론은 여전히 서구의 모델이나 이론을 전거로 하여 검증하는 상황에 놓여 있다. 그러다 보니 한국의 시민사회와 사회운동은 그 역동성으로 인해 '몸으로 때우는' 일에서는 혁혁한 역할을 하지만, 의제와 지식 생산에서는 후진성을 면치 못하고 있다.

이러한 현상들은 우리의 지식세계가 우리 현실의 변화와도 괴리되어 있음을 말해주는 것이다. 따라서 우리는 더 이상 이전의 지적·학문적 식민주의의 단계에 머물러 있을 수 없음을 자각해야 한다.

## 지적 분절성(分節性)과 지식 생산의 외생적(外生的) 동학

지식 생산의 중심이 서구에 놓여 있다는 지적 식민주의의 대표적인 현상은 지식이 분절되어 있고 지식 생산이 외생적 동학(動學)에 의해 움직인다는 것이다. 1970~80년대를 풍미했던 종속이론의 중요한 통찰 중의 하나는, 종속적 국가에서는 산업구조, 경제구조가 분절되어 있다는 지적이다. 이에 따르면, 중심국의 경제에 필요한 부분이 종속국에 선택적으로 이식되기 때문에 종속국의 경제 내에 존재하는 여러 부문들은 내적인 정합성, 상호연관성, 완결성을 갖지 못하고 분절화·파편화되어 이질적으로 공존하게 된다.[1] 나아가 현실의 변화는 내적 동학에 의존하는 것이 아니라 중심국의 동학에 의존한다. 나는 이러한 구조적 현상이 지적 차원에도 그대로 나타난다고 생각한다. 지적 식민지에서는 지적 모국에서 유행하는 다양한 지식과 학문이 분절적으로 그리고 파편적으로 존재하며, 그 자체의 정합성과 연결성은 존재하지 않는다. 지적 모국의 지적 흐름이 변화하면 지적 식민지에도 그대로 반영되어 새로운 지적 파편들이 추가된다. 지적 변화의 독립변수가 지적 중심국이기 때문이다.

근대 이후 서구와 한국이 만나고 양자의 관계가 제국주의와 식민지로 구조화되면서 그 일부로서 지적 식민주의가 구성되었다. 먼저 한국의 식민지 근대화는 일본 제국주의하에서 진행되었기 때문에 일본적으로 구성된 서구를 전제로 한 지적 식민주의가 나타났다.[2] 이때 일본의 문물에 의해 표상되는 식민지적 근대는 있었지만 그것이 곧바로 영국 등의 서구적 근대와 동일시되는 것은 아니었다. 따라서 일제하의 지적 식민주의에는 두 가지 측면이 존재한다. 하나는 지적 모국으로서의 일본에 대한 종속적 사고이며, 다른 하나는 그 일본을 통해 투영된 서구에 대한 종속적 사고이다. 해방 이후 일본 제국주의에 대한 종속적 사고는 한국 내의 강력한 반일주의에 의해 일정 정도 극복되었다. 그러나 다른 한편, 서구에 대한 종속적 사고, 즉 서구적 근대를 보편적인 것으로 상정하는 사고는 정작 제2차 세계대전 이후 미국의 영향력하에 들어가면서 새롭게 강화되었다. 그런 의미에서 서구를 준거로 하는 한국의 지적 식민주의는 역설적으로 후기 식민 상황하에서 더욱 강화되는 양상으로 나타났

---

1) 종속이론이나 주변부자본주의론에 대해서는 김진균 엮음, 『제3세계와 사회이론』(한울, 1984) 참조.

2) 근대성으로 상징화된 식민지시대의 식민주의적 규율에 대해서는 김진균·정근식 외, 『근대주체와 식민지 규율권력』(문화과학사, 2003) 참조.

다고 할 수 있다.

## 모방적 산업화 전략에 의해 강화된 모방적 사고

지적 식민주의를 구조적으로 재생산한 요인은 식민지와 후기 식민 상황에서 선진국들의 산업화 전략을 추수(追隨)하거나 추격하는 이른바 '모방적 산업화' 전략이었다. 이는 특히 1960년대 이후 포스트식민지적 근대화 과정에서 더욱 강화되었다. 여기서 모방적 산업화는 산업화의 구조적 성격을 말하는데, 국내에 존재하는 풍부한 저임금 노동력을 기본으로 하면서 선진기술 및 생산과정을 모방하여 염가에 상품을 생산하고 수출하는 방식을 말한다.[3]

이러한 모방적 산업화는 모방적 사고를 확대재생산했는데, 이를 이론적으로 강화한 것이 이른바 근대화론이었다. 근대화론은 인류 역사발전의 '단선적 (單線的)' 경로를 전제로 하여 "서구＝선진국, 비서구＝후진국"으로 상정하며, 선진 서구의 문물, 기술, 제도, 사고, 문화, 지식 등을 가능한 빨리 모방적으로 수용하고 비서구의 전통, 역사, 문화, 사고를 신속하게 극복하는 것을 이상화했다. 1960년대 이후의 맥락에서 지적 식민주의가 강화된 것은 이러한 근대화의 패턴 및 근대화론적 사고방식(mentality)과 밀접히 연결되어 있다.

서구적 근대의 절대화, 자기비하(卑下)적 현실인식, 전통에 대한 콤플렉스, 친미적 사고 등 지적 식민주의를 드러내는 여러 측면들은 바로 모방적 산업화와 그것의 근저에 있는 모방적 사고의 확산·내재화에 의해 보다 강화된 것이다. 모방적 산업화와 모방적 사고는 서로 상승작용을 하면서 서로를 강화시킨다.

---

3) 동아시아의 '수출형 축적체제'는 내부의 저임금 노동력과 외부의 기술, 자본, 시장을 결합하여 작동하는 체제로서 그 핵심적 특징은 '모방적 생산'이다. 조희연, 「동아시아 자본주의 발전과 국가변화: 분석을 위한 이론적 모형 구성」, 김대환·조희연 엮음, 『동아시아 경제변화와 국가의 역할 전환』(한울, 2003) 참조. 나이 링(Ngai-Ling Sum)은 동아시아 신흥공업국의 기술적 변화 궤적을 모방자(imitator), 수정자(modifier), 개선자(improver), 혁신자(innovator)로 규정했다. 그녀에 따르면 주요한 병목지점은 모방자, 수정자에서 개선자, 혁신자로의 전환과정에 존재한다. 조희연, 「배태된 수출주의와 거버넌스: 홍콩과 대만을 중심으로」, 같은 책 참조.

1960년대 이후 동아시아에서의 고도 경제성장은 기본적으로 이러한 성격을 가지고 있었다.[4] 서구적 기준을 추수하고자 하는 지적 식민주의는 과거에는 근대 제국주의와 공모관계에 있었으며, 현재의 지적 식민주의는 신자유주의적 세계화와 공모관계를 형성하면서 작동하고 있다. 동아시아가 근대화의 선진적인 지역이 되었던 것은 모방적 사고방식이 강력하게 존재하고 있기 때문이며, 현재 동아시아가 신자유주의적 세계화의 최첨단 지역이 된 것도 이러한 모방적 사고를 핵심으로 하는 지적 식민주의가 여전히 강력하게 존속하고 있기 때문이다.

홍미로운 것은 한국 및 동아시아의 성장이 모방적 산업화와 그것이 강화한 모방적 사고방식—그리고 그것이 상징하는 지적 식민주의—에 크게 힘입고 있는데, 그 성장은 바로 그러한 초기 단계의 모방적 사고방식을 극복하지 않고서는 더 이상 진전될 수 없는 상태에 이르렀다는 것이다. 현실적으로도 '숙련된 저임금 노동력을 활용하는 중저가(中低價) 생산물과 시장친화적인 국가지원'에 기초한 성장 전략—이미 대자본은 이러한 축적 전략으로부터 벗어나 있지만—은 이제 동남아시아나 중국의 추격으로 인해 한계에 이르고 있다. 지구화의 진전은 세계를 한 무대로 하는 자본 간의 지구적 경쟁을 강화시키고 있고 이러한 변화는 우리의 모방적 산업화에 의한 성장의 한계를 더욱 명확하게 만들고 있다. 자본 간의 지구적 경쟁에서 생존하기 위해서도 바로 그러한 모방적 산업화에 의한 성장의 패턴과 사고방식을 벗어나야 할 수밖에 없다는

---

4) 이러한 모방적 세계관이 가장 치열하게 존재할 수 있었던 지역은 공산주의와의 지역 간 대결구도가 이루어진 동아시아였다. 한국, 대만, 홍콩, 싱가포르 등의 '네 마리 용'이 포진하는 지역이 바로 동아시아였다는 점은 공산주의와의 치열한 대결의 공간에서 미국의 전후 패러다임이 가장 패권적으로 관철되고 미국이 추동하는 모방적 전략이 총력적으로 추진되었으며 그 과정에서 지적 식민주의가 강화되었음을 보여준다. '네 마리 용' 중에서도, 한국과 대만은 미국의 아시아에서의 대공 봉쇄전략에 의해 그 생존이 확보되었기 때문에 미국에 대한 지적·정신적 일체감은 여타 나라에 비해 상대적으로 강했다. '혈맹(血盟)'이라는 단어가 하나의 '합의'처럼 사용되는 것도 바로 이러한 지적·정신적 조건에 기인한다고 하겠다.

것은 역설적인 현실이다.

## 진보주의에도 내재한 지적 식민주의

한국의 보수주의가 친일적 근대주의에 기반하고 있었고 나아가 1960년대
이후에는 친미적 근대주의에 기반하고 있었기 때문에, 지적 식민주의의 혐의
를 보수적 논의 속에서 찾는 것은 어렵지 않다. 사실 지적 식민주의의 문제는
대부분 우리 사회의 주류인 보수적 흐름에 대한 비판의 성격을 갖는다.

그러나 성찰적으로 볼 때, 보수주의적인 학문세계는 말할 것도 없고 좌파와
진보주의적인 학문세계도 지적 식민주의로부터 자유롭지 못했다는 것을 인정
해야 할 것 같다. 실제로 보편적인 논의가─좌파건 우파건─서구에 존재하고
우리의 학문과 실천은 그것의 '적용'의 문제로 파악하는 지적 식민주의는
1980년대의 진보적 학문진영─나도 그 일부에 서 있지만─에게도 예외는 아니
었다. 주지하다시피 1980년대에는 보수적인 학문 지향을 종속적 학문으로
비판했던 '제3세대' 학자들이 다수 출현했고 이들은 스스로의 학문 지향을
'민족적·민중적 학문'으로 규정했다.[5] 그러나 이러한 규정에도 불구하고 보수
적 학문의 종속성을 비판했던 민족적·민중적 학문이 충분히 서구에 대한 지적
식민주의를 넘어섰다고 말할 수 없다. 이런 점에서 '우파 식민주의적 사고'를
이야기한다면 '좌파 식민주의적 사고'도 이야기할 수 있다.

특히 마르크스주의 진영 내의 두 가지 인식경향이 1980년대 좌파적인 지적
식민주의를 비판적으로 성찰하는 것을 제약했다. 그 하나는, 마르크스주의가
실천의 이론이었던 만큼 이미 '과학'적으로 검증된 사회주의적 보편의 '실천적
적용'의 문제로 인식하여 좌파적 지식과 실천을 왜소하게 만들었다는 것이다.
혁명의 전범으로서의 볼셰비키 혁명이 '보편적' 모델로 존재하고 우리는 이를
얼마나 견결한 혁명적 열정으로 실천하느냐 하는 '적용'의 문제로 왜소화되었

---

5) 김진균, 「한국 사회과학의 현재적 과제」, 『한국의 사회현실과 학문의 과제』(문화과학사,
   1997); 조희연·김동춘, 「80년대 비판적 사회이론의 전개와 '민족·민중사회학'」, 한국사
   회학회 엮음, 『한국사회의 비판적 인식』(나남, 1990) 참조.

다는 것이다. 실제로 소련의 국정교과서적 마르크스주의 인식과 논리가 1980년대 많은 사람들의 사고를 지배했는데, 우리의 사고 속에는 마르크스주의적 진실이 이미 서구적 혁명이론과 실천 속에 존재하고 있고 남은 것은 혁명적 적용의 문제로 인식되었다.

다른 하나는, 현실의 특수성을 자본주의나 자본주의 '국가'의 '본질'로 환원하여 보는 사고가 지적 식민주의를 성찰해 볼 수 있는 계기를 제약했다. 모든 문제를 자본주의 일반의 문제로 환원하여 보면 모든 자본주의적 현실이 다 동일한 보편논리—이것은 서구적인 보편논리이다—로 설명되고, 여기서 풍부한 '한국'자본주의의 '특수한' 현실로부터 자본주의에 대한 마르크스주의적 이해를 심화시킬 가능성을 박탈당하게 되는 것이다. 현재 이른바 신자유주의적 지구화의 시대에서도 이런 문제점은 지속되어 나타난다. 현재의 지구화의 성격을 신자유주의로 규정하는 경우에도 많은 경우 그것을 '신자유주의 환원론'적으로 사용함으로써 좌파적인 지적 식민주의를 넘어서야 하는 한국적 마르크스주의의 과제를 기각하게 만든다. 현재와 같은 자본이 주도하는 지구화의 본질을 신자유주의라고 하는 것에 이의를 달 사람이 없음에도 불구하고, 이 역시 신자유주의라는 환원론적 변수로 모든 것을 설명함으로써 한국적 특수성에 대한 새로운 통찰 속에서 세계적인 신자유주의의 성격을 풍부하게 재인식할 공간은 박탈당하며, 그 결과 서구 중심적 보편의 인식질서는 신자유주의적 현실 속에서도 여전히 재생산된다.

이러한 이유로 특수한 한국적 현실은 예외, 또는 적용의 대상으로만 존재하고 우리의 풍부한 민족해방운동과 민중운동의 전통, 그 경험과 고민은 이론화의 대상이 아니게 된다. 마르크스주의의 발전적 해석은 서구의 유수한 학자들에게만 해당되고 우리는 그것의 충실한 번역자이자 모방자이기만 하면 되는 것이다. 그 결과 우리의 풍부한 운동 경험이 탈식민화적으로 인식되거나 보편적으로 독해되지 못하고, 한국의 특수한 경험 속에서 길어올리는 한국적 마르크스주의, 한국적 진보주의, 한국적 사회주의의 고민은 주변화될 수밖에 없다. 이럴 경우 연구는 한국적 독창성을 '관점'으로 승화시켜 새로운 해석과 논의를 낳는 데에 존재하는 것이 아니라 마르크스주의적 훈고학의 형태로 나타난다. 이것이 좌파 지적 식민주의의 병목지점이라고 할 수 있다.

## 이제는 우리의 언어로 우리의 이야기를 할 때가 왔다

이제는 이러한 지적 식민주의를 벗어날 때가 왔다. 부끄럽지만 우리의 언어로 우리의 이야기를 할 때가 왔다. 다행인 것은 많은 인문사회과학자들이 지적 수입자에서 지식의 주체적 생산자로 전환하는 데 있어서 하나의 지적 '병목지점(bottleneck)' — 더 적극적으로 평가하면 '문턱(threshold)' — 에 진입하고 있다는 것이다. 병목지점에 도달했다는 것은 어떤 면에서는 한계에 다다랐다는 의미도 있지만, 다른 한편으로는 병목지점 돌파의 당위성이 폭넓게 공감되고 있음을 의미하는 것이며, 나아가 병목지점 돌파의 잠재적 가능성이 존재한다는 의미이기도 하다. 지적·학문적 수입자가 아니라 생산자가 될 수 있다는 가능성과 절박함, 과제인식 등이 이미 우리에게 강력히 제기되어 있다는 것은 다행스러운 일이다.

최근에 다양한 차원과 시각에서 지적 식민주의에 대한 비판적 성찰, 즉 지적·학문적 탈서구화와 주체화를 향한 논의들이 제기되고 있다. 먼저 탈식민주의(post-colonialism)나 오리엔탈리즘 비판과 관련된 논의들이 있는데, 이 논의들은 여성학이나 탈근대적 비판사회이론 등과 결합하면서 기존의 서구중심주의에 대한 지적 성찰의 공간을 마련해 가고 있다.[6] 다음으로는 지구화와 관련

---

6) 에드워드 사이드(Edward W. Side)의 소개와 오리엔탈리즘에 대한 비판적 논의의 확장은 에드워드 사이드, 『오리엔탈리즘』, 박홍규 옮김(교보문고, 2000); 에드워드 사이드, 『문화와 제국주의』, 박홍규 옮김(문예출판사, 2005); 박홍규, 『박홍규의 에드워드 사이드 읽기』(우물이있는집, 2003) 참조. 탈식민주의 소개로는 고부응 외, 『탈식민주의: 이론과 쟁점』(문학과지성사, 2003); 패트릭 윌리엄스·피터 차일즈, 『탈식민주의 이론』, 김문환 옮김(문예출판사, 1997); 릴라 간디, 『포스트식민주의란 무엇인가』, 이영욱 옮김(현실문화연구, 2000) 참조. 탈식민주의 이론의 확장에 크게 기여했다고 하는 스피박(Gayatri Chakravorty Spivak)의 책들은 가야트리 스피박, 『포스트식민 이성비판』, 박미선 외 옮김(갈무리, 2005); 가야트리 스피박, 『다른 세상에서』, 태혜숙 옮김(여성문화이론연구

34

된 논의들이다. 대부분의 지구화와 관련된 논의들이 국제경쟁력 강화 등 신자
유주의적 담론을 정당화하는 것들인 반면, 지구화를 비판적으로 조명하는
논의들도 많이 존재한다. 예컨대 지구화 혹은 세계화의 '이중성'에 주목하면서
지구화의 진보적 측면을 서구적 세계관과 관점의 독점적 지위가 균열되는
것으로 보고 이를 실천 속에서 적극화하고자 하는 다양한 논의들이 있다.
지구화의 지배적 측면을 주목해서 볼 때 분명 미국화 혹은 서구화의 확산이라
는 성격을 지니고 있는 것이 사실이지만, 비판적 관점에서 볼 때 지구화가
가져오는 진보적 잠재력, 예컨대 근대 이후의 서구적 패러다임과 '제국주의'적
국민국가의 약화와 같은 성격도 존재하는데, 이러한 지구화의 균열적 측면과
진보적 잠재력을 조명하고 실천해야 한다는 것이다. 셋째, 아시아 혹은 동아시
아 담론의 정립과 확산이라는 문제의식하에서 비(非)서구적 정체성의 확립과
역사재인식을 도모하는 다양한 논의들이 있다. 이러한 논의들이 모두 직접적
으로 탈서구화를 지향하고 있지는 않으나, 민족주의적 시각을 넘는 전환의
계기를 제공하고 있다.[7] 넷째, 근대성의 비판적 극복 및 성찰이라는 차원에서
제기되는 다양한 논의들이 존재한다. 이에는 포스트모더니즘적 논의들이 있는
반면에, 포스트마르크스주의[8]나 포스트유물론적 논의들과 같이 탈근대론과

---

소, 2003) 참조. 탈식민주의와 페미니즘을 결합하여 한국에서의 탈식민주의적 시각을
구체화하고 있는 논의로는 태혜숙, 『한국의 탈식민 페미니즘과 지식 생산』(문화과학사,
2004) 참조. 한국에서 탈식민주의적 글쓰기의 전범을 제시한 것으로는 조한혜정, 『글읽
기와 삶읽기』 1~3권(또하나의문화, 1994) 참조.

7) 동아시아 담론은 특히 '창작과 비평' 그룹에 의해서 선도되었다. 백영서 외, 『동아시아의
지역질서: 제국을 넘어 공동체로』(창비, 2005) 참조. ≪창작과비평≫ 및 동아시아총서를
통해 국민국가적 경계를 넘는 동아시아 공동체적 관점을 형상화하고 있다고 보인다.
천꽝싱, 『제국의 눈: 동아시아의 비판적 지성』, 백지운 외 옮김(창비, 2003) 참조. 일국적
시각이 아니라 초국경적 공동역사의 관점을 시도하고 있는 노력도 이런 맥락에서 중요한
시도로 보인다. 한중일3국공동역사편찬위원회 엮음, 『미래를 여는 역사』(한겨레출판사,
2005) 참조.

8) 포스트마르크스주의는 우익적 근대성과 좌익적 근대성 모두를 목적론적·계몽주의적·전
체주의적 사고를 내장하는 것으로서, 동일한 인식론적 프레임을 갖는 것으로 비판하고

비판사회이론을 결합하려는 논의들도 존재한다. 이러한 논의들은 서구의 근대성 자체에 대한 성찰을 담고 있는데, 이는 서구 근대성의 상대화를 수반함과 동시에 서구중심주의에 대한 성찰의 공간을 확장하고 있다.9) 물론 마르크스주의적 관점에서 근대성을 뛰어넘으려는 노력들도 존재했다. 다섯째, 한국적 맥락에서, 1980년대 급진주의의 연장선상에서 민족해방론(NL)적 논의나 반미주의적 논의들도 이루어지고 있다. 1980년대의 혁명적 급진주의는 기존의 한국 사회의 지배구조에 대한 급진적 인식의 공간을 획득하기에 이르렀는데 이 과정에서 미국의 패권, 그 일부로서의 친미적 세계관과 지적 친미주의 등에 대한 비판적 논의들이 제기되었다.10) 여섯째, 서구의 반(反)오리엔탈리즘

---

있다. 국내 포스트마르크스주의 소개로는 이병천 외 엮음, 『마르크스주의의 위기와 포스트마르크스주의』, 1~2권(의암, 1992); 이경숙·전효관 엮음, 『포스트맑스주의』(민맥, 1992); 라클라우·무페, 『사회변혁과 헤게모니』, 김성기 외 옮김(터, 1990) 참조.

9) 일종의 탈근대적 유물론의 통찰력이 국내에서는 들뢰즈(Gilles Deleuze)의 저작들에 대한 독해를 통해서 주어졌다고 보인다. 국내에 소개된 것들 중 대표적인 것으로는 질 들뢰즈·펠릭스 가타리, 『천의 고원』, 김재인 옮김(새물결, 2001); 질 들뢰즈, 『차이와 반복』, 김상환 옮김(민음사, 2004); 마이클 하트, 『들뢰즈 사상의 진화』, 김상운 외 옮김(갈무리, 2002) 참조. 들뢰즈 사상의 한국적 전유를 시도하는 것으로서는 이진경, 『노마디즘』, 1~2권(휴머니스트, 2002) 참조. 다른 한편에서 네그리(Antonio Negri)적 통찰력을 통해서 서구적 근대성의 한계를 뛰어넘으려는 시도들도 다양하게 전개되었다. 윤수종을 통해서 네그리의 저작들이 폭넓게 소개되었고 네그리에 대한 국내 저작들도 출간되었다. 안토니오 네그리, 『맑스를 넘어선 맑스』, 윤수종 옮김(새길, 1994); 안토니오 네그리·마이클 하트, 『제국』, 윤수종 옮김(이학사, 2001); 윤수종, 『안토니오 네그리』(살림, 2005); 조정환, 『아우또노미아』(갈무리, 2003); 조정환, 『지구제국』(갈무리, 2002) 참조. 마르크스주의적 입장에서 근대성의 문제를 고민하는 것으로서는 이진경, 『맑스주의와 근대성』(문화과학사, 1997) 참조.

10) 여기서 첫째의 탈식민주의적 논의와 다섯째 한국의 반미주의적 논의들은 직접적으로 한국의 지적 식민주의를 문제 삼는 것인데도 불구하고 서로 만나지 못했다고 생각한다. 이 역시 지적 식민지에서의 지적 분절성과 파편성의 한 반영이라고 할 수 있다. 이러한 현상이 내가 이 글에서 말하려는 핵심적인 주장을 잘 보여주는데, 한편에서 탈식민주의 논의들이 서구의 탈식민주의의 수입 속에서 정착했기 때문에 국내적인 반미주의적 논의와 분절되었으며, 다른 한편에서 한국의 반미주의적 논의가 특수적 미국 자체에 집중되어 있고 좀더 보편적으로 독해되지 못했기 때문에, 이 양자의 논의는 연결되지

적 논의의 일부로서 새로운 '아시아주의'에 대한 연구를 들 수 있다. 근대의 서구 중심의 세계사 인식이라는 것이 사실 근대 이후의 서구 역사를 절대화하는 것이라는 인식하에서, 근대 이전 혹은 최근의 변화 속에서 비서구적인 아시아의 중심적 역할을 조명하는 논의들을 들 수 있다.[11] 일곱째, 서구중심주의, 그 일부로서의 미국중심주의가 근본적으로는 언어적 지배에 있다고 보고, 우리말과 글로 학문하기를 주장하면서 학문 주체화를 언어적 주체화의 관점에

못하고 분절적으로 존재한다고 생각한다. 탈식민주의의 논의는 사실 현실적 식민주의에 대한 지적 성찰의 차원에서 출발했지만 식민주의적 관계는 단지 민족 간의 관계에 머무르지 않고 한 사회 내에 존재하는 다수자와 소수자, 외집단과 내집단, 백인과 흑인, 내국인과 외국인노동자, 성적 패권집단과 하위주체(서발턴) 집단의 관계 등 경계 지워진 타자관계에 적용되는 보편적 프레임으로서의 성격을 갖는다. 여기서 한국의 탈식민주의자들이 한국의 현실에서는 치열한 반미주의자가 되어야 한다는 점을 전제한다면, 반대로 한국의 반미주의자의 논의가 다층적인 차원에서 존재하는 패권과 종속의 관계까지 확장되어야 한다면(이런 시도로는 학술단체협의회 엮음, 『우리 학문 속의 미국』, 한울, 2003 참조), 양자는 만나는 지점이 존재할 것이다. 한국의 탈식민주의가 뿌리내리려면 — 서구에 탈식민주의의 유행이 끝났을 때 우리의 내재화된 이론으로 존재하려면 — 1980년대 이후 현재까지도 강력하게 존재하는 반미주의와 만나야 하며, 1980년대 이후의 반미주의가 단순히 민족 특수적인 측면에만 집착하는 논의를 넘어서려면 자신을 보편화하는 사고를 가져야 한다.

11) 안드레 군더 프랑크, 『리오리엔트』, 이희재 옮김(이산, 2003)은 남미 중심의 기존 연구에서 아시아 연구로 시야를 확장하면서, 근대의 유럽중심주의적 시각을 통렬히 비판하고 있다. 여기서 프랑크는 지난 150년간 서양 근대 학문의 역사서술과 사회이론이 얼마나 유럽 중심적이었는가를 비판하면서 1800년대 세계경제에서 우세한 지위를 점했던 것은 중국을 정점으로 하는 아시아였다고 쓰고 있다. 단지 우수한 농업기술로 우위를 점했던 아시아와 달리 유럽은 이 열세를 만회하기 위해 기술혁신에 주력하고 이로써 열세를 만회하고 근대의 유럽주도성을 갖게 되었다는 것이다. 프랑크는 이 책에서 "유럽은 아시아 경제라고 하는 열차의 3등칸에 달랑 표 한 장을 끊어 올라탔다가 얼마 뒤 객차를 통째로 빌리더니 19세기에 들어서는 아시아인을 열차에서 몰아내고 주인 행세를 하는 데 성공했다"라고 표현하고 있다. 서구중심주의를 재성찰하게 하는 논의들은 여러 가지 번역서들을 통해서도 확대되고 있다. 존 홉슨, 『서구문명은 동양에서 시작되었다』, 정경옥 옮김(에코리브르, 2005)의 경우, 근대 서양 중심의 역사관을 역전시켜 서양문명이 동양에 전파된 것이 아니라 오히려 500~1,800년 동안 발전된 동양이 서양문명의 발흥을 가능하게 했다고 보고 있다.

서 접근하고 있는 흐름들도 존재한다.12) 이 외에도 다양한 형태로 지적·학문적
주체화를 지향하는 탐구들이 존재한다.


## 2. '서구적 보편의 특수화'를 통한 서구중심주의의 극복

그렇다면 이러한 지적 식민주의를 벗어나서 탈식민주의로 가는 병목지점을
통과하는 것은 불가능한가. 물론 아니다. 나는 이 글에서 이 병목지점을 통과하
여 지적 식민주의를 넘어서는 패러다임 전환의 핵심적인 과제를 두 가지로
제시하고자 한다. 그것은 '서구적 보편의 특수화'와 '한국적·비(非)서구적 특
수의 보편화'이다(particularize the universal, universalize the particular!). 전자가
과잉보편화되어 있는 서구적 보편을 해체하는 작업이라고 한다면, 후자는
과잉특수화되어 있는 우리의 현실과 경험을 보편화하려는 노력이다. 이 절에
서는 먼저 서구적 보편의 특수화 문제에 대해 서술하겠다.

### 서구의 특수적 근대의 보편화
단적으로 우리 안의 보편성을 이야기할 때 서구적 보편을 상정한다. 서구적
보편이라고 할 때 그것은 근대 이후 서구 사회의 특성들을 보편적인 것으로
받아들이는 것을 의미한다.13) 즉, 서구 근대의 산물과 서구 근대의 역사는

---

12) 김영명을 중심으로 하는 '한글문화연대' 등의 노력도 여기에 들 수 있을 것이다. 그의
   일련의 노력들은 학문적 주체화의 한 측면에 대한 성찰을 넓히려는 노력이라고 하겠다.
   김영명, 「한국 사회과학의 대외종속과 주체성의 문제」, 『나는 고발한다』(한겨레신문사,
   2000); 쓰다 유키오, 『영어지배의 구조』, 김영명 옮김(한림대학교 출판부, 2002); 김영
   명, 『우리의 눈으로 본 세계화와 민족주의』(오름, 2002) 참조.
13) 이러한 서구적 특수의 보편화에 대해서는 이매뉴얼 월러스틴, 『사회과학의 개방』,
   이수훈 옮김(당대, 1996), 3장 3절 보편과 특수라는 허위적 구도 참조. 사카이 나오키,
   『번역과 주체: '일본'과 문화적 국민주의』, 후지이 다케시 옮김(이산, 2005)에서는
   "전근대-근대, 비서양-서양, 신화적-합리적이라고 하는 이항대립 사이의 평행적 대응

38

인류사회가 공통으로 진화해야 하는 보편적인 경로를 보여주는 것으로서, 서구의 근대 사회의 특성들을 인류사회 전체가 발전시켜 가는 미래적인 특성으로 받아들이는 것을 의미한다. 서구의 근대적 특성들이 보편적인 것으로 받아들여지고 우리가 그것을 세계사 발전의 단선적(單線的)인 준거로 받아들이면서 우리의 것은 그러한 보편적 경로가 굴절된 특수한 사례로 규정된다. 여기서 비서구, 즉 한국의 특수는 예외가 되고, 서구적 보편으로부터 얼마나 일탈하는가 하는 것이 경험적 분석의 초점이 된다. 그러나 보편은 바로 우리의 경험, 역사, 삶 속에 있다고 생각한다. 지적 식민지성이라는 것은, 보편은 서구의 역사적 발전 속에 있고 그러한 서구적 보편의 관점에서 우리 현실을 조명하는 인식태도 속에 존재한다. 많은 사회에서 근대화론적인 사고가 이러한 서구적 특수의 보편화를 받아들이는 지적 근거가 되었다. 서구의 경로와 비서구적 경로 모두가 세계문명사 속의 특수한 사례들이라는 점을 고려할 때, 이는 근대 이후의 인식사 속에서 서구의 역사와 서구적인 특성이 '과잉보편화'되고 비서구적 경로는 '과잉특수화'되었다는 것을 의미한다. 모든 개별태 속에는 다양하게 표현되는 특수성이 존재한다. 동시에 이러한 특수한 개별 사례들은 모두 그 내부에 보편성을 내재하고 있다. 그러나 근대적 질서 속에서 서구적 특수가 보편 그 자체와 동일시되었던 것이다. 그렇기 때문에 근대 서구의 패권적 질서 속에서 서구의 특수성은 보편성으로 과잉 '구성'된 것이라고 할 수 있다.

'동양에 대한 서구의 인식적 재현(representation)의 총체'라고 할 수 있는

---

관계를 당연시하는"(262쪽) 서구중심주의를 비판하고 있으며 이러한 '보편성과 서양적 세계이해를 연결'시키는 논리는 현재 서구의 대표적인 비판적 철학자인 하버마스의 논의 속에서도 분명하게 드러나고 있다고 말하고 있다. 이런 사고 속에서 근대화의 과정은 한 사회구성에서 다른 사회구성으로의 변화가 아니라, "세계지도상의 어떤 지점에서 다른 지점으로의 이동으로 상상된다"(266쪽). 더 나아가서, 일본의 국민주의는 서양 중심의 보편주의의 전제 위에서 일본적 특수성을 강조하는 바탕 위에서 구성된 것이며 이러한 일본적 특수주의와 서양 중심의 보편주의는 상호 대립관계가 아니라 상호 재생산 관계에 놓인다고 주장한다.

오리엔탈리즘은 이러한 서구의 과잉보편화를 더욱 촉진했다. 오리엔탈리즘적 인식 속에서 비서구는 인식의 주체가 아니라 인식의 대상으로 존재한다. 비서 구인의 눈으로 볼 때 서구는 보편을 담지하는 실체이다. 비서구는 예외이고 발전의 일탈궤도에 존재하는 것이다. 따라서 동양이라는 것이 서구의 시선에 의해서 구성된 것임에도 불구하고 그러한 동양의 이미지를 자신의 이미지로 받아들이게 된다.[14] 즉, 스스로 주체가 되지 못하고 이른바 타자의 시선으로 자신을 바라보게 되는 것이다. 서구의 눈으로 타자화된 자신을 자신으로 받아 들이는 순간 우리는 서구적 보편의 시각에 갇히게 되고 서구의 근대적 지식은 이데올로기, 과학, 군사주의, 경제력 등과 결합되어 보편적 지식이 된다. 사이 드가 이야기했던 '식민지적 지식 생산양식'은 이런 식으로 작동한다.

이러한 서구적 특수의 보편화는 서구 근대의 특성을 절대화하는 것일 뿐만 아니라, 근대 이전의 세계사적 발전과정을 근대에 비추어 재구성하는 과잉구 성의 과정이기도 하다. 더 나아가 이러한 서구적 특수의 보편화에 규범적 의미가 담겨지면 서구적 근대는 문명이자 선진(先進)을 상징하는 것이 되고 비서구는 야만이자 극복해야 하는 후진(後進)을 의미하는 것이 된다. 여기서 모든 합리적·문명적·이성적인 것은 서구적 근대와 일체화된다. 이러한 사고는 다양한 형태로 표현된다.[15] 스피박이 인도의 과부 순사(殉死) 제도인 사티(sati)

---

14) 오리엔탈리즘은 서양에 의한 동양의 호명이다. 이때 동양인은 이것을 스스로 내면화함 으로써 자신의 이미지를 구축한다. 이와 반대로 서양인은 "오리엔탈리즘을 통해 자신 이 아니라고 믿는 모든 것을 선언함으로써 스스로를 알게 된다." 존 맥클라우드, 『탈식 민주의 길잡이』, 박종성 외 편역(한울, 2003), 69쪽. 오리엔탈리즘과 식민주의는 동일 시될 수 있는 것은 아니다. 식민주의라는 것이 더 광의의 의미를 담고 있으며 어떤 의미에서 식민주의적 모델은 오리엔탈리즘적 모델을 포함하면서 넘어선다고 할 수 있을 것이다. 같은 책, 66~67쪽.

15) 예컨대 연고주의 —중국에서의 '관시[關係]'와 같은— 는, 1997년 동아시아 경제위기 이전에는 동아시아 자본주의 성장의 중요한 설명변수로 규정되었다. 사회적 부문들 간의 특수한 관계 —그 형성 및 논리 등— 는 유교문화의 핵심적 특성이기도 했다. 그러나 경제위기 이후에는 일거에 '연고적인 부패한 자본주의(crony capitalism)'라는 규정 속에서 동아시아 경제위기의 주범이 이러한 부패한 관계에 있다는 것으로 이론화

에 대한 분석을 통해 드러낸 바와 같이, 불타는 장작 위에서 생사람을 태워 죽이는 '비서구적' 가부장제의 현실 속에서 서구적 제국주의(남성)는 그러한 끔찍한 현실에서 해방시키는 구원자의 이미지로 나타난다.[16] 이는 한국전쟁

된다. 하나의 특성이 1997년 이전에는 성장의 동력이고 1997년 이후에는 경제위기의 동력이 되는 것이다. 그러나 이 두 경우 모두에서, 연고적 관계는 서구와 비서구의 질적 차이를 구성하는 특성이 된다. 이 점이 만연한 지적 식민주의의 한 모습이라고 생각한다. 사실 연고주의는 서구의 사회적 관계에서도 하나의 특성이다. 차이가 있다면 단지 양적 차이일 뿐이다. 이러한 양적 차이를 질적 범주의 차이로 전환하여 인식하는 것 자체가 바로 오리엔탈리즘적 사고의 특성이다. 랄프 밀리반트(R. Miliband)는 *State in a Capitalist Society: An Analysis of the Western System of Power* (NY: Basic Books, 1978)에서, 서구 지배계급 내의 다양한 분파들이 단일한 지배계급으로 결합하는 데에 사회적 배경, 동일한 학벌, 상류층 학교에서의 친구관계 및 소통 등을 중요한 요인들로 들고 있다(밀리반트의 국가론에 대해서는 박상섭, 『자본주의국가론: 현대마르크스주의 정치이론의 전개』, 한울, 1990, 6장 참조). 이것 자체가 서구적 형태의 연고주의이다. 이것과 동아시아의 연고주의는 정도와 국면에 따른 형태의 차이라고 할 수 있다. 이런 점에서 서구적 연고와 비서구적 연고가 다를 뿐인 것이다. 단지 이것을 질적 차이로 간주하여, 서구적인 청렴과 동아시아적 부패로 이분유형화하는 것이 문제이다. 막스 베버(M. Weber)의 『프로테스탄티즘의 윤리와 자본주의의 정신』, 박성수 옮김(문예출판사, 1990)에서는, 서구적 자본주의 발전의 중요한 정신적 동력이 청렴과 금욕을 중심으로 하는 자본주의 '정신'의 형성에 있고 이것의 중요한 추동력이 프로테스탄티즘에서 나왔다고 말한다. 그러나 베버의 논의의 역사적 타당성은 차치하고, 베버의 논리를 오리엔탈리즘적 시각에서 확장하여 서구에는 자본주의 정신이 존재했고 비서구에는 존재하지 않았기 때문에 비서구가 정체되어 있다는 식의 논리로 나아간다. 여기에 과잉보편화된 서구의 이미지가 존재한다. 그럴 때 중요한 연구주제는 비서구에는 왜 자본주의 정신이 없었는가 하는 점으로 협애화된다. 그런데 동아시아에 성장이 이루어지니까 그러한 프로테스탄티즘을 기반으로 한 자본주의 정신의 대체물을— 유교문화 같은 데서—찾는 식으로 나아간다. 문제는 이러한 왜곡된 인식 프레임이다. 서구적 근대의 보편화가 전제되고 비서구적 현상은 이 보편화된 준거의 틀 내에서 분석되며, 새로운 현상이 나타나면 그 분석을 변형하는 식으로 나아가는 것이다.

16) 가야트리 스피박, 『포스트식민이성비판』, 3장 역사. 여기서 하위주체는 '폐제(閉除)'되고 '전통과 근대화 사이에서 선택할 수밖에 없는 존재'로 규정된다. 서구적 보편에 규범적 의미가 담겨지고 문명과 야만의 관계로 치환될 때, 거기에서 제3세계 식민지 민중은 폐제된 토착정보원이 된다. 이 토착정보원은 서구적 보편을 정당화하는 윤리적 근거로, 서구적 보편의 도덕적 정당성을 확증해 주는 근거로 존재하면서 동시에 주변

이후 남한에서, 미국이 야만적인 봉건적 현실과 억압적인 식민지적 현실로부터의 해방자로, 그리고 새로운 위협으로서의 공산주의에 대한 파수꾼의 이미지로 나타나는 것과 유사하다. 즉, 제국주의와 식민지의 관계, 제국주의자와 식민지 민중의 관계는 전근대적 억압자와 근대적 해방자의 대당(對當)으로 전환된다.

## 서구적 근대의 과잉보편화는 준거의 전도를 가져온다

서구적 특성의 절대화는 준거(準據)의 전도(顚倒)를 가져온다. 오리엔탈리즘에 대한 사이드의 논의가 선명하게 드러낸 바와 같이, 자신의 준거가 아니라 과잉보편화된 서구의 준거로 자신을 판단하는 것이다.[17] 타자의 눈을 통해서, 그것에 담지된 타자의 준거에 의해서 자신에 이르게 되는 결과 비서구는 타자화된 자신의 정체성을 내면화하게 된다. 서구의 눈을 경유해서 자신에 이르는 이러한 경로가 바로 지적 식민주의의 인식회로이다.[18]

서구인의 시각을 준거로 하는 우리의 눈은 우리 현실 그 자체에 대한 비하적 시각과 연결된다. 나는 솔직히 우리의 인식의 근저에는 언제나 우리 역사, 전통, 문화, 경험에 대한 콤플렉스 같은 것이 존재하고 있다고 생각한다. '우리 것이 최고여!' 하는 광고 문구는 오히려 자기비하적 현실이 존재한다는 것을

---

적·예외적·비문명적으로 존재한다.

17) 이러한 준거의 전도는 학문세계에서는 대표적으로 '주(註)의 정치학'으로 표현된다. 주를 다는 방식에서도 지적 식민주의가 관철되는데, 외국문헌을 인용함으로써 논문의 권위를 높이고자 하는 행위들이 그러한 예가 될 것이다. 심지어 번역본을 읽고서도 인용 시에는 원전을 표기하는 행위도 이러한 맥락에서 일어난다. 선행연구도 한국의 학문공동체의 전거가 아니라 미국의 학문공동체의 선행연구가 되어 있다. 물론 이러한 것을 '절대적인' 기준으로 이야기할 필요는 없다. 여기서 서구적 준거의 인용이 아니라 우리들 간의 '상호인용(inter-referencing)'의 당위성도 제기된다.

18) IMF 이후 명예퇴직을 당하거나 해직된 사람들이 이를 스스로가 무능하기 때문이라고만 생각하고 심지어 주변의 사회경제체제를 탓하는 사람들을 비난하는 경우는 일국 내적 관계이지만, 지배적 세계관이 하위주체들에게 내면화되어 있음을 잘 보여준다. 서구 중심적 세계관은 외재적인 것이 아니라 내재적인 것으로 작동한다.

말해주는 텍스트이다. 일탈과 예외, 저발전, 주변성의 인식 정도만큼 콤플렉스가 존재한다. 그 격차가 바로 콤플렉스의 심리적 공간이 되는 것이다. 이 공간은 동시에 식민지적 욕망이 창출되는 공간이기도 하다. 개인들의 사회심리 속에 서구적 보편에 대한 욕망이 내재화되기 때문이다. 지적 식민주의가 확산되면서 비서구의 정체성은 이러한 서구적 보편에 기초한 식민지적 욕망, 심리, 태도, 일상의 세계관으로 변화했다. 식민지적 욕망, 심리, 태도, 그것을 구성부분으로 하는 식민지적 근대성은 이렇게 구성되고, 여기서 이른바 오리엔탈리즘적 인식 틀이 패권적으로 존재하게 되는 것이다.

## 서구적 보편의 해체

이제는 서구적 보편의 특수화, 혹은 서구적 보편의 해체가 필요하다. 서구적 보편의 해체는 서구적 보편을 본래의 자리대로 특수화하는 것이다. 이것은 서구적 보편이 구성된 것이자 다양한 특수성의 하나라는 인식을 획득하는 것이다. 서구적 보편은 정당하게 상대화되고 지방화(provincialize)되어야 한다.[19] 이것이 바로 "'보편성'의 그늘에서 벗어나기"[20]를 행하는 것이다.

서구의 과잉보편화의 과정 속에서 형성되는 서구/비서구의 관계는 한 사회 내에서 지배적 주체들과 하위주체(서발턴, subaltern)들의 관계에도 그대로 적용된다. 다수자와 소수자의 관계 — 물론 패권자가 다수자가 되지 않는 경우도 많지만 — 에서도 소수자는 패권적 다수자가 만들어낸 정체성과 이미지, 세계관을 자기 것으로 인식한다. 그람시(A. Gramsci)가 이야기하는 헤게모니는 이렇게 종속적 집단이 지배적 집단의 세계관과 철학을 자연스럽고 도덕적인 것으로

---

19) 서구 자체가 '지방화'되어야 한다는 논의에 대해서는 릴라 간디, 『포스트식민주의란 무엇인가』, 60~64쪽 참조.

20) 조한혜정, 『글읽기와 삶읽기 2: 각자 선 자리에서』, 3장. 조한혜정은 일찍이(『글읽기와 삶읽기』 1권은 1992년, 2~3권은 1994년에 출판되었다) 한국의 지식인들이 서구적 지식체계와 문법, 시선을 자기화하고 서구에 의해서 구성된 타자화된 정체성을 가지고 자신들의 삶의 세계로부터 유리되어 식민지적 지식인으로 말하고 글쓰기하는 것에 대해서 깊은 비판을 제기하면서, 탈식민지적 글쓰기를 제창하고 선도해 온 바 있다.

받아들이는 것을 의미한다. 부르주아 사회에서의 지배가 피지배의 동의에 의해서 재생산되는 것도 바로 이 때문이다. 우리가 서구적 보편을 특수화하고 상대화하는 것은 하위주체들이 패권적 집단의 세계관을 특수화하고 상대화하는 것과 동일한 것으로서,21) 이 양자는 동시에 진행되어야 한다. 즉, 서구에 대한 비서구의 지적 식민주의, 비서구 내의 패권적 집단에 대한 하위주체들의 지적 식민주의가 동시에 인식되어야 한다.

## 근대 이후 서구적 패권의 균열과 지적 식민주의의 부침

서구적 특수가 보편이 되는 인식론적 구조는 근대의 현실적인 패권적 권력관계 위에서 가능한 것이었다. 서구의 보편화라는 형태로 표현되는 지적 패권은 현실의 패권적인 물질적·정치적 관계를 전제로 하여 구성된 2차적 질서라고 할 수 있다. 푸코(Michel P. Foucault)가 이야기한 대로 '예속된(subjugated) 지식'은 위계적 권력관계를 전제로 하는 것이다.

그렇다면 여기서 서구적 패권의 내적 균열과정과 지적 식민주의의 부침에 대해서 살펴보기로 하자. 일차적으로 서구적 패권과 그것의 반영으로서의 지적 식민주의에 대한 내적 도전은 19세기와 20세기 전반기의 반제민족해방운동 혹은 반(反)서구 독립운동의 성장을 통해서 진전되었다. 제국주의의 지배하에 있었던 식민지에서 반제민족해방운동이 성장하자 지적 식민주의에 대한 지적 저항도 함께 성장한 것이다. 제2차 세계대전과 그것을 계기로 하는 제3세계의 국가들의 독립은 서구적 패권과 그 일부로서의 지적 식민주의의 균열이 현실화되는 것을 의미했다. 1955년 반둥선언은 서구적 패권에 대한 구(舊)식민

---

21) 조한혜정은, 소수자 집단이나 하위주체들이 "자신을 억압하는 지배구조를 거리를 두고 상대화시켜 볼 수 있는" 시선을 갖게 되는 것은 " '중심'을 더 이상 보편적인 주체가 아니라 하나의 주체로 상대화시켜 보면서, 타자화되어 온 자신을 재발견하는 '시선'을 가지게 됨을 뜻한다"고 말하고 있다. 조한혜정, 같은 책, 158쪽. 우리가 많이 인용하는 바와 같이, 마르크스가 "지배적 관념은 지배적 계급의 관념이다"라고 했을 때 이는 피지배적 계급의 관점에서 '과잉보편화'되어 있는 지배적 계급의 세계관을 상대화하고 특수화하는 것이다.

국가들의 집단적인 자조(自助)선언의 성격을 띠고 있었다.[22] 더구나 제2차 세계대전 이후 사회주의 체제의 확대는 이러한 서구적 패권의 균열을 확대시키는 계기가 되었다.

하지만 이러한 균열은 1960년대 이후 서구 패권국가들의 '혁신'을 통해서 일정하게 반전된다. 이 혁신의 핵심은 서구의 패권적 지위를 영국으로부터 넘겨받은 미국[23]이 추진했던 제3세계 근대화 프로젝트였다. 미국은 제3세계의 성장의 욕구를 '수동혁명'적으로 수용하면서 제3세계 근대화 전략을 추동했다.[24] 여기서 반둥선언에 참여했던 반(反)서구적 ― 혹은 최소한 친(親)서구적이지 않은 ― 제3세계는 미국의 새로운 근대화 전략을 적극적으로 추종하는 국가들과 그렇지 않은 국가들로 분화되고, 전자에 있어서 서구적 패권 ― 그 패권의 중심 국가는 변화했지만 ― 과 지적 식민주의는 새로운 근대화 전략의 확산 속에서 다시 재활성화되었다. 앞서 지적한 바와 같이 근대화론은 서구적 근대를 보편화하고 모든 비서구가 단선적으로 추구해야 하는 미래의 모습을 전제하고 있다. 그렇기 때문에 미국을 중심으로 하는 새로운 근대화 전략은 서구적 근대를 보편으로 사고하는 지적 식민주의를 새로운 의미에서 부활시키게 되었다. 1960년대 이후의 근대화 열풍 속에서 서구적 근대화 모델에 따른 개발주의가 지배적인 것으로 수용되면서, 반제(反帝)적 정체성을 갖고자 했던 많은 제3세계 국가들은 다시 '추격모델'의 추종자들이 되었다. 한국은 그 선두에 있었다. 물론 이 속에서 서구적 보편성과 미국의 패권적 정체성은 강화되었다.

포스트식민지적 근대화 과정을 통해서 서구적 패권과 지적 식민주의가 부활

---

22) Hee-Yeon Cho, "'Second Death' or Revival of the 'Third World' in the Context of Neo-liberal Globalization," *Inter-Asia Cultural Studies: Movement* 6-4(Routledge, 2005).

23) 19세기 서구적 식민담론이 유럽 중심 담론이었다면, 20세기 현재의 신자유주의적 지구화의 상황에서 서구적 식민담론은 미국 중심 담론의 성격을 띠고 있다. 서구 담론 내부에서도 패권적 지위의 변화에 따라서 지배적 담론의 내용이 규정되기 때문이다.

24) 박명림, 「'수동혁명'과 '광기의 순간'」, 《사회비평》, 3호(1995) 참조.

하고 재생산되었다고 할 때, 이에 대한 도전은 크게 두 가지 방향에서 나타났다. 하나는 제3세계 내부에서이고 다른 하나는 서구 내부에서이다. 먼저 제3세계 내부에서 나타난 지적 식민주의에 대한 도전은 서구적 근대화 모델을 추동하는 개발정권―그 대부분은 개발독재정권이다―의 정치적 모순과 근대화 자체의 새로운 경제적 모순에 의해서 민중들이 주체화되고 저항운동이 확산되는 과정을 통해서였다. 한국에서 반미주의가 부활하고 지적 종속이 새롭게 문제시된 것도 바로 개발독재에 대한 저항이 한창이던 1980년대였다. 남미에서 종속이론이 거대한 반향을 일으켰던 것도 이 시기였다. 개발독재에 저항하는 과정에서 서구적 패권에 도전하게 되고 그 일부로서 과잉보편화된 서구적 근대에 대한 성찰도 나타나게 된 것이다. 이 과정에서 이슬람근본주의와 같은 반서구문명적 급진주의도 나타났다. 주지하다시피 1978년 이란혁명도 이런 맥락에서 발생했다. 이는 종교적 저항의 성격을 띠고 있으나 서구적 세계관과 과잉보편화된 서구중심주의에 대한 도전이었다.

다른 하나, 서부 내부의 균열은 1968년 혁명의 여파이다. 68혁명은 제국주의화된 서구적 패권과 그것을 전제하고 있던 지적 패권을 내부로부터 의문시하는 것이었다. 탈식민주의 등 서구적 패권을 의문시하는 내적 조류들은 기본적으로는 1968년에 뿌리를 두고 있다. 68혁명은 국가 중심 혁명론의 거부라는 성격과 함께―현재의 논의와 연관시켜 보면―미국적 헤게모니의 거부, 당연시되었던 서구 근대적 질서에 대한 근본적인 도전 등의 성격을 가지고 있었다. 탈식민주의나 다양한 탈근대론적 비판이론이 등장한 것도 바로 이 시기이다.

이러한 내적 균열의 흐름을 역전시키면서 서구와 미국의 패권, 그 일부로서의 지적 식민주의가 재활성화되는 사건은 1989년 현존사회주의 체제의 붕괴와 신자유주의적 지구화의 확산이다. 전자는 물론 후자의 촉진요인으로 작용했다.

사회주의의 붕괴는 제3세계와 서구 내부의 서구적 패권에 대한 대안적 가능성이 파탄에 직면하는 것을 의미했다. 여기서 '역사의 종말'과 자유민주주의의 최종적 승리를 논하는, 실제에 있어서는 자본주의적 시장질서를 유일대안으로 상정하는 이른바 신자유주의적 흐름이 지구화된다. 자본주의의 대안으로서의 사회주의가 붕괴해 버린 상황에서 이제 서구의 자본주의적 자유시장질서는 유일대안으로 비서구적 세계에 패권적으로 주어졌다. 소련의 붕괴에 이어, 사회주의 체제의 다른 한 축이었던 중국도 '시장'사회주의의 길을 채택하는 상황에서, 이제 다시금 서구중심주의가 경제적으로 그리고 지적으로 재생산되는 상황이 나타나게 된 것이다. 이처럼 현존사회주의의 붕괴와 서구적 모델의 지구화는 과거의 지적 식민주의가 더욱 증폭된 규모로 재생산되는 계기를 부여했다.

사실 1970~80년대는 서구적 패권의 중심으로서의 미국의 몰락을 이야기하는 담론이 힘을 가졌던 시기였다. 그러나 — 이제 우리가 경험하고 있는 것처럼 — 앵글로색슨형 모델이 — 유럽형 모델이나 라인형 모델을 주변화시키면서 — 패권적인 것으로 부상하는 시기로 돌입했다. 이것이 이른바 신자유주의시대이다. 여기서 약화되어 가던 서구적 보편의 관념이 글로벌 신자유주의 속에서 다시 강화됨은 두말할 나위도 없다. 제3세계가 반둥회의의 정신을 뒤로 한 채 1960년대 이후의 미국 중심의 근대화 전략을 열렬하게 추종했던 것처럼, 이제 그들이 신자유주의적 성장 전략의 충실한 추종자로 전락해 갔다. 1989년 사회주의의 붕괴와 함께 시작된 신자유주의 지향의 지구화는 서구적 정체성의 균열 경향을 반전시키면서 역으로 새로운 서구적 보편과 지적 종속성을 강화시키는 방향으로 작용하게 된 것이다.25) 이런 점에서 신자유주의적 지구화는

---

25) 물론 이러한 상황은 분명 복합적인 성격을 지니고 있음도 지적되어야 한다. 예컨대 현재의 서구 패권적 질서는 과거 팍스 브리태니카와 달리 미국의 패권적 지위가 존재하면서도 다극(多極)적인 — 독일, 일본 등 — 성격을 지니고 있다. 중국의 부상도 현존하는 서구 중심적 질서의 복합성을 부여하는 요인이다. 또한 19~20세기의 제국주의적 패권과 그 일부로서의 지적 식민주의에 대한 저항운동이 반제민족해방운동의 형태로 존재하고 있었다고 한다면, 이제는 반세계화운동과 같은 형태로 존재하고 있으며 신자유주의적 지구화를 다른 한편에서 위협하고 있다. 더구나 68혁명 이후 진행된 지적인 차원에서 과거의 지적 패권주의를 비판하는 다양한 성찰적 흐름들이 존재한다는 것도 지적 식민주의의 재생산이 복합적 상황에서 이루어지고 있다는 것을 의미하는 것이다.

서구적 특수의 보편화를 전제로 하는 지적 식민주의를 새로운 방식으로 확대 재생산하는 흐름이라고 할 수 있다.[26]

그러나 이러한 신자유주의적 지구화의 흐름은 많은 내적 균열요인을 내포하고 있다는 점도 지적되어야 할 것이다. 지적 식민주의라는 점에서 보면, 현재의 지구화시대는 과거 친미적 세계관의 변형과정이지만 반대로 탈종속의 공간 혹은 미국 주도의 서구적 지구화에 대한 재성찰의 공간도 확대하고 있다. 북미자유무역협정(NAFTA)이 출범한 1994년 1월 1일은 치아파 사파티스타의 봉기가 본격화된 때이기도 했다. 이는 현재의 신자유주의적 지구화의 모순적 복합성을 잘 드러내 준다. 또한 미국의 패권에 저항하는 이슬람근본주의의 도전이 한편에 존재하며, 다양한 비(非)국가적 도전도 확산되었다. 미국의 패권에 도전하는 각종 테러들이 빈발하는 것도 하나의 예일 것이다. 1999년 WTO 각료회담에 반대하는 시애틀 투쟁에서 극적으로 외화(外化)된 반세계화 투쟁은 세계사회포럼의 확산에서 보이듯이 대중적으로 확산되고 있으며, 어떤

---

26) 스피박이 주목하는 대로, 비서구적 존재들, 나아가 다양한 하위주체들은 제국주의에 직면하여 서구적 보편을 정당화하는 경험적 실마리이지만 — 스스로 주체화된 존재가 아니라 — 잔여적 존재로 남아 있던 토착정보원과 달리 이제 금융자본이 주도하는 '포스트모던'한 신자유주의적 자본주의하에서 미국적 보편의 정당성을 입증해 주는 존재이자 동시에 '신식민주의를 주도하는 미국의 자기재현을 지지하는 역할' 속으로 흡수되는 '포스트식민적 정보원'으로 규정되고 호명된다. 가야트리 스피박, 『포스트식민 이성비판』, 4장. 지구화시대 미국적 패권 위에서 작동하는 신자유주의적 자본주의는 지구화의 과정에서 드러나는 민족적·인종적·문화적 차이를 전 지구적 자본주의의 잡종성과 혼종성(混種性, hybridity)의 소재로 끌어들임으로써 탈식민주의적 도전마저도 자신의 일부로 하는 지배를 재구성한다고 볼 수 있다. 잡종성과 혼종성은 포스트모던시대, 지구화시대 자본과 서구적 패권의 새로운 모습일 수도 있다. 포스트모던 잡종성은 탈식민화된 주체의 다양한 특성들을 잡종성의 소재로 끌어들임으로써 결국 서구적 패권의 재생산에 기여하는 방식으로 재편제될 수도 있는 것이다. 이런 점에서 "제1세계가 주도하는 화려한 포스트식민주의 담론 너머로 젠더화된 서발턴의 몸들이 놓여 있다"고 말할 수 있을 것이다. 태혜숙, 『한국의 탈식민주의 페미니즘과 지식 생산』, 97쪽. 단순히 문화적 상대주의나 '식민주의적 탈식민주의'를 넘어서야 하는 이유도 여기에 있다.

형태로든 '수동혁명'적 보완이 있지 않는 한, 신자유주의적 지구화가 현 상태대로 유지될 수 없도록 하는 위협적 상황을 조성하고 있다. 이런 점에서 보면 현재의 신자유주의적 지구화의 상황은 지적 식민주의가 변형된 형태로 재생산될 수 있는 현실적 기반이 되고 있지만 동시에 과거와는 다른 비판적 성찰의 공간도 확대하고 있다고 할 수 있다.

## 3. '우리 안의 보편성'과 지적·학문적 주체화

이상에서 지적 식민주의를 극복해 가는 도정에서 서구적 보편의 특수화와 상대화가 필요하다는 점을 서술했다. 그러나 이러한 서구적 보편에 대한 비판만으로는 지적 식민주의가 완전히 극복될 수 없다. 나는 지적 식민주의는 우리 안의 보편성을 발견하려는 노력을 통해서 궁극적으로 극복된다고 생각한다.[27] 서구적 보편의 상대화가 지적·학문적 주체화의 출발이라면 우리 안의 보편성을 발견하려는 노력은 바로 주체적 학문의 완성이라고 할 수 있다.

---

27) 임지현 대 조희연의 박정희 논쟁(이 논쟁은 김용우·임지현 엮음, 『대중독재 2: 정치종교와 헤게모니』, 책세상, 2005, 3부에 실려 있다)의 한 쟁점은 우리의 역사적 경험의 '보편적' 측면을 무엇으로 일반화할 것인가 하는 점과 관련이 있다. 임지현의 대중독재론은 근대독재의 주권독재적 성격, 즉 단순히 위로부터의 강압에 의해서 운영되는 독재가 아니라 아래로부터의 대중의 동의에 의해서 재생산되는 독재라는 점을 강조하고 있다. 이는 근대독재의 한 보편적 측면을 드러내는 것이고, 여기서 내가 이야기하는 우리 안의 보편성을 구성적으로 파악하는 의미 있는 시도라고 생각한다. 반면에 조희연은 "박정희 독재는 '헤게모니'의 사례가 아니라 '헤게모니 균열'의 보편적 사례이다"라고 파악하고, "박정희 독재라는 역사적 경험 속에서, 폭압으로 환원되지 않는 대중의 동의를 발견하려는 임지현의 시선도 현실의 한 측면을 지적하고 있지만, 대중적 동의의 창출이라는 독재의 헤게모니적 전략의 일정한 성공에도 불구하고 그것이 아래로부터의 민중의 주체화에 의해서 균열되고 독재가 최종적으로는 붕괴한 보편적 측면을 발견해 낼 수 있다"고 본다. 조희연, 「박정희 시대 재평가 논의의 인식론적 성격과 쟁점들: 이영훈·임지현의 논의에 대한 검토와 민주진보담론의 성찰」, 학술단체협의회 엮음, 『해방 60년의 한국사회』, 한울, 2005, 378쪽.

우리는 서구적 보편을 특수화하는 사고를 통해 서구적인 인식 틀과 관점으로부터 탈(脫)종속화하고 나아가 우리 안의 보편성을 발견하는 작업을 통해 독자적인 인식 틀을 정립해야 한다. 서구적 보편의 해체를 위한 지적 노력으로서의 '탈식민화'의 노력과 여기서 내가 이야기하는 자기 보편화를 통칭하여 '탈식민화적 보편화'라고 표현할 수 있을 것이다.

## '우리 안의 보편성'의 의미

그렇다면 우리 안의 보편성은 어떤 의미를 갖는가. 먼저 우리 안의 보편성은 우리 속에 내재한 보편성을 발견적으로 '구성'하는 작업이다. 우리 안의 보편성은 선재(先在)하는 어떤 것을 보물찾기하듯이 찾아내는 것이 아니라 새로운 인식적 전환과정을 통해서 구성해 내는 것이다. 여기서 우리 안의 보편성을 이야기하는 것은, 보편은 서구 속에 존재하는 것이 아니며 보편성은 모든 개별성과 특수성 속에 내재해 있는 것이라는 인식을 전제로 한다. 이러한 우리 안의 보편성을 발견하는 지적 과정, 혹은 '탈식민화적 보편화'의 방법론을 나는 '보편적 독해(讀解)'라고 표현한다.[28]

'이론화할 수 없는 현실은 없다'는 말이 함축하듯이 우리 현실 자체가 서구에서 발견할 수 없었던 세계사적 진실을 찾아낼 수 있는 보편적 함의를 내장하고 있음에도 불구하고, 우리는 식민주의적 사고로 인해 그것을 특수한 예외적 현실로 인식한다. 바로 이처럼 특수적이고 예외적이고 일탈적인 우리의 역사, 문화, 경험을 보편적 특성을 내장한 현실로 다시 보는 것, 그리고 그 속에서 서구적 경로에서는 볼 수 없었던 새로운 보편적 진실을 발견적으로 구성해 내는 것이 바로 보편적 독해이다. 서구적 보편에 대한 비판만으로는 지적 식민지성의 굴레를 넘어설 수 없다. 나아가 우리 안의 보편성을 적극 발견하고 우리의 특수를 보편화하는 보편적 독해에까지 이르러야 한다.

---

28) 탈식민화적 보편화와 보편적 독해에 대해서는 다음에서 처음 논의했다. 조희연, 『한국의 민주주의와 사회운동』(당대, 1998), 4장 한국사회와 사회운동의 '탈식민화적' 인식과 '보편적 독해'.

보편적 독해의 태도를 현실적인 예를 들어서 보자. 정신대 문제의 극복을 위한 투쟁에서 그것이 '반일(反日)'적인 민족주의적 시각에서만이 아니라 국가폭력, 전쟁범죄와 결합된 성폭력이라는 모든 사회의 보편적인 문제를 해결해가는 과정이라고 파악할 수도 있다. 또한 광주학살과 같은 의제도 그것을 유일무이한 전두환 일당의 학살행위로 접근하는 민족특수주의적 인식을 넘어서서, 많은 아시아의 나라에서 전개되었던 국가권력에 의한 집단적인 학살과 폭력이라는 보편적인 현상의 특수한 사례로 접근할 수도 있을 것이다. 이는 우리의 특수한 쟁점들과 다른 많은 국민국가들의 특수한 사례들을 관통하는 보편적 측면을 통찰하는 노력이 될 것이다. 이런 보편적 독해의 노력 속에서, 우리의 특수적 이슈와 투쟁 속에 내재한 아시아가 공감하는, 세계가 공감하는 보편적 메시지가 전유(專有)될 수 있을 것이다.

### 우리 안의 보편성과 '차이'

물론 우리 안의 보편성을 찾으려는 노력이 새로운 패권적 보편을 지향하는 것이어서는 안 된다. 그럴 경우 서구적 보편을 해체하면서 한국적 보편을 구성하는 것 자체가 모순이 될 수 있다.[29] 여기서 보편을 이야기하는 것은 우리 자신을 새로운 패권적 중심으로 하여, 그리고 타자를 대상으로 하여 식민주의적 구조를 새롭게 재생산하는 것을 의미하는 것이 아니다. 오히려 모든 보편의 특수화와 모든 특수의 보편화가 가능하다고 보는 인식을 지향한다. 보편은 특수와의 관계 속에서 구성되는 것이며, 존재론적 실체로서 존재하는 것이 아니라는 것이다. 그러나 서구적 특수가 과잉보편화되어 있는 상황에서, 서구적 보편에 대한 비판만으로는 지적 식민주의를 벗어날 수 없다. 굳이

---

29) 이 점은 나의 초고를 읽은 한국예술종합학교 김소영 교수의 논평이었다. 여성학자인 정희진 선생도 이와 유사한 논평을 해주었다. 이 부분은 이들의 논평에 대한 나의 적극적 변호이기도 하며, 우리 안의 보편성이라는 개념이 가질 수 있는 새로운 '중심성'에 대한 욕구, 또한 새로운 패권적 잠재력을 최소한 '인지'하고 있다는 것을 드러내고자 하는 소극적인 변명이기도 하다.

내가 우리 안의 '보편성'이라는 표현을 쓰는 이유도 여기에 있다. 과감한 탈서구적 자기주장과 '오만한 자임'이 필요하다고 생각한다.

그런 의미에서 여기서의 보편은 어떤 의미에서 제2보편, 제3보편, 제4보편일 수 있다. 근대적 틀 속에서 구성된 서구적 보편이 존재하는 상황에서, 또 다른 보편을 발견적으로 구성하는 것은 서구적 보편을 대체하는 새로운 패권적 보편이 아니다. 보편이라 규정되는 모든 보편의 상대화가 이미 거기에 존재하기 때문이다. 본시 보편성은 모든 특수 속에 존재하는 상대적인 것이었다. 서구적 특수를 보편으로 간주하는 근대의 패권적 사고가 우리의 인식을 왜곡했을 뿐이다. 우리 안의 보편성을 찾는 것은 궁극적으로는 절대화된 보편성의 신화를 해체하는 작업이다. 서구적 특수의 보편화는 서구와 비서구의 '차이'를 보편과 특수의 대당으로 동일시하는 방식으로 관철된 것이다. 그런 점에서 우리 안의 보편성을 구성하려는 작업은 바로 보편과 특수의 관계를 정당하게 '차이'로 재해석하는 과정이다.

여기서 '우리 안의 보편성'이라는 개념을 사용하는 진정한 이유는 서구적 보편이 패권적 범주로 존재하는 현실에서 서구적 보편의 특수화 혹은 서구적 보편에 대한 비판만으로는 지적 식민주의의 극복이 가능하지 않다고 보는 나의 인식 때문이다. 잘 알다시피, 탈식민주의와 다양한 지적 식민주의에 대한 비판담론들은 서구적 보편에 대한 상대화와 비판에만 초점을 맞추고 있다. 즉, 비판을 넘어 대안의 정립으로 나아가지 못했다는 것이다. 심지어 일부 탈식민화론은 비판을 위한 비판에 머무름으로써 어떤 의미에서는 '탈식민주의적 형태의 식민주의'의 재생산에 기여하고 있다는 우려를 금할 수 없게 만든다. 최근의 일부 해체론적 담론들 역시 마찬가지이다. 기존의 서구적 보편으로 간주되던 이론들에 대한 전복을 담고 있음에도, 그것은 서구적 담론에 대한 저항담론도 동시에 해체해 버림으로써 '해체론적 논의를 통한 식민주의의 현대적 재생산'으로 나아가는 경향이 있다.[30] 우리의 탈식민화적 비판담론

---

30) 현 단계에서 해체적 담론을 이야기하는 많은 경우가 식민주의 자체를 극복하는 것이 아니라 오히려 포스트모던 식민주의와 공모관계를 형성하면서 공존하고 있다. 의도하

과 저항담론을 서구적 보편에 대립하는 대안으로 정립하는 방식을 통해서 서구적 보편의 진정한 상대화가 가능하다. 그런 의미에서 '서구적 보편의 특수화'의 궁극적 완결은 우리 안의 보편성을 발견하고 구성함으로써 비로소 가능하다고 생각한다.

## 역전의 열정과 해체의 이성을 안고 자기보편화로

강정인은 서구적 보편에 대응하는 비서구의 지적 응전을 네 가지 담론 전략으로 표현한 바 있다. 이 각각은 보편화된 서구에 대해 비서구가 근대의 맥락에서 어떻게 대응하는가를 나타낸다. 동화(同化)적 담론 전략, 역전(逆轉)적 담론 전략, 혼융(混融)적 담론 전략, 해체적 담론 전략이 바로 그것이다.[31]

---

지 않은 것이라고 말할 수 있을지 모르지만, 서구의 탈근대적 해체담론이 우리의 맥락에서 또 다른 지적 식민주의의 연속적 재생산의 소재가 되고 있다는 점도 성찰해야 할 대목이다. 제1세계의 급진적인 해체담론조차도 전 지구적인 자본주의의 구조와 그에 따른 국제적 분업구조에서, 제1세계의 특권적 지식인의 현학적 해체담론이 '말할 수 없는 하위주체들'을 더욱 깊은 침묵 속으로 빠져들게 하고, 그럼으로써 '포스트모던한' 식민주의의 재생산에 기여할 수도 있기 때문이다. 스피박은, "여성을 찬양하는 척하면서 남성주의를 강화하는 수사와 비유 자체에 이미 인종차별주의적인 제국주의 이데올로기가 작동"하고 있으며, 또한 "우리가 남성주의를 비유론적으로 해체한다고 해서 제국주의의 거짓말하기로부터 면제되지 않는다"고 말한다. 스피박, 『포스트식민 이성비판』, 242쪽. 마찬가지로 서구의 해체론적 담론을 설파하고 소개한다고 해서 서구중심주의를 해체하는 것이 아니면 더욱이 신자유주의적 질서 속에서 서구적 패권과 미국적 패권을 해체하는 것은 아니다.

31) 강정인, 『서구중심주의를 넘어서』(아카넷, 2004)에 따르면, 동화적 담론 전략은 "비서구 사회가 패권문명으로 등장한 서구문명이 신봉하는 세계관, 가치 및 제도를 보편적이고 우월할 것으로 수용하고 내면화함으로써 궁극적으로 자기화 또는 재전유하고자 하는 전략"(432쪽)이다. 역전적 담론 전략은 "지배세력의 패권적 담론에 직면하여 강압을 받는 피억압집단이 패권적 담론의 보편성 또는 우월성을 전면적으로 부정함으로써 동화를 거부하고 나아가 자신이 속한 집단의 독자성, 우월성 또는 보편성을 주장하는 것"(439쪽)을 의미한다. 이슬람근본주의의 태도 같은 것을 예로 들 수 있겠다. 혼융적 담론 전략은 서구문명의 긍정적인 측면들 — 가치, 기술 등 — 을 선택적으로 취사선택하여 자신들의 긍정적인 측면과 결합시켜 새로운 종합적 가능성을 추구하고

강정인의 분류를 따르자면, '역전적 열정'과 해체주의적 노력에서 표현되는 '분석적 이성'을 끌어안으면서도 '역전과 해체를 혼융'하는 속에서 새롭게 자기보편화하는 노력이 필요하다는 것이 나의 생각이다.

우리 안의 보편성을 재발견하려는 전략은 근본적으로 서구적 보편에 대한 해체적 지향을 근거로 하는 것이어야 한다. 보편으로 규정되는 서구와 타자화된 비서구의 지식재생산의 순환적 구조를 넘어서지 않으면 안 된다는 점에서 해체적 담론 전략은 지적 탈식민주의에 있어서 대단히 중요한 출발점이 되어야 한다. 그러나 각종 포스트적인 해체담론은 '찻잔 속의 태풍'인 경우가 많다. 즉, 전투적인 역전적 흐름 자체와 자신을 대립시키면서 '합리적' 해체를 도모하는 노력이 포스트모던한 식민주의의 화려한 재생산에 기여하는 경우가 많다.

이에 반해 역전적 담론 전략에서 표현되는 반(反)서구적 에토스는 지적 탈식민주의의 강력한 정서적 에토스가 될 수 있다. 이슬람근본주의의 반서구주의가 그런 예일 것이다. 그것은 자기긍정의 요소를 가지고 있으며 또한 서구적 보편에 대한 강력한 부정이기 때문이다. 어떤 의미에서 반(反)부시 투쟁, 혹은 부시로 상징되는 미국의 군사적 패권에 대한 저항에 있어 빈 라덴은 중요한 동력의 하나라고까지 말할 수 있다. 그러나 그것이 대안은 아니다. 저항의 중요한 동력이기는 하지만, 그것은 서구중심주의의 정치적 확산저지 지점을 설정하는 것이지, 서구중심주의의 극복을 보장하는 것이 아니다. 현단계 지구적 지도(地圖)를 볼 때, 서구중심주의의 중요한 추종 국가들이 존재하는 곳은 동아시아다. 치열한 반공대결의 현장이기도 한 동아시아 지역은 고도성장을 구가한 '4마리 용'의 지역이기도 한데, 이 지역은 친미적 모델과 세계관

---

자 하는 전략(447~448쪽)을 의미한다. 근대의 맥락에서 이는 반(半)식민지에서 많이 나타났던 경향이다. 마지막으로 해체적 담론 전략은 "서구중심주의 담론에서 서구가 자신과 타자인 비서구 간의 차이를 서술하고 재현하는 과정 ─ 곧 지식의 생산과정 ─ 에 이미 권력이 함축되어 있다는 전제하에 타자를 대상화하고 종속시키지 않으면서 재현할 수 있는 대안적 형태의 지식을 창조하고자 하는 담론"(450쪽)이라고 할 수 있다.

이 강력하게 존재하는 지역이다. 말하자면, 동화적 사고가 가장 강력하게 진행되는 곳이다. 이에 반해 이슬람문명권은 '역전적 사고'가 강력하게 존재하는 지역이다. 그렇기 때문에 동아시아에 비해 이슬람문명권은 서구중심주의를 넘어서는 중요한 근거지일 수도 있다. 그러나 그것은 자폐적인 반(反)의 차원에 머물러 있다.[32] 현 시기 서구적 패권이 강화되는 신자유주의적 지구화의 상황에서, 단순히 반(反)의 전선을 형성하는 것만으로는 부족하다. 일종의 '자폐적 토착주의'의 노력만으로는 부족하다는 것이다. 서구에 대한 대항이 우리만의 폐쇄적이고 절대적인 시각을 만들어냄으로써 극복되는 것은 아니다. 기존의 서구가 만들어준 상 자체, 역사관 자체를 재구성함으로써 서구와 비서구를 다시 읽어야 하며 서구적 보편을 뛰어넘는 인류보편의 새로운 지평을 열어야 한다. 즉, 반(反)패권적 폐쇄성으로 존재하는 단계를 넘어서서, 우리 안의 보편성을 — 서구 근대의 보편이 담지하는 도덕성을 뛰어넘어 — 적극적으로 구성하는 것이 필요하다는 것이다.

이런 점에서 나는 역전적 열정과 해체적 이성을 결합하면서, 비서구의 눈으로 주체적으로 '탈식민화적 보편화'를 하는 속에서 진정한 탈종속이 가능하다고 생각한다. 서구적 보편에 저항하고 해체하면서 동시에 서구적 보편을 초월하는 보편적 요소를 자신 속에 재구성할 수 있어야 한다. 자신의 특수한 반서구적 요소 속에서 보편적 요소를 발견적으로 재구성해야 한다. 단순히 역전과 해체를 넘는 자기보편화의 노력 속에서 진정한 초(超)서구가 가능한 것이다.[33]

---

32) 한 사회 내부에 반세계화운동과 같은 역전적 전략을 대표하는 흐름이 있더라도, 제3세계의 보수적 흐름을 강력하게 지배하고 있는 것은 동화적 전략이다. 국제경쟁력 강화라는 지상명령은 남미의 좌파정권이나 아시아 민간정부에게 그 진보성을 거세하면서까지 강력하게 동화적 전략을 수행하지 않을 수 없도록 만들고 있다.

33) 서구의 특수가 과잉보편화되었다고 할 때 '과잉'이라는 의미는, 서구적 근대성에는 패권적 요소만이 아니라 보편적 요소 또한 내재한다는 것을 의미한다. 어떤 점에서 인류사회는 각자의 특수성 속에서 인류가 공감하는 보편적인 것을 획득하고 구성하기 위한 고투의 과정이었다고 해야 할 것이다. 예컨대 근대의 민주주의가 내포하는 개인의 자율과 인권, 사회주의가 내포하는 평등주의 등은 인류보편적 요소를 가지고 있다.

물론 그러한 원리적 차원이 어떤 현실적 형태로 구현되느냐 하는 것은 특수성의 차원이 된다. 시민권, 민주주의, 인권 같은 원리들은 — 결과적으로 과잉보편화된 서구 근대성의 일부를 구성하지만 — 지배와 저항의 각축과정에서 오랫동안 민중들이 희생하면서 투쟁으로 획득하고 지배에 강제된 보편적인 것을 내포하고 있다. 그런 점에서 그것은 인류사회 발전의 진보적 성격을 담지한다. 이러한 범주들은 신비화된 연역적 범주가 아니라, 아래로부터의 민중투쟁에 의해 획득된, 억압자에게 강제된 귀납적 범주라는 것이다. 비서구적 역사와 문화 속에도 이러한 보편적 요소와 지향, 가치들은 무수히 존재한다. 그리고 그것들은 '희생어린 투쟁의 획득물'인 경우가 많다. 물론 비서구적인 것이 모두 보편화될 수 있는 것은 아니며, 반서구적이거나 반문명적인 것이 존재한다. 예컨대 이슬람근본주의를 표방하는 탈레반 정권이 반서구적이면서 동시에 반여성적이고 다양한 개인생활에 대해 억압적인 정책을 구사했던 것을 상기해 보자. 내가 굳이 우리 안의 보편성이라는 이름으로 보편성을 이야기하는 것은 그것이 구성된 것이고 역사적 맥락 속에서 이루어진 것이라고 하더라도 인류 진보의 합리적 핵심들이 존재한다고 믿기 때문이다. 문제는 시민권, 민주주의, 인권 같은 보편적 가치들도 특정한 사회적·역사적 조건 속에서 구성된 것이라는 인식이 필요하다. 즉, 시민권, 민주주의, 인권이라는 가치들의 원리가 다른 맥락에서 다른 형태로 구현될 수도 있음을 인정하는 것이다. 인권이나 민주주의라는 것을 보편의 범주로 인정하더라도, 그것은 원리적 보편성을 갖는 것이지, 인권의 실현태가 구체적인 형태의 보편성까지 내포하는 것은 아니다. 민주주의 원리의 보편성을 이야기할 수 있어도 민주주의 제도의 보편성을 이야기할 수 없는 이유도 여기에 있다. 이렇게 본다면 비서구적 역사와 문화 속에서 민주주의적 원리의 또 다른 보편적 형태를 발견·구성해 낼 수도 있을 것이다. 또한 굳이 보편이라는 범주를 용인하면서 서술하는 것은, 지구화의 현실이 새로운 지구적 보편을 만들어가는 과정이라는 것을 강조하기 위함이다. 이는 자본이 주도하는 '글로벌 스탠더드' 형식이 아니라, 오히려 아래로부터의 하위주체들의 투쟁에 기초한 진정한 민중적 보편 간의 각축이라고 할 수 있다. 여기서 민중적 보편은 근대 민족국가의 경계를 뛰어넘는 글로벌리즘적 지평에서 비로소 구성될 수 있다. 보편성이라는 용어는 다양한 것을 함의한다. 나는 특히 보편성의 한 차원으로서 인류사회 및 지구적 사회가 공유해 갈 보편적 내용이 존재한다고 본다. 특히 마르크스가 이야기한 대로 '각자의 자유로운 발전이 모두의 자유로운 발전의 조건이 되는 연합체' 혹은 '자유인의 연합체'의 구성적 원리가 되는 보편적 지향들이 존재할 수 있으며 구성해 가야 한다고 생각한다. 단지 서구적 근대성 속에서도 미래적인 보편적 요소가 존재하며, 비서구 및 우리의 전통 속에도 존재한다는 것을 강조해야 할 것이다. 이렇게 논의를 전개하면, '보편적 보편성'이라는 것을 이야기할 수도 있다. 월러스틴(I. Wallerstein)도 2005년 11월 내가 교환교수로 가 있던 캐나다 UBC에서 한 강의에서 이러한 보편적 보편주의의

## 모방에서 창조로

우리 안의 보편성을 발견하는 과정은 지적 모방자에서 지적 창조자로, 지적 소비자에서 지적 생산자로 전환하는 것을 의미한다. 탈식민화적 자기보편화는 서구적 지식의 단순 모방자이자 소비자의 단계를 넘어서서 새로운 생산자가 되는 것을 의미한다. 근대사에서의 '맹아론' 같은 것만 하더라도 서구적 발전 이 가능한 '맹아'가 우리 사회 속에 존재했다는 소극적·방어적 전제가 숨어 있다. 그러나 이를 뛰어넘어 서구 자본주의 발전 자체가 특수한 것이라는 적극적 인식이 필요하다. 즉, 서구에 종속된 인식 틀을 탈피하는 단계를 넘어 새로운 주체적 지식 생산으로 나아가야 한다. 이런 점에서 새로운 보편성을 갖는 지식의 생산자로 가는 전환의 과정이 필요하다.

예컨대 한국경제 모델에 대한 이론화만 하더라도 그것이 지구적 질서의 변방으로 존재할 때에는 서구의 학자들에게 '상품성이 없는' 주변적인 연구소 재였다. 그러나 한국경제의 성장에 따라서, 한국경제와 사회변동에 대한 연구 는 일정한 상품성을 갖는 주제로 변화했다. 그래서 많은 서구 학자들이 한국의 경험에 대한 연구를 시작했고 여러 이론적 해석들도 만들어지게 되었다. 그렇 게 되면서 서구의 학자들에 의해서 만들어진 한국모델이 다시 한국으로 역수 입되는 상황이 나타나고 있다.[34] 우리는 이제 기성품의 수입자가 될 것인가,

---

가능성을 제기한 바 있다. 예컨대 국제형사재판소(ICC)가 자신이 관할대상으로 하는 '반인도주의적 범죄'라고 했을 때 이러한 반인도주의를 정의하고 규정하는 것은 결국 서구의 패권적 권력이다. 그러나 이러한 지식의 권력관계를 지적하는 것이 모든 지식의 무용(無用)을 주장하는 것은 아니다. 반인도주의적 범죄의 정의 및 구성과정에서의 권력관계적 성격과 구성성(性)을 해체적으로 바라보면서도 인류사회는 반인도주의적 범죄 ― 집단학살, 인종청소 등 ― 를 단죄할 보편적인 규범과 장치들을 만들어가려는 노력을 해야 한다고 나는 생각한다.

34) 동아시아 성장의 요인과 관련해서, 국가의 전면적이고 효과적인 개입, 집중화된 (targeted) 산업정책, 구체적인 표준 성취 원칙의 설정 등이 주효했다고 보는 이른바 발전국가론(the developmental state theory)은 한국과 같은 동아시아의 성장모델을 경험적 근거로 하고 있다. 이와 관련한 연구로 Chalmers Johnson, "Political Institutions and Economic Performance: The Government-Business Relationship in Japan, South

독자적인 학문 생산자가 될 것인가 하는 양자선택을 강하게 요구당하고 있다. 주체적 학문 생산자가 되는 것은 바로 우리 현실, 우리의 사회 자체를 탈식민화적으로 인식할 수 있는가, 그것을 보편적으로 독해할 수 있는가에 달려 있다.

사실 이러한 우리 안의 보편성을 발견적으로 재구성하는 작업은 이미 글로벌 경영을 시도하는 자본에 의해서 이미 진행되고 있다. 더 이상 모방적 산업화를 통해서는 글로벌 경영이나 상품 수출이 한계에 직면할 수밖에 없다. 모방은 언제나 모방하는 선진국의 준거가 바뀌면 부단히 새로운 방식을 뒤좇아야 하는 위치에 있다. 그러나 모방적 산업화의 단계를 넘어서면 창조의 단계로 가야 하는 시련에 직면한다. 자본의 입장에서 보면, 우리의 전통, 문화, 경험 속에서 세계경영의 근거가 되는 보편적인 어떤 것을 발견하고 그것을 상품생산에 반영하지 않으면 안 되는 상황에 처하게 되는 것이다. 즉, 한국적 특수성 속에서 창조적·발견적으로 구성된, 한국적이면서 보편적인 상품미학의 필요성에 직면하게 된다. 이미 격렬한 글로벌 경쟁 속에서 자본은 이러한 방향으로 나아가고 있는 셈이다. 이러한 자본의 자기보편화의 속도에 비해서, 오히려 지식 생산, 시민사회, 사회운동, 생활세계의 영역에서 모방적 사고로부터 탈모방적인 창조적 사고로의 전환이 지체되고 있다. 특히 인문사회과학의 영역에

Korea, and Taiwan," in In Frederic Deyo(ed.), *The Political Economy of the New Asian Industrialism* (Ithaca: Cornell University Press, 1987); Chalmers Johnson, *MITI and the Japanese Miracle: the Growth of Japanese Industrial Policy, 1925-1975* (Stanford: Stanford University Press, 1982); R. Wade, *Governing the Market: Economic Theory and the Role of Government in East Asian Industrialization* (Princeton: Princeton University Press, 1990); Alice Amsden, *Asia's next Giant:South Korea and Late Industrialization* (NY: Oxford University Press, 1989) 등을 들 수 있다. 여기서 앰스덴(Alice Amsden)의 연구는 한국을 모델로 한 것이다. 이러한 발전국가론의 모델이 한국 등의 경험을 토대로 구성되고 이것이 다시 한국에 역수출되어 한국경제를 설명하는 모델로 통용되는 것이 우리의 현실이다. 이런 점에서 장하준, 『사다리 걷어차기』, 형성백 옮김(부·키, 2004)은 한국의 성장모델을 새로운 제도주의적 모델의 일반적 근거로 활용하여 새로운 보편적 논의를 끌어내고 있다는 점에서 — 내용에 대한 평가는 물론 다양할 수 있을 것이다 — 우리 안의 보편성을 발견하려는 노력의 한 예라고 하겠다.

서는 바로 이러한 자기보편성을 찾는 노력이 심대하게 지체되어 있다고 할 수 있다.

창조는 우리의 역사, 문화, 전통, 경험, 현실 속에서 민족적 경계를 넘어서서 보편적 공감을 갖는 것을 발견하는 것을 의미한다. 보편적 독해는 단순히 소재적 특이성을 발견하는 것만이 아니다. 소재적 특이성을 넘어, 보편적 공감을 갖는 내용을 발견하고 구성하는 것이다. 학문적인 차원에서 보면, 모방에서 창조로 가는 것은 학문 '연구'의 단계에서 학문 '하기'의 단계로 나아가는 것이다. 우리 사회에서 철학사를 '연구'하는 학자는 많으나, 철학 '하기'를 수행하는 학자는 적으며, 서구 학문을 '연구'하는 학자는 많으나, 학문 '하기'를 진행하는 학자는 적다.[35]

이러한 창조적 행위의 구체적인 예로 사법개혁을 들어보자. 1990년대 사법개혁에서 우리의 기본 전제는 발전된 서구의 참심제(參審制)나 배심제(陪審制)와 같은 형태를 어떻게 도입할 것인가 하는 점이었다. 우리의 후진적인 사법체계에 어떻게 선진국의 사법제도를 도입할 것인가 하는 문제의식이 거기에 있었다. 그러나 이 역시 모방적 사고인 셈이다. 우리는 모방적 사고를 넘어서서 '제도 창조'의 관점에 서야 한다. 참심제를 하는 일본이나 배심제를 하는 미국에서는 이러한 사법제도의 문제점을 많이 이야기한다. 결국 우리가 우리의 현실 속에서 어떻게 '시민의 사법참여' 제도를 배심제나 참심제를 뛰어넘는 수준으로 창조해 낼 것인가 하는 문제이다. 그것은 참심제의 합리적 핵심과 배심제의 합리적 핵심을 한국적인 제도 창조의 관점에서 결합하는 것이다. 이처럼 우리 현실과 경험, 문화 자체를 새롭게 바라보면서 우리의 경험 속에서 보편적 요소를 발견적으로 재구성하려는 창조적 자세가 필요하다.

---

35) 김시천, 「철학 '만들기'에서 철학 '하기'까지: 현대한국에서 전통 도가(道家)철학 담론을 중심으로」, 학술단체협의회 엮음, 『우리 학문 속의 미국』(한울, 2003).

## 창조적 상상력의 원천으로서의 우리의 경험과 전통

그렇다면 우리 안의 보편성을 발견하는 창조적 상상력의 근거는 어디에서 찾을 수 있는가. 이러한 전환의 원천은 불가불, 우리의 역사, 문화, 전통, 경험, 현실, 삶 그 자체에서 나올 수밖에 없다. 문제는 그러한 우리 현실을 '탈식민화적 보편화'의 관점에서 재발견할 수 있느냐 없느냐이다. 이는 단순히 발견의 차원이 아니라, 우리의 경험과 역사와 문화를 재성찰하는 것으로 획득되고 발명되는 어떤 것이라고 할 수 있다. 자본의 입장에서 보면 한복의 곡선미 속에서 월드카의 디자인을 착상하는 노력일 수도 있을 것이며, 진보적 역사학의 입장에서 보면 우리의 압축형 자본주의 발전 속에서 영국 자본주의 발전에서 발견할 수 없었던 자본주의 발전의 세계사적 진실을 찾아내는 것일 수도 있다.[36]

이미 우리 현실 속에서 변화의 흐름들이, 우리 자신에 대한 새로운 인식들이 다양하게 나타나고 있다. 멀리는 서편제 열풍, 문화유산답사기의 열풍에서부터 가까이는 한국영화의 폭발적인 인기 등에서도 나타나고 있다. 이러한 현상들은 식민화적 사고방식에서 탈식민화적 사고방식으로, 모방적 사고방식에서 창조적 사고방식으로 가는 중요한 첫걸음이라고 생각한다.[37] 그러나 그러한

---

36) 이 점에서 스피박이 이야기하는 것처럼, 마르크스에게서도 아시아적 생산양식은 예외적 범주로 기술된다. 즉, 이것이 '역사 이전 영역, 그래서 이론화되지 못한 영역'(가야트리 스피박, 『포스트식민 이성비판』, 122~124쪽)으로 기술되었다는 점을 상기할 필요가 있다. 하지만 "이론적 차원에서 19세기의 마르크스주의는 비록 그 자신 속에 내재한 유럽 중심주의를 결코 자각하지 못했지만 결과적으로 일련의 '탈중심화' 운동을 촉발하는 계기"가 되었다. 천꽝싱, 『제국의 눈』, 백지운 외 옮김(창비, 2003), 120쪽. 이런 점에서 아시아 마르크스주의자의 과제가 있다면, 마르크스적 방법론의 합리적 핵심을 따르면서도 예외의 범주에 대한 새로운 '탈식민화적 보편화' 분석을 통해서, 마르크스 시대 인류학적·역사적 지평의 제한성 속에서 발견하지 못했던 세계의 유물론적 발전에 대한 인식지평을 넓히는 것이 될 것이다.
37) 현재 한국영화의 아시아화 현상이 존재한다. 이것은 한국적 보편성을 '소재적으로' 드러내 주는 방식이 성공하고 있기 때문이라고 본다. 그러나 인문사회과학과 같이 '인식적·관념적 매개' 과정 — 예컨대 개념이나 이론 — 을 거쳐서 지적 결과가 생산되

60

우리 것의 재발견은 '전통주의'로 돌아가는 것이어서는 안 된다. 어떤 의미에서 '전통주의적으로 규정된 전통'을 뛰어넘는 것이 필요하다. 서구의 것에 대립되는 우리 것이라는 발상을 넘어서서, 우리의 전통과 역사, 경험, 문화를 보편주의적 관점에서 새롭게 재발견해야 한다.

**지구화가 오히려 우리 안의 보편성을 적극적으로 찾는 자세를 요구한다**

민족국가의 경계를 상대화시켜 가고 있는 지구화는 우리 안의 보편성을 적극적으로 찾는 창조적 태도를 우리에게 요구하고 있다. 나는 현재의 지구화라는 것이, 서구적 보편의 전 지구화라기보다는 다양한 비서구적 특성들의 보편화와 지구적 확산이 각축하는 과정으로 파악되어야 한다고 본다. 이런 점에서 보면, 지구화라는 것을 숙명주의적인 과정이 아니라 사회적·계급적·문화적 투쟁의 과정으로 파악할 수 있다.

물론 현재의 지구화는 서구적 패권하에서 진행되고 있다.[38] 여기서 한국이나 비서구적 세계는 지구화의 약자로서 '항변'하는 지위에 있다. 어떤 점에서

---

는 경우에는 그 매개 과정이 식민주의적이기 때문에 탈식민화적 보편화가 이루어지기가 대단히 어려운 것이다.

38) 신자유주의적 지구화는 이런 의미에서 보면 사회경제적 차원만이 아니라 서구적 보편의 패권적 세계화라고 하는 지적 차원을 내포하고 있다. 1970년대에 미국의 몰락이 운위되던 상황을 상기한다면 이는 새로운 의미에서 서구적 패권의 지적 세계화라는 점을 동시에 담고 있다. 물론 이는 앞서도 지적한 것처럼 내적 모순을 담고 있다. 모든 사물은 '대립물의 통일'이며 내적 모순을 가지고 있다는 점을 고려한다면, 이에는 저항의 공간이 내재되어 있으며 그것을 가능케 하는 모순을 내장한 과정이라고 하는 것은 재론할 필요조차 없다. 근대적 질서 속에서 비서구에 대한 서구의 지적 패권이 서구적 특수의 과잉보편화였던 것처럼, 현재도 '포스트근대적' 질서 속에서 새로운 방식으로 서구적 보편 ─ 그 대표적인 것이 바로 글로벌 스탠더드로 표현된다 ─ 이 세계화되고, 그렇게 보편화된 서구적 기준에 비서구가 재종속화되는 과정이 일어난다. 물론 과거 근대적 질서 속에서 영국적 기준이 과잉보편화되었던 것처럼 현재의 팍스 아메리카나적 질서 속에서 미국적 기준이 과잉보편화되고 있다. 현재의 신자유주의적 지구화는 미국적 패권이 작동하는 서구적 보편이 비서구적 질서를 다시 한 번 세계화하는 과정이라고 할 수 있다.

반세계화운동은 이러한 항변의 표현이다. 이는 중요한 출발점이다. 그것은 서구적 지배성의 관점에서 현재의 지구화를 보지 않고 그것을 약자의 관점에서, 비서구적인 관점에서 비판적으로 보는 것을 의미하기 때문이다. 이는 더욱 확산되어야 할 것이다. 그러나 여기서 더 나아가 비서구적인, 그러면서도 지구적 보편성을 갖는 새로운 지향과 대안을 만들어내야 한다. 이는 현재의 지구화의 대안적인 재구성에 대한 주체적 개입자가 되는 것을 의미한다. '주어진' 것으로 지구화를 받아들이는 것이 아니라 그것을 상대화하고 그것을 적극적으로 '재형성'하는 접근을 하는 것이다.

이것은 민족주의와 관련시켜 보면, 지구화에 대한 응전에 있어서 그것을 비판하면서 민족주의로 회귀하는 것이 아니라 새로운 지구적 보편성을 확립해가는 글로벌리즘에 서야 한다. 예컨대 지구화의 과정에서 국경을 넘는 소비자를 확보하면서 지구적 푸드가 많이 나타났다. 물론 현재의 미국과 서구의 패권적 지위를 고려할 때 지구화의 과정은 맥도날드[39]의 지구화의 성격을 내포한다. 서구적 지배는 욕망과 심리의 서구화를 내포하고 있기 때문이다. 지구화의 과정은 미국적·서구적 패스트푸드를 지배적 음식으로 하고 일부의 민족적 음식들 ― 비빔밥, 불고기, 베트남 국수 같은 것들 ― 을 종속적인 음식으로 하는 ― 잡종성(hybridity)이라는 이름으로 ― 서구적 음식문화의 패권적 지구화로 나아가고 있는 것이 현실이다. 이러한 변화가 다층적인 차원에서 역전될 때 진정한 아래로부터의 지구화가 가능하다. 지구화가 역설적으로 이러한 보편적 창조를 요구한다.

지구화[40]를 서구적인 것의 지구화로 보는 사고를 넘어서면, 지구화의 과정은 다양한 비서구적 정체성과 특성에 대한 감수성이 증대되는 과정으로 파악

---

39) 조지 리처, 『맥도날드 그리고 맥도날드화』, 김종덕 옮김(시유시, 2003) 참조.

40) 지구화는 초국적 자본의 '안정적인' 지배의 과정으로 보는데, 자본 간의 전 지구적 경쟁의 격화로 지구화의 과정이 개별 자본에게는 위기의 과정이라는 점이 인식되어야 한다. 이런 점에서 지구화가 신비화되어서는 안 된다. Ellen Meikins Wood, "A Reply to A. Sivanandan," *Monthly Review*, 47-9(February, 1997) 참조.

될 수 있다. 지구화의 과정에서 상이한 문화들 간의 상호관계와 충돌이 증대되기 때문에 자기정체성과 문화에 대한 감수성도 역으로 높아지게 된다. 이것이 이슬람근본주의의 저항처럼 즉자적인 저항으로 나타날 수도 있을 것이다. 그러나 이를 넘어서서 다층적인 차원에서 비서구적·피억압적 정체성과 문화를 보편화하려는 노력이 필요하다. 이러한 노력의 핵심에 바로 우리 안의 보편성을 발견하려는 노력이 있다. 지구화는 역설적으로 지구화시대의 새로운 독창적 상상력의 근거로서 이러한 노력을 요구한다.

문제는 그러한 지구화를 어떤 사고방식으로 대면하는가 하는 것이다. 현재의 우리 사회의 대면 자세는 근대화 시절 우리가 가졌던 식민지적 사고, 모방적 사고방식의 새로운 부활이자 확장이라고 아니할 수 없다. 앞서 서술한 대로, 자본의 입장에서 보더라도 1960~70년대 그것이 성장의 동력이었다면 이제는 역설적으로 그것은 성장의 질곡이 된다. 우리의 것을 탈식민화적으로 재인식하고 그것을 보편적으로 독해함으로써 지구촌 사회가 공유할 수 있는 세계적인 것을 만들어내지 않는 한, 우리는 지적으로 지구촌의 변방에 ─ 경제적으로는 중심일 수 있어도 ─ 남아 있게 될 것이다.

**억압된 정체성의 회복, 비판적 재구성, 그 한 과정으로서의 아시아**

우리 안의 보편성의 발견 과정은 서구적 보편이 규정해 준 정체성에 의해서 '억압된 하위정체성'을 재인식하는 과정이다. 정체성의 회복 과정은 서구에 의해서 구성된 '타자의 눈'으로 우리 자신을 규정하고 인식하는 상태를 벗어나는 것을 의미한다. 타자의 시선으로 자신을 보는 것, 그 자체가 바로 비서구적인 자기 자신의 소외인 것이다. 서구적 보편의 눈으로 자신을 규정함으로써 갖게 되는 후진적이고 야만적인 자기정체성을 탈피하고 서구와의 관계 속에서가 아니라 독립적으로 자기 자신을 규정하는 과정이 필요하다.

한 개인에게는 다양한 정체성이 존재한다. 그러나 그러한 다양한 정체성 중 일부는 주변적인 것으로 혹은 후진적인 것으로 규정되고, 서구적 보편의 눈으로 호명된 정체성이 지배적인 것이 된다. 예컨대 우리에게 친미적 정체성이 지배적이 됨으로써 아시아인이라고 하는 정체성은 억압된다. 자본주의하에서 노동자라는 정체성은 억압된 정체성이 되고, 가부장제적 질서 속에서 여성으로서의 독립적 정체성은 주변화된다.[41]

이런 점에서 우리 안의 보편성을 발견하는 과정은 지배적인 서구적 정체성에 의해서 주변화되고 억압된 정체성을 회복하는 과정이다. 즉, 서구적 보편의 해체 과정은 비서구적 정체성의 회복 과정이다. 이것은 물론 새로운 정체성의 구성 과정이며, 서구화된 욕망체계의 재구성 과정이고, '또 다른 나'를 만드는 것이며, 타자화된 자신의 정체성을 재구성하는 것이다. 이것은 모든 소수자의 정체성에 적용되듯이, 지배에 의해서 호명된 존재를 넘어서서 저항적으로 자신을 구성해 가는 과정이다.[42] 우리 안의 보편성의 발견적 재구성이라는 의미는 이러한 정체성의 차원에도 적용될 수 있다. 즉, 억압된 정체성은 새롭게 재발견하고 새롭게 재구성하는 과정에서 존재하게 되는 어떤 것이다. 따라서 우리 안의 보편성을 찾는 과정은 억압된 주변적 정체성을 저항적으로 재구성하는 것이다.

그들과의 관계로부터 우리 자신을 설명하지 않기 위해서는 그들에 의해 억압된 정체성들을 회복하는 것이 필요하다. 그 한 차원으로서 (동)아시아의 재발견도 존재한다. 이것이 천꽝싱(陳光興)이 이야기하는 '방법으로서의 아시

---

41) 서구 중심적 권력구조와 지식이 비서구적 하위주체를 타자로서 위치지우고 침묵하게 하며 주변화하는 식민화의 과정이나, 남성적 패권질서에서 여성 하위주체들을 침묵하게 하고 주변화시키는 식민화의 과정은 동일한 논리와 구조를 내포하고 있다. 이러한 이중·삼중의 억압을 받는 다양한 하위주체들의 삶을 통해서 지배의 다층적인 복합적 종속성을 밝혀내야 한다.

42) 구성주의적 관점에서 볼 때 노동자 계급은 '연역적 존재'가 아니라 문화적·역사적 구성물이라고 할 수 있다. 에드워드 파머 톰슨, 『영국노동계급의 형성』, 상·하권, 나종일 외 옮김(창작과비평사, 2000). 한국에서도 노동자 계급이 고정적 실체로 존재하는 것이 아니라 노동자들의 목적의식적인 '주체화적 구성 전략'과 대자본에 의한 '탈주체화적 해체 전략'의 각축 속에서 구성된다. 이에 대해서는 조희연, 「'반공규율사회'형 자본주의 발전과정에서의 노동자 계급의 '구성'적 출현」, 이종구 외 엮음, 『1960~70년대 노동자의 생활세계와 정체성』(한울, 2005) 참조.

64

아(Asia as a method)'가 될 것이다.[43] 이는 자민족중심주의를 상대화하는 데 초점이 있지만 동시에 미국적·서구적인 지적 패권 속에서 억압된 정체성을 회복하는 방법론일 수 있다고 생각한다.

아시아의 많은 나라들은 1960년대 이후 개별적으로 미국의 헤게모니 질서에 편입되었고 독자적인 지역적 정체성이 박탈되었다. 아시아가 존재하더라도 그것은 서구에 의해서 구성된 것이었다. 아시아, 극동, 동남아시아 등 모든 범주들, 더 넓히면 서구와 비서구 역시 서구의 시각에서 자의적으로 구성된 근대의 구성물이라고 할 수 있다. 현재 한국을 포함하여 아시아의 많은 나라들은 개별 나라의 수준에서 서구 혹은 그 패권적 중심으로서의 미국에 지적·경제적으로 통합되어 있다. 이러한 친미적 통합 상태를 벗어나서, 우리 내부에 존재하는 또 다른 정체성, 그 일부로서의 아시아적 정체성을 회복하고 그 관점에서 역사와 세계를 다시 보는 노력은 서구적 보편을 해체하는 중요한 과정이 된다. 오리엔탈리즘적·친미적 세계관에 의해서 억압된 아시아를 넘어서서, 새로운 아시아적 정체성을 구성해 내야 한다. 이런 과정을 '아시아의 저항적 재구성'으로 표현할 수 있다.[44]

현재도 위로부터의 정체성의 구성과 아래로부터의 정체성의 구성이 각축한다. 미국의 확장으로서의 아시아냐 미국으로부터 상대적으로 독립적인 아시아냐의 구성 간의 각축이다.[45] 이 과정에서 중요한 것은 서구적 패권, 그 일부로

---

43) 천꽝싱, 「천꽝싱·백영서 대담: 아시아는 '방법'이다」, 『제국의 눈』. 천꽝싱이 이야기하는 '방법으로서의 아시아'는 '자국·자민족주의'를 상대화하기 위한 개념으로서 '서로의 차이를 발견할 뿐 아니라 자신 안의 차이를 발견하는 상대화'의 과정(286~287쪽)을 의미한다. 아시아나 동아시아를 국가연합적인 실체로서가 아니라, 탈국가주의와 탈민족주의로 가는 계기적 준거로서 '방법으로서의 아시아'를 이야기할 수 있다고 본다.

44) Hee-Yeon Cho, "Oppositional construction of Asian identity in the context of the armoured globalization," Prepared for the Conference The Question of Asia in the New Global Order (Duke University, October 1~2, 2004). 인종주의의 또 다른 얼굴로서의 '범아시아주의'(박노자, 『나를 배반한 역사』, 인물과사상사, 2003, 2장)를 넘어서기 위해서는 바로 이러한 저항적 구성의 고민이 필요하다.

45) ASEAN+3의 방향과 관련해 일본의 신보수적 정부는 정확히 전자의 입장에 서 있다.

서의 미국적 패권에 의해 억압된, 비(非)미국적 정체성의 회복이다. 이를 통해서 비로소 아시아가 존재하게 된다. 우리 자신 그리고 세계를 인식할 때 '서구를 거치지 않는' 탈식민주의적 인식 과정이 이러한 아시아의 아래로부터의 구성을 가능하게 한다. 왜냐하면 오랫동안 우리는 서구에 의해서 식민화된 아시아의 일부로 존재했고, 오리엔탈리즘의 프리즘으로 구성된 아시아에 대한 인식이 우리 자신을 규정했기 때문이다.

물론 나는 지구화의 상황에서 아시아는 반드시 공간적인 고정성(fixity)을 의미하는 것은 아니라고 생각한다.[46] 공간적 아시아를 현실적 근거로 하지만 그것은 관계적 구성물이라고 할 수 있다. 지구화의 상황 속에서, 아시아라고 하는 것은 그 자체가 절대적 차원은 아니며, 글로벌한 차원, 국민국가적 차원, 지역적 차원이 다층적으로 상호작용하면서 존재하는 상대적인 것이다. 앞서 서술했듯이 현존 지구화는 서구적 패권의 지구적 확장이 지배적이기는 하지만 내적 균열로 인하여 새로운 공간도 존재한다. 즉, 지구화가 국민국가를 상대화하면서, 국민국가에 의해서 억압되었던 차원이 새롭게 주체화되며, 국민국가를 상대화하는 지역적·지구적 차원이 새로운 의미를 획득하게 된다. 그런 점에서 이러한 지구화가 동반하는 공간에 주목하면서, 지구적 질서에 의해서 규정되는 상호성 속에서 아시아의 저항적 재구성이 필요하다.[47]

---

46) 조한혜정은 "아시아라거나 '아시아 가부장제'라는 단일한 실체는 없다"라고 말하고 있다. 조한혜정, 『성찰적 근대성과 페미니즘』(또하나의문화, 1998), 273쪽. 아시아를 '실체적 개념'으로서 바라봐서는 안 되지만, 동시에 오리엔탈리즘의 지평을 넘어선 지점에 구성적 개념으로서의 아시아가 존재할 수 있다고 생각한다.

47) 여성주의적 시각에서 비슷한 문제의식을 갖는 태혜숙은 "한국의 여성현실을 해명하는 지식을 창출하기 위해서 한국 자체에 머물러서도 안 되며, 서구 중심적 현실인식에 기반을 둔 서구이론에 머물러서도 안 된다고 생각한다. 한국의 특수한 여성현실과 좀더 직접적으로 관련되는 동아시아적 지평을 구체화할 필요가 있다고 본다"고 말하고 있다. 태혜숙, 『한국의 탈식민 페미니즘과 지식 생산』, 263쪽.

## 4. 자기긍정으로서의 우리 안의 보편성과 그 이중성

우리 안의 보편성을 적극적으로 재인식하는 과정은 '자기긍정'의 과정이다.
앞서도 이야기했듯이 스스로 자신을 능멸하고 다음에 타인이 그 사람을 능멸
하게 된다. '박정희 신드롬' 같은 경우도 —과거의 국가주의적 발전모델에 대한
향수, 그를 통해 경제적 고통으로부터 벗어나고자 하는 '허구적인' 열망들이 존재하고
있기는 하지만— 압축적 근대화를 통한 고도성장을 긍정하고자 하는 것이다.
우리의 근현대사를 돌아보면 자주적인 근대화의 좌절, 식민지로의 이행, 주체
적 힘에 의한 해방의 미(未)성취, 해방 이후의 내전에도 불구하고, 개발독재시
기와 민주화시기를 거치면서 —결과의 측면에서 보면— 산업화, 민주화, 시민사
회 발전 등의 측면에서 괄목할 만한 성과를 만들어낸 것이 사실이다. 우리
안의 보편성은 바로 이러한 자기긍정의 욕망과 연결되어 있다. 우리 사회에는
이러한 자기긍정의 욕구가 강력하게 존재한다. 이러한 자기긍정은 관성화된
식민지적 욕망과 그 반대현상으로서의 자학적 콤플렉스로부터 벗어나는 사회
심리적 과정이다. 이것은 온전한 것은 아니지만, 지적 식민주의의 이면으로서
의 자학적 심리를 넘어서는 하나의 계기로서 인정할 수 있다.[48]

문제는 무엇을 긍정할 것이며 무엇을 긍정의 근거로 삼을 것인가 하는
것이다. 나는 보수적 긍정과 진보적 긍정의 경쟁이 존재한다고 생각한다. 우리

---

48) 역설적이게도 한국 사회에서 시민사회와 사회운동의 역동성과 전투성은 이러한 자기긍
   정보다는 비판의 심리를 촉진시키는 데 일조하여 온 것도 사실이다. 비판을 위해서는
   국가와 권력을 지속적으로 '이상적인 상태에 못 미치는' 문제대상으로 규정해야 한다.
   모든 경우에서 비판은 현실에 대한 부정을 상징한다. 그러나 문제는 이러한 비판이
   현존하는 지적 식민주의와 결합되면서 '서구적 기준에 못 미친다'고 하는 방식으로
   자기비하적 인식을 재생산한다는 점이다. 이것은 '의도하지 않은' 결과이지만, 좌파적
   저항성이 서구적 준거를 다른 방식으로 재생산하는, 우리 사회의 지적 식민주의의
   정서와도 공존하면서 존재할 수 있다는 것을 성찰하는 것도 필요하다. 이제 서구적
   보편의 틀에서 비판의 준거를 찾는 것이 아니라, 우리 내부에서 비판의 준거를 찾는
   탈식민주의적 진보성이 요구된다.

사회 일각에서 박정희를 긍정하고자 하는 현상이 보수적 긍정의 욕구를 대변하고 있다면, 다른 의미에서 진보적 긍정의 욕구와 지향도 존재할 수 있다고 본다. 전자와 관련해서는 새마을운동에 대한 긍정에서부터 박정희 신드롬 등의 여러 형태가 존재하지만, 진보적 긍정이라는 것은 전혀 미답(未踏)의 행위라고도 할 수 있다. 왜냐하면 진보는 언제나 보수적인 지배, 반공주의, 분단, 독재 등을 비판하고 부정하는 속에서 존재해 왔기 때문이다. 보수는 긍정하고 진보는 부정하는 구도에서 보수적 긍정과 진보적 긍정 간의 경쟁이 추가되어야 한다.[49]

87년 체제가 민주주의 혹은 민주개혁이라는 시대정신을 헤게모니적인 것으로 만들었다면 헤게모니가 비판만으로 재생산될 수 없기 때문에 진보 역시 이러한 '긍정의 도전'을 받고 있다고 생각한다. 예컨대 87년 체제하에서의 민주개혁을 둘러싼 진통을 부정적으로 보는 것이 아니라 긍정적으로 볼 때, 우리는 위로부터의 지배의 저항에도 불구하고 혹은 기득권 세력의 저항에도 불구하고, 아래로부터의 민중의 주체화에 의해서 독재적 지배가 균열되고 과거청산을 위한 노력이 일정한 성공을 거둔 예로 볼 수 있다. 나는 우리의 과거청산 모델을 남아프리카의 '타협적인' 진실과화해위원회 모델보다도 더욱 진일보한 것이라고 생각한다. 특히 1987년 6월 민주항쟁이 구독재체제를 '불철저하게' 타파했음 — 그래서 과거청산도 불철저할 수밖에 없었다 — 에도 불구하고 그 이후 끊이지 않는 아래로부터의 투쟁을 통해서 현재와 같은 수준의 과거청산 법제화가 이루어졌다. 이에는 400여 일이 넘는 유가협(전국민족민주유가족협의회) 부모님들의 고통어린 투쟁과 인권운동단체들의 불굴의 노력들이 존재한다. 우리의 내부적인 사회적 관계 속에서 불철저함과 한계를 명백히 가지고 있지만, 우리의 과거청산 투쟁 과정은 다른 많은 아시아 국가들이

---

49) '서발턴이 말할 수 있는가?'라는 질문에 긍정적 대답이 가능하려면 하위주체들 자신의 — 패권적 주체와 단절된 — 언어·시각·준거가 필요하다. 나는 이러한 것들이 가능하기 위해서는 '오만한' — 진보적 — 자기긍정을 해야 한다고 생각한다. 가야트리 스피박, 「하위주체는 말할 수 있는가?」, 태혜숙 옮김, ≪세계사상≫, 4호(1998).

전범으로 삼을 수 있는 '보편적인' 요소들을 가지고 있다. 이런 점에서 우리의 헌신적이고 치열한 민주화 투쟁, 1987년 6월 민주항쟁, 1987년 이후의 치열한 민주개혁 투쟁을 통해서 성취되어 온 민주주의와 인권 발전의 적극적인 측면들을 긍정할 수 있다고 본다. 이것은 우리의 문제를 특수적 시각이 아니라 보다 보편적인 시각에서 접근하되 그것을 진보적 시각에서 수행하는 것도 가능하다는 것을 의미한다.[50] 여기서 보수적 긍정이 민족주의적 폐쇄성이나 국수주의적 경향을 강력히 내포하고 있다면, 진보적 긍정은 민족주의적 폐쇄성을 뛰어넘는 글로벌리즘에 기초해야 한다.

---

50) 우리 안의 보편성의 하나의 예로 오마이뉴스 같은 매체의 출현을 들 수 있다. 오마이뉴스 인터내셔널판이 만들어지고 오마이뉴스 저팬(Ohmynews Japan)이 만들어지는 과정은 진보적 긍정에 기초한 우리 안의 보편성 구현의 흥미로운 예를 보여주고 있다. 엘리트주의적 전문기자만이 기자가 아니라 '시민이 기자다'라는 모토에서 출발한 오마이뉴스의 '해외진출'은 분명 우리의 치열한 현실 속에서 만들어진 진보적이면서도 동시에 보편적 요소가 해외에서도 주목을 받게 된 경우라고 생각한다(미디어자본의 해외진출의 의미로도 볼 수 있을 것이고, 오마이뉴스의 정치적 성격을 문제 삼는 입장도 있겠지만). 나는 바로 이러한 우리 속의 진보적이면서도 보편적인 요소들을 새로운 시각에서 주목해야 한다는 것을 강조하고자 하는 것이다. 그런데 독도문제와 같이 한일 간의 치열한 갈등사안이 벌어졌을 때 오마이뉴스 저팬이 반영하는 일본의 시민적 시각과 오마이뉴스 한국이 반영하는 한국의 시민적 시각이 분명 갈등하는 것으로 나타날 수 있다. 이것은 물론 예외적이고 다양성이라는 이름으로 우회할 수 있다. 그러나 나는 우리 안의 보편성의 진정한 의미는, 일본의 참여적 시민과 한국의 참여적 시민의 시각의 갈등을 넘어서는, 탈민족주의적 보편성을 갖는 내용을 우리 안에서 찾아내고 구성해 내는 데 있다고 생각한다. 나는 앞에서 우리가 추구하는 새로운 보편성은 진정한 민중적 보편성이라는 것을 언급한 바 있다. 이것은 국민국가적 질서 내에서만, 혹은 패권적 시각의 지평 위에서만 보편성을 갖는 것이 아니라, 국민국가를 넘어서 또한 하위주체의 시각에서도 의미를 갖는 보편성이라고 할 것이다. 오마이뉴스의 경험을 통해서 우리 안의 보편성을 이야기한다면 시민참여적인 인터넷언론의 '방법론'을 수출하는 단계를 넘어 시민참여적 인터넷언론이 국경을 넘는 보편적인 시각과 관점을 구성해 갈 수 있느냐 하는 것이 과제라고 해야 할 것이다.

## 피억압자가 '자애로운 억압자'가 될 수 있는가

자기긍정의 노력은 우리 안에 존재하는 보편적 측면들을 적극적으로 실현하려는 규범적 지향 및 실제적 노력으로도 나타날 수 있다. 즉, 우리 안의 보편성은 역사적·현재적·발견적 구성 과정이기도 하지만 미래적인 구성 노력으로도 연결될 수 있다는 것이다. 우리의 '특수'한 투쟁과 진통 속에서 '우리 안의 보편성'을 적극적으로 파악하되 그것을 미래지향적으로 실현하려는 노력을 해야 한다고 나는 생각한다.

특수주의적 시각에 서면 당연히 민족주의적 관점에서 문제를 보게 되고, 특수한 그 문제의 해결에 집중하게 된다. 그러나 보편주의적 시각에 서면, 그러한 특수한 사례를 통해서 나타나는 보편성의 관점에서 다양한 다른 특수한 사례들을 자기 문제로 끌어안을 수 있다. 예컨대 우리의 민주개혁, 과거청산, 인권 발전과 그를 둘러싼 진통의 적극적인 측면을 보다 보편적인 시각에서 파악하면서 국경을 넘어서—특히 아시아의 차원으로—이러한 보편적 측면을 확장하는 노력을 할 수 있다.

1987년 6월 항쟁과 같은 '민주적 항쟁'을 경험하고 민주주의 이행을 진행하고 있는 많은 후발 아시아 민주화 국가들과 비교하여 볼 때 한국의 민주개혁은 상대적으로 진일보한 측면을 가지고 있고 이들 국가들과 비교 준거할 수 있는 내용들을 가지고 있다. 이런 점에서 우리의 민주개혁 안에서의 보편성을 적극적으로 파악하면서 이러한 보편적 시각에서 아시아의 많은 후발 민주화 국가들의 반민주주의적·반인권적 주제들을 우리의 문제들로 수용하면서 협력하고 지원하는 초국경적 연대노력을 할 수 있을 것이다.

이처럼 우리 사회의 민주개혁 과정의 진보적 측면들을 더욱 긍정하고 발전시키고 동일한 아시아 사회의 문제에 헌신적인 연대자가 됨으로써, '아시아에서 도덕적으로 존경받는 나라'로 나아갈 수도 있다. 일본의 경우에서 보듯이, 경제적 성장을 통해서—우리 사회의 보수세력이 주장하듯이—도덕적으로 존경받는 나라가 되는 것은 아니다. 오히려 이러한 민주주의와 인권 발전의 선도성을 통해서 아시아에서 존경받는 나라가 될 수 있는 가능성이 존재한다. 예컨대 앞서 언급했듯이 광주항쟁의 정신을 보편화함으로써, 아시아의 많은 학살사건의 진상을 규명하는 범아시아적 노력을 지원하고 선도할 수도 있을 것이다. 과거청산을 '친일파' 청산으로만 보거나 광주학살의 진상규명을 신군부 세력이나 구집권 세력의 처벌의 관점으로만 볼 것이 아니라, 많은 아시아 나라에서 전개되었던 식민주의의 유산이나 포스트식민주의적인 폭력적 국가범죄를 극복하기 위한 보편적인 운동으로 파악해 낼 수도 있을 것이다. 나아가 한국군의 '베트남 양민학살'이라는 '과거'를 청산하는 「베트남 특별법」 같은 것을 만들어 '미군의 양민학살'만이 아니라 '한국군의 양민학살'도 성찰해 낼 수 있을 것이다. 광주학살을 유일무이한 전두환 일당의 '특수적' 사례가 아니라 국가폭력에 의한 '보편적' 학살의 특수한 하나의 사례로 파악할 때 1965년 수하르토 집권 시 자행된 공산주의자를 비롯한 대규모—백만 명에 이른다고 하는—의 학살도 우리의 문제로 끌어안을 수 있을 것이다. 이는 우리의 특수한 사례들과 다른 많은 국민국가들의 특수한 사례들을 관통하는 보편적 측면을 통찰하는 노력이며, 이것이 보편적 독해의 태도일 것이다. 이런 보편적 독해의 노력 속에서, 우리의 특수적 이슈와 투쟁 속에 내재한 아시아가 공감하는, 세계가 공감하는 보편적 메시지가 전유될 수 있을 것이다. 이런 관점에서 보면, 광주가 아시아 '망명자의 피난처' 도시로 되기 위한 노력도 가능할 것이며, 많은 아시아 나라들에서 국가폭력에 의해 죽음의 위협을 받거나 살해된 시민사회운동가들을 지원하기 위한 한국운동공동체 전체의 공동연대활동도 가능할 것이다. 버마의 독재정권과 유착한 코카콜라를 대학 내에서 판매금지시키기 위한 캠페인이 미국 대학가에서 일어났던 것처럼, 한국에서도 버마 독재정권과 유착하여 대형 이권사업에 끼어든 국내 기업들에 대한 규탄운동을 전개할 수 있을 것이다. 아시아에서 최초로 인권외교를 수행하는 나라가 되고, 원내 자유무역을 증진하기 위한 방안이 토의되는 아펙(APEC) 회의장에서 아시아의 민주주의와 인권 발전을 위한 프로그램 개발을 주창하는 나라가 되는 것도 상상해 볼 수 있다.

이러한 노력은 단순히 국제연대 혹은 협력활동을 넘어서서, 아시아적 차원의 민주주의와 인권의 규범과 구속력 있는 초국경적인 보편적 규범과 레짐 (regime)을 만드는 노력으로도 나타날 수 있다. 전 세계의 여러 지역 중에서 최소한의 지역적인 인권규범이 존재하지 않는 곳은 아시아밖에 없다.[51] 한국의 내부적 인권 발전을 넘어서서, 아시아적인 인권규범을 만들려는 노력을 국가적·시민사회적 차원에서 진행하고 이를 구속력 있는 것으로 만들려는 노력도 진행할 수 있다. 나는 한국의 국가인권위원회가 — 조사권이나 법적 구속력의 측면에서 제한성이 있다고 하더라도 — 세계적으로 모범적인 위원회라고 생각한다. 시민사회의 인권 발전 노력이 제도화되고 국가화된다고 하는 우려가 생길 정도로 상대적으로 국가인권위원회가 인권 발전에 긍정적인 역할을 행하고 있기 때문이다. 이를 통해 아시아의 다른 나라에서 강력한 도덕적·실제적 규정력을 갖는 국가인권위원회 설립을 촉진하기 위한 초국경적 지원캠페인도 가능하고 국가인권위원회의 협력모델을 만들 수도 있을 것이다.[52] 이러한 활동들을 통해, 아시아의 많은 신생 민주국가들에 대해 민주주의와 인권 발전

---

51) 도널리(Jack Donnelly)는 인권규범을 선언적 체제(declratory regime), 증진적 체제 (Promotional regime), 수행적 혹은 시행적 체제( implementation or enforcement regime)로 구분하면서, 아시아를 제외한 여타의 지역들에 비록 수준의 차이는 있으나 지역적 인권 레짐이 존재하는데, 아시아에서만 최소한의 선언적 체제도 존재하지 않는 다고 주장하고 있다. Jack Donnelly, "International Human Rights: A Regime Analysis," *International Organization* 40-3(Summer 1986), pp.592~642. 그의 연구에 서 홍미로운 점은, 유럽 인권 체제의 초기 정착과정에서 남유럽 등 당시의 신생 민주국 가들이 적극적이었다는 점이다. 국내적인 보수세력의 저항 속에서 민주주의와 인권을 진척시키고자 하는 신생민주국가들의 신집권층이 자신들의 기반을 강화하기 위해서 또한 자신들의 국내적 기반에 대한 국제적인 정당화를 위해서도 지역적 인권 체제의 구축에 적극적이었다는 것이다.

52) 예컨대 국가인권위원회의 설치 같은 경우도 마찬가지이다. 국가인권위원회를 국가기구 로 할 것인가 민간기구로 할 것인가 하는 '지루한' 논쟁들이 있었다. 검찰과 반대세력들 의 저항에도 불구하고 인권운동들의 오랜 고투로 인하여 국가기구로 설립되었고 우리 의 인권운동의 성과 위에서 국가기구는, 예컨대 조사권이 없다는 한계에도 불구하고 여타의 국가기구에 대해서 '도덕적 규정력'과 일정한 구속력을 갖는 기관으로 정착해 있다.

을 위한 기술적·경제적·정치적 지원을 행할 수 있을 것이다. 민주노총이 한국의 노동문제만이 아니라 범아시아적 차원의 노동권과 사회적 권리를 위한 초국경적인 운동 주체자가 될 수도 있을 것이다. 이러한 민주주의와 인권 발전을 위한 노력을 초국경적으로, 아시아적 차원으로 확장하려는 노력은 우리 현실의 적극적 긍정이자 그것의 보편적 파악과 실현노력이라고 할 수 있다.

한편, 과거의 피억압민족이 준(準)제국주의적 민족으로 되어가고 있는 상황에서, 한국이 '세계무역 12대 대국'이 되고 한국의 '다국적' 대자본이 글로벌 경영을 전면화하고 있는 상황에서, 과연 한국이 과거의 제국주의적 민족의 경로와 다른 경로를 걸을 수 있느냐 하는 문제가 제기될 수 있다. 과거의 피억압자가 자신의 피억압의 경험을 억압자의 지위에서도 성찰적으로 견지할 수 있는가, 더 나아가면 과거의 피억압자가 '자애로운 억압자'가 될 수 있는가 하는 물음이다. 물론 이는 궁극적으로 불가능하다. 지구화되고 있는―그 내부에서 복잡한 위계적 상호관계를 가지고 있는― 현재의 '제국'적 질서에서 한국은 제국적 착취와 억압 질서의 유기적 일부로 되어가고 있다. 따라서 그러한 복합적인 착취와 억압은 다층적인 하위주체들의 초국경적 연대를 통해 극복해 가야 할 것이다. 그럼에도 불구하고 나는 일국적 민주주의의 수준에 따라서 제한된 차이를 나타낼 수 있다고 본다. 20세기 초반 서구의 제국주의적 전쟁 과정에서 노동자 계급과 그 정치세력이 민족주의적 '조국방위전쟁'에 동원되었던 것을 고려한다면―물론 이 폭 또한 제한적이기는 하지만― 국민국가 내부의 민주적·진보적·인도주의적 세력들이 민족국가의 정치권력과 자본권력의 착취성과 억압성을 통제하고 체현시키려고 하는 노력은 정당하다고 할 수 있다. 일본 국민의 재일교포에 대한 태도에 비해서 한국 국민들의 외국인노동자와 정주(定住)외국인에 대한 태도가 상대적으로 더욱 인간적일 수 있도록 하는 것, 예컨대 그들을 권리의 주체로 받아들이는 정도가 상대적으로 개방적일 수 있도록 하는 것은 제한적이지만 의미가 있다고 하겠다.[53] 실제 근대 세계체제의 역사에서 피억압국가가 준(準)억압국가로 전화되는 경우도 예외적인 경우라고 해야 할 것이기 때문에, 피억압자의 경험이 준억압적 행위에 영향을 미칠 수 있도록 노력하는 것은 예외적으로 의미 있다고 하겠다.[54]

## 우리 안의 보편성과 '우리 안의 파시즘'

이를 위해서는 우리 안의 보편성 발견 노력이 우리 안의 파시즘[55]을 인식하는 과정과 동시에 진행되어야 한다. 그러하지 않을 때 그것은 이중적이거나 자기기만적일 수 있다.

우리 안의 보편성을 발견하려는 사고방식은 분명 자학적(自虐的)인 자기정체성에서 자긍적(自矜的)인 정체성을 갖는 것이다. 2002년 붉은악마 현상을

---

53) 민주주의의 원리를 국민국가의 경계를 넘는 방향으로 확장시켜야 하는 과제에 대해서는 다음을 참조. 조희연, 「지구촌 민주주의와 국민국가 민주주의의 대안적 원리 탐색: 민주주의의 지구적 확장이냐 민주주의의 지구적 허구화냐」, ≪황해문화≫, 49호(2005년 겨울호).

54) 일본은 현재에도 자신들의 식민지 경영이 식민지에 긍정적인 결과를 가져왔다고 항변한다. "타민족을 점령하여 식민지로 만들고 식민지 경영을 하는 것이 식민지 민중에게 좋은 일이었다"고 하는 언술은 자폐적인 민족주의적 소통공간에서는 의미를 가질지 모르지만 초국경적 소통의 공간에서는 난센스에 해당한다. 하나의 언술이 가진 민족 내적 의미와 민족 외적 의미의 '괴리의 폭'이 극대화되어 있다는 것은 그만큼 민족 내적 언술이 초국경적 보편성을 갖지 못한다는 것을 의미한다. 사실 모든 민족주의적·국가주의적 소통은 이러한 괴리를 내장하고 있다. 어떤 의미에서 이러한 괴리의 폭을 최소화해 가는 것이 보편성을 획득해 가는 것이라고 할 수 있을 것이다. 이러한 것을 반드시 민족 간의 관계만이 아니라 민족 내부의 패권집단과 하위주체들의 관계에서도 적용할 수 있을 것이다. 반독재세력이 자신들이 싸웠던 독재세력의 '미덕'을 넘어설 수 있는가 하는 물음도 제기할 수 있다. 1987년 6월 민주항쟁 이후 우리 사회의 지배적인 시대적 요청이 민주주의 혹은 민주개혁이 되면서 반독재민주세력은 어떤 의미에서 헤게모니적 지위를 가졌다고 할 수 있다. 그러나 이 반독재민주세력이 포스트민주화 시대에 그리고 신자유주의적 지구화의 시대에 과연 미덕을 갖는 집단으로 존재할 수 있는가 하는 질문이기도 하다.

55) '우리 안의 파시즘'은 ≪당대비평≫과 권혁범·임지현 외, 『우리 안의 파시즘』(삼인, 2000) 등을 통해서, 정치경제적 체제의 모순에 저항하면서 간과된 사회문화적·생활세계적 억압성, 나아가 저항, 운동, 진보 내부의 성찰적 문제점을 쟁점화하고자 했던 흐름이자 화두이다.

상기해 보자. 붉은악마 현상은 외국인의 눈으로 보면 이상할 정도로 민족 전체가 집단주의적인 열광을 하는 것으로 비춰졌다. 당시에 일부 인권단체에서는 '국가주의'와 파시즘을 우려하는 시선을 보내기도 했다. 나는 붉은악마 현상을 그렇게 규정하는 것은 경고의 의미로서는 의미가 있지만 현 단계의 성격에 대해서는 '과잉규정'이라고 생각한다. 현재의 논의의 맥락에서 보면 이는 자기긍정, 새로운 자기발견에 대한 집단적 열광이자 환호 같은 성격이 지배적이라고 생각한다. 일종의 자학적 민족주의 — 피억압민족의 민족주의에는 저항성이 존재하지만 이러한 자학성도 내재해 있다 — 에서 자긍적 민족주의로의 전환심리가 존재한다. '월드컵 4강'의 모습은 우리의 자기정체성 속에는 존재하지 않던 것이었다. 이것은 새로운 자긍의 모습이었다고 생각한다.

그러나 문제는 바로 그러한 자기긍정에 내재한 '우리 안의 파시즘'적 요소에 대한 성찰이 함께 가지 않으면 그것은 일부 인권단체가 예방적으로 규정한 '국가주의'와 파시즘으로 갈 수 있는 잠재력이 존재하며 실제 그런 요소가 강력하게 있다는 것이다.[56] 독일의 게르만주의적 우월성에 대한 인식이 유태인 집단학살을 낳는 인종적 우월주의로 갔던 점을 상기한다면 이는 단순히 우려만은 아니다. '서구=문명, 비서구=야만'이라고 인식했던 오리엔탈리즘적 인식 프레임도 사실은 서구적 문명 속에 야만성이 동시에 내재하는 것으로 파악했어야 옳았다. 우리가 새롭게 구성하고자 하는 우리 안의 보편성 역시 야만성을 이면으로서 내장하고 있는 것으로 인식해야 한다. 그래야 서구적 근대 프레임의 자기성찰성 부재(不在)를 넘어서는, 성찰성을 갖는 보편성 인식으로 갈 수 있다.

그러한 성찰 역시도 우리 안의 보편성에 대한 인식의 매개를 통해서 이루어질 수 있다. 즉, 그것은 피억압민족으로서의 우리 자신에 대한 역사적 경험과 감수성을 올바로 가져가는 것이다. 즉, '피해자이면서 가해자가 될 수 있다'고 하는 인식을 보다 적극적으로 파악해 내는 것이다. 그래야만 현재의 '한류'가

---

56) 이러한 국가주의적 잠재력에 대해서는 박노자, 『당신들의 대한민국』(한겨레신문사, 2001), 3부 참조.

문화적 패권주의가 아니라 아시아 동반주의의 새로운 문화적 차원을 여는 것이 된다. 피억압민족으로서의 동질성, 비서구적 정체성의 회복으로서의 한류가 되지 않을 때, 이는 한국 문화자본의 아시아 진출의 현상, 그 이상도 이하도 아닌 것이다.

이상적으로 본다면, 우리 안의 보편성을 발견해 가는 정도만큼 우리 안의 파시즘을 인식하고 나아가 우리 스스로를 도덕적으로 존경받을 수 있도록, 많은 신생 민주주의 국가들이 한국의 전범을 따를 수 있도록 하는 모범적 모습들을 구현하려는 노력이 뒤따라야 한다.

이를 위해서는 민족국가질서를 뛰어넘는, 우리 자신을 도덕적으로 존경받는 공동체와 개인으로 만들어가려는 노력이 필요하다. 여기서 자연스럽게 탈민족주의적 시각, 또한 민족국가 내의 패권적 집단을 뛰어넘는 시각이 필요하다. 이런 점에서 우리 자신을 보면, 무수한 '우리 안의 파시즘'적 잠재력을 가지고 있다. 전 세계에 수많은 화교가 존재하지만 우리 사회처럼 화교공동체가 '억압'당한 나라는 없다. 일본인의 재일교포 차별에 대해서는 분노하면서 우리 사회의 외국인노동자나 정주외국인에 대한 배타적 태도가 지속되는 이중성에 대한 성찰이 없는 한, 또한 일본이 1960~70년대 경제성장의 풍요 속에서 — 일본문화의 아시아화 현상이 존재했음에도 불구하고 — '경제적 동물'로 혹은 추잡한 기생관광의 나라로 비난받았던 것을 회상해 보면, 현재의 한국이 1960~70년대 일본의 전철을 그대로 밟게 될지도 모른다. 우리는 베트남이나 많은 아시아 국가에서 이미 '추잡한(dirty) 한국인'이 되고 있다. 한국전쟁기의 미군 만행에 대해서 분노하지만, 베트남 전쟁에서의 한국군의 만행에 대해서는 쟁점화하는 것 자체도 분노하는 개인과 집단이 많다. 이런 점에서 우리의 민주주의와 인권 발전의 역사적·현재적 긍정은 그러한 발전에도 불구하고 그 이면에 존재하고 있는 반(反)민주주의적이고 반인권적인 측면을 성찰적으로 극복해 가는 미래적 노력과 함께 진행되어야 한다.

여기서 우리 자신의 폐쇄적 민족주의(혹은 가족주의) 혹은 폐쇄적 집단주의, 나아가 패권주의를 개방적으로 성찰하는 것은 중요한 출발점이 된다. 특정한 방식으로 구조화된 우리들의 집단주의를 성찰적으로 변화시켜야 한다. 파시즘의 구조적 프레임이 엄존하는 일본(천황제)에 비해, 파시즘의 유산을 적극적으로 극복하고 ─ 한편에서 여전히 파시즘에 대한 향수가 존재하지만 ─ 있는 한국은 이러한 성찰적 전환의 '정치적 공간'이 더욱 크다고 할 수 있고, 이러한 공간을 잘 활용하면서 우리 스스로를 변화시키려는 노력을 공론화해 가야 한다고 생각한다. 그럴 때 우리 안의 보편성 발견은 서구의 파시즘적 전철을 밟지 않을 수 있다.

## 5. 맺으면서 : 개념적 주체화와 이론적 주체화

이상에서 나는 지적·학문적 식민주의를 넘어서는 지적·학문적 주체화가 한편에서 서구적 보편의 특수화와 상대화를 통해, 다른 한편에서 우리 안의 보편성을 발견적으로 구성해 감으로써 이루어진다는 점을 지적했다. 서구적 보편을 상대화하는 과정이 탈식민주의적 천착이나 종속이론, 오리엔탈리즘 비판 등 다양한 이론적 흐름 속에서 전개되었으나, 우리는 여기서 더 나아가 우리의 역사, 문화, 현실, 운동, 삶 그 자체 속에 내재해 있는 보편적 측면들을 발견해 내는 작업이 중요함을 지적했다. 이러한 우리 안의 보편성은 선재(先在)하는 어떤 것을 발견하는 것이 아니고 창조적으로 구성하는 과정임도 지적했다. 그리고 이러한 우리 안의 보편성 발견은 자기긍정의 과정임도 지적했다.

글을 맺으면서, 나는 지적 주체화의 일부로서 특별히 학문 주체화의 다층적 과정을 제시하고자 한다.[57] 앞서 우리 안의 보편성을 발견하기 위해서는 우리

---

57) 여기서는 주체화의 문제를 인식론 차원에서 제기하고 있는 셈이다. 그러나 지적·학문적 주체화의 과정은 식민주의적 학문재생산 및 지식 생산의 제도 자체를 개혁하는 노력과 함께 가야 한다. 예컨대 한국 인문사회과학의 현실을 보면 국내 인문사회과학 대학원이 고사(枯死)되어 가고 있으며, 학문 연구자가 되기 위해 미국으로 유학을 가는 과정이 고착화되어 있다. 이는 지구화의 현실이나 앞서 서술한 당위적 방향을 고려할 때 우려되는 바가 아닐 수 없다. 학문 주체화를 위한 제도개혁 방안에 대해서는 신정완, 「주체적

자신의 경험과 역사, 문화에 대한 보편적 독해가 필요함을 지적했는데 — 구체적인 학문적 작업이라는 차원에서 — 이러한 보편적 독해의 과정은 다음과 같은 여러 가지 차원에서의 다층적인 주체화를 통해서 가능하다고 생각한다. 즉, 소재적 종속과 그에 대응하는 소재적 주체화, 개념적 종속에 대응하는 개념적 주체화, 이론적 종속에 대응하는 이론적 주체화, 방법론적 종속에 대응하는 방법론적 주체화가 그것이다.

소재적 종속은 연구대상이 되는 소재 자체가 서구적 이론 틀이 잘 적용될 수 있는 것으로 선정되는 것을 의미한다. 이런 점에서 보면, 한국적 특수성을 적절히 드러내는 소재 자체를 선정하고 이를 통해서 한국적 현실의 특수성을 올바로 드러내려는 노력을 소재적 주체화라고 표현할 수 있다. 사실 동양적 소재를 선택하면 할수록 비서구적 특수성을 강조하는 방향으로 연구가 진행될 수밖에 없다. 이런 점에서 주체화의 가장 낮은 단계는 소재적 주체화라고 할 수 있다. 다음으로 개념적 종속이라고 할 때 서구의 개념을 수입함으로써 우리 현실을 그러한 개념에 비추어 경험적으로 분석하는 것을 의미한다. 개념적 주체화는 우리의 현실의 특수성을 보편적으로 파악하는 개념들을 개발하고 그를 통해서 한국의 특수성을 올바로 보편화하는 것을 의미한다. 이론적 종속은 서구적 이론을 보편적인 것으로 수용하고 이를 유일무이한 틀로 수용하는 것을 의미하며, 반대로 이론적 주체화는 우리 현실에서 출발하여 이를 기초로 한 주체적인 이론 틀의 정립단계로 나아가는 것을 의미한다. 마지막으로 방법론적 종속이라고 할 때 이는 서구의 방법론에 무비판적으로 의존하는 것을 의미하는데, 반대로 방법론적 주체화는 우리의 현실을 올바로 드러낼 수 있는 방법론을 새롭게 개발하는 것을 의미한다.

이러한 다층적인 종속에 대응하는 다층적인 주체화가 바로 학문 주체화의 경로라고 생각한다. 우리의 보편적 독해는 이러한 여러 차원 모두에서 학문적 주체화의 인식론적 방향이 되어야 할 것이다. 먼저 소재적 주체화의 차원에서

학자 양성의 필요성과 방안」, 학술단체협의회 엮음, 『우리 학문 속의 미국』(한울, 2003) 참조.

우리에게 많은 가능성들이 주어지고 있다. IT 분야에서 한국의 첨단영역들이 등장하고 있고 이것은 단순히 자연과학적인 영역뿐만 아니고 인문사회적인 주체적 소재영역을 우리에게 제공하고 있다. 소재 자체의 차이가 우리의 학문적 주체성의 가능성을 제고하는 하나의 통로인 셈이다. 문제는 우리가 서구와 다른 우리 현실의 상이성을 상이한 학문적 소재로서 재인식해 내서 드러내느냐 못하느냐에 달려 있다.

그러나 다층적인 종속에 대응하는 다층적인 학문 주체화에 있어서 개념적 주체화가 특히 중요하다. 개념적 주체화는 이론적·방법론적 주체화로 가는 중요한 징검다리이다. 지적 주체화는 비서구적인 종속적 주체들이 '말할 수' 있도록 하는 언어적 도구라고 할 수 있을 것이다. 개념적 종속은 우리의 현실을 반영하는 주체적인 개념화를 성취하지 못하고 서구적 개념을 수용하여 그러한 서구적 개념에 맞추어 우리의 현실을 '꿰어 맞추는' 일련의 지적 태도로 나타나기 때문이다. '식민지성이란 자신의 문제를 풀어갈 언어를 갖지 못한 상태'라고 할 때, 당연히 개념적 주체화는 바로 우리의 현실의 차별성에 부응하는 개념 개발로 나타나게 된다. 특수적 개념이면서도 '우리 안의 보편성'을 재확립하는 통로가 되는 개념의 개발이 필요하다. 물론 이러한 개념 개발은 '차이'를 드러내는 것만이 아니라 서구적 개념을 통해서 보지 못했던 현실의 새로운 측면을 포착할 수 있게 하는 것이어야 한다. 이러한 개념적 주체화를 위한 노력이 축적되면서 이론적·방법론적 주체화를 앞당길 수 있다고 생각한다. 개념적 주체화와 이론적 주체화를 통해서, 서구적 개념에 의해서 포착되지 않는 인간 사회의 일반적 측면이 새롭게 조명될 수 있을 때 이러한 개념적·이론적 주체화는 의미를 갖게 될 것이다. 결국 인문사회과학은 인간과 사회의 실재를 총체적으로 파악하기 위한 노력의 과정이기 때문이다. 우리 안의 보편성을 파악하고자 하는 보편적 독해의 실험들이 학문 주체화의 다층적인 차원에서 전개됨으로써 지적 식민주의의 그늘이 거두어질 수 있다고 나는 굳게 믿고 있다.

# 참고문헌

간디, 릴라(Leela Gandhi). 2000. 『포스트식민주의란 무엇인가』. 현실문화연구.

강정인. 2004. 『서구중심주의를 넘어서』. 아카넷.

고부응 외. 2003. 『탈식민주의: 이론과 쟁점』. 문학과지성사.

김시천. 2003. 「철학 '만들기'에서 철학 '하기'까지: 현대한국에서 전통 도가(道家)철학 담론을 중심으로」. 학술단체협의회 엮음. 『우리 학문 속의 미국』. 한울.

김영명. 2000. 「한국 사회과학의 대외종속과 주체성의 문제」. 『나는 고발한다』. 한겨레신문사.

_____. 2002. 『우리의 눈으로 본 세계화와 민족주의』. 오름.

김용우·임지현 엮음. 2005. 『대중독재 2: 정치종교와 헤게모니』. 책세상.

김진균 엮음. 1984. 『제3세계와 사회이론』. 한울.

김진균. 1997. 「한국 사회과학의 현재적 과제」. 『한국의 사회현실과 학문의 과제』. 문화과학사.

김진균·정근식 외. 2003. 『근대주체와 식민지 규율권력』. 문화과학사.

네그리, 안토니오(Antonio Negri). 1994. 『맑스를 넘어선 맑스』. 윤수종 옮김. 새길.

네그리, 안토니오·마이클 하트(Michael Hardt). 2001. 『제국』. 윤수종 옮김. 이학사.

들뢰즈, 질(Gilles Deleuze). 2004. 『차이와 반복』. 김상환 옮김. 민음사.

들뢰즈, 질·펠릭스 가타리(Fe'lix Guattari). 2001. 『천 개의 고원』. 김재인 옮김. 새물결.

라클라우(E. Laclau)·무페(C. Mouffe). 1990. 『사회변혁과 헤게모니』. 김성기 외 옮김. 터.

리처, 조지(George Ritzer). 2003. 『맥도날드 그리고 맥도날드화』. 김종덕 옮김. 시유시.

맥클라우드, 존(John Mcleod). 2003. 『탈식민주의 길잡이』. 박종성 외 편역. 한울.

박노자. 2001. 『당신들의 대한민국』. 한겨레신문사.

_____. 2003. 『나를 배반한 역사』. 인물과사상사.

박명림. 1995. 「'수동혁명'과 '광기의 순간'」. ≪사회비평≫, 3호.

박상섭. 1990. 『자본주의국가론: 현대마르크스주의 정치이론의 전개』. 한울.

박홍규. 2003. 『박홍규의 에드워드 사이드 읽기』. 우물이있는집.

백영서 외. 2005. 『동아시아의 지역질서: 제국을 넘어 공동체로』. 창비.

베버, 막스(M. Weber). 1990. 『프로테스탄티즘의 윤리와 자본주의 정신』. 박성수 옮김. 문예출판사.

사이드, 에드워드(Edward W. Side). 2000. 『오리엔탈리즘』. 박홍규 옮김. 교보문고.

_____. 2005. 『문화와 제국주의』. 박홍규 옮김. 문예출판사.

사카이 나오키(酒井直樹). 2005. 『번역과 주체: '일본'과 문화적 국민주의』. 후지이 다케시 옮김. 이산.

스피박, 가야트리(Gayatri Chakravorty Spivak). 1998. 「하위주체는 말할 수 있는가?」.
　　태혜숙 옮김. ≪세계사상≫, 4호.

_____. 2003. 『다른 세상에서』. 태혜숙 옮김. 여성문화이론연구소.

_____. 2005. 『포스트식민이성비판』. 박미선·태혜숙 옮김. 갈무리.

신정완. 2003. 「주체적 학자 양성의 필요성과 방안」. 학술단체협의회 엮음. 『우리 학문
　　속의 미국』. 한울.

쓰다 유키오(津田幸男). 2002. 『영어지배의 구조』. 김영명 옮김. 한림대학교출판부.

월러스틴, 이매뉴얼(Immanuel Wallerstein). 1996. 『사회과학의 개방』. 이수훈 옮김. 당대.

윌리엄스, 패트릭(Patrick Williams)·피터 차일즈(Peter Childs). 1997. 『탈식민주의 이론』.
　　김문환 옮김. 문예출판사.

윤수종. 2005. 『안토니오 네그리』. 살림.

이경숙·전효관 엮음. 1992. 『포스트맑스주의』. 민맥.

이병천 외 엮음. 1992. 『마르크스주의의 위기와 포스트마르크스주의』. 1~2권. 의암.

이진경. 1997. 『맑스주의와 근대성』. 문화과학사.

_____. 2002. 『노마디즘』. 1~2권. 휴머니스트.

장하준. 2004. 『사다리 걷어차기』. 형성백 옮김. 부키.

조정환. 2002. 『지구제국』. 갈무리.

_____. 2003. 『아우또노미아』. 갈무리.

조한혜정. 1994. 『글읽기와 삶읽기』, 1~3권. 또하나의문화.

_____. 1998. 『성찰적 근대성과 페미니즘』. 또하나의문화.

조희연. 1998. 『한국의 민주주의와 사회운동』. 당대.

_____. 2003. 「동아시아 자본주의 발전과 국가변화: 분석을 위한 이론적 모형 구성」.
　　김대환·조희연 엮음. 『동아시아 경제변화와 국가의 역할 전환』. 한울.

_____. 2003. 「배태된 수출주의와 거버넌스: 홍콩과 대만을 중심으로」. 김대환·조희연
　　엮음. 『동아시아 경제변화와 국가의 역할 전환』. 한울.

_____. 2005. 「'반공규율사회'형 자본주의 발전과정에서의 노동자 계급의 '구성'적 출현」.
　　이종구 외 엮음. 『1960~70년대 노동자의 생활세계와 정체성』. 한울.

_____. 2005. 「박정희 시대 재평가 논의의 인식론적 성격과 쟁점들: 이영훈·임지현의
　　논의에 대한 검토와 민주진보담론의 성찰」. 학술단체협의회 엮음. 『해방 60년의
　　한국사회』. 한울.

_____. 2005. 「지구촌 민주주의와 국민국가 민주주의의 대안적 원리 탐색: 민주주의의
　　지구적 확장이냐 민주주의의 지구적 허구화냐」. ≪황해문화≫, 49호(겨울호)

조희연·김동춘. 1990. 「80년대 비판적 사회이론의 전개와 "민족·민중사회학"」. 한국사회

학회 엮음. 『한국사회의 비판적 인식』. 나남.

천꽝싱(陳光興). 2003. 『제국의 눈: 동아시아의 비판적 지성』. 백지운 외 옮김. 창비.

태혜숙. 2004. 『한국의 탈식민 페미니즘과 지식 생산』. 문화과학사.

톰슨, 에드워드 파머(Edward Palmer Thompson). 2000. 『영국노동계급의 형성』. 상·하권.
　　나종일 외 옮김. 창작과비평사.

프랑크, 안드레 군더(Andre Gunder Frank). 2003. 『리오리엔트』. 이희재 옮김. 이산.

하트, 마이클(Michael Hardt). 2002. 『들뢰즈 사상의 진화』. 김상운 외 옮김. 갈무리.

학술단체협의회 엮음. 2003. 『우리 학문 속의 미국』. 한울.

한중일3국공동역사편찬위원회 엮음. 2005. 『미래를 여는 역사』. 한겨레출판사.

홉슨, 존(John M. Hobson). 2005. 『서구문명은 동양에서 시작되었다』. 정경옥 옮김. 에코
　　리브르.


Amsden, Alice. 1989. *Asia's next Giant: South Korea and Late Industrialization*. NY:
　　Oxford University Press.

Cho, Hee-Yeon. October 1~2, 2004. "Oppositional construction of Asian identity
　　in the context of the armoured globalization." *Prepared for the Conference The
　　Question of Asia in the New Global Order*. Duke University.

_____. 2005. " 'Second Death' or Revival of the 'Third World' in the Context of
　　Neo-liberal Globalization." *Inter-Asia Cultural Studies: Movement*, 6-4. Routledge.

Donnelly, Jack. 1986. "International Human Rights: A Regime Analysis." *International
　　Organization*, 40-3(Summer).

Johnson, Chalmers. 1982. *MITI and the Japanese Miracle: the Growth of Japanese Industrial
　　Policy, 1925-1975*. Stanford: Stanford University Press.

_____. 1987. "Political Institutions and Economic Performance: The Government-
　　Business Relationship in Japan, South Korea, and Taiwan." in Frederic Deyo(ed.).
　　*The Political Economy of the New Asian Industrialism*. Ithaca: Cornell University
　　Press.

Miliband, R. 1978. *State in a Capitalist Society: An Analysis of the Western System of Power*.
　　NY: Basic Books.

Wade. R. 1990. *Governing the Market: Economic Theory and the Role of Governmentin East
　　Asian Industrialization*. Princeton: Princeton University Press.

Wood, Ellen Meikins. 1997. "A Reply to A. Sivanandan." *Monthly Review*, 47-9
　　(February).

# 제1부 탈식민시대의 학문 주체화

해외 사례들

# 제1장

# 프리드리히 리스트의 경제학 주체화 전략에 대한 비판적 검토

신정완 | 성공회대학교 사회과학부 교수

## 1. 들어가는 말

우리 학계에서 '학문 주체화'라는 화두가 제기된 지도 참 오래되었지만 그 내실을 채우는 일은 여전히 요원한 과제로 느껴진다. 학문 주체화라는 것이 일단 연구자가 속한 사회의 특수성을 제대로 해명할 수 있는 독자적인 연구방법론과 이론을 개발하는 것이라면 경제학의 경우는 여타 사회과학 분야에 비해서도 학문 주체화를 시도하기 매우 어려운 처지에 놓여 있다고 할 수 있다. 왜냐하면 경제학은 연구방법론과 이론의 보편주의적 성격이 다른 분야에 비해 두드러지게 강한 학문이기 때문이다.

주지하다시피 경제학에서 '주류경제학(mainstream economics)'이라고 할 때에는, 자본주의 경제의 작동원리를 설명하는 기본적인 이론 틀은 신고전파 경제학(neoclassical economics)을 중심에 두고, 거시적 경제현상에 대한 분석과 정책수단의 선택과 관련해서는 케인스 경제학(Keynesian economics)을 부분적으로 결합한 형태, 즉 '신고전파 종합(neoclassical synthesis)'을 지칭한다. 주류경제학의 핵심인 신고전파 경제학은 방법론적 개인주의에 기초하여 이기적이고 합리적인 '경제인(economic man)'이 자원의 희소성(scarcity)이라는 객관적인 제약조건하에서 자신의 사적 이익을 극대화하기 위해 합리적인 경제적 의사결정을 내리는 과정을 설명하고, 그러한 개인들의 선택의 결과가 합산(aggregation)됨으로써 형성되는 결과, 예컨대 수요-공급의 균형을 설명하는 데 분석의 초점을 맞추어왔다. 그런데 자원의 희소성이라는 것은 경제현상뿐만이 아니라 모든 사회현상에서 인간이 직면하는 근본적 제약조건이며 인간이 대체로 자신의 사적 이익을 합리적으로 추구하는 존재라는 점을 인정한다면, 이러한 분석틀은 경제현상뿐 아니라 거의 모든 사회현상을 설명하는 데 유용하게 활용될 수 있을 것이다. 이러한 사정을 반영하여 신고전파 경제학은 정당들의 선거 전략이나 입법부, 행정부의 예산배정과 같은 정치현상에 대한 분석,[1] 그리고 결혼, 출산, 교육, 범죄 등의 사회현상에 대한 분석에 이르기까지 그 영역을 확장해 왔으며, 심지어 동물들의 행태에 대한 분석으로까지 영역을 넓혔다.

따라서 신고전파 경제학은 방법론적으로 대단히 보편주의적인 성격을 띨 수밖에 없으며, 이러한 방법론적 보편주의는 신고전파 경제학의 강력한 학문적 비교우위로 작용해 왔다. 하지만 이로 인해 신고전파 경제학은 개별 국민경제의 특수성에 대한 문제의식이 약하다. 인간의 경제행위의 보편성을 전제로 하는 신고전파 경제학의 입장에서 개별 국민경제 간의 차이는 궁극적으로 개별 경제주체의 선택이 그 안에서 이루어지는 환경, 즉 제약조건으로 작용하는 각종 경제변수의 수치자료(data)상의 차이로 환원된다.

한편 비(非)주류경제학, 또는 반(反)주류경제학의 핵심인 마르크스 경제학(Marxian economics)의 경우도 방법론적으로 보편주의적 성격이 매우 강하다. 마르크스(Karl Marx)는 고전파 경제학으로부터 계승한 노동가치론이라는 경제학적 콘텐츠와 헤겔로부터 계승한 변증법적 방법론을 창조적으로 결합하여 자본주의 경제의 구조와 작동원리, 발전경향을 설명하는 보편적인 이론 틀을 만들어냈다. 마르크스는 『자본론』에서의 분석이 경험적 레퍼런스(reference)로서 19세기 영국의 경험에 의존한 관계로 자신의 모국인 독일의 경제학자들이 "이것은 우리의 이야기가 아니다"라고 치부할지도 모른다고 생각하여 『자본

---

1) 공공선택이론(public choice theory)이 대표적이다.

론』1권 1판 서문에서 "이것은 너를 두고 하는 말이다!"라고 못박아두기도
했다.[2] 따라서 마르크스의 분석도 국민경제의 특수성에 대한 문제의식은 약하
다고 볼 수 있다.

신고전파 경제학과 마르크스 경제학은 모두 고전파 경제학의 후예들로서
이를 각기 상이한 방식으로 계승한 것이었다. 신고전파 경제학이 고전파 경제
학의 사상적 핵심, 즉 경제적 자유주의를 계승하되 노동가치론을 포기하고
효용가치론과 방법론적 개인주의를 채택한 반면에, 마르크스 경제학은 노동가
치론과 거시적 경제현상에 대한 관심이라는 측면을 계승하고 고전파 경제학의
사상적 핵심을 버리는 방식으로 이를 계승했다. 근대 과학으로서의 경제학의
성립을 가능케 한 고전파 경제학 역시 방법론적으로 보편주의적 성격이 강하
여 개별 국민경제의 특수성에 대한 문제의식이 약하다. 특히 경제정책의 측면
에서 고전파 경제학의 대표 상표(brand) 역할을 한 '자유무역론'은 어떠한
발전단계에 있는 국민경제라도 자유무역을 통해 경제적 이득을 얻을 수 있다
는 보편주의적 함의를 가진 이론이었다.

이 글에서 다루게 될, 독일 역사학파의 선구자인 프리드리히 리스트(Friedrich
List, 1789~1846)는 이러한 고전파 경제학의 자유무역론이 실천적으로는 영국
의 이익을 배타적으로 대변하는 이론일 뿐만 아니라 자유무역론의 배후에
깔린 고전파 경제학의 방법론이 결함투성이라는 점을 정면으로 지적한 경제학
자이다. 리스트는 고전파 경제학이 추상적 보편주의에 기초하여 개인과 인류
를 무매개적으로 결합시키고 있다는 점을 비판하며 개인과 인류 사이에 '민족'
이 있다는 점을 강조했다.[3] 또한 국민국가(nation state)에 대응하는 경제단위인

---

2) 칼 마르크스, 『자본론』 I권 상편(제2차 개역판), 김수행 옮김(비봉출판사, 2001), 5쪽.

3) "그러나 개인과 인류 사이에 민족(강조는 리스트)이 있다. 민족은 자신의 특수한 언어와
   문학, 자신의 고유한 기원과 역사, 자신의 특수한 풍속과 관습, 법률과 제도를 갖는다.
   그리고 자신의 존재, 자립, 완성, 그리고 영원한 존속을 요구하며 자신의 분리된 영토를
   갖는다." Friedrich List, *Das Nationale System der politischen Ökonomie* (Kyklos-Verlag
   Basel. 1959), pp.174~175.

'국민경제'를 경제학의 핵심 분석단위로 삼아야 한다고 주장했다. 그런데 개별 국민경제들은 경제발전단계가 상이하기 때문에 달성해야 할 과제와 그 과제를 달성하기 위한 정책수단이 달라질 수밖에 없다는 것이다. 그리하여 독일[4])과 같은 '이류 국가'에서는 '유치산업(infant industry) 육성'을 위한 '보호무역주의'가 필요하다는 점을 역설했다. 그런 점에서 리스트는 경제 중심국에서 발전한 경제학의 보편주의적 방법론과 이론에 내재된 제국주의적 속성을 간파하고 자국 실정에 맞는 경제학과 경제정책의 수립을 시도한 대표적 학자이자, 경제사상사에서 '경제학 주체화'를 시도한 선구자라 할 수 있다. 따라서 우리 학계에서 경제학 주체화를 지향하는 연구자들이 반드시 한 번은 대면해야 하는 학자이다.

이 논문은 리스트의 고전파 경제학 비판 논리를 소개하고 그 의의와 한계를 평가하며, 한국의 경제학자들이 리스트의 문제의식과 접근방식으로부터 계승, 발전시킬 수 있는 요소를 제시하는 것을 과제로 삼는다.

리스트의 고전파 경제학 비판은 한국경제의 진로와 관련하여 현재적 의의를 갖는 문제이기도 하다. IMF 경제위기 이후 IMF와 미국의 권고 및 압박하에 한국 정부가 적극적으로 수용하고, 한국의 대다수 주류경제학자들이 지지해 온 신자유주의적 구조개혁정책은 논리적으로 고전파 경제학의 자유무역론과 매우 유사한 성격을 가진다. 반면에 '대안연대회의'의 대표적 학자들인 장하준, 이찬근, 정승일 등이 신자유주의적 구조개혁정책을 국민경제적 관점, 또는 민족주의적 관점에서 비판하며 그 대안으로 제시해 온 정책대안이나 그 바탕에 깔린 문제의식은 리스트의 고전파 경제학 비판 논리와 놀랄 만큼 유사하다.[5]) 특히 장하준의 저서 『사다리 걷어차기(Kicking away the Ladder)』(2004)는

---

4) 당시 '독일'이라는 통일국민국가는 없었고 독일 민족은 수많은 소국들로 쪼개져 있었으나 편의상 '독일'이라는 표현을 사용하기로 한다.

5) 이들의 입장을 잘 보여주는 대표적 저술로는 장하준, 『개혁의 덫』(부·키, 2004); 신장섭·장하준, 『주식회사 한국의 구조조정 무엇이 문제인가』, 장진호 옮김(창비, 2004); 이찬근, 『창틀에 갇힌 작은 용』(물푸레, 2001); 장하준·정승일, 『쾌도난마 한국경제』(부·키,

제도주의적 방법론에 기초한 비교자본주의사 영역의 역저라 할 수 있는데 그 문제의식과 책의 구성, 정책대안의 측면에서 리스트의 주저인 『정치경제학의 국민적 체계(Das nationale System der politischen Ökonomie, The National System of Political Economy)』(1841년에 독일어 초판 발간)와 매우 흡사하다.

한국 경제학의 역사에서 민족주의적 요소는 1980년대까지는 주로 박현채의 '민족경제론'에 집약되었는데 이제는 그 중도우파적 버전(version)이라 할 수 있는 대안연대회의의 '국민경제적 관점의 진보적 대안'[6]이 대변하고 있다고 볼 수 있다. 그리고 리스트가 영국의 고전파 경제학의 자유무역론이 독일 학자와 관료들에 의해 무비판적으로 수용되고 있음을 개탄했던 것과 유사하게, 한국의 국민주의적 경제학자들은 한국의 경제학자와 경제관료들이 미국의 신자유주의적 조류를 무비판적으로 수용하고 있음을 개탄하고 있다.

## 2. 리스트의 고전파 경제학 비판의 논리

리스트는 고전파 경제학의 핵심적 약점을 다음의 세 가지로 정식화했다.

우리가 앞 장(章)들에서 지적한 바와 같이 그 학파의 체계는 세 가지 주요 결함이 있다. 첫째는 **경계 없는 만민주의**(Kosmopolitismus, 강조는 리스트)로서 민족체(Nationalität)의 본성을 인지하지도 못하며 민족체의 이익의 충족을 숙고하지도 않는다. 둘째는 죽은 물질주의로서 언제나 주로 사물들의 교환가치에만 주목하며 민족의 정신적·정치적 이익, 현재와 미래의 이익, 그리고 민족의

---

2005) 참조.

6) 이찬근은 한국 사회의 주요 현안인 재벌개혁 문제와 관련하여 범진보진영 내에 참여연대가 대표하는 '시장주의적 재벌개혁론'과 대안연대회의가 대표하는 '국민경제적 재벌개혁론'이 경쟁하고 있다고 본다. 이찬근, 「유럽 소국의 기업지배권 방어기제: 국내 재벌개혁에의 시사점」, 《사회경제평론》, 21호(2003), 12~13쪽.

생산력을 고려하지 않는다. 셋째는 해체적 분립주의(Partikularismus)와 개인주의로서 사회적 노동의 본성과 보다 높은 수준의 결과를 가져오는 제력(諸力)의 통합을 오인하며, 근본적으로 오직 사적 산업(Privatindustrie)만을 내세우는데, 여기에서 사적 산업은 사회, 즉 전체 인류와의 자유교역을 통해 발전하는 것처럼 설명되고, 이 경우 전체 인류는 마치 별개의 국민사회들(Nationalgesellschaften)로 분열되지 않은 것처럼 가정된다.[7]

그러나 리스트의 주저 『정치경제학의 국민적 체계』에는 이것 외에도 다양한 차원에서 고전파 경제학의 문제점을 비판하고 있는 대목이 산재해 있는데 그 중요한 요소들을 다음과 같이 정리할 수 있다.

① 보편과 특수의 전도: 영국은 과거에 보호무역주의와 적극적 산업정책을 추진함으로써 당시의 위치에 도달했음에도 불구하고, 고전파 경제학은 당시의 영국의 상태를 기준으로 삼아 이 상태에 도달하기까지 거쳐온 과정을 의도적 또는 무의식적으로 망각하고, 당시 영국의 상태에나 적합한 정책인 자유무역주의를 보편타당한 것으로 제시한다는 것이다. 그러나 당시 영국이 도달한 상태가 특수한 것인 만큼 자유무역주의는 영국의 특수이해에 복무하는 특수한 정책이며, 오히려 영국이 과거에 채택한 보호무역주의와 적극적 산업정책이야말로 역사상의 주요 강대국들이 거의 모두 채택한 바 있는 보편적 정책이라는 것이다. 따라서 고전파 경제학의 논리는 보편과 특수의 전도를 낳는다. 즉, 특수한 것인 자유무역주의와 그 기반인 우월한 공업경쟁력을 보편적인 것으로 격상시키고, 보편적인 것인 공업 발전을 위한 보호무역주의와 적극적 산업정책을 시대에 뒤떨어지고 특수집단의 이익에 포획된 특수한 것으로 격하시킨다는 것이다.

이러한 리스트의 비판은 자신을 보편적인 것으로 제시하는 지배담론을 특수

---

7) Friedrich List, *Das Nationale System der politischen Ökonomie*, p.174.

화, 국지화(localize), 상대화시키는 전략이라 할 수 있다. 이는 최근의 오리엔탈리즘 비판 담론이 서구의 지배담론을 특수화, 국지화, 상대화시키는 것과 유사하다. 또한 '옳은 것'을 '지배적인 것' 혹은 '힘 있는 것'과 구별해 내는 전략이라 볼 수도 있을 것이다.

② 이론의 탈맥락성: 리스트도 고전파 경제학의 자유무역주의 자체를 원리적으로 부정하지는 않는다. 리스트에게 있어 최종의 이상적 상태는 세계정부 하에서 완전한 자유무역이 이루어지는 것이다. 그러나 이를 위해서는 세계정부의 수립과 각국의 경제발전 수준의 수렴이 전제되어야 한다. 고전파는 이러한 조건이 충족되지 않은 상태에서 최종적인 이상사회에서나 바람직한 자유무역의 보편타당한 이익을 주장하고 있다는 점에서 리스트의 비판을 받는다.

③ 이론의 역사적 근거의 취약성: 리스트는 서양경제사 분석을 통해 모든 역사적 강대국은 일종의 보호무역주의와 유치산업 육성의 단계를 겪었음을 밝힌다. 특히 자유무역을 주장하는 영국도 이러한 단계를 거쳤음을 강조한다. 그런데 이러한 단계를 거쳐 강대국이 된 후에 영국의 고전파 경제학이 역사 왜곡 또는 반(半)의도적 망각에 기초하여 '사다리 걷어차기' 식으로 자유무역주의를 주장하고 있다는 점을 비판하는 것이다.[8]

④ 이론의 일면적 추상성, 제도에 대한 무관심: 리스트는 요즘 제도경제학(institutional economics)에서 이야기하는 '비교제도우위(comparative institutional advantages)'에 대한 문제의식을 갖고 있었다. 즉, 각국 간에 산업 경쟁력 격차가 있을 뿐만 아니라 제도의 경쟁력 격차도 있다는 것이다. 리스트는 고전파 경제학의 창시자인 스미스(Adam Smith)의 '생산적 노동과 비생산적 노동'의 구분[9]에서 '비생산적 노동'에 포함된 법률가, 공무원, 학자, 목사 등의 노동이

---

8) '사다리 걷어차기'란 표현은 리스트가 직접 쓴 것인데, 영국이 보호무역주의와 적극적 산업정책을 통해 선진국이 되고 난 후에, 즉 사다리를 타고 지붕 위에 올라가고 난 후에 고전파 경제학이 자유무역주의를 주창함으로써, 과거의 영국과 유사한 방식으로 선진국이 되려는 다른 나라들이 지붕 위에 올라오지 못하도록 사다리를 걷어차는 일을 하고 있다는 것이다.

장기적으로 국민경제의 발전을 위한 제도적·정신적 기반을 형성한다는 점에서 '생산적 노동'이라는 점을 역설한다. 좋은 법률과 행정체계 등은 한 나라의 생산력 발전에 긴요한 기능을 수행한다. "생산력의 증가나 감소에 다소간 영향을 주지 않는 법률이나 공적 조치를 생각하기는 거의 불가능하다"는 것이다.10) 고전파 경제학자들에 비해 리스트가 제도의 중요성을 강조한 것은, 발전을 위한 제도적 장치가 거의 완비된 선진국의 학자의 경우에는 제도 정비 문제가 실천적 핵심 과제로 의식되지 않아 주로 경제변수 간의 관계에 초점을 맞추게 되는 데 반해, 제도 정비 자체가 이루어지지 않은 사회의 학자는 제도 형성 문제에 더 관심을 기울이게 되는 점을 반영하는 것으로 해석할 수 있을 것이다.

⑤ 경제사상사에 대한 부적합한 평가, 명칭의 전도: 경제사상사에서 현재 통상 '중상주의(mercantilism)'로 불리고 있는 근대 초기의 경제사상 조류를 스미스는 '상업적 체계(the system of commerce)'라 불렀다. 그러나 리스트가 보기에 이 명칭은 부적절하다. '중상주의적' 정책의 진정한 목적은 자국의 제조업과 해운업, 무역의 육성이었기 때문에 '중상주의'에 대한 적절한 명칭은 '상업적 체계'가 아니라 '산업적 체계(das Industriesystem, the industrial system)'라는 것이다. 오히려 고전파 경제학이야말로 교환가치 문제에만 집중하며 국민적 생산력 체계의 장기적 발전 문제를 무시한다는 점에서 '상업적 체계'로 불려야 마땅하다는 것이다.

리스트는 이렇게 당대의 '주류경제학'이었던 고전파 경제학을 신랄하게 비판했지만 다음과 같은 점에서 그의 고전파 경제학 비판 논리는 근본적인

---

9) 스미스에게 있어 국부(國富)를 적극적으로 증진시키는 '생산적 노동'이란 주로 자본과 교환되는 노동, 즉 임노동자의 노동을 지칭하고, '비생산적 노동'이란 개인의 수입(收入)이나 국가의 재정과 교환되는 노동, 예컨대 하인의 노동이나 국가 공무원의 노동 등을 지칭한다.

10) Friedrich List, *Das Nationale System der politischen Ökonomie*, p.148.

한계를 가진 것이기도 했다.

① 궁극적 지향가치의 전적인 공유: 리스트가 구상하는 독일 민족의 이상적 상태는 당시의 영국과 같은 상태였다. 또 리스트가 염원하는 이상적 세계질서상은 세계정부하의 자유무역주의 질서였다. 결국 궁극적 지향점의 측면에서는 리스트와 고전파 경제학자들 사이에 차이를 발견할 수 없다. 차이점은 오직 그 상태에 도달하기 위한 과도적인 전략상의 차이일 뿐이다. 리스트가 보기에 선진국인 영국을 추격하기 위해선 영국이 현재 취하고 있는 주법(走法)을 따라서는 안 되고 차별화를 통한 추격 전략을 취해야 한다. 즉, 선진국 영국이 현재에 이르는 과정에서 과거에 취했던 주법을 취하고 영국이 과거에 달렸던 것보다 더 빨리 달려야 하는 것이다. 리스트 역시 고전파 경제학이 제시하는 보편적 목표를 전적으로 공유했다는 점에서 리스트의 입장 역시 근본적으로는 보편주의적 입장으로 볼 수 있다. 즉, '특수'에 대한 리스트의 강조는 '보편'에 도달하기 위한 과도적 수단으로서 행해지는 것일 뿐이다.

리스트는 영국의 발전전략이나 발전경로와 근본적으로 다른 비전(vision)이나 전략을 갖지 않았다. 그가 열렬히 추구한 것은 '선진국 제대로 배우기'였다. 그리고 이는 선진국의 이론이 아니라 실천경험을 배우는 데 있었다. 그런 점에서 우리는 리스트에게서 '2등의 철학'의 한계를 발견하게 된다. '1등의 철학'은 대체로 당대를 설명할 수 있는 보편적인 이론적·실천적 논리를 지향하는 경향이 있고 '꼴찌의 철학'은 당대를 근본적으로 비판적으로 볼 수 있는 급진적 잠재력을 가진 데 반해, '2등의 철학'은 '1등의 철학'과 궁극적 지향성을 공유하면서 오직 1등 따라잡기에 몰두하며 추격을 위한 전략적 특수주의로 귀결되기 쉬운 것이다.

② 서구중심주의, 아제국주의: 리스트는 당대의 대부분의 서구 지식인들과 마찬가지로 비서구 세계에 대한 서구 세계의 지배를 당연시하며 이것이 비서구 세계에도 이로운 것이라 판단하여 식민주의를 옹호했다. 리스트의 고민거리는 서구 세계와 비서구 세계 간의 지배-종속관계의 해소가 아니라, 독일 민족이

당시의 비서구 세계처럼 영국에 종속되는 사태를 막고, 근대적 통일국민국가 수립과 급속한 산업발전을 통해 영국처럼 식민지 확보에 나서는 길을 마련하는 것이었다.[11] 리스트가 보기에 보호무역주의는 독일, 프랑스, 미국 등 '이류 국가'에는 필요하고 도움이 되는 것이지만 미개국, 반(半)문명국 등의 경우에는 식민지화나 자유무역주의를 통해 선진 문물을 빨리 흡수하는 것이 발전의 첩경이었다. 그런 점에서도 리스트에게서 '2등의 철학'의 한계를 보게 된다.

③ 대안적 이론 구성 방식의 한계: 리스트는 '민족'과 '국민경제', '경제발전 단계'와 같은 새로운 문제의식을 도입했으나 체계적이고 종합적인 이론적 분석 틀을 마련하지는 못했다. 그가 고전파 경제학 비판에서 의존한 지적 자원은 거의 전적으로 역사에 대한 지식이었다. 즉, 역사상 주요 강대국들의 경제발전사가 고전파 경제학의 논리의 일면성, 특수성, 사실 왜곡을 비판할 수 있게 해주는 핵심 근거로 활용되었다.[12]

④ 민족 내부의 사회관계에 대한 무관심: 제도와 정책에 대한 리스트의 관심은 오직 선진국 추격에 가장 효과적인 방향으로 자국의 제도와 정책을 정비하는 데 맞추어졌다. 요즘 용어로 표현하자면 '발전국가(developmental state)'의 틀을 갖추는 데 초점이 맞추어진 것이다. 반면 리스트는 민족 내부의 사회적 통합의 문제, 형평성의 문제 등에는 관심이 적었다. 리스트는 서로 경합관계에 있는 독자적인 정치공동체로서의 국민국가들 사이의 관계에 대한 관심은 컸지만, 서로 다른 이해관계를 가진 이질적 구성원들의 생활공동체로서의 사회, 또 그러한 차원에서 발생하는 사회현상들로서의 '사회적인 것(the

---

11) 국내 연구 중에서는 정윤형, 「리스트의 국민주의에 대한 비판」, ≪창작과비평≫, 31호 (1974)가 이 점을 비판했다.

12) 리스트에게서 발견되는 이러한 보편적 이론 형성 능력의 부족은 이후 리스트의 문제의 식을 계승한 독일 역사학파에게서도 발견된다. 이는 역사학파의 대표주자인 슈몰러 (Gustav Schmoller)와 신고전파 경제학 창시자의 한 명인 멩거(Carl Menger) 간의 '방법론 논쟁' 등을 거치며 역사학파가 쇠퇴하게 된 핵심 요인으로 평가된다. 방법론 논쟁에 관해서는 김덕영, 『논쟁의 역사를 통해 본 사회학: 자연과학·정신과학 논쟁에서 하버마스·루만 논쟁까지』(한울, 2003), 제2장 참조.

social)'에 대한 관심이 약했다. 그런 점에서 리스트의 입장은 철저하게 '이류 국가' 민족 부르주아지의 이익을 대변하는 입장이었다고 평가할 수 있다.

그러나 이러한 한계에도 불구하고 리스트의 논리에서 일정 정도 경제학의 보편적 유산으로 간주될 수 있는 긍정적 요소들을 발견할 수 있는데, 대표적인 것으로는 다음과 같은 것을 들 수 있다.

① 비교자본주의사의 시각과 '자본주의의 다양성론': 통시적 차원에서 각국의 경제발전단계상의 차이는 공시적으로는 '자본주의의 다양성'으로 나타나게 된다. 리스트는 상이한 경제발전단계와 제도적·문화적 특수성을 가진 여러 국민경제들이 공존하며 상호작용하는 과정에서 나타나는 현상들, 예컨대 경제적 지배-종속 문제 등에 큰 관심을 기울였다. 그러나 이러한 국민경제들의 다양성은 각기 나름대로 경쟁력을 가진 국민경제 모델들의 장기 공존을 의미하는 것이 아니라, 영국 경제라는 궁극적·보편적 지향 모델을 전제로 한 상태에서의 과도적 다양성을 의미하는 것이라는 점에서 리스트의 특수주의는 강한 보편주의적 틀 속에 위치한 '약한 특수주의'라 볼 수 있다.

② 제도주의적 문제의식: 리스트는 제도경제학에서 빈번히 사용되는 중요한 용어인 '비교제도우위'와 '제도적 보완성(institutional complementarity)'[13]에 대한 문제의식이 있었다. 즉, 제도들의 내용과 제도들의 배열방식(institutional arrangements)이 국민적 생산력의 발전에 미치는 영향을 잘 알고 있었다. 그런 점에서 생산관계가 기본적으로 생산력에 의해 규정되지만 생산관계가 역으로 생산력에 영향을 미치기도 한다는 마르크스의 인식을 선취했다고도 볼 수 있다. 이렇게 생산력 수준을 규정하는 비물질적 요소의 중요성에 대한 관심은 이후 제도경제학에 의해 계승된다.

---

13) "하나의 제도의 존재가 다른 제도의 효율성을 증가시킬 때 이 두 제도는 보완적이라고 말할 수 있다." Bruno Amable, *The Diversity of Modern Capitalism* (Oxford Univ. Press, 2003), p.6.

③ 산업의 종별성(種別性)에 대한 인식: 리스트는 광의의 전후방 연관효과 측면에서 산업 간 차이를 매우 중시했다. 특히 제조업은 농업에 비해 전후방 연관효과가 훨씬 크고 노동력의 다양한 발전에 기여하며 과학과 예술의 발전을 촉진하고 시민의 자유 증진에 기여하기 때문에 육성할 필요가 있다는 점을 역설했다. 요즘 경제학 용어로 표현하자면 제조업 발전의 '외부경제(external economies)'를 잘 인식하고 있었다.

④ 국민경제의 복합체로서의 세계경제, 또 국민국가 간 권력관계의 장(場)으로서의 세계경제에 대한 인식: 고전파나 신고전파 경제학의 무역이론에서는 국민경제의 자립성이나 국민국가의 주권(sovereignty)의 문제가 제대로 고려되지 않는다. 이들의 무역이론에서 국민경제는 한 나라 내부의 교역에서의 지역(region)과 유사한 것으로 간주된다. 그러나 리스트가 보기에 현실 세계경제에서 각 국민경제는 국민국가의 주권이 미치는 한계영역이다. 따라서 예컨대 한 나라 내의 지역 간 교역에서와는 달리 국민경제 간 교역에서는 국민국가 간의 관계 변화에 따라 교역의 지속성 여부 자체가 문제시될 수 있으므로, 각 국민경제는 필수적·전략적 재화와 서비스는 가능하면 자체 생산해야 할 필요를 느낄 수 있다. 그런 점에서 리스트는 고전파 경제학이 무역을 균질적 공간으로서의 세계경제의 상이한 지역 간에 이루어지는 호혜적 활동으로 간주한 것과는 달리, 무역이라는 것이 국민국가들이라는 주권영역들로 분열된 세계경제에서 각국 간에 경제적·정치적 패권을 둘러싸고 진행되는 '국제정치적' 활동이기도 하다는 시각을 새로이 도입했다고 할 수 있다.

⑤ 동태적 효율성(dynamic efficiency) 문제에 대한 인식: 정태적(static)으로는 어떤 나라가 비교우위론에 따라 특정 산업, 예컨대 농업에 특화하는 것이 효율적이더라도, 국민경제의 장기적 성장 문제를 고려할 경우에는 요즘 경제학 용어로 '정태적 효율성'을 포기하면서라도 '동태적 효율성' 확보에 유리한 공업을 육성할 필요가 있을 수 있다. 후후발 자본주의국으로서 한국의 경제발전, 특히 박정희 시대의 경제발전은 동태적 효율성 확보를 위한 끝없는 경주의 과정이었다고 볼 수 있는데, 그런 점에서 박정희 모델은 기본적으로 리스트의

노선 위에 있었다고 볼 수 있을 것이다.


## 3. 리스트의 유산의 합리적 계승 방향

'경제학 주체화'를 도모하는 한국의 경제학자들이 리스트의 학문적 유산으로부터 계승, 발전시킬 수 있는 연구과제로는 다음과 같은 것을 들 수 있을 것 같다. 이 연구과제들은 리스트의 문제의식과도 연결되고 우리 사회의 특수성 해명에도 도움이 되며, 또 우리 학자들이 국제적으로 학문적 경쟁력을 발휘할 수 있는 연구과제들이라 판단된다.

### 1) 제도 연구

선진국, 경제 중심국의 연구자는 대체로 그 사회의 상대적으로 완비된 제도 배열을 전제로 논의를 전개하기 마련이다. 즉, 본격적인 이론적 논의의 배경사실로 존재하는 제도 배열과 그 형성사를 적극적으로 의식하거나 이론화하지 않기 쉽다. 고전파나 신고전파의 경우에도 제도에 대한 관심이 적고 좁은 의미의 경제변수 간의 관계에 분석을 집중했다. 반면에 선진국과 같은 제도 배열을 성취하지 못한 사회에서는 제도의 정비 자체가 정책적 핵심 과제가 되므로 제도의 배열, 형성전략 등이 연구주제로 적극적으로 포착되기 쉽다. 또 이를 통해 특정한 방식의 제도 배열을 달성한 선진국의 상황을 특수한 것으로 상대화시켜 볼 수 있게 되는 측면도 있다. 경제정책에 관한 연구에서도 정책이 경제변수들에 영향을 미치는 측면뿐 아니라, 경제변수들이 그 안에서 작동하는 환경인 제도 자체를 형성하는 정책에 관한 연구에서 경쟁력을 가질 수 있을 것이다.

문제는 이러한 비교제도론적 연구가 그저 나라별로 상이한 제도 배열의 유형화에 그친다면 리스트의 문제의식을 계승한 독일 역사학파가 보인 한계,

즉 '이론 없는 기술(記述)'의 한계에 다시 봉착하기 쉽다는 것이다.14) 결국 제도의 형성과 진화를 어떻게 이론화할 것인가 하는 문제에 직면하게 되는데, 이러한 이론화의 시도가 신제도경제학(new institutional economics)15)과 같이 다시금 서구 중심적 자장(磁場)에 이끌리는 과도한 보편화의 경로로 빠지지 않을 수 있는 길을 모색하는 것이 중요한 과제일 것이다.

## 2) '시정학'과 '시경학' 발전

필자가 이 논문에서 새로 고안해 본 '시정학(時政學, tempopolitics)'과 '시경학(時經學, tempoeconomics)'이란 용어는 이미 널리 사용되고 있는 '지정학(geopolitics)'과 '지경학(geoeconomics)'에 대응하는 용어들이다. 상이한 나라 간

---

14) 리스트의 문제의식을 계승하여 19세기 중반 이후 발전한 독일 역사학파의 방법론적 특징의 하나는 '역사주의'다. 즉, 추상적·연역적 방법론에 기초한 이론 개발보다는, 역사 관찰을 통해 충실한 기술(記述)에 주력하고 이를 바탕으로 각국 간, 시대 간 비교의 유형화를 시도하여 최종적으로 이론 구성으로 나아간다는 귀납적 방법론을 발전시켰다. 그러나 실제로는 보편적 이론 구성보다는 특정 사회의 특정 발전단계의 구체적 모습을 종합적으로 묘사하는 데 치중했다. 결국 대체로 관찰과 기술, 그리고 개략적인 유형화를 시도하는 데 그침으로써 보편적 설명력을 갖는 이론 구성에는 실패했다. 이러한 역사학파의 귀납적 방법론에 반대하여 추상적·연역적 방법론을 주창한 신고전파 경제학의 대두로 인해 역사학파는 20세기 초에 들어 쇠퇴의 길을 걷게 되고 결국 경제사상사에서 독일 특수적 학문 현상으로 자리매김 되었다. 다만 20세기 초반 미국의 초기 제도경제학에는 독일 역사학파의 유산이 강하게 남아 있었다.

15) 신제도경제학은 제도 문제를 경제학의 중심 분석대상으로 끌어올린 제도경제학의 대두에 대한 신고전파 경제학의 대응양식이라 볼 수 있다. 신제도경제학은 제도 문제를 핵심적 분석대상으로 다루나 제도의 형성과 진화를 설명하는 방식에서 신고전파 경제학의 방법론을 원용한다. 즉, 자원의 희소성이라는 제약조건에 직면한 합리적이고 이기적인 개인들이 그들의 사적 이익을 극대화하려고 노력하는 과정에서 제도의 형성과 진화가 이루어진다는 것이다. 예컨대 환경 변화에 따라 기존의 제도가 '거래비용(transaction costs)'을 증가시키게 될 경우에 경제주체들이 거래비용의 절감을 위해 제도의 변형을 도모하게 되고 그 과정에서 제도의 진화가 이루어진다는 것이다. 즉, 제도 문제도 방법론적 개인주의에 입각하여 충분히 설명할 수 있다는 것이다.

의 발전단계상의 차이, 즉 특정 관점에서의 역사적 시간대의 차이로 인해 발생하는 나라 간의 정치, 또 이 시간차를 줄이거나 확대하기 위해 전개되는 각국 간 및 각국 내의 정치를 분석하는 학문 영역이 시정학이고, 역사적 시간대의 차이로 인해 발생하는 나라 간의 경제적 격차 및 상이한 경제발전전략, 선진국-후진국 간의 경제적 상호작용과 그 효과 등에 대해 분석하는 영역이 시경학이라 할 수 있다.

예컨대 제도경제학 등에서 강조하는 다양한 자본주의 모델들은 각 사회 내부의 기술수준이나 사회관계에 의해서만 주형된 것이 아니라, 상이한 발전단계에 위치한 다른 자본주의국들과의 경쟁 및 협력관계 속에서 형성되어 온 것이기도 하다. 가령 동아시아 발전국가 자본주의 모델의 형성과 발전은 후후발 자본주의국으로서 동아시아국들이 제2차 세계대전 이후 직면했던 국제경쟁의 압력을 고려하지 않고 설명하기 어렵다. 경제학의 분과인 '경제발전론' 또는 '발전경제학'은 전형적으로 시경학에 해당하는 학문이라 볼 수 있을 것이다. 흔히 서술적으로 '비동시성의 동시성' 또는 '동시성의 비동시성'이란 용어로 포착되어 온 문제군이 바로 시정학과 시경학의 연구대상이라 할 수 있다.

리스트의 핵심적 문제의식은 바로 시경학 및 시정학 차원의 문제의식이었다. 특히 '경제발전단계'라는 개념은 전형적인 시경학적 문제의식을 담아내는 개념이었다.[16] 그런데 시정학이나 시경학의 발전은 선두에 선 사회의 학자가 아니라 선두국을 추격해야 하는 사회, 또는 추격을 강요당하는 사회의 학자에게 있어 한결 더 중요한 학문적 과제로 다가올 수 있다. 왜냐하면 선진국 추격과정에서 전개되는, 일정한 방향으로 조정 또는 왜곡되는 국내 정치, 경제, 사회의 동태적·복합적 상호작용을 생생하게 체험할 수 있기 때문이다.

그런데 후발 또는 후후발 자본주의국에서의 경제발전은 세계시장에서의

---

16) 서양 근대 사회과학은 계몽주의의 이념적 유산과 자본주의 발전이 제공하는 특유의 속도감으로 인해 거의 대부분 어느 정도는 시정학 또는 시경학적 성격을 띠고 있다고 볼 수 있을 것이다.

강한 경쟁압력과 빠른 경제성장에 대한 국민적 열망에 기초하여 국가 주도로 추진되는 경우가 흔하므로 경제와 정치를 분리시켜 분석하는 것이 큰 한계를 보이기 쉽다. 그런데 고전파-신고전파 경제학의 경우에는 경제를 정치로부터 분리시켜 분석하는 전통이 워낙 강하고, 마르크스 경제학의 경우에는 사회의 총체성을 강조하긴 하나 경제에 의한 정치의 결정을 중시하기 때문에 정치의 '역능성'을 충분히 포착하기에는 미흡한 측면이 있다. 때문에 한국과 같은 후후발 자본주의국에서 국가 주도로 이루어진 고속 경제발전을 분석하기 위해서는 시정학과 시경학이 통합된 분석, 즉 '시정경학(時政經學, tempo-politico-economics)' 차원의 분석이 요긴할 것이다.

그리고 시정학과 시경학은 궁극적으로 지정학 및 지경학과 결합되어, '시지정학(時地政學, tempo-geopolitics)'과 '시지경학(時地經學, tempo-geoeconomics)'으로 발전되어야 할 것이고 더 나아가 '시지정경학'(時地政經學, tempo-geo-politico-economics)으로까지 발전되어야 할 것이다. 예컨대 세계 냉전체제의 대치선 지역에서 추진된 선진국 따라잡기 전략이었던 박정희 모델은 시지정학 및 시지경학적 연구, 또는 시지정경학적 연구가 이루어져야 할 좋은 연구대상일 것이다.

### 3) 시장경제, 자본주의, 국민경제들의 위계적 체계, 근대 자본주의 문명을 포괄적으로 파악하게 해주는 인식 틀의 개발

리스트는 고전파 경제학의 논리를 '이류 국가 학자의 시선'에서 비판적으로 분석했다. 이는 일종의 '아래로부터의 시선'에 기초한 비판이라 볼 수 있을 것이다. 그런데 아래로부터의 시선은 이류 국가의 시선 외에도 여러 가지가 있을 수 있다. 예컨대 '노동자 계급의 시선'도 있을 것이고 '식민지 종속국의 시선'도 있을 것이다. 리스트는 당시 세계 자본주의 질서에서 비교적 상위에 위치한 사회의 학자로서 최선진국인 영국을 빨리 따라잡기 위해서는 영국의 경제학자들이 설파하는 이론이 아니라 영국이 실제로 수행해 온 실천을 따라야 한다는 선명하고도 비교적 제한된 문제의식을 가졌다. 이에 비해 식민지화와 분단, 종속적 고도 산업화 등을 경험한 한국의 경제학자들은 자본주의 시장경제의 역사와 구조, 그리고 지배적인 경제학 패러다임들을 좀더 복합적인 시선으로, 그리고 다중적(多重的) 차원에서 '아래로부터의 시선'으로 더욱 비판적으로 바라볼 수 있는 위치에 있다고 할 수 있을 것이다.

고전파와 신고전파 경제학은 자본주의 시장경제를 무엇보다도 '시장'경제로 파악한다. 여기에서 시장은 개인과 인류를 경제적으로 조화롭게 결합시켜주는 선진적인 보편적 질서로 인식된다. 마르크스 경제학은 자본주의 시장경제가 시장에 기초하긴 하나, 시장원리 또는 자발적 교환의 원리만으로 구성되는 경제질서가 아니라, 이를 매개로 하여 자본에 의한 지배와 착취가 이루어지는 경제, 또 계급의 재생산을 필요로 하며 또 이를 달성하는 경제라는 점을 강조한다. 즉, 자본주의 시장경제를 무엇보다도 '자본'주의로 파악한다. 한편 리스트는 세계 자본주의 질서를, 국민국가의 주권이 행사되는 상이한 국민경제들 사이에 세계시장에서의 지배권 확보를 둘러싸고 각축이 전개되는 경주장, 즉 '국민경제들의 위계적 체계'로 파악한다. 마르크스 경제학과 리스트의 경제학은 모두 당시의 지배적 경제학 패러다임인 고전파 경제학에 대해 '아래로부터의 시선'에 기초한 비판을 수행한 셈이라 할 수 있다.

그런데 식민지화를 통해 세계 자본주의 질서 속으로 강제적으로 편입된 바 있으며 냉전체제하에서 분단과 동족전쟁, 종속적 산업화 과정을 경험한 우리 사회의 학자들은 자본주의 시장경제의 문명화 효과와 더불어 계급문제, 민족문제를 복합적으로 압축 경험할 수 있었을 뿐 아니라, 자본주의화 이전 동아시아 한자문명권의 문화적 유산도 보유하고 있다. 이는 자본주의 시장경제를 시장경제, 자본주의, 국민경제들의 위계적 체계, 근대 자본주의 문명이라는 다차원적 관점에서 비판적으로 파악하고 체험하게 해주는 측면이 있다.[17]

---

17) 기존 연구 중에서는 월러스틴(I. Wallerstein)의 '세계체제론'이 세계 자본주의·국민경제들의 위계적 체계·근대 자본주의 문명이라는 비교적 복합적인 분석 틀을 갖고 있는 사례라 할 수 있다.

특히 고전파, 신고전파, 마르크스, 리스트가 모두 공유하는 서구중심주의적 인식 틀로부터 벗어날 수 있게 해주는 측면이 있다.

물론 이러한 존재론적 조건이 바로 종합적 인식 틀의 개발을 보장해 주는 인식론적 특권을 부여해 주는 것은 아니다. 오히려 각종 중첩된 문제들의 과도한 하중에 치인 나머지, 오직 특정 문제에만 집착하는 각종 근본주의적 경향에 귀의하고자 하는 욕구를 야기하기 쉬운 측면도 있다. 그러나 우리 학자들에게 절실히 필요한 것은 이렇게 이질적이면서도 서로 관련된 문제들을 엮어낼 수 있는 종합적 인식 틀의 개발에 끈질기게 매달리는 일일 것이다. 물론 이는 지난한 과제임에 틀림없겠으나 한국과 같은 방식으로 자본주의적 근대화를 경험한 사회의 학자들이 떠맡기에 적합한 과제라 할 수 있을 것이다.

## 4) 국민경제의 자립성 확보 방안과 통일 민족경제 형성의 조건과 전략 연구

리스트의 핵심적 문제의식은 무엇보다도 대외적으로 자립적이고 산업구조적으로 선진적인 국민경제의 틀을 형성할 수 있는 방안을 제시하는 것이었다. 구체적으로는 최선진국 영국의 특수이익에 복무하고 독일 경제의 자립성과 장기적 발전을 저해할 것으로 판단되는 자유무역주의를 저지하여 유치산업을 보호·육성하는 것과, 정치적으로 여러 소국으로 쪼개진 독일 민족을 통일국가의 국민으로 통합해 내는 것이었다. 이를 위해 영국의 수출품에 대해서는 보호관세를 통해 유입을 억제하고 독일 민족의 여러 소국 간에는 관세동맹 등을 통해 정치경제적 통합의 밀도를 높이려 노력했다.

그런데 세계화의 물결 속에서 국민경제의 자립성과 국가의 정책 자율성이 어느 정도 위협받고 있는 한편 남북 간 화해 무드가 조성되고 개성공단 등을 통해 경제협력이 진행되고 있는 현재의 우리의 상황은 리스트적 문제의식을 크게 필요로 하는 상황이라 할 수 있다.[18] 예컨대 향후 한국의 산업정책에

---

18) 세계화 시대에도 민족, 국민경제, 국민국가 등의 문제 틀이 여전히 중요한 것은 국민국가야말로 — EU를 제외하고는 — 시민들의 '발언을 통한 영향력(voice influence)' 행사

관한 연구는 북한의 경제여건과의 보완성 문제를 고려하여 진행되어야 할 필요가 생겼다.

그러나 리스트가 활동하던 당시에 비해 경제활동의 세계화의 강도가 더욱 강하며 세계적 수준에서 강제력 있는 무역규범 등이 마련되어 있고 정치경제적 패권국과의 국력 차이도 한층 더 큰 현재의 우리 상황은 리스트적 문제의식을 구현할 수 있는 전략을 마련하는 일과 관련하여 더욱 어려운 지적·실천적 난관을 제공한다. 예컨대 리스트가 역설한 보호무역주의와 적극적 산업정책을 노골적으로 추진하는 것은 거의 불가능해진 상황이다. 또한 모든 나라들이 리스트식 산업육성정책을 추진할 경우 세계경제 수준에서 과잉생산과 통상마찰, 부문 간 불균형 등의 문제가 발생하기 쉽다. 따라서 각국의 경제발전전략은 현재와 같은 방식은 아니더라도 어떻게든 세계적 수준에서 조율될 필요가 있는 것이다.

또한 우리에게는 국민경제와 국민국가를 주로 세계경제 내의 경쟁단위로만 간주했던 리스트의 문제의식의 사정(射程)에는 없었던 국민경제 내부의 계급·계층 간의 이해관계 대립의 문제, 즉 '사회적인 것(the social)'에 대해서도 관심을 기울여야 한다는 과제가 있다.[19] 리스트도 현재의 우리와 마찬가지로 일종

---

를 가능케 하는 현존하는 유일한 거시적 제도, 정치공동체라는 점에 기인한다. 또한 세계화 시대에 자본의 이동은 참으로 용이해졌으나 노동의 이동은 여전히 근본적으로 제약되어 있다는 사정은 대다수 주민의 생활터전인 국민경제의 안정성과 상대적 자립성, 완결성을 확보해야 할 필요를 낳는다.

19) 리스트적 문제의식을 강하게 견지하고 있는 이찬근, 장하준, 신장섭, 정승일의 경우에도 '사회적인 것'에 대한 문제의식이 약하다. 물론 이들의 입장에서는 이러한 비판이 부당하다고 생각할 수도 있을 것이다. 왜냐하면 이들이 주로 비판해 온 '주주자본주의 (shareholder capitalism)'가 정착되면 '사회적인 것'에 대해 정책적으로 고려할 여지 자체가 거의 소멸할 것이라고 생각할 것이기 때문이다. 그리고 실제로 이들은 재벌총수의 경영권 안정을 조건으로 한 노자 간 계급타협 또는 '사회적 대타협'을 역설하기도 했다. 그러나 이들이 공유하는 강한 민족주의적 문제의식에 비하면 계급·계층 문제에 대한 이들의 문제의식은 상당히 약하다. 또한 이들이 제안하는 사회적 대타협의 구체적 내용이 빈약하기도 하며, 이들은 이미 재벌기업들이 한국 사회의 전 부문에 걸쳐 거대한

의 세계화의 압력하에서 경제학 연구를 수행했지만 민주화 요구의 구현이라는 문제의식은 약했던 것이다.[20]

그런데 세계화 시대에 국민경제의 자립성을 확보하며 사회적으로 바람직한 발전전략을 마련하는 문제는 정도의 차이는 있을지언정 현재 지구상의 거의 모든 나라들이 직면한 핵심적인 고민거리라 할 수 있을 것이다. 그런 점에서 이 문제와 관련해서는 한국의 경제학자들도 선진국의 경제학자들과 마찬가지로 문제의 최전선(frontier)에 서 있다고 할 수 있다.

한편 세계화가 각국의 제도와 정책에 미치는 영향은 각국 내부의 지배 블록(bloc)의 이데올로기, 또 세계화가 야기하는 비용과 편익의 배분을 둘러싼 계급·계층 간 이해관계의 이합집산, 그리고 사회집단들의 이해관계를 선별적으로 수용·배제하는 정치제도 등을 매개로 하여 발현되기 마련이어서 세계화의 물결로 인해 다양한 자본주의 모델이 반드시 영미식 자본주의 모델로 수렴되는 결과를 가져오는 것은 아니다.[21] 따라서 세계화 시대에 존립 가능한 바람직한 국민경제 모델에 대한 연구는 산업정책, 금융정책 등 좁은 의미에서의 경제학적 주제들에 대한 연구뿐 아니라 정치 지형, 정치 제도, 이데올로기 형성 등 정치학적 주제들에 대한 연구까지 포괄해야 한다. 즉, 제대로 된 정치경제학적 연구를 요구하는 것이다.

---

권력을 행사하고 있다는 점에 대한 문제의식이 약하다. 이들의 논리에 대한 비판으로는 신정완, 「재벌개혁 논쟁과 스웨덴 모델」, ≪시민과세계≫, 6호(2004); 이병천, 「양극화의 함정과 민주화의 깨어진 약속: 동반성장의 시민경제 대안을 찾아서」, ≪시민과세계≫, 7호(2005) 참조.

20) 리스트도 정치적으로 자유주의적 민주주의자였다. 그는 봉건군주제에서 입헌군주제로의 이행을 위해 노력하다가 감옥에 갇히기도 했다. 그러나 그의 민주주의 지향은 상당 정도로 부국강병 목표에 종속적이었다고 할 수 있다. 리스트에게서 사회경제적 차원에서의 민주화의 필요성에 대한 문제의식을 발견하기는 어렵다.

21) 이 점을 특별히 강조한 최근 연구로는 Linda Weiss(ed.), *States in the Global Economy* (Cambridge Univ. Press, 2003) 참조.

## 5) 이론과 정책의 형성, 전파, 수용, 작용에 대한 지식사회학적 분석

학문 중심국에서 발전한 보편주의적 학문 패러다임으로부터 지적 세례를 받은 주변국의 학자는 학문 중심국과 자기 사회 사이에 위치한 '경계인'이라 할 수 있다. 그는 중심국의 사회상태와 이론의 눈으로 자기 사회를 타자화시켜 바라보는 한편 자기 사회의 상태에 비추어 중심국의 이론을 비판적으로 바라 볼 수도 있는 위치에 있다. 즉, 일종의 '이중의 타자화'를 경험하는 위치에 있다. 이러한 경계인으로서의 위치는 이론과 정책의 형성, 전파, 수용, 작용 등에 대한 섬세한 지식사회학적 분석을 수행하기에 유리한 조건으로 작용할 수 있다.

리스트의 고전파 경제학 비판은 이러한 지식사회학적·지식정치학적 분석을 강하게 내포하고 있었다. 특히 그의 비판은 주로 경제 중심국이자 학문 중심국 인 영국의 지배적 경제학 패러다임이 영국의 과거 발전 경험에도 부합되지 않으며 독일 등 '이류 국가'의 실정에도 맞지 않는다는 점, 즉 이론의 시공간적 탈맥락성을 지적하는 데 초점이 맞추어져 있었다.[22]

학문 중심국의 지배적 학문 패러다임이 학문 주변국에 수용되는 과정에는 다소간 이러한 '탈맥락적 수용'이 보편적으로 확인된다고 할 수 있다. 예컨대 외환위기 이후 한국에서 추진되어 온 신자유주의적 개혁은 주로 동아시아 발전국가 모델의 부작용에 대한 반성의 맥락에서 진행되고 있는데, 이는 서구 에서 신자유주의적 개혁이 추진되었던 맥락과는 큰 차이가 있다. 즉, 서구에서 신자유주의적 개혁이 추진된 배경인 케인스주의의 부작용과 동아시아 발전국 가 모델의 부작용 사이에는 '정부실패(government failure)'라는 비교적 느슨한

---

22) 학문 중심국에서 발전한 지배적 학문 패러다임에는 대체로 보편적 설명력을 가진 부분과 그 사회의 시공간적 특수성을 반영하는 부분이 혼용되어 있기 마련인데, 이것을 구별해 내는 일이야말로 진정 어려운 과제일 것이다. 그러나 리스트의 고전파 경제학 비판은 주로 고전파 경제학의 제국주의적 성격을 부각시키는 데 초점을 맞추고 있는 관계로 이 대목에서 만족스러운 분석을 제공하지 못하고 있다.

친연성, 일종의 '은유적 친연성'만이 존재한다고도 볼 수 있다. 이는 동아시아 발전국가 모델의 실패에 대한 처방으로서 신자유주의적 개혁이 부적절한 것일 수도 있다는 점을 시사한다. 그런 점에서 학문 중심국 이론의 형성 및 수용과정에 대한 지식사회학적 분석은 이론 수입국에서 흔히 발생하는 탈맥락적 수용의 오류를 교정하는 데 큰 도움이 될 수 있을 것이다.


## 4. 맺음말

'경제학 주체화'의 핵심이 연구자가 속한 국민경제의 특수성을 잘 해명해 주는 나름대로 체계적이고 완결성 있는 이론을 개발하고, 이에 기초하여 해당 경제의 과제와 추진전략을 제시하는 데 있다면 리스트의 경제학 주체화 시도가 한국의 경제학자들에게 줄 수 있는 의미는 매우 제한되어 있는 것이 사실이다. 리스트는 나름대로 완결성 있는 국민경제이론이나 후발 자본주의 발전론을 정립하는 데까지 이르지는 못했다. 또한 그가 그토록 형성하기를 열망했던 '발전국가'를 이미 경험한 우리 사회의 학자들은 발전국가의 그늘이 얼마나 깊은지도 잘 알고 있다.

그러나 이러한 제한성에도 불구하고 리스트의 문제의식과 접근방식은 정치경제적으로나 학문적으로나 중심국이 아닌 사회에 속한 학자들에게, 자신의 사회의 현실에 잘 뿌리내린 학문을 발전시킨다는 과제와 관련하여 최소한의 출발점을 제공해 주는 측면이 있다. 주체적 문제의식을 확보하는 수준을 넘어서 경제학 주체화의 내용을 구체적으로 채우는 일은 향후 우리 사회의 경제학자들이 감당해야 할 무겁지만 회피하기 어려운 과제일 것이다.

# 참고문헌

김덕영. 2003. 『논쟁의 역사를 통해 본 사회학: 자연과학·정신과학 논쟁에서 하버마스·루만 논쟁까지』. 한울.

마르크스, 칼(Karl Marx). 2001. 『자본론』 I권 상편(제2차 개역판). 김수행 옮김. 비봉출판사.

박현채. 1989. 『민족경제론의 기초이론』. 돌베개.

신장섭·장하준. 2004. 『주식회사 한국의 구조조정 무엇이 문제인가』. 장진호 옮김. 창비.

신정완. 2004. 「재벌개혁 논쟁과 스웨덴 모델」. ≪시민과세계≫, 6호. 317~335쪽.

월러스틴, 이매뉴엘(Immanuel Wallerstein). 1994. 『사회과학으로부터의 탈피: 19세기 패러다임의 한계』, 성백용 옮김. 창작과비평사.

_____. 2001. 『우리가 아는 세계의 종언: 21세기를 위한 사회과학』. 백승욱 옮김. 창작과비평사.

이병천. 2005. 「양극화의 함정과 민주화의 깨어진 약속: 동반성장의 시민경제 대안을 찾아서」. ≪시민과세계≫, 7호. 9~56쪽.

이찬근. 2001. 『창틀에 갇힌 작은 용』. 물푸레.

_____. 2003. 「유럽 소국의 기업지배권 방어기제: 국내 재벌개혁에의 시사점」. ≪사회경제평론≫, 21호. 7~51쪽.

장하준. 2004. 『개혁의 덫』. 부·키.

_____. 2004. 『사다리 걷어차기』. 형성백 옮김. 부·키.

장하준·정승일. 2005. 『쾌도난마 한국경제』. 부·키

정윤형. 1974. 「리스트의 국민주의에 대한 비판」. ≪창작과비평≫, 31호.

조준기. 1997. 「A. Smith와 F. List의 경제사상 비교연구」. 단국대학교 경제학과 석사학위논문.

Amable, Bruno. 2003. *The Diversity of Modern Capitalism*. Oxford Univ. Press.

Hall, Peter. A. and David Soskice(ed.). 2001. *Varieties of Capitalism*. Oxford Univ. Press.

List, Friedrich. 1959. *Das Nationale System der politischen Ökonomie*. Kyklos-Verlag Basel.

_____. 1996. *Outlines of American Political Economy*. Paul & Co Pub Consortium(이 책은 리스트가 1827년에 미국 필라델피아의 Samuel Parker사에서 영어로 출간한 책을 해설을 첨부하여 새로 편집, 출간한 것임).

Shionoya, Yuichi(ed.). 2000. *The German historical school: the Historical and Ethical Approach to Economics*. Routledge.

Weiss, Linda(ed.). 2003. *States in the Global Economy*. Cambridge Univ. Press.

제2장 | 일본적 학문을 찾아서

원지연 | 전남대학교 국제학부 교수

## 1. 들어가는 말

한국에서 '주체적 학문'에 대해 고민할 때, 일본의 경험은 타산지석의 역할을 수행할 수 있을 것이다. 식민지를 벗어난 이후에도 일본은 한국의 '근대 만들기'에서 모범사례로 받아들여졌고, 그 흔적은 지금까지도 끈질기게 남아 있다.

압도적 힘을 가진 '서양'과 직면한 19세기의 일본은 이전까지의 자신을 총체적으로 부정하고 전 사회적인 '서양 따라잡기' 프로젝트를 실시했다. 이때 '서양'은 지리적으로 서양에 있거나 단지 강력한 힘을 보유한 세력이 아니라 보편적 법칙이자 전 지구적 목표로 이해되었기에 일본이 모든 것을 버리고 서양 따라잡기에 나서는 데에 심리적인 거부감은 그다지 표면화되지 않았다.

어느 정도 서양 따라잡기에 성공한 이후, 일본은 스스로를 서양의 일원으로 인식해 왔다. 적어도 동양의 일원으로는 생각하지 않았다. '서양'은 지리적 개념이 아니라 '근대'와 마찬가지로 '문화적·사회적 발전단계'의 기준이었기에, 일본은 목표였던 '서양에의 진입'을 달성한 다음 이러한 지위를 외부에게도 인정받고자 했다. 러일전쟁의 승리로 일본 사회가 '서양에의 진입'을 달성한 이후 일본의 지위를 재점검하고 새로운 내셔널리즘으로 '일본'을 재형성하는 사회적인 과제를 맞이하여, 학문방법론의 충실한 학습에 열중하던 일본의 학계에서 그 방법론을 일본 사회에 적용하여 의미를 도출하려는 작업이 시작되었다. 이 글에서는 이러한 움직임이 주체적 학문의 시작이라고 판단했다. 이 작업에는 학습한 방법론을 일본의 상황에 적용하는 것과 새로운 방법론을 만들어내는 것의 두 가지 길이 시도되었다. 여기서는 이러한 두 가지 길을 역사학과 민속학의 사례를 중심으로 정리하고자 한다.[1] 이는 또한 이러한 모색이 어떤 상황 속에서 등장했고 어떤 경로를 거쳤으며 어떤 결과를 가져왔는가를, 내재적 논리보다는 당시의 시대적 상황에 중심을 두어 분석함으로써 '근대'와 '일본'이라는 모델을 둘러싼 학문의 정치사회학적 풍속도를 그려보려는 시도이기도 하다.

## 2. '문명개화'의 시대

### 1) 문화의 번역

1854년의 개항으로 일본은 쇄국을 풀었다. 흑선(黑船)이라는 물리적 위협으로 시작된 서양과의 만남은 강력한 위기의식과 함께 양이(攘夷)운동도 불러일으켰으나, 시모노세키(下關) 포격 사건과 사쓰에이(薩英) 전쟁처럼 압도적인 힘의 차이를 보여주는 일련의 사건들을 경험한 후 서양의 문물을 받아들여야 한다는 명제에 대해서는 이론의 여지가 없었다. 효율적 근대화를 위한 정치적 변혁으로 메이지유신을 선포한 메이지 신정부에서 정부 성립 직후인 1871년 정부 지도자의 절반가량을 포함하는 대규모 시찰단을 2년에 걸쳐 미국과 유럽

---

1) 그 이유는 방대한 학문 분야 전체를 아우르는 것이 불가능하다는 필자의 능력상의 문제가 가장 크지만, 한편으로 학문의 방법론에서 '지역성'이 중요 테마였던 두 학문의 특성상, 수입학문과의 긴장관계를 형성하고 학문의 주체성을 둘러싼 논의가 어느 정도 존재했기 때문이다.

에 파견한 사실은 메이지 정부의 위기의식이 얼마나 심각했는지를 보여주고 있다. 사절단의 직접적인 목적은 서양 열강과의 불평등조약 개정의 교섭이었으나, 그토록 많은 인원을 동반한 것으로 보아 근대화 정책의 방향을 설정하기 위한 정보의 획득도 무시할 수 없는 비중을 차지하고 있었음을 알 수 있다.[2]

이들이 얻고자 한 정보의 내용은 실로 방대하여, 첫째, 행정부·의회·재판소·회계국 등의 이론과 실제 같은 정치와 법률에 관한 것, 둘째, 조세법·국채·지폐·환율, 화재·해상·도난보험, 무역·공작·기차·우편·전선의 회사 관련 정보 등 경제활동에 관한 것, 셋째, 국민교육의 방법, 관민의 학교건설 방식·비용, 모집방식, 학과의 순서·규칙과 학위수여방식, 관민학교, 무역학교, 예술학교, 병원, 유아원의 상황 등 교육에 관한 것이었다.[3]

이처럼 정부의 유력자가 직접 '서양'을 방문하여 제도와 실상에 대해 관찰하고 정보를 수집했으나, 이러한 견문의 기회는 극히 제한된 소수에게만 가능한 일이었으며, 취득된 정보가 민간에 전달되는 범위도 제한될 수밖에 없었다. 때문에 서양에 대한 지식에 목말라하던 일본 사회는 서적을 통해 정보를 접하고자 했고 서양문헌의 방대한 번역작업이 메이지 정부의 주도하에 또한 지식사회에서 자발적으로 이루어졌다.

국책으로의 서양문헌 번역은 메이지 정부 이전의 도쿠가와(德川) 막부 말기에 이미 시작되었다. 개국 직후 서양 열강과의 외교적 업무가 증가하면서 외국어교육과 문헌번역의 필요로 인해 1855년 설립된 요가쿠죠(洋學所)가 다음해 양이(攘夷)의 정서 속에서 양(洋)이라는 이름을 피하고 한쇼구라베죠(蕃書長所)라는 명칭을 얻었다. 이곳에서는 미쓰쿠리 겐포(箕作阮甫), 니시 아마네(西周), 쓰다 마미치(津田眞道), 가토 히로유키(加藤弘之) 등 당대의 유명 학자들을 교원으로 채용하여 네덜란드어만을 교육했으나 점차 영·불·독어 등의 외국어와 지리나 화학 등 기술교육까지 영역을 넓혔다.[4]

---

2) 「特命全權使節の使命につき意見書」, 1871(日本近代思想大系, 『對外觀』 I-7, pp. 26~32).

3) 「米歐使節派遣の事由書」, 1871(日本近代思想大系, 『對外觀』 I-6, pp.17~26).

이들은 외교서류의 번역 외에 필요에 따라 영어, 독일어 등의 사전을 편찬하기도 하고 막부의 고위층을 위한 외국어 학습서를 만들기도 했다. 주변의 외교적 상황이 급박하게 돌아갈 때에는 중국을 통해 입수한 해외의 신문자료를 직접 번역했고, 그 외에도 농업과 군사기술, 화학 등의 전문서의 번역과 교육까지 이뤄졌다. 사회과학 분야의 경우, 실용적 지식에 눌려 뒤로 미뤄지기는 했으나 1862년 최초의 유학생 니시와 쓰다를 네덜란드에 파견하여 법학과 철학, 경제학을 연구하도록 하는 등 이곳에서 형성된 인력이 문명개화시기의 주력으로 활동했다.

막부를 대신하여 메이지 정부가 들어선 후, 가이세이죠(開成所)와 같은 국가기관 외에 민간에서도 직접 번역을 통한 서양의 지식습득의 움직임이 등장하기 시작했다. 그 대표적 그룹이 학술결사인 메이로쿠샤(明六社)였다.

메이로쿠샤는 위에서 언급한 니시와 쓰다 외에 니시무라 시게키(西村茂樹), 나카무라 마사나오(中村正直), 가토 히로유키(加藤弘之), 미쓰쿠리 슈헤이(箕作秋坪), 후쿠자와 유키치(福澤諭吉), 스기 고지(杉亨二), 미쓰쿠리 린쇼(箕作麟祥), 모리 아리노리(森有礼) 등 10명으로 1873년 출발하여 회원과 저변을 확대해 갔으며, 1875년 기관지인 ≪메이로쿠잣시(明六雜誌)≫가 간행 정지되면서 해산될 때까지 짧은 기간이었으나 문명개화기의 지성사에 커다란 영향력을 행사했다.

이들 회원의 대다수는 한쇼쿠라베죠 출신으로 메이지 정부의 관료와 두터운 인맥을 보유하고 있었다. 외국어와 한학(漢學)의 소양을 아울러 지니고 있던 이들은 영국과 프랑스의 계몽주의와 공리주의, 실증주의 사상을 소개하는 데에 진력했고 이들이 소개한 계몽사상은 서양의 근대적인 사회인식과 인간관을 이해하는 기초적 지식을 제공했다.

메이지 초기에는 밀(J. S. Mill)의 공리주의적 관점의 저작이 주로 소개되었으

---

4) 宮地正人, 「混沌の中の開成所」, 『學問のアルケオロジー』(東京大學總合硏究博物館, 1997), http://www.um.u-tokyo.ac.jp/publish_db/1997Archaeology/01/10300.html에서 인용.

나, 1870년대 후반부터는 스펜서(H. Spencer)의 사상이 인기를 끌었다. 가토 히로유키는 스펜서의 사상을 국권론적 관점에서 적극 수용했다. 그는 일본적 상황에서 스펜서를 해석하여 우승열패와 적자생존의 생물학적이고 진화론적인 원칙을 인간사회에 그대로 적용하는 사회진화론을 주장했다. 가토는 "천부인권 사상이야말로 만물법의 실리에 부합하는 인과주의와는 전혀 다른 망상에 불과한 것"이라 주장하며 사회에서도 상등평민이 국가사회의 안녕과 행복을 추구하는 길을 주도해야 한다고 판단했다.[5]

메이로쿠샤 내에서도 가토와 니시가 사회진화론과 독일식 국가주의 사상에 관심을 가지고 왕정옹호와 관련된 국제법 용어 번역에 주력했다면, 니시무라 시게키, 나카무라 마사나오는 인권이나 자유 등의 민주주의 개념에 지대한 관심을 쏟았다. 이러한 관심의 차이가 점차 민권운동에 대한 입장의 차이로 표면화되면서, 당시의 주요 화두였던 민선의원 건립을 둘러싸고 메이로쿠샤는 분열의 길을 걸었다. 위와 같은 입장의 분열은 종래 일본에서 영미적 민주주의가 좌절하는 계기가 되었다는 인식하에 부정적으로 평가되었으나, 적어도 주체성이라는 측면에서는 개국 초기의 번역작업들이 전방위적으로 행해졌던 것에 비해 받아들이는 일본 측의 의도에 의해 서양사상의 수입이 선택적으로 행해질 수 있을 만큼 서양에 대한 지식과 정보가 축적되었음을 의미한다.

메이지기의 한때 소개되었던 공리주의와 계몽주의 사상에 바탕을 둔 자유민권운동은 결국 뿌리를 내리지 못하고, 정부가 주도하는 국가개혁 작업의 이데올로기로 독일의 절대계몽주의 철학이 선택되었다. 향후 대학을 비롯한 지식의 체계는 독일을 모델로 진행되었다.

민간에서도 필요한 지식의 선택이 진행되었는바, 1883년에 야노 후미오(矢野文雄)가 편찬한 『역서독법(譯書讀法)』에 소개된 번역서의 목록에서 각국사의 부분을 볼 때, 그리스·로마·독일·프랑스·영국·미국·러시아뿐이며 아시아나 아프리카, 라틴아메리카는 제외되어 있었다. 이는 모범으로서 유럽만이 학습

---

5) 최경옥, 『번역과 일본의 근대』(살림, 2005), 71쪽.

의 대상이었음을 뚜렷이 보여주고 있다.

## 2) 고빙 외국인들

번역 외에 메이지 정부가 시행한 '서구 따라잡기' 프로젝트에서 두드러진 것은 외국인 전문가를 초빙하여 정부사업의 자문과 교육을 맡기는 이른바 '오야토이'였다. 이들 고빙(雇聘) 외국인들이 규모와 비용, 기능 면에서 메이지 정부의 초기 사업의 상당한 부분을 차지하고 있었으며, 야토이(雇い)를 영어로 표시한 'yatoi'는 근대 일본에서 비용을 지불하고 불러온 서양의 고문을 뜻하는 단어로 지금도 통용되고 있다.

최초의 고빙 외국인은 1855년 나가사키 해군전습소의 교관인 네덜란드인 레이켄(Pels Rijcken)과 22명의 일행이었다. 이들은 도쿠가와 막부의 초청으로 일본에 온 네덜란드 동인도 함대 소속의 해군들이었으나 일본 정부에서 급료를 지불하여 일본인에게 항해술과 포술, 기본적 과학지식들을 지도하도록 했다. 이들의 교육은 1859년에 종료했으나, 서양문물이 나가사키를 통해 흡수되는 방식은 도쿠가와 시대의 제한적 개국정책에서 유래한 것이었다.

1868년 초 메이지 정부가 들어선 후, 다시 외국인 고빙 정책이 추진되면서 가장 많은 외국인이 근무한 곳은 공부성(工部省), 문부성(文部省), 해군성(海軍省)의 순서였다. 특히 식산흥업기인 1873년에서 1876년의 4년간은 정부 내 외국인 직원이 700명을 넘었으며, 식산흥업 정책추진의 중심기관이었던 공부성은 매년 300명이 넘는 외국인을 고용했다. 이 시기 공부성은 예산의 33% 이상이 고빙 외국인의 급료로 지불될 만큼 그 부담은 컸다. 때문에 메이지 정부는 가능한 한 높은 급료로 그들을 고용한 다음 단기간에 일본인들에게 지식과 기술을 전수하게 한 후 외국인들을 해고하는 전략을 세웠다. 메이지 정부의 외국인 직원은 1877년에 500여 명으로, 1883년 이후로는 200명 이하로 급속히 감소했다.[6]

위와 같은 기술 분야 외에 행정과 교육 분야에서도 고빙 외국인은 강한 영향력을 행사했다. 대표적인 인물로 브어벡(Guido Verbeck)을 들 수 있다. 네덜란드인 선교사인 그는 1859년 일본을 방문하여 막부 말기에 메이지 정부의 지도자 그룹을 나가사키에서 가르친 인연으로 메이지 정부 성립 후에 각종 정책의 자문에 응했고, 이와쿠라(岩倉) 사절단의 계획수립에 결정적 역할을 했다. 또 브어벡의 소개로 온 미국인 그리피스(William E. Griffis)는 자연과학 담당의 외국인 교수로 메이지 초기 명망을 떨쳤고, 근대 초기 일본의 목격담인 『미카도의 제국(The Mikado's Empire)』을 남겼다.

생물학자인 모스(Edward S. Morse)는 1877년 도쿄대학에 부임한 후 진화론을 소개하여 당시의 일본 사회에 진화론을 사회현상에 대입한 스펜서의 사회진화론이 유행하는 단초를 형성하는 등 큰 영향을 끼쳤다. 국권론자인 가토 히로유키도 스펜서와 헤겔의 진화철학을 읽은 후 이전의 천부인권론을 버리게 되었다고 회상하는 등 사회진화론은 당시 급진적 민권론에 대항하는 유력한 이론적 무기로 받아들여졌다. 사회진화론은 뒤에 모스가 초빙해 온 철학자 페놀로사(Ernest Fenollosa)를 통해 더욱 확산되었다.

하버드 대학에서 스펜서와 헤겔 철학 그리고 미학을 연구한 페놀로사는 모스의 초청으로 1878년 도쿄대학 인문학부에서 철학, 윤리학, 정치학과 경제학을 강의했다. 본래 독일 철학을 전공한 그가 정치학과 경제학까지 담당한 것을 보면 당시 대학의 강의에 대한 기대수준이 기초적 방법론의 전수에 불과하며 그다지 높지 않았음을 짐작할 수 있다. 그 자신도 스스로 학문의 축적이 깊지 않음을 인정하고 배우면서 강의한다는 자세였다. 1886년까지 일본에 머물며 영·불 철학을 대체한 독일 철학 유행의 단초를 제공했으나, 그의 업적은 일본 체류기간에 흥미를 가지게 된 일본 미술에 관한 것(Epoch of Chinese and Japanese Art)이었으며, 미국에 귀국해서는 보스턴 미술관에서 동양미술부장을 맡았다.[7]

6) 김용덕, 「메이지 초기 고빙 외국인의 역할」, 『한국사 시민강좌 34』(일조각, 2004) 참조.
7) 梅溪昇, 『お雇い外國人 明治日本の脇役たち』(日本經濟新聞社, 1965), p.160.

법률 분야에서는 독일의 뢰슬러(Hermann Rosler)와 프랑스의 부아소나드(Emile G. Boissonade), 미국의 머리(Edward Murry) 등이 유명하다. 뢰슬러는 처음 외무성의 고문으로 일본에 온 이후 1881년 일본제국헌법에 대한 구상이 나올 때부터 메이지 지도자들에게 프러시아식 헌법의 구조와 내용을 알려주어 일본헌법 제정에 큰 역할을 수행했다. 부아소나드는 사법성의 고문으로 와 민법의 체계화를 담당했다. 그는 프랑스식 민법을 도입하려 했기에 일본의 법 개념과 갈등을 빚어 법제화하지는 못했으나 1880년 조약개정운동에 조언할 정도로 일본의 입장을 옹호했다. 당시 일본유학생을 받았던 럿거스 대학에 재직하던 머리는 이와쿠라 사절단의 자문에 응한 것이 계기가 되어, 1873년 문부성의 고문으로 도일하여 일본의 전통을 중시하는 입장에서 「일본교육령」을 입안하고 도쿄대학의 창설에 공헌했다. 이들은 다양한 도일 경로만큼이나 학문적 입장도 다양했고, 일본 정부는 점차 자신들의 의도에 적합한 학설들을 취사선택하게 되었다.

자유민권운동의 고양에도 불구하고 오쿠마 시게노부(大隈重信)가 실각한 1881년의 정변 이후, 영·불 계열의 학풍은 오쿠마가 설립한 도쿄전문학교와 같은 사립학교에서만 계승되었을 뿐, 관립학교와 정부의 정책적 배경에는 독일 국가학이 강세를 띠었다. 정부는, 독일 국가학을 수입할 경우에도, 자유주의적 측면을 배제할 뿐 아니라 의도적으로 일본 역사 속의 신비적 요소와 결합코자 노력했다.[8]

메이지 초기의 '서양 따라잡기'는 서양의 학문에 대해 '문명'이라는 보편성을 부여함으로써 '양학(洋學)'이라는 명칭에 남아 있는 심리적 거부감―굴복과 추종―이라는 문제를 해결했다. 실질적으로도 스스로에게 필요한 논리만을 선택하여 주체적으로 흡수하는 방식이 정착되어 갔다. 외국인 자문에게 막대한 비용을 치르는 '오야토이' 정책의 경우에도 비싼 임금이라는 특별대우가 오히려 어디까지나 일본인 인력이 양성될 때까지의 일시적 현상에 불과함을

---

8) 石田雄, 『日本の社會科學』(東京大學出版會, 1984), pp.40~41.

제2장 | 일본적 학문을 찾아서  115

상기시켰으며, 실제로 일본인 자신에 의한 인력 양성은 신속히 달성되었다.

## 3. '일본' 만들기

### 1) 역사학의 경우

근대 일본에서 학술 인력의 양성은 주로 제국대학(帝國大學)을 정점으로 하는 대학에서 담당했다. 위에서 언급한 가이세이쿄를 비롯하여 이전에도 여러 학습기관이 있었으나, 연속성으로 보아 1878년의 도쿄대학 설립을 대학 제도의 기원으로 볼 수 있다. 도쿄대학은 법학, 이학, 문학, 의학의 4개 학부로 출발하여 문학부의 제1과에 사학과, 철학과, 정치학과가 설치되었으나 1880년에 교수요원과 진학 희망자의 부족을 이유로 사학과는 폐지되었다. 학과 폐지 이후에도 교과목으로 역사학은 존재했으나 교수요원이 고빙 외국인이었기에 강의의 내용은 서양의 각국사였다. 일본과 중국의 역사는 근대 이전의 국학(國學)과 한학(漢學) 영역의 연장선에서 문학부의 제2과인 화한문학과(和漢文學科)나 1883년에 임시로 설치된 고전강습과(古典講習科)에서 강의가 이루어졌다.[9]

초기의 제국대학에서는 '근대 학문'의 방법론을 가지고 일본의 문제를 가르칠 교수요원이 절대적으로 부족했다. 기존의 일본인 연구자는 한학의 전통을 계승한 문헌전문가이거나 난학(蘭學)의 방법론을 계승한 외국어전문가에 불과했다. 이처럼 일본사학이 역사학의 외곽에 존재하는 상황은 1887년 도쿄대학이 제국대학의 지위를 얻고 1888년 사학과가 다시 설치되어 독일인 루드비히 리스(Ludwig Riess)가 초빙되면서 해소되었다. 1890년 국사과가 설치되면서 사학과와 국사과가 구별되었으나 교과목은 상당수 공통으로 진행되었다. 리스

---

9) 사카모토 타로(坂本太郎), 『일본사학사』, 박인호 옮김(첨성대, 1991), 216~222쪽 참조. 번역의 원본은 『日本の修史と史學』(至文堂, 1958)이다.

는 베를린 대학에서 역사학을 공부하고 랑케(Johannes Ranke)의 지도를 받았다. 학위논문은 영국 중세사였으나 서양 각국의 다양한 분야를 홀로 담당했다.

사학과에 최초로 부임한 일본인 교수요원은 도쿄대학이 설립되고 십여 년이 지난 1892년에 임용된 쓰보이 구메조(坪井九馬三)였다. 그는 유럽에 유학하고 돌아온 후 서양사를 담당했다. 1899년 리스의 귀국 후 후임을 맡은 미쓰쿠리 겐파치(箕作元八)도 독일유학 출신이었다. 이들은 독일식 실증주의 역사학에서 강한 영향을 받아 전통적 역사학에 대한 일련의 공격을 감행함으로써 역사학의 영역을 확보하고자 했다. 1890년 결성된 사학회 초대 회장 시게노 야스쓰구(重野安繹)가 『대일본사(大日本史)』에서 충신사적(忠臣事跡)의 허구성을 지적한 것이 그 대표적 사례였다. 막강한 인맥을 보유한 신도(神道) 세력과의 갈등이 깊어짐에 따라 '신도는 제천의 고속(古俗)'이라 발표한 구메 구니오(久米邦雄) 교수의 사건을 계기로 구메와 시게노는 대학을 떠나야 했다.[10] 이러한 정치적 갈등 속에서 역사학계는 한동안 구체적 사건의 고증문제에 집중하는 방식으로 대중과의 거리를 두고자 했다.

1910년대는 일본의 문화사에서 획기적인 시대였다. 요시노 사쿠조(吉野作造), 가와카미 하지메(河上肇), 미노메 다쓰키치(美濃部達吉) 등 다이쇼 데모크라시의 논객들이 도쿄대학과 쿄토대학에 임용되면서 선풍을 일으켰다. 이들의 논설은 다양한 분야에 걸쳐 있으나, 거칠게나마 공통점을 지적한다면 신정부 수립 이래 당연한 것으로 여겨져 온 국가의 역할에 대한 재검토라고 볼 수 있다. 이들이 동시다발적으로 새로운 학설을 발표한 1910년대는 청일전쟁과 러일전쟁, 그리고 한국병합까지 메이지유신 이래 일본이 추진해 온 발전의 목표가 달성된 시기였다. 영일(英日)동맹으로 서양 열강에게 동료로 인정을 받고, 러일전쟁을 통해 서양의 일원인 러시아를 넘어선 일본은 1910년의 한국병합으로 제국의 시스템을 일단 완성하게 된다. 분명히 러일전쟁은 일본에게 빛나는 승리임에 틀림없었다. 그러나 그 승리 후 일본 사회에는 의문의 목소리

---

10) 芳賀登, 『批判近代日本史學思想史』(柏書房, 1974), p.95.

도 제기되었다.[11]

먼저 러일전쟁은 막대한 전비를 사용했으나 이전의 청일전쟁처럼 배상금이라는 형태로 손실을 메우지 못했다.[12] 전쟁이 끝난 후에도 전후 경영을 위한 증세정책은 계속되었고 이로 인해 농촌 지역은 타격이 컸다. 이러한 상황에서 메이지 정부는 위로부터의 민중통합을 통해 모순을 극복하고자 했다. 그러나 과연 일본이라는 국가가 하나의 공동체인지 눈앞의 현실에 의문이 싹트기 시작했다. 학문의 보편성에 의심을 품지 않은 사회과학자들은 주저하지 않고 근대적 성과를 인정하고 나아가 근대 사회를 완성시킬 것을 요구했다. 분석의 단위에서 '지역성'을 전제로 하는 역사학의 경우에는 새로운 내셔널리즘의 분위기 속에서 국가와 사회의 요구에 답하여 '국민통합'의 이론을 재창출하는 길을 선택했다.

이들 새로운 학문 세대의 등장은 제국대학 체제를 통해 일본 국내에서 교육받은 세대의 자기 발언이라는 의미가 있다. 물리적인 압박 속에서 자기변화가 강제되었던 문명개화 세대와 달리, 그들은 처음부터 '서구의 근대 학문'을 보편적인 가치로 학습하면서 자신을 형성했다. '제국주의 강국'의 일원으로 가입한 일본에 대한 자부심이 그들의 활동에는 공통되어 있었다. 양자가 진정한 근대를 자신의 사회에 요구하는 것과 '서양'과 동등한 지위를 '일본'에 부여하는 것으로 구체적 방향은 차이를 보였으나 어느 것이나 근대 일본에서 달성한 성과에 대한 자부심에 근거한 것이었다.

1910년대에 들어와 근대적 대학교육을 받은 연구 인력이 형성되면서, 역사학의 분야에서는 유럽사의 발전법칙이 일본사에서도 관철됨을 증명하려는 그룹이 등장했다.[13] 이러한 시도를 시작한 이는 하라 가쓰로(原勝郎)였다.[14]

---

11) 鹿野正直, 『近代日本の民間學』(岩波新書, 1983) 참조.

12) 1904년 단계의 일반 재정이 4~5억 엔이었는데, 러일전쟁의 임시군사비는 17억 1,600만 엔에 달했고 그 재원은 증세와 공채로 충당되었다. 같은 책, p.45.

13) 도쿄대학의 사학과는 1904년 국사와 지나사(뒤에 동양사로 개칭), 서양사의 3학과 체제로 형성되어 현재까지 골격이 유지되고 있다. 유럽사적 방법론을 일본에 적용하는

그는 로마제국 쇠퇴 후에 게르만이 발전하면서 유럽 중세세계가 형성되는 것에 비교하여 종래 암흑시대로 평가되던 중세를 재평가했을 뿐 아니라, 무가(武家)시대나 가마쿠라(鎌倉)시대로 불리던 시기에 중세라는 틀을 부여했다.

그러나 한편으로 위와 같은 유럽적 역사법칙의 관철이 수행한 양면적인 역할이 있다. 하라가 교토의 귀족 중심 고대율령국가에서 관동(關東) 무사가 주도하는 막부체제로의 이행을 긍정적인 것으로 평가한 이유는 일본인이 국민으로 자각하기 시작했다는 점 때문이다. 즉, 보편적 가치의 구현이 아니라 '국민의식의 형성'을 평가한 것이며 이러한 시각은 '일본사'의 기원을 찾는 움직임과 연결되지 않을 수 없었다.

이런 문제를 더욱 두드러지게 보여주는 것이 쓰다 소키치(津田左右吉)의 연구이다.[15] 쓰다는 '이론'을 적용하거나 비교사와 같은 방법론을 거부한 문헌비판·고증학자로의 이미지가 강하기에 내셔널리즘과는 일견 무관한 듯 보인다. 또한 몰락한 사족 출신으로 막부지지의 가풍 속에 성장한 그는 메이지 신정부 측과는 아무런 인맥이 없었다. 그러나 전문학교 졸업 후 만철(滿鐵)의 조사원을 역임한 그의 독특한 경력은 제국대학에서 서양사학의 방법론을 훈련받은 다른 연구자와 구별되며, 비교사와 유물사관적 방법론에 대한 체질적 거부를 낳았다. 쓰다는 일본 문화의 독자성을 강조하기 위해 중국사상의 보편성을 부정했다. 당대의 아시아주의자 오카쿠라 텐신(岡倉天心)이 메이지 국가의 도덕을 유·불·도교 등의 동양사상에서 구하려는 움직임에 대한 비판으로 그는 중국의 사상은 처세의 술이며 중국의 특수한 정치형태와 사회조직에서 형성된 것이기에 현대의 일본 사회에 기여할 여지가 없다고 주장했다.

---

것은 국사학과의 영역에서 시도되었고, 서양사학계는 서양사조의 소개와 번역을 담당할 뿐이었다. 芳賀登, 『批判近代日本史學思想史』, p.148.

14) 1896년 도쿄대학 사학과 졸업, 1907~1909년 영·불·미국 유학. 교토제대 교수.

15) 도쿄 전문학교 졸업. 만철 도쿄 지사의 만선(滿鮮) 지리역사조사실 근무 시 시라도리 고키치(白鳥庫吉)에게 지도를 받음. 『神代史の新しい研究』, 『古事記及日本書紀の新研究』, 『支那思想と日本』 등 일본과 중국의 고대사 분야에 많은 저작을 남겼다. 와세다 대학 교수.

또한 쓰다는 일본에 비교하여 중국문화의 선진성을 인정하면서도 바다로 격리된 일본의 지역적 특성상 중국의 영향력은 일본에서 중앙의 정부와 귀족에만 존재했을 뿐이라 주장했다. 신화와 일본서기의 분석을 통해 천황가를 종가(宗家)로 하는 강한 응집력의 정치조직이 상당히 초기부터 일본에 형성되고 있었으나, 외부로부터의 자극이 적어 지배체제의 변화가 늦어졌다는 것이다. 이러한 쓰다의 연구는 천황과 국민이 동족관념에 의해 연결되어 있다는 근대 일본의 국체론이 이미 고대에도 존재했다는 것을 입증하려는 동기에서 출발했다.16)

히라와 쓰다의 연구는 비교사와 문헌고증 등 방법론상에서는 서로 대척점에 존재하지만 공통의 목표를 향하고 있다. 즉, 역사에서 '순수한 일본사'를 추출해 내는 것이다. 이를 위해서 중국의 영향이 가장 강했으리라 예상되는 고대의 역사상이 실질적으로는 그렇지 않았다는 것을 증명하거나, 교토에 거주하는 귀족이 아닌 지방 거주 무사나 민중의 역사를 발굴하였다. 쓰다가 중국에서 수입된 사상에 대해 일본인의 상층부조차도 제대로 이해하지 못했다고 거듭 강조한 것도, 히라가 관동 무사의 세계에서 역사발전의 원동력을 찾으려는 것도 바로 중국이나 한반도로부터의 문화수입과 단절된 '순수한 일본'의 역사를 창출하고자 했기 때문이다.

동양이라는 주변 지역에서 영향은 미약했으되 서양과 유사한 발전단계를 거쳐 근대 국가를 형성한 과정, 그것이 바로 근대에 만들어진 학문 '일본사'인 것이다.

## 2) 민속학의 경우

근대사라는 목표를 달성한 이후의 일본 사회가 새로운 국가적 목표를 찾는 시대적 상황하에 이들은 통합의 기본단위인 '일본'이라는 개념에 대한 성찰에

---

16) 小路田泰直, 『日本史の思想』(柏書房, 1997), pp.154~156.

서 자신의 연구를 시작했다. 급격한 사회변동 과정에서 사라져가는 존재에 대한 상실감이 메이지 일본의 사회적 정서로 자리 잡으며 '세상', '풍속' 연구라는 흐름이 개인에 의해 민간학으로 수행되었다.[17] 사회현상에서 사례를 수집하여 정리하는 귀납적 방법을 선호하는 그들의 방식은 근대적 분과학문의 방법론 학습을 중시하는 제도권의 학계와는 긴장관계를 유지했기에 주로 저널리즘과 문필업에서 활동했다. 그 사례를 야나기타 구니오(柳田國男)를 통해 검토해 보도록 하자.

야나기타[18]는 서양의 학문으로 '일본'의 특징을 정확하게 설명해 낼 수 없다는 문제의식을 품고, 역사학과 인류학을 비판적으로 검토하여 민속학의 틀을 만들어내었다. 야나기타가 파악한 일본 사회의 특징은 '혼성사회'였다. 농림관료 시절부터 일본의 여러 지역을 방문하며 지역의 산업과 더불어 풍속을 묘사한 기행문을 남긴 야나기타는 각 지역의 습속과 생활문화, 신앙, 전통, 전승의 다양함에 매료되었다.

1909년에 자비로 출판한 첫 번째 단행본인 『후수사기(後狩詞記)』는 1908년의 규슈(九州) 여행 중 한 마을에서 들은 멧돼지 사냥의 풍습을 정리한 것이다. 그는 옛 수렵도를 보고 예전에는 사냥이 서민들이 늘어서서 구경을 할 정도의 축제였으며, 그 산물도 엄청난 양이었고 수행원들의 모습도 화려한 것에 감동하여 이러한 풍습이 사라지게 된 연유를 추적했다. 그 원인은 총포의 수입이었

---

17) 민간학이 반드시 제국대학이나 정규 교과과정과 한 점의 연관이 없음을 의미하는 것은 아니다. 번학(藩學)과 같은 전통적 학문을 계승한 존재에 대해서는 '재야(在野)'라는 개념을 상정할 수 있으나 이 글의 검토대상에는 포함되지 않았다. 야나기타 구니오의 경우, 졸업 후 학계에 남지 않았지만 제국대학 출신이고, 쓰다 소키치도 도쿄대학 교수인 시라도리 코기치(白鳥庫吉)의 지도와 비호를 받았음은 잘 알려져 있다. 그러나 이들을 민간학으로 분류한 것은 그들의 작업이 대학의 학과에 기초한 분과학문 체제에서 벗어나 있고 학계 외의 네트워크를 주요 활동무대로 했다는 점을 강조하기 위해서이다. 鹿野正直, 『近代日本の民間學』, pp.49~50.

18) 도쿄 제국대학 법학과 졸업 후 농림관료로 활동. 귀족원 서기관장을 역임했고 일한병합 시의 공적으로 서훈을 받기도 했다. 야나기타에 대해서는 많은 연구가 있다. 後藤總一郎 編, 『柳田國男研究資料集成』(日本図書センター, 1986~1988)이 자세하다.

다. 총포가 일본에 수입된 지 이삼십 년 만에 수천 명의 소영주가 영지를 빼앗기고, 그 절반은 죽임을 당하고 남은 절반은 죄인이나 평민이 되면서 동시에 국민적 오락인 사냥이 단절되어 버렸다. 그에게 있어서 근세의 통일이 란 다양한 문화를 말살하고 많은 사람을 살상하며 국민적 오락을 상실한 것을 의미했다.[19]

그는 사냥에 관한 산촌의 생활상을 복원하고자 했다. 수렵에 관한 용어와 규칙, 얽힌 설화를 정리하면서 그는 민중이 생활 속에서 깨달은 지혜를 예찬했으며, 당시 통치와 교화의 대상에 불과하던 민중을 문화의 창조자로 선언했다. 도호쿠(東北) 지방의 산촌을 소재로 1910년 출간한 『원야물어(遠野物語)』에는 야마오도코(山男)·야마메(山女)·갓파(河童)·덴구(天狗)의 설화를 기록하며, 문명개화에 의해 미신으로 부정되어 온 이들의 존재 이유를 찾으려 했다.

관료시절, 출장으로 지방을 돌아다니면서 야나기타는 정부의 정책에 의해 지방의 다양한 문화가 상실되어 가는 것에 아쉬움을 느꼈다. 특히 러일전쟁을 전후하여 시행된 지방개량운동에 대해 비판적이었다. 각 지역마다 스스로 실태조사를 하고 계획을 세워 지역의 규범을 만들려고 했으나, 현실적으로는 주어진 틀에 빈칸을 메워 넣는 방식에 불과하다는 것이었다.

야나기타가 산촌 연구를 통해 얻은 결론은, "고금(古今)이 직립한 봉(棒)이 아니라, 산지를 향해 옆으로 누워 있는 것"이 본래의 일본이라는 것이었다. 즉, 일본이라는 공간 속에서도 새 것과 오래된 것이 평지와 산촌이라는 공간으로 나뉘어 존재하며, 산촌이야말로 근대화에 의해 평지에서는 사라진 일본의 문화가 남아 있는 공간이라는 것이다. 그러나 역사학은 하나의 범주에 하나의 시대만을 인정하기에 '혼재한 다양성'이라는 일본의 본모습을 읽어낼 수 없다는 것이 그의 확신이었다.

주류 역사학은 정치사를 중심으로 하는 고증적·연대기적 연구에 매몰되어 문헌에 기록되지 않는 민중, 국가의 정치에 편입되지 않고 살아가는 민중을

---

19) 鹿野正直, 『近代日本の民間學』, p.63.

소외시켰다는 것이 그의 비판이었다. 당대에 유행한 유럽과의 비교사적 방법론도 역시 복수의 시간대가 흐르는 일본이라는 지역의 특성을 읽어내기에는 부적합한 것이었다. 그렇다면 어떤 방법이 가능할 것인가. 1930년대 들어 민속학의 방법론을 정리하는 과정에서 그는 구전, 전승, 신앙, 예능처럼 무형의 자료들을 분석 대상으로 '풍토와 생활에 근거를 둔 문화'를 발굴하고 문서기록에는 나오지 않는 '상민대중의 생활'을 기록하는 것이야말로 민속학의 사명이라 선언했다.[20]

그는 역사학의 기본전제인 일원적 발전론에서 보편성이 아니라 서양의 문화적 우월의식과 음모를 읽어냈다.

> 종래의 민속학 문헌은 오랫동안 충실한 선교사들의 공물이었다. 그들의 친절은 토인언어의 습득에서 시작하여, 미묘한 감정지능의 움직임도 무시하지 않고, 철저하게 견문을 기술하고자 했다. …… 다만 하나 곤란한 것은, 그들에게는 선입관이 있었다. 그들은 자신들의 종교의 신의(神意)를 너무 믿기 때문에 오주(五洲) 각색의 종족의 문화를 눈앞에 두고, 하나의 넓은 길을 앞뒤로 걸어가는 것처럼 생각하지 않을 수 없다. …… 그것이 실제의 토인들의 교도에 영향을 끼쳐 부자연하고 불행한 간섭을 통해 얼마나 약한 자를 괴롭혔는지 모르는 일이다.[21]

이처럼 근대 학문의 정치성, 유럽 중심 학문이 가지는 상대성을 지적하는 그에게 학계는 참여를 허락하지 않았으나 사회적 반향은 컸다. 그는 1910년 개인주택에서 사적인 담화회로 향토회(鄕土會)를 출범시켰고, 중도에 남도담화회(南島談話會)와 민속학담화회를 거쳐 1933년부터는 목요일마다 강의를 하는 목요회(木曜會)로 확대했다. 그 후 목요회는 일본민속학회의 모태가 되었

---

20) 柳田國男, 『民間傳承論』(共立社書店, 1934), p.72.
21) 柳田, 『靑年と學問』. 橋川文三, 『柳田國男—その人と思想』(講談社, 1976), p.83에서 재인용.

제2장 | 일본적 학문을 찾아서　123

다. 분과학문과 구별되어 재야의 담화회에서 출발했으나 이런 사적 모임을 확대하여 광범한 학문적 네트워크를 형성해 낸 것이다. 1913년에 스스로 기관지인 ≪향토연구(鄕土研究)≫를 만들기 전에는 학회지가 아니라, ≪독매신문(讀賣新聞)≫, ≪문장세계(文章世界)≫, ≪사민(斯民)≫, ≪태양(太陽)≫, ≪신조(新潮)≫ 등의 일반잡지가 그의 주요 기고무대였다.

야나기타는 일본 국민이 다수 종족의 혼성이라는 전제하에서 야마비토(山人)야말로 일본 열도에 존재한 선주민의 자손이라는 가설을 품고 있었다. 물론 일본 열도에 선주민족이 있다는 것은 야나기타만의 주장은 아니었으며 당시의 일본교과서에 기록되어 있을 만큼 상식에 속했다.[22] 그러나 야나기타 학설의 특징은 선주민이 아이누족이 되어 북방으로 사라졌다는 통설에 반대하여 선주민이 군사적으로 패배한 후 태반은 마을로 내려와 일반인과 섞여 살고 나머지는 산에 들어가 살았다는 것이었다. 산촌에 광범위하게 존재하는 야마비토, 오니(鬼), 야마오도코, 야맘바(山姥), 덴구 등의 전설이야말로 전쟁에서 밀려 숨어사는 선주민족의 존재를 말해주는 증거라는 것이었다. 그는 정복자인 천손족(天孫族)에 밀려 숨어들어 간 선주민족의 모습에 근대화 정책에 의해 사라져가는 지방의 상황을 대입하여 지극한 애정과 공감을 표현했다.

그러나 이처럼 문화적 상대주의의 입장에서 다양한 사회로 일본을 분석하던 야나기타의 입장이 1920년대에는 변화를 보이기 시작했다. ≪아사히신문(朝日新聞)≫의 객원기자가 되어 여행한 오키나와 경험을 통해 그는 '일본인'의 루트를 남방·해상에서 찾는 이른바 남도론(南島論)을 선언한다. 남도론이란 일본인의 민족문화의 핵심은 벼이며, 벼는 남방의 작물이라는 논거로 일본문화의 원형이 남방에서 도래했고, 일본인의 심성의 원형은, 예컨대 오키나와에 강하게 남아 있는 조령(祖靈) 신앙이라는 것이다.

그러면 야마비토와 같은 비농경민이 일본인의 원류라는 그의 학설은 어떻게 되었을까. 우선 피차별 부락과 같은 소수자에 대한 언급이 점차 감소한다.

---

22) 오구마 에이지, 『일본 단일민족신화의 기원』, 조현설 옮김(소명출판, 2003), 273쪽.

그리고 역시 전설을 자료로 이용하여 일본의 산록과 섬에 거주하며 수공예와 행상에 종사하는 떠돌이 유민들이 자신의 원류를 천황가(天皇家)의 숨겨진 후예로 설명하는 전설들이야말로 그들의 이질성보다는 '천황가를 숭모하고 그것과의 연결을 통해 자신의 위치를 찾고자 하는 일본인의 정서'라는 공통된 지향을 읽어내기에 이르렀다.[23]

이러한 입장의 선회는 어디서 시작된 것일까. 우선 초기부터 야나기타의 야마비토 연구가 일본이라는 틀을 전복하려는 시도는 아니었다는 것을 확인해 둘 필요가 있다. 야마비토에 대한 그의 시선은 잊혀져가는 존재에 대한 동정과 연민이었지 자신을 '그들'과 동일시한 것은 아니었다. 그 자신은 어디까지나 '명예로운 정복자의 후예'인 천손족이었다.[24]

그가 천황을 중심으로 일본을 단일한 문화권으로 묶어내려는 입장의 전환을 가져온 데에는 오키나와 여행과 동일한 시기의 제네바 체험이 강한 영향을 끼쳤다. 1921년 야나기타는 국제연맹의 위임통치위원으로 스위스의 제네바에서 남양제도의 통치형태를 결정하는 회의에 참가했다. 최초의 서양 체험은 그에게 매우 가혹한 것이었던 듯하다. 일본의 각 지방과 조선, 대만, 만주에 이르기까지 많은 여행을 경험했지만 그때까지의 야나기타는 어디까지나 중앙정부에서 파견한 고위관료로서, 혹은 저널리스트로서, 강자의 입장에서 소수자인 현지인들에게 접했을 뿐이었다.

그러나 제네바에서는 달랐다. 우선 언어의 장벽이 컸다. 날마다 일기에 일본인을 만난 횟수, 일본어로 대화를 나눈 횟수를 기록할 만큼 그는 막막함에 젖어 있었다. 게다가 주요 임무인 남양제도나 위임통치에 관해 그는 아무런 지식도 없었고, 영어와 프랑스어로 진행되는 논의를 따라갈 수도 없었다. 인종차별이 심한 당시의 국제회의에서 아랍계 대표가 어색한 억양의 프랑스어로 연설을 하여 참석자의 노골적 비웃음을 사는 모습을 보면서 자신들이 있을

23) 中村生雄, 「漂泊民をめぐる言說に『日本人』像の矛盾を見る」, 『民俗學がわかる』(朝日新聞社, 1997).
24) 오구마 에이지, 『일본 단일민족신화의 기원』, 277쪽.

곳이 아님을 절실히 느꼈다고 야나기타는 고백했다.

철저하게 소외되는 경험을 한 제네바 생활을 통해 야나기타는 더 이상 지배자로의 여유를 유지할 수 없었다. 뒤에 그는 오키나와의 청년에게 들려주는 형식의 글에서, "제군(오키나와인)이 중앙이라 명명하고 있는 곳[東京]도 이런 작은 지구에 있어서라면 결코 진짜 중앙은 아닌 것"이며 제네바나 베르사유와 같은 중앙에서 볼 때 차이가 없다고 토로하고 있다.[25] 이전의 야마비토 연구에서 야나기타가 일본 정부라는 중앙에서 산(山)을 내려다보았다면, 제네바의 경험을 통해 자신이 속해 있는 일본이 보잘것없는 섬임을 자각하게 되었다. 제네바에서 타자화되는 경험을 통해 일본이라는 소속감을 강하게 의식해야 했던 것이다.

향후 그의 작업은 구미열강의 위협에 노출된 일본을 세계의 소수자로 묘사하면서 일본의 토착문화에 대한 충실한 방패가 되는 것과 열도에 살고 있는 일본인들에게 그들이 단일한 민족임을 설복하여 아래로부터 통합을 진행하는 것에 집중되었다. 넘어야 할 과제는 많았다. 관동대지진 이후 선명해진 일본 내 계급적 갈등이 가장 큰 문제였다. 야나기타가 일본문화의 중핵으로 상정한 '상민(常民)'은 바로 이런 문제를 극복하기 위한 것이었다. 초기부터 '상민'을 사용한 것은 아니며 '민족' 혹은 '일본인'도 이전부터 사용되었다. 잡지 ≪민족(民族)≫의 간행기간인 1926~1930년 사이에는 민족을 주로 사용했으나, 1930년대부터 상민을 적극적으로 사용하게 된 것은 계급 문제를 의식한 것으로 보인다.

'상민'은 '귀인', '귀족'에 대응하는 개념으로 상정되어 '범인상민(凡人常民)', '수억의 상민'이라는 표현 속에서 상층민과의 거리를 강조했다. 구체적으로는 '무라(村)'의 주민 중 대다수를 점하는 '보통의 백성'이라 규정되었다. 이들은 외래의 침입자나 혼혈자, 혹은 그들에 대한 협력자를 제외한 토착민을 뜻한다. 유교나 불교와 같은 외래의 지식이 들어오기 전에 '일본인이 원래

25) 같은 책, 283쪽.

가지고 있던 일본인의 사고방식'이 있었으며, 때문에 '상민'에 상층계급은 배제할 수 있되 국가제례를 통해 일본의 민속을 체현해 온 천황가는 포함되어 있었다.

남양제도의 문화를 말살하는 제국의 지배정책을 보며 그들을 동정하면서도, 그들이 몰락한 원인이 국가로서 동일한 문화를 형성하려는 노력을 게을리한 데에 있다고 판단한 야나기타는 일본이 동일한 길을 걷지 않도록 하기 위해 고민했다. 메이지 정부의 획일화 정책에 대한 비판에서 학문을 출발한 그가 내부의 통일을 고민하게 된 것이다. 그 대표적인 것이 표준어의 보급이었다. 그는 지역의 언어를 부정하지는 않았지만 표준어야말로 유럽의 수입문화에 맞서 자신을 지키고 형성할 수 있는 무기로 보았다. 표준어가 없었기에 유럽에 의한 원주민 교육이 강요된 결과, 남양제도나 아프리카의 엘리트층이 지체된 자신의 문화를 비하하면서 유럽의 수입문화에 자신을 동일시한다고 이해했다. 시급히 표준어를 통일하지 않으면 일본도 이들의 전철을 밟을 뿐이었다. 1941년의 단계에서는 '표준어를 맞아들이기 위해서는 어떻게든 지금까지의 할거적 지방표준어를 모두 폐기'하지 않으면 안 되는데 '아직도 서로간의 소통에 만전을 기하려고 했던 오랜 관례를 무시하고 도쿄에 살면서도 태연히 고향의 방언을 사용하는 무관심한 사람들'을 비난하기에 이르렀다.

이러한 딜레마는 도시문화와 지방문화의 관계에도 계속된다. 그는 중앙의 도시문화를 비판하며 지방이야말로 일본의 토착문화임을 주장해 왔다. 그러나 통일을 중시하는 입장에 설 때 토착적 지방문화를 전부 상찬하는 것으로 일본이라는 문화의 공통항을 찾는 것은 불가능했다. 수입된 근대문화에 대한 반발로 사라져가는 일본의 근원을 지방에 남아 있는 향토문화에서 찾으려 할 때, 일본의 전국에 통일되는 지방의 문화를 찾아야 하는 모순된 과제를 달성해야 했다. 때문에 그가 초기에 강조한 일본문화의 다양성은 오히려 그의 발목을 잡았고, 1920년대 이후의 작업은 초기 작업의 성과를 부정할 수밖에 없었다.

야나기타가 일본 국내에서 지방적이면서 보편적인 것으로 인정한 것이 바로 쌀이었다. 쌀이야말로 지역마다 문화와 언어에 차이가 있더라도 일본인을 밑으로부터 통일시켜 주는 유일한 문화였다. 쌀과 무관한 일본인이 존재해도 안 되며, 쌀농사는 수입문화여서도 안 되었다. 때문에 일본민족은 (기마민족처럼) 외부로부터의 침입자가 아니라, 쌀을 가지고 남방에서 도래한 후 토착한 이였고, 선주민의 존재는 인정할 수 없는 것이었다. 야나기타가 그려낸 '일본인'은 정주(定住)생활을 하며 도작(稻作)을 행하는 민족으로 균일화되어 간다. 그 속에서 천황가는 황조신(皇朝神), 천조대신(天照大神)을 섬기며 상민의 일상과 연결된 도작의례의 원형을 전승해 온 일본문화의 중심으로 파악된다.[26]

그러나 야나기타의 이러한 전환에도 불구하고, 아니 이러한 전환이 있었기에 그의 학설은 사회적 영향력을 확장하여 갔다. 계급적 갈등과 민족주의적 정서를 동시에 만족시키는 '상민'과 '향토'에 대한 시선은 마법과 같은 효과를 올렸다. 이론 강조의 마르크스주의에 상처 입은 많은 지식인과 학자들이 민속학에 몸을 던졌다. 1945년의 패전 이후에도, 야나기타는 『제일고(祭日考)』, 『산궁고(山宮考)』, 『씨신과 씨자(氏神と氏子)』 등을 통해 일본인의 '가문영속(家永續)의 바람'을 기조로 제사를 통해 선친이 조령이 되고, 토지신이나 산신으로 변화하면서 마을과의 사이를 왕래한다는 농촌공동체의 (종교적) 질서를 그려내는 작업에 집중했다.

야나기타는 근대 일본의 학문이 수입학문의 성격을 기본으로 하여, 국가를 배경으로 하는 부국강병의 학문으로 사람들의 일상생활에 대한 가해성을 지닌다는 문제의식에서 자신의 학문을 출발했다. 그러나 '서양적 근대화를 통해 상실되어 가는 일본적 특성을 복원'한다는 학문적 자의식의 결과, 서양에 대응한다는 내셔널리즘의 의식에서 자유로울 수 없었다. 특히 일본만이 문제일 때에는 일본 내의 소수자를 옹호하는 입장에서 출발했으나, 제네바에서 자신이 소수자로서 체험한 시간은 일본 전체를 소수자로 인식하는 피해의식을 굳히게 만들었고, 일본의 내셔널리즘을 형성해야 한다는 사명감에 불타게 만들었다.

---

26) 鶴見太郎,「日常へ降りる天皇像—民俗學・文化人類學・文學硏究における天皇制」, 『岩波講座 天皇と王權を考える1 人類社會の中の天皇と王權』(岩波書店, 2002).

## 4. 맺음말

근대 일본의 '서양 따라잡기' 프로젝트는 전통에 대한 전면적 부정의 이미지를 가지고 있다. 실제로 이전에는 '국학'과 대비되는 '양학'이라는 상대적 위치였으나, '문명개화'라는 이름을 얻으면서 '문명으로서의 서양'은 보편적 진리의 위치를 취득했다. 국책으로 서양의 정보와 지식을 흡수하기 위해 번역작업이 수행되었고 유학생이 파견되었으며 높은 급여를 지불하여 외국인 전문가를 고용했다.

그러나 전통적 학술문화가 백 퍼센트 단절된 것은 아니었다. 가이세이죠와 같은 정부기관에서, 그리고 메이로쿠샤와 같은 민간모임에서 번역과 학술정보 수입을 담당한 인력은 막부 말기 난학에서 학문의 기초를 습득했다. 전통적 학자양성제도를 통해 양성된 이들을 활용함으로써 메이지 정부는 방대한 정보를 신속하고 체계적으로 취득할 수 있었고 근대 국가 만들기에 적합한 모델을 선택할 수 있었다. 이로써 서양사상의 백가쟁명 시대는 단기간에 종료되었으며, 선택적 모방으로서의 독일식 모델은 정부와 관련된 학술과 제도의 제 영역에 급속히 보급되었다.

근대화는 사회의 제 영역에서 진행되었으나 부국강병이라는 국가목표에 부합하는 기술적 영역을 넘어서지 않도록 통제되었다. 제국대학 체제를 통해 외국인 교사를 대체하여 일본 국내에서 자체적으로 학술인력을 키워낼 수 있게 되었지만, 학문이 자체적 생명력을 갖춘 것은 아니었다. 역사학 분야에서는 독일 역사학파의 실증주의를 직수입하여 사료비판에 적용하고자 했으나 신도(神道)와 같은 전통세력과 갈등을 빚었을 때, 언제나 학계의 패배로 종결되었으며 이들 실증주의 그룹은 그들에게 허용된 안전한 공간에 머물러 있음으로써 관학 아카데미즘 속에서 학문권력으로 비판을 받아왔다.

1900년대 초반 청일전쟁과 러일전쟁, 한국병합과 같은 제국주의 국가로서 일정한 목표를 달성한 일본 사회가 회의에 빠져있을 때, 사회운동과 학설에서는 새로운 움직임이 등장했다. 정치학과 경제학, 법학처럼 유럽의 사회과학방법론을 이식한 분야에서는 이러한 움직임이 '근대성의 철저한 완성'을 요구하는 다이쇼 데모크라시로 발전해 갔다. 그러나 역사학처럼 '일본'이라는 지역적 특수성을 중시하는 그룹은 일본의 특성을 찾아내는 방향으로 나아갔으며 결과적으로는 당시 고조되어 가는 새로운 내셔널리즘을 통해 새로운 통합의 논리를 제시하는 방향으로 향했다.

역사학에서 쓰다 소키치 등의 '일본사 만들기'와 민속학자 야나기타 구니오의 '일본 연구'는 도구적 학문을 거부하며 일본의 풍토에 필요한 학문을 만들어내려는 의욕에서 출발했지만 결과적으로 '국민국가 일본'의 역사적 원형을 만들어냄으로써 근대 국민국가의 정치적 필요에 충실하게 답하는 역할을 수행했다. 또한 이들의 주장은 제도권 학문에 거리감을 느끼고 있던 대중의 정서에 강한 호소력을 가지고 있었다. 그러나 비교의 기준을 거부한 채 '일본적 특수성'을 읽어내려는 그들의 방법론은 이론화에서 벽에 부딪히게 되면서, '천황가'라는 매개를 통해 일본의 특수성을 읽어내는 '황국사관적 국체론'과의 차별성을 상실하게 된다. 이들의 좌절은 '주체적 학문'을 모색할 때 '주체'를 어떻게 설정할 것인가에 대한 문제의 복잡성을 말해준다.

# 참고문헌

김용덕. 2004. 「메이지 초기 고빙 외국인의 역할」. 『한국사 시민강좌 34』, 일조각.

사카모토 타로(坂本太郎). 1991. 『일본사학사』. 박인호 옮김. 첨성대.

오구마 에이지(小熊英二). 2003. 『일본 단일민족신화의 기원』. 조현설 옮김. 소명출판.

최경옥. 2005. 『번역과 일본의 근대』. 살림.


橋川文三. 1976. 『柳田國男―その人と思想』. 講談社.

宮地正人. 1997. 「混沌の中の開成所」. 『學問のアルケオロジー』. 東京大學總合硏究博物館.

鹿野正直. 1983. 『近代日本の民間學』. 岩波新書.

梅溪昇. 1965. 『お雇い外國人 明治日本の脇役たち』. 日本経濟新聞社.

芳賀登. 1974. 『批判近代日本史學思想史』. 柏書房.

石田雄. 1984. 『日本の社會科學』. 東京大學校出版會.

小路田泰直. 1997. 『日本史の思想』. 柏書房.

中村生雄. 1997. 「漂泊民をめぐる言說に'日本人'像の矛盾を見る」. 『民俗學がわかる』. 朝
　　　　日新聞社.

鶴見太郎. 2002. 「日常へ降りる天皇像―民俗學・文化人類學・文學硏究における天皇制」.
　　　　『岩波講座 天皇と王權を考える1 人類社會の中の天皇と王權』. 岩波書店.

後藤總一郎 編. 1986~1988. 『柳田國男硏究資料集成』. 日本図書センター.

「米歐使節派遣の事由書」. 1871. 日本近代思想大系. 『對外觀』 I-6.

「特命全權使節の使命につき意見書」. 1871. 日本近代思想大系. 『對外觀』 I-7.

# 중국 지식인의 현대성 담론과 아시아 구상
## 왕후이의 학문 주체화 전략에 대한 평가와 비판

조경란 | 중국사회과학원 근대사연구소 사상문화연구실 방문학자

## 1. 들어가는 말: 현대성 담론과 주체화 학문

이 글에서는 현재 '신좌파'1)의 핵심적 인물로 평가되는 중국의 소장학자 왕후이(汪暉)의 현대성2) 담론을 '학문 주체화 전략'의 중국 사례로 보려 한다. 왕후이의 현대성 담론은 구체적으로 중국에서 현재 진행되고 있는 자본주의화 과정, 중국 사회주의를 비롯한 중국의 근현대 사상, 그리고 그간에 진행된 아시아론을 현대성에 대한 성찰적 시선으로 보고자 하는 의도에서 출발한다. 물론 이 시선은 현대성의 사상적 원천을 제공하고 있는 서양 근현대 사상에까지 확장된다. 왕후이의 현대성 성찰은 크게는 전 지구화의 이데올로기인 신자유주의와 서구중심주의에 대한 대항이며 이를 통해 중국의 길을 다시 복원 또는 제시하려는 것이다. 구체적으로는 왕후이 자신이 밝히듯 "현대성의 성찰

---

\* 이 글은 ≪역사비평≫(2005년 가을호)에 실렸던 것이다.

1) 이 명칭은 '신좌파 자유주의 논쟁' 이후 붙여진 것으로서, 왕후이는 이에 대해 탐탁해하지는 않는다. 그는 오히려 '비판적 지식인'으로 불려야 마땅하다고 생각한다. 그러나 중국 지식계에서 이미 구좌파(老左派)와 구분하여 '신좌파'라는 명칭이 일반화되어 있으며 혼란을 피하기 위해 여기서도 이에 따른다.

2) 중국에서는 일반적으로 modernity를 현대(성)로, postmodernity를 후(後)현대(성)로 번역한다.

은 현대적인 생활과정 전체에 대한 부정도 아니고 현대적 가치의 전면적인 포기는 더더욱 아니다." "광범위한 민주주의와 건전한 자유를 위한 이론적 자원을 제공하는 것이다."[3] 그의 현대성 담론은 중국 근현대사는 물론 서양의 근현대사까지도 역사적으로 바라본다는 점에서 중국 혁명의 유산을 철저히 부정하고 서양의 현대성을 절대 긍정하는 자유주의자들과 차별화된다.[4]

왕후이는 현대성에 대한 비판적 입장과 중국의 시장사회에 대한 시선을 그대로 신아시아 상상으로 옮겨놓는다. 그의 아시아론은─한국의 좌파적 동아시아론과 구체적인 심급과 범위에서 적지 않은 차이를 드러내기도 하지만─아시아 담론의 의미를 자본주의와 서구중심주의에 대한 저항과 아시아의 궁극적인 연대에 두고 있다는 면에서 동아시아적 문제의식을 보여준다.

왕후이의 현대성 비판은 중국의 학술사 전통의 새로운 발굴과 재확립이라는 방대한 작업과 동시에 이루어지기 때문에 불가피하게 중국의 전통에 대한 자기이해의 기반 위에 서 있다.[5] 이런 점에서 "'신좌파'는 한편에서는 현대 구미의 좌익 지식계의 원전에서 이론 자원을 가져오기도 하고 다른 한편에서는 중국의 전통적 문화심리와 정감이 그 사상의 기저에서 여전히 심각한 영향력을 발휘하고 있다. 실제로 '신좌파'와 신자유주의의 분기는 눈앞의 급박한 국제, 국내 문제에만 한정된 것이 아니라 중국 혁명과 마오쩌둥 시대 및 중국과 서방 역사의 기본 평가를 광범하게 언급하고 있다"[6]라는 위빙(語冰)의 평가는 '신좌파' 중에서도 왕후이에 대입했을 때 매우 적절하다.

그러나 많은 사람들이 지적하는 것처럼, 왕후이의 중국 현대성 비판은 다양

---

3) 汪暉, 「現代性問題答問」, 『死火重溫』(人民文學出版社, 2000), pp.40~41 참조.

4) 신좌파 내부의 편차가 큰 것처럼 자유주의파도 일률적으로 평가하기 힘들다. 서양 현대성에 대해 무비판적 태도를 취하는 경우는 자유주의자들 중에서도 우파에 속한다.

5) 2004년 7월에 그는 송대 사상부터 최근까지를 다룬 『中國現代思想的興起』라는 제하의 전집 4권을 출판했으며 여기서 왕후이는 전통에 대한 발굴과 해석 그리고 재해석을 시도한다.

6) 語冰, 「智識界的分裂與整合(代前言)」, 『思潮』(中國"新左派"及其 影向)(中國社會科學出版社, 2003), p.5.

제3장 | 중국 지식인의 현대성 담론과 아시아 구상  133

한 서구 이론에 의존하여 전개되는 것이 사실이다. 현대성에 대한 태도와 기본 입장에 대해서는 하버마스(J. Habermas)와 푸코(M. P. Foucault), 전 지구화에 대해서는 월러스틴(I. Wallerstein)과 브로델(F. Braudel), 국가와 시장 그리고 사회에 대해서는 폴라니(K. polanyi) 등을 원용한다. 하지만 원용의 방법에 있어서 중국의 역대 사상가들이 보여준 것처럼 전면적이라기보다는 선택적이다.[7] 이런 점에서 나는 왕후이의 현대성 비판 담론을 중국의 학문 주체화 전략의 한 사례로 보려는 것이다.

따라서 주체화 학문이라고 할 때의 주체화란 중국의 전통에만 의존하여 인류의 미래를 설계하려는 문화민족주의자들이나 아시아적 가치론자들이 말하는 '주체화'와 다른 것이고, 중화성을 체현하여 새로운 중심을 꿈꾸고 있는 이른바 '포스트 학자군'이 말하는 '주체화'와도 구별된다. 또 최근 학문의 토착화를 지향하는 일군의 지식인들과도 — 앞의 두 유파에 비하면 어느 정도 정서적 친밀감을 유지하고 있으나 — 약간의 편차가 있다. '토착화파'[8]는 현 중국 학술계가 개념, 기본 가설, 분석 틀과 연구 방법, 심지어는 토론의 주제까지도 서방에서 발원한 것들에 뒤덮여 있다고 판단하고 이러한 학문 행태에 대해 비판적이다.[9] 하지만 왕후이는 동서 학술 전통의 상호 침투가 상당 부분 진행된 상황에서 역사에 대한 유효한 해석의 목적의식만 뚜렷하다면 굳이 그 발원지를 가릴 필요는 없다고 보는 듯하다.

앞에서 설명한 유파들은 그동안 서구에 억눌려온 울분 의식으로 중국이 다시 중심이 되어 타자를 강요하는 사태가 도래하는 것도 불사한다는 태도를 견지한다. 따라서 왕후이의 학문 주체화 전략 안에는 최소한 이들의 일차원적

---

7) 이는 왕후이가 19세기 말 20세기 초 사상가들을 연구하는 과정에서 자연스럽게 터득한 서구 수용 방식이라고 본다. 옌후(嚴復), 량치차오(梁啓超), 루쉰(魯迅), 장빙린(章炳麟) 등 중국의 소위 전형기의 사상가들이 단행하고자 했던 중국의 근대 기획은 학문 주체화의 측면에서 보면 어느 한쪽으로만 단순하게 평가할 수 없는 심층이 존재한다.

8) 여기서 '토착화파'는 토착화를 주장한다는 의미에서 임의로 붙인 명칭이다.

9) 王紹光, 「'接軌'還是'拿來': 政治學本土化的思考」, 『思潮』, p.228.

'주체화'를 문제 삼고자 하는 '목적의식성'이 들어 있다고 할 수 있다. 다시 말하면 '주체화'를 부정하는 주체화이다. 여기에 현대성을 절대 긍정하면서 중국의 근현대 역사 전체를 '봉건'으로 파악하는 다수 신자유주의자들에 대한 비판까지 포함한다면, 왕후이의 학문 사상 전략은 왕후이식 표현으로 하면 '반주체화적 주체화'라 할 수 있다. 그리고 이 전략은 서구/중국, 현대/전통의 이분법을 벗어나고자 하는 그의 일관된 의도와 맥을 같이 한다.

하지만 개혁개방 이후 중국 사상계는 현대성 자체를 미래의 목표로 긍정하는 분위기이다. 따라서 현대성에 대한 문제제기는 곧 구시대 혹은 문화대혁명 시대로 되돌아가자는 것으로 의심받기 십상이다.[10] 중국의 사회적 분위기 자체가 이처럼 현대성 비판 담론 주체들에게 결코 유리하게 돌아가지 않기 때문에 현대성에 대한 성찰 담론은 적지 않은 사상적·현실적 부담을 안고 있다.

첫째, 중국 사회주의가 문화대혁명으로 종결되어 중국 사회주의 전체를 문혁으로 이미지화하고 있는 중국인들(지식인을 포함하여)에게 '좌'는 곧 경제적 평균주의로 기억되고 있기 때문에 설득력을 얻기가 쉽지 않다. 이 때문에 중국인들에게 신좌든 구좌든 '좌'는 진보로 인식되기는 힘들다. 둘째, 어찌되었든 역사적 사회주의의 몰락으로 인해 사회주의 거대담론의 많은 부분이 오류임을 드러낸 상황이고, 중국인들은 이 거대담론이 현실화한 사회주의를 몸소 체험했으며, 그 기억이 아직도 현재의 많은 부분을 구성하고 있다. 특히 50대 이상의 세대 중에는 문혁 시대에 갖은 고난을 경험한 지식인들이 많은데, 이들의 시선 안에서 현대성에 대한 평가는 자유로울 수 없다. 즉, 이들에게 '신좌파'는 철모르는 이상주의자에 불과한 것으로 비춰질 개연성이 높다. 셋째, 현대성의 비판 담론이 사회주의 개혁에는 적극적이지 않은 반면, 경제발전 방향의 비판에 대해서는 적극적이라는 인상을 주고 있다. 특히 '신좌파'는 경제민주를 실현할 주체로서 국가를 배제하지 않기 때문에 국가에 대한 그들

---

10) 汪暉, 「現代性問題答問」, p.8.

의 정치적 비판은 애초에 힘을 가질 수 없는 원천적 한계가 있을 수 있다.

이러한 전체 분위기에 대해서는 스스로를 '신좌파'로 분류한 바 있는 철학자 깐양(甘陽)이 잘 지적하고 있다. "대륙은 오랫동안 '극좌'의 사회였고 중국의 개혁은 '반좌'를 출발점으로 삼았으며 이 때문에 대륙에서 '좌'는 절대적으로 부정적인 뜻을 가진 단어(貶義詞)인 반면 '반좌'는 최고의 도덕적 정당성을 갖는다"[11]는 것이다. 즉, 자유주의로 표상되는 '반좌'는 정치적으로 구사회주의 정권을 비판하고 경제적으로 발전을 추구하는 이미지로 기호화하여 인식되고 있기 때문에 과대평가되는 반면 '신좌파'는 과소평가되고 있다는 의미이다.

그럼에도 불구하고 이 글이 학문 주체화 전략의 사례로 왕후이에 주목하는 이유는, 우선 그가 서구적인 인식 틀과 관점에서 벗어나 그것을 상대화하려 했으며, 더 나아가 독자적인 사고 틀을 가지고 중국 분석을 시도하려 했다는 점 때문이다. 그의 이런 노력들은 이론적 단계까지는 못 미치더라도 개념적 종속의 단계를 벗어나는 초입에는 들어서고 있다고 볼 수 있다. 결론에서 지적하는 몇 가지 문제점에도 불구하고 학문의 개념적 종속에 대한 문제의식을 가지기 시작한 한국학계로서는 그 방법과 정신의 면에서 적지 않은 참조가 될 만하다.

## 2. 1990년대 사상계의 분화와 왕후이의 사상적 위치

우선 왕후이가 어떤 인물이며 사상계에서 차지하는 위치는 어떤 것인지 알기 위해서는 개혁개방 이후 1980~90년대의 사상적 분위기와 '신좌파'의

---

11) 깐양은 왕후이를 비롯한 '신좌파' 지식인들을 자유파의 사상 분화로부터 파생되었다고 하여 이들을 (자유우파와 대비시켜) '자유좌파'라 불러야 한다고 주장한다. 甘陽, 「中國自由左派的由來」, 『思潮』, pp.110~111. 이에 대해 왕후이는 깐양이 자신을 자유좌파라 부르는 것은 관방좌파와 구분하기 위한 것이라고 말한다. 2004년 2월 17일 필자와 나눈 북경에서의 인터뷰.

대두 배경을 알 필요가 있다. 1980년대 중국 사상계는 한마디로 '신계몽주의' 라고 표현할 수 있다. 이 시기가 계몽주의로 표상되는 것은 중국의 근현대시기 동안 구국의 필요 때문에 암묵적으로 사회주의를 포함한 일체의 계몽이 방기 되었다는 리저호우(李澤厚)의 문제의식과도 상통한다. 사회주의 개혁이 시작 된 이후 1980년대에는 신계몽주의 기치하에 자유파 지식인들이 한목소리를 낼 수 있었다. 그리고 이런 목소리는 개혁개방을 추진하고 있는 중국 정부로서 도 싫지만은 않은 것이었다. 이 때문에 왕후이는 신계몽주의가 총체적인 국가 개혁에 이데올로기적 기초를 제공했다고 평가한다.

여기서 신계몽주의의 사상적 자원을 제공한 것은 프랑스 초기 계몽주의와 영미 자유주의였다. 사실상 신계몽주의자들은 계몽주의와 자유주의를 이용하 여 중국 사회주의의 '봉건성'을 비판하고자 했다.12) 신계몽주의는 5·4시기의 계몽주의가 그랬듯이 문제점이 없지 않았음에도 불구하고 중국 사회에 개혁적 역할을 했다고 할 수 있다.

그러나 이런 개혁성은 시대가 바뀌면서 서서히 빛을 잃게 된다. 신계몽주의 를 주장했던 개혁파 자유주의 사상 진영은 1989년 천안문 사태를 계기로 1차 분화를 맞이한다. 계층적 이해관계에 따라 이 사건에서의 요구와 이에 대한 해석은 매우 복잡하다. 천안문 사태 이후 잠시 멈칫했던 개방의 속도가 1992년 덩샤오핑(鄧小平)의 '남순 강화'를 계기로 강화되면서 중국 사회의 자본주의화는 심화되었고, 이에 따라 빈부 격차의 확대, 사회복지 체제의 붕괴 등 사회문제가 표면으로 부상한다.

1990년대 중·후반 지식인들은 이런 사회문제에 대한 분석과 진단 과정에서 또 한 차례 사상 분화를 겪게 된다. 이에 대해 왕후이는, 광범위한 사상 분화의 현실적 동기는 개혁 자체가 이익 분배의 과정이었다는 사실에 있다고 말한

---

12) 이에 대해 왕후이는 신계몽주의가 중국 사회주의를 봉건주의 역사와 등치시켜 비판한 다는 점을 문제 삼는다. 또 중국에서 니체나 사르트르를 원용할 때에도 이 사상가들이 보여준 서구 현대성에 대한 비판은 거세하고 개인주의와 반권위주의의 상징으로만 받아들인다고 비판한다.

바 있다. 특히 지식인에게 있어서 1978년 이래의 개혁운동은 사회 분업의 전문화 과정이며 사회 계층의 새로운 재분화 과정이라는 것이다. 예를 들면 지식인도 개혁시대의 수혜 계층으로서 국가, 교육 기구, 과학연구 기구, 하이테크 부문, 언론 등의 업종과 완전히 결합되었으며 이 계층과 노동자·농민 계급의 역사적 연계는 완전히 단절되었다고 본다.[13]

왕후이는 사상 분화와 함께 1980년대에 신계몽주의가 가지고 있던 비판적 잠재력이 현대화 이데올로기의 틀 안으로 편입되는 과정에서 그 활력을 잃었다고 평가한다. 사상적으로 계몽주의 지식인들은 서구식 현대화의 길을 믿었고, 이 기대는 추상적 개인이나 주체성 개념, 보편주의적 입장을 의문 없이 수용한 데서 나온 것이라고 본다. 그러나 또 자유주의자들이 굳건하게 믿고 있는 보편주의에 대한 질문이 가능했던 것은 앞에서 설명한 신계몽주의의 분화 과정을 겪었기 때문이다.

우선 서구 보편주의에 문제제기를 시작한 것은 유교자본주의를 주장하는 일종의 문화상대주의자들이었다. 이들의 주장은 프로테스탄티즘 대신에 유교를 대입시킨 이른바 '유교적 윤리와 자본주의 정신'으로 표현될 수 있다. 이들은 유교의 원리로 자본주의 발전이 가능하다고 주장하며 그 증거로 '아시아의 네 마리 용'을 제시한다. 유교를 또 하나의 근대화 이데올로기로 보는 것이다. 또 사상적인 면에서 포스트 학자군의 주장은 중국 현대성 담론 특유의 서양/중국의 이원 대립 담론 패턴을 강화하고 있다. 중·서의 이원 대립 구도 속에서 이들의 관심은 주로 중국이 다시 중심으로 복귀할 가능성과 중화성의 건립에 있다. 즉, 중국의 포스트 학자군은 탈현대주의자들 일반이 행하는 주변의 입장에서 중심을 비판하는 작업은 전혀 하지 않는다. 왕후이는 중국의 신자유주의자들이 서양/중국, 현대/전통의 구도에 얽매여 중국 자본주의에 대한 분석과 비판의 힘을 잃게 된 것과 마찬가지로 이들 두 부류도 결과에서는 유사하다고 본다. 즉, 이들도 중국의 자본주의 심화 과정에서 나타나는 문제에

---

13) 왕후이, 「1989년 사회운동과 '신자유주의'의 기원」, 『새로운 아시아를 상상한다』, 이욱연·차태근·최정섭 옮김(창비, 2003), 165~166쪽 참조.

비판적으로 개입할 수 없다고 보는 것이다. 이들의 공통점은 전 지구화를 현대성의 목적론적 입장에서 매우 긍정적으로 바라본다는 점이다. 예를 들면 전 지구화를 대동 이상의 실현으로, 또는 칸트의 영구평화의 이상에 이르는 길로 보는 것이다.

이에 비해 왕후이는 주로 분석적 마르크스주의에서 자극 받아 중국에 새로운 제도와 이론의 모색을 주창하려는 일군의 젊은 학자들에 주목한다. 이들은 자본에 대한 평가에서 더 이상 마르크스주의를 이데올로기로 취급하지 않고 현실 분석의 도구로 활용하려 한다. 이들 주장의 핵심은 경제민주를 키워드로 하여 다른 모든 문제를 보려 한다는 점이고, 왕후이는 이 문제의식이 현 중국 사회에 적실하다고 생각한다.[14] 이들은 왕후이가 보기에 사상의 구사 방식에서 중국/서양, 전통/현대의 이원 대립의 구도로 중국 문제를 사유하는 계몽주의적 사유 패턴을 넘어섰다. 경제적 민주냐 정치적 민주냐 중에 어느 하나를 선택해야 한다는 이분법을 넘어 새로운 제도 창출을 모색하고 있다고 평가한다. 왕후이는 중국 사회에서 경제민주화의 문제는 전체 사회의 분배제도와 생산방식이 관계되기 때문에 불가피하게 정치적 민주화의 문제와 연결되기 마련이라고 본다. 이런 입장 때문에, 왕후이는 이들을 빠른 현대화 과정을 겪고 있는 중국의 변화 상황에 개입하면서 문제제기를 할 수 있는 몇 안 되는 소장 학자군으로 본다. 이들을 포함하여 '발전주의'에 대해 비판적인 학자군을 편의상 '신좌파'로 부를 수 있다면, 자유주의자에 비해 이들이 중국 학계에서 차지하는 비율은 결코 크지 않다. 왕후이는 이들 중 누구보다도 왕성한 학술 활동을 펼치고 있으며, 이 때문에 그가 학술계에서 차지하는 위치는 만만치 않다고 할 수 있다.

---

14) 왕후이, 「중국 사상계의 현황과 현대성 문제」, 같은 책, 77쪽.

## 3. 현대의 지식과 중국 현대성의 탈구축

왕후이에 의하면, 우선 중국의 현대성(사회주의) 비판은 서양의 현대성 성찰과 연결되지 않는다면 의미가 없다. 서양의 사상사에서 나치즘과 스탈린주의에 대한 비판이 현대성 문제 전체에 대한 사유와 연관되지 못할 때 그것이 현존 정치·경제 제도의 변호로 바뀌어 독재의 진정한 기원을 은폐할 수 있고, 식민주의 역사 및 현재의 유산을 은폐할 수 있는[15] 것과도 같은 이치다. 사실 중국의 사회주의 비판이 서양의 현대성에 대한 성찰로 이어지지 않는다면 자본주의 비판으로서의 사회주의운동의 역사적 의미도 짚어낼 수 없을 뿐 아니라, 중국 사회주의의 문제점조차도 제대로 분석할 수 없다는 지적은 타당하다.

이런 인식하에서 왕후이는 현대성의 성찰을 곧 현대성의 지식에 대한 검토와 현대의 사회과정에 대한 탐색으로 보며, 이 두 측면은 분리 불가능하다고 믿는다. 우선 그는 현대 지식의 개념 형성에서 가장 중요한 것을 시간관념으로 본다. 현대 지식의 근간을 이루는 이 관념은 직선적으로 전진하며 반복되지 않는 역사적 시간관념이고 그 기원은 기독교의 종말론적 세계관이다. 이를 철학적으로 가장 잘 표현한 사상가는 주지하듯이 헤겔(G. W. F. Hegel)이다. 시간관념을 내용으로 하는 현대성 관념은 헤겔에 의해 시대관념이 되었다고 할 수 있다. 어느새 15세기를 전후해서 일어나는 역사적 사건들이 현대와 중세를 가르는 이정표가 되었고, 역전될 수 없는 목적론적 시간관은 우리에게 역사와 현실을 대하는 방식을 제공하고 미래의 목표를 향해 매진할 것을 요구한다. 그리고 이러한 목적론적 세계관이 없이는 실제적인 생활과 학습이 이루어질 수 없다고 여겨졌다. 하지만 이 세계관에 근거한 현대성은 거대서사가 되었으며 이 거대서사는 권력과 유착하면서 독점성과 강제성을 띠게 된다. 결국 이 세계관은 자유를 확대하고 인간을 해방했지만 그 뒤에는 권력관계를

---

15) 汪暉, 「'科學主義'與社會理論的幾個問題」, 『死火重溫』, p.107.

숨겨놓았다. 이 권력관계는 억압을 초래한다. 즉 현대성 안에는 해방과 억압이 동시에 들어 있는 것이다.[16]

앞에서 말한 것처럼 이 거대서사는 일종의 세계인식의 틀이고, 이것 없이는 우리의 현실 생활이 불가능할지도 모른다. 따라서 문제는 현대성의 위기를 어떻게 이해하고 대처하느냐로 모아진다. 여기서 하버마스의 등장이 필요해진다. 하버마스가 '미완의 기획'이라고 말했을 때, 그것은 현대의 기획과 역사과정을 구별하기 위해서였다. 하버마스에 의하면 실제의 역사과정은 기획에 대한 왜곡과 소외 그리고 억압의 과정이었다. 즉, 도구적 이성이 모든 것을 압도하여 삶의 영역 전체를 뒤덮었다. 하버마스는 현대성의 가치를 인정하면서도 현대의 과정 그 자체에 대해서는 비판적 태도를 유지한다.

왕후이는 하버마스가 현대성과 현대화 과정을 구분하는 것에 대해 높이 평가한다. 예를 들어 하버마스는 현대성을 어떤 선험적 정의로 보고 이를 추구하기보다는, 하나의 역사적 산물로 이해하고 그것의 진보적 작용들이 어떻게 현대 세계의 역사적 관계 안에서 억압의 형식으로 바뀌어갔는지를 연구해야 한다고 본다는 것이다. 해방과 통제는 하나의 변동하는 과정 속에 있기 때문이다.

왕후이는 이처럼 현대성에 대한 이중적 태도의 관점에서 그것의 중국 전파를 설명한다. 청말 사상가들의 중국의 현대성에 대한 인식과 평가는 다양하다. 옌후(嚴復)는 현대성 개념을 중국에 소개한 장본인이지만 진화론을 『천연론(天演論)』[17]으로 번역하고 있는 것에서 드러나듯이 현대성 개념에 진화와 순환, 운동과 정지의 모순이 함축되어 있는 것으로 보고 있다. 장빙린(章炳麟)은 「구분진화론(俱分進化論)」에서 진화론적이며 목적론적 역사관을 비판했고, 루쉰(魯迅)도 「파악성론(破惡聲論)」과 「문화편지론(文化偏至論)」에서 각각 현대성을 비판하며 "위선적인 지식인을 몰아내고 미신을 보존해야 한다"라고 말한

---

16) 汪暉, 「現代性問題答問」, pp.4~5 참조.
17) 『천연론』은 헉슬리(T. Huxley)의 *Evolution and Ethics*를 번역한 것이다.

바 있다. 쑨원(孫文)의 민생주의에도 자본주의 현대성의 문제점을 피해가면서 어떻게 현대화할 것인가에 대한 고민이 들어 있다는 점에서 현대성에 대한 비판적 시각이 강하게 배어 있다. 왕후이는 청말 민국초 사상가들 다수가 이처럼 현대에 기반을 두고 현대에 대한 비판을 전개했다고 평가한다. 중국의 맥락에서 현대성 비판은 실제 역사적 측면들을 무시하지 않는다면 이처럼 역설적으로 이루어질 수밖에 없다.

하지만 또 왕후이는 중국의 현대 사상가들 중 다수가 전통/현대, 중국/서양의 이분법을 적용하여 현대성 문제를 토론했음을 지적한다. 현대성과 관련하여 5·4 신문화운동의 지식인들은 잡지 ≪신청년(新靑年)≫과 ≪신조(新潮)≫ 등을 내세워 중국을 개혁하려 했다. 여기서 '신(新)' 자는 현대성을 표현한 것이다.[18] 또 5·4를 전후하여 베르그송(Henri Bergson)의 창조적 진화론이 중국에 유입되었는데, 이것은 원래 역사적·정치적·경제적 진화 개념이 정신의 영역으로 발전한 것이다. 이 영역에서는 역사를 목적론적인 것으로, 그리고 도덕이 인도하는 것으로 본다. 이후 곧바로 마르크스주의가 들어와 각종 자본주의를 비판하게 되는데, 이 또한 '새로움'을 자처하면서 역사의 진보가 정해진 미래를 향해 발전한다고 믿었다. 마르크스주의는 현대성을 비판하지만, 그럼에도 불구하고 현대성의 범주 안에 있다. 왜냐하면 그것도 역사목적론의 논리 위에 스스로를 세우고 있기 때문이다.[19] 중국의 마르크스주의 또한 이를 총체적 가치로 받아들여 중국 사회를 현대화하려 했다는 점에서 목적론적 세계관의 기초를 자기화한 것이다.

이와 관련하여 왕후이는 중국 사회주의를 '반현대성적 현대성'으로 정의하며, 이것이 마오쩌둥 사상의 특징임과 동시에 청말 이후 중국 사상의 특징이었

---

18) 이후 ≪학형(學衡)≫과 ≪갑인(甲寅)≫에 참가했던 지식인들은 보수주의적 입장에서 ≪신청년≫과 ≪신조≫에 가담하여 지식인들의 진보관을 비판한다. 그러나 이들의 비판 역시 전통·현대 이분법에 근거하고 있다는 점에서 문제의식은 동일하다. 汪暉, 「現代性問題答問」, p.9.

19) 같은 글, p.9.

다고 본다. "마오쩌둥의 사회주의는 한편으로는 현대화 이데올로기이고 다른 한편으로는 유럽과 미국의 자본주의 현대화에 대한 비판이다. 그러나 이 비판은 현대화 자체에 대한 비판은 아니고 혁명적 이데올로기와 민족주의 입장에서 현대화된 자본주의 단계를 비판하는 것이다. 때문에 가치관과 역사관의 측면에서 볼 때 마오쩌둥의 사회주의 사상은 자본주의 현대화를 비판한 가운데 현대화를 추구한 '반자본주의 현대성적 현대성'이다." 또 앞서 말한 청말의 사상가들도 중국의 현대화 운동이 어떻게 하면 현대성의 폐단을 피할 수 있을 것인가를 고민했다는 것이다. 따라서 이들의 현대성에 대한 회의와 비판 자체가 중국 현대사상의 가장 기본적인 특징이라고 할 수 있다.[20]

중국의 역사적 상황에서 현대화를 위한 노력은 심각한 역사적 모순을 드러냈다고 볼 수 있는데, 왕후이는 마오쩌둥이 중앙집권적인 방식의 현대 국가제도를 세우는 한편에서 이 제도 자체에 대한 '문화대혁명'식의 파괴를 진행했고, 이 과정에서 전체 사회를 국가의 목표하에 조직하여 개인의 정치적 자주권을 박탈했다고 본다. 하지만 마오쩌둥은 국가기구가 인민주권을 억압하는 것에 깊은 반감을 지녔고, 이런 점에서 중국의 사회주의는 반현대성적 성격을 띠었다는 것이다. 이러한 자기모순성은 문화적 배경에서 비롯된 것이기도 하지만 중국 현대화 운동이 처한 이중의 역사적 상황에서 비롯된다고 본다.[21] 왕후이는 이런 입장에서 중국 혁명의 의미를 인식해야 한다고 말한다.

왕후이가 보는 중국의 사회주의는 현대성에 대한 반성의 의미를 담고 있으나 어디까지나 현대성의 틀 안에 갇혀 있었다. 또 왕후이는 중국 현대성의 주요 형식으로서의 중국 사회주의 역시 사회 조직의 억압, 특히 국가의 인간에 대한 억압이 자본주의보다 심했다는 점을 인정한다.[22] 따라서 전통적 형식의 사회주의는 현대성의 내재적 위기를 해결할 수 없었다고 보는 것이다. 이러한 왕후이의 분석은 곧 마르크스주의나 신계몽주의로는 중국의 현 사회 변화에

---

20) 왕후이, 「중국 사상계의 현황과 현대성 문제」, 87쪽 참조.
21) 같은 글, 48~49쪽 참조.
22) 같은 글, 86쪽.

대해 적실한 비판적 개입을 할 수 없다는 판단으로 이어진다. 왕후이는 바로 여기에 중국 문제를 새롭게 사고할 필요성과 중국 혁명의 의미를 역사적으로 분석할 가치가 있다고 보는 것이다.

## 4. 현대성의 반성과 자유주의적 시민사회론 유감

왕후이는 1997년 이후 신자유주의자들과 벌였던 논쟁의 초점이 사회 평등과 사회 공정의 문제에 있다고 본다. 그가 여기서 제시하는 평등과 공정에는 이론상의 선험적 전제의 의미보다는 국가와 일부 집단이 신봉하는 신자유주의적 이론과 정책에 대한 비판의 의미가 담겨 있다. 현재 중국 내의 좌와 우의 근본 차이는 민주 문제에 대한 이해에 있다. 좌는, 시장과 시민사회의 운동은 특정한 정치 구조를 떠나서 생각할 수 없으며, 사회변혁의 임무도 일종의 민주 참여의 기제를 창조하는 것이라고 강조한다. 반면 우는, 이론적으로 시장과 시민사회의 자생성을 강조하고, 이 두 영역의 비정치성을 강조하며, 자유에 대한 요구를 민주에 대한 요구의 상위에 놓는다. 하지만 왕후이는 정치적 자유의 실질적인 내용이 있느냐의 여부가 핵심적 문제라고 본다.[23] 여기서 정치적 자유의 실질적 내용이란 경제적 자유의 보장을 의미할 터이다. 이에 따라 왕후이는 개혁과정에서 '과도기', '발전'의 관념을 이용하여 자기모순을 미봉하고 있는 신자유주의자들의 본색을 드러내 비판하는 것이야말로 중국의 비판적 지식인의 임무라고 본다. 앞의 언급에서처럼 그는 중국 신계몽주의가 중국 사회주의에 대한 비판을 자본주의에 대한 성찰로 이어가지 못했기 때문에 1989년 천안문 사태에 적절히 대응하지 못했다고 분석한다. 이런 점이 바로 신자유주의 형성의 기원과 연결되는 점이다. 이른바 '신좌파-자유주의자 논쟁'은 왕후이의 이런 문제의식에서 비롯된 것이다.

---

23) 왕후이, 「1989년 사회운동과 '신자유주의'의 기원」, 164~165쪽.

왕후이와 자유주의자들의 핵심 쟁점은 역시 1989년 천안문 사태에 대한 해석과 국가와 시장 그리고 사회를 어떻게 볼 것인가 하는 문제이다. 왕후이는 천안문 사건의 발생 원인과 그 실패의 결과에 신자유주의의 기원이 숨어 있다고 본다. 우선 그는 1989년 천안문 사태를 지식인, 학생을 중심으로 표출된 '개방에 걸맞은 정치개혁의 요구'와 노동자를 비롯한 광범위한 사회 계층(농민 제외)이 참여한 '사회민주와 평등의 요구'가 공존했던 운동이라고 평가한다.[24] 자유주의자들은 상대적으로 전자에 관심을 갖는 반면, 왕후이는 후자에 관심을 가진다. 왕후이는 후자를 개혁과정 자체에 대한 요구로 해석하며, 또한 이를 개혁과정에서의 시장 확장에 대해 비판적 시각을 갖는 사회보호운동으로 본다.

1989년 사회운동에 참여한 계층 가운데 몇몇 이익집단은 권리와 이익의 이양 과정에서 상당한 혜택을 입었으나, 1989년 사회운동 직후 시작된 조정정책에 불만을 품고 국가가 더욱더 급진적인 사유화 정책을 취하도록 압박하려 했다. 이들은 로비 등의 수단을 통해 국가 내부의 권력구조를 자기 집단에 유리한 방향으로 바꾸려 했다. 이러한 현상은 국가권력과 관계를 맺고 있는 일부 지식인 사이에서도 나타났다. 이를 왕후이는 신자유주의의 이데올로기가 생성되기 시작한 것으로 본다.[25]

따라서 자유주의자들과 왕후이가 제시하는 국가와 시장 그리고 사회에 대한 전망은 차이가 날 수밖에 없다. 왕후이는 우선 폴라니의 주장을 원용하여 서양의 19세기 자본주의가 중세 이후 지속된 시장 활동 확산의 자연적 결과가 아닐 수 있으며[26] 사회, 시장, 개인 또한 국가와 마찬가지로 과학 기획의 결과일 것이라고 본다.[27] 폴라니에 의하면 자유시장은 국가의 계획에 의존하

---

24) 같은 글, 94~95쪽 참조.

25) 왕후이는 이 운동 실패의 간접적인 원인이 민주정치에 대한 요구와 평등에 대한 요구 간에 교량을 세울 능력이 없었던 데 있다고 분석하는데, 이는 자유주의 형성의 기원과도 관련된다고 본다.

26) 汪暉, 「'科學主義'與社會理論的幾個問題」, p.135.

며, 오히려 시장에 대한 국가의 제한이 저절로 생겨나게 마련이다. 즉, 자유방임은 치밀한 계획의 결과이며 계획경제는 자연스럽게 생겨난 것이라고 보는 것이다. 대부분의 사람들은 국가의 간섭을 반대하면서도 그 간섭의 필요가 시장 활동 내부에서 생겨난다는 사실을 이해하지 못한다. 왕후이는 폴라니의 이런 분석을 실제에 부합한 것으로 판단한다. 따라서 그는 계획경제의 죄과를 청산하고자 한다면 계획경제 모델이 자유시장의 내적 모순으로부터 나오게 된 긴 역사 과정을 검토해야만 한다고 믿는다.[28]

왕후이는 이러한 폴라니의 주장을 토대로 하여, 19세기 세계 자본주의 체제의 글로벌화라는 움직임 속에서 청조 국가의 제도적 조치를 통한 시장경제의 창출을 설명한다. 아울러 시장에 대한 청 정부의 간섭은 현대 국가의 기원이자 시장 사회의 기원이 되었다고 본다.[29] 근대 유럽의 사회사상은 부르주아 시민사회와 부르주아 민족국가의 동시적 확장 속에서 산출되었으며, 시민사회의 발전은 국가의 강대화와 밀접한 관계가 있다.[30] 그러므로 개인의 정치적 또는 경제적 동기로부터 중국 사회의 구조적 변화를 설명할 수 없다. 그는 근대 사회의 개혁 속에서 사회와 시장은 모두 국가가 직접 추진한 제도적 산물로 간주되어야 한다고 본다.[31]

따라서 왕후이에 의하면 사회와 시장은 처음부터 국가의 기획과 간섭을 통해 형성되었기 때문에 자주성 혹은 자율성의 범주가 될 수 없다. 이로 인해 청말 중국의 상황에서 시민사회와 국가의 대립은 줄곧 주요한 사회문제가 아니었다. 그 증거로, 청말 사상에서 '공(公)'과 '군(群)'의 개념은 국가와 사회 양자를 다 가리키는데, 국가의 힘을 강화하는 것과 사회의 힘을 강화하는 것은 동일한 문제의 서로 다른 측면으로 인식되었다. 왕후이는 이런 현상이

---

27) 같은 글, p.100 참조.
28) 같은 글, p.144.
29) 같은 글, p.146.
30) 같은 글, p.147.
31) 같은 글, p.150 참조.

식민주의시대의 국제관계 속에서 국제경제 질서와 정치체제에 적응한다는 기본 목표를 가지고 있었던 데서 연유한다고 분석한다.[32]

왕후이는 청말에 대한 위와 같은 분석에 근거하여 중국의 현재를 이해하려 한다. 즉, 중국의 시장화 개혁은 시종일관 강력한 국가의 존재와 연결되어 있고 국가의 추동 속에서 형성된 것으로 본다. 따라서 '시민사회'가 많은 사람들이 기대하는 것처럼 사회/국가라는 양극 구조의 중간에 놓여 있는지에 대해 의문을 표시한다.[33] 이를테면 그는 공공영역, 즉 사회적·정치적 비판 공간의 형성 문제와 관련하여, 최근 중국 사상 해방의 상징이 되고 있다고 평가받는 잡지 《독서(讀書)》(왕후이가 주간을 맡고 있음)를 예로 들어 설명한다. 《독서》는 국가에 예속되어 있는 출판물이지만, 체제 내부의 출판물이면서도 민간 출판물보다 대담한 의견을 낼 수 있다. 왕후이는 이처럼 전도된 상황이야 말로 현재 중국의 공공영역의 애매함을 말해주는 것이며, 동시에 이 공공영역이 국가의 정치적 간섭에 저항할 진정한 힘이 없음을 보여주는 것이라고 주장한다.[34] 이것은 하버마스가 말한 유럽 사회의 공공영역 개념으로는 중국 사회의 공공영역을 설명하는 데 한계가 있음을 보여주는 것이다.

왕후이는 현재 중국의 시장과 사회도 국가의 의도하에 창출된 것이고, 또 국가는 이미 시장 사회의 내적 요소가 되었기 때문에, 국가/시장, 국가/사회의 이원론으로 양쪽 관계를 보아서는 안 된다고 주장한다. 여기에 입론하여 왕후이는 중앙정부의 약화와 지방정부의 권력 확장은 시민의 권리 확장으로 이어질 수 없다고 못 박는다. 오히려 개혁개방 과정에서 이루어진 중앙정부 권력의 하향 개방은 지방정부를 이익단체로 만드는 역효과를 냈으며, 부정부패 또한 이 과정에서 발생했다고 본다. 그리고 권력의 하향 개방 결과, 중앙정부의 세수가 줄어들고 국가의 조절 능력도 약화되었으며, 이로 인해 여성, 아동, 노인 등의 복지가 위협받는 상황에 이르렀다는 것이다. 따라서 국가는 무제한

---

32) 같은 글, pp.152~153 참조.
33) 왕후이, 「중국 사상계의 현황과 현대성 문제」, 80쪽.
34) 같은 글, 81~82쪽 참조.

적으로 작아져서는 안 된다고 본다. 자유주의자들은 국가를 작게 축소하면 모든 일이 다 해결되는 것으로 착각하지만, 이는 사실관계에 대한 오해에서 비롯된 것이라고 말한다.[35]

왕후이에 의하면, 국제관계 속의 불평등 구조는 민족국가 내의 사회구조에 복제될 수 있으며, 발전되지 못한 국가 내부의 정치경제 민주화의 시련은 그로 인해 더욱 가중될 수 있다. 바로 그렇기 때문에, 그는 왕샤오꽝(王紹光)이 제출했던 문제, 즉 강력(强有力)한 민주국가를 건립하자는 것으로 되돌아간다. 여기서의 '强有力'은 협의의 국가 재정 능력을 지칭할 뿐 아니라 국가적 정당성의 기초를 의미한다. 오직 대중 민주의 기초 위에 서 있는 헌정 민주국가에서만 안으로는 인권이 존중받고 밖으로는 패권에 저항할 수 있다.[36]

대중 민주와 관련하여 왕후이는 그 나름의 중간층의 범주와 역할을 제시한다. 우선 그는 자유주의자들이 말하는 '보편적' 시민사회론의 중산층 개념에 유감을 표시하고, 사회의 주요 역량인 'middle class'가 사회주의 국가에서는 노동자 계급이어야 함을 적시한다. 만약 중산층 개념이 노동자 계급을 배척하는 것을 전제로 한다면, 즉 기존의 대다수 노동자·농민 계급을 중산층에서 제외한다면 이를 결코 사회주의 민주라고 볼 수 없다는 것이다.[37]

---

35) 왕후이의 주장은 자유주의파 학술계에서 가장 활동적이라 할 수 있는 친후이(秦暉)의 그것과 비교해 보면 그 의미가 좀더 명확해진다. 친후이는 국가와 사회의 이원적 분석 틀은 기본적으로 헌정이 실시되고 공민사회라는 것이 전제가 될 때 가능한 틀이라고 말한다. 즉, 그가 볼 때 헌정 이후에나 권리도 크고 책임도 큰 국가가 좋은지, 권리도 적고 책임도 적은 국가가 좋은지를 논해야 한다는 것이다. 현재의 국가는 헌정국가도 아니고 (전제국가이며, 따라서) 사회도 공민사회가 아니라고 본다. 때문에 역시 국가와 사회의 이원적 분석 틀을 중국에 적용하는 것은 무리라고 본다. 조경란, 「현 중국 지성 5인의 시민사회론 분석」, 《철학과현실》(2004년 9월). 이 두 사람은 국가/사회의 이원 분석 틀로 중국을 설명하는 것에는 동일하게 거부반응을 보이고 있으나, 거부 이유는 서로 다르다.

36) 甘陽, 「中國自由左派的由來」, 『思潮』, p.119.

37) 반면 친후이는 부르주아가 없으면 민주가 탄탄하게 뿌리내리지 못하고, 따라서 이들이 공민사회의 원인이자 결과이기는 하지만, 이들이 민주를 쟁취한 것은 아니라고 본다.

이와 관련하여 그는 중국에서 '전체'라는 것이 누구를 의미하는지에 대해 반문한다. 왕후이는 중국에서 다수를 소외시키는 개념의 시민사회 논의는 사회 불평등의 이론적 근거를 제공할 수도 있다고 경계한다. 따라서 그는 시민사회를 논의하더라도 중국의 특수한 사회 발전과정에 조응한 것이어야 한다고 주장한다. 이렇게 되면 시민사회의 문제는 최종적으로 발전의 모델과도 관련될 수밖에 없다. 이 지점에서 왕후이의 시민사회론은 자유주의자들의 그것과 차별화되며, 부르주아 시민사회를 고수하고자 하는 하버마스와도 구별된다. 왕후이는 결국 중국 상황에 맞는 연구를 토대로 하여 시민사회의 개념화로 나아가야 한다고 믿는다.

## 5. 현대성 담론과 아시아 구상

왕후이의 현대성 비판은 서구중심주의에 대한 비판과 대항이며, 동시에 담론상에서 중국의 길을 제시하고자 하는 것이다. 그렇다면 그에게서 아시아 담론의 위치는 어디인가? 그의 아시아 구상과 현대성 담론은 어떤 관계인가? 왕후이는 전 지구적 시장 계획과 민족국가 담론에 대한 이중 비판에 신아시아 상상의 목적이 있다고 말한다. 다시 말하면, 그의 신아시아 상상의 목적은 글로벌리즘도 아니고 민족주의도 아니라는 것이다. 하지만 그의 이런 발언은 당위적 차원에서의 언명이며, 당위와 현실의 괴리가 아직은 엄청나다는 사실을 또한 직시한다. 따라서 당연한 얘기겠지만, 그의 아시아 구상은 철저하게 중국이라는 국가의 입장에서 접근한 것이며, 그 자신도 중국의 굴기(屈起)에 초점이 있다고 밝힌 바 있다.

왕후이의 신아시아 구상은 미국을 중심으로 하는 신자유주의에 대한 저항에

---

민주는 서양의 혁명 과정에서도 그랬듯이 일반적인 부르주아와 구분되는 사회대중(중국의 경우 국가로부터 보호를 덜 받은 농민)과 지식인의 역할에 의해 얻어진 것이라고 본다. 조경란, 「현 중국 지성 5인의 시민사회론 분석」.

그 핵심이 있지만, 저항을 함께 하기 위한 아시아의 조건은 유럽과 달리 수월치 않다. 그가 아시아 구상 이전에 아시아의 역사적 기초와 현실적 조건을 굳이 따져 묻는 이유가 여기에 있다. 민족국가의 위치, 아시아에서 식민주의적 아시아관과 사회혁명적 아시아관을 어떻게 처리할 것인가의 문제, 식민과 냉전의 결과 처리 문제, 대륙과 해양 관계의 처리 문제, 초민족 구상에서 근대 이전의 제국 또는 조공 관계와 근대 이후의 그것 사이를 어떻게 처리할 것인가의 문제 등 구체적 과제를 들추어보면 아시아 문제는 결코 낙관적이지 않다는 것이다.

왕후이는 우선 아시아 상상의 모델 케이스로, 탈민족주의에 관한 유럽 사회의 논의에 주목한다. 그는 EU가 경제연합에 머물지 않고 정치 기획으로 확대된 것을 매우 고무적 현상으로 여긴다. 이러한 정치공동체는 민족국가의 한계와 곤경에 대한 반성에서 나온 것이고[38] 유럽 구상은 바로 미국의 패권에 맞서는 보호적 계획에서 나온 것이라고 본다.[39] 왕후이는 아시아 또한 미국 중심의 세계질서에 저항해야 하며 그 저항은 경제연합만으로는 명확히 한계를 지닌다고 본다. 전 지구화 시대에 단순한 시장의 경제연합으로 대응한다면 미국 중심의 전 지구적 질서를 오히려 다양하고 풍부하게, 그리고 영구적으로 보장해 주는 구실밖에 할 수 없으며, 정치공동체 구상이 있어야만 보호적 성격을 갖는다고 보는 것이다. 하지만 아시아는 유럽처럼 경제적·정치적으로 균등한 국가군으로 구성되어 있지 않다. 이런 조건들은 현실성 있는 아시아 상상을 요원하게 하는 요인이 된다.

왕후이는, 그렇다면 아시아 상상의 현실성은 오히려 전(前)민족국가 시대의 제국, 조공체제에 대한 새로운 해석에서 찾을 수 있다고 판단한다. 이 조공체제는 현재의 신제국 형태와는 질적으로 다르다고 여기는 것이다. 왕후이는 조공체제를 정치·경제·문화 등에 기반을 둔 평등주의적 복합체로 해석하고자 한다.

---

38) 왕후이, 「아시아 상상의 계보」, 『새로운 아시아를 상상한다』, 178쪽.

39) 같은 글, 177쪽.

150    제1부 | 탈식민시대의 학문 주체화

따라서 그는 조공체제에 대해 그간에 이루어져 온 학계의 편협된 해석을 교정할 필요성을 느끼게 되고, 동시에 아시아를 포괄적이면서 평등주의적 입장에서 사고했던 사상가를 발굴하고자 한다. 전자가 하마시다 타케시(濱下武志), 미조구치 유조(溝口雄三) 등이며, 이들은 내재적 발전론에 근거하여 '탈서양'의 시각에서 아시아론을 펼친 사상가들이다. 후자는 쑨원(孫文)으로 그의 '대아시아주의'는 왕후이가 보기에 중국인이 내놓은 흔치 않은 아시아론이며[40] 조공체제에 대한 해석에서도 아시아적 보편성을 담고 있다.

우선 하마시다는 경제사 영역에서 중국이 조공체제를 매개로 한 중국 중심의 동아시아 세계체제를 수립했다고 본다. 이를 바탕으로 해양을 중심으로 하는 서양의 무역 체제와는 다른 하나의 세계체제로서의 아시아가 존재했다고 보는 것이다. 그는 조공체제가 중국이 현대 세계체제로 진입하는 데 장애가 되지 않는다고 볼 뿐 아니라, 그것을 아시아 개념의 기초로 간주한다. 여기서 조공무역 체제는 중심과 주변 틀로 설명된다. 왕후이가 보기에 하마시다에게서 높이 살 것은 브로델과 월러스틴 체제이론에서 보이는 유럽중심주의에 도전했다는 것과 일본과 아시아의 역사적 연계를 인정함으로써 기존 일본 학계의 탈아론과 특수론을 비판했다는 점이다. 하지만 왕후이는 하마시다가 조공무역 체제를 중심과 주변 틀로, 또 경제관계로 한정해서 본 것을 가장 문제 삼는데, 이를테면 중심과 주변 틀로 조공무역 체제를 해석할 수 없으며, 중심과 주변 관계의 끊임없는 미끄러짐이야말로 현대 자본주의 세계와 구별되는 조공무역 체제만의 중요 특징이라고 강변한다. 또 그것을 경제관계로만

---

40) 전통 시대에 아시아는 곧 중화제국 체제였기 때문에 중국으로서는 굳이 아시아를 통해 자신의 정체성을 확인할 필요가 없었다. 따라서 아시아론에 관심을 보이지 않았다. 반면 일본에서 아시아론이 많았던 것은, 19세기 말 중화제국 체제가 붕괴되고 일본을 중심으로 동아시아 질서가 재편되는 가운데, 일본이 아시아의 새로운 중심국이 되려고 의도했던 것과 밀접한 관련이 있다. 조선은 이와 달리 자신을 소중화라고 자처했다. 이런 현상의 배경에는 조공체제 자체가 함유하고 있는 중화사상의 변용이 있었다. 정용화, 「주변에서 본 조공체제」, 『동아시아 지역구도: 역사의 연속과 단절』, 태평양공동기금 연구팀 발표회(2004년 12월), 43쪽.

보려는 시각에 대해서는 정치, 문화, 예의 등 복합적 성격을 띠고 있다고 반박한다.[41]

미조구치는 동아시아의 근대화 과정은 문화의 전파 과정과 내재적 연계가 있으며, 여기에는 유럽과 구분되는 문화적 원리성이 있다고 본다. 그는 유럽과 달리 동아시아에는 합리주의적 우주관과 법제보다는 덕제(德制)를 강조하는 주자학이 있어서, 그것이 향촌의 지주제를 기초로 하여 11세기의 송조, 14세기의 조선, 17세기의 에도 시대로 전해지면서 근세로 진입하는 출발점이 되었다고 해석한다. 미조구치는 여기서 주자학과 양명학을 현대사상의 기원으로 설명하고자 한다. 이는 '천리(天理)' 관념을 핵심으로 하는 주자학의 쇠퇴가 현대 발생의 전제 조건이 아니라고 보는 관점이다.

전통과 현대의 연속성을 강조하는 이 설명 틀은 삼민주의의 평등주의적 요소가 전통적 '공(公)' 개념 위에 수립되었다고 해석하기도 한다. 이에 대해 왕후이는, 미조구치가 문화적 원리성으로 아시아를 설명한 것은 세계체제론이 부각시키지 못한 문화의 의미를 중시했다는 점에서 귀담아들을 만하고,[42] 중국의 근대적 변혁을 윤리 세계와 밀접하게 연관된 것으로 본 것 또한 미조구치의 혜안이라고 평가한다. 하지만 왕후이가 보기에, 천리 세계관과 공 관념은 역사적 변화를 거쳤기에 관념의 차원에서만 설명하기 힘들다. 또 천리관은 등급제에 반대하는 논리가 될 수도 있지만 그것을 옹호하는 논리도 될 수 있다고 본다. 더불어 미조구치가 가리키는 아시아는 실제 동아시아이며, 중국의 유교문화를 포함하는 아시아와 조공 네트워크(특히 해양 조공 네트워크)를 매개로 하는 아시아 복합체와는 상당한 거리가 있다.

---

41) 왕후이는 더 세밀하게는 하마시다가 조공 관계 속의 무역을 해양 무역 관계 중심으로 설명하려는 것은 문제라고 본다. 또 왕후이는 이미 청조는 제국과 국가의 이중 성격을 띠고 있었다고 보고 그 증거로 조공과 함께 조약도 체결했음을 제시한다. 다시 말해 왕후이는 19세기에 이미 조공체제와 국가 체제는 복합적인 관계를 갖고 있었다고 주장한다.

42) 왕후이, 「아시아 상상의 계보」, 213쪽.

앞에서 말한 두 학자의 시각을 왕후이의 입장에서 보면, 아시아의 무역체제와 사상사를 내부 발전의 함의로 해석하는 것은 유럽 중심의 시각에서 단순히 일본이나 한국의 일국 민족국가의 역사로 전환하는 것이 아니라, 중국을 중심으로 한 중화제국 체제였던 조공관계의 망 안에서 파악하는 것을 의미한다. 여기서 민족국가를 초월하는 아시아 시각은, 한편으로는 각자의 민족국가의 지위에 대한 긍정이기도 하지만, 전통 제국 체제의 긍정과 중첩되기도 한다. 그러나 이 긍정에는 전통 제국 체제가 중심과 주변의 관계를 역사운동의 축으로 하고 있다는 점이 전제된다.[43]

하지만 왕후이가 보건대, 이 시각을 따라가게 되면 이들은 모두 자율적인 동아시아 세계 개념, 즉 동아시아 세계가 하나의 자기완성적 문화권으로서 이 속에서 다양한 문화가 독자적이면서도 상호 관련된 역사적 구조를 갖추었다는 시각을 가지고 있기 때문에, 아시아 지역의 근대 민족주의와 현대화 기획은 유럽 식민주의의 산물이 아니라 아시아 사회 내부의 중심과 주변의 관계의 결과라는 결론에 다다르게 된다.

왕후이는 아시아 개념이 유럽과의 상호 작용의 결과로 발생한 것이기 때문에 아시아 담론도 전 지구적 연계 속에서, 또한 구체적인 역사관계 속에서 지역적 실천과 함께 펴나가야 한다고 본다. 자본, 전쟁, 식민지, 혁명, 민족주의 등을 내용으로 하는 아시아의 역사적 기초와 현실적 조건을 도외시하는 아시아론은 허구라고 보는 것이다. 그리고 이러한 조건을 충족시키는 아시아 구상으로 앞에서 말한 쑨원에 주목한다. 그러나 그 전에 우선 레닌의 아시아 인식에도 주의한다. 레닌(V. I. Lenin)이 자본주의가 아시아를 각성시켰고, 혁명도 아시아의 특수한 문명도 아닌 자본주의 발전이 민족운동을 요구했다고 보기 때문이다.[44] 이 주장을 왕후이는 민족주의와 자본주의의 내재적 연계를 지적한 것으로 해석한다.

---

43) 왕후이, 「중국 사상계의 현황과 현대성 문제」, 197쪽.
44) 레닌, 「論民族自決權」, pp.511~512, 왕후이, 「아시아 상상의 계보」, 186~187쪽 재인용.

왕후이에 의하면 쑨원의 아시아 개념은 동질적 문화를 바탕으로 하는 아시아 개념이 아니라 평등한 민족국가를 구성하는 아시아 개념이다. 따라서 아시아의 내재적 통일성은 유교와 같은 단일한 문화가 아니라 서로 상이한 종교, 신앙, 민족, 사회를 포용할 수 있는 정치문화로 이루어질 수 있다. 일본과 중국은 이 범주 안에서 거론된다. 왕후이는 '대아시아주의'가 고도의 동질화된 동아시아 개념에 심각한 비판을 제기한 것으로 해석한다. 또 그는 '대아시아주의'는 민족국가를 초월하는 민족주의, 문화의 단일성을 초월하는 민족주의를 주장한 것이며 이런 점에서 '대아시아주의'와 국제주의는 밀접한 연계가 있는 것으로 본다. 이로 보건대 쑨원은 제국주의자도 종족주의자도 아니다. 또 쑨원이 제국의 조공 모델을 거론하는데(네팔), 그가 여기서 호소하는 것은 주변에 대한 중국의 패권을 확인하기 위해서가 아니라 왕도의 필요성을 논증하기 위한 것이다. 쑨원은 조공 모델에 상호 인정의 평등 관계가 포함되어 있음을 확신했다. 이뿐 아니라 왕후이가 보기에 쑨원은 대외적으로는 민족자결을 실행하고 대내적으로 민족평등을 실행하고자 했다. 이로써 중국 근대 민족주의의 기본 방식을 구축했다고 평가한다.[45]

쑨원의 아시아 구상에서 왕후이가 주목했던 점은, 쑨원이 경제만이 아닌 정치적 아시아 개념을 제시했다는 점이다. 여기서 아시아 구상의 핵심은 아시아의 문화보다는 아시아의 복잡한 식민주의 역사를 인식하는 데 있다. 이 개념들이 왕후이의 현대성 비판이나 동아시아 구상에서 중요한 이유는 역시 전 지구적 자본주의의 파생 과정에서 발생한 것들이기 때문이다.

그렇다면 왕후이가 쑨원의 '대아시아주의'의 재해석을 통해 말하고자 한 것은 무엇인가? 그는 쑨원이 말한 대로 평등한 주권의 존중이라는 기초 위에서만 새로운 형태의 협력 관계의 보호적 성격의 제도적 틀과 공동 통치의 사회적 틀을 형성할 수 있다고 보면서, 이전 조공체제가 바로 그 전범(典範)이 될 수 있다는 점을 제시하고자 한 것 같다.[46] 이런 목적에서 왕후이는 "현대

---

45) 왕후이, 같은 글, 187~192쪽 참조.

중국의 내외 관계는 사실상 전(前)민족국가 시대의 유산, 즉 조공체제의 평등주의적 유산을 계승했으며, 또한 주권국가의 모델에 따라 이 유산들을 개조했다"라는 점을 강조한다. 이어서 그는 "민족국가가 일종의 주도적 정치 틀이 되는 조건에서 아시아 전통의 각종 교류 공존의 경험과 제도 형식이 민족국가 체제가 가져오는 내외적 곤경을 초월할 가능성을 제공할 수 있다"고 보는 것 같다. 이 긍정은 다시 왕후이에게서 전통적인 조공체제가 미국의 '밖이 없는 신제국', 일본의 국가 확장으로서의 대동아공영권과 비교할 수 없는 도덕적 우위를 가지고 있다는 인식으로 재확인된다.

이처럼 도덕성에 토대를 둔 '공정한' 제국에 대한 굳은 믿음은 왕후이로 하여금 중국의 국민국가라는 단위를 성찰의 대상으로 삼는 것을 머뭇거리게 만듦과 동시에, 아시아 상상이 민족국가 상상에서 더 나아간 것 같지 않은 느낌을 갖게 한다. 왕후이는 우리가 딛고 있는 아시아 세계가 그 어느 곳보다도 신자유주의 전 지구화의 거친 물결에 휩쓸리고 있다는 점, 또 한반도와 타이완 해협 등에서 아직도 아시아 지역의 주권 수립 과정이 완성되지 않았다는 사실을 환기함으로써, 그것을 다시 한 번 강조하고자 한다. 이는 아마도 왕후이의 시민사회론에서 강한 국가 주장과 맥을 같이하는 것이겠지만, 어찌 보면 우리가 현재 딛고 있는 리얼한 현실일 수 있다. 그리고 이를 직시함으로써 아시아 상상의 허구성과 곤경을 벗어날 수 있는 대안이 도출될 수 있다. 왕후이의 문제의식은 우리의 '희망'인 아시아 연대가 동아시아가 처한 현실에 대한 리얼한 '절망'적 인식의 단계 없이는 획득되기 힘들 것이라는 데 있는 것 같다.

---

46) 유럽의 정치공동체가 왕후이가 생각하는 아시아의 정치공동체의 이상형이긴 하지만, 그는 아시아의 상황에서 유럽과 같은 정치공동체의 실현이 불가능함을 역사적·현실적 조건의 불충분함을 들어 다시 부정하고 있는 셈이다.

## 6. 맺음말 : 현대성 담론의 의의와 의문점들

문제는 이제까지 살펴본 왕후이의 전략들이 경제와 이데올로기 면에서 전환기에 처해 있는 현재 중국에 얼마나 적실하고 실천적인가 하는 것이다. 이 점에서는 앞에서 살펴본바, 그의 핵심적 주장들 속에는 인문학적 상상만으로 치부할 수 없는 중국의 전도(前途)에 대한 거시적인 전망들이 들어 있다. 하지만 서론에서 예고했듯이, 왕후이의 현대성 담론 안에는 그 의미 못지않게 의문점이나 비판받을 만한 요소들이 적지 않다. 특히 국가와 아시아 구상에서 그러하며 이 둘은 서로 인과관계를 이룬다.

첫째, 왕후이의 시민사회에 대한 입장은 중국인들에게 그 자신의 의도와는 무관하게 국가와 협력하고 있다는 인상을 줄 수 있다.[47] 그것은 아마 그의 시민사회론에서 보이는 강한 국가 지향과 무관하지 않은 듯하다. 하지만 현대성에 대한 반성이라는 입장을 견지하고 있는 왕후이가 원칙적으로 국민국가의 폭력성을 모를 리가 없을 것이라는 점을 감안하면, 그의 국가에 대한 시각에는 두 가지 고려되어야 할 문제가 있다. 하나는 중국에서 국가를 어떻게 보아야 할 것인가, 다시 말하면 일반 자본주의 국가와 아무런 차이가 없는 국가 시스템을 가지고 있는가 하는 것과 또 하나는 낮은 단계에 머물고 있는 시민사회의 발전이다. 이는 지식인의 전반적인 사고를 제한할 수 있는 요소들이다. 왕후이의 사고에는 시장과 지방정부가 자기 이해관계에만 눈이 멀어 있고 이를 조정할 시민사회 단체는 아직 조직되지 않은 상황을 감안했을 때 국민의 70~80%를 차지하고 있는 농민, 그들의 생존을 궁극적으로 책임질 주체는 부득이하게 국가일 수밖에 없다는 판단이 깔려 있을 터이다.

---

47) 이는 비단 왕후이와 같은 신좌파에만 해당되는 것은 아닌 것 같다. 신좌파가 국가에 대한 정치적 비판이 약하다면 친후이 같은 자유주의자들도 경제적인 면에서는 국가에 대한 비판이 약하기 때문이다. 거꾸로 말하면 양쪽이 국가에 대한 비판에서는 역할 분담을 하고 있다고도 할 수 있다. 조경란·강진아, 「중국 시민사회에 대한 인문학적 전망」, 조효제·박은홍 엮음, 『한국, 아시아 시민사회를 말하다』(아르케, 2005), 201쪽.

그렇더라도 왕후이의 국가 비판이 약하다는 오해를 사지 않으려면, 경제민주를 주장하는 데 있어서 정치민주를 어떻게 확보할 것인가에 대한 납득할 만한 대안을 제시해야 한다. 정치민주가 확보되지 않는다면 경제민주는 인민주권에 대한 국가기구의 억압을 동반할 수도 있기 때문이다. 이런 점에서 "지식인이 사회적 양심이 되어 인민을 대변한다는 것은 국가에 헌신하겠다는 도덕적 집념을 재확인하는 것이다. 그 결과 종종 권위주의적 국가를 역사적으로 용인하게 되는"[48] 결과를 초래할 수도 있다는 레이 초우(Rey Chow)의 지적에 대해서도 왕후이는 고민해야 할 것이다.

둘째, 앞의 지적과 관련되는 것인데, 왕후이의 사고는 정치적 측면에 관한 한 결코 저항적이거나 실천적일 수 없다는 비판을 받을 소지가 있다. 전 지구화에 대해서 왕후이는 자본주의 세계경제의 형성, 많은 다국적 자본의 운영, 국제 패권의 형성 등은 모두 상당한 부분에서 독재적인 정부에 의존하고 있다고 본다. 따라서 자국과 정부에 대해 비판하는 것은 사실 국제적인 민주화 과정의 일부분일 수 있다는 것도 인정한다. 그러나 이 비판에 대해서는 "자신이 속한 사회에 항의하는 것은 부정적 효과를 가져올 수 있으며 개방과정에도 좋지 않은 결과를 초래할 수도 있다"[49]라는 이유를 들어 유보적이다.

그의 이런 입장은, 왕후이 자신이 전 지구화 자본주의 형성이 대부분 독재적인 정부에 의존하고 있음을 인정하면서도 분업적 체제 속에 있는 세계체제의 고리를 끊기 위한 국내적 실천을 포기하자는 것으로 들린다. 그는 다만 여기에 대해, 전 지구화 과정에 대한 비판은 결코 국내 정치관계와 경제관계에 대한 비판을 약화시키지 않으며, 이런 시각이야말로 국내적 관계들을 분석하는 데 꼭 필요한 조건을 제공해 준다고 주장한다. 하지만 전 지구화 과정에 대한 견제는, 그 실현의 구체 단위인 독재 정부에 대한 비판이라는 협공의 전략이 아니고는 실제 효과를 기대하기 힘들다. 따라서 서론에서 말한바, 왕후이에게

---

48) 레이 초우, 「교육, 신뢰, 1990년대의 중국 지식인」, 『디아스포라의 지식인』, 장수현·김우영 옮김(이산, 2005), 127쪽.
49) 2004년 2월 17일 필자와 나눈 북경에서의 인터뷰.

호의적이지 않은 학계의 분위기는 계속 부담으로 작용할 수밖에 없을 것이다.

셋째, 왕후이의 아시아론은 나와 비대칭적인 관계를 통해 나를 변화시킬 수 있는 계기로서의 아시아론과는 아직 거리가 있어 보인다. 이는 그의 사고가 중국의 국민국가의 상황적 인식에 지나치게 긴박(緊縛)된 데 기인하는 것 같다. 이 때문에 그는 아시아 상상을 위한 조건으로 국민국가와 민족국가에 대한 철저한 비판을 전제하지도 요구하지도 않는다. 오히려 왕후이는 현 단계에서는 국민국가를 강화해야 한다고 보고 있으며, 이런 점에서 그의 아시아 상상은 중국의 현실에 매우 '철저하다'고 할 수 있다. 그리고 이 점이 역설적으로 그의 아시아 구상을 허구적이지 않게 해준다. 왕후이의 아시아 구상의 궁극 목적은 전 지구화와 민족에 대한 이중 비판에 있지만, 유럽의 EU와 같은 아시아 공동체가 조직되지 않은 현 단계에서는 전 지구적 자유주의에 대한 대항을 위해서라도 서양 근대의 산물이기도 한 민족과 국민국가의 극복이 당면 과제가 아니다. 중국의 입장에서 민족과 국가에 대한 비판과 해체 그 다음에 올 단계에 대해 환상을 갖는 것보다는 현 상태의 유지가 훨씬 현실적일 수 있기 때문이다.

하지만 다른 한 편에서 이런 발상은 중국과 아시아의 구분 의식이 없었던 전통적 중국 지식인의 사고 습관과도 관련이 있어 보인다. 즉, 중국은 아시아를 매개하지 않아도 아시아 의식을 가질 수 있다고 믿고 있는 것이다. 이는 아시아에 중국이 내재화되는 것이 아니라 중국에 아시아가 내재화되어 있었던 중화 제국 시기에는 근거 있는 인식일 수 있었다. 이때 중국 문제는 곧 아시아 문제였다. 이런 발상은 사실 일본의 탈아의식과 동전의 양면을 이룬다. 하지만 쑨꺼(孫歌)의 지적처럼 아시아 문제는 문화대국의 주변부, 즉 '주변 국가'에 해당하는 곳에 진정한 문제가 있을 수 있다.[50] 물론 중국의 아시아 인식이 한국의 아시아 인식과 동일한 선에 있을 수는 없다. 하지만 우리의 아시아 인식이 그냥 획득되는 것이 아닌 것처럼, 중국의 아시아 인식도 그냥 획득되는

---

50) 쑨꺼, 「아시아는 무엇을 의미하는가」, 『아시아라는 사유 공간』(창비, 2003), 61쪽.

것은 아니다. 전근대의 제국시기와 달리 이제는 아시아와 중국의 명확한 구분 의식이 필요하다. 구분 의식 없는 아시아 구상은 아시아를 자기갱신의 계기로 삼고자 하는 것이 아니라 과거의 자기 확인의 계기로 삼고자 하는 것으로 오해받을 소지가 있다. 이런 점에서, 디아스포라적 입장에서 중국 지식인의 중심의식을 해체해야 한다는 지적은 매우 중요하다. 자기를 해체할 의향 없이는 타자를 매개로 한 자기부정의 계기를 갖기 힘들며 또 자기부정의 계기 없이는 저항의 의미는 획득될 수 없다.

넷째, 조공체제를 뒷받침하는 중화질서의 원리가 21세기에도 우리에게 설득력 있는 안으로 제시되려면 이에 대한 심도 있는 역사적 이해와 토론, 그리고 합의가 선행되어야 한다. 전근대시기의 '평화로운' 제국 체제를 기억하고 거기에서 신아시아를 구상하는 데 어떤 교훈을 얻을 수 있다는 발상은 중요하지만, 제국 체제에 대한 객관적 분석 없이 주관적이고 긍정적인 자기 독해에 근거한 신아시아 상상은 문제가 있다.

왕후이는 쑨원의 '대아시아주의'에서 말하는 조공체제는 중심과 주변의 관계가 아니며 다양성 인정의 전제 위에서 민족 간 평등을 구상한 것이라고 강변한다. 그러나 우리는 여기서 차별주의에 대한 왕후이의 비판 의도를 인정하면서도 그가 쑨원을 빌어 왜 보편주의를 설파하려 하는지 그 의도를 되새겨 보지 않을 수 없다. 쑨원의 재해석을 통한 제국의 보편주의 구상은 미국을 중심으로 한 신제국에 대한 대항이자 일본 식민주의에 대한 비판으로, 또 유럽 정치공동체 형성의 조건에 미치지 못한다는 현실을 감안하면 납득할 수 없는 것은 아니지만, 중국인의 정체성을 갖지 않은 이들에게 이는 중국 중심의 아시아론이며 새로운 중심주의의 재생산일 수도 있다는 비판을 받을 소지가 있다. 쑨원에 대한 해석 또한 다양하다는 점도 염두에 둘 필요가 있다. 한국의 어떤 쑨원 전문가에 의하면 쑨원은 다른 글에서 "중국이 장래에 강대국이 된다면 이전의 조공국들이 다시 중국에 복속할 것"이라는 기대를 갖고 있었다고 했고, "일본의 침략으로부터 중국을 보호하기 위해서는 조선을 완충국으로 삼아도 좋다"[51]라고 한 적도 있다. 위의 발언이 사실이라면 쑨원의

'대아시아주의'에서 말하는 왕도와 아시아 연대의 진실성은 의심의 여지가 있다. 적어도 쑨원의 '대아시아주의'를 21세기적 '보편주의'로 각인시키기 위해서는 이런 의문점들에 대한 해명이 필요하다.

그러나 이러한 의문점들에도 불구하고, 왕후이의 문제의식은 현재 중국의 다른 지식인들과 비교했을 때 동아시아적 확장 가능성을 가장 많이 보여줄 수 있는 가능성을 가지고 있다고 할 수 있다. 더욱이 그의 주체화 학문 전략은 '주자의 조선', '마르크스의 한국'만 있었지 '조선의 주자', '한국의 마르크스'를 경험하지 못한 한국인에게는 시사를 주는 바가 적지 않다. 왕후이의 지나치다 싶을 정도의 '중국적' 문제의식은 아직도 구미 중심의 학문 틀에 젖어 있는, 또 중국 사대주의가 도래할 조짐을 보이고 있는 지식계에 절실하게 요청되는 학문 태도이기 때문이다. 이는 중국이 한국과 비교할 수 없을 만큼 특수성의 범위가 넓다는 문제로 환원될 수 없는 근본적인 문제일 것이다.

---

51) 배경한, 「손문의 중화의식과 한국 독립운동」, ≪역사비평≫, 46호(1999년), 141쪽.

## 참고문헌

배경한. 1999. 「손문의 중화의식과 한국 독립운동」. ≪역사비평≫, 46호.

쑨꺼(孫歌). 2003. 「아시아는 무엇을 의미하는가」. 『아시아라는 사유 공간』. 류준필 외 옮김. 창비.

왕후이(汪暉). 2003. 「1989년 사회운동과 '신자유주의'의 기원」. 『새로운 아시아를 상상한다』. 이욱연·차태근·최정섭 옮김. 창비.

_____. 2003. 「아시아 상상의 계보」. 『새로운 아시아를 상상한다』. 이욱연·차태근·최정섭 옮김. 창비.

_____. 2003. 「중국 사상계의 현황과 현대성 문제」. 『새로운 아시아를 상상한다』. 이욱연·차태근·최정섭 옮김. 창비.

정용화. 2004.12. 「주변에서 본 조공체제」. 『동아시아 지역구도: 역사의 연속과 단절』. 태평양공동기금 연구팀 발표회.

조경란. 2004. 「현 중국 지성 5인의 시민사회론 분석」. ≪철학과현실≫(9월호).

조경란·강진아. 2005. 「중국 시민사회에 대한 인문학적 전망」. 조효제·박은홍 엮음. 『한국, 아시아 시민사회를 말하다』. 아르케.

초우, 레이(Rey Chow). 2005. 「교육, 신뢰, 1990년대의 중국 지식인」. 『디아스포라의 지식인』. 장수현·김우영 옮김. 이산.


甘陽. 2003. 「中國自由左派的由來」. 『思潮』(中國"新左派"及其 影向). 中國社會科學出版社.

語冰. 2003. 「智識界的分裂與整合(代前言)」. 『思潮』(中國"新左派"及其 影向). 中國社會科學出版社.

王紹光. 2003. 「'接軌'還是'拿來': 政治學本土化的思考」. 『思潮』(中國"新左派"及其 影向). 中國社會科學出版社.

汪暉. 2000. 「'科學主義'與社會理論的幾個問題」. 『死火重溫』. 人民文學出版社.

_____. 2000. 「現代性問題答問」. 『死火重溫』. 人民文學出版社.

# 제4장

# 오리엔탈리즘과 동아시아
## 근대 동아시아의 '타자화'와 저항의 논리

김정현 | 한국외국어대학교 사학과 강사

## 1. 들어가는 말

오리엔탈리즘은 근대 서양의 제국주의적 충격에 의해 전 세계에 확산되고 받아들여졌다. 오리엔탈리즘이란 에드워드 사이드(Edward Said)가 지적했듯이, '동양을 지배하고 재구성하며 권위를 갖기 위한 서양의 사고양식'이며, 주체인 서양에 의해 객체인 동양이 타자로서 관찰·탐구·정의되는 것을 의미한다. 오리엔탈리즘은 서구의 식민주의, 인종차별주의, 자민족중심주의 등과 결부된 동양에 대한 지배양식으로 대두하여, 비서구를 서구라는 모범을 '결여'하거나 '일탈'한 문명 부재로 규정하는 논리로 작동해 왔다. 이리하여 서양/오리엔트, 문명/야만, 근대/전통, 합리/불합리, 선진/후진이라는 이항대립의 오리엔탈리즘 담론은 '스스로 자신을 대변할 수 없는 동양'을 대신하여 서양에 의해 학문적으로 규율=훈련이 체계적으로 이루어지면서 '권위'를 갖고 재생산되어 왔다.[1]

19세기 후반 오리엔탈리즘에 의한 문명/야만의 논리는 근대화론의 근대/전

---

[1] Edward Said, *Orientalism* (Vintage Books, 1978), 박홍규 옮김, 『오리엔탈리즘』(교보문고, 1991).

통의 틀로 바뀌었을 뿐 전후 동아시아 연구자들에 의해 일관되게 이어져왔다.[2] 제2차 세계대전 이후 식민지의 독립으로 제국주의의 정치경제적 충격은 약해졌지만, 사상이나 관념 혹은 문화적 영역에서 오리엔탈리즘은 오늘날도 여전히 강한 영향을 미치고 있다.

이에 대해 사이드의 오리엔탈리즘 비판 등 '탈'식민주의 전략과 더불어 많은 학자들이 서구 중심적 세계관을 극복하려고 노력해 왔다. 실제 19세기 이전에는 유럽중심주의가 존재하지도 않았다는 비판,[3] 서양의 충격으로 중국이 비로소 역사를 진전시켰다고 파악하는 '충격-반응' 이론이나 근대화론 및 제국주의 패러다임이 갖는 서구중심주의를 비판한 후, 그 대안으로 제시한 중국 중심의 접근법,[4] 한국에서 학문의 서구중심주의 추종과 대외 종속성에 대한 비판들이 지적된 바 있다.[5]

특히 1990년대 탈냉전이라는 국제 정세의 변화와 동아시아의 경제성장으

---

2) 제2차 세계대전 이후 미국의 사회과학자들에 의해 본격적으로 개발된 근대화 접근법 역시 그 이론의 전제는 19세기의 선구자들과 마찬가지로 서양의 제도 및 가치와 어느 정도 비슷한가를 기준으로 다른 국가들의 진보 정도를 판단했다. 서양과의 만남을 토대로 하여 그 이전의 동아시아 역사를 조망했을 때 1950~60년대에도 여전히 상대적으로 변화가 결여되어 있는 것으로 생각되고 있었다. 그런 사실은 전후 미국에서 나온 동아시아 역사에 관한 교과서 중에서 가장 큰 영향력을 가지고 있는 『동아시아의 역사』 시리즈 (Fairbank, Reischauer, and Craig, *History of East Asian Civilization*, Houghton Mifflin, 1962, *East Asia: The Modern Transformation*, Houghton Mifflin, 1965)에서 분명하게 드러나고 있다. 그에 따르면 "동아시아 국가들에서는 사고와 행동의 주요한 전통적 형식은 일단 확립되자마자 관성을 얻게 되어 그 형태 그대로 지속되는 경향이 있었다. 그런 국가들의 환경이 서양과의 접촉이 없는 상태에 머물러 있는 한, 전통의 틀 안에서의 변화(change)는 일어날 수 있었다 하더라도 틀 그 자체의 변혁(transformation)은 일어날 수 없었다"는 것이다.

3) Andre G. Frank, *Re Orient: Global Economy in the Asian Age* (University of California Press, 1998), 이희재 옮김, 『리오리엔트』(이산, 2003).

4) Paul A. Cohen, *Discovering History in China* (Columbia University Press, 1984), 이남희 옮김, 『학문의 제국주의: 오리엔탈리즘과 중국사』(산해, 2003).

5) 강정인, 『서구중심주의를 넘어서』(아카넷, 2004).

로 서구중심주의에 대한 비판을 넘어 문명적 대안으로 동아시아 담론이 등장
했다. 그런데 주체적인 관점을 수립하기 위해 등장한 동아시아 담론은 그것이
갖는 긍정성에도 불구하고 간단하게 규정할 수 없는 문제들이 포함되어 있다.
우선 동아시아가 과연 하나의 통합된 역사적 지역으로 개념화할 수 있는가의
문제이다.[6] 지역적 개념은 지리적으로 고정된 것이 아니라 인식 주체의 경험
에 따라 변화하는 '창안물'[7]이기 때문이다. 뿐만 아니라 동아시아론은 서로
다른 논리와 입장으로 나뉘어져 있는 실정이다. 예컨대 탈냉전 이후 동아시아
의 현실적인 이해에 기반을 둔 상호 협력과 연합 가능성을 모색하기 위한
논의, 경제발전에 대한 설명방식이자 자신감의 표현으로 '동양', '유교', '아시
아적 가치' 등이 되살아나는 것, 또는 서구중심주의에 대한 극복과 대안 논리로
동아시아성에 대한 탐색, 그리고 일국적 시각과 세계체제적 시각의 매개항으
로 제기된 '동아시아적 시각' 등 다양하다.[8]

　이렇게 동아시아의 역사적 실체와 개념정의에 대한 논의가 분열되어 있는
이유는 오리엔탈리즘에 의해 왜곡된 동아시아의 역사성이 현재까지 남아 있기

---

6) 딜릭(Arif Dirlik)에 의하면, 동아시아란 그 실체가 지리적 범위에 갇힌 고정된 것이
　아니라 그곳에 사는 인간들의 행위(인식행위를 포함해서)에 의해 변하는 문화적 구성물
　이다. Arif Dirlik, "The Asian-Pacific Idea: Reality and Representation in the Invention
　of a Regional Structure," *Journal of World History*, Vol.3, No.1(Spring 1990), ≪창작과비
　평≫(1993년 봄호), 아리프 딜릭, 「아시아 태평양권이란 개념」, 정문길 외 엮음, 『동아시
　아, 문제와 시각』(문학과지성사, 1995).

7) 동아시아 지역의 명칭은 서구의 중심이 영국일 때는 극동(Far East)으로, 제2차 세계
　대전 후 미국이 헤게모니를 장악하고 나서는 '동아시아'로 불렸다. 그런데 1970년대
　중반 이후 미국이 아시아 대륙 연안의 성장하는 지역에서 헤게모니를 관철하기 위해
　동·동남아시아를 재평가하면서 아시아·태평양이란 어휘가 주목받게 되었다고 한다. 백
　영서, 「동아시아의 근대화와 사회문화 변동」, ≪동아연구≫, 46권(2004), 114~115쪽.

8) 정문길 외 엮음, 『동아시아, 문제와 시각』(문학과지성사, 1995); 정문길 외 엮음, 『발견으
　로서의 아시아』(문학과지성사, 2000); 백영서, 「진전한 동아시아의 거처: 20세기 한중일
　의 인식」, 『동아시아인의 '동양'인식: 19-20세기』(문학과지성사, 1997); 조병한, 「90년
　대 동아시아담론의 개관」, 정재서 엮음, 『동아시아 연구, 글쓰기에서 담론까지』(살림,
　1999); 하세봉, 「한국학계의 동아시아 만들기」, ≪부대사학≫, 23(1999) 등 참조.

때문이다. 따라서 동아시아 담론의 과제는 근대 이후 여러 번 반복되었던 일본 주도의 아시아주의나 동아연대론 등의 역사적 유산을 해체하고 극복하는 것이다. 또한 서구와 일본의 오리엔탈리즘의 유산이 중층적으로 남아 있는 근대 동아시아의 역사성이 재해석되어야 한다.

이러한 문제의식에서 본 연구가 진행되었지만, 여기서 문제의식 전부를 망라할 수 있는 것은 아니다. 이 글에서는 우선 동아시아에서 서구의 오리엔탈리즘과 일본에 의해 재생산된 오리엔탈리즘에 의해 타자화되고 허구적으로 만들어진 '동양'과 그것이 동아시아에 내면화된 역사적 흔적을 조사하고자 한다. 근대 동아시아에서 '서양화'는 한편으로는 제국주의에 의해 강요되었지만 다른 한편 자발적인 측면도 있다. 즉, 오리엔탈리즘의 체계화와 내면화이다. 다음은 오리엔탈리즘의 왜곡에 대한 비판과 저항이 어떻게 이루어졌는지 살펴보고자 한다. 먼저 서양에 공동 대응하기 위해 등장한 동아시아 연대론의 논리와 그 한계, 그리고 오리엔탈리즘 극복을 위한 저항의 논리를 주체의 성립이라는 측면에서 재해석할 가능성에 대해 알아보고자 한다.

## 2. 근대 동아시아의 '타자화'와 오리엔탈리즘

### 1) 근대 서양문명과 일본의 '타자'로 만들어진 '동양'

'동양'은 유럽인이 자기정체성을 확립하기 위해 설정한 '타자'였다. 자기와 타자의 관계는 '문명/야만'의 틀로 규정되었다. 유럽은 19세기에 들어서면서 동아시아에 유럽의 문명을 따르도록 강요했고 이러한 팽창과 강요는 과학기술과 군사력의 우월성에 기초하고 있었다.[9] 19세기 후반 동아시아 3국의 서양문명에 대한 대응은 '야만'으로 적대시하는 단계, 제한적으로 수용하는 단계,

---

9) 장인성, 「自己로서의 아시아, 他者로서의 아시아」, 《新亞細亞》(1998년 겨울호), 10쪽.

그리고 전면적 수용 단계 등으로 나아가는 보편성을 보여준다. 서양과 접촉 초기 단계에서는 3국이 모두 쇄국정책의 단계를 거쳐, '선별적 수용'인 중국의 중체서용(中體西用), 한국의 동도서기(東道西器), 일본의 화혼양재(和魂洋才)라 는 대응의 공통성을 보여주었다.10)

그런데 메이지유신 이후 동아시아에서 홀로 자신만이 서양화=서구적 근대 에 성공했다고 자부하게 된 일본이 동아시아에 대한 서양의 제국주의적 시점 과 동일한 시점을 갖게 되면서 점차 '동양'을 타자화하는 일본형 오리엔탈리즘 을 만들어나갔다. 이리하여 동아시아의 오리엔탈리즘은 서양과 동양의 이항대 립만으로 형성된 것이 아니라, 서구-일본-동양의 중층적 구조로 진행되었다. 이 과정에서 오리엔탈리즘의 산물로서 '동양(東洋)'이라는 개념이 표상화되었 다.11) 즉, '동양'이란 용어는 처음에는 단순히 '서구가 아닌 것'이라는 의미로 사용되다가 일본이 자기를 서구와 동일시하면서 일본이 포함되지 않는 여타의 동아시아 지역을 의미하는 것으로 바뀌었다. 그것은 다음과 같은 역사적 과정 을 거친다.

먼저 메이지유신 이후 일본의 아시아 정책은 근대 자본주의 체제와의 접촉 에 의한 아시아에서 일본의 분리로 출발했다. 유교, 한자 등의 기존 문화권으로 서의 조선, 중국과의 동질성보다는 서구적 근대 국민국가의 수립과 직결되어 있는 국방, 외교 우선의 정책이었다. 물론 일본에서도 서양에 대한 공동의 방어를 위해서 조선 또는 청과의 연합 또는 동맹을 주장하는 경우도 있었지만, 정책으로 관철된 주류적 경향은 서구와의 대응과정에서 비롯된 세계관에 의한 중화적 동아시아에서의 분리였다.

서구와의 불평등조약 체제하에 편입된 중국은 전통적인 중화 체제를 배경으 로 동방의 연대를 주창했지만,12) 점차 일본이 같은 문화와 동병상련의 처지에

---

10) 신연재, 「동아시아 3국의 근대사상 형성과 서양문명의 수용」, ≪사회과학논집≫, 제12 권(울산대학교, 2002). 129쪽.

11) 스테판 다나카, 『일본 동양학의 구조』, 박영재·함동주 옮김(문학과지성사, 2004) 참조.

12) 조선의 개항 전후 청은 근대 서구의 압력에 맞서기 위해 연일(連日) 정책을 표방했다.

있다는 믿음에서 깨어나기 시작하면서 서구와의 연대로 일본을 제어하는 방일(防日) 정책으로 전환했다.[13] 그러나 영미의 서구 세계는 1876년 '강화도조약'에서 1882년 '조미조약'에 이르는 시기에 일본과 협력한 반면, 중화세계는 영국, 미국, 프랑스에 의해 점차 분할되어 갔다. 특히 1884년 청불전쟁에서 패배한 청국을 "이미 망한 나라"로 인식한 일본에서는 <지나제국분할도(支那帝國分割圖)>가 신문에 게재되었으며, 조선을 중화세계에서 분리시키려는 갑신정변의 중요한 원인이 되었다.[14] 이 당시부터 중국을 더 이상 중화(中華)로 보지 않고 세계의 여러 문명 중 한 지류(支那)[15]로 보게 된 일본은 망해가는 중국-동양과의 차별성을 확실히 준비하고 있었다.

후쿠자와 유키치(福澤諭吉)가 「탈아론(脫亞論)」(≪時事新報≫, 1885)에서 아시아의 '나쁜 친구'들과 관계를 끊는 것이 일본의 살 길이라고 본 것은 근대 서구와의 관계에서 재창출된 아시아관의 대표적인 사례이다. 후쿠자와는 일본이 서구열강의 오리엔탈리즘적 시선에 의해 '조선', '지나'와 동등하게 취급되는 것을 피하기 위해, 아시아에서 자신을 분리시켜야 함을 호소한 것이다.

---

이것은 황쭌셴(黃遵憲)의 『조선책략(朝鮮策略)』에서 "防俄 親中國 結日本 聯美國"으로 표현된다.

13) 그것은 한편으로 러시아와 국경문제가 타결되었고, 다른 한편으로 중국의 변경이었던 오키나와·조선에 대한 일본의 진출에 위협을 느꼈기 때문이었다.

14) 上垣外憲一, 『ある明治人の朝鮮観』(筑摩書房, 1996), p.219.

15) '지나(支那)'라는 명칭은 China를 본뜬 것이거나 만주족 청나라의 별칭으로 알려져 왔으며, 청말 만주 타도에 뜻을 둔 중국의 개혁가들이 '청국'을 싫어했기 때문에 '지나'라는 명칭을 의식적으로 사용하기도 했다. 그러나 청일, 러일전쟁 승리 후 '지나'라는 명칭에 중국을 경멸하는 느낌이 담기게 되면서, 일본은 청조가 무너지고 중화민국이 수립된 뒤에도 여전히 중국이 정한 공식 국호 대신 '지나'로 불렀다. 일본 정부는 중화민국이 수립된 지 20년이 지나도록 외교문서에 주권국인 중국이 정한 공식 국호 대신 '대지나공화국'이라는 명칭을 썼는데, 1930년에 중국 정부의 요청에 따라 비로소 이를 바로잡았다. 嚴安生, 『日本留學精神史: 近代中國知識人の軌跡』(岩波書店, 1991), 한영혜 옮김, 『神山을 찾아 동쪽으로 향하네: 근대 중국 지식인의 일본 유학』(일조각, 2005), 72~73쪽.

이는 아시아 내부에 '문명-야만'의 틀을 적용하여 황인종 내 민족적 차별화를 시도한 '일본형 오리엔탈리즘'이라 할 수 있다. 후쿠자와의 '탈아입구'론이 보여주듯이 문명=서양문명으로 받아들인 일본은 지리적으로 동아시아에 속했지만 스스로를 '아시아의 영국', '명예 백인'으로 규정하기 시작했다.[16] 심지어 일본인은 황인종이 아니라 백인종이라는 극단적인 주장까지 제기되었다.[17] 이 시기 일본은 동양을 '야만-타자'로 설정함으로써 자신의 정체성을 만들어나갔다.

그러나 후쿠자와의 문명론은 정작 문명이란 무엇인가, 문명사회란 어떤 사회인가에 대해서는 명확한 개념규정이 없다. "문명이란 상대개념이다. 문명화란 야만을 이탈하여 진보하는 과정"이라고 한 후쿠자와의 문명개념은 야만의 상대개념으로 존재하는 것이다. 또한 후쿠자와가 기조(Guizot)의 『유럽문명사』(1828)를 자신의 문명론 전개의 기반으로 삼은 것은 유럽문명사가 갖는 구조적 성격을 후쿠자와도 공유한 것이다.[18] 결국 문명사회란 미개사회 및 정체사회의 '상대적' 개념이고, 여기서 필요한 것은 야만사회의 '발견'이었다. 일본은 이 시기 문명/야만이라는 새로운 문명어의 딱지붙이기에 나섰는데, 그 전형적인 사례로 1903년 오사카 박람회에서의 '인류관'을 들 수 있다. 그것은 파리 박람회를 본떠 학술 인류관이라 불리는 전시관을 만들고 중국, 대만, 북해도, 류쿠, 조선, 아프리카인 등의 '야만'적인 풍속을 실지에서 보여주는 것이었다.[19] 특히 '야만'적 '지나'의 사례로 전족과 아편 기구를 각종 박물관에 전시하여 드러내 보이고자 애쓴 것은 일본에 의해 '만들어진 야만'이라고

---

16) 박지향, 『일그러진 근대: 100년 전 영국이 평가한 한국과 일본의 근대성』(푸른역사, 2003), 138쪽.

17) 장인성, 「'인종'과 '민족' 사이: 동아시아 연대론의 지역적 정체성과 '인종'」, ≪국제정치논총≫, 제40집 4호(2000), 134쪽.

18) 子安宣邦, 『'アジア'はどう語られてきたか: 近代日本のオリエンタリズム』(藤原書房, 2003). p.13.

19) 坂元ひろ子, 『中國民族主義の神話: 人種身體ジェンダ』(岩波書店, 2004), p.71.

할 수 있다.

그러나 중국이나 조선이 '정체되어 있으며, 변화가 없다'는 것은 서양인이 서양인의 시각에서 마음대로 '문명이란 무엇인가', '어떤 문명이 중요한가'를 정의하고 또 그것을 중국과 조선에 외재적으로 적용하여 그 결과 '문명, 변화가 없다'고 결론지은 것이다. 그것은 19세기 유럽과 동아시아의 '역전'에 기초하여 수립된 유럽중심사관을 그대로 받아들인 역사인식일 뿐, 실제로 정체되어 있었던 것은 결코 아니었다.[20] 이러한 '서양'을 전제로 한 '동양'에 대한 유럽중심사관의 서술은 '서양'이라는 개념이 실은 상대적인 개념에 지나지 않는다는 사실이 간과되고 있다. 그럼에도 불구하고 이같이 만들어진 동양의 '야만'은 그것이 '서양 또는 문명이 아니다'라는 관점에서 정의된 것이기 때문에 쉽게 기술되어 왔다. 하지만 그것은 전혀 분석적이지 않다.[21] 예컨대 그 논의의 초점은 중국이나 조선이 '왜 정체되고 자본주의가 발전하지 않았는가'에만 두어졌을 뿐, 서구의 폭력적인 자본주의 발전[22]이 과연 바람직한 '문명'인가 하는 것에 대해서는 애초부터 논의되지도 않았던 것이다.

---

20) 안드레 군더 프랑크, 『리오리엔트』, 7장 참조.

21) 만약 '서양'에 대칭되는 비서구로서의 '동양'이라는 개념이 존재하지 않는다면 당연히 '서양'이라는 개념도 존재하지 않을 것이다. '~이 아니다'라는 개념(비서양이라는 개념도 포함)은 쉽게 기술할 수 있다는 점에서는 유용할지 몰라도 분석에 있어서는 전혀 무의미한 것이다. 폴 코헨, 『학문의 제국주의: 오리엔탈리즘과 중국사』, 이남희 옮김(산해, 2003), 194쪽.

22) 동아시아에서 자본주의의 맹아가 본격적인 자본주의로 발전하지 않은 것은 국가권력에 의한 폭력적인 본원적 축적이 없거나 약했기 때문인 반면 서구에서는 19세기에 들면서 폭력적으로 자본주의가 개시되었고 일본도 그 뒤를 이었다. 中村哲, 「世界史をどう促えるか: 東アジア史の觀點から」, ≪唯物論と現代≫, 31(2003), p.26.

## 2) 오리엔탈리즘의 체계화와 내면화

### (1) 일본형 오리엔탈리즘의 체계화

일본형 오리엔탈리즘의 근거가 근대적 서구에서 비롯되었듯이, 일본의 동양관도 근대적 서구의 역사방법론과 결합되어 있다. 일본에서 근대 역사학은 1887년 제국대학에 사학과가 창설되면서 랑케(Johannes Ranke)의 제자 리스(Ludwig Riess)를 초빙하여 서양사학으로 출발했다. 이 서양 실증사학의 기초 위에서 리스의 제자 시라토리 구라키치(白鳥庫吉)와 그의 문하에서 배출된 인물들이 일본의 관학 아카데미즘을 형성하고 동양사를 연구했다. 일본 동양사학의 이러한 탄생 계보는 오리엔탈리즘적 경향을 단적으로 보여주고 있다. 즉, 서양의 근대적 합리주의와 아카데미즘을 기초로 '동양사'를 창출하고, 이에 기반하여 근대 일본이 아시아의 최선진국으로서 유럽과 대등한 나라이며, 중국과 다를 뿐 아니라 문화적·지적·구조적으로 더 우월하다는 정체성을 확립해 갔다.23) 서양과 비교하여 여타의 동양을 후진 지역으로 타자화시키고, 그 속에서 일본의 정체성을 마련해 나갔던 것이다. 즉, 일본과 동양의 관계를 중심과 주변부, 현재와 과거의 것으로 규정한 '동양학'이 만들어졌다.

그 대표적인 사례로 시라토리 사학의 특징은 오리엔트 연구자의 분류학에 도전하여 아시아의 과거를 서양의 오리엔트로부터 '일본의 동양'으로 전환시킬 새로운 분류체계를 만들어내는 것이었다. 시라토리는 그러한 동양사의 구상만이 서양 중심의 위계적인 세계질서로부터 일본을 자유롭게 하여 유럽에 대한 아시아의 열등한 지위로부터 스스로를 벗어나게 할 것이라고 생각했던 것이다.24) 또한 독일 역사학파 경제학의 대가 브렌타노(Lujo Brentano) 밑에서 공부한 후쿠다 도쿠죠(福田德三)의 '정체성론'을 들 수 있다. 그는 1902년 조선을 여행하고 난 후 조선에는 서구나 일본과 달리 봉건제가 결여되어 정체

---

23) 스테판 다나카, 『일본 동양학의 구조』, 31쪽.

24) 강상중, 『오리엔탈리즘을 넘어서』, 이경덕·임성모 옮김(이산, 1997), 132쪽.

되어 있다고 보았다. 그는 중화적 동아시아 문화의 공통성을 주장하는 중화주의자들이나 고대 일본의 조선 지배 등을 주장하는 국학자들과는 달리 근대적 방법론으로 일본과 조선의 서열을 정하고, 후진적 조선의 민족적 특징을 소멸시켜 일본과 동일한 것으로 동화시켜 나가야 한다고 주장했다. 오리엔탈리즘의 역사학적 서열화 내지 권력화의 단적인 사례라 할 수 있다.

마찬가지로 탈아론적 발상에서, 일본과는 분리된 대상으로서의 '동양' 지역이라는 개념이 등장하는 한편, 이전의 문화적 규범이었던 중국사 중심의 동양사를 일본사 중심으로 바꾸는 작업이 진행되었다. 일본은 지역으로서의 '동양'의 일원이고 그 맹주(盟主)이지만, 그러한 동양 지역의 맹주로 될 수 있었던 것은 뒤떨어진 '지나' 문명을 벗어나 서양문명을 적극적으로 섭취한다는 진보의 길을 걸었기 때문이다.25) 여기에 『논어』를 만든 '지나'와 '아편'을 피는 '지나'를 함께 설명해야 한다는 논리가 전제되면서, 중국 고전을 연구하는 데에 중국학자보다도 오히려 일본학자가 더 낫다고 여기게 되었다.

이러한 오리엔탈리즘적 중국학이 등장한 것은 근대 중국을 보는 일본학자의 시각이 서양 제국주의의 시각에 맞춰져 있음을 의미한다. 헤겔적인 '지속하는 제국(帝國)'으로서의 중국상은 늘 근대 유럽으로부터 중국 인식 안에 재생되고 반복되었듯이 근대 일본의 중국 인식에도 재생되어 왔다.26) 그 대표적인 중국 연구가 나이토 코난(內藤湖南)의 『지나론(支那論)』이다.27) 중국을 둘러싼 근대 일본의 학술적 언설로서의 '중국학'이자 동시에 시대에 영합하는 근대 일본의 정치적 언설로서 적절한 시국론이었던 이 책은 '정체되고 둔하고 무겁고 타성에 젖은 노대국 중국'을 표현했다. 또한 중국 사회는 내부에서는 혁신이 안

---

25) 奈須惠子, 「中等教育における'東洋史'概念の展開」, ≪敎育學硏究≫, 59-4(1992), p.35.

26) 子安宣邦, 「近代知と中國認識: 支那學の成立をめぐつて」, 『脫西歐の思想』(岩波書店, 1994), p.68.

27) 1914년 초판이 발행된 『지나론』은 1924년 『신지나론(新支那論)』, 1938년 『지나론(支那論)』으로 합본되어 간행되었다.

되고 외부에서 처방이 베풀어지는 대상으로 폄하되었다. '지나론'이라는 명칭 자체가 자기 혁신 없이 '지속하는 제국'으로서의 중국에 대한 멸시와 폄하의 명칭으로 쓰인 것임은 두말할 나위 없다.

이 같은 문화주의적 해석이 중국(인) 멸시론으로 이어지면서 1920~30년대 일본 학계에서는 중국의 '국민국가 결여론'과 '중국비국론(中國非國論)'까지 등장했다.28) 20세기 동아시아에서 문명은 국제관계의 위기에 처한 개별 사회가 집단적 주체인 '국민'을 창출하여 개혁을 추진함으로써 '국민국가'를 세워나가기 위한 목표이자 방편29)이라고 할 때, '국민국가 결여론'은 중국을 타자화하고 왜곡하는 일본형 오리엔탈리즘을 체계화하기 위해 동원된 또 하나의 허구적 논리라 할 수 있다.

## (2) 동아시아에 내면화된 오리엔탈리즘

서구문명의 지배력이 동아시아에서 학문권력으로 구조화되면서 '타자'인 동양 내에서도 스스로 오리엔탈리즘을 재생산하는 내면화가 이루어졌다. 일본인의 관점을 수용한 조선의 문명개화론자들은 '동양'의 대명사인 중국을 멸시하면서 타자화했고, 서구 열강과 동일시된 일본을 발전모델로서 자기화하는 새로운 자기-타자 규정이 형성되었다. 예컨대 후쿠자와 유키치로부터 서구중심의 문명사관을 받아들인 유길준은 중국을 '지나'로 표현했고, 일본을 포함한 서양제국은 개화, 조선과 중국을 비롯한 동양제국은 '반개화' 상태라고 보았다.30) 청일전쟁에서 청국이 패배한 이유는 '문명화'하지 못한 것이라는 일본의 시각을 조선도 받아들이게 되면서 1896년 창간된 ≪독립신문≫에서 청은 문명개화의 장애가 되는 전통의 상징으로 부각되었다.31) 이러한 대외성

---

28) 李明, 「日本的'中國論'的檢證: 一九二O~三O年代的中國非國論」, ≪社會科學研究≫, 9-2(中京大學, 1988) 참조.

29) 백영서, 「20세기형 동아시아 문명과 국민국가를 넘어서」, 『동아시아의 귀환』(창작과비평사, 2000), 16쪽.

30) 유길준, 『서유견문』(1895), 허경진 옮김(서해문집, 2004).

향은 아시아에 대한 서구 제국주의의 침략성을 비난하기보다는 동아시아 내부나 여타 아시아 국가들의 '미개', '야만'을 추궁하거나 심리적으로 거리를 느끼는 모습으로 나타났다. 박영효는 세계를 유럽의 문명강대국(歐洲文明强大之國)과 아시아의 미개한 약소국(亞洲未開弱小之國)으로 이분하면서 식민지화의 위기에 처한 아시아 국가들의 미개성 — 나태함과 어리석음, 무치(無恥)함, 기상의 부족 — 을 비판했다.[32] 특히 러일전쟁에서 일본의 승리 이후 일본의 근대문명에 주목한 조선 지식인들은 중화문명에서 근대 문명으로, 순환론적 역사관에서 단선적 사회진화론으로 인식의 전환을 이루었다.

자신의 생활방식을 서구의 눈으로 재평가하면서 자기문명의 전통이 벗어나야 할 대상으로 전락하게 된 것은 청말의 중국에서도 마찬가지였다. 일본에 망명해 있던 청말 개혁론자인 량치차오(梁啓超)는 미국여행기 「신대륙유기(新大陸遊記)」(1904)에서 미국문명의 장점과 비교하여 중국인의 결점에 대해 지적하면서, "시민의 자격이 없는 것, 국가사상이 없는 것, 눈앞의 이익에 빠져 숭고한 목적의식이 없는 것" 등을 열거했다. 동시에 중국 민족의 특성으로 '더러움', '시끄러움'(코풀기, 침 뱉기, 모여 떠들기) 등을 지적했다.[33] 이는 문명국에는 있다고 가정된 것이거나 서구가 규정한 '문명'과 반대되는 것이었다.

이러한 내면화된 오리엔탈리즘 위에서 량치차오는 중국인은 "전제를 받을 수 있을 뿐 자유를 향수하지 못한다"고 주장했고, 강국화의 절대적 과제 앞에서 중국인에 적절한 제도는 공화국이 아니라 개명 전제뿐이라고 생각했다. 그것이 강한 중국을 만드는 일, 즉 '문명'을 이룩하는 길이자 적자생존의 진화론에 다다르는 것으로 받아들여진 것이다.[34] 량치차오의 주장에서 잘

---

31) '천한 청'이라는 청조에 대한 부정적 인식은 진화론적 문명관에 의해 새롭게 만들어진 인식임과 동시에 중국으로부터 독립을 확보하기 위한 개화운동 과정에서 형성된 것이기도 하다. 백영서, 「대한제국기 한국언론의 중국인식」, 『동아시아의 귀환』, 174~175쪽.

32) 장인성, 「自己로서의 아시아, 他者로서의 아시아」, 30쪽.

33) 梁啓超, 「新大陸遊記節錄」, 『飮冰室合集』 7(中華書局, 1996), pp.124~125.

34) 이혜경, 『천하관과 근대화론: 양계초를 중심으로』(문학과지성사, 2002), 263쪽.

드러나듯이 서구 중심적 문명관의 내면화는 20세기 초 맹위를 떨치고 있던 사회진화론의 영향과 관련이 있다. 량치차오의 사회진화론은 일본을 통해 형성된 것이다. 일본이 사회진화론을 받아들이고 전파한 이유는 그것이 '진보의 틀' 안에서 차이의 가능성을 강조함으로써 유럽이 만든 고정된 경로에 대안을 제공하는 것이었기 때문이다. 사회진화론은 현재의 열등성의 원인을 설명해 주는 한편 진화적 생존경쟁의 과정에 진보의 경향이 내포되어 있다고 여겨졌기 때문에, 부국강병과 자주독립을 추구했던 당시의 동아시아 지식인들에게 지배적인 담론체계로 기능했다.[35]

한국 사회에 사회진화론은 미국, 일본 유학생과 선교사로부터, 그리고 량치차오의 『음빙실문집(飮冰室文集)』을 통해 전래, 수용되었다.[36] 당시 한국 지식인들은 사회진화론을 통해 약육강식의 경쟁원리가 지배하는 세계질서를 이해할 수 있었다. 나아가 '경쟁'과 '우승열패'의 법칙에 따라 제국주의의 침략을 받고 식민지의 처지에 이른 것을 어쩔 수 없는 일로 받아들이는 경향도 나왔다. 물론 사회진화론이 미친 긍정적 영향도 있으며, 예컨대 한국에서 정치의식의 앙양, 신민(新民) 사상의 주창, 민족사관의 정립, 신교육론과 실업진흥론의 전개, 민족정신의 고취 등을 지적할 수 있다.[37] 그러나 한국 사회가 사회진화론

---

35) 김석근, 「구한말 사회진화론의 수용과 기능에 대한 비판적 재검토」, 연세대학교 국학연구원 엮음, 『서구문화의 수용과 근대개혁』(태학사, 2004), 189쪽; 신연재, 「구한말의 사회진화론 수용과 그 영향」, 《사회과학논집》, 6-2(1996), 142쪽.

36) 량치차오의 저술은 1900년대 한국에서 '지식인의 필독서'로 꼽힐 만큼 널리 번역·소개되어 읽혔다. 이만열, 「개화기 언론과 중국」, 『한국근대언론의 재조명』(민음사, 1996), 참조.

37) 사회진화론에서 기인하는 패배주의적 인식에 대해서는, 제국주의 침략을 받는 원인을 내부의 미개로 돌리는 인식에 대한 지적(김도형, 「한말 계몽운동의 정치론」, 《한국사연구》, 54, 1986)이나 실력양성론과 준비론이 그것을 반영한다는 지적(주진오, 「독립협회 사회사상과 사회진화론」, 『손보기 박사 정년기념 한국사학논총』, 지식산업사, 1988) 등 참조. 사회진화론에 대한 긍정적 견해에 대해서는, 이광린, 「구한말 진화론의 수용과 영향」, 『한국개화사상연구』(일조각, 1980) 참조. 또한 부정적 측면과 긍정적인 측면의 균형을 취하려는 입장에 대해서는 이송희, 「한말 사회진화론의 수용과 전개」,

의 우승열패라는 논리에 패배주의적으로 지배되면서 서양 제국주의뿐만 아니라 일본을 침략국이라기보다는 '문명' 선진국으로, '후진' 한국이 '문명화'를 달성하기 위한 모델이자 동맹국으로 인식하는 데서 좀처럼 벗어나기 힘들었던 것이다.[38] 이후 한국에서는 일본 제국주의가 세운 근대적 교육기관에서 일본을 통해 수입된 '서구적' 따라서 '근대적' 학문으로서 등장한 '동양사'가 가르쳐지면서, 서양학문의 과학성이라는 미명을 빌려 한국의 토착적인 중국 이해의 후진성과 무용성을 강조했다. 따라서 자기의 주체적 인식이 아직 완전하지 않은 식민지 지배하에서 자기의 주체성 인식을 위한 학문적 작업의 하나로 동아시아의 역사 연구가 진행되기는 대단히 어렵게 되었다.[39]

일본형 오리엔탈리즘은 한편으로 '문명-야만'이라는 이항 대립적 서구 오리엔탈리즘을 계승하여 동양을 타자화했을 뿐만 아니라, 다른 한편 '탈아'와 '흥아'라는 이중적 태도를 보이면서 때로는 아시아 연대를 내걸었다는 데 그 특이함이 있다. 그러면 일본형 오리엔탈리즘의 한 형태인 아시아 연대의 논리와 그 한계는 무엇인가에 대해 살펴보자.

≪부산사학≫, 22(1992); 이승환, 「한국 및 동양에서 '사회진화론' 수용과 기능」, ≪중국철학≫, 9(2002); 김석근, 「구한말 사회진화론의 수용과 기능에 대한 비판적 재검토」 등 참조.

38) 정용화, 「한국인의 근대적 자아 형성과 오리엔탈리즘」, ≪정치사상연구≫, 제10집 1호(2004), 46쪽 참조.

39) 백영서, 「한국에서의 중국현대사 연구의 의미: 동아시아적 시각의 모색을 위한 성찰」, 『동아시아의 귀환』, 134쪽.

## 3. 동아시아의 연대와 저항의 논리

### 1) 동아시아 연대론

20세기에 들어 서양 제국주의에 대항하기 위한 연대의 대상으로 아시아 지역에 대한 새로운 이해가 등장했다. 유럽의 팽창에 따른 아시아의 '타자화'는 유럽의 정체성을 형성시켰던 반면에 아시아인 스스로의 정체성을 각성시키는 계기가 되었던 것이다. 여기서 '아시아'라는 개념은 비(非)서양이라는 구분과 더불어, 피침략 아시아 국가들의 공통의 역사 경험과 연대의식의 매개체로 등장했다.[40] 즉, 대외적 위기의식의 소산으로 그리고 문화적·인종적·지정학적 유사성, 특히 '황인종'으로서의 자의식을 기반으로 한 동아시아 3국의 연대론이 부상한 것이다.

일본에서 아시아 연대론은 서로 다른 논리인 탈아론과 같은 시기에 등장했다. 그 이유는 일본의 아시아론 역시 궁극적으로 아시아 자체라기보다는 오히려 근대 서구와의 관계 설정에서 비롯된 것이기 때문이다.[41] 연대론을 주장한 일본의 다루이 도키치(樽井藤吉)는 『대동합방론』(1885)에서 백인종 서구 열강의 침략에 대항하기 위해 황인종인 아시아 제 민족이 단결해야 하며, 쇠퇴하는 동양의 기운을 만회하는 흥아(興亞)의 대업을 양성하기 위해, 대동아연맹(大東亞聯盟)을 만들어야 한다고 주장했다.[42] 또한 1880년 3월 출범한 흥아회(興亞

---

40) 중국에서 Asia의 음역인 亞細亞는 아편전쟁 이후 지리적인 의미로만 사용되다가 20세기 초에 들어서 정치적인 의미로 해석되기 시작했다. 신해혁명시기의 근대 지식인들은 아주(亞洲), 동방(東方) 등으로 표현된 아시아를 황인종의 포괄적 인종구성체로 이해함으로써 유럽 및 서구로부터의 독자성을 인식했다. 이는 한편으로 백인 지배에 대한 포괄적 저항 지역체로 인식하는 동시에 중국을 피압박 아시아인과의 동문·동족(同文同族)에 위치시킨 것이다. 조성환·김용직, 「문명과 연대로서의 동아시아」, ≪대한정치학회보≫, 9권 2호(2002) 참조.

41) 김경일·강창일, 「동아시아에서 아시아주의: 1870~1945년의 일본을 중심으로」, ≪역사연구≫, 8집(2000). 273쪽.

會)가 동양 삼국이 동심동력하여 서양으로부터 굴욕을 막자고 한 취지도 비슷한 입장이었다. 일본에서 흥아회가 출범하자 주일 청국공사 허루장(何如章)도 그 설립 취지에 찬동했으며,[43] 김옥균의 삼화주의(三和主義)나 독립협회의 한일제휴론도 같은 맥락이라 할 수 있다. 일본 망명 중 새로운 사상에 접하게 된 량치차오는 「일본글을 배우는 것의 이익을 논함」이라는 글에서 양국이 훗날 합방하여 "황색인종의 독립을 지키고, 유럽세력이 동방에 뻗치는 것을 끊어버리자"는 희망을 나타낸 바 있다.[44] 량치차오가 일본의 흥아론(興亞論)이나 아시아주의에 기대를 걸게 된 것[45]은 그가 일본에 온 뒤인 1898년 11월에 발족한 동아동문회(東亞同文會)의 반황화론(反黃禍論), 동인종동맹론(同人種同盟論)을 배경으로 한다. 오카쿠라 텐신(岡倉天心)이 『동양의 이상』(1903)에서 "아시아는 하나"라고 외친 것 역시 "서양의 광영이 아시아의 굴욕"이 되는 현상을 변혁하는 것이 급선무라 여겼기 때문이다.[46]

1905년 러일전쟁 승리 이후 일본에서 아시아 연대론이 더욱 부상했다. 청일전쟁이 조선의 독립을 가져왔다면, 러일전쟁은 아시아 제 민족에게 민족적 자각을 불러일으켰다는 논리였다. 특히 아관파천 이후 러시아의 침략 행동

---

42) 다케우치 요시미, 『일본과 아시아』, 서광덕·백지운 옮김(소명출판, 2004), 267쪽.

43) 중국에서도 청말 외교를 주관하던 리홍장(李鴻章)의 정책은 일본을 이용한 이이제이 정책으로, 일본과 연합하여 동방진영을 형성함으로써 서양국가와 교섭하는 힘을 증강시키자는 것이었다(中日修好條規, 1871).

44) 량치차오는 일본에 망명 중이던 1899년 "지나와 일본은 언젠가 합방(合邦)될 것이므로 서로 말을 통해 둘 필요가 있다"면서 두 나라의 자사(志士)들이 서로의 말을 배워 둘 것을 강조하고 있다. 그는 이때쯤부터 일본식 이름을 갖게 되었다. 그의 일본 이름 요시다 신(吉田晋)은 일본 막부 말기 지사 요시다 쇼인(吉田松陰)에서 딴 것이었다. 박성래, 「중국에서의 진화론: 梁啓超의 경우를 중심으로」, ≪한국과학사학회지≫, 4권 2호(1982), 143쪽.

45) 량치차오가 일본의 흥아론이나 아시아주의에 기대를 걸고 있었던 점에 대해서는 최원식·백영서 엮음, 『동아시아인의 '동양' 인식』(문학과지성사, 1997) 참조.

46) 오카쿠라 텐신, 「동양의 각성(東洋의 覺醒)」, 다케우치 요시미 엮음, 『일본과 아시아』, 서광덕 외 옮김(소명출판, 2004), 277쪽.

을 '백인종의 동양 침략'으로 인식하고 이에 대해 '황인종'인 한중일 3국의 제휴의 필요성이 제기되었던 것이다. 그것은 '문화적 제휴론'과는 달리 일본이 맹주가 되어 황인종이 결합하여 백인종의 침략에 대응해야 한다는 '인종적 제휴론'이었다. 즉, '문명과 야만의 전쟁'이라는 청일전쟁에서 승리한 일본에서는 이른바 '약자 연합으로서의 아시아주의'는 쇠퇴하고, 일본을 맹주로 하여 중국과 일본이 동맹을 맺어 아시아에서 서구와 패권을 겨루는 것으로 중점이 이동해 갔다.

러일전쟁에서 백인종에 대한 황인종 일본의 승리에 감격한 대다수 한국인들 역시 일본이 내건 '동양평화'에 기대를 걸었다. 그러나 일본과 조선에서 아시아 연대론은 점차 국제정치 관념과 국가(국민) 의식의 차이에 따라 양상이 달라졌다. 일본의 아시아 연대론은 황인종이라는 인종적 이익(안보)를 빌미로 일본의 민족적 이익(안보)을 추구하려는 현실주의적 국제정치 논리였다면, 조선의 동양 연대론은 근대적 국가(국민) 관념이 취약했기 때문에, 도의적 국제정치 관념의 산물인 경우가 많았다.[47] 예컨대 장지연이 「시일야방성대곡」을 발표하여 보호조약의 부당성을 폭로한 까닭은 동양 3국의 황인종이 서양 백인종과의 경쟁에 공동으로 대처해야 함에도 불구하고, 을사조약을 강제로 체결함으로써 '동양 3국의 안녕'이 깨지고 분열되었다는 것이었다. 즉, 논의의 초점은 이토 히로부미(伊藤博文)의 배신행위에 대한 비판이었던 것으로 그 이면에는 '동양 3국의 제휴론'에 대한 믿음이 있었다. 안중근이 이토 히로부미를 저격하고 쓴 「동양평화론」도 같은 맥락이라 할 수 있다.[48]

따라서 러일전쟁 이후 한일합방에 이르는 상황변화에 따라 제휴론은 갈림길에 서게 되었다. 일본의 의도대로 보호국화를 인정할 것인가, 보호국화는 인정하지 않지만 제휴론적 인식을 새로이 모색할 것인가, 국가의 독립과 자주회복을 위해 일본에 대한 정면 도전을 선택할 것인가 등의 갈림길이었다. 제휴론을

---

47) 장인성, 「'인종'과 '민족' 사이: 동아시아 연대론의 지역적 정체성과 '인종'」, 131쪽.
48) 안중근, 「동양평화론」, 최원식·백영서 엮음, 『동아시아인의 '동양' 인식: 19-20세기』, 205~215쪽.

전면 비판한 신채호는 일본과의 연대를 주장하는 동양주의자에게 '국가는 주인이고 동양주의는 손님인데, 동양주의 제창자들에게 동양이 주인이 되고 국가가 손님이 되어 동양을 지키려 한다'면서 '한국인이 동양주의를 이용하여 국가를 구하는 자는 없고 외국인이 동양주의를 이용하여 국혼(國魂)을 찬탈하는 자가 있으니 경계하며 삼갈 것'을 주장했다.[49]

그러나 당시에는 일본의 보호국화를 긍정하거나 그에 대해 비판하면서도 여전히 일본과의 제휴와 동맹을 통해 '동양'의 평화를 모색하고자 하는 발상과 논의가 우세했다. 결국 민족적 정체성을 주장한 민족주의자들의 주장은 문명화 의지에 압도되었고, 1910년 일본이 한국을 식민지화하자 문명 개화론자들은 대다수 이를 불가피한 현실로 받아들였다. 1919년 식민지 조선에서 최대의 저항운동이었던 3·1운동이 일어난 이후 일본은 '식민지'라는 말조차 교묘히 회피했고 아시아주의가 대신했다.[50]

한편 일본의 동아시아 침략은 서양의 오리엔탈리즘에 대항해 싸우는 아시아주의를 포함하고 있었기 때문에 일본이 1905년 러시아 군대를 격파한 것은 역설적으로 중국의 쑨원(孫文), 베트남의 호치민(Ho Chi Minh)과 같은 독립운동 지도자들에게는 반제국주의의 한 모델이 되기도 했다. 쑨원의 초기 대아시아주의는 유럽의 백인종의 침략에 대항하기 위한 황인종들의 단결을 주장하면서 피부색을 기준으로 하고 있었다는 점에서 역시 일본의 대아시아주의의 영향을 강하게 받은 것이다. 쑨원은 1924년 일본 고베(神戸)를 방문하여 행한 '대아시아주의' 강연에서, 일본 정부와 국민을 구분 짓고 영미 등 열강의 침략에 공동으로 대응하기 위해 일본 국민들의 지지를 호소했는데, 여기에서 그의 일본에 대한 의존적인 태도가 잘 드러난다.[51] 이에 대해 당시 조선의 언론은

49) 신채호, 「동양주의에 대한 비평」(1909), 최원식·백영서 엮음, 같은 책, 219~220쪽.
50) 특히 1929년 척무성(拓務省)이 설치되었기 때문에 형식적으로 식민지라는 말이 기피되고 식민지 조선은 '외지(外地)'가 되었다. 姜尙中, 「過ぎ去らない'アジア'の心象地理を超えて: 日本の朝鮮観を中心に」, 『アジアの新世紀』, 1(岩波書店, 2002), p.96.
51) 배경한, 「孫文의 '대아시아주의'와 韓國」, 《부산사학》, 30집(1996), 15쪽.

대체로 쑨원이 주장한 황색인종 단결, 중일친선론은 '식민지 지배하에 처한 조선 문제와 모순'되는 '경솔'하고 '졸렬'한 것으로 비판했다.[52] 중국에서도 중국 혁명동맹회 기관지 ≪민족(民報)≫는 중일 양국의 국민적 연합은 지지하지만, 연합 양국의 대등한 관계가 아닌 일본의 대아시아주의는 흡수주의라고 비난했다. 또한 중화민국의 부흥을 관건으로 하는 대아시아주의에 기대를 걸었던 사회주의 이론가 리다차오(李大釗)도 1919년 「대아시아주의와 신아시아주의」라는 논문에서 일본의 '대아시아주의'는 이미 대일본주의의 다른 이름에 불과하다고 비판했다.[53] 이 시기에 제국주의 일본을 제외하고 아시아의 사회혁명을 의도하는 한국과 중국의 급진주의자들 사이에 반제와 반일을 위한 아시아 연대의식이 형성되기도 했으나, 일본의 지속적인 대아시아 침략과 팽창으로 인해 점차 사라지게 되었다.[54]

19세기 말에서 20세기 초에 걸쳐 모색된 아시아 연대론은 결국 공허한 논리로 변질되었다. 그 근본적인 이유로서 주목해야 할 것은 지식인의 '동서 이분법적 사고'이다. 즉, 동아시아 내부의 차이를 무시하고 지역적이든 문화적이든 또는 인종적이든 '하나의 동양'으로 동아시아 3국을 바라본 당시 지식인의 연대 의식의 저변에는 동과 서를 이분법적으로 구분 짓는, 전형적인 오리엔탈리즘적 사고가 깔려 있었다.[55] 즉, '아시아'는 서구의 눈에는 하나의 집합체로 보이지만, 아시아 지역 국가들은 서로 역사적·문화적으로 적지 않은 차이를 안고 있으며 결코 동일한 것이 아니었다. '아시아는 하나다'라는 명제는 오카쿠라 텐신이나 쑨원의 발상에서 나타나듯이, 하나의 관념으로서는 성립할

52) 閔斗基, 「1920年代の韓國人の孫文觀」, 『孫文とアジア』(汲古書店, 1993), pp.139~140.

53) 양니엔췬, 「'동아시아'란 무엇인가?: 근대 이후 한중일 '아시아' 想像의 차이와 그 결과」, ≪대동문화연구≫, 50집(2005), 95쪽.

54) 황동연, 「20세기 초 동아시아 급진주의와 '아시아' 개념」, ≪대동문화연구≫, 50집(2005), 156쪽.

55) 정문상, 「19세기 말~20세기 초 '개화지식인'의 동아시아 지역 연대론」, ≪아시아문화연구≫, 제8집(2004), 57쪽.

수 있지만 역사적 개념으로서는 성립하지 못했다.[56] 인종적 정체성을 통해 지역적 정체성을 확보하려는 연대의 발상은 결국 일본의 팽창에 따라 동아시아 내부의 오리엔탈리즘적 왜곡으로 귀결되었다.

근대 일본의 동양에 대한 태도는 한편으로 '과거'의 역사적·문화적 동양은 무시·왜곡하지만, 다른 한편 제국주의적 팽창의 장(공간)으로서의 아시아 대륙이라는 '현재'의 지정학적 동양은 중시하는 이중적인 방향으로 전개되었다. 그 과정에서 '동양', '동아', '대동아' 등 문화적·지정학적으로 서로 다른 내용을 지닌 다양한 담론이 등장했으며, 일본이 제외된 타자 부정적인 '동양'에서 일본이 포함된 정치적 연합 개념인 '동아'로 변했다.[57] 즉, 1930년대 일본에서는 제국주의가 팽창, 서구와 대립하면서 또 다른 아시아 연대론인 '동아연맹론'이나 '동아협동체론'이 부상했다. 이는 일본이 신질서를 실현하기 위한 수단으로, 중일전쟁의 진행과정에서 생겨난 역사적 산물이었다. 그런데 중일전쟁 발발 이후 1938년 고노에 후미마로(近衛文麿) 일본 수상의 동아신질서(東亞新秩序) 성명은 '장제스(蔣介石)의 국민정부를 상대하지 않겠다'는 중국에 대한 타자부정의 논리를 기반으로 한 것임에도 불구하고, 중국의 왕징웨이(汪精衛)는 쑨원의 대아주주의(大亞洲主義)를 내걸고 일본의 동아신질서를 받아들였다.[58] 왕징웨이가 쑨원의 '대아시아주의'를 '동아신질서'와 등치시킨 것은 일본의 '동아신질서론'과 '대동아공영권' 사상을 보강하는 데 유용했다. 왕징

---

56) 장인성, 「自己로서의 아시아, 他者로서의 아시아」, 12쪽.

57) 유럽에 대한 대항적 언설로서 성립된 '동아'라는 개념은 1930년대 제국 일본이 유럽적 세계질서의 재편성을 요구하면서 대두된 제국주의적 정치적 언설상의 '동아'와 호응한다. 정치적인 지역개념인 '동아'나 '대동아'는 1937년 중일전쟁의 개시 및 태평양전쟁으로의 확전과 더불어 '동아신질서'의 이념으로 또 '동아협동체'와 '대동아공영권'의 구상으로 전개되었다. 子安宣邦, 『アジア』はどう語られてきたか-近代日本のオリエンタリズム』(藤原書房, 2003) 참조.

58) 왕징웨이와 그 추종자들은 일본의 동아신질서를 수용하면서 '일본과 중국을 영도세력으로 하는 아시아 민족들의 대연합'이라는 쑨원의 대아시아주의를 계승했다는 주장을 통해 자신들의 정치적 정당성을 확보하려 노력한 것이다. 배경한, 「중일전쟁시기 중국에서의 동아연맹운동과 왕정위 정권」, ≪중국현대사연구≫(2004), 109쪽.

웨이 정권은 영미의 제국주의에 대한 반발과 일본 제국주의에 대한 환상을 갖고 침략세력으로부터 '동아'를 해방하여 동아신질서 건설의 공동이상을 실현하기 위해 협력하고 필요한 조치를 강구한다고 협정을 맺었다.[59] 결국 왕징웨이 정권은 대동아공영권하에서 일본에 의해 서구 제국과의 인종전쟁을 강요받고 미국과 영국에 선전포고까지 했다.[60]

그러나 당시 일본의 식민지 지배를 받고 있던 조선에서는 동아연맹론의 거론 자체가 금기시되어 있었던 사실에서 알 수 있듯이, 대아시아주의나 동아연맹론이 동아시아의 평화적 협력을 목표로 일정한 성과를 낼 것으로 기대하기란 처음부터 불가능했다.[61] 이 시기 일본의 '확장된 내셔널리즘'으로서의 아시아주의가 '동양' 내지 '동아'라는 개념으로 전쟁이나 식민지 지배를 얼마나 정당화해 왔는가에 놀라워해야 한다는 야마무로 신이치(山室信一),[62] 그리고 대아시아주의에 기초한 아시아 제 민족의 해방이라는 문제를 일본 파시즘 이데올로기의 한 특질이라고 본 마루야마 마사오(丸山眞男)[63]의 지적은 일본의 아시아주의의 이중성 그리고 중일전쟁과 태평양전쟁기 아시아 연대론의 본질을 잘 보여주고 있다. 이러한 본질에도 불구하고, 전후 아시아의 상호공존과 연대를 형성하는 데에 일본의 주도에 의한 대동아공영권의 경험이 지속적인 영향을 미친 것[64]이 사실이며, 이러한 점은 탈냉전 이후 논의되는 새로운

---

59) 왕 정권은 일본 측의 '동아신질서론'과 중국 측의 '대아시아주의'의 합치를 대의명분으로 하여 성립한 것으로, 대동아신질서, 대동아공영권의 사상적 계보를 검토하는 데 중요하다. 利谷信義, 「'東亞新秩序'と'大アジア主義'の交錯: 汪政權の成立とその思想的背景」, 『日本法とアジア』(勁草書房, 1970), p.107.

60) 왕 정권의 참전, 즉 미국과 영국에 대한 선전포고에 대해서는 1942년 7월 저우포하이 (周佛海) 행정원부원장 겸 재정부장이 일본을 방문했을 때, 도조 히데키(東條英機) 수상 및 마츠오카 요스케(松岡洋右) 외상과 어느 정도 논의가 이루어졌다. 「國民政府ノ參戰問題ニ付テ」(1942.11.1.), 外交史料館 파일, 『支那事變關係一件』, 제33권.

61) 배경한, 「중일전쟁시기 중국에서의 동아연맹운동과 왕정위 정권」, 117쪽.

62) 야마무로 신이치, 「일본의 아시아주의와 아시아 學知」, ≪대동문화연구≫, 제50집 (2005). 62쪽.

63) 마루야마 마사오, 『현대정치의 사상과 행동』, 김석근 옮김(한길사, 1997), 95쪽.

주체적 동아시아 담론의 형성을 위해 극복되어야 할 과제이다.

## 2) 오리엔탈리즘 극복을 위한 저항의 논리

동아시아에서 제국주의적 침략=서양화가 진전되면서 그에 대항하기 위한 주체적 주장과 행동이 다양하게 등장했다. 전통 정신의 재확립 등 구체제를 유지하면서 위기를 극복하자는 보수적 주장, 분노나 두려움, 불만이나 치욕감에 기초한 배외주의,[65] 봉건적이고 전근대적인 사회적 폐해를 일소하는 데 동의하지만 무조건 서양화에도 반대[66]하는 합리적 온건 등이 다양하게 전개되었다.[67] 이러한 서구의 오리엔탈리즘에 대한 저항은 점차 동아시아에서 자국

---

64) 일본을 지도자로 하는 대동아공영권의 위계구조는 종전 이후 세계적 차원에서 조성된 냉전체제 아래에서 정치적 독립의 과제가 경제적 자립의 목표에 의해 대치된 채로 미국·일본을 정점에 둔 수직적인 위계체계로 재현되었다. 김경일, 「대동아공영권의 '이념'과 아시아의 정체성」, 『동아시아의 지역질서: 제국을 넘어 공동체로』(창비, 2005), 246쪽.

65) 19세기 후반 중국의 경우 서양에 대한 다양한 배외주의의 사례를 찾아볼 수 있다. 첫째, 모든 계층의 중국인들이 모두 경험한 '분노에 근거한 배외주의', 둘째, 무지한 계층에서 보이는 '두려움에 기초한 배외주의'인 '외국인 혐오증', 셋째, 중국문화의 우월성에 대한 신념에 근거한 교양 있는 계층에서 보이는 '불만에 기초한 배외주의', 넷째, '치욕감에 기초한 배외주의' 등이다. 치욕감에 기초한 배외주의는 내셔널리즘의 원형이라 할 수 있는 감정으로, 그런 감정을 품고 있는 중국인들은 애초에는 적었지만 점차 늘어나게 되었다. 그들은 서양의 문화적 영향보다도 정치적 침투에 반대했으며, 서양문화의 전면적 거부보다도 서양을 모방한 개혁을 선호하는 경향이 있었다. 폴 코헨, 『학문의 제국주의: 오리엔탈리즘과 중국사』, 124쪽.

66) 예컨대 외국 것이라면 쓸데없는 것으로 가까이 하지 않는 수구당을 '개화의 원수'라고 비판한 근대 개화주의자 유길준도 "개화하는 일이란 타인의 장기를 취하는 것뿐 아니라 자기 자신의 훌륭하고 아름다운 것을 보전하는 데에도 있다"고 하면서 외국 것만을 칭찬하고 자기 나라 것을 업신여기는 개화당은 기실은 '개화의 죄인'이며, 지나치게 외국제(담배, 시계 등)를 추구하며 서양 풍습을 이야기하는 이들은 '개화의 병신'이라고 비판했다. 유길준, 『서유견문』(명문당, 2003), 356~357쪽.

67) 합리적이라 할 수 있는 조선의 동도서기론이나 중국의 중체서용론, 일본의 화혼양재론

만이 서양화에 성공했다고 자부하면서 중국과 조선을 타자화하는 일본형 오리
엔탈리즘에 대한 저항이라는 중층적 구조를 띠게 되었다.

중국과 한국에서는 점차 일본이 주도하는 동양 연대론과 서구중심주의적
문명관의 신화가 깨어지고 자기 문화의 중요성을 강조하게 되었다. 신채호는
문화상대주의의 입장에서, 문명개화파가 서양문화의 우월성을 전제로 중국과
조선의 전통문화를 비하시키는 것을 비판하고 저항의 근거를 확보하고자 했
다. 당시 국내에서도 단군기원력, '삼천리'라는 지리적 공동체, 한글이라는
언어 공동체, 민족의 정신(國粹) 등을 강조하는 한민족의 고유성과 주체성이
주장되었다.[68]

또한 문명개화에서 일본의 우월성을 인정하지만 한국인들이 도덕적으로
우월하다고 여기는, 현실권력의 열등성을 역사적·문화적 우월성과 도덕성으
로 보전하려는 경향이 나타났다. 중국에서도 옛 문화가 근대의 변혁에 대한
장애물로 작용하기는커녕 오히려 거꾸로 변혁을 추진시키고 변혁의 방향을
정하는 데 일조하는 측면이 있었다. 예컨대 청일전쟁 패배 후 문명과 야만의
시대논리가 풍미하게 된 중국에서 '전족 야만설'이 등장했지만, 이에 대해
"선조로부터 물려받은 것을 야만이라고 부르는 것이 문명적 태도인가, 전통
말살이야말로 야만 그 자체가 아닌가"라는 저항 논리가 대립했다.[69]

서양문명과의 대결과정에서 중국인의 정체성이 지니는 의미가 더욱 첨예해
지게 되었고, 자문화의 중요성을 강조하는 심리가 강고했다는 점이야말로
서양문명의 영향을 극복하고 저항할 수 있게 했다.[70] 량치차오는 제1차 세계
대전으로 피폐해진 유럽을 돌아본 후, 서구문명에서의 진보는 반드시 선(善)을
의미하는 것만은 아니라고 여기게 되었다. 사회진화론자였던 그는 '서구'를

등도 당시로선 주류가 될 수 없었다. 장현근, 「서구의 충격과 근대 중국의 정치사상」,
《인문사회과학연구》, 3(용인대학교, 1999).

68) 정용화, 「한국인의 근대적 자아 형성과 오리엔탈리즘」, 50쪽.
69) 옌안성, 『神山을 찾아 동쪽으로 향하네: 근대 중국 지식인의 일본 유학』, 127쪽.
70) 폴 코헨, 『학문의 제국주의: 오리엔탈리즘과 중국사』, 258쪽.

이상적 가치가 아닌 물질문명이라는 '보통개념'으로 다시 파악했으며, 사회진화론은 다윈의 '생물학 이론'을 잘못 사용한 것이라면서 '적자생존'에 대한 인식도 부정적으로 바뀌었다.[71] 또한 현재 서구인에게 문화 면에서 자기혐오와 함께 중국문화에 대한 선망이 생겨나고 있으며 미래문화는 동·서 문화조화의 산물이 될 것이라고 주장하는 등 동양문화에 대한 자신감을 표현했다.[72] 중국에서는 1910년대와 1920년대 두 차례의 '동·서 문화 논쟁'과 1930년대 중국본위문화(中國本位文化)와 전반서화(全般西化)의 논쟁이 진행되면서, 서구자본주의 문화와 중국문화의 보편성과 특수성, 중국이 나아가야 할 길은 서구화인가 아니면 제3의 길인가 등을 둘러싸고 다양한 논의가 이루어졌다.[73] 특히 본위문화파에게 당시 만연하는 숭양(崇洋)풍조(서구식 가치관과 가족관 등)로 인해 흔들리는 문화의 위기는 민족의 위기였고, 곧바로 민족의 소멸로 등치되었다. 따라서 제국주의의 문화침략에 맞서 시급히 민족문화를 재건하고 부활시켜야 할 필요성을 강조했다. 이들에 의해 선택된 문화민족주의는 1930년대 국제정세 및 일본의 중국 침략과 맞물려 더욱 힘을 발휘했다.[74]

한편 이 시기에 동아시아에서 근대 서양사상은 그것이 서구에서 담당했던

---

71) James Reeve Pusey, *China and Charles Darwin* (Harvard University Press, 1983). p.440.

72) 이러한 내용을 담은 량치차오의 『구유심영록(歐游心影錄)』은 특히 제1차 세계대전의 영향으로 서양문명을 비관적으로 보던 서구 지식인들[대표적 사례인 스펭글러(O. Spengler)의 『서구의 몰락』]의 동향도 작용하면서, 세계적으로 동방문화 구세론이 등장한 것을 배경으로 한다. 천성림, 「서구적 근대의 부정과 독자적 근대의 추구」, 『중국근대 사상세계의 한 흐름』(신서원, 2002), 243~244쪽.

73) 이 논쟁은 1920년 량치차오의 『구유심영록』과 량수밍(梁漱溟)의 『동서 문화 및 그 철학』의 출판 이후 최고조에 달했다가 1927년부터 논쟁의 초점이 중국 사회 성질문제로 옮겨지면서 일단락되었다. 이후 1935년 '중국본위적문화건설선언'의 등장 이후 본위문화파와 서화파의 논쟁이 전개되었다. 천성림, 「1930년대 중국의 동서문화론」, 같은 책, 104~105쪽.

74) 이병인, 「中國 中心의 普遍性, 西歐 中心의 特殊性: 1930년대의 문화논쟁을 중심으로」, 《중국현대사연구》, 제9집(2000), 56쪽.

역사적 역할과 달리, 동아시아 정치의 변화에 대응하기 위한 지식인의 '구국(救國)'의 논리로 수용되기도 했다.[75] 예컨대 근대 중국에서 '우승열패'의 사회진화론은 국가적 위기를 극복하는 이론적 기반이 되어주었다. 즉, 사회진화론은 약자의 입장에 처한 중국에서 강자의 권리를 대변하는 이론이 아니라 약자가 강자가 되기 위한 이론이 되었다.[76] 오랜 서구 경험을 가진 쑨원의 경우 역시 그의 삼민주의나 혁명조직 이론은 미국과 영국 등 유럽 경험에서 완성되어 구국의 논리로 수용된 한 사례라 할 수 있다.[77] 또한 중국의 호적(胡適)은 중국이 구국을 위해 문화건설의 재료를 근대 서양에서 구해야 한다는 전반서화론(全般西化論)을 주장한 바 있다. 전반서화론은 비록 본위문화파와 대립되었지만 그러한 논전은 사상의 혼란이라기보다는 서양문화의 수용에 대한 중국인의 대응을 찾는 노력으로 평가할 수 있다.[78]

그런데 당시 서구와 일본의 오리엔탈리스트들은 서구문화에 대한 동아시아의 저항을 무지의 소치로 보고 무시하고자 했다.[79] 특히 쑨원의 경우 서구세력

---

75) 신연재, 「동아시아 3국의 근대사상 형성과 서양문명의 수용: 그 상이성 분석을 중심으로」, 136쪽.

76) 사회진화론은 약하고 무능한 국가인 중국의 지식인들에게 왜 그들이 외국과의 생존경쟁에서 약자가 되었는지, 어떻게 강자가 될 수 있는지, 그리고 왜 개혁과 혁명이 필요한지를 설명하는 이론적 기초가 되어주었다. 전복희, 『사회진화론과 국가사상: 구한말을 중심으로』(한울, 1996). 95~96쪽.

77) 쑨원이 삼민주의 등 자신의 혁명이론을 만들어낸 데는 서구 체험이 중요한 배경이 되었다. 그의 민족, 민권, 민생이라는 삼민주의 이론의 기반이 된 것으로는, 망명 시절 런던에 체제하면서 공부한 마르크스주의 등 사회주의 이론 그리고 미국 링컨 대통령의 'of the people, by the people, for the people'의 논리와 우드로우 윌슨 미국 대통령의 '민족자결' 및 존 로크의 천부인권설 등을 들 수 있다. 張玉法, 「孫中山の歐美經驗の中國革命にたいする影響」, 孫文研究會 編, 『孫文とアジア』(汲古書店, 1993), pp.227~229.

78) 신승하, 「전통사상과 서구사상의 충돌: 서구사상의 전래에 따른 논전을 중심으로」, 『20세기의 중국』(서울대학교출판부, 1998). 247~252쪽.

79) 예컨대 1905년 민영환의 자결을 보는 당시 영국인의 시각은 국제정치를 이해하지 못하는 무지의 소산으로 여겼다. 박지향, 『일그러진 근대: 100년 전 영국이 평가한

이 그의 혁명사상을 지지하지 않았기 때문에 쑨원의 서구 경험(기독교, 민주주의 등)은 중국 혁명 과정에서 점차 의미가 사라지게 되고 사회주의 혁명이론을 받아들이게 되었다. 결과적으로 서구세력은 마오쩌둥(毛澤東) 시대에 들어 더욱더 중국에서 밀려나게 된 것이다.[80] 일본 역시 제1차 세계대전 이후 중국의 항일 민족주의와 반제국주의적 저항을 일본에 대한 비판이 아니라 국제정치에 대한 무지의 소산으로 보았다. 그러나 중국의 민족운동에 대한 일본의 몰이해와 오만이야말로 오히려 중국의 민족주의를 확산시키는 계기가 되었다.[81] 중국에서 1919년 5·4운동 이래 확산된 민족주의운동이 1949년 혁명으로 귀결된 데는 특히 일본 제국주의에 대한 저항이 큰 동력이었다고 할 수 있다.[82] 이 시기 주권회복을 위한 중국의 저항담론이었던 '국치(國恥)'라는 표현은 당시의 역사와 국어 교과서 및 대중매체에 자주 쓰였고, 실지(失地) 회복을 위한 국치도(國恥圖)의 제작도 이루어졌다.[83] 이러한 저항의 기억은 청말에서 중화민국, 중화인민공화국으로 이어지면서 대중교육을 통해 계승되어 왔다.

마오쩌둥이 즐겨 사용한 표현을 따르면, 중국은 19세기와 20세기에 들어 자신의 위대한 역사와 국제 흐름에 대항해 왔다. 혁명가가 되기 이전에 마오쩌둥은 중국의 무능력과 비참한 후진성을 통탄했지만, 혁명가의 길을 가게 되면서 중국의 후진성을 혁명에 유리한 조건으로 전환시킨 그는 1930년에 "혁명은

한국과 일본의 근대성』. 참조.

80) 張玉法, 「孫中山の歐美經驗の中國革命にたいする影響」, p.243.
81) 1915년 일본의 중국에 대한 21개조 요구를 비판하는 중국인의 격렬한 저항이 등장한 이래 5·4 시기와 일본의 만주 침략 및 중일전쟁시기에 일본상품 불매운동 등 항일운동이 전국적으로 전개되었다.
82) 이데올로기로서의 민족주의는 사회주의 중국에서도 방기된 적은 한 번도 없었으며, 중국 사회주의는 항일민족전쟁의 승리자라는 기반 위에서 민족주의를 그 최종적 정당화의 근거로 하고 있다. 村田雄二郎, 「中華ナショナリズムの現在」, ≪世界≫(1993. 11.), pp.127~128.
83) 黃東蘭, 「淸末民國期地理敎科書の空間表象: 領土, 疆域, 國恥-」, ≪中國硏究月報≫ (2005.3.), p.29.

분명 서구보다 중국에서 더 빨리 고조될 것"84)이라고 예언하게 되었다. '후진성의 이점'85)이라고 불리는 이러한 인식은 반(反)도시(서양)주의와 더불어 마오쩌둥 사상의 핵심을 이루고 있다. 그는 중국이 가난하고 낙후하다는 사실은 나쁜 것이 아니라 오히려 가난하면 혁명하기 쉽고, 경제후진국은 혁명적 잠재력을 더 많이 갖고 있다고 했다.86) 이처럼 중국이 '서구'에 비해 혁명적 우월성을 주장할 수 있는 논리와 그로부터 실현된 중국 혁명의 성공은 동아시아에서 오리엔탈리즘을 비판하고 극복하는 주체화가 이루어졌음을 의미한다.

중국 혁명을 유럽문명에 대한 도전으로 본 일본의 중국 연구자 다케우치 요시미(竹內好)는 '일본의 근대사가 저항 없는 탈(脫)아시아라고 한다면 중국의 근대화는 저항에 의한 아시아화'라고 정의했다.87) 즉, 중국 혁명은 서구식 문명이 역사를 지배해 온 흐름에 대한 '중국의 저항' 또는 '아시아적 혁명전략'이라고 할 수 있다. 그것은 오리엔탈리즘식의 문명/야만이나, 근대화론식 근대/전통론을 적용한 논리로는 해석될 수 없는 것이다. 따라서 중국 혁명의 성공은 '중국 내부에서의 자기 혁신의 시도는 반드시 헛수고로 끝나리라 예측했고, 중국을 변화시키기 위해서는 바깥으로부터의 처방이 필요하다고 생각해 왔던' 오리엔탈리즘적 해석88)이 잘못되었다는 것을 증명해 보인 것이었다. 이렇게

---

84) 모택동, 「한 점의 불꽃도 들판을 태울 수 있다」, 『모택동 선집』 1, 김승일 옮김(범우사, 2001), 135쪽.

85) '후진성의 이점'이란 요즈음에 알려진 '근대 세계에서 경제후진국은 선진공업국의 기술을 빌려옴으로써 발전 속도를 가속화할 수 있는 이점이 있다'는 주장과는 다르다. 이는 후진성 자체에 내재하는 도덕적·사회적 미덕과 혁명적·정치적 이점에 대한 보편적이고 광범위한 신념이다. 모리스 마이스너, 『마오의 중국과 그 이후』, 김수영 옮김(이산, 2004), 281~282쪽.

86) 혁명에서 후진성의 유리한 점을 칭송하는 경향은 1958년 대약진운동을 시작할 때 마오쩌둥이 주장한 중국 인민의 혁명적 미덕인 '빈곤과 백지(一窮二白論)' 개념으로 정식화되었다. ≪紅旗≫(1958.6.1.), pp.3~4; 모리스 마이스너, 같은 책, 282쪽.

87) 다케우치 요시미, 「근대란 무엇인가: 중국의 근대와 일본의 근대」, 『일본과 아시아』.

88) 오리엔탈리즘적 해석이란, 19세기 이후 헤겔 등 서양인들이 일관되게 중국을 '지속하는 제국'의 상을 만들어서, 그 정체성을 강조한 것이며(子安宣邦, 「近代知と中國認識-支

반(反)서양 주체화로서의 오리엔탈리즘의 극복에 성공한 중국의 사회주의 혁명은 나아가 그 해방적 역할과 마오쩌둥식의 '경제적·국제적 자립'이라는 점이 긍정적으로 평가되어 왔다.[89]

그러나 마오주의의 '후진성의 이점'에는 역사를 결정짓는 것으로써의 '주관적 요소'인 도덕적 가치나 의식, 그리고 행동이 지나치게 강조되는 측면이 있다. 예컨대 '후진성의 이점'에 대한 믿음은 중국이 자본주의 체제의 사회적 고통을 거치지 않고 근대 과학과 공업의 과실을 얻을 수 있다는 믿음과도 연결될 수 있다는 점이 지적된다.[90] 또한 중국에서 '주체성 이론'을 설파해 온 리저허우(李澤厚)는 마오쩌둥의 두 가지 중요한 사유의 오류로서 '이데올로기의 맹신'과 '전쟁 경험의 맹신'을 지적했다.[91] 리저허우가 신중국 성립 이후 중국 사회주의 속에 숨어 있는 봉건적 특질을 분석했듯이, 중국에서 자기 파괴적인 문화대혁명이 끝나자 당중앙은 문화대혁명의 정치적 소용돌이를 '계속혁명'이라는 '좌파적 오류'의 결과로 규정하면서도 봉건적 잔재를 철저하게 청산하지 못한 결과로 보았다.[92] 중국 혁명과 그 이후 과정에서 봉건적

---

那學の成立をめぐつて」, 『脱西歐の思想』, 岩波書店, 1994, p.66), 같은 맥락에서 낙후된 경제 상태에서는 사회주의가 불가능하다고 한 마르크스의 주장도 마오쩌둥과 같은 아시아의 혁명가들에게는 마찬가지로 극복의 대상이었다고 할 수 있다.

89) 마크 블레처(Marc Blecher)에 의하면, 중국의 국가사회주의는 농민과 농촌의 발전, 농촌의 공업화, 마오쩌둥 시기까지 지방의 '경제적인 자립'과 '국제적인 자립'을 강조해 왔다는 점에서 소련이나 동유럽의 국가사회주의와 달랐다고 한다. 또한 그는 중국의 대약진이나 문화대혁명은 집단적으로 정신분열을 일으킨 행위가 아니라 진지하고 이성적이며 관련 지도자들과 인민들이 특수한 상황에서 그들의 목표를 달성하기 위해 시도한 결과라는 점을 이해해야 한다고 주장했다. Marc Blecher, *China Against the Tides: Restructuring Through Revolution*, Radicalism and Reform (Cassell, 1997), 전병곤·정환우 옮김, 『반조류의 중국: 현대중국 그 저항과 모색의 역사』(돌베개, 2001), 19쪽, 23쪽.

90) 모리스 마이스너, 『마오의 중국과 그 이후』, 286쪽, 781쪽.

91) 리저허우·류짜이푸, 『고별혁명』, 김태성 옮김(북로드, 2003), 23쪽.

92) "수세기에 걸친 봉건전제의 정치적·사상적 악영향을 절멸시킨다는 것은 결코 손쉬운 일은 아니었다. 여타 여러 가지 역사적인 요인으로 당내에서의 혹은 국가의 정치·사회생

잔재가 청산되지 못한 상황은, '민주의 문제'와도 연관되는 중국 내부에서의 개인적 주체화는 제대로 이루어지지 않았음을 의미하는 것으로 볼 수 있다.

최근 오리엔탈리즘에 대한 새로운 저항의 논리로 '옥시덴탈리즘'이 등장했다. 중국에서 옥시덴탈리즘은 억압의 담론인 동시에 해방의 담론으로 작용하는 측면이 있다.93) 한편으로 옥시덴탈리즘은 '동양에 의해 날조된 서양'으로 여겨진다. 그 대표적인 예는 항상 서양을 공산주의 중국을 식민지화하고 전복하려는 위험한 타자로 간주해 온 중국의 관변 옥시덴탈리즘이 지니는 서양에 대한 편견들이다. 그러나 다른 한편, 서양의 이미지는 중국 지식인들에 의해 지배이데올로기에 저항하는 강력한 무기로 사용되기도 했다. 즉, 자유와 민주로 대표되는 서구적 가치들이 동양적 전제에 대한 해방의 기제로 작동된 측면도 부인할 수 없는 것이다. 이러한 경향은 1919년 5·4 신문화운동에서 1989년 천안문 학생 시위에 이르기까지 중국의 반전통주의적 엘리트 담론에서 흔히 발견된다.94)

중국에서 내적 억압기능을 수행하기 위해서 '날조된 서양'으로서의 옥시덴탈리즘은 오리엔탈리즘을 극복하는 올바른 대안이 될 수 없다. 오리엔탈리즘의 '타자화'를 극복하는 진정한 의미의 주체화는 단지 수동적인 저항만으로는 불충분하며, 불평등한 관계가 아닌 존재의 대등한 관계를 만들고 이를 위한 '공동의 마당'을 만드는 것이기 때문이다. 오리엔탈리즘에 의해 왜곡된 동아시아의 주체성은 회복되어야 하지만 옥시덴탈리즘의 예에서 보듯이 그것이 서양

---

활에서의 민주주의를 제도화시키거나 입법화하지 못했다." 중국공산당 11기 6중전회, 「건국 이래 우리 당의 약간의 역사문제에 관한 결의」, 『현대중국, 단절과 연속』, 홍석표 엮음(선학사, 2005), 95~96쪽.

93) 샤오메이 천, 『옥시덴탈리즘』, 정진배·김정아 옮김(강, 2001), 13쪽.

94) 자유의 여신상이 민주주의의 여신상으로 둔갑했던 1989년 천안문 학생시위가 덩샤오핑 정권의 탄압을 받게 된 것은, 서양의 이미지가 덩샤오핑에 저항하는 정치적 함의로 작용했기 때문이다. 이는 '서양'이 어떻게 중국의 관변 '타자'에 저항하는 문화 이데올로기적 메시지로 사용되는 허구화된 가치체계의 기표가 되어왔는가 하는 전형적인 실례이다. 샤오메이 천, 같은 책, 18~19쪽, 96쪽.

적 가치 중에서 선진적이거나 긍정적인 것, 예컨대 전근대적 전제에 저항하고 민주주의를 진척시키는 것까지 부정해서는 안 될 것이다.


## 4. 맺음말

동아시아에서 오리엔탈리즘의 진정한 극복은 아직 미완의 과정에 있다고 할 수 있다. 그것은 유럽의 근대를 중시하고 동아시아적 관점은 결여된 역사의 식[95]뿐만 아니라 동양 내부의 패권 문제[96]와도 관련된다. 현재 동아시아 담론 에는 일본의 '오리엔탈리즘적 심상지리(心象地理)'가 여전히 질곡으로 작용[97] 하거나, 중국의 패권적 중화주의가 부상되는 문제가 있다. 또한 일본의 오리엔 탈리즘적 아시아 정책이 야기한 역사인식의 분열이 '동아시아 내부의 모순'으 로 존재한다. 이러한 '동아시아 내부의 모순'을 대면하고 그 대안을 마련하기 위해서는, 일본에서 「탈아론」 이래 부정되고 은폐되어 온 오리엔탈리즘의 동양인식이 해체되어야 한다.

일본형 오리엔탈리즘에는 유럽 중심적 문명관에 따른 동양의 '타자화'뿐만 아니라 사회진화론적 세계관에 의한 '힘'의 숭배라 할 수 있는 '국가', '강권', '양육강식' 같은 폭력적 논리가 횡행한다. 오리엔탈리즘의 내면화 과정에서

---

95) 예컨대 일본은 과거 중국이나 한국과 깊은 관계를 갖고 영향을 받았다고 해도, 그러한 과거는 현재적인 의미를 가지지 않는다는 이해에 기반한 역사상을 갖고 있다. 미야지마 히로시, 「근대를 다시 본다: 동아시아의 관점에서」, ≪창작과비평≫(2003년 여름호), 271쪽. 일본뿐만 아니라 한국에서도 아시아라고 하는 틀이 거의 없었다는 지적에 대해서는, 宮嶋博史, 「朝鮮におけるアジア認識の不在」, 石井米雄 編, 『アジアのアイデンデイデイー』(山川出版社, 2000), p.125; 이야나가 노부미, 「비오리엔탈리즘적인 동아시아연구는 가능한가」, 『동아시아 문화와 사상』 9(열화당, 2002), 159쪽 등 참조.
96) 아시아 담론은 서구중심주의와 관련된 문제였을 뿐만 아니라 동양 내부의 패권 문제이기도 했다. 쑨꺼, 『아시아라는 사유공간』, 류준필 외 옮김(창비, 2003), 59쪽.
97) 姜尙中, 「過ぎ去らない'アジア'の心象地理を超えて: 日本の朝鮮觀を中心に」, 『アジアの新世紀』, 1.

전개된 불평등과 지배-복속관계의 정당화, 자발적인 복종을 유도하는 지배이데올로기의 유산 등 동아시아에 오리엔탈리즘이 남긴 잔재와 폐해는 전후에도 계승되고 있다.[98] 따라서 동아시아에서 학문의 주체화는 오리엔탈리즘에 의해 왜곡되고 억압된 '공식역사'를 수정하는 일종의 '대항역사'의 성격을 띠고 전개되어야 한다.

그러나 오리엔탈리즘의 극복과 학문의 주체화를 위한 논리가 또다시 동양과 서양의 이항대립의 구분이거나, 동아시아의 후진성을 변호해서는 안 될 것이다. 유럽 중심적 세계에서 성취한 자산과 가능성을 활용하지 않고는 유럽중심주의의 진정한 극복이 불가능하다는 역설적인 현실에 주목해야 할 것이다.[99] 그런데 지금까지 식민통치에 대한 연구가 친일 아니면 항일이라는 양 극단의 형태로 분석되어 온 것은 문제이다.[100] 때로는 불분명하고 모순과 이중성을 내포하더라도 다양한 형태의 저항과 주체화의 양상들을 제대로 평가하는 연구가 이루어져야 한다.

사실 동아시아에 내면화된 오리엔탈리즘의 정도만큼이나 그 극복의 노력, 즉 주체화 경험과 기억도 각인되어 있다는 점에 주목해야 할 것이다. 이 점에서

---

98) 박노자는 1945년 이후 남겨진 일제시대의 '처세방법' 역시 식민지시대의 왜곡된 '전통'이자 청산되어야 할 대상으로 지적한다. 인생을 '생존경쟁'으로 개념화하는 오늘날의 한국인은 식민지에서 벗어났어도 거시적 의미의 '식민성'을 벗어버리지 못했다는 것이다. 박노자, 『우승열패의 신화: 사회진화론과 한국민족주의 담론의 역사』(한겨레신문사, 2005), 24쪽.

99) 유재건, 「세계사 다시 읽기와 유럽중심주의」, 《창작과비평》(2003년 겨울호), 336쪽.

100) 예컨대 일제 강점기에 대한 역사 서술은 주로 억압과 회유, 수탈과 통제, 그리고 그에 따른 고통과 희생을 밝히는 데 초점을 맞추어 왔다. 그러나 그것이 지나칠 경우 일제시대 한국인을 우리 역사의 주역이 아니라 식민통치의 대상이라는 수동적인 존재로 만드는 역설적인 결과를 초래할 수 있다. 또한 운동사를 제외하면, 일제시대사 서술에서 압도적인 비중을 차지하는 것은 무단정치, 문화정치, 전시 총동원 체제 등 통치기구와 제도 및 식민정책에 대한 분석이 대부분이다. 반면 일제가 시행한 정책과 제도가 한국인의 일상의 삶에 미친 영향이나, 한국인의 반응과 대응 방식은 공백으로 남아 있다. 안병직, 『세계의 과거청산』(푸른역사, 2005), 406~407쪽.

주체화는 오리엔탈리즘에 의해 억압된 기억의 회복이라는 형태로 나타난다. 이런 의미에서 주체화는 새로운 '기억 만들기'라고도 할 수 있다. 이미 어느 정도 진행되어 온 오리엔탈리즘 극복과 주체화의 사례들은 본문에서 언급한 다양한 형태의 저항들, 즉 보수주의와 배외주의에서 합리적 온건주의, 자문화의 중요성을 강조하는 민족주의, 우승열패의 사회진화론에 대한 극복, 급진적 사회주의 혁명이론 등 여러 부분에서 발견할 수 있다.

나아가 오리엔탈리즘과 동아시아의 소외 극복은 타자화에서 주체화로의 길임과 동시에, 자기 속의 타자(동아시아)와 타자 속의 자기를 돌아보는 '성찰적 주체화'[101]로 나아가는 길이어야 한다. 아시아를 '야만'으로 규정하고 자국의 문명을 강제로 이식한 서양과 달리, 식민화의 시련을 겪었지만 자신의 문화를 밑바닥에서부터 다시 검토하고, 그 위에 자발적인 연대와 저항의 힘을 생산해 온 동아시아의 역사적 경험으로부터 우리는 '타자'를 왜곡하지 않는 주체화의 추동력을 찾아내어 발전시켜야 한다. 이로부터 제국주의적 오리엔탈리즘으로 왜곡된 '동양', '동아'와 결별하고 새로운 '동아시아'를 만들어나갈 수 있을 것이다.

---

101) 백영서, 「20세기형 동아시아문명과 국민국가를 넘어서」, 『동아시아의 귀환』, 35쪽.

# 참고문헌

강상중. 1997. 『오리엔탈리즘을 넘어서』. 이경덕·임성모 옮김. 이산.

강정인. 2004. 『서구중심주의를 넘어서』. 아카넷.

김경일. 2005. 「대동아공영권의 '이념'과 아시아의 정체성」. 『동아시아의 지역질서: 제국
　　을 넘어 공동체로』. 창비.

김경일·강창일. 2000. 「동아시아에서 아시아주의: 1870~1945년의 일본을 중심으로」.
　　≪역사연구≫, 8집.

다케우치 요시미(竹內好). 2004. 『일본과 아시아』. 서광적·백지운 옮김. 소명출판.

딜릭, 아리프(Arif Dirlik). 1995. 「아시아 태평양권이란 개념」. 정문길 외 엮음. 『동아시아,
　　문제와 시각』. 문학과지성사.

＿＿＿＿. 2000. 「역사와 대립되는 문화인가?: 동아시아 정체성의 정치학」. 정문길 외 엮음.
　　『발견으로서의 아시아』. 문학과지성사.

리저허우(李澤厚)·류짜이푸(劉再復). 2003. 『고별혁명』. 김태성 옮김. 북로드.

마루야마 마사오(丸山眞男). 1997. 『현대정치의 사상과 행동』. 김석근 옮김. 한길사.

마오쩌둥(毛澤東). 2001. 『모택동 선집』. 김승일 옮김. 범우사.

미야지마 히로시(宮嶋博史). 2003. 「근대를 다시 본다: 동아시아의 관점에서」. ≪창작과비
　　평≫(여름호).

민두기. 1973. 「梁啓超 초기 사상의 구조적 이해: 근년의 제연구를 중심으로」. 『중국근대사
　　연구: 신사층의 사상과 행동』. 일조각.

박노자. 2003. 『하얀 가면의 제국: 오리엔탈리즘, 서구 중심의 역사를 넘어』. 한겨레신문사.

＿＿＿＿. 2005. 『우승열패의 신화: 사회진화론과 한국민족주의 담론의 역사』. 한겨레신문사.

박성래. 1982. 「중국에서의 진화론: 양계초의 경우를 중심으로」. ≪한국과학사학회지≫,
　　4권 2호.

박성진. 2003. 『사회진화론과 식민지 사회사상』. 선인.

박지향. 2003. 『일그러진 근대: 100년 전 영국이 평가한 한국과 일본의 근대성』. 푸른역사.

박창호. 2004. 「스펜서의 사회진화론과 오리엔탈리즘」. ≪담론 201≫, 6권 2호.

박희. 2004. 「'세계'와 '타자': 오리엔탈리즘의 계보」. ≪담론 201≫, 5권 1호.

배경한. 1996. 「孫文의 '대아시아주의'와 韓國」. ≪부산사학≫, 30. 부산경남사학회.

＿＿＿＿. 2004. 「중일전쟁시기 중국에서의 동아연맹운동과 왕정위 정권」. ≪중국현대사연
　　구≫, 21권.

백영서. 1997. 「진정한 동아시아의 거처: 20세기 한중일의 인식」. 최원식·백영서 엮음.
　　『동아시아인의 '동양' 인식: 19-20세기』. 문학과지성사.

＿＿＿＿. 2000. 「중국에 '아시아'가 있는가?: 한국인의 시각」. 『동아시아의 귀환: 중국의

　　근대성을 묻는다』. 창작과비평사.

_____. 2004. 「동아시아의 근대화와 사회문화 변동」. ≪동아연구≫, 46권.

샤오메이 천(Xiaomei Chen). 2001.『옥시덴탈리즘』. 정진배·김정아 옮김. 강.

성민엽. 1999. 「같은 것과 다른 것: 방법으로서의 아시아」. 정재서 편저.『동아시아 연구,
　　글쓰기에서 담론까지』. 살림.

스테판 다나카(Stefan Tanaka). 2004.『일본 동양학의 구조』. 박영재·함동주 옮김. 문학과
　　지성사.

신승하. 1998. 「전통사상과 서구사상의 충돌: 서구 사상의 전래에 따른 논전을 중심으로」.
　　『20세기의 중국』. 서울대학교출판부.

신연재. 2002. 「동아시아 3국의 근대사상 형성과 서양문명의 수용: 그 상이성 분석을
　　중심으로」. ≪사회과학논집≫, 제12권. 울산대학교.

쑨꺼(孫歌). 2003.『아시아라는 사유공간』. 류준필 외 옮김. 창비.

안병직 외. 2005.『세계의 과거사 청산』. 푸른역사.

야마무로 신이치(山實信一). 2005. 「일본의 아시아주의와 아시아 學知」. ≪대동문화연구≫,
　　제50집.

양니엔췬(楊念群). 2005. 「'동아시아'란 무엇인가?: 근대 이후 한중일 '아시아' 想像의
　　차이와 그 결과」. ≪대동문화연구≫, 50권.

연세대학교 국학연구원 엮음. 2004.『서구문화의 수용과 근대개혁』. 태학사.

왕샤오치우(王曉秋). 2002.『근대 중국과 일본: 타산지석의 역사』. 신승하 옮김. 고려대학교
　　출판부.

왕후이(汪暉). 2003.『새로운 아시아를 상상한다』. 이욱연 옮김. 창비.

유길준. 2003.『서유견문』. 명문당.

유재건. 2003. 「세계사 다시 읽기와 유럽중심주의」. ≪창작과비평≫(겨울호).

윤휘탁. 2005.3. 「'동아시아 근현대사상 만들기'의 가능성 모색: 한중일 역사교과서의
　　근현대사 인식 비교」. ≪중국근현대사연구≫, 25집.

이병인. 2000. 「中國 中心의 普遍性, 西歐 中心의 特殊性: 1930년대의 문화논쟁을 중심으
　　로」. ≪중국현대사연구≫ 제9집.

이승환. 2002. 「한국 및 동양에서 '사회진화론'의 수용과 기능」. 중국철학회 엮음. ≪중국
　　철학≫, 9권.

이야나가 노부미(彌永信美). 2002. 「비오리엔탈리즘적인 동아시아 연구는 가능한가」.『동
　　아시아 문화와 사상』9. 열화당.

이욱연. 2000. 「동아시아론의 지형학」. ≪철학과현실≫, 45.

이혜경. 2002.『천하관과 근대화론: 양계초를 중심으로』. 문학과지성사.

장인성. 1998. 「自己로서의 아시아, 他者로서의 아시아」. ≪新亞細亞≫(겨울호).

_____. 2002. 「'인종'과 '민족' 사이: 동아시아 연대론의 지역적 정체성과 '인종'」. ≪국제 정치논총≫, 제40집 4호.

_____. 2002. 「동아시아의 문명과 국제사회: 구성원리와 존재방식」. ≪한국정치외교논 총≫, 제24집 2호.

장현근. 1999. 「서구의 충격과 근대 중국의 정치사상: 梁啓超의 '立憲君主論'과 孫文의 '革命共和論'을 중심으로」. ≪인문사회과학연구≫, 3. 용인대학교.

전복희. 1996. 『사회진화론과 국가사상: 구한말을 중심으로』. 한울.

정문길 외 엮음. 2000. 『발견으로서의 아시아』. 문학과지성사.

정문상. 2004. 「19세기 말~20세기 초 '개화지식인'의 동아시아 지역 연대론」. ≪아시아문 화연구≫, 제8집.

정용화. 2004. 「한국인의 근대적 자아 형성과 오리엔탈리즘」. ≪정치사상연구≫, 제10집 1호.

정재서 편저. 1999. 『동아시아 연구, 글쓰기에서 담론까지』. 살림.

정진농. 2003. 『오리엔탈리즘의 역사』. 살림.

조경란. 1996. 「중국에서 사회진화론 수용과 극복」. ≪역사비평≫(봄호).

_____. 2003. 『중국 근현대 사상의 탐색: 캉유웨이에서 등소평까지』. 삼인.

조성환·김용직. 2002. 「문명과 연대로서의 동아시아」. ≪대한정치학회보≫, 9권 2호.

천성림. 2002. 『중국근대 사상세계의 한 흐름』. 신서원.

최원식·백영서 엮음. 1997. 『동아시아인의 '동양' 인식: 19-20세기』. 문학과지성사.

하세봉. 1999. 「한국학계의 동아시아 만들기」. ≪釜大史學≫, 제23집.

_____. 2000. 「패전 후 일본의 아시아적 시각을 읽는다」. 『동아시아 역사학의 생산과 유통』. 아세아문화사.

홍석표. 2005. 『현대중국, 단절과 연속』. 선학사.

황동연. 2005. 「20세기 초 동아시아 급진주의와 '아시아' 개념」. ≪대동문화연구≫, 50권.


李明. 1988. 「日本的'中國論'的檢證: 一九二O～三O年代的中國非國論」. ≪社會科學研 究≫, 9-2. 中京大學.

梁啓超. 1996. 「新大陸遊記節錄」. 『飮冰室合集』 7. 中華書局.


姜尙中. 1994. 「オリエンタリズムの射程」. 『脱西歐の思想』. 岩波書店.

_____. 2002. 「過ぎ去らない'アジア'の心象地理を超えて: 日本の朝鮮觀を中心に」. 『アジ アの新世紀』 1. 岩波書店.

駒井 洋 編著. 1998. 『脱オリエンタリズムとしての社會知』. ミネルヴァ書房.

吉澤誠一郎. 2003. 『愛國主義の創成: ナショナリズムから近代中國をみる』. 岩波書店.

奈須惠子. 1992.「中等教育における[東洋史]概念の展開」.《教育學研究》, 59-4.

利谷信義. 1970.「'東亞新秩序'と'大アジア主義'の交錯: 汪政權の成立とその思想的背景」.
　　　『日本法とアジア』. 勁草書房.

茂木敏夫. 1995.「清末における'中國'の創出と日本」.『中國: 社會と文化』 10.

福澤諭吉. 1885.「脱亞論」.《時事新報》.

上垣外憲一. 1996.『ある明治人の朝鮮觀』. 筑摩書房.

石井米雄 編. 2000.『アジアのアイデンテイテイー』. 山川出版社.

嚴安生. 1991.『日本留學精神史: 近代中國知識人の軌跡』. 岩波書店. 한영혜 옮김. 2005.
　　　『神山을 찾아 동쪽으로 향하네: 근대 중국 지식인의 일본 유학』. 일조각.

子安宣邦. 1994.「近代知と中國認識: 支那學の成立をめぐつて」.『脱西歐の思想』. 岩波書店.

_____. 1996.『近代知のアケオロジ: 國家と戰爭と知識人』. 岩波書店.

_____. 2003.『アジア'はどう語られてきたか: 近代日本のオリエンタリズム』. 藤原書房.

張玉法. 1993.「孫中山の歐美經驗の中國革命にたいする影響」. 孫文研究會 編.『孫文とア
　　　ジア』. 汲古書店.

趙軍. 1997.『大アジア主義と中國』. 亞紀書房.

佐藤愼一. 1990.6.「天演論以前の進化論: 清末知識人の歷史意識をめぐつて」.《思想》,
　　　792.

中村哲 編著. 2004.『東アジアの歷史敎科書はどう書かれているか』. 日本評論社.

中村哲. 2003.「世界史をどう促えるか: 東アジア史の觀點から」.《唯物論と現代》, 31.

中村則弘. 2005.『脱オリエンタリズムと日本における內發的發展』. 東京經濟情報出版.

坂元ひろ子. 1994.「歐米の中國認識」.『脱西歐の思想』. 岩波書店.

_____. 2004.『中國民族主義の神話: 人種 身體 ジェンダ』. 岩波書店.

夾間直樹. 2001.「中國近代における帝國主義と國民國家: 日本のアジア主義との關連にお
　　　いて」.『西洋近代文明と中華世界』. 京都大學學術出版會.

黃東蘭. 2005.3.「清末民國期地理敎科書の空間表象: 領土, 疆域, 國恥」.《中國研究月報》.


Blecher, Marc. 1997. *China Against the Tides: Restructuring Through Revolution, Radicalism and Reform*. Cassell. 전병곤·정환우 옮김. 2001.『반조류의 중국: 현대중국 그 저항과 모색의 역사』. 돌베개.

Cohen, Paul A. 1984. *Discovering History in China*. Columbia University Press. 이남희 옮김. 2003.『학문의 제국주의: 오리엔탈리즘과 중국사』. 산해.

Dirlik, Arif. 1990. "THe Asian-Pacific Idea: Reality and Representation in the Invention of a Regional Structure." *Journal of World History*, Vol.3, No.1(Spring). 1993. 《창작과비평》(봄호)

Frank, Andre G. 1998. *Re Orient: Global Economy in the Asian Age*. University of California Press. 이희재 옮김. 2003. 『리오리엔트』. 이산.

Meisner, Maurice. 1986. *Mao's China and After*. Simon & Schuster. 김수영 옮김. 2004. 『마오의 중국과 그 이후』. 이산.

Pusey, James Reeve. 1983. *China and Charles Darwin*. Harvard University Press.

Said, Edward. 1978. *Orientalism*. Vintage Books. 박홍규 옮김. 1991. 『오리엔탈리즘』. 교보문고.

Tang, Xiaobing. 1996. *Global Space and the Nationalist Discourse of Modernity: The Historical Thinking of Liang Qichao*. Stanford University Press.

# 제5장

# 남아프리카의 노마드적 주체와 탈근대 지식

장시기 | 동국대학교 영어영문학부 교수

## 1. 탈근대의 시선으로 근대를 되돌아보기

남아프리카에는 아주 특별한 지식인들이 존재한다. 1991년 노벨문학상을 수상한 나딘 고디머(Nadine Gordimer)의 『거짓의 날들(Lying Days)』에 고디머의 자전적인 젊은 날의 모습으로 등장하는 헬렌 쇼우(Helen Shaw)나 『말기 부르주 아의 세계(The Late Bourgeois World)』에 등장하는 엘리자베스 반 덴 상트(Eliza- beth Van Den Sandt),[1] 2003년 노벨문학상을 탄 존 쿳시(John M. Coetzee)의 『야만인을 기다리며(Waiting for the Barbarians)』에서 그 어느 곳에도 정착하지 못하고 야만인을 기다리는 변경의 늙은 지방판사나 『추락(Disgrace)』에서 스스 로 교수직에서 물러나는 50대 영문과 교수 데이빗 루리(David Lury),[2] 그리고 '아파르트헤이트(Apartheid)'의 폐지와 흑인 정부의 등장에 가장 많은 기여를

---

[1] Robert Green, "The Novels of Nadine Gordimer," Michael Chapman, Colin Gardner and Es'Kia Mphahlele(ed.), *South African English Literature* (Parklands: Ad. Donker Publisher, 1992), pp.272~292.

[2] Peter Strauss, "J. M. Coetzee," 같은 책, pp.378~402. 그리고 『추락』에 대한 논의는 Michiel Heyns, "Call No Man Happy: Pervisity as Narrative Principle in Disgrace" in *English Studies in Africa*, Vol.45, No.1(2002), pp.57~65 참조.

한 앙드레 브링크(Andre Brink)의 『잊기 전에(Before I Forget)』에 등장하여 근대의 과거를 회상하는 노(老)소설가 크리스 헤지스(Chris Hedges)[3]가 바로 그 특별한 지식인들이다. 그러나 남아프리카에서 이들은 단지 소설 속의 주인공들만이 아니다. 이들은 지금도 케이프타운이나 요하네스버그와 같은 대도시뿐만 아니라 남아프리카 전역에서 쉽게 만날 수 있다. 이들 지식인들의 특성은 근대성의 필수적 요소라고 할 수 있는 국가(nation), 종족(race), 성(gender)의 구별이 없으며, 근대적인 사회적 규범이나 도덕적 가치에서 벗어나 자신의 내면에서 우러나오는 욕망에 따라 행동하고 사고한다는 점이다.

남아프리카에서 이들 지식인들과 가장 유사한 현실적인 인물이 막스 두 프레즈(Max du Preez)[4]이다. 1951년에 출생한 두 프레즈는 1948년부터 1994년까지 인종차별의 아파르트헤이트를 토대로 남아프리카 공화국을 지배한 네덜란드계 백인(보어 또는 아프리카너, Boer or Afrikaner) 출신으로 아프리카안스(Afrikaans)어 신문사의 정치부 기자였다. 그러나 그는 국가나 가족뿐만 아니라 근대적 의미에서 같은 종족인 아프리카너들에게 '반역자'라는 소리를 들었다. 그는 1988년 남아프리카에서 아파르트헤이트에 반대하는 유일한 아프리카안스어 신문인 ≪브라이 위크블라드(Vrye Weekblad)≫(Free or Independent Weekly Journal)를 창설했고, 뛰어난 필력과 죽음을 무릅쓴 기자정신으로 권력의 핵심에 있는 백인 독재정권의 폐부를 드러내었다. 권력의 음모에 의해 ≪브라이 위크블라드≫가 폐간된 1994년 이후에는 데스몬드 투투(Desmond Tutu) 주교가 주도했던 '진실과 화해 위원회(Truth and Reconciliation Commission)'의 <특별 보고>와 <특별 과제>라는 시사토론회 프로그램을 주관한

---

3) Andre Brink, *Before I Forget* (London: Vintage, 2005).

4) 두 프레즈는 '탁월한 젊은 남아프리카인 상(The Outstanding young South African Award by the Chamber of Commerce)', 남아프리카 기자 연합회에서 제공하는 '프링글 상(The Pringle Award)', 미국 하버드 대학교의 니만 펠로우스(Nieman Fellows) 재단에서 수여하는 '루이스 M 라이온스 상(The Louis M Lyons Award)', 그리고 케이프타운 대학교에서 명예학위를 수여받을 정도로 남아프리카의 대중적인 지식인이다. 이에 대해선 http://www.zebrapress.co.za 참조.

남아프리카 SABC 방송국의 프로그래머와 진행자로 활동했다. 그러나 1999년에 수십 년 동안의 해방투쟁과 넬슨 만델라(Nelson Mandela)의 대통령 당선으로 권력을 잡은 아프리카 민족회의(ANC: African National Congress)와 결탁한 SABC 방송국의 흑인 권력투쟁에 의해 쫓겨나 현재는 자유기고가로 활동하고 있다.

삶과 죽음의 경계선을 수없이 넘나들며 아프리카너 백인들에게는 '매국노'라는 소리를 듣고, 새롭게 권력을 획득한 흑인이나 유색인들에게는 '새로운 인종차별주의자'라는 소리를 들으며, 또한 동료 아프리카너 기자들에게는 '미친 막스(Mad Max)'라는 소리를 들었던 두 프레즈는 단순한 저널리스트가 아니다. 그는 남아프리카의 근대화 과정에서 만들어진 아파르트헤이트 같은 근대적 폐해들을 해결하기 위해 나미비아와 모잠비크 등 백인/흑인의 인종적 대립이 극심한 아프리카 국가들뿐만 아니라 개신교/가톨릭의 종교적 대립이 있는 아일랜드, 그리고 자유주의/사회주의(공산주의)의 이데올로기적 대립이 첨예했던 통일 이전의 동·서 베를린을 방문하여 해결책을 모색하기도 한 행동하며 사색하는 지식인이었다. 그러나 그의 발견은 남아프리카의 근대화 과정에서 만들어진 아파르트헤이트의 폐해를 해결할 수 있는 모델이 다른 곳에 있는 것이 아니라, 모든 지역의 근대적인 대립과 갈등을 해결할 수 있는 총체적인 모델이 남아프리카이며, 그 총체적인 모델의 현실적 발현이 바로 '아파르트헤이트'라는 것이었다. 아파르트헤이트는 근대적 의미의 문명/야만이라는 이분법을 토대로 한, 백인/흑인이라는 종족적 대립, 개신교/아프리카 원시신앙이라는 종교적 대립, 그리고 자유주의/사회주의(공산주의)라는 이데올로기적 대립의 총체였다.

두 프레즈는 '반역자 기자의 기억들'이라는 부제가 달린 『창백한 원주민(Pale Native)』5)이라는 자전적 삶의 역정을 기록한 저서를 통해 남아프리카의 근대화와 탈근대화의 과정에서 권력이나 개인적인 이익에서 벗어나 올바른

---

5) Max du Preez, *Pale Native* (Cape Town: Zebra Press, 2003).

삶을 살고자 했던 지식인의 변화과정을 서술하고, 이러한 변화과정을 토대로 『전사, 연인, 그리고 예언가의 이야기(Of Warriors, Lovers and Prophets)』[6]라는 새로운 남아프리카 역사서를 저술했다. 그러나 '창백한 원주민'이라고 일컬어지는 두 프레즈의 삶에 대한 고백과 남아프리카의 어떤 교과서에도 등장하지 않는 남아프리카 역사 속의 '전사, 연인, 그리고 예언가'들에 대한 이야기는 이 텍스트를 읽는 독자들에 따라서 '반역자', '매국노', '새로운 인종차별주의자', 혹은 '미친 막스'로 보일 수도 있고, 또는 만델라가 지칭한 것처럼 '모든 이들의 뛰어난 본보기(an outstanding example to all of you)'이거나 진정한 지식인으로 보일 수도 있다. 따라서 문제는 남아프리카 공화국의 현실과 역사뿐만 아니라 많은 동시대의 남아프리카 백인들에 의해 해석되어 온 근대적 역사에 대항하여 남아프리카의 새로운 탈근대의 역사를 만들고 있는 두 프레즈를 우리가 어떻게 읽어야 하는가이다.

『역사의 이론(A Theory of History)』에서 시작하여 『파편들로 이루어진 역사철학(A Philosophy of History in Fragments)』과 『근대성의 이론(A Theory of Modernity)』으로 근대성 연구의 3부작을 완성시킨 아그네스 헬러(Agnes Heller)는 근대성을 바라보는 오늘날의 '포스트모더니티(postmodernity)'를 두 가지 개념으로 설명하고 있다. 하나는 "모든 것은 상대적이고, 진실은 존재하지 않으며, 모든 문화는 상호 동등하다"라는 "전혀 사색되지 않은" 일반적인 개념이고, 다른 하나는 "자기 반성적이며, 끊임없이 자기 자신에 대해 질문을 하"는 "사색적인" 개념이다.[7] 물론 "사색되지 않은" 포스트모더니티의 개념이나 "사색적인" 개념은 모두 근대의 서구, 백인, 남성 중심의 '거대 서사(grand narrative)'가 깨어지는 과정의 산물이라는 측면에서 근대적 지식의 모태가 되는 계몽주의 지식의 소산이라고 할 수도 있다. 그러나 오늘날 존재하고 있는 이 두 가지 포스트모더니티는 역사를 '연대기적 이야기(historish story)'로

---

6) Max du Preez, *Of Warriors, Lovers and Prophets* (Cape Town: Zebra Press, 2004)

7) Agnes Heller, *A Theory of Modernity* (Malden: Blackwell Publishers, 1999), pp.2~3.

보느냐, 아니면 '사건적인 서술(geschichtlich narrative)'로 보느냐에 따라서 근대
적 포스트모더니티와 탈근대적 포스트모더니티로 구분할 수 있다.8)

위와 같은 헬러의 포스트모더니티의 이중성에 대한 언급은 프레드릭 제임슨
(Fredric Jameson)의 근대에 대한 역사적 구분과 유사하다. 제임슨은 서구, 백인,
남성에 의해 형성되어 전 세계로 확산된 '근대성(modernity)'의 역사적 기간을
'초기 근대(the early modern)', '핵심 근대(the high modern)', 그리고 '후기 근대
(the late modern)'로 구분한다. 그러나 역사 이론가들에 따라서 흔히 유럽이나
미국에서 1945년 이후 혹은 1960년대 이후로 이야기되고 있는 후기 근대를,
제임슨은 후기 자본주의의 시장논리를 지배하는 이데올로기의 문화적 현상으
로 드러나는 포스트모더니티와 근대적 과거와 구별되는 새로운 영화와 소설을
지배하는 지식의 논리로 드러나는 포스트모더니티가 혼재하는 시기로 본다.9)
제임슨이 이야기하는 이데올로기의 문화적 현상으로 드러나는 포스트모더니
티는 헬러가 이야기하는 전혀 사색되지 않은 일반적인 개념의 포스트모더니티
이고, 새로운 지식의 논리로 드러나는 포스트모더니티는 사색적인 개념의
포스트모더니티라고 할 수 있다. 따라서 헬러와 마찬가지로 제임슨도 지식의
논리로 드러나는 포스트모더니티는, 마치 '신이 존재하느냐, 혹은 존재하지
않느냐'에 대한 논의가 항상 신학이나 종교의 울타리에서 벗어날 수 없는
것과 마찬가지로 '주체의 존재'에 대한 긍정과 부정은 서구적 근대의 정신/몸,
사회/개인, 남성/여성, 서구/비서구, 그리고 인간/자연이라는 이분법의 울타리
에서 벗어날 수 없다는 점을 간파하여, 근원적으로 '주체(나)란 무엇인가'라는
데카르트적 코기토가 형성한 '언어의 감옥'이자 근대적 주체인 서구, 백인,
남성 중심주의가 형성한 '근대적 주체의 감옥'에서 벗어나는 지식의 논리를
형성하는 작업이라고 이야기한다.10)

---

8) 같은 책, p.2.

9) Fredric Jameson, "Postmodernism, or the Cultural Logic of Late Capitalism" in *New Left Review*, 146(July~August, 1984), pp.55~57.

10) Fredric Jameson, *The Prison-House of Language* (Princeton: Princeton University Press,

헬러가 "전혀 사색되지 않은" 포스트모더니티라고 부르고 제임슨이 "후기 근대 자본주의의 문화 이데올로기"라고 부르는 포스트모더니티를 근대의 연속이라는 측면에서 '후기(혹은 말기) 근대성'이라고 본다면, 헬러가 "사색적인" 포스트모더니티라고 부르고 제임슨이 "근대적 주체의 감옥에서 벗어나는 지식의 논리"라고 부르는 포스트모더니티를 서구, 백인, 남성 중심주의가 작동하는 근대와의 단절이라는 측면에서 '탈근대성'이라고 부를 수 있다. 탈근대성은 제임슨이 '근대적 주체의 감옥'이라고 부르는 국가, 인종, 성 중심의 근대적 주체들이 지니는 근대적 정체성을 의심하면서 새로운 탈근대적 정체성을 찾는 작업이라고 할 수 있다. 이러한 작업은 근본적으로 "정체성은 고정되어 있는 정체성이 아니라 시간적이거나 공간적인 차이와 차이화의 과정을 통한 동질성을 의미한다"[11)는 것을 전제로 한다. 따라서 어떤 개인이나 집단의 시간적이고 공간적인 정체성은 그 개인이나 집단의 삶이 지니는 지리학이고 그것에 대한 서술이다. 이런 측면에서 헬러가 제시하는 고갱의 타히티 그림이 지니고 있는 '우리는 어디에서 왔고, 우리는 무엇이며, 그리고 우리는 어디로 가고 있는가'[12)라는 유명한 질문들은 사색적이고 근대적 주체의 감옥에서 벗어나기 위한 탈근대성이 지녀야만 하는 가장 근본적인 '역사의식'이라고 하겠다.

두 프레즈는 헬러가 제시하는 것처럼 그의 삶의 역정을 서술한 『창백한 원주민』에서 끊임없이 '우리는 어디에서 왔고, 우리는 무엇이며, 그리고 우리는 어디로 가고 있는가'를 스스로 묻고 답한다. 그리고 그러한 질문과 대답의 결과로 그는 『전사, 연인, 그리고 예언가의 이야기』를 통해 남아프리카의 근대사를 탈근대사로 바꾸는 역사 다시쓰기를 시도한다. 그의 남아프리카 역사 다시쓰기는 "근대주의자들이 과거의 역사적 회상이나 무한한 미래의 기획 또는 투사를 통해 현재의 문제를 주변화하는" 것과는 달리 "절대적인 현재시제로 (과거와 미래를) 사유하는 것"[13)이다. 따라서 두 프레즈는 헬러가 서구

---

1972), pp.3~5.

11) Agnes Heller, *A Theory of Modernity*, p.2.

12) 같은 책, p.5.

18세기적 근대의 전형이라고 이야기하는 헤겔적인 전통의 자유주의나 19세기적 근대의 전형이라고 이야기하는 마르크스적인 전통의 사회주의라는 '근대주의의 두 가지 대안적인 정신적 행로'에서 벗어나 있을 뿐만 아니라 사색되지 않은 포스트모더니티의 전형이라고 할 수 있는 근대의 종교적 '근본주의(fundamentalism)'에서도 벗어나 있다.[14] 두 프레즈는 '우리는 어디에서 왔는가'라는 인류 전체의 '하나의 역사'적 보편성을 사색하고, '우리는 무엇인가'라는 인간이라는 종의 철학적 개념을 사유하며, '우리는 어디로 가고 있는가'라는 '현재의 미래'를 고민한다. 이러한 그의 사색과 고민이 대부분의 근대적 지식인들처럼 단순한 지적 유희로 끝나지 않고 남아프리카의 현실 속에서 끊임없이 드러나는 그의 삶의 실천으로 지속되었다는 점에서, 그의 삶과 지식의 형성과정을 살펴보는 것은 또 다른 근대와 탈근대의 와중에 살고 있는 우리들에게 근대성과 탈근대성에 대한 통찰력을 제공할 것이다.


## 2. 남아프리카 역사의 '사건적인 서술'과 노마드적 주체

두 프레즈가 근대적인 삶과 사유의 방식에서 벗어나 탈근대적인 삶과 사유로 전환하게 된 동기는 두 가지 사건 때문이었다. 하나는 남아프리카 공화국

---

13) 같은 책, p.7.

14) 헬러는 아리스토텔레스가 그의 『정치학』에서 "잘 자란 아시아인들보다 아무런 교양이 없는 유럽인들이 더 자유에 대한 사랑을 발전시켰다"라고 말하는 것처럼, 헤겔이 "아무런 전제가 없는 (서구, 백인, 남성 중심주의의) 거대 서사(the grand narrative without presupposition)"를 만들었다는 점에서 18세기 근대 초기의 사상을 반영하고, 마르크스가 19세기 핵심 근대의 "진보의 시대가 지니는 거대한 환상들을 헤겔이나 막스 베버보다 그의 책들에 더 많이 반영하고 있다"는 점에서 "전형적인 19세기의 자식"이라고 부른다. 이러한 측면에서 막스 베버는 사색되지 않은 포스트모더니티라고 할 수 있는, 이미 근대화의 식민주의와 제국주의의 과정을 통해 고정된 서구, 백인, 남성 중심주의의 근대 자본주의 문화를 근원적인 것으로 사유하는 20세기 근본주의의 산물이다. Agnes Heller, 같은 책, pp.12~18.

내부에서 일어난 국내적 사건이고, 다른 하나는 남아프리카 공화국과 인접하고 있는 나미비아 공화국에서 일어난 국제적 사건이었다. 두 프레즈는 이 두 개의 사건을 단순히 근대의 연대기적 이야기로 서술하지 않는다. 마치 시인이나 소설가처럼 그는 이 두 개의 사건들과 만나면서 자신의 과거와 현재뿐만 아니라 자신이 속하고 있는 남아프리카와 세계의 과거와 현재를 재구성한다. 이러한 현재적 역사의 사건적인 서술은 국가를 토대로 한 지역, 종족, 성의 고정된 주체가 아닌, 사건이 만드는 만남의 관계에 따라서 지역, 종족, 성의 주체를 끊임없이 전환하는 노마드적 주체가 되어야만 가능하다.

두 프레즈가 이야기하는 첫 번째 사건인 1976년 6월, 요하네스버그 교외에 있는 흑인 거주지역인 '소웨토(Soweto) 민중봉기'[15]는 단순히 중·고등학교 학생들의 아프리카안스어 교육에 반대하는 데모와 파업이었다. 아프리카안스어 신문, ≪블리드(Bleed)≫의 기자로 소웨토 지역으로 간 두 프레즈는 스스로 데모대의 선봉에 서서 경찰이 쏘는 총을 맞고 죽음을 선택하는 열네 살의 어린 소년을 보면서, 남아프리카 공화국의 흑인들이 지니고 있는 "절대적인 희망의 부재가 어린 소년을 그런 식으로 행동하도록 만들었다"는 것을 자각하게 된다.

그가 폭동에서 살해되지 않았다면, 이 소년은 무엇이 되었을까? 그가 현실적으로 진압이 되어 아파르트헤이트 사회 속에서 복종적인 흑인, 즉 광산 노동자이거나 아니면 아마도 정원사로 정착할 수 있다는 것은 도저히 내가 생각할

---

15) 소웨토 민중봉기 연구자들은 1976년의 봉기 기간 동안 1,000명 이상이 살해되었고, 5,000명 이상이 부상당했다고 이야기한다. 당시 백인 정부의 경찰은 1976년 6월 16일에 백인 2명과 흑인 21명이 죽고, 경찰관 11명을 포함한 1,005명이 부상당했다고 발표했다. 그해 7월 21일, 당시의 내무부 장관이었던 지미 크루거(Jimmy Kruger)는 봉기의 최초 5일 동안 130명이 죽었고, 1,118명이 부상당했다고 의회에 보고했다. 그러나 "전쟁터에서 사상자와 부상자는 빨리 제거하는 반투족의 오랜 관습" 때문에 '소웨토 민중봉기'의 정확한 사상자와 부상자의 숫자는 계산하기 어렵다고 한다. Max du Preez, *Pale Native*, p.72.

수 있는 것이 아니었다. 이러한 것들은 젊은 아프리카너 기자를 불안하게 하는 생각들이었다. 내 인생에서 최초로, 나는 나의 사회 속에 근본적으로 잘못된 그 무엇인가가 있다는 것, 이 사회는 철저하게 변해야만 할 것이라는 것, 그리고 그 변화는 곧 들이닥칠 것이라는 사실을 충분히 인식하게 되었다.[16]

두 프레즈가 '소년의 죽음'에서 발견한 것은 남아프리카에서 거의 300여 년 동안 지속된 아파르트헤이트 사회가 더 이상 불가능하다는 인식이고, 또한 남아프리카 "사회 속에 근본적으로 잘못된 그 무엇"은 바로 아파르트헤이트의 삶과 사유의 방식이며, 따라서 "철저하게 변해야만 할 것"은 17~18세기에 시작된 서구의 근대화 과정이 만든 서구 국가/비서구 국가, 백인/유색인, 남성/여성의 근본적인 차별의 삶과 사유에서 벗어나 이것을 동일한 삶과 사유의 지평에서 바라보는 것이다. 두 프레즈는 소웨토 봉기의 흑인들이 가장 싫어하는 사람들이 바로 '백인 아프리카너 남성들(white Afrikaner males)'이라는 사실을 간파하고 자신이 바로 '백인 아프리카너 남성'[17]이라는 사실을 발견한다. 이와 더불어 두 프레즈는 서구, 백인, 남성 중심주의의 근대적인 삶과 사유의 방식이 아닌 '철저하게' 다른 탈근대적 삶과 사유의 방식이 이루어지는 변화가 남아프리카의 백인들이 아닌 흑인들의 '흑인의식(Black Consciousness)'에 의해서 "곧 들이닥칠 것이라는 사실"을 인식하게 된다.

흑인의식 운동은 헬러가 지적하고 있는 전혀 사색되지 않은 일반적인 개념의 포스트모더니티가 미국과 영국을 비롯한 서구 사회에서 보편적인 사회적 흐름으로 대두되기 시작한 1960년대 초반, 아프리카에서 나타난 사회적 현상이었다. 당시의 한 흐름이라고 할 수 있는 '후기 식민주의(post-colonialism)'와 유사한 '탈식민주의(de-colonialism)'를 특징으로 하고 있는 흑인의식 운동은 헬러가 이야기하는 서구, 백인, 남성 중심주의의 근대화 과정을 근본적으로

---

16) 같은 책, p.68.
17) 같은 책, p.69.

다시 사유하는 사색적인 포스트모더니티이며, 제임슨이 이야기하는 근대적 주체의 감옥에서 벗어나는 탈근대성이라고 할 수 있다. 이런 측면에서 "1960년대 초반 아프리카의 탈식민화가 시작된 이후로 (미국 정부를 제외한) 국제사회는 남아프리카에 압력을 가하기 시작했다"[18]는 두 프레즈의 말은 서구 사회가 역사적으로 지니게 된 전혀 사색되지 않은 일반적인 개념의 포스트모더니티와 17~18세기 이후로 시작된 근대성 전반의 근본적인 문제에 대한 사색적인 포스트모더니티의 만남을 의미한다. 따라서 두 프레즈가 전혀 사색되지 않은 일반적인 개념의 포스트모더니티에 머물러 있는 일반적인 서구인들과는 달리 근대성의 근본적인 문제에 대해 사색적인 포스트모더니티, 즉 탈근대성으로 전환하는 것은 그의 삶과 사유의 터전이 유럽이나 미국이 아니라 아프리카이고, 아프리카에서도 개별적인 국가의 감옥에 머물러 있지 않고 국제적인 관계의 흐름을 파악했기 때문이라고 할 것이다.

두 프레즈가 1978년 당시에 남아프리카의 식민지였던 나미비아에서 새롭게 발견한 것은 나미비아를 포함한 앙골라, 모잠비크, 그리고 짐바브웨와 같은 남아프리카 주변 국가들의 독립과 이 나라들의 독립 이후에 여전히 이 나라들에 대한 영향력을 행사하고자 하는 남아프리카 공화국 백인 정부의 집요하고도 폭력적인 내부 간섭이었다.[19] 1970년대 후반과 1980년대 초반, 남아프리카 공화국 정부가 미국의 도움을 받아 대항했던 주변국의 해방운동은 '모잠비크 해방 전선(Frelimo: Frente de Libertacao de Mocambique - Liberation Front for Mozambique)', '앙골라 해방 민중운동(MPLA: Movimento Popular de Libertacao de Angola - Popular Movement for the Liberation of Angola)', '짐바브웨 아프리카 민족 연합-애국 전선(Zimbabwe African National Union-Patriotic Front)', 그리고 나미비아의 '남서아프리카 민중조직(SWAPO: South West African People's

---

18) 같은 책, p.91.

19) Martin Meredith, *The State of Africa* (London: Free Press, 2005). 이 책에서 마틴 메레디스는 남아프리카 지역뿐만 아니라 아프리카 전역의 국가들이 1960년대 이후 새롭게 등장하는 현상을 18~19세기에 유럽 국가들이 등장하는 것과 비교하고 있다.

Organization)'이었다. 두 프레즈가 이러한 국제적 갈등관계에서 궁극적으로 파악한 것은 이들 주변국들과 마찬가지로 남아프리카 공화국에서 오랫동안 해방운동을 지도한 '아프리카 민족회의(ANC)' 정부의 등장에 대한 남아프리카 백인 정부의 두려움이었다.

이 과정에서 두 프레즈는 남아프리카 백인 정부의 이중적인 정책을 목격한다. 하나는 나미비아 북부와 앙골라 변경 지역에서 활동하고 있는 무장 세력의 토대를 파괴하여 '남서아프리카 민중조직'을 불안하게 하는 것이고, 다른 하나는 '남서아프리카 민중조직'에 대한 대안으로 인종차별을 토대로 한 정치세력을 지원하는 것이었다. 이것은 전적으로 헬러나 제임슨이 이야기하는 헤겔류의 18세기적이거나 초기 근대적인 근대성과 마르크스류의 19세기적이거나 핵심 근대적인 근대성의 싸움이었다. 이러한 증거는 당시의 국방장관이었으며 이후에 남아프리카 대통령이었던 보싸(P. W. Botha)의 "남아프리카를 정복하고자 하는 공산주의자의 계획이 명백해졌다"라거나 남아프리카 국민당의 지도자였던 지질(Eben van Zijil)의 "누가 당신들을 진흙탕으로부터 건져냈는가? 백인들, 이 나라의 백인들과 남아프리카의 백인들이다. 누가 당신들을 산속에서 데리고 와서 너희의 등에 옷을 입혀주었는가? 백인들이다"[20]라는 말에서 아주 적나라하게 드러난다. 두 프레즈는 나미비아에서 근대적인 인종차별을 토대로 한 종족적인 대립이 지역적인 대립과 일치하는 것을 파악하고, 그러한 대립이 남아프리카 지역을 포함한 아프리카 전역에서 이루어지고 있는 근대적인 대립과 일치하는 것을 파악한다. 이렇게 인종차별을 토대로 한 종족적인 대립이 지역적인 대립과 일치하는 것은 남아프리카나 아프리카 전역뿐만 아니라 서구적 근대가 달성한 근대적 세계화와 동일할 것이다.[21]

존 톰린슨(John Tomlinson)은 『지구화와 문화(Globalization and Culture)』에서 오늘날의 세계가 지니고 있는 '복잡한 관계성의 지구화(globalization as complex

---

20) Max du Preez, *Pale Native*, p.93.

21) John Tomlinson, *Globalization and Culture* (Cambridge: Polity Press, 1999), pp.71~105.

Connectivity)'를 근대성의 결과로 나타난 현상이라고 파악하고 헤겔이나 마르크스의 사상이 보여주는 것과 같은 초기 근대적이거나 핵심 근대적인 지구화의 '꿈들(dreams)'과 후기 근대적이거나 전혀 사유되지 않은 개념의 포스트모더니티가 지니는 지구화의 '악몽들(nightmares)'로부터 벗어나기 위해선 무엇보다도 '세계적인 탈영토화의 경험(the mundane experience of deterritorialization)'이 필요하다고 이야기한다.[22] 톰린슨이 이야기하는 세계적인 탈영토화의 경험은 헬러가 이야기하는 사색적인 포스트모더니티이고, 두 프레즈가 나미비아에서 발견한 남아프리카 백인 정권이 지니고 있는 아류 제국주의와 그에 저항하는 해방운동에 대한 경험이라고 할 수 있다. 또한 세계적인 탈영토화의 경험은 초기 근대의 제국주의적이거나 핵심 근대의 해방주의적인 정치적 경험, 후기 근대의 현실추수적인 경제적인 경험이 아니라 사색적인 포스트모더니티이거나 탈근대성이라고 할 수 있는 '탈영토화의 문화적 경험'[23]이다. 따라서 두 프레즈는 흑인들을 단지 근대적인 '권력관계'[24]로만 파악하는 남아프리카 백인 정권의 시각이나 "역사는 너(서구, 백인, 남성)를 거슬러서 흐르고 있다"[25]는 일반적인 남아프리카 백인의 현실적인 시각에서 벗어나 세계적인 탈영토화의 경험이라고 할 수 있는, 시간과 공간에 따라 존재의 정체성이 변화하는 노마드적 주체의 문화적인 시각을 획득한다.

두 프레즈의 탈영토화의 문화적 경험은 언어에서 시작한다. 남아프리카에서 아프리카너들이 흑인이나 유색인들은 물론이고 다른 백인들과 차별성을 지니는 독자적인 정체성은 '아프리카안스(Afrikaans)'라는 그들의 언어에서 발견할 수 있다. 그러나 두 프레즈는 소웨토의 어린 학생들이나 나미비아의 흑인들, 그리고 나미비아나 남아프리카 해방운동의 지도적 위치에 있는 사람들이 하나같이 아프리카안스어를 사용하는 것을 보면서 소위 근대적인 정체성

---

22) 같은 책, pp.113~128.

23) 같은 책, p.114.

24) Max du Preez, *Pale Native*, p.95.

25) 같은 책, p.2.

의 혼란을 경험한다. 남아프리카 군대가 남서아프리카 민중조직(SWAPO)의 근거지로 나미비아와 앙골라의 국경지역에 있는 치타도(Chitado)라는 마을을 폭격한 이후 그 마을을 취재하러 간 두 프레즈는 "나으리, 물 좀 주실 수 있나요?"라고 아프리카아안스어(아프리카안스는 나미비아의 공식 언어이다)로 말하는 흑인 병사의 죽음을 보면서 "수세기 동안 흑인에게 강요한 백인들의 표현 형식"[26]을 읽는다. 그래서 두 프레즈는 "죽어가는 병사가 나에게 말한 여섯 개의 단어는 과거의 나였고 또한 나를 대표했던 모든 것에 대해 어두운 그림자를 드리웠다. 내가 그 사건 이후에 어떻게 과거와 동일한 사람이 될 수 있었겠는가?"[27]라고 반문한다.

두 프레즈가 근대적 과거와 현재, 그리고 탈근대적 미래를 모두 포용하는 새로운 노마드적 주체의 정체성을 발견하는 것은 근대적인 서구/비서구, 백인/흑인(유색인), 남성/여성의 이분법을 넘어서 우리 모두는 지리적이거나 종족적인, 혹은 성적인 차별을 넘어서 '아프리카인들(Africans)'이라는 사실의 발견이다. 두 프레즈는 심지어 이렇게 이야기한다. "곧이 곧대로의 문자적인 의미에서 이 지상에 살고 있는 모든 인간은 아주 당당하게 이렇게 주장할 수 있다. 나는 하나의 아프리카인이다. 이 대륙은 모든 인류가 시작했던 곳이다. 여기에서 태어난 우리는 이렇게 말할 특권을 지니고 있다. 우리는 어머니 대륙 출신이다. 우리의 삶은 인류 최초의 문명이었다."[28] 두 프레즈의 이러한 주장은 최근 남부 케이프 해안 지역의 위트산드(Witsand)와 스틸바이(Stilbaai) 사이에 있는 '블롬보스 동굴(Blombos Cave)'에서 7억 7,000년 전에 살았던 인류 최초의 예술과 문화를 즐겼던 사람들의 동굴벽화를 발견한 고고학적 사실에 근거할 뿐만 아니라 "5백 년 전에 아프리카 남부 끝을 재발견하여 다시 고향으로 되돌아온 몇몇 창백한 백인들이 다시 아프리카인들이 되었던" 과정, 그리고 그 이후로 인도나 말레이시아 그리고 중국인들 등이 아프리카인들이 되었던

---

26) 같은 책, p.82.

27) 같은 책, p.82.

28) Max du Preez, *Of Warriors, Lovers and Prophets*, p.236.

'세계적인 탈영토화의 경험'을 내포하고 있다. 이러한 경험은 놀랍게도 오늘날 남아프리카 공화국 대통령 타보 음베키(Thabo Mbeki)가 부통령이던 시절, 남아프리카 신헌법을 선포하는 국회연설에서 드러난다.

나는 그들의 고독한 영혼들이 아름다운 케이프 지역의 거대한 광활한 공간에 스며들어 있는 코이(Khoi)족과 산(San)족에게 존재의 빚을 지고 있다. 그들은 우리의 모토(母土, native land)가 지금까지 보아왔던 가장 혹독한 학살의 희생자들이었고, 그들은 우리의 자유와 독립을 옹호하기 위한 투쟁에서 생명을 잃은 최초의 사람들이었으며, 또한 그들은 한 민족으로서 그 결과를 품에 안은 사람들이었다. …… 나는 유럽을 떠나 우리의 모토에서 새로운 고향을 발견한 이주자들로 구성되어 있다. 그들 자신의 행동들이 무엇이었든지 간에 그들은 여전히 나의 일부분으로 남아 있다. 나의 뼈 속에는 동쪽으로부터 온 말레이 노예들의 피가 흐른다. 그들의 자랑스러운 위엄은 나의 성품을 만들어주었고, 그들의 문화는 나의 본질의 일부분이다. 노예 주인의 채찍으로부터 그들의 몸들에 새겨져 있는 채찍 자국들은 지금부터는 어떤 것이 행해져서는 안 되는가와 관련하여 나의 의식에 각인되어 있는 격언이다. …… 나는 그들의 존재가 전적으로 육체적 노동을 제공할 수 있다는 사실에만 근거했던, 인도와 중국으로부터 수송되어 이곳으로 왔던 사람들로부터 피를 물려받았다. 그들은 나에게 우리는 모두 고국이면서 동시에 외국에 거주할 수 있다는 것을 가르쳤고, 그들은 또한 나에게 인간 존재 그 자체는 인간 존재를 위한 필수불가결한 조건이었던 자유를 요구했다는 것을 가르쳤다. 이 모든 사람들의 일부분이고 그 어느 누구도 감히 그 주장에 대항하지 못하는 (아프리카인의) 지식 속에 있는 나는 이렇게 주장한다. 나는 하나의 아프리카인이다.[29]

음베키의 말처럼 '아프리카인'이라는 말은 근대적 의미의 종족적 개념 속에

---

29) 같은 책, pp.235~236.

서 오늘날의 남아프리카 다수 흑인(75.2%)을 구성하고 있는 호사(Xhosa), 줄루 (Zulu), 스와지(Swazi), 그리고 느데벨레(Ndebele)의 느구니(Nguni)어를 사용하고 있는 종족들이나 소쏘(Sotho), 페디(Pedi), 츠와나(Tswana)의 소쏘-츠와나어를 사용하는 종족들, 그리고 트송가(Tsonga)족과 벤다(Venda)족뿐만 아니라 아주 극소수이거나 사라져버린 '코이족과 산족'을 포함하고 있다. 또한 '아프리카인'이라는 말은 오늘날의 남아프리카 백인(13.6%)을 구성하고 있는, 아프리카안스어를 사용하는 다수의 아프리카너 백인과 영어를 사용하는 백인 아프리카인들을 포함하며, 오늘날의 남아프리카 주민의 8.6퍼센트를 차지하는 유색인들과 2.6퍼센트의 인도인들을 포함한다.[30] 따라서 남아프리카에서 사용되고 있는 '아프리카인'이라는 언어는 마치 유럽 르네상스 시대에 전근대적인 과거로부터 벗어나 근대적인 삶과 사유의 방식을 새롭게 구축한 '카니발적인 언어'처럼 근대적인 과거로부터 벗어나 탈근대적인 삶과 사유의 방식을 새롭게 구축하는 '노마드적 주체'를 사유하는 탈근대적 언어의 개념이라고 할 것이다.[31]

## 3. 남아프리카 탈근대 지식의 형성

두 프레즈가 '아프리카인'이라는 노마드적 주체의 언어를 통해 근대적인 서구/비서구, 백인/흑인(유색인), 그리고 남성/여성의 이분법에서 벗어나 새로운 탈근대의 지식을 형성시키는 과정은 근대적인 철학이나 과학의 지식이

---

30) Mary-Ann Stotko, *South Africa* (Milwaukee: Gareth Stevens Publishing, 2002), pp. 20~21.

31) Mathew Roberts, "Poetics Hermenutics Dialogics: Bakhtin and Paul de Man," Gary Saul Morson and Caryl Emerson(eds.), *Rethinking Bakhtin* (Evanston: Northwester University Press, 1989), p.125. 로버츠는 이 글에서 바흐친의, 르네상스 시대의 카니발 문화에 토대를 둔 대화주의적 언어분석을 미래로 나아가는 '구축주의적(architectonic) 시각'이라고 부른다.

요구하는 현실적인 논리나 기능의 측면이 아니라, 근대적 지식에 의해 끊임없이 주변화되고 배타시되었던 예술적 사건을 통한 근대적 시간 개념의 역사적 재구성이다. 마치 최근에 출판된 브링크의 소설 『잊기 전에』가 '사랑하는 여자의 죽음'이라는 하나의 사건을 통해 남아프리카와 세계를 구성하고 있는 남성과 여성, 사회와 국가, 그리고 지식과 교육의 모든 것을 탈근대적으로 재구성하듯이 두 프레즈는 남아프리카뿐만 아니라 오늘날의 인류 전체가 아프리카인이라는 보편적 개념으로 명명되어야만 하는 절대적 현재의 시각으로 현재와 과거, 그리고 미래를 재구성한다. 두 프레즈가 재구성하는 현재는 1488년 2월 3일 남아프리카 땅에 첫발을 내디딘 포르투갈 해군 바쏠로무 디아스(Bartholomeu Dias)가 코이코이족 한 명을 살해한 이후부터 지금까지이다. 따라서 절대적 현재의 과거는 1488년 이전이고, 미래는 남아프리카뿐만 아니라 인류 전체가 아프리카인으로 명명되는 이후에 생성되는 모든 사건들이다. 따라서 1488년 이후 유럽인들이 남아프리카에 들어오는 과정은 아프리카인이 되어가는 과정과 아프리카인으로부터 멀어지는 과정으로 나눌 수 있다. 두 프레즈는 아프리카인으로부터 멀어지는 과정을 다음과 같이 이야기한다.

만일 이 사람들이 그 당시에 그들이 형제들이었다는 것을 알았다면, 단지 그들의 머리칼 구조와 피부의 염색체들, 그리고 코의 형상만이 달랐다는 것을 알았다면. 만일 그들이 조금만이라도 과거를 되돌이켜 생각하여 서로서로기 모두 동일한 조상의 어머니로부터 태어났다는 것을 알았다면, 그리고 그들은 모두 한때 모슬 베이(Mossel Bay)에서 멀지 않은 곳에서 살았다는 것을 알았다면. 만일 그 포르투갈 사람들이 코이코이족과 부쉬맨들이 근원적인 인류의 유형과 가장 유사한 사람들이었다는 것을 알았다면. 정말로 그들이 몇만 년 전 유럽으로 이주하기 전의 그들 조상들이 그들과 유사했다는 것을 알았다면.[32]

---

32) Max du Preez, *Of Warriors, Lovers and Prophets*, p.1.

두 프레즈가 이야기하는 것처럼 15세기 이후 유럽인들이 아프리카인으로부터 멀어지는 이유는 "그들이 형제들이었다는 것"이나 "동일한 조상의 어머니로부터 태어났다는 것", 그리고 "코이코이족과 부쉬맨들이 근원적인 인류의 유형과 가장 유사한 사람들이었다는 것"이 지적하는 과거에 대한 고고학적이거나 인류학적인 철학적 지식의 부재와 "단지 그들의 머리칼 구조와 피부의 염색체, 그리고 코의 형상만이 달랐다는 것"이 지적하는 몸(대지, 혹은 자연)에 대한 과학적 지식의 부재 때문이다. 단지 전형적인 18~19세기의 유럽적 상황을 토대로 서구, 백인, 남성 중심주의의 철학적 논리를 구성한 헤겔과 마르크스처럼 아프리카인으로부터 멀어지는 과정을 선택한 유럽인들은 편협한 유럽중심주의를 철학이라고 불렀고, 몸(대지, 혹은 자연)은 시간과 공간의 차이에 따라 다르게 기능한다는 과학의 근본원칙을 망각하고 유럽의 시간과 공간 속에서 작동하는 몸을 제외한 모든 몸을 야만적인 것으로 치부한 유럽인 중심의 물질주의를 과학이라고 불렀다. 두 프레즈는 이러한 사고가 "유럽에서 500년 동안 지속되었다"[33]고 한탄한다.

헬러가 이야기하는 것처럼 헤겔과 마르크스의 유럽중심주의 철학과 베버의 기능주의 과학으로 유지되고 있는 근대성의 원인은 아프리카 대륙에 첫발을 내디딘 유럽인들의 이중적인 욕구, 즉 "상상할 수 없을 정도로 많은 황금의 보고"라는 기독교의 전설을 토대로 한 프로테스탄트 기독교인들의 개인적인 물질적 탐욕과 이슬람 국가들의 성장을 저지하기 위한 기독교 국가들의 사회(국가)적 탐욕이 결합한 데서 찾을 수 있다. 이러한 결합이 남아프리카의 현실적인 사회적 기제로 작용한 것이 '아파르트헤이트'이다. 아파르트헤이트는 1652년 잔 반 리벡크(Jan van Riebeeck)에 의해 남아프리카의 케이프 지역에 최초의 영구 정착촌이 설립되면서부터 1991년 폐지되기까지 339년 동안 남아프리카의 공식적·비공식적인 모든 삶과 사고방식을 지배했다. 따라서 아파르트헤이트는 17세기 이후 유럽중심주의 철학과 물질적 기능주의 과학으로 대변되는

---

33) 같은 책, p.2.

근대성의 가장 전형적인 표현이라고 할 수 있다. 두 프레즈는 영국 동인도회사의 토마스 스미스 경(Sir Thomas Smythe)에 의한 흑인 추장 코레(Coree)의 런던 납치와 식민 교육,[34] 그리고 반 리벡크에 의한 아우트쇼마토(Autshomato)의 '로벤 아일랜드(Robben Island) 유배'[35]를 아파르트헤이트와 더불어 남아프리카에서 구현된 339년 동안의 가장 전형적인 근대성의 상징들로 인식하고 있다. 그러나 두 프레즈는 근대성의 파괴적·폭력적인 비인간성을 폭로하는 것과 동시에 유럽인들의 개인적 탐욕과 사회적 탐욕의 결합으로 만들어진 근대성에 대한 저항의 탈근대성, 즉 지역이나 종족, 혹은 성에 대한 차별이 전혀 없이 모든 사람들이 아프리카인이 되어가는 과정을 "근대성에 대한 비폭력적이거나 폭력적인 정치적 저항의 행위"와 "원주민이나 유럽인들, 혹은 유색인 이주민들의 아프리카인 되기"로 구분한다. 유럽인들의 도래와 더불어

---

34) 17세기 영국의 왕이었던 제임스 1세의 절친한 친구이자 정치적 영향력이 가장 강한 상인이었던 영국 동인도회사의 토마스 스미스 경은 케이프 지역에 정착촌을 만들 계획으로 1613년에 코레를 런던으로 납치하여 원주민과 소통할 수 있는 친영국적인 중개인을 만들기 위해 영어교육을 시킨다. 그러나 코레는 스미스 경의 의도와는 달리 전혀 케이프 지역의 주민들이나 지리에 대한 정보를 제공하지 않았기 때문에 1614년에 다시 케이프 지역으로 되돌아온다. 정확히 코레의 역할 때문인지는 몰라도 영국 동인도회사는 케이프 지역에 정착촌을 만들려는 계획을 포기하고, 18세기 말 이미 만들어진 네덜란드 동인도회사의 케이프 지역 정착촌을 정복하여 식민지로 만든다. 케이프 지역으로 되돌아온 이후 코레는 영국인을 이용하여 부족 전쟁을 하다가 네덜란드인에 의해 살해된다. Max du Preez, 같은 책, pp.7~13.

35) 코레와 달리 아우트쇼마토는 자발적으로 영어교육을 받고 로벤 아일랜드와 케이프 지역에서 수년 동안 영국과 네덜란드 상인들을 위한 중개 우편업무(postal service)를 담당했다. 그러나 케이프 지역에 네덜란드 동인도회사의 정착촌이 만들어진 이후 네덜란드인과 케이프 지역의 원주민인 코이코이족 사이의 중개인인 동시에 통역인이라는 막강한 영향력을 행사하자 반 리벡크에 의해 '로벤 아일랜드'로 추방된다. 아우트쇼마토의 로벤 아일랜드 유배부터 아파르트헤이트의 폐지 이후 남아프리카 최초의 민주주의 선거로 대통령이 된 넬슨 만델라가 1989년 로벤 아일랜드에서 석방되기까지 거의 300여 년 동안 로벤 아일랜드는 아파르트헤이트와 함께 서구, 백인, 남성 중심주의의 근대성이 지니는 폭력성과 비인간성의 상징 역할을 했다. Max du Preez, 같은 책, pp.13~14.

시작된 "근대성에 대한 비폭력적이거나 폭력적인 저항의 행위"는 헬러의 근대성 구분과 마찬가지로 18세기와 19세기, 그리고 20세기의 가장 전형적인 사건들과 유형들로 구분된다. 즉, 18세기의 전형적인 사건들과 유형들은 영국의 식민화에 대한 아프리카너의 탈주와 전쟁을 통한 저항이었고, 19세기에는 영국의 완전한 식민지 지배하에서의 마하트마 간디(Mahatma Gandhi)의 비폭력적 저항이었으며, 20세기에는 아파르트헤이트에 대한 넬슨 만델라로 대표되는 '아프리카 민족회의'의 비폭력적이거나 폭력적인 것의 결합 형태로 만들어진 저항이었다.

1895년 케이프 지역의 영국 식민지부터 1948년 남아프리카 공화국의 독립까지 이어지는 탈주와 전쟁을 통한 아프리카너의 영국 제국주의에 대한 저항은 외형상 저항의 형식을 띠고 있지만, 또한 아주 전형적인 서구, 백인, 남성 중심주의가 작동하는 근대적인 지식의 형성이기도 하다. 교양 있는 식민주의자들과 훌륭한 기독교인이 지니고 있는 근대적인 공통점은 "노예들을 잘 대우해야만 한다고 믿고 있는 동시에 한 인간이 또 다른 인간의 생명을 전적으로 소유하는 권리를 전혀 의심하지 않은 것"[36]이라고 말하는 두 프레즈는 "350년 전에 케이프 지역에 도착한 백인 남아프리카인들은 당시에 유럽을 지배했던 인종에 대한 시각을 가지고 왔다. 아프리카너들이 인종차별주의를 개발한 것이 아니라 그들은 단지 그것을 완성시켰다는 것을 기억해야만 한다"[37]고 이야기한다. 아파르트헤이트는 18세기 노예제도의 20세기적 변형일 뿐이다. 따라서 아프리카너의 영국 제국주의에 대한 저항은 마치 제1차 세계대전과 제2차 세계대전이 전형적인 근대 제국주의 국가들의 전쟁이었듯이 아프리카너 내부의 근대성을 더욱 강화시켰을 뿐이다. 이것이 바로 아프리카너들이 다른 아프리카 국가들이나 한반도를 포함한 아시아나 아메리카 독립국가들이 영국, 프랑스, 독일, 일본, 그리고 미국 등에 저항하면서 또 다른 자민족이나

---

36) Max du Preez, *Pale Native*, p.31.
37) 같은 책, p.31.

자국가 남성 중심의 근대성을 강화시킨 모델이 되는 이유이다.

마하트마 간디로 대표되는 19세기 후반과 20세기 초반의 '시민권', 혹은 '인권'이라는 이름으로 행해진 가장 전형적인 비폭력 저항은 18세기적 전형이라고 할 수 있는 아프리카너의 저항과 마찬가지로, 자민족 중심인 동시에 식민지 피지배인의 종속성과 아류 제국주의의 특성을 지닌다. 두 프레즈가 아프리카너 백인이자 '유럽인 신사(European Gentleman)'인 사람들의 위선적인 도덕이 지니는 '역사상 가장 커다란 범죄'를 지적하거나 근대 제국주의와 식민주의의 원흉으로 '영국에게 저주를 퍼붓는 것(May God punish England, or now we are going to give the English hell)'[38]과는 달리, 간디는 "내가 남아프리카에서 보았던 유색인들에 대한 편견은 대영국의 전통들과 아주 상반되는 것들이었다"[39]라고 말하는 데에서 보이듯이 자신이 영국의 인종차별을 토대로 한 근대적 제국주의를 당연히 받아들였으며, "나는 영국 왕권에 충실한 영국인들과 경쟁했다"라고 말하는 것처럼 영국에서 교육을 받은 근대 엘리트 계몽주의자라는 사실을 아주 자랑스럽게 생각했다. 이러한 간디의 인도 민족주의에 기반을 둔 왜곡된 저항의 근대성은 인도계 아프리카인들이 보어전쟁 기간 동안 영국을 지원하고 간디가 줄루족을 억압하는 영국군을 도와 영국군 '특무 상사'[40]로 근무하는 토대가 된다. 두 프레즈는 간디와 같은 아류 제국주의를 1920년대와 1930년대의 아프리카너 지식인들의 예를 들어 다음과 같이 설명하고 있다.

(인도 사회와 마찬가지로) 아프리카너 사회는 보어전쟁 이후의 기간에 학자들과 교육받은 지식인들이 지극히 부족했기 때문에 아주 적은 수의 지식인들이 아프리카너의 사고방식에 아주 부적절한 영향력을 행사했다. 영국에 반대하는 아주 고조된 정서를 가진 아주 명석한 일단의 학생들이 보어전쟁 이후의 30년

38) 같은 책, pp.49~53.

39) Max du Preez, *Of Warriors, Lovers and Prophets*, p.139.

40) 같은 책, p.140.

동안 독일과 네덜란드에서 공부하는 것을 선택했다. 인종 분석을 통해 인간성을 바라보는 새로운 방식은 1920년대와 1930년대에 이 나라들에서 가르쳐졌다. 문화나 개인적인 업적이 아니라 유전적 자질들이 인간의 가치를 결정했다. 이것이 바로 아돌프 히틀러(Adolf Hitler)의 민족 사회주의의 지식적 전제조건 이었다.[41]

두 프레즈는 영국 제국주의자들에 의해 '현자(Saint)'로 신비화되고 숭앙된 간디가 지니고 있는 근대적 꼭두각시의 모습을 정확히 간파하고 있다. 간디가 남아프리카의 인도인 쿨리(Coolie)의 인권과 시민권을 격상시키고 궁극적으로 인도를 영국 식민지로부터 해방시킨 토대는 그가 영국에서 공부한 근대적 지식을 기반으로 한 민족주의였다. 그러나 이러한 민족주의는 18세기 영국 제국주의를 통해 형성되어 19세기에 프랑스와 독일 등으로 확산되었고 20세기에 전 세계로 퍼져나가서 끊임없는 전쟁과 갈등을 야기한 근대성의 전형이다. 따라서 두 프레즈는 간디를 필요로 했던 남아프리카 인도인 사회, 그리고 영국 식민지 인도와 마찬가지로 남아프리카의 아프리카너 사회가 근대적인 "학자들과 교육받은 지식인들의 부족"을 영국과 대립하고 있는 네덜란드와 독일에 유학하여 공부하는 것으로 해결했지만, 그것은 "문화나 개인적인 업적이 아니라 유전적 자질들이 인간의 가치를 결정"하는 '앵글로-색슨 백인 남성 중심주의'를 '게르만 백인 남성 중심주의'의 근대적 과학과 철학으로 대체시켰을 뿐이라는 것을 강조한다. 근대적인 인도 사회와 아프리카너 사회의 차이는, 간디를 지도자로 한 인도 사회가 영국(백인) 다음의 제2국민이 되는 근대적 식민주의를 선택한 것에 반해 아돌프 히틀러를 지도자로 한 게르만 사회나 아프리카너 사회는 영국 제국주의에 대항하여 폭력적인 전쟁을 하는 게르만 제국주의(혹은 게르만 민족 사회주의)를 선택했다는 것일 뿐이다.

아파르트헤이트를 토대로 한 근대 제국주의에 대한 18세기적 저항이나

---

41) Max du Preez, *Pale Native*, p.52.

19세기적 저항이 아파르트헤이트를 부분적으로 은폐시킬 뿐 근본적으로 제거하지 못하는 또 다른 아류 제국주의나 식민주의를 양산한 것과는 달리 남아프리카의 20세기적 저항으로 나타난 '아프리카 민족회의'의 저항은 아프리카너의 폭력적인 주체적 저항과 인도인 아프리카안스의 비폭력적인 타자적 저항을 결합시킬 뿐만 아니라 남아프리카에서 주체와 타자의 이분법에서 벗어나는 모든 노마드적 주체의 소수자들, 즉 백인, 유색인, 여성, 원주민 모두를 결합시킨다.42) 이러한 결과는 1994년 만델라 정부가 등장한 이후 지역, 인종, 성 차별을 법적으로 금지시키는, 소수자의 권리를 토대로 한 남아프리카 신헌법이 1996년에 의회의 합의를 거쳐 실제적인 효력을 발휘하기 시작한 것에서 가장 여실히 드러난다. 1990년 만델라가 로벤 아일랜드에서 28년간의 감옥생활을 마치고 돌아오고 해외망명 중인 '아프리카 민족회의' 지도자들이 돌아오면서 1994년의 자유선거에 의한 평화로운 정권이양까지 가는 과정에서 가장 중요한 역할을 한 것은 두 프레즈와 같은 아프리카너 지식인들이 아프리카너 사회로부터 스스로 탈주한 사건이었다. 이 사건은 세네갈 대통령 아부도우 디오프(Abdou Diouf)가 개막 연설에서 1830년대 영국 식민지로부터 탈주하여 남아프리카 내륙을 개척한 '아프리카너 개척자들(The Voortrekkers)'에 비유하여 '새로운 아프리카너 개척자들(The New Voortrekkers)'이라고 불렀던 남아프리카의 아프리카너 민간 대표들이 해외망명 중인 '아프리카너 민족회의' 대표들과 만난 '다카르 사파리(The Dakar Safari)'라고 알려진 회의였다.

"아프리카는 아프리카너들을 백인 아프리카인들로 간주하고 있으며, 아파

---

42) 1912년에 블로엠폰테인(Bloemfontein)에서 흑인 인권운동을 기반으로 창설된 '남아프리카 원주민 민족회의(SANNC: South African Native National Congress)'는 간디의 영향으로 비폭력적 저항의 노선을 유지하다가 이후에 '아프리카 민족회의'로 이름을 변경시키면서 1960년에 '범아프리카 민족회의(PAC: Pan-Africanist Congress)', '남아프리카 공산당(SACP: South African Communist Party)'과 함께 당시의 남아프리카 정부에 의해 불법단체로 공표되면서부터 이들과 연합하여 무장투쟁을 통한 부분적인 폭력적 저항의 노선을 견지한다. Max du Preez, *Of Warriors, Lovers and Prophets*, pp.185~186.

르트헤이트가 제거되면 대륙의 가슴으로 그들을 환영할 준비가 되어 있다"는 디오프의 연설에서 드러나듯이 '다카르 사파리'를 통해 비로소 350여 년에 걸친 남아프리카의 근대화 과정들 속에서 "원주민이나 유럽인들, 혹은 유색인 이주민들의 아프리카인 되기"가 가능해졌다. 근대적인 아프리카너의 18세기적 저항이 영국 제국주의자와 아프리카너 독립주의자라는 이분법을 양산시키고, 간디로 대표되는 인도계 아프리카안스의 19세기적 저항이 남아프리카에서 백인 1등 국민, 인도인 2등 국민 등의 인종적 서열체계를 더욱 강화시킨 반면에 20세기를 대표하는 '아프리카 민족회의'의 저항은 모든 근대적 주체를 노마드적 주체의 소수자들로 변형시켰다. 유럽과 아시아, 그리고 아메리카를 포함한 전 세계의 근대화 과정에서 가장 소수자라고 할 수 있는 '아프리카인 되기'를 통해 인간과 인간의 대립과 갈등으로 인한 인간에 의한 인간의 폭력과 억압으로 점철되었던 남아프리카의 근대는 마침내 종말을 고하게 된 것이다. 1994년 만델라 정부로 시작한 남아프리카 정부는 이러한 근대성의 종말과 소수자 중심의 탈근대성을 완성시키는 대리인들일 뿐이다. 남아프리카의 모든 지역이나 종족, 혹은 성은 남아프리카를 구성하는 일부분이지 전체가 아니다. 이러한 탈근대성의 사유와 삶은 남아프리카뿐만 아니라 아프리카 대륙과 지구 전체로 확산될 것임에 틀림없다.

## 4. 남아프리카의 노마드적 주체와 탈근대 지식의 지구화

앙드레 브링크의 소설 『잊기 전에』에 등장하는 여성 조각가 라첼 롬바드 (Rachel Lombard)는 남아프리카와 같이 소용돌이치는 역사의 절대적 현재라는 시간 속에는 "숨겨져 있지만 이미 존재했던 어떤 것과 결코 이전에 존재하지 않았던 어떤 것"[43]이 있다고 말한다. 남아프리카를 포함한 전 지구적인 역사의

---

43) Andre Brink, *Before I Forget*, p.70.

절대적 현재라는 시간의 측면에서 "숨겨져 있지만 이미 존재했던 어떤 것"은 지역적·종족적, 그리고 성적 차이의 지속적인 대립과 갈등을 야기하는 근대성이라고 말할 수 있고, "결코 이전에 존재하지 않았던 어떤 것"은 지역적·종족적, 그리고 성적 차이가 서로 조화와 상생을 이루어나가는 탈근대성이라고 말할 수 있다. 그러나 남아프리카의 현재와는 달리 우리가 살고 있는 한반도를 포함한 아시아와 유럽, 그리고 아메리카에서는 "숨겨져 있지만 이미 존재했던 어떤 것"이라고 말할 수 있는 근대의 국가주의적이거나 가족주의적인 허구적 주체의 지역, 종족, 그리고 성 중심주의의 근대성마저도 "숨겨져 있"는 상태로 활동한다. 이미 살펴본 바와 같이 남아프리카의 350여 년에 걸친 근대화 과정은 유럽이나 아시아, 그리고 아메리카에서 국가주의나 가족주의 때문에 은폐되어 있는 근대성의 상호 파괴와 궁극적인 자기파멸의 특성을 아주 적나라하게 드러낸다.

남아프리카의 근대사에서 드러나는 지역, 종족, 그리고 성의 주체는 지역이나 종족에 토대를 둔 국가적 주체나 남성 가부장주의에 토대를 둔 가족적 주체가 아니라 지역적·종족적, 그리고 성적 관계의 변화를 주도하고 또한 그 변화에 따라 끊임없이 존재를 재규정해야만 하는 '노마드적 주체'이다. 오늘날에도 이 세상의 모든 인간은 생산적이고 아름다운 삶의 관계를 형성하기 위해 끊임없이 지역, 종족, 그리고 성적 관계의 변화들을 시도한다. 두 프레즈는 350여 년에 걸친 남아프리카 교회와 식민지 통치의 기록을 통해 흑인, 아시아인, 그리고 혼혈 여성들과 결혼한 아프리카너 남성의 성을 백일곱 개에 걸쳐 나열하고 있다.[44] 열둘 내지는 열셋 세대의 기간 동안 아프리카너의 가족사가 지속되었다는 측면에서 이러한 기록은 아프리카너 전체를 망라한다고 할 수 있다. 이러한 노마드적 주체의 역사는 단지 근대사의 측면만은 아니다. 두 프레즈는 이미 종교인들과 과학자들, 그리고 역사가들의 조명을 받았던, 수백 년 전에 이주하여 흑인 아프리카인들이 된 남아프리카 동북부 지역의

---

44) Max du Preez, *Pale Native*, p.30.

'렘바(Lemba)'족이라고 불리는 '흑인 유태인들'[45]에 대해서도 아주 자세하게 언급하고 있다.

그러나 문제는 서구, 백인, 남성 중심주의의 과학과 철학의 근대성에 의해 "숨겨져 있지만 이미 존재했던 어떤 것"을 찾아내는 노마드적 주체의 발견이 중요한 것이 아니라, 조각가 라첼이 예술가로서 "나는 숨겨져 있지만 이미 존재했던 어떤 것을 찾아내고 싶어 하는 것이 아니라 결코 이전에 존재하지 않았던 어떤 것을 만들고 싶다"[46]라고 말하는 것처럼, "결코 이전에 존재하지 않았던 어떤 것"이라는 탈근대성의 지식을 만드는 것이라고 할 수 있다. 따라서 두 프레즈는 헬러가 전혀 사색되지 않은 개념의 포스트모더니티와 사색적인 포스트모더니티를 구분하고 제임슨이 후기 근대의 문화 이데올로기로 작용하는 포스트모더니티와 근대적 주체의 감옥에서 벗어나는 포스트모더니티를 구분하는 것처럼, 남아프리카뿐만 아니라 아프리카 전역에 있는 근대적 지식인들이 주장하는 근대적인 지역이나 종족, 혹은 성에 토대를 두는 '후기 식민주의'와 '탈식민주의'를 구분한다. 심지어 '다카르 사파리'에 함께 참석한 적이 있는 아프리카너 최고의 시인이라고 일컬어지는 브레히튼 브레히튼바흐(Breyten Breytenbach)의 종족 구별의 민주주의나 경제적 관점에서 아프리카 독립국가들을 판단하려는 경제주의적 시각을 비판한다.[47] 두 프레즈의 시각은 헬러나 제임슨처럼 서구, 백인, 남성 중심주의나 물질주의적 기능주의의 근대적 논리에 찌들대로 찌든 철학이나 과학의 판단이 아니라 마치 "결코 이전에 존재하지 않았던 어떤 것을 만들고 싶다"는 예술가처럼 끊임없이 근대적 소수자의 입장에서 새로운 생성적 관계를 만들려는 예술가적 삶과 실천의 관점이다.

두 프레즈와 마찬가지로 절대적 현재의 시간 속에서 철학, 과학, 그리고 예술이 지니는 탈근대의 지식을 사유하는 질 들뢰즈(Gilles Deleuze)는 『철학이

---

45) Max du Preez, *Of Warriors, Lovers and Prophets*, pp.157~165.

46) Andre Brink, *Before I Forget*, pp.69~70.

47) Max du Preez, *Pale Native*, pp.160~167.

란 무엇인가?(What Is Phlosophy?)』에서 새로운 사유의 개념을 창조하지 않고 과거의 개념으로 사유하고 판단하는 철학과 조건의 변화에 따른 새로운 생성을 무시하고 이미 결정되어 있는 명제에 따라 현재적 기능만을 관찰하는 과학을 비판하면서, 탈근대의 철학이나 과학은 근원적으로 절대적 현재의 시간 속에서 미래의 생성을 만드는 예술의 노마드적 지식을 따라서 개념을 창조하고 새로운 생성을 발견해야만 한다고 말한다. 따라서 남아프리카의 근대화 과정에서 만들어진 '아프리카인'이라는 노마드적 주체의 개념은 새로운 탈근대를 사유하는 개념적 토대가 될 수 있고, '과거-현재-미래'라는 연대기적 이야기의 근대적 시간관을 파괴하면서 등장한 두 프레즈의 절대적 현재의 시간이라는 '사건적인 서술'을 통한 역사에 대한 탈근대의 지식은 단지 과거로부터 지속하는 순간적인 현재의 기능이 아니라 지역적·종족적, 그리고 성적 관계를 만드는 사건에 따라서 끊임없이 새로운 생성을 만드는 지식이다. 사건은 항상 미래지향적이다. 근대적 사건들을 통해 두 프레즈가 아프리카너는 아프리카인의 일부라는 인식으로 아프리카인이 되듯이 근대적 사건을 통해 대한민국은 한반도의 일부라는 인식으로 한반도인(혹은 한반도인은 아시아의 일부라는 인식으로 아시아인)이 되고, 미국은 아메리카의 일부라는 인식으로 아메리카인이 되는 탈근대의 미래는 멀지 않을 것이다.

# 참고문헌

Brink, Andre. 2005. *Before I Forget*. London: Vintage.

du Preez, Max. 2003. *Pale Native*. Cape Town: Zebra Press.

_____. 2004. *Of Warriors, Lovers and Prophets*. Cape Town: Zebra Press.

Green, Robert. 1992. "The Novels of Nadine Gordimer." Michael Chapman, Colin Gardner and Es'Kia Mphahlele(ed.). *South African English Literature*. Parklands: Ad. Donker Publisher.

Heller, Agnes. 1999. *A Theory of Modernity*. Malden: Blackwell Publishers.

Jameson, Fredric. 1972. *The Prison-House of Language*. Princeton: Princeton University Press.

_____. 1984. "Postmodernism, or the Cultural Logic of Late Capitalism." in *New Left Review*, 146(July~August).

Meredith, Martin. 2005. *The State of Africa*. London: Free Press.

Roberts, Mathew. 1989. "Poetics Hermenutics Dialogics: Bakhtin and Paul de Man." Gary Saul Morson and Caryl Emerson(eds.). *Rethinking Bakhtin*. Evanston: Northwester University Press.

Stotko, Mary-Ann. 2002. *South Africa*. Milwaukee: Gareth Stevens Publishing.

Strauss, Peter. 1992. "J. M. Coetzee." Michael Chapman, Colin Gardner and Es'Kia Mphahlele(ed.). *South African English Literature*. Parklands: Ad. Donker Publisher.

Tomlinson, John. 1999. *Globalization and Culture*. Cambridge: Polity Press.

# 제2부 학문 주체화 실천의 궤적

국내 사례들

# 제6장

한국 자본주의사의 주체적 개념화

조석곤 | 상지대학교 경제학과 교수

## 1. 들어가는 말

한국 자본주의, 특히 제2차 세계대전 이후 남한에서의 자본주의가 이룩한 양적 팽창은 세계사적으로도 괄목할 만한 것이었다. 이러한 자본주의의 성공을 역사적으로 어떻게 평가할 것인가는 한국 자본주의의 형성, 발전, 전망이라는 자본주의사의 관점에서 종합적으로 판단해야 할 것이다. 그런데 이때의 난점은, 현재의 발전은 과거 형성사로부터 어느 정도 원인을 찾아낼 수 있지만, 현재의 발전이 자동적으로 미래의 어떤 전망을 보장해 주지는 않는다는 사실이다. 마르크스(K. Marx)의 생산양식교체론이건 로스토우(W. Rostow)의 경제 발전단계설이건 자본주의가 어떻게 형성되었는가에 대한 나름의 이론을 갖고 있지만, 그 발전 전망은 사뭇 다르다.[1] 그러므로 한국 자본주의사를 설명하고

---

[1] 사회과학과 인문과학의 분리가 결정적이지 않았던 19세기 전반 역사학은 '거대 담론'이 쏟아져 나왔다. 역사학파의 발전단계설이나 마르크스의 유물사관이 대표적이다. 19세기 후반 역사학이 실증사학의 영향을 강하게 받으며 점차 이론으로부터 멀어졌지만, 20세기 중반 우리는 다시 역사학과 사회과학 양쪽에서 제시된 거대 담론을 듣게 되었다. 브로델(F. Braudel)의 구조사나 월러스틴(I. Wallerstein)의 세계체제론, 로스토우의 경제발전단계설 등이 그것이다. 최근 킨들버거(C. Kindleburger)는 자본주의의 역사를 국가주기론으로 설명하려 시도했는데, 그것은 브로델이나 월러스틴과 같은 계열에 있는

자 할 때는 필연적으로 미래 한국 자본주의에 대한 어떤 전망을 전제하지 않으면 안 된다.

해방 후 한국경제를 발전시켜야 한다는 것이 시대적 소명이 되었을 때 과연 한국경제가 발전할 전망을 가지고 있는가를 보여주는 것이 학계의 주요 관심사가 된 것은 너무 당연한 일이었다. 일반적으로 볼 때 국민경제 형성의 과정은 자본주의 영역의 확대과정이었으며, 정치적으로는 근대 국가 확립을 지향하는 과정이었다. 그러나 한국은 그 과정이 식민지배와 중첩되어 있기 때문에, 한국사에서의 근대 국가 형성 프로젝트는 다른 지역과 구별되는 별도의 인식방법론이 필요했다. 특히 단일민족국가로서의 정체성을 가진 한국 사회에 있어서는 민족국가의 건설이라는 문제가 자본주의/사회주의 체제 문제보다도 더 우선적인 문제로 인식되기도 했다. 1950년대 후반 이후 학계는 이 문제를 본격적으로 다루기 시작했는데, 그중 대표적인 것으로는 내재적 발전론과 민족경제론을 들 수 있다.[2]

필자는 이 두 이론을 한국 자본주의사의 주체적 개념화에 성공한 이론이라고 생각한다. 왜냐하면 이 이론들은 한국 사회는 나름의 자본주의 형성과정을 준비하고 있었으며(내재적 발전론), 식민지화에 의해 저지된 그 과정은 해방 이후 바람직한 형태로 다시 계속되어야 하며 계속될 수 있음(민족경제론)을 보여주었기 때문이다. 이 이론들은 역사발전의 일반이론이 한국 사회에도 적용될 수 있으며(내재적 발전론), 나아가 한국 사회에서는 구체적으로 어떤

---

것으로 보인다. 찰스 킨들버거, 『경제강대국 흥망사: 1500-1990』, 주경철 옮김(까치, 2004).

2) 내재적 발전론은 현재 한국사학계의 주류적 방법론을 포괄하는 것이어서 그에 대한 이론적 개설서는 없는 편이다. 그에 관한 개괄적인 종합은 조석곤, 『한국 근대 토지제도의 형성』(해남, 2003)의 보론을 참고할 것. 민족경제론에 대한 이론적 재구성으로는 박현채, 『민족경제론의 기초이론』(돌베개, 1989)이 있다. 민족경제론에 대한 학설사적 검토로는 김균·박순성, 「정치경제학자 박현채와 민족경제론: 한국 경제학사의 관점에서」, ≪동향과전망≫, 48(2001); 이병천, 「다시 민족경제론을 생각한다: 국민경제와 민주주의의 정치경제학」, ≪동향과전망≫, 48(2001)이 유용하다.

방식으로 적용되어야 하는가(민족경제론)를 보여주었다. 두 이론 모두 그 밑바탕에는 '민족'국가에 관한 강한 지향을 깔고 있었다.

이들은 서구 역사의 일반이론을 단순히 한국 사회에 적용한 것은 아니었다. 내재적 발전론은 한국 역사 속에서 구체적으로 일반이론의 적용가능성을 '실증'했으며, 민족경제론은 식민지를 경험한 국가가 국민경제를 형성하기 위해서 나아가야 할 '고유한 국민경제형성 프로그램'을 제시했다. 내재적 발전론은 한국사가 과학적 인식의 대상이 될 수 있음을 실증해 주었고, 민족경제론은 한국경제가 고유한 유형의 발전전망을 가진 사회이며, 그 전망을 실현하기 위해서는 어떻게 해야 하는가를 제시했다. 이 이론들이 단순한 서구의 모방을 넘어서서 주체적 학문개념화로 나갈 수 있었던 것은 한국 사회에 내재된 고유한 현상 혹은 움직임으로부터 한국 사회 발전의 전망을 읽어냈기 때문이었다.[3)]

그런데 이 이론이 다루었던 시간대로부터 한 세대가 훨씬 더 지난 지금 한국 사회의 모습은 크게 변모했으며, 이제는 국가 '형성'의 문제가 아닌 국가 '전환'의 문제가 주된 관심의 대상이 되었다. 그러나 현재의 여러 논의들이 대개 분배문제의 개선이나 좀더 나아간다면 축적체계의 수정을 요구하는데 그치고 있는 반면, 두 이론은 축적체계의 전환이나 상위 생산양식으로의 이행을 주장했다는 점에서 훨씬 본격적이다. 그 개념의 정합성을 둘러싸고 많은 논쟁이 있지만 두 이론이 개발해 낸 대표적인 개념들인 '자본주의 맹아' 또는 '민족경제'는 한국 자본주의의 '전망'에 관한 현재의 고민을 돌파하는 데 시사하는 바가 클 것이라고 생각한다.

물론 현재의 고민에 대한 대답이 이 글의 주제는 아니다. 이 글에서는 한국 자본주의사의 주체적 개념화에 성공했다고 여겨지는 두 이론, 즉 내재적 발전론과 민족경제론이 형성되는 과정을 검토함으로써 그 이론의 구조와 성과를 밝히고자 한다. 이를 통해 민족주체적인 관점에서 한국 자본주의사를 정리하고자 했던 내재적 발전론과 민족경제론의 문제의식이 보다 분명해질 것이다.

---

3) 다만 1960년대의 고민이 좀더 한국 자본주의의 '형성'에 무게를 두고 있었다면 2000년대의 그것은 '전망'에 더 무게를 두어야 할지 모르겠다.

이 글에서는 먼저 두 이론과 관련하여 가장 큰 이론적 쟁점이라 할 수 있는 민족 또는 민족주의의 문제에 대해 검토한다(2절). 그리고 내재적 발전론과 민족경제론이 어떻게 형성되고 전개되었으며, 그 이론들이 사용한 개념들의 구조는 어떠한지 살펴본다(3, 4절). 마지막으로 그것이 한국 자본주의의 전망에 어떤 시사를 주고 있는지를 현재 진행되고 있는 일부 논의와 아울러 검토함으로써 결론에 대신하고자 한다(5절).

## 2. 한국 자본주의사의 주체적 개념화와 민족주의

국가 형성의 시기에 민족주의적 열망은 매우 중요하다. 왜냐하면 이 열망은 서로 이질적인 구성인자를 하나로 엮는 시멘트 역할을 하기 때문이다. 이는 서구의 국가 형성에 있어서도 마찬가지였다. 다만 민족은 상상의 공동체[4]이므로, 민족이라는 애매한 개념보다는 민족주의라는 역사적 실체를 중심으로 서구의 형성을 파악했던 홉스봄(E. J. Hobsbawm)의 시도는 매우 중요하다. 그는 민족주의를 위로부터의 열망과 아래로부터의 욕구의 결합으로서 파악하고 있는데, 이는 우리 역사에도 정확히 부합한다.

그는 민족주의를 대중에게 존재했던 '원형(原形) 민족주의'[5]적인 정서와, 혁명 이후 기존 권위를 정당화하는 모든 수단을 상실한 국가가 대중의 충성을 획득하기 위한 수단을 마련해야 한다는 절박함이 합해진 것이었다고 정의했다. 이는 왜 식민지로부터 독립한 국가의 민족주의가 쉽게 지배이데올로기로 변질될 수 있는지를 보여준다.

내재적 발전론과 민족경제론 역시 민족주의와 불가분의 관계를 갖고 있는

---

4) 베네딕트 앤더슨, 『상상의 공동체』, 윤형숙 옮김(나남, 2002).
5) 홉스봄은 원형 민족주의에 대해 명백하게 정의하기는 어렵지만 대중을 하나로 묶어주는 일체감이라 정의했다. 에릭 홉스봄, 『1780년 이후의 민족과 민족주의』, 강명세 옮김(창비, 2004).

데, 그것은 이 이론들이 국가형성과 관련된 주체적 프로그램이라는 점에서 당연한 것이라 할 수 있다. 두 인식 틀 모두 식민·종속 상황의 극복과 근대화(자본주의 발전)라는 공통의 관심을 공유하고 있다. '4·19공간'에 나타난 민족주의적 열망은 1950년대 반공 및 냉전이데올로기를 뚫고 나오는 데 크게 기여했으며, 이후 한국 지성사에 큰 영향을 미쳤다.[6]

민족주의적 관점에서 볼 때 내재적 발전론은 과거 역사를 대상으로 상처 입은 민족의 자존심을 회복하고 한국사를 근대사의 보편성이라는 틀 속에서 해석하려 한 시도였다면, 민족경제론은 당시 시점에서 지상과제였던 자주적이고 민족적인 '자립경제'의 수립을 목표로 당시의 경제정책을 둘러싸고 외향적 성장론자와 한판 대결을 벌인 것이었다.[7]

민족주의를 이해하는 방식의 다양함에도 불구하고, 한국 사회에서는 보편적으로 민족주의에 대한 이념적 친화성을 가지고 있는데, 그 이유는 식민지 경험 때문이었다. 식민지하에서 민족주의는 강력한 저항이데올로기로 기능했으며, 그런 점에서 그것은 진보적인 것이었다. 그러나 현 시점에서 되돌아볼 때 민족주의는 남북 양쪽에서 모두 체제이데올로기화하여 근대 초기의 혁명성을 상실했다. 그러므로 민족주의에 대해 정확하게 이해하기 위해서는 그것이 시기적으로 다른 내용을 갖고 있으며, 한 시점에서도 다양하게 해석될 수 있음을 염두에 두고 논의해야 할 것이다.

---

6) 다만 이때의 민족주의는 제3세계 일반의 민족주의와 약간 궤를 달리하는 것으로 이해할 필요가 있다. 비동맹을 추구한 제3세계 일반의 민족주의는 구제국주의뿐만 아니라 신제국주의의 폐해에 대해서도 공격했지만, 미국의 영향력하에 있던 한국의 경우는 신제국주의에 대한 고민보다는 구제국주의, 특히 일본제국주의에 대한 일방적 비판이 주류를 이루었다.

7) 출발점에서의 유사성에도 불구하고 1980년대 이후 학계에서 차지한 두 방법론의 위상은 사뭇 다르다. 내재적 발전론은 한국사 분야에서 확고한 주류 인식방법론으로 자리 잡았지만, 민족경제론은 성장론에 밀려 비주류화되었다. 그 원인은 복합적이겠지만 두 이론이 가진 '박정희 모델'에 대한 친화성도 일조했을 것으로 보인다. 내재적 발전론은 '민족'의 복원에 열광함으로써 박정희식 근대화론의 비판의 무기로 사용될 수 없었음에 반해, 민족경제론은 그것과 대척점을 형성하고 있었다.

서구 근대의 출발점에 있었던 지향, 즉 서구 민족주의의 지향은 크게 자유와 평등으로 요약할 수 있다. 서구 민족주의가 지향한 서구적 근대란 말하자면 자유방임(자유)을 이데올로기로 자리 잡은 경제체제로서의 자본주의와 일인일표(평등)를 이상으로 발전해 온 민주주의라는 서로 성격을 달리하는 두 측면이 결합된 것이었다. 자유와 평등에 대한 이러한 이분법적 발상이 비록 도식적이긴 하지만 이를 근거로 역사적 시간표를 확인하면 자유가 평등보다 적어도 1세기 이상 앞서 있다.

하지만 제2차 세계대전 후에 독립한 한국의 경우 민족주의는 서구의 그것과 본질적으로 다른 특징을 몇 가지 지니고 있었다. 첫째 특징은 다른 제3세계 민족주의와 일반적인 특징을 공유하는 부분인데, 19세기 서구 민족국가가 제국주의화하면서 제3세계 민족주의에 있어서 근대성과 식민성은 쌍생아로 인식되었다는 점이다. 자유와 평등을 기치로 출발했던 유럽의 근대가 스스로를 부정하며 전 지구적으로 억압과 착취를 재생산해 낸 꼴이었는데, 서구 민족주의가 내포하고 있었던 평등 개념이 다른 지역/인종에게 적용되지 못했기 때문이다. 이 때문에 제3세계 민족주의는 비자본주의적 전망을 내포하고 있었고, 한국도 이 점에서는 예외가 아니었다.

둘째 특징은 한국에 독자적인데, 지배이데올로기화한 민족주의의 경우 평등의 측면보다는 자유의 측면을 크게 강조한다는 점이다. 한국의 역사적 시간표는 평등의 표상이 훨씬 먼저 직수입되었다. 서구와 동등한 수준의 형식적 평등을 획득했으나, '자본주의'는 자동적으로 주어질 수 없는, 시간이 걸리는 일이었다. 바로 이 때문에 한국에서는 경제성장이 최우선적 목표로 설정되었고, 경제성장이 민주주의의 과제보다 우선적으로 고려되었다. 형식적인 민주화 속에서 경제성장을 통한 국가형성 프로그램이 진행될 경우 그 속에서 성장한 민족주의는 신분적 굴레라는 전통으로부터의 해방이 아니라 경제적 종속(그것이 계급지배의 소산이든 식민지배의 소산이든)으로부터의 해방에 주안점을 두게 될 것이었다.[8]

따라서 국민국가 형성기의 한국 민족주의는 서로 이질적인 두 개의 특징이 공존하고 있는 셈이다. 특히 둘째 특징에 기인한 한국 민족주의의 속성에 대한 포스트식민주의적 입장에서의 비판은 자못 신랄하다. 임지현은 이를 잘 요약하고 있다. 그는 민족주의를 역사적 변화에 따라 움직이는 '2차적 이데올로기'로 정의[9]했는데, 그의 비판의 초점은 크게 두 가지이다. 첫째, 민족주의는 국민국가의 권력을 정당화하는 사상적 기제이고, 전근대 사회에서 종교가 했던 기능을 대체하고 있다고까지 여긴다. 둘째, 민족주의 자체가 이미 지배이데올로기를 내포하고 있으며, 좋은 민족주의와 나쁜 민족주의를 구분한 다는 것은 이미 그 개념이 내포하고 있는 지배 개념에 복종당하고 있음에 불과하다고 비판한다.[10]

민족주의에 대한 이러한 비판, 특히 '민족'의 담론이 평등에 반하는 독재에 봉사했다는 비판은 경청할 만하다.[11] 그러나 민족주의에 대한 비판이 과도하여 모든 잘못된 것을 민족주의에 돌리는 것은 경계해야 할 것이다. 나쁜 점은 모두 민족주의 탓이고, 그렇지 않은 것은 세계화에 조응한 것이라는 주장은 그 자체가 제국주의를 옹호하는 논리가 될 가능성이 매우 크다.

---

8) 국가형성을 둘러싸고 자유방임을 강조하는 지향과 평등을 강조하는 지향이 구분될 수 있을 것이다. 근대화 프로젝트를 진행할 때 그 중심을 전통(차별에 기초한)의 극복을 통한 평등의 달성에 두는 경우와, 자유주의적 경제체제를 구축하여 경제적 종속으로부터 벗어나고자 하는 경우는 다를 수 있다. 보다 과감하게 본다면 전자를 민족경제적 지향으로, 후자를 국민경제적 지향으로 구분할 수도 있을 것이다.

9) 임지현, 「다시, 민족주의는 반역이다」, ≪창작과비평≫, 117(2002).

10) 식민지 민족주의의 저항논리는 사실상 제국주의 지배논리에서 주어와 목적어를 전도시킨 것이며, 좌파들조차 국가가 주도하는 자본축적 과정을 민족해방의 이름으로 지지 옹호했다는 점을 못마땅해 하고 있다. 또 민중이 주인되는 통일된 자주 국민국가의 수립이라는 이념적 지향은 그 자체로서 이미 민족적 정체성과 계급적 정체성을 정점으로 하는 정체성의 위계질서를 구축하는 것으로 보고 있다. 임지현, 같은 글, 193~195쪽, 이곳저곳.

11) "민중적 민족주의는 무엇보다도 민족주의에 대한 규범적 이해 아래 근대화의 코드를 공유함으로써 권력담론에 대한 대항담론으로 발전하는 데 실패했던 것". 임지현, 같은 글, 198쪽.

민족주의가 2차적 이데올로기라 해서 민족주의의 개념 자체가 부정될 수는 없다. 그것의 부정적 성격을 비판하는 것과는 별도로 민족주의가 상상의 것이건 아니건 간에 엄연히 영향력을 발휘하고 있다면 그 근원을 살펴야 할 것이다. 민족은 형성되는 것이지만 끊임없이 변모하는 것이기도 하다. 따라서 분석하는 시점에서의 민족 혹은 민족주의가 가지는 개념의 내포와 외연이 어떤 것인지 살펴볼 필요가 있다.12)

한국에서 있어서도 민족이건 민족주의건 그것은 근대의 산물이다. 백 보 양보하여 민족의 실체를 전근대시기까지 끌어올릴 수 있을지 몰라도 민족주의는 전적으로 근대의 창조물이며 인위적으로 구축된 창조물이다. 민족주의가 성립하기 위해서는 민족구성원 개개인의 존재로서의 평등이 어느 정도 전제되어 있어야 하기 때문이다.

식민지하에서 민족주의는 민족해방투쟁의 동력으로 활용되었다는 점에서 제3세계의 그것과 맥을 같이 한다. 독립 이후에도 국민형성을 위한 동질성의 확보 이데올로기라는 점에서는 동일한 역할을 했지만, 분단이라는 특수 상황에 규정되어 그것은 경제성장을 주 내용으로 하는 근대화 프로젝트의 이념적 기반이 되었다. 겔너(E. Gellner)는 더 극단적으로 경제성장에 대한 요구가 민족주의를 발생시키는 것으로 보았다.13)

개항기에는 민족주의적인 반제국주의와 부르주아적인 반봉건주의가 결합되었지만, 두 세력이 그리는 세상은 사뭇 달랐다. 반제국주의를 표방한 갑오농민전쟁은 근대적 민중으로서의 자각에 의한 것이건 전통적 대동사상의 틀에서 크게 벗어나지 않은 것이건 양자를 모두 포괄할 수 있는 것이었다. 그러나 이 중 부르주아적인 반봉건주의는 식민지 치하에서 쉽게 체제 내화하면서

---

12) 1970년대 말 분단사학이나 그 이후 분단체제론의 제기는 당시 시대 분위기에서 '민족'의 내포가 변화하는 것을 감지한 선각적 지식인들이 느꼈던 위기의식의 발로였을지도 모른다.

13) 어네스트 겔너, 「근대화와 민족주의」, 백낙청 엮음, 『민족주의란 무엇인가』(창작과비평사, 1981), 153쪽.

'민족해방투쟁'이라는 독립운동의 본류로부터는 멀어질 수밖에 없었다. 대신 식민지하에서는 민족주의적인 반제국주의는 프롤레타리아적인 반자본주의와 결합하면서 민족해방투쟁의 주류를 형성했다. 해방 후 분단된 북쪽에서 양자는 모두 지배이데올로기로서의 지위를 획득했지만, 남한에서는 프롤레타리아적인 반자본주의는 추방되었으며, 민족주의의 반제국주의 성향도 지배이데올로기 내에서는 구제국주의에 대한 것으로 축소되었다. 그렇지만 민족적인 자주 자립을 지향하는 흐름은 후일 민중적 민족주의라고 불리는 흐름 속에 계승되었다.

이러한 민족주의에 대한 이해에 기초하여 내재적 발전론이나 민족경제론의 민족주의에 대한 인식도 다시 검토할 필요가 있다. 두 이론 모두 식민성의 극복이라는 민족주의의 측면을 공유하고 있다. 그런 점에서 두 이론 모두 근대화 기획으로서의 성격을 지니고 있다. 하지만 조선 후기사 연구에 집중했던 초기 내재적 발전론의 이론적 성과는 식민지시대의 역사인식에서 '수탈론'으로 비껴나갈 수밖에 없었다는 한계를 드러내었다. 약탈당한 역사에서의 근대화 기획은 민족해방을 성취할 때까지 유예될 수밖에 없었고, '민족'이 최상의 기치가 되면서 한국 근현대사를 관통하는 논리를 개발하는 데 한계를 드러냈다.

민족경제론은 식민지시대의 한국 자본주의를 식민지종속형 자본주의로 유형화하면서 이러한 문제점을 해결할 수 있었다. 식민지 자본주의가 안고 있는 여러 모순들은 식민지종속형 자본주의의 특징이며, 해방 후 근대화 기획에 있어서는 이러한 모순의 극복이 또 하나의 과제로 추가되어야 한다는 논리가 가능했다. 민족경제론이 가지는 반제국주의, 곧 비자본주의적인 특징[14]은 이러한 논리 속에서 이해 가능하다. 그러나 한국 자본주의는 민족경제론이 그렸

---

14) 20세기 후반에 있어서 반제국주의는 반자본주의적인 성격을 지닌다. 이런 점에서 민족경제론은 근대화 프로젝트이면서 동시에 비자본주의적이다. 이에 대해서는 후술하는 바와 같이 여러 다른 의견이 있을 수 있지만, 적어도 민족경제의 최종 완성태가 서구 자본주의의 그것과는 다른 것이었음은 확인하고자 한다.

던 근대화 기획과는 다른 방향으로 발전해 왔으며, 그것의 역사적 성취는 민족경제론의 비자본주의적 지향의 정당성을 약화시키고 있다.

그렇다면 두 이론이 공유하고 있는 민중적 민족주의는 이제 시대적 소명을 다한 것인가? 확실히 21세기 초엽인 현재 세계경제는 더 이상 국민국가의 틀 속에서 논의하기에는 부적절한 변화가 다양하게 나타나고 있다.[15] 자본주의 그 자체는 세계체제적인 속성을 가진다. 그러나 세계체제 그 자체가 지역 간 불평등의 위계를 기초로 존립하는 것인 한, 그러한 불평등을 완화시키기 위한 지역경제권을 구축하는 것은 필요하다.

다시 돌이켜보면 지배화된 민족주의란 이러한 불평등한 위계 속에서 희생당하고 있는 민족구성원을 호도하기 위한 것에 불과할 수 있다. 민족주의 형성기에 한 축을 이루었던 민족구성원의 평등에 대한 관념을 복원하는 것은 세계체제의 불평등한 위계 속에 무방비 상태로 끌려들어가는 것에 대한 최소한의 억제책이 될 것이다. 민중적 민족주의에 입각하여 한국 자본주의를 전망하는 것은 단순한 경제성장의 문제가 아니라 어떤 특정한 성격의 경제발전을 목적의식적으로 지향하는 것이다.

우리가 자본주의의 발전(development)을 이야기할 때 사람들의 발전에 대한 인식에는 크게 두 차원이 있다고 생각한다. 하나는 발전을 단순한 경제지표의 성장(growth)과 등치하는 개념으로 사용하는 경우인데 대부분의 주류경제학에서 생각하는 방법론이다.[16] 둘째로는 발전을 자기완결적 성장(self-reproducing

---

15) 아리기(G. Arrighi) 등은 이것을 국민국가 간의 연쇄망의 다양화, 세계화와 자본집중 등으로 요약하고 있다. 그들은 마르크스가 고전파 정치경제학을 비판했을 때 두 가지의 중요한 초점의 변화가 있다고 보았다. 한편으로는 국가에 의해 규정되는 경제적 공간에서 세계경제적 공간으로, 다른 한편으로는 시장에서 작업장으로 초점이 이동한다는 것이다. 지오반니 아리기 외, 『반체제운동』, 송철순·천지현 옮김(창작과비평사, 1994). 지배이데올로기화한 민족주의에 대한 이론적 비판인 셈이다.

16) 한국 자본주의의 발전을 경제성장의 관점에서 파악하려는 시도가 최근 활발해지고 있다. 안병직은 "경제성장사학의 관점이란 노동, 자본, 경영능력과 같은 투입을 얼마나 효율적으로 결합해서 얼마만큼의 산출을 얻었으며 그렇게 해서 전반적 생활수준은

growth) 혹은 지속가능한 성장(sustainable growth)으로 생각하는 경우인데 민족경제론이 대표적이며, 내재적 발전론도 이를 어느 정도 전제하고 있다.[17]

성장에 대해 '자기완결적' 혹은 '지속가능한' 등의 수식어가 붙어야 발전이라고 생각하는 주장은 현 상태는 그렇지 않음을 어느 정도는 전제하고 있으며, 그런 점에서 매우 목표지향적이다. 나아가 이러한 목표를 향한 의식적 노력이 없으면 그러한 목표는 달성될 수 없다는 점에서 첫째 논자와 구별된다. 말하자면 민족경제론이 구상한 한국 자본주의의 발전이란 경제구조의 보다 고차적인 형태의 이행을 내포한 것이었다. 구체적으로는 민족경제론이란 민중에게 좀더 고차원의 삶을 보장해 줄 새로운 생산양식으로의 이행과 그 방법론이었던 것이다.[18]

발전과 성장을 동일시할 경우 체제의 지속성은 문제가 되지 않는다. 성장에만 성공하면 체제는 지속적이기 마련이라고 생각하기 때문이다. 그러나 지금까지의 성장이 앞으로의 성장을 보장해 준다는 어떤 근거도 없다는 점에서 이러한 인식은 미래에 대한 낙관론에 근거하고 있다. 나아가 경제성장이 자동적으로 어떤 사회의 구조를 바람직한 방향으로 전환해 줄 것이라는 보장은 없으며, 이를 위해서는 경제주체의 목적의식적인 노력이 반드시 필요하다.

---

어떻게 달라졌는가를 구명하려는 연구관심"이라고 정의하고 있다. 안병직 엮음, 『한국경제성장사』(서울대학교출판부, 2001), 서문. 이는 다른 두 입장이 '자기완결적', '지속가능한' 등의 수식을 통해 '성장'을 재규정하고 있는 것과는 달리, 성장은 자기 논리 속에 구조변화를 내포하고 있음을 전제하고 있다.

17) 민족경제론이 아우타르키적 경제구조를 어느 정도 전제하고 있었기 때문에 요즈음 널리 회자되는 지속가능한 성장과 같은 맥에 있다고 보기는 어려울 수 있다. 또한 내재적 발전론의 경우도 어떤 자본주의상을 그리고 있었는지는 분명하지 않다. 그러나 이들이 이행을 고려하고 있었다는 점에서 발전을 성장과 등치하는 논자들과는 구별할 수 있다.

18) 이 점에서는 내재적 발전론 역시 동일하다. 한국 중세 사회가 근대로 이행할 수 있는 자생력이 있었다는 내재적 발전론의 주장 역시 경제구조의 이행을 전제로 한 발전을 구상하고 있었다. 보다 구체적으로 이행의 씨앗으로 자본주의 맹아와 그 주체로서 경영형 부농을 검출하고 있다.

그런 점에서 발전이란 단순한 양적 성장이 아니라 그 과정 자체가 경제구조를 보다 바람직한 형태로 전환하기 위한 목적의식적인 노력이 결부된 과정이라 할 수 있다.[19] 여기서 바람직한 상태란 물론 보다 많은 민족구성원의 좀더 나은 삶을 지칭하는 것이었다. 만일 세계화시대에서도 여전히 민족 혹은 민족주의가 유용하다면 학문에서의 주체적 개념화를 위한 노력 역시 지속되어야 할 것이다.

## 3. 내재적 발전론의 형성과정 및 이론구조

내재적 발전론 최대의 의의는 한국에 있어서도 역사발전의 내재적 동기가 있다는 것을 보여줌으로써, 한국사가 다른 지역과 마찬가지의 보편성을 획득하고 있다는 것을 입증하고자 한 것이었다. 그것은 식민사관이 심어놓은 타율성론, 정체성론을 극복하는 것을 일차적 과제로 한 것이었지만 이러한 극복과정은 식민사관에 짓눌려 자율적 역사관을 확립하지 못하고, 그럼으로써 제국주의의 지배를 정당화하는 반역사적인 인식으로부터 벗어날 수 있게 한다는 점에 그 의의가 있다.

식민사관이란 제국주의 침략과정에서 제국주의 국가가 자신의 식민지 지배를 합리화하려고 만들어온 것이다. 그러므로 제국주의 논리에 맞추어 우리 역사와 사회를 해석하려는 내용은 모두 식민사관으로 파악할 수 있지만, 조동걸은 그 주요 내용을 타율성론, 정체성론, 당파성론 등으로 정리하고 있다.[20]

---

19) 그런데 이행은 낡은 것에 의한 새로운 것의 대체는 아니다. '비동시적의 것의 동시성'을 굳이 들먹이지 않더라도 진보란 동시적으로 존재하는 비동시적인 것 중에서 앞선 것에 의해 낡은 것이 사라지거나 동화되는 것을 의미한다. 발전이라는 개념은 이러한 대체와 동화를 좀더 분명하게 담고 있는 것으로 보인다. 발전은 바람직하다고 여겨지는 어떤 체제의 속성이 강화되는 과정이며, 그것은 체제의 지속성에 의해 검증된다.

20) 조동걸, 「일제의 식민사학」, 『한국의 역사가와 역사학』下(창작과비평사, 1994), 305쪽.

1960년대 이후 식민사관의 비판을 내용으로 한 사학계의 노력이 활발하게 이루어졌다. 이 노력은 식민사관, 특히 정체성론 비판에 큰 성과를 거두었다. 박찬승은 초기 한국사학자들의 연구 성과를 검토하면서, 김철준은 단재의 민족주의사학이 지닌 한국문화에 대한 이해의 태도를 계승할 것을 강조했고, 김용섭은 민족주의사학과 마르크스주의사학을 비판적으로 계승할 것을 강조했으며, 이기백은 문헌고증사학과 신민족주의사학을 비판적으로 계승할 것을 강조하고 있다고 정리했다.[21] 그리고 손진태·이인영 등이 제창한 신민족주의 역사학이 내재적 발전론의 한 뿌리를 형성하고 있는 것으로 평가하고 있다.

　　이처럼 1960년대 새로운 한국사상의 수립에 대한 노력은 식민사관의 극복이라는 점에서는 입장이 동일했지만, 그를 위한 사상적 지류는 매우 다양한 것이었다. 1970년대 초반에 나온 김용섭의『조선후기 농업사 연구』, 강만길의『조선후기 상업자본의 발달』, 송찬식의『이조후기 수공업에 관한 연구』등은 1960년대 식민사관을 극복하기 위한 사회경제사 분야의 노력에 따른 일종의 결산이었다. 김용섭은 경영형 부농이라는 범주를 검출했으며, 강만길은 상업에서, 송찬식은 수공업에서 조선 후기 사회가 발전하고 있음을 확인했다. 그들은 조선 후기에 존재했던 이와 같은 변화양상을 자본주의적 발전의 길을 준비하고 있다는 의미에서 자본주의 맹아라 불렀다.

　　자본주의 맹아란 중국 사회 성격논쟁에서 등장한 개념으로 아직 우클라드에 불과한 것이지만, 이를 매개로 훗날 자생적인 자본주의 발전이 가능하다는 주장의 근거로 이용되는 것이 일반적이었다. 이후 이러한 방법론은 후학들에 의해 내재적 발전론으로 불리게 된다. 특히 이후 학계에 미친 영향력이나 이 글의 관심에 있어서도 중요한 것은 이러한 경향의 연구였다.[22] 이 주장은

---

21) 박찬승, 「분단시대 남한의 한국사학」, 같은 책, 339쪽.

22) 계급적 인식과 괴리된 사학의 조류들은 1970년대 박정희의 '한국적 민주주의'를 표방한 유신체제하에서 국수주의적이고 복고주의적인 민족주체사관으로 변질하여 국가주의 이데올로기를 강화하는 데 기여할 뿐이었다. 민족주의가 군사독재에 일조했다는 저간의 평가는 이러한 생각에 기반을 둔 것이다. 박찬승, 같은 글.

후술할 민족경제론과 그 맥을 같이하고 있는데, 국가형성의 시기에 주체적 인식방법론이 어떤 모습인지 당시 지성들 사이에 일정한 공감대가 형성되어 있음을 보여준다 하겠다.

이제 내재적 발전론의 한국 근현대사 인식방법론을 간략하게 소개한다.[23] 내재적 발전론에 입각한 한국 근대사 인식을 간단히 요약하면, 조선 후기에 성장했던 자본주의의 맹아는 타율적인 개항과 일제의 침략에 의해 왜곡되었으며, 한국 사회의 보다 진보적인 발전은 억압되고 '지주적인 코스'의 발전을 따르게 되었고, 일제시대에도 이러한 코스의 발전이 지속되었다는 것이다.[24]

내재적 발전론의 인식을 한국사의 각 시기별로 나누어 살펴보자. 첫째, 조선 후기 사회에서는 주로 봉건제의 해체적 양상이나 자본주의의 맹아적 형태를 추출하는 데 정력을 기울였다. 이 과정에서 농업·수공업·상업 등 모든 생산 분야에 걸쳐서 생산력의 증대나, 자본주의적인 관계들의 맹아를 찾으려는 노력으로 나타났으며, 이른바 '자본주의 맹아론'으로 자리 잡게 되었다. 또 조선 후기의 부세제도의 문란이나 농민반란 등을 봉건제의 해체적 양상이라는 관점에서 이해하고 있다. 맹아론이 '부조적' 역사인식이라는 비판을 받은 것도 사실이지만, 그 과정에서 조선 후기 사회의 역동적인 변화 모습을 검출한 것은 큰 의의가 있다고 하겠다.

둘째, 개항기에 대해서는 이러한 역량이 성숙하였음에도 불구하고 그 힘이 미약하여 서구 및 일본 제국주의의 압도적 규정하에 스스로 근대 사회를 수립하지 못한 채 일본의 식민지 지배를 받게 되는 이유를 설명하고자 했다. 주체적

---

23) 이 요약은 조석곤, 「식민지근대화론과 내재적 발전론 재검토」, 《동향과전망》, 38 (1998)을 참고했다.

24) 김용섭은 근대화 과정에서 농업개혁의 두 방향이 존재했는데, 그중 농민적 입장의 근대화 방략은 좌절되고 지주적 입장의 근대화 방략이 정착되었으며, 일제하에서 이 방향은 식민지 지주제를 매개로 하여 일제가 수탈을 보다 효과적으로 수행할 수 있게 하는 데 기여했다고 보고 있다. 김용섭, 「근대화 과정에서의 농업개혁의 두 방향」, 『한국자본주의성격논쟁』(대왕사, 1988). 내재적 발전론의 역사인식을 잘 보여주는 논문의 하나이다.

역량의 성숙에도 불구하고 자주적 자본주의화에 성공하지 못한 이유는 무엇인가에 관해서는, 외적으로는 그러한 자본주의적 요소가 충분히 성숙하기 전에 제국주의 국가에 의해 지배당했기 때문이지만, 내적으로는 봉건세력이나 봉건왕조의 정책에 의해 발전이 저지되기도 했음을 지적하기도 한다. 물론 이 과정에서 자주적인 자본주의화를 지향하려는 움직임과 이식된(혹은 강요된) 자본주의 사이의 대립이 보이지만, 결국 후자가 승리한다는 것이다.

셋째, 식민지시기에 대해서는 수탈을 위한 자본주의화가 진행되면서도 해체가 지연된 봉건적인 유제가 식민지 사회에서도 그대로 온존하면서 파행적인 사회구조를 지니게 되었다고 보았다. 이 과제는 민족경제권의 축소[25])라거나, 혹은 기형성·파행성 등을 주장하는 논의 등으로 나타났다. 이는 한반도에서 경제성장은 확인되지만 그것은 일본경제의 외연적 성장, 즉 일본 자본주의의 성장에 불과한 것이며, 한국 자본주의라 할 만한 부분은 위축·후퇴되었다는 시각에서 파악한다.[26])

이것은 당연히 해방 이후의 한국경제의 성장은 식민지하의 경제성장과는 무관하다는 관념으로 이어진다. 그런데 식민지시대에 대한 이러한 인식이 지나치게 강조될 경우 그 왜곡된 측면이나 수탈의 측면만이 부각되기 마련이며, 그 반대로 식민지 이전 시기인 조선 후기나 특히 대한제국기는 상대적으로 적극적이고 긍정적으로 평가될 소지가 크다.[27])

---

25) 박현채, 『민족경제론의 기초이론』.

26) 식민지시대의 인식에 대해서는 내재적 발전론을 주도한 한국사 쪽보다는 민족경제론이나 경제사학 쪽에서 더 두드러진 성과가 있었는데, 식민지반봉건사회론이나 민족경제론이 대표적이다. 식민지반봉건사회론은 일제하에 있어서도 식민지지주제를 매개로 봉건제의 유제가 '반봉건(半封建)'의 형태로 온존되어 있음에 주목했다. 민족경제론은 식민지종속형 자본주의적인 발전의 길을 걷는 지역에서는 국민경제와 민족경제의 괴리가 나타난다고 보았다. 이에 대해서는 다음 절에서 상술한다.

27) 수탈론에 입각한 제국주의의 폭압성 강조는 식민지 지배의 죄악이나, 그것에 대항한 투쟁의 역사적 정당성을 부각시킨다는 점에서 그 의의를 찾을 수 있다. 그러나 수탈에 대한 일방적인 강조는 해방 당시 한국의 잠재생산력에 대한 과소평가를 낳았으며, 이는 식민지 이전 조선 사회의 내재적 발전에 관한 과대평가와 결합되어 "경제개발론에

내재적 발전론은 1980년대 민족민주운동의 진전과정에서 일정한 분화를 겪게 되는데, 식민사관의 극복에 한목소리를 내던 한국사학계는 당시 민족민주운동에 대해 회의적이며 보수적인 민족주의를 표방하는 그룹과 과학적·실천적 역사학을 표방하고, 과거 실증주의적 학풍으로부터 결별을 선언한 그룹으로 나뉘었다. 과학적·실천적 역사학이란 학문적 측면에서는 과학적 세계관에 입각한 역사학을 가리키고, 현실적 측면에서는 사회적 실천을 중시하는 역사학을 말하는데 흔히 이를 민중사학이라고 불렀다.

민중사학이라 해도 내부에는 다양한 성향이 공존했는데, 이에 대해서는 김성보의 요약이 참고가 된다. 민중사학은 진보적인 역사연구자들의 다양한 성향을 총칭하는 개념인데 다양한 성향에도 불구하고 공통되는 것은 한국사회의 발전경로를 비자본주의적인 발전의 길로 설정하고 그 주체로서 민족모순과 계급모순에 직면한 '민중'을 설정한 점에 있다고 보았다. 그런데 민중범주의 설정과 관련하여 민중사학을 크게 소시민적 민족주의적 관점, 통일전선론적 관점, 도식적 사적유물론에 대한 대안적 관점으로 구분하고 세 번째의 관점이 앞의 두 관점보다 더욱 풍부한 문제의식과 연구방법론을 담고 있다고 보았다. 그러한 판단의 근거는 "1990년대의 진보적 역사학계에 부과된 최대의 과제가 '사적유물론의 창조적 재해석'과 '한국사의 발전전망에 대한 주체적 재해석'에 있다는 문제의식에 따른 것"이라고 했다.[28]

민중사학이 내재적 발전론을 계급적 인식을 중심으로 심화시키고자 고민한 것이었다면, 분단으로 표현된 한국사의 민족적 문제를 고민하면서 인식을 심화시키고자 한 것은 분단사학이었다. 분단사학은 그 주창자인 강만길의

---

서 주장하는 '근대화'의 역사적 연원을 조선 후기의 발전상에서 찾으면서 군사정부의 '근대화론'(경제개발론)을 역사적으로 합리화"(정태헌, 「해방 후 한국에서 일제 식민지상(像)의 변화와 과제」, 『식민지근대화론의 비판적 검토』, 한국사회사학회·한국역사연구회 학술심포지엄, 1996, 3쪽)하는 이데올로기로 귀결했던 것 또한 현실이었다.

28) 김성보, 「'민중사학' 아직도 유효한가」, ≪역사비평≫, 14(1991), 53쪽. 이러한 평가에도 불구하고, 현재 내재적 발전론의 이론 수준이 '이론의 창조'와 그에 따른 한국사의 주체적 해석에 도달했는지는 의문이다.

표현 그대로 한국사학계 내의 작은 부분의 노력이지만, 내재적 발전론의 발전 방향을 보여주는 중요한 시도의 하나이다.

분단사학에 대해서는 강만길 스스로 소개한 글이 있어 이를 요약한다.[29] 분단체제의 고착과 함께 남한에서는 실증주의사관이, 북한에서는 유물사관이 압도적인 주류를 형성했는데, 1970년대 후반 남한에서는 '분단극복사론'이 제기되었다. 그것은 '4·19공간'에서 길러진 분단체제에 대한 객관적 역사인식 과 1960~70년대의 반군사독재운동과 평화통일운동에 그 뿌리를 두고 있는 것으로 규정했다. 그는 분단극복사론이 제기된 배경으로 군사독재정권 아래에 서의 외채자본주의의 일정한 발달에 도취되고 안주해 가는 역사인식을 경계하 면서 그 시대가 전체 민족사 위에서 불행한 분단시대임을 자각해야 한다는 점을 들었고, 그 요체로 "분단체제 아래서 틀잡아가고 있는 분단국가주의를 극복하고 통일민족주의적 역사인식을 열어가야 한다는 데 초점이 맞추어진 사론"[30]으로 규정했다.

그는 민족통일의 과정을 지도하는 지도원리로 주체적·평화적·비흡수적 통 일원칙을 제시하되 그 체제는 대립된 두 체제의 평면적 연합체가 아니라 "자본 주의 체제와 현 단계 사회주의 체제가 가진 정치·경제·사회적 반역사성을 상승적으로 극복한 '제3의 체제'라는 관점"[31]에서 수립되어야 한다고 보았다.

그러나 내재적 발전론은 정작 한국 자본주의의 발전에 대해서는 뚜렷한 목소리를 내지 못하고 있다. 분단문제를 과학적 인식의 틀 속으로 끌어들이고 자 하는 것이나 식민지시대 독립운동역량에 대한 논의 모두 중요하지만, 정작 현재 한국 사회 '민중'의 삶의 질을 어떻게 고양시킬 수 있을 것인가에 대한 논의에는 침묵하고 있다. 이것은 단순한 침묵이라기보다는 내재적 발전론의 개념구조가 가진 한계에 기인하는 것이다.

조선 후기에 대해 큰 성과를 거두었던 내재적 발전론의 인식론을 그 이후까

---

29) 강만길, 「통일사관 수립을 위하여」, ≪역사비평≫, 14(1991).
30) 같은 글, 61쪽.
31) 같은 글, 66쪽.

지 연장하면, "한반도에 있어서 자본주의의 자생적 발전은 가능했고, 만일 식민지가 되지 않았다면 독자적인 민족경제권의 수립이 가능했을 것이다"로 요약할 수 있을 것이다. 그러나 이러한 문제제기는 자생적 발전을 막은 최대의 적을 제국주의에게 돌림으로써 '수탈론'이라든가 '파행성론'에 입각하여 일제시대를 설명할 수밖에 없게 했고, 이는 식민지 이후 한국경제의 성장을 설명하면서 또 다른 단절을 겪게 했다.[32]

이들은 식민지하에서는 총독부의 억압, 일본자본의 확대에 따른 민족자본의 위축 등 정상적인 발전을 불가능하게 하는 여러 가지 조건들이 형성되어 있었으며, 국내 재생산조건의 결여, 중공업과 경공업의 불균등 발전, 강력한 노동착취 등 국내 경제를 파행적으로 만드는 요인이 존재했다고 보고 있다.

그러나 이러한 요인들을 하나하나 따져보면 달리 해석될 소지도 많다. 총독부의 경제정책의 기조는 박정희 정부보다도 덜 개입적이었으며, 조선인 경제 부문도 양적으로는 급속하게 팽창했다. 파행성으로 지적되어 온 특징들은 식민지로부터 독립된 이후의 한국 사회에서도 오랫동안 재생산되어 온 특징이기도 했다. 이러한 문제의식으로부터 '식민지원죄론'으로 설명할 수 없는 한국사 고유의 특징을 찾아내고, 그것을 통해서 한국 자본주의사를 재구성해 보자는 비판이 강력하게 제기되었다. 흔히 식민지근대화론으로 불리는 이러한 주장은 1980년대 중반 이후 내재적 발전론의 역사해석에 대한 강력한 대항이론으로 성장했나.

내재적 발전론과 식민지근대화론의 논쟁은 사실 '식민지공업화'의 역사적 의의에 관한 관점의 차이에서 촉발되었지만, 이러한 관점의 차이는 실제로는 1980년대 중반 이후 식민지시대의 거의 전 분야의 연구에서 나타나고 있으

---

32) 수탈론은 내재적 발전론의 한계를 가장 극단적으로 밀고나간 것으로 한국 자본주의사의 역사인식을 왜곡시킨 주범이었다고 할 수 있다. 내재적 발전론의 역사인식에 비판적인 학자들이 가장 끈질기게 공격하는 것도 바로 이러한 유형의 인식론이었다. '수탈론'에 따르면 식민지하에서 민족적인 존재영역을 찾을 수 있는 유일한 영역은 독립운동사이며, 존재하는 물질생활은 모두 수탈의 역사가 될 수밖에 없다.

며,33) 최근에는 조선 후기와 해방 이후까지로 그 영역이 확대되고 있다.

여기에서 이 논쟁을 자세히 요약할 겨를은 없지만 내재적 발전론에 대한 식민지근대화론의 문제제기는 내재적 발전론의 방법론적 한계를 드러내는 데 성공한 것으로 보인다. 특히 조선 후기 자본주의 맹아에 대한 '부조적' 강조, 식민지시기 역사를 수탈의 관점에서만 해석하려는 경향은 수정이 필요할 것으로 여겨진다.

하지만 성장의 수치로 한국 자본주의사를 치환해 버리면 제국주의 본국과 식민지에서 형성된 자본주의 사이의 차이가 드러나지 않는다.34) 자본주의사를 공업화, 경제성장사로 치환하게 되면 예컨대 식민지시대의 반봉건의 문제가 완전히 사상되어 버린다.35) 혹자는 개발의 효과는 "노동조건의 악화 속에서 노동공급량의 증가에도 불구하고 소득창출효과는 그다지 크지 않"36)다는 실증적인 반박을 내놓기도 했다.

이 논쟁에 이용된 구체적 사실에 대한 평가여부는 이 글의 관심은 아니지만, 이 논쟁과정에서 드러난 분명한 사실의 하나는 양자 모두 기본적으로 단선적 역사인식에 기초하고 있으면서 존재하는 사실의 한 쪽만을 보고 있기 때문에 이 논쟁은 합의도출이 불가능한 평행선일 수밖에 없다는 점이다.37)

세계화를 비판하면서 우리는 선진자본주의가 지구상의 모든 국민국가에 대해서 자신의 발전모델을 따르라고 강요하는 것과 같다는 논리를 이용한다. 그것이 비판받아 마땅한 이유는 그 이론이 각국별 역사발전의 상이함과 그것

---

33) 조석곤, 「식민지근대화론과 내재적 발전론 재검토」.

34) 물론 그것이 본질적인 차이인지 유형의 차이에 불과한지는 이론적인 쟁점이 될 수 있을 것이다.

35) 배성준, 「'식민지근대화' 논쟁의 한계 지점에 서서」, ≪당대비평≫, 13(2000).

36) 허수열, 「'개발과 수탈'론 비판: 식민지 산업화와 해방 후 산업화의 연관성 비교」, ≪역사비평≫, 46(1999), 134쪽.

37) 배성준은 수탈론이나 식민지근대화론이 민족주의와 근대화라는 공통의 기반을 가지고 있음을 지적하고 논쟁점을 전환할 것을 요구하기도 했다. 배성준, 「'식민지근대화' 논쟁의 한계 지점에 서서」.

에 따른 사회적 조절방식의 차이를 송두리째 무시하는 몰역사적인 방법이기 때문이다. 영미식 자본주의와 독일형 자본주의 혹은 일본형 자본주의가 달랐던 것은 각국 자본주의의 역사적 발전과정이나 사회제도의 차이에 기인한 계급 간 조절방식의 차이 때문일 수도 있고, 역사적으로 형성된 제도의 경로의 존성의 반영일 수 있다. 이 점을 무시한 '역사의 종말'론은 시대착오적이었음은 말할 나위 없지만, 자본주의적 발전을 달성하기 위해서도 다른 방식과 제도세트를 취할 수밖에 없다는 사실을 인정해야 한다.

전근대 사회에서 근대의 가능성을 도출한 내재적 발전론이나 식민지시대에서 근대의 가능성을 도출한 식민지근대화론이나 그것을 별다른 고민 없이 한국 자본주의의 발전과 연결시키고 있다. 그럼으로써 의도했든 의도하지 않았든 자본주의로 표상되는 근대를 절대화하고 있다. 내재적 발전론이 해방 이후 현실적으로 진행된 근대화 프로젝트에 대해 결과적으로 동조한 셈이 되었다거나, 근대화를 민주화와 대립하는 산업화로 제한하고, 식민지 유산을 오늘의 경제성장 배경으로 거론하는 속류적 경제성장론은 독재와 정경유착이 자원분배에 효율적이었다는 유신체제 논리와 일맥상통[38]한다는 비판을 모두 받게 된 것이었다.

내재적 발전론은 한국 사회에 있어서 근대의 형성을 자본주의 맹아라는 개념으로 성공적으로 설명했다. 이 개념이 역사에 관한 부조적 인식에 불과하다는 비판을 수용한다 하더라도 한국사에 고유한 역사빌진 동력이 있었다는 사실은 이제 누구도 부인할 수 없는 사실이 되었다. 내재적 발전론의 역사적 소임은 성공한 셈이다. 그러나 내재적 발전론은 동일한 개념구조로서 근대의 문턱에 들어선 이후의 한국 사회를 성공적으로 설명하지 못하고 있다. 이 문제는 다음에 서술할 민족경제론의 과제이지만, 앞으로 내재적 발전론이 이론적으로 극복해야 할 과제이기도 하다.

---

38) 정태헌, 「카터 에커트의 한국 '민족주의' 인식 비판」, ≪역사비평≫(2002년 여름호).

## 4. 민족경제론의 형성과정 및 이론구조

　민족경제론은 국민경제 형성의 이론이다. 그것은 또한 실천적으로는 국가형성 프로그램이다. 민족경제론이 지향하는 바의 민족경제란 민주적이고 자주적이며 민족적인 국민경제라는 점에서 그 국가형성의 지향이 다른 근대화 프로젝트와 차별성을 갖는다. 다만 해방 이후 근대화 프로젝트가 이러한 민족경제론적 지향과 다른 방향으로 전개되었기 때문에 민족경제론은 실천적으로는 비판적이고 체제변혁적인 성격을 지니게 되었다.[39)]

　정건화는 민족경제론의 핵심은 정치경제학적 접근에 기초하고 민중민족주의적 지향을 갖는, 박현채에 의해 체계화된 이론체계라 할 수 있지만, 외연을 확대할수록 자립경제론과 같은 일반 민족주의적 성향을 갖거나 박정희식 외자의존 성장방식에 비판적인 다양한 비주류 경제학적 접근까지를 포함함으로써, 박현채의 표현을 빌리면 동심원적 구성을 갖는 것으로 이해할 것으로 정의하고 있다.[40)] 이는 그만큼 민족경제론을 정의하기 어렵다는 점을 반영하는 것이기도 하다.[41)]

　박현채의 민족경제론은 '외향적 조국근대화론'을 주장하는 '관변' 경제학에 반대하여 자립경제를 주창하면서 종속적 경제발전을 비판하는, 비록 비체

---

39) 민족경제론은 민족문제를 정치경제학의 이론체계 속에 통합시킴으로써, 식민지 종속형 한국경제의 문제를 '민중적 민족주의'라는 역사적 과제의 실현이라는 관점에서 설명하고 그 해법을 제시하려 한 것이라는 해석도 이와 일맥상통한다. 이병천, 「다시 민족경제론을 생각한다: 국민경제와 민주주의의 정치경제학」, ≪동향과전망≫, 48(2001), 44~45쪽.

40) 정건화, 「'민족경제론'의 재검토: 민족경제론의 형성, 발전과 한국민족주의」, ≪동향과전망≫, 55(2002).

41) 김균·박순성, 「정치경제학자 박현채와 민족경제론: 한국 경제학사의 관점에서」는 1970년대를 민족경제론의 학파로서의 성립기간으로 간주했지만, 정윤형, 「經濟學에서의 民族主義的 指向」, 『韓國民族主義論』(창작과비평사, 1982)은 1970년대 경제적 민족주의를 논리적으로 정립하려 시도한 변형윤, 조용범 등의 논의 골격은 이미 1960년대 발표한 박현채의 글 속에 모두 드러나 있다는 점을 지적하고 있다.

계적이긴 하지만 이론적 목표와 함의가 분명한, 한국 경제학계 내의 반주류 대항이론으로 전면에 등장[42]했다는 평가와 비판경제학으로서의 민족경제론이 제시한 주장이 당시의 경제현실과 유리된 것이 아니며 오히려 성장제일주의자들의 주장이 민족경제론적 전통에서 점차 멀어져간 것[43]이라는 논점의 차이가 있지만 경제적 민족주의를 지향하는 뚜렷한 학파로 영향력을 행사하고 있었다. 아마 민족경제에 대한 가장 표준적인 정의는 "민족경제는 범세계적인 자본운동의 과정에서 한 민족이 민족적 순수성과 전통을 유지하면서 그에 의거해 생활하는 민족 집단의 생활기반이다. 이것은 순수경제적인 자본운동의 측면에서는 국민경제에 포괄되는 하위개념이나 민족주체적인 관점에서는 국민경제보다 높은 상위개념이다"[44]는 문장에 요약되어 있다고 할 것이다.

민족경제론은 현실적으로는 박정희 모델에 대한 대항담론이었다. 그것은 구체적으로는 외세의존/민족주의, 외자중심/내자동원, 불균형성장/균형성장 간의 대립구조를 가진 것이었다. 해방 직후의 한국 사회는 당연히 국가 건설의 과제를 떠안고 있었다. 일반적으로 사람들이 경제자립의 지향에 집착했을 때, 박현채는 식민지 경험이 사회적 모순의 근원임을 지적하고 그것의 극복을 통한 자립화가 진정한 국가건설의 방향임을 지적하고자 했던 점에서 차이를 보였다. 민족경제의 수립이라는 목표를 내걸고, 그 목표에 도달하지 못한 현 상황의 모순이 무엇인지 파악하고, 그 모순의 역사적 기원이 무엇인지 분석한 후 모순 해소를 위한 방안을 강구한다는 방법론을 취한다는 것이다.

이와 관련하여 주목되는 것은 식민지시대의 인식방법론이다. 이는 그것이 안고 있는 개념상의 난점에도 불구하고 수탈론과 개발론의 양면적 편향을 극복할 수 있는 유형론을 제시함으로써,[45] 식민지사 연구에 하나의 돌파구가

---

42) 김균·박순성, 같은 글, 85쪽.

43) 조석곤, 「민족경제론 형성의 사회경제적 배경과 그 이론화 과정」, ≪동향과전망≫, 48(2001), 22쪽.

44) 조용범, 『후진국경제론』(박영사, 1973), 285쪽.

45) 이병천, 「다시 민족경제론을 생각한다: 국민경제와 민주주의의 정치경제학」.

될 수 있을 것으로 보인다. 당연한 것이지만 박현채는 귀납적인 역사관보다는 연역적인 역사관을 선호했다. 그는 당위적인 역사인식의 방법은 보편적인 법칙을 매개로 하여 개별을 인식하고 그 개별의 특수성을 명백히 하는 것이어야 한다고 말한다.[46] 여기서 보편이란 한 사회의 사회구성체적 규정, 즉 기본 모순을 의미하는 것이고, 개별의 특수성이란 사회성격, 즉 주요 모순의 해명을 의미하는 것으로 이해할 수 있다(330~331).

성격규명의 대상사회는 분단 이전에는 조선 사회임이 분명하지만, 분단 이후에는 남한에 국한된 것으로 보인다. 보편적인 사회구성의 개념에 입각한다면 분단된 두 체제를 하나로 연결해 주는 매개 고리는 존재하지 않는다. 결국 분단 이후의 민족경제론은 박현채가 살고 있는 남한으로 분석대상을 한정하게 된다. 그러나 분단과 6·25는 한국경제에서 원조의 논리를 정착시키고 대외의존구조를 고정시킴으로써 민족경제론의 입장에서는 극복되어야 할 대상이 된다. 즉, 민족경제론은 논리구조상 통일지향적이다.

먼저 사회구성적 관점에서 한국은 개항 이후의 과도기를 거쳐 토지조사사업이 완료된 1920년을 전후로 한 시점에서 자본주의(식민지자본주의)가 확립되었으며, 1950년대의 한국 자본주의의 위기를 계기로 국가독점자본주의화(207)한다. 그런데 민족경제적 관점에서 파악한 사회성격을 보면 개항 이후 (半)식민지반봉건사회였다가(155), 해방 이후에는 관료자본주의적 성격을 지니는 것(213)으로 파악한다. 식민지반봉건사회는 식민지성(식민지자본주의)과 반(半)봉건성(반봉건적 토지소유하의 소농민경영)을 지닌 사회(157)이다. 관료자본주의는 경제외적 성격과 매판성을 지니는 자본을 주요 구성으로 하는 자본주의(213)이다.

그러면 경제이론으로서의 민족경제론이 구체적으로 의도하는 것은 무엇인가. 그것은 "한국 자본주의에서 일제 식민통치하 사회적 생산력의 발전에 대한 평가문제, 그리고 오늘날의 비자립적인 공업화 과정에 대한 민족주체적인 평가"(21)와 관련되어 있다. 전자에 대해서 박현채는 부차적 민족경제 영역

---

46) 박현채,『민족경제론의 기초이론』, 365쪽. 이하 본문에 쪽수만 기록된 것은 모두 이 책으로부터 인용한 것이다.

의 확대로, 후자에 대해서는 공업의 피폐와 대외의존성의 강화(219)로 표현하고 있다.

그러나 식민지하에서도 광범위한 분야에서 민족계 중소기업의 창설이 있었는데(145), 이는 자본주의적 관계의 발전에 부응한 것이었음을 지적하고 있다. 또 해방 후에도 국민경제의 자립화를 위한 내재적 기초가 "경과야 어찌하든 국민경제의 성장이 이룩해 놓은 우리 사회의 생산적 기초"(89)에 놓여 있음을 지적하고 있다. 부차적 민족경제 영역이 자립경제화의 기초가 될 수 있음을 지적한 것이기는 하지만, 어느 역사적 시기에서도 자립경제를 향한 발전적인 계기는 있었다고 볼 수 있다.

이제 박현채의 저작, 특히 『민족경제론의 기초이론』으로부터 박현채의 민족경제론의 내용을 재구성해 보자.[47] 박현채는 "민족경제론은 정치경제학적 입장을 피억압 종속상태의 민족적 상황에 적용한 것"(5)이라고 말하고 있다. 즉, 민족경제론은 식민지종속형 자본주의국가, 보다 구체적으로는 한국 사회를 대상으로 정치경제학의 일반법칙의 적용을 시도한 것이다.

그러면 왜 한국 사회에 일반법칙이 적용될 때는 민족경제라는 독특한 개념이 필요한가. 봉건제에서 자본주의로 이행하는 방식은 역사적으로 세 형태 — 선발선진형, 후발선진형, 식민지·반식민지 종속형 — 가 존재한다. 식민지종속형 자본주의화는 외국자본이 식민지 지배권력의 비호하에 피억압민족의 생활양식을 파괴하면서 자기축적을 이루기 때문에(24), 그 과정에서 민족적 생활양식의 파괴가 일어난다. 앞선 두 형태의 이행과정에서는 볼 수 없었던 이 특징을 박현채는 "국민경제와 민족경제의 괴리"(25)라고 표현하고 있다.

---

47) 이 책은 후술하는바 김균·박순성, 「정치경제학자 박현채와 민족경제론: 한국 경제학사의 관점에서」; 이병천, 「다시 민족경제론을 생각한다: 국민경제와 민주주의의 정치경제학」 등이 주장하는 후기 박현채에 속하는 저작이다. 두 글 모두 민족경제론의 핵심은 후기보다는 전기에 있다고 보았지만, 이 글이 박현채 스스로가 민족경제론의 이론화를 시도했다는 점에서 그의 이론구조를 살펴볼 수 있는 가장 좋은 저작이라고 생각한다. 여기에서의 요약은 조석곤, 「민중의 편에선 경제학: 민족경제론」. ≪시대와철학≫, 13호(1996)를 참고했다.

이는 지역적인 개념인 국민경제(자본주의적 재생산권) 안에 민족의 생존권을 밑받침하는 경제영역(민족경제)과 식민지·반식민지 상황 속에서 민족의 생존권을 제약하고 축소·소멸시키는 경제영역(외국자본 그리고 그것에 동조하는 매판자본의 활동영역)이 존재한다(5)는 인식에 기초하고 있다. 박현채는 앞의 민족경제를 본래적 민족경제 영역, 후자를 부차적 민족경제 영역이라고 표현했다(29~30).

그런데 부차적 민족경제 영역은 본래적 민족경제 영역이 왜곡되어 나타난 것이기 때문에 본래적 영역으로 회귀하려는 강한 지향성을 갖는다(30). 그 지향성의 근저에는 파괴된 '민족적 생활양식'(①)으로 되돌아가려는 정서가 놓여 있다. 한편 본래적 영역에서도 부차적 영역의 확대에 대응한 자본주의 부문으로서 '민족자본'(②)이 출현한다. 부차적 영역에서 수탈당하는 노동자·농민이나, 부차적 영역의 확대에 의해 축소·쇠잔해 가는 본래적 영역의 민족자본은 '민족적인 것'(94)을 중심으로 하나로 뭉치게 된다.

일반이론의 기본적 계급관계 ─ 이는 기본 모순으로 표현된다 ─ 로는 설명할 수 없는 이러한 변혁세력을 지칭하기 위해 그는 '민중'(③)이라는 개념을 사용했고, 이들의 정서를 민족주의(④), 특히 민중적 민족주의라고 불렀다. 특별히 민중적 민족주의라 지칭한 것은 식민지종속형 국가의 민족주의는 계급적 프리즘(95)을 통해 다양하게 표현되기 때문이다. 민중은 민족적 생활양식에 대한 강한 지향을 지니고 있으며, 이는 '자립경제'(⑤)를 향한 지향으로 표현된다.

'민족적인 것'이 일반이론에서 말하는 기본적인 관계를 제치고 변혁의 주된 원동력 ─ 박현채는 이를 주요 모순이라고 불렀다 ─ 이 되었다는 점에 식민지종속형 국가의 특징이 있다. 여기서 민족적인 것이란 민족적 이해관계, 민족의식, 민족정책 등을 포괄하는 것으로, 이 가운데서 주요한 것은 민족의식이며 그것은 "민족적 생활의 반영이고 민족적 생활양식에 기초하고 있다"(51)고 한다. 이런 의미에서 민족적 생활양식 자체는 역사발전의 부차적 동인(59)이 될 수 있다.

이들 여러 개념 중에서 가장 밑바탕에 있는 것은 민족적 생활양식이다.

박현채는 이 개념을 통해 자립경제를 지향하는 원동력으로서, 민족해방투쟁의 원동력으로서의 민중을 찾아냈다. 다양한 계급구성을 지닌 민중을 하나로 만드는 것은 민족의식인데, 이는 한 사회적 인종공동체 내부에서 역사적으로, 누적적으로 형성된 현실의 정서적 반영(97)이다. 이것은 계급적 프리즘을 통해 민족주의로 표출된다. 박현채에 있어서 민족이란 사회적 인종공동체의 발전과정의 한 단계로서 자본주의의 성립 이전에도 나타날 수 있다고 보고 있다.

지금까지 우리는 박현채가 민족경제론의 구성요소로 들고 있었던 요인들 사이의 상호관계를 살펴보았다. 그러나 이 설명은 박현채의 이론을 이해하기 위해 편의적으로 재구성한 것일 뿐이며, 오히려 그는 민족경제론을 통일적인 체계로 구성하는 것을 경계하는 입장이었다. 그 이유는 "역사에 대해 겸허한 자세를 견지"(5)하기 위해서이고, 민족경제론 자체가 다양한 현상의 사회적 실천상의 요구에 따른 보다 정확한 인식을 위한 노력의 일환으로 제기되었기 때문이다.

민족경제론은 한국 사회의 역사적 발전과정에서 기본 모순과 주요 모순의 형태가 어떤 것이었는지를 밝히려는 작업의 소산이었다. 따라서 사회구성체론(⑥)은 민족경제론의 중요한 구성요소이다. 존재로서의 민족경제를 당위로서의 민족경제, 즉 자립경제로 전환시킬 전략으로서 국가자본주의(⑦)도 구성요소에 포함된다. 이것이 한국사에 어떻게 적용될 것인지는 한국 근현대사의 구체적인 전개과정에 대한 검토가 필수적이다. 박현채가 한국 근현대사에 대해 구체적으로 설명하고 있는 것은 이 때문이다.

이러한 이론화가 오히려 민족경제론이 가지는 긍정적 성격을 후퇴시켰다는 비판도 있다. 이병천, 김균·박순성은 사회구성체 논쟁을 기점으로 박현채의 민족경제론을 전기와 후기로 구분하고 전기에 대해 높은 평가를 내리고 있다.48) 반면 후기의 저작들에 대해서는 '이념의 과잉', '일면적인 진화론적

---

48) 전기 박현채에 대해 독특한 한국적 국민경제의 정치경제학을 발전시켰다는 평가(이병천, 「다시 민족경제론을 생각한다: 국민경제와 민주주의의 정치경제학」, 46쪽)나 민중적 민족주의의 길이라는 대안적 근대화 프로젝트라는 평가(김균·박순성, 「정치경제학

인식'49)이라고 규정한다거나 마르크스주의 '일반이론'에 맞추어 민족경제론의 개념 범주들을 규정해야 한다는 관념에 집착함으로써 오히려 민족경제론의 자연스런 발전을 제약50)했다고 평가한다.

민족경제론의 기본적인 문제의식은 어떻게 하면 보다 민주적이고 자립적인 국민경제를 수립할 수 있을까 하는 점에 있었다. 박현채 자신의 표현에 의하면 민족경제론의 지향은 경제적 민족주의의 실현과 경제적 자유의 보장51)이었다. 결국 최종목표는 자립경제의 구축이었는데,52) 그것은 재생산 조건의 장악과 자기 완결적인 자율적 재생산 메커니즘의 실현, 국민적 확산 메커니즘의 확보, 국민경제와 민족경제의 통합을 내용으로 한 것이었다.

민족경제론은 자본주의와 병행 존재하는 민주주의가 자본주의와 결합하는 방식을 고민하고 있다고 할 수 있다. 이러한 고민이 소유권 제도에 투영된 것이 협업적 소유형태라 할 수 있다. 물론 이러한 시도가 과연 자본주의의 성장잠재력과 양립할 수 있는 것인지는 본격적인 검토가 필요하다.53)

---

자 박현채와 민족경제론: 한국 경제학사의 관점에서」)가 그것이다.

49) 이병천, 같은 글, 48쪽.

50) 김균·박순성, 「정치경제학자 박현채와 민족경제론: 한국 경제학사의 관점에서」, 88쪽.

51) 박현채, 『民族經濟論』(한길사, 1978), 199쪽.

52) 자립경제를 한 민족이 자기 민족의 민족적 순수성을 유지하면서 외부적 제약 없이 생존할 수 있는 경제적 기초로 규정(박현채, 「자립경제의 실현을 위한 모색」, 『한국경제의 전개과정』, 돌베개, 1981, 294쪽)한 것에도 알 수 있듯이 여기서의 자립경제는 어느 정도는 자급경제적 성향을 띠고 있었던 것도 사실이다.

53) 이러한 소유권 제도가 성장잠재력과 결부되는 방식에 대해 이병천은 비판적이다. 그는 국내적 조건이 미비한 후진국이 자본주의적 성장의 궤도에 진입하기 위해서는 어느 정도 선진국과 세계경제에 대한 종속을 감수해야 할 것이라 하면서 "일정한 종속을 감수하는 위에서 자생력을 배양하고 자립을 도모하면서 서서히 종속구조로부터 벗어나는 길"을 모색해야 하는데, 이러한 시장과 개방은 "성장을 위한 기회를 제공하기도 하지만 그와 동시에 국민경제와 민주주의에 대한 강력한 위협"(이병천, 「다시 민족경제론을 생각한다: 국민경제와 민주주의의 정치경제학」, 70쪽)이라 보았다. 자본주의와 민주주의의 발전을 분리하여 인식하고 있다는 점에서 근대적 사유에 대해 진일보한 측면이 있지만, 구체적 대안은 여전히 제시되고 있지 않다.

민족경제론에 대한 비판은 역사적 사회주의의 실패를 근거로 한 우파의
그것으로부터 소시민적 민족주의의 편향에 불과하다는 좌파의 그것[54]에 이르
기까지 다양하다. 사실 내재적 발전론이 자본주의의 '비민주적' 발전에 대해
침묵할 수밖에 없었던 구조였듯이, 민족경제론은 비자본주의적 발전의 길에
대한 전망의 '역사적 실패'가 드러난 지점에서 돌파구를 찾기 어려운 구조였다.

민족경제론에 대한 비판은 정건화가 종합적으로 정리하고 있다.[55] 그는
민족경제론에 대한 비판을 현실적합성의 측면과 이론적 정합성의 측면으로
구분했다. 전자의 비판은 주로 대외지향=외자의존적 성장전략에 대한 과소평
가, 비자본주의적 발전에 대한 집착, 붕괴론적 정치론적 사고 등에 집중되었다.
후자의 비판은 전·후기 사이의 이론적 단절, 그리고 민족경제, 민족적 생활양
식 개념의 현실성·유용성 문제 등으로 요약했다.

현실역사적인 측면에서 볼 때 단순히 역사적 사회주의의 실패라는 측면뿐만
아니라 외향적 발전의 길을 통한 자립화 전략의 성공 사례(한국 등 동아시아국가)
와 자립경제(인도, 파키스탄, 북한)의 실패라는 역사적 교훈도 민족경제론의 역
사적 전망에 회의적인 증거들이었다. 사실 민족경제론의 중심테제였던 종속-
자립의 대립적 구도는 적어도 1980년대 이후 남한에서는 종언[56]을 고했다고
보아야 할 것이다.

그러나 현실의 한국경제의 성공이 곧 박정희 모델의 이론적 승리를 의미하
는 것은 아니다. 이것은 전형적인 사후합리화의 오류에 빠질 가능성이 있으며,
따라서 한국경제의 성공을 곧바로 대항이론으로서의 민족경제론의 실패로
규정하는 것도 문제이다. 한국경제의 성공 이유에 대한 과학적인 분석에 기초
할 때 비로소 박정희 모델과 민족경제론의 대차대조표가 가능한 것이다.

박정희가 성공할 수 있었던 요인으로 전병유는 동원된 자원을 합리적으로

---

54) 양우진, 「우리시대의 이론적 전통에 관하여」, 한국사회경제학회 엮음, 『한국 자본주의
　　의 이해』(한울, 1991).

55) 정건화, 「'민족경제론'의 재검토: 민족경제론의 형성, 발전과 한국민족주의」.

56) 조석곤, 「민족경제론 형성의 사회경제적 배경과 그 이론화 과정」, 12쪽.

배분하고 활용하는 능력을 중요시했는데,[57] 그것은 국가가 자율성을 가지고 이해집단을 통제하고 동원하는 능력이었고, 국가에 의한 경제계획은 박현채 역시 그 유용성을 강조한 부분이었다.[58] 장하원은 박정희의 성공은 사전적이라기보다는 시행착오적인 학습에 의해 이루어진 사후적인 것이었음을 지적했는데, 이는 결국 성공의 이면에 값비싼 비용 지불이 있었음을 암시하고 있다.[59]

물론 박현채의 민족경제론은 성장에 필요한 자본이 부족한 상황을 심각하게 고려하지 않았고, 소유권 제도에 대한 일종의 환상[60](협업화, 협동조합 등에 대한 제도 불비)이 있었으며, '민중'적 고려의 산물이지만 중농주의에 대한 지나친 강조가 깔려 있었던 것이 사실이다. 이것은 민족경제론의 밑바탕에 자본주의 체제의 근본적 개혁이라는 실천적 관점이 깔려 있었던 것[61]에 기인하는 문제일 수도 있다.

그러나 '재생산 조건의 국내장악, 국가의 경제개입'이라는 기본 인식은 여전히 수용 가능한 것이다. 민족경제론의 합리적 핵심에 대해서는 논자들마다 다르지만 대개 이 점에 초점이 모아지고 있다. 시장과 계획의 조화, 시장영역과 공공영역의 공존, 그리고 민주적 통제라는 구체적 원칙은 오늘에도 여전히

57) 전병유, 「한국경제개혁의 정치경제학: 발전국가의 변화와 개혁방향을 중심으로」, 『동아시아 결제변화와 국가의 역할 전환』(한울, 2002).

58) 박현채, 『民族經濟論』.

59) 장하원, 「1960년대 한국의 개발전략과 산업정책의 형성」, 한국정신문화연구원 엮음, 『1960년대 한국의 공업화와 경제구조』(백산서당, 1999).

60) 이러한 판단에는 과연 생산수단의 사유화가 생산력 증진을 위한 필요조건일 수밖에 없는가 하는 질문에 접하게 된다. 그렇다면 효율적 생산을 위한, 그리고 시민적 도덕률을 발휘하기에 필요한 최소한의 생계수단을 보장해 준 사회시스템이 과연 지금까지 존재했는가 하는 반문도 가능하다. 협업적 소유가 시너지 효과를 가질 수 있는 여건이란 존재할 수 없으며, 그러한 주장은 결국 공상이고 소설이며, 역사를 애써 외면하려는 시도라고 비난할 수 있다. 하지만 존재했던 것만 반복되고 존재했던 것만 믿어야 한다면 역사 진보의 가능성은 어디서 찾을 수 있을까?

61) 정윤형, 「민족경제론의 역사적 전개」, 『민족경제론과 한국경제』(창작과비평사, 1995), 28쪽.

유효[62]하며, 민족경제론의 합리적 핵심은 정치경제학과 국민경제론의 접목[63]에 있다는 점, 그리고 민주적 동원 메커니즘의 형성이론[64]이라는 점이다. 또 그것은 글로벌시대의 대항이론[65]으로 발전할 필요가 있으며, 민족구성원의 인간다운 삶을 구축하기 위해서, 민족 중심의 통일을 위해서도 여전히 유효하다[66]고 할 수 있다.

하지만 이론적 측면에서 민족경제론에 대한 평가는 그다지 호의적이지 않다. 그것은 민족자본론과 관련하여 민족경제와 국민경제가 구분 가능한가, 민족적 생활양식은 개념화할 수 있는가, 세계화시대에 민족경제론이란 민족주의적 문제의식의 과잉상태를 표현하는 것에 불과한 것 아닌가 등으로 요약할 수 있다.

민족자본을 사회과학적으로 어떻게 개념화할 것인가를 둘러싼 논쟁은 꽤 오래된 것이지만, 일제에 대한 의존 정도[67]로 구분할 것인지, 자본가로서의 능력과 성공 여부[68]로 구분할 것인지로 나눌 수 있다. 박현채의 개념은 전자에 가까운 것인데, 정치적 태도라는 자본가의 '성향'을 기준으로 경제적 범주를 구분하는 것이 가능하냐는 비판을 받고 있다. 정치적 태도란 결국 물질적 재생산 기반의 반영이라는 고전적인 명제를 빌리면 논리적으로는 경제적인 범주와 연결될 수 있지만, 현실적으로 민족자본과 예속자본의 영역을 뚜렷하게 구분하는 것은 불가능하다는 것이다.

민족경제의 존재를 실제로 파악하는 것은 어려운 일이다. 다국직기업에

---

62) 김균·박순성, 「정치경제학자 박현채와 민족경제론: 한국 경제학사의 관점에서」, 91쪽.
63) 이병천, 「다시 민족경제론을 생각한다: 국민경제와 민주주의의 정치경제학」, 74쪽.
64) 조석곤, 「민족경제론 형성의 사회경제적 배경과 그 이론화 과정」, 38쪽.
65) 이일영, 「개방화 속의 국민경제·민족경제·지역경제」, ≪창작과비평≫, 115(2002).
66) 조석곤, 「민족경제론과 '국민형성'의 과제」, ≪동향과전망≫, 55(2002).
67) 가지무라 히데키, 「일본제국주의하의 조선 자본가층의 대응」, 『한국근대경제사연구』(사계절, 1983).
68) 주익종, 『日帝下 平壤의 메리야스工業에 관한 研究』(서울대학교 경제학과 박사학위논문, 1994).

의해 국민경제의 상당 부분이 장악된 국가의 경우 민족경제와 예속경제의 구분이 가능할 수 있지만, 고용이나 원료수급의 대부분을 해외에서 충당하는 국내자본의 경우를 민족자본으로 볼 수 있을지 여부 또한 미지수이다. 다만 당위로서의 민족경제와 존재로서의 민족경제를 가치와 가격처럼 추상수준이 다른 것으로 이해[69]하자는 주장은 일종의 돌파구는 될 수 있다. 존재로서의 민족경제는 당위로서의 민족경제를 지향하면서도 그러기 위해서는 내부에 지양해야 할 모순을 안고 있는 존재이다. 그 모순(모순의 근원이 식민지의 경험이든 외국자본에 의한 종속이든 상관없이)이 극복된다면 '존재'는 '당위'로 전환할 것이다. 이는 모순이 존재하는 한 당위로서의 민족경제가 실체로서 외화될 수 없음을 의미한다.

민족적 생활양식론 역시 논쟁이 되는 부분이다. 박현채는 민족적 생활양식을 한 사회 내에서 일정한 생활양식을 공유하고 있는 일군의 사람들을 찾아냈는데, 이들은 역사적이고 누적적으로 형성된 민족의식을 공유하고 있다는 점에서 그 생활양식을 민족적 생활양식이라 부를 수 있다고 생각했다. 박현채는 당시 민중이라는 이름으로 통칭되던 저항세력을 염두에 두고 이 개념을 상정한 것으로 보인다. 결국 민족적 생활양식의 개념 적합성은 민중의 개념 적합성 문제로 치환될 수 있다. 민중론은 이 글의 주제는 아니지만 그가 한반도 범위에서의 자립적 민족경제의 확립[70]을 염두에 둔 것을 고려하면 민족적 생활양식은 통일된 전체 민족의 생존기반으로서 민족적 생활양식은 여전히 유용할 수 있다.[71] [72]

---

69) 타키자와 히데키, 「한 일본인이 본 민족경제론」, 『민족경제론과 한국경제』(창작과비평사, 1995).

70) 박현채, 『민족경제론의 기초이론』, 384쪽.

71) 이를 개념화할 때 반드시 북한과의 정치적 관계를 고려하는 것은 아니다. 남한 사회 내에도 반통일세력과 통일세력 사이의 대립이 존재한다. 만일 남한 사회의 반통일세력의 물질적 기반이 남한 민중의 생활양식과 동일하다면 통일은 요원한 일이 될 것이지만, 그렇지 않다면 통일은 당위로서 여전히 유용한 과제로 남아 있을 것이다.

72) 분단체제론의 문제제기는 보다 근본적이다. "자본주의적 근대가 지속되는 동안은 분단

한 '국가' 내의 주요 경제영역이 그 땅에 터 잡고 살아가는 모든 사람의 삶을 온전히 포괄하지 않는 경우도 존재할 수 있다. 근대화 초기에 존재했던 엔클레이브 경제는 말할 것 없지만, 다국적기업에 의한 경제지배나 최근 한국 사회에 문제가 되고 있는 경제 양극화 현상 역시 이런 차원에서 접근할 수 있다. 자본주의가 발달하면서 삶의 공간 제약성을 넘는 시장의 확대가 이루어 지면서 이른바 자본의 공간과 삶의 공간 사이에 괴리가 나타날 가능성이 상존 한다. 세계화의 시대에 이러한 경향은 더욱 강하게 진행될 수 있는데, 이 과정에서 한 국가 내에 거주하는 대다수 사람들의 생활을 규정하는 민족적 생활양식과 국민경제의 순환은 괴리를 보일 가능성이 매우 높아진다. 이렇다 면 국민경제의 순환 메커니즘만으로는 분석되지 않는 영역이 존재하는 것이 며, 그런 점에 민족적 생활양식론은 새로운 측정범주나 지표를 확정하기 위해 서도 필수적이다.

그렇다면 세계화시대에 민족경제론은 유효한가. 장기적으로 세계화는 산업 혁명 이후 지금까지 국민경제 단위로 진행되었던 모든 질서를 허물어뜨릴 정도의 위력을 발휘할 것이다. 그러나 그 가능성이 지금 그대로 실현될 것이라 고 보기는 어렵다. 세계화를 화두로 하는 신자유주의가 1980년대 이후 세력을 확대한 것은 사실이지만, 세계화란 지금까지는 어떤 국민국가가 자국의 이익 을 위해 다른 국민국가의 장벽을 허무는 이데올로기로 기능하는 데 불과했다.

신자유주의는 시장의 깃발 아래 한 국민경제 내의 생산요소를 값싸게 동원 할 수 있다는 점에서 효율적이다. 그러나 자본주의 세계체제의 질서, 다시 말하면 아직 국민국가 단위의 지배와 종속구조가 엄연히 존재하는 상황에서는 그 효율성의 수혜자가 과연 누구인지를 엄밀하게 따져볼 필요가 있다. 국민국

체제의 일익으로서든 통합된 단위로서든 탈근대로의 진입이 불가능하지만, 분단체제 극복의 시간표가 세계체제의 최종국면과 일부 겹침으로써 반드시 근대의 틀에만 얽매 이지 않으면서 체계차원의 '근대 이후'를 향한 중대한 진전이 한반도에서 일어날 수 있다는 것이 분단체제론의 시대인식"인 것이다. 백낙청, 「다시 지혜의 시대를 위하여」, 《창작과비평》, 111(2001), 24~25쪽.

가 단위의 지배와 종속구조가 이른바 국가경쟁력의 차이로부터 나타나는 것이며, 국가경쟁력은 각 국민국가 내에 존재하는 생산요소(특히 의제상품으로서의 노동력)의 동원 및 이용방식에 있어서의 특수성에 따라 좌우된다. 특히 이러한 특수성은 각 국민국가의 역사적 발전과정에서 형성된 제도에 의해 고정된 경우가 많기 때문에 쉽사리 해소되지 않는 경향이 있다.

각 국민국가의 국가경쟁력의 차이를 낳게 한 제도의 차이는 장기적으로는 시장의 힘에 의해 효율적으로 제거될 수 있을 것이다. 그러나 이것은 하나의 경향일 뿐이며 현실화하기 위해서는 이를 방해하는 역사적으로 축적되어 온 많은 경로의존의 집합들을 극복해야 하며 그것은 생각보다 쉽지 않을 수 있다. 수직적인 세계경제질서 속에서 일방적으로 수혜를 받는 국민국가·경제가 존재한다면 그 국민경제 내에서는 이러한 제도의 차이를 해소하려는 움직임은 나타나지 않을 것이기 때문이다.

금융자본의 자유로운 이동에 의해 급진전하고 있는 세계화는 결국 국민국가의 제도를 통해서 자신의 모습을 실현하게 된다. 결국 한 국민국가는 세계화시대에 있어서도 국민경제의 효율성과 평등성을 추구할 수 있는 경제정책 세트를 실시하는 주체로 존재해야 한다. 이 경우 민주주의가 그 국가의 운영원리가 되어야 하는데, 그것은 민주주의가 "자본 세계화의 희생자가 될 위험에 처해 있는 이들이 스스로 국가권력에 영향을 미칠 수 있게 해주는 중요한 통로이기 때문"[73]이다. 결국 민주주의의 발전과 공존할 수 있는 국민경제의 발전전략이 필요[74]한데 그것이 세계화시대에도 민족경제론이 여전히 유효한 이유이다.[75]

---

73) 유철규, 「세계화와 국민경제의 긴장」, ≪창작과비평≫, 111(2001), 92쪽.

74) 같은 글, 91쪽.

75) 이일영은 이 경우 민족경제론이 반드시 한 주권국가의 틀 내에만 사고할 필요는 없다고 본다. 그는 현재 필요한 '생각의 집'으로 민족경제론을 발전시켜 새롭게 국민경제를 정의하고 있는데, 이는 세계화시대의 민족경제론을 구축하는 데 하나의 대안이 될 수 있을 것이다. 이일영, 「개방화 속의 국민경제·민족경제·지역경제」.

## 5. 맺음말

이상 우리는 한국 자본주의의 형성 및 발전과정을 설명하고 그것의 발전전망을 시도했던 주체적 인식방법론을 내재적 발전론과 민족경제론을 중심으로 설명했다. 우리는 민족주의 개념을 설명하면서 한국 자본주의사의 주체적 인식방법론이란 결국 민족적이고 자주적인 국민경제의 수립과 관련된 것임을 확인할 수 있었다. 그리고 그것은 서구적 근대의 표상인 민주주의와 자본주의가 후진국에서는 동시에 달성되지 않았음을 보이고, 주체적 인식방법론이 지향한 국민경제는 결국 민주적인 국민경제여야 함을 주장했다.

이러한 인식에 기초할 때 내재적 발전론은 한국의 전근대 사회에서 근대 기획의 가능성을 검출했다는 점에서 진보적인 특징을 가지고 있다. 하지만 그것이 실제로 근대를 창출해 내진 못했기 때문에 '어떤 근대'여야 하는가에 대한 고민이 들어갈 여지가 없었다는 점에서 한계를 보였다. 특히 수탈론에서는 그러한 고민을 제국주의의 약탈성으로 치환함으로써 자국민에 의한 근대 기획을 무조건 수용해 버릴 소지를 남겨두었다. 내재적 발전론은 최근 진행되고 있는 향촌사회사 연구나 소농사회론 등의 성과를 적극 수용하여 전근대 사회에서 근대를 지향하는 한국적 독자성/특수성을 구명하는 쪽으로 진전해야 할 것으로 보인다.

민족경제론은 식민지시대에서 유형론을 설정했다는 점에서 내재적 발전론과 구별되며, 민족경제 형성의 방법에 대해서도 시장이 아닌 '국가 주도의 계획'을 선택했다는 점에서 일반론과 구별된다. 이것은 각 국민경제가 처한 특수성에 따라 복선적인 근대화가 필연적임을 보였다는 점에서 내재적 발전론에서 진일보한 것이었다. 그러나 비자본주의적 발전의 길을 염두에 두면서 선진자본주의의 확장능력을 과소평가했다는 점에서 이후 역사진행 방향을 제대로 예측하지 못한 한계를 지닌 것이었다. 민족경제론 역시 87년 체제 이후를 고민하면서 제기된 사회통합적 시장경제나 사회민주주의 체제 등의 이론적 전망들을 고려하면서 한국 자본주의의 민족경제론적 전망을 제시해야 할 것이다.

내재적 발전론이나 민족경제론에 대한 여러 비판에도 불구하고, 이러한 인식방법론은 여전히 유효한 것으로 생각한다. 두 인식방법론은 한국사를 보편적 역사발전의 과정 속에서 설명하되 그것이 가지고 있는 독자적인 특수성을 함께 파악하고자 했으며, 나아가 한국사의 단순한 인식에 그치는 것이 아니라 그 과정에서 실천적인 전망을 도출하고자 했다. 이러한 자세는 현재의 연구자에게 아무리 강조해도 지나치지 않을 것이다.

내재적 발전론이나 민족경제론이 그리고 있었던 국민경제의 내용이 자립적 민족경제의 수립이었다고 한다면, 현재의 민족경제는 민주적 국민경제의 형성을 지향하는 경제제도 및 정책의 결합체를 의미하는 것이라 평가할 수 있으며, 이를 민주적 민족경제라 부를 수 있겠다.[76] 1960~70년대의 민족경제론이 근대화 프로젝트의 일환, 즉 국민경제의 형성을 위한 비판적 성찰이었다고 한다면, 세계화시대의 민족경제론은 이제는 국민경제의 안정적 성장을 목표로 한 프로젝트를 위한 비판적 성찰이어야 한다. 수직적 세계경제질서하에서 수직적 동원에 의한 경제성장이 과실을 거두었다면, 수평적 세계경제질서(그것이 자본주의 세계체제하에서 가능한지의 여부는 잠시 덮어두자)의 수립을 위해서는 수평적 동원(민주적 동원)에 기초한 경제성장이 제격일 것이기 때문이다. 말하자면 민주적이고 자주적인 국민경제의 수립은 어쩌면 세계경제가 세계화시대로 나아가기 위한 필요조건인지도 모른다. 특히 분단국가인 한국 사회에서는 이러한 과제가 민족적인 관점에서 해결되어야 한다는 사실도 잊지 말아야 할 것이다.

---

76) 민족주의적 관점의 견지는 최근 한반도 최대 위협조건의 하나인 분단상황의 극복을 위한 전제조건으로 매우 유용할 뿐 아니라 남한 내부의 사회통합원리의 하나가 될 것이라는 점에서도 중요하다. 1990년대 후반의 외환위기나 최근의 경제양극화에 따른 위기로 표현되는 박정희 모델의 붕괴에 대한 대안을 검토함에 있어서도 중요한 시사점을 제공할 것으로 보인다.

# 참고문헌

가지무라 히데키(梶村秀樹). 1983. 「일본제국주의하의 조선 자본가층의 대응」. 『한국근대
　　경제사연구』. 사계절.

강만길. 1978. 「분단시대 사학의 성격」. 『분단시대의 역사인식』. 창작과비평사.

_____. 1991. 「통일사관 수립을 위하여」. ≪역사비평≫, 14.

겔너, 어네스트(E. Gellner). 1981. 「근대화와 민족주의」. 백낙청 엮음. 『민족주의란 무엇인
　　가』. 창작과비평사.

김균·박순성. 2001. 「정치경제학자 박현채와 민족경제론: 한국 경제학사의 관점에서」.
　　≪동향과전망≫, 48.

김성보. 1991. 「'민중사학' 아직도 유효한가」. ≪역사비평≫, 14.

김용섭. 1988. 「근대화 과정에서의 농업개혁의 두 방향」. 『한국 자본주의 성격논쟁』. 대왕사.

박찬승. 1994. 「분단시대 남한의 한국사학」. 『한국의 역사가와 역사학』 下. 창작과비평사.

박현채. 1978. 『民族經濟論』. 한길사.

_____. 1981. 「자립경제의 실현을 위한 모색」. 『한국경제의 전개과정』. 돌베개.

_____. 1989. 『민족경제론의 기초이론』. 돌베개.

배성준. 2000. 「'식민지 근대화' 논쟁의 한계 지점에 서서」. ≪당대비평≫, 13.

백낙청. 2001. 「다시 지혜의 시대를 위하여」. ≪창작과비평≫, 111.

버크, 피터(P. Burke). 1994. 『역사학과 사회이론』. 곽차섭 옮김. 문학과지성사.

아리기(G. Arrighi)·홉킨스(T. G. Hopkins)·월러스틴(I. Wallerstein). 1994. 『반체제운동』.
　　송철순·천지현 옮김. 창작과비평사.

안병직 엮음. 2001. 『한국경제성장사』. 서울대학교출판부.

_____. 1997. 「한국 근현대사 연구의 새로운 패러다임」. ≪창작과비평≫, 98.

안병직. 1995. 「한국경제성장의 장기추세(1910-현재)」. 『광복50주년 기념논문집 3: 경제』

앤더슨, 베네딕트(B. Anderson). 2002. 『상상의 공동체』. 윤형숙 옮김. 나남.

양우진. 1991. 「우리시대의 이론적 전통에 관하여」. 한국사회경제학회 엮음. 『한국 자본주
　　의의 이해』. 한울.

유철규. 2001. 「세계화와 국민경제의 긴장」. ≪창작과비평≫, 111.

이병천. 1999. 「박정희 정권과 발전국가 모형의 형성」. ≪경제발전연구≫, 제5권 제2호.

_____. 2001. 「다시 민족경제론을 생각한다: 국민경제와 민주주의의 정치경제학」. ≪동향
　　과전망≫, 48.

이일영. 2002. 「개방화 속의 국민경제·민족경제·지역경제」. ≪창작과비평≫, 115.

_____. 2004. 「한국농업과 동북아농업」. ≪창작과비평≫, 125.

임지현. 1994. 「한국사학계의 '민족' 이해에 대한 비판적 검토」. ≪역사비평≫, 26.

_____. 2002. 「다시, 민족주의는 반역이다」. ≪창작과비평≫, 117.

장하원. 1999. 「1960년대 한국의 개발전략과 산업정책의 형성」. 한국정신문화연구원 엮음. 『1960년대 한국의 공업화와 경제구조』. 백산서당.

전병유. 2002. 「한국경제개혁의 정치경제학: 발전국가의 변화와 개혁방향을 중심으로」. 『동아시아 결제변화와 국가의 역할 전환』. 한울.

정건화. 2002. 「'민족경제론'의 재검토: 민족경제론의 형성, 발전과 한국민족주의」. ≪동향과전망≫, 55.

정윤형. 1982. 「經濟學에서의 民族主義的 指向」. 『韓國民族主義論』. 창작과비평사.

_____. 1995. 「민족경제론의 역사적 전개」. 『민족경제론과 한국경제』. 창작과비평사.

정태인. 1999. 「글로벌 시대의 민족경제론 서설」. ≪동향과전망≫, 42.

정태헌. 1996. 「해방 후 한국에서 일제 식민지상(像)의 변화와 과제」. 『식민지근대화론의 비판적 검토』. 한국사회사학회·한국역사연구회 학술심포지엄.

_____. 2002. 「카터 에커트의 한국 '민족주의' 인식 비판」. ≪역사비평≫, 여름호.

조동걸. 1994. 「일제의 식민사학」. 『한국의 역사가와 역사학』下. 창작과비평사.

조석곤. 1996. 「민중의 편에선 경제학: 민족경제론」. ≪시대와철학≫, 13호.

_____. 1998. 「식민지근대화론과 내재적 발전론 재검토」. ≪동향과전망≫, 38.

_____. 2001. 「민족경제론 형성의 사회경제적 배경과 그 이론화 과정」. ≪동향과전망≫, 48.

_____. 2002. 「민족경제론과 '국민형성'의 과제」. ≪동향과전망≫, 55.

_____. 2003. 『한국 근대 토지제도의 형성』. 해남.

조용범. 1973. 『후진국경제론』. 박영사.

주익종. 1994. 『日帝下 平壤의 메리야스工業에 관한 研究』. 서울대학교 경제학과 박사학위 논문.

킨들버거, 찰스(C. Kindleburger). 2004. 『경제강대국 흥망사: 1500-1990』. 주경철 옮김. 까치.

타키자와 히데키(瀧澤秀樹). 1995. 「한 일본인이 본 민족경제론」. 『민족경제론과 한국경제』. 창작과비평사.

허수열. 1999. 「'개발과 수탈'론 비판: 식민지 산업화와 해방 후 산업화의 연관성 비교」. ≪역사비평≫, 46.

홉스봄, 에릭(E. J. Hobsbawm). 1994. 『1780년 이후의 민족과 민족주의』. 강명세 옮김. 창작과비평사.

제7장

# 분단과 통일에 관한 인문학적 성찰
## 강만길, 백낙청, 송두율

김정인 | 춘천교육대학교 사회과교육과 교수

## 1. 들어가는 말

분단은 한국의 특수 현실이다. 그리고 통일은 우리의 미래를 가장 강력하게 규정하는 현실가치다. 학계에서 분단과 통일을 정면으로 다루기 시작한 것은 1970년대 중반 무렵이었다. 세계사적으로는 냉전체제의 와해 조짐이 본격화된 반면 오히려 한반도에서는 남북에 공히 더욱 경직된 독재체제가 수립되던 그런 시기였다. 남한의 '유신독재'는 민주주의, '개발독재'는 민중주의(평등주의)라는 가치를 추구하는 대안세력의 도전에 직면했던 시기이기도 했다.

1960년대에 4·19와 한일회담 반대운동을 통해 정립되기 시작한 '민중적 민족주의'가 유신독재의 '한국적 민족주의'에 맞서는 저항가치로 부상하면서 분단과 통일 문제가 본격적으로 제기되기 시작했다. 물론 박정희 정권도 '선성장 후통일'의 논리로 맞섰지만, 1969년 3월 국토통일원 설치와 1972년 7·4남북공동성명에서 보듯이 통일 문제에 적극 대응하지 않을 수 없었다. 한편 박정희 정권 비판의 최선봉에 섰던 장준하는 이즈음 '모든 통일은 좋다'는 통일지상주의로 나아갔다. 7·4남북공동성명이 곧장 유신헌법 체제로 귀결되고 긴급조치 정국이 조성되는 극단적 상황은 저항세력의 결집과 저항이념의 재정립을 강제했다.

이러한 분위기하에서 비판적인 소수의 학자들이 분단과 통일을 본격적으로 거론하기 시작했다. 문학계에서는 백낙청 등이 '민족문학론'을 바탕으로 분단과 통일을 말했다. 사회학계에서는 이효재 등이 분단시대와 분단현실의 분석이야말로 사회과학의 실천적 과업임을 역설했다.[1] 역사학계에서는 강만길이 해방 이후를 분단시대로 규정하며 그러한 모순을 지양하는 '분단극복사학'의 정립을 촉구했다. 이와 같은 분단과 통일에 관한 본격적인 문제제기는 보편이라는 권좌를 차지한 서구적 가치와 제도의 도입·재현에 몰두했던 과거 세대의 한계를 훌쩍 넘어서는, 한국적 현실(=특수)에 대한 성찰과 모색의 출발이었다.

1980년대 학계는 사회과학을 중심으로 진보학계를 형성하고 사회구성체론을 비롯한 이른바 변혁이론으로 민주화운동에 이념적 토대를 제공했다. 그야말로 진보이념의 르네상스 시대였다. 분단과 통일 문제 역시 이념과 노선 투쟁의 핵심 쟁점으로 활발한 분석대상이었다. 분단모순이란 개념이 주목받았던 것도 이때였다. 이러한 분단현실에 관한 사회과학적 분석을 수렴한 학자는 백낙청이었다. 그는 월러스틴(I. M. Wallerstein)이 제기한 세계체제론을 입론으로 '분단체제론'을 제기했다. 그리고 통일을 근대 완성과 근대 극복의 적극적 계기로 인식하면서 생태주의, 여성주의 같은 미래적 가치와의 접목을 시도했다.

소련과 동구 사회주의권의 몰락으로 시작된 1990년대에 학계에서는 근대를 넘어서자는 '탈근대 담론'이 급격히 부상했다. 근대적 잣대로는 더 이상 현실을 해석할 수 없다는 자괴감이, 체제적 대안에 대한 모색이 결여되어 있음에도 불구하고, 탈근대 담론에 매달리게 했던 것이다. 이러한 분위기 속에서 사회철학적 인식 틀로 한국의 현실을 분석하던 송두율이 동서독과 남북의 분단과 통일의 '차이'를 설파하고 '현대'와 '탈현대'의 공존이라는 잣대로 분단현실을 분석하며 양자간의 연대적 공동체로서의 통일을 주장하고 나섰다.

이처럼 1970년대 이후 역사학, 문학, 철학이라는 인문학적 견지에서의 강만길, 백낙청, 송두율의 분단과 통일에 관한 성찰은 시대사적 보편 현실과 학문을

---

1) 이효재, 「분단시대의 사회학」, ≪창작과비평≫(1976년 봄호); 김진균, 「한국 사회과학의 현재적 과제」, 『한국의 사회현실과 학문의 과제』(문화과학사, 1997). 209쪽.

바탕으로 한국적 특수 개념과 이론을 모색하는 방식으로 이루어졌다.

## 2. 강만길의 분단시대론

### 1) '분단시대'의 제기: 민족사학의 부활

지금은 주로 일제 강점기라는 용어를 사용하지만, 일제 치하 35년을 상당 기간 왜정시대(倭政時代)라고 불렀다. 그것이 식민지시대 나아가 일제 강점기로 바뀐 것은 이 시기 민족의 불행한 역사를 잊지 말고 극복하자는 역사인식에서 나온 것이었다. 그렇다면 1945년 이후는 어떻게 불렀는가? 줄곧 '해방 후'라는 무색무취한 용어를 사용해 왔다. 해방 직후부터 분단과 전쟁, 독재체제로 이어지는 과정에서 어느 용어를 사용할 것인가를 논의하는 것조차 용납되지 않았기 때문이었다. 한국사학계도 이러한 사회적 분위기 속에서 실증주의와 객관성이라는 명분을 내세워 당대사, 즉 현대사 연구를 경원시해 왔다.

이러한 풍토 속에서 강만길은, 20세기 전반기가 식민지 통치에서 벗어나는 일을 그 최고 차원의 목적으로 삼았던 식민지시대라면, 20세기 후반기, 즉 해방 후의 시대는 민족분단의 역사를 청산하고 통일민족국가의 수립을 민족사의 일차적 과제로 삼는 분단시대, 즉 통일운동시대라는 문제제기를 들고 나왔다.[2] 식민지시대에 일부 민족진영이 식민지 지배체제를 인정하고 타협하거나 밀착하여 절대독립을 부인한 것과 마찬가지로 분단시대에도 분단체제 자체에 무관심하거나 혹은 분단체제를 철저한 현실적 조건으로 받아들이고 오히려 그것에 편승하여 이 불행한 역사를 연장시키는 데 이바지하는 경우가 있다는 비판의식에서 나온 주장이었다. 그러므로 20세기 후반기를 분단시대·통일운동시대로 부르는 역사의식은 분단체제를 기정사실화하여 그 속에 안주하는

---

2) 강만길, 「분단시대 사학의 성격」, 『분단시대의 역사인식』(창작과비평사, 1978), 14~15쪽.

일을 경계하고, 그것이 청산되어야 할 시대임을 철저히 인식하면서 청산의 방향을 모색하는 데 그 본질적인 목적이 있는 것이었다. 즉, 분단체제를 외면할 것이 아니라 현실로서 직면하고 그것과 대결해야 하며, 그것에 매몰될 것이 아니라 철저히 객관화하고 또한 비판할 수 있어야 한다는 것이다. 이 두 가지 자세를 바탕으로 하여 분단체제 극복을 위한 사론(史論)을 수립하는 것이 강만길의 '분단시대론'의 핵심이었다.

이러한 분단시대론, 곧 분단극복사학의 제창은 학계, 특히 현대 역사학계의 흐름에 대한 반성에서 비롯된 것이었다. 근대 한국사학은 국망과 일제 치하라는 현실적 조건으로 인해 강한 실천적 성격을 띠면서 출발했다. 민족이 처한 현실모순을 타개하기 위한 사론의 출발은 박은식, 신채호의 민족사학에 있었다. 그들의 역사 연구는 바로 민족운동의 일환으로 평가되었다. 하지만 냉전과 분단의 와중에는 이들의 연구 전통을 계승한 통일지향의 역사 연구보다는 분단체제에 편승한 역사 연구가 주류를 이루게 된다. 분단 이후 4·19까지 이른바 일제 치하에서 일본 학풍과 학계 인맥의 가장 지근거리에 있었던 문헌고증사학 계열이 역사학계의 주류로 부상했던 것이다. 당시는 민족논의를 제기하는 것조차 위험하던 시절이었다. 4·19 이후 비로소 민족주체 문제가 공론화되기 시작했으나, 한일회담 이후 분위기는 다시 반전되어 문헌고증사학이 확고하게 회생하고 말았다. 이런 와중에도 한국사 연구의 분위기가 점차 조성되면서 새로운 논의가 가능해졌고 한국사 전문 연구지 ≪한국사연구≫가 정부 수립 20년 만인 1968년에 창간될 수 있었다.[3] 1970년대에 들어와서는 유신정권에 역사학자들까지 참여하게 되었는데, 이러한 어용의 학풍과 대립각을 세우면서 분단문제를 정면으로 제기한 이가 강만길이었다.

그는 우선 분단체제에 갇힌 한국사학계를 비판했다. 분단체제는 민족구성원 개개인에게 어느 한 편에 서기를 강요했고, 역사학 연구자도 예외일 수 없어 결국 현재성을 탈각한 채 과거에서 그들의 학문적 안식처를 찾으면서

---

3) 김인걸, 「현대 한국사학의 과제」, 『20세기 역사학, 21세기 역사학』(역사비평사, 2000) 참조.

자연히 현실에서 유리되어 갔다는 것이다.[4] 문헌고증사학으로 대표되는 그들은 학문이 현재성을 완전히 배제해야만 비로소 객관성을 갖는다고 주장했다. 일제 강점기 민족의 현실모순을 타개하고자 했던 민족사학을 객관성과 과학성이 결여된 역사라고 비판하면서 자신들의 문헌고증학적 역사학이 가장 과학적이고 객관적 학문방법이라 주장하기도 했다. 이러한 주장이 객관성으로 포장했지만, 오히려 이데올로기적 성향이 다분한 것임은 주지의 사실이다.

강만길은 이러한 형편에서나마 한국사학계가 일제 강점기 한국사학 가운데 민족의 현재적 요구가 투영되었던 민족사학과 사회경제사학(마르크스주의 역사학)의 학문적 유산을 물려받아 식민사학론을 극복하려는 노력을 했던 점에 대해서는 긍정적으로 평가한다. 하지만 식민사학론을 극복하는 것에서 더 나아가 분단된 민족의 역사학으로서의 사명을 다하는 일을 완전히 외면했던 사실은 신랄하게 비판한다. 이는 문헌고증사학이 식민지시대 현실을 외면했던 것과 같은 자세라는 것이다.[5] 즉, 한국사학이 그 현재성의 방향을 우선 식민사학론을 극복하는 데서 찾아 출발했지만 식민사학 극복론이 박정희 정권 측의 '주체적 민족사관의 수립' 문제와 연결되면서 분단체제적 현실에 매몰되고 말았다는 것이다. 결국 분단시대 한국사학도 분단체제적 차원을 넘어서지 못했다는 것이 강만길의 문제의식이었다.

그는 이러한 현실 매몰 현상의 원인을, 분단시대는 식민지시대와 같이 역사적으로 반드시 극복되어야 할 시기이며 그 자체로는 어떤 역사적 당위성도 갖기 어려운 시대임을 철저히 인식하지 못했기 때문이라고 보았다. 그 원인을 강만길은 사상 분열에서 찾았다. 그것을 해소하는 길은 민족통일의 지도원리로서 민족주의 이론을 정립하는 데 있는데 한국사학도 여기에 봉사해야 한다고 주장했다. 그가 볼 때 기존의 민족론은 분단체제 아래서의 국가주의적 민족론의 단계에 그쳤고, 한국사학 역시 그것에 얽매여서 보다 높은 차원의

---

4) 강만길, 「분단시대 사학의 성격」, 17쪽.
5) 같은 글, 19쪽.

진정한 의미에서의 민족주의 이론 정립에 제대로의 역할을 하지 못하고 있다는 것이다. 그러므로 강만길은 분단시대의 한국사학이 분단시대를 청산하는데 이바지할 수 있는 가장 높은 단계의 작업은 분단국가 체제를 지탱하는데 동원되었던 민족주의론이 가진 비민족적·반역사적 속성을 정확하게 또 철저히 극복하고 통일민족국가 수립을 지향하는 민족주의론을 수립하는 데 있다고 천명한다.[6]

이러한 통일민족주의를 수립해 가는 과정에서 강만길은, 역사의 발전법칙에 대한 올바른 이해는 역사 담당 주체의 확대과정이 역사발전의 옳은 과정임을 철저히 이해하는 문제라는 점을 지적한다.[7] 즉, 영웅주의적 역사관을 통해 역사 담당 주체를 오히려 축소시키려는 역사학계의 관행에 문제제기를 하면서 민중세계의 역사의식 성장을 저해하는 사론은 결국 역사학의 시대적 책무에 역행하는 것으로 평가한다.[8] 민중이 주체가 되는 민족주의를 제기한 것이다.

강만길의 분단시대론은 현실과 유리되거나 현실에 매몰되었던 역사학에 대해 일제 강점기 부당한 현실에 저항했던 민족사학의 부활을 제기하면서 역사의 현재성을 강조한 데 의미가 있다. 이는 우리 역사 현실을 분단시대로 규정하고, 분단된 민족현실을 극복하기 위한 학문적 노력에 역사적 정통성을 부여하겠다는 것이다. 대중들의 뜨거운 반응과는 달리 분단시대론에 대해 냉담하기만 했던 역사학계에서는 1980년대 민주화시기를 거치면서 점차 남북한 민족이 지향해야 할 평화와 공존 그리고 화해와 통일에의 염원을 담은

---

6) 강만길의 『분단시대의 역사인식』(1978)은 박정희 정권이 7·4남북공동성명 직후 유신을 선포한 것에 대한 배신감에서 나온 것이었다고 한다. 엄청난 역사 배신을 자행하며 퇴행현상을 보이는 현실에서 역사학자로서 사회적인 책임을 다하는 것이 필요했다고 보았기 때문이다. 그런데 역사학자는 잡문을 써서는 안 된다는 당시의 '현실유리'적인 역사학계 풍토에서 이 책에 대한 반응은 거의 없었고 서평조차 하지 않았다고 한다. 역사문제연구소 엮음, 「분단 극복을 위한 실천적 역사학자」, 『학문의 길, 인생의 길』(역사비평사, 1999), 214~215쪽.

7) 강만길, 「민족사학론의 반성」, 『분단시대의 역사인식』, 37쪽.

8) 강만길, 「분단시대 사학의 성격」, 21쪽.

사론이라는 적극적인 평가를 내리게 된다.9) 이러한 평가에서 드러나듯, '분단시대'는 이론적 체계성을 갖춘 개념은 아니었다. 한국적 특수 현실을 드러낸 일종의 역사철학, 그것이 분단시대론에 대한 일반 인식이다.10)

## 2) 분단극복사관 혹은 통일사관: 근대의 완성

강만길은 분단시대론을 제기한 이래 우리 역사학이 분단국가주의적 역사인식에 한정된 것을 적극적으로 비판하면서 통일민족주의적인 역사인식으로의 상승을 주장했다. 정치적으로는 별도의 남북 정권이 있고 그들이 일정한 인민과 영토를 지배하고 있지만 적어도 학문적으로 자기 나라 역사를 연구하는 학자들은 한반도 전체를, 또한 주민 전체를 하나의 민족사의 대상으로 생각하는 역사인식이 필요하다는 것이다.11) '제2의 남북국시대'라 일컬을 수 있는 분단시대에 남북 각각의 역사를 아우르는 총체적 역사인식을 주문한 것이다. 역사적으로 8·15 이후 남북에는 사회경제적 기반이 다른 정치체제가 수립되어 제각기 변화·발전해 왔다. 하지만 민족적 차원에서 보면 남북의 분단국가사는 한 시대 안에 공존하고 있는 동일한 역사성을 갖는 시대사인 것이다.12) 그런데 강만길은 그 구체적인 역사연구 방법론의 모색과 실증적 연구는 후학의 몫으로 남겨놓았다.

1970~80년대의 현실에서 강만길이 할 수 있는 기여는 분단극복사학의 '정통성'을 수립하기 위한 사실 발굴에 있었다. 그는 특히 일제 강점기 민족운

---

9) 역사문제연구소 엮음, 『학문의 길 인생의 길』, 195쪽; 인도주의 혹은 인간주의에 기초한 민족정서에 충실하다는 평도 들었다. 조동걸, 『현대한국사학사』(나남출판, 1998), 449쪽.

10) 교수신문 엮음, 「강만길의 '분단극복사학'」, 『오늘의 우리 이론 어디로 가는가』(생각의 나무, 2003), 198~199쪽.

11) 역사문제연구소 엮음, 『학문의 길 인생의 길』, 229쪽.

12) 강만길, 「분단 50년을 되돌아보고 통일을 생각한다」, ≪창작과비평≫(1995년 봄호), 22~23쪽.

동사에서 통일민족국가 수립에 이바지할 수 있는 역사적 사실들을 발굴하는 작업이 시급하다고 보았다.[13] 실제로 조선시기 연구자로 학문 연구를 시작한 강만길은 1978년에 「한국독립운동의 역사적 성격」을 발표한 이후부터 일제 강점기 민족운동사 연구에 본격적으로 뛰어든다.[14] 그의 민족운동사 연구의 초점은 냉전논리에 의해 왜곡되었거나 망각되었던 좌익 계열의 민족운동을 조명하는 동시에 좌우합작의 정당성을 제고하는 데 있었다. 민족운동사는 좌우익 전선이 하나로 된 운동사라는 관점에서 합작 전통을 일제 강점기 민족운동의 주류로 부각시키고자 했다.

구체적으로 살펴보면, 강만길은 민족운동이 추진되는 과정에서의 통일전선운동과 그 주체들이 지향했던 국가건설론에 주목했다. 그리고 1920년대 민족유일당운동, 1930년대 민족통일전선운동, 1940년대 전반기 통일전선운동의 확대 움직임, 8·15 직후 좌우합작운동과 남북협상운동 등을 근현대 민족운동사의 큰 줄기로 잡았다. 그가 통일전선운동에 주목한 이유는 당대의 과제를 주체적으로 해결할 세력이 제대로 형성되지 않은 것이 한국 근대사의 특수한 처지라고 보았기 때문이다. 즉, 중세가 해체되고 근대로 이행하는 과정에서 근대 민족국가, 경제적으로는 자본주의 체제 국가를 지향했으나, 그것에 실패하고 식민지로 전락한 것은 그러한 역사적인 과제를 담당해야 할 부르주아 계급이 성숙되지 않았기 때문이었다. 식민지로 전락한 이후에도 민족을 해방시키는 민족사적 과제를 부르주아 계급이 독자적으로 담당하지 못했다. 한편, 프롤레타리아 계급도 일정 정도 성장했으나 민족해방운동을 독자적으로 주도하지는 못했다. 그러므로 결과적으로 통일전선적 세력이 그것을 담당할 수밖에 없었다는 것이다. 여기서 통일전선운동은 사상과 정강이 다른 두 개 이상의 세력이 하나로 합쳐서 어떤 목적을 달성하기 위해서 일으키는 운동을 의미한다. 이러한 강만길의 통일전선운동론은 좌익 헤게모니가 관철되지 않은 절충

---

13) 강만길, 「분단시대 사학의 성격」, 22~23쪽.
14) 강만길, 「한국독립운동의 역사적 성격」, ≪아세아연구≫, 59(1978).

론적인 좌우합작이라는 비판을 받게 된다. 이에 대해 그는 좌우 모두 확고한 헤게모니를 갖지 못한 특수한 현실에서 비롯된 우리 식의 '통일전선운동'으로 이해할 것을 주문한다. 그리고 거기서 분단시대의 역사적 정통성을 구한다.

그는 근현대 민족주의운동의 계보를 이렇게 정리하고 있다. 대한제국시기의 민족주의운동에서는 반외세운동과 국민주권주의운동이 합치되어야 했다. 식민지시기의 민족주의운동은 국민주권국가 수립을 위한 항일독립운동이었고 해방 후의 민족주의운동은 민주주의운동과 합치된 민족통일운동이어야 했다. 식민지시기 통일전선운동, 곧 민족협동전선·민족연합전선 운동은 비록 해방 후의 통일민족국가 수립에는 실패했지만 민족주의운동의 귀중한 유산이라 할 수 있다. 결국 강만길에게 민족주의운동의 종결은 민족통일운동을 의미한다. 즉, 8·15 후의 분단시대를 민족운동사의 측면에서 보면 곧 통일민족국가 수립운동의 시대이며 그 이데올로기적 대립의 극복을 위한 운동은 이미 8·15 전의 민족해방운동 과정에서도 꾸준히 계속되어 왔다는 것이다. 통일민족국가 수립운동이 식민지시대에서 분단시대에 걸친 민족운동으로 지금도 계속되고 있는 것이다.15)

여기서 주목되는 것은 통일되는 그날까지가 우리 역사에서 시대구분상 근대에 해당된다는 강만길의 논리이다. 자본주의 세계와 만나고 거기에 저항하면서부터 그 이후 통일될 때까지의 기간을 근대로 상정하자는 주장이다. 통일이 곧 우리 민족에게 역사적으로 근대 사회의 완성을 의미하기 때문이다. 그때야 비로소 국민주권 체제를 가진 통일민족국가가 수립되는 것이고, 하나의 새로운 시대, 즉 현대가 시작된다는 것이다.16) 이러한 논리는 탈근대론자에 의해 여전히 근대 담론에 갇힌 입론이라는 비판을 받게 된다.17)

강만길은 근대주의자, 더 나아가 통일지상적 민족주의자라는 평가에 대해, 분단극복사학은 끊임없이 현실과 소통하면서 자신을 수정해 가는 열린 체계임

---

15) 강만길, 「책머리에」, 『통일운동시대의 역사인식』(청사, 1990).
16) 역사문제연구소 엮음, 『학문의 길 인생의 길』, 195쪽.
17) 교수신문 엮음, 『오늘의 우리 이론 어디로 가는가』, 205쪽.

을 강조한다. 아직 우리의 인간적인 삶을 많이 제약하고 있는 분단을, 민족을 하나로 합치는 민족논리를 통해 극복하자는 것이지, 두 개의 국가를 무조건 하나의 국가로 만들자는 것은 아니라는 것이다. 1980~90년대를 거쳐 2000년 남북정상회담 이후 강만길은 적극적으로 단일의 민족국가 건설보다는 한반도 평화 정착을 강조한다. 통일 그 자체보다는 통일의 과정이 중요하다는 인식이 확산되면서, 탈분단의 문화현상 등에 주목하는 경향이 대두하고 있는 시대적 변화에 그도 함께 하고 있음을 알 수 있다.

강만길은 분단극복을 위한 통일론을 통일민족주의라 이름 짓고 분단국가주의와 대비시킨다. 분단시대에는 남북이 각각 권익과 이익을 추구하는 배타적이고 이기적인 분단국가주의로 인해 7,000만 주민 전체의 평화로운 발전을 추구하는 통일민족주의가 사실상 소멸되고 말았다는 것이다. 박정희의 '민족주체사관'과 같이 쇼비니즘적 성향의 민족주의가 곧 분단국가주의를 대표한다. 이에 비해 통일민족주의는 7,000만 한반도 주민 전체를 하나의 역사공동체·문화공동체로 인식하고 그것을 바탕으로 민족의 평화적·호혜적·대등적 통일의 길을 열어가는 이념이라 할 수 있다. 그리고 남북 전체 민족사회의 발전을 추구하는 통일 민족주의적 역사인식의 수립을 위해서는 무엇보다 '대등통일' 인식이 확고히 자리 잡아야 한다고 본다. 또한 이러한 대등통일의 구체적인 방법과 과정은 '협상통일'이어야 한다고 주장한다.[18]

이러한 통일민족주의를 실현해 갈 주체로 강만길은 민중에 주목한다. 그는 민중을 하나의 단위계급이 아닌 계급연합적인 개념으로 이해한다. 민족사적 당면과제인 주체적이고 평화적인 통일은 그 과제에 동조하는 노동자·농민·지식인 심지어 자산계급까지도 포함시킨 민중이 주체가 되어야 한다는 것이다. 통일 역시 계급연합적 방법으로 이루어져야 하기 때문이다.[19] 그가 민중을

---

18) 강만길은, 2000년 6·15공동선언은 협상통일의 가능성을 보여준 사건으로, 베트남의 전쟁통일이나 독일의 흡수통일과 비교되는 우리의 통일방법일 수 있다고 본다. 강만길, 『우리 통일, 어떻게 할까요』(당대, 2003), 165쪽.

19) 강만길, 「통일사관 수립을 위하여」, ≪역사비평≫(1991년 가을호).

통일의 주체로 설정한 것은 해방 후 통일운동 과정에 대한 이해와 밀접한 연관이 있다. 강만길은 분단체제의 성립과 함께 체제 측은 민족인식의 범위를 은연중에 남쪽에만 한정시키면서 다른 한쪽을 적대집단으로 인식시켜 왔을 뿐이고, 민중 측 통일운동이 남북간의 적대감 해소, 민족공동체 인식의 확대를 통해 한반도 지역의 주민 전체를 하나의 민족으로 인식시키는 데 공헌했다고 본다. 8·15 직후의 통일민족국가 수립운동이 실패하고 분단체제가 성립된 후에는 체제 측 통일정책과 민중 측 통일운동의 지향 사이에 큰 괴리가 있어왔지만, 민주주의의 발달로 체제 측 통일정책의 비현실성·반역사성이 폭로되고 또한 도태되면서 민중 측 통일운동의 지향이 역사의 전면에 나서는 과정을 밟았다고 이해한다.[20]

이처럼, 통일운동에서의 민중의 역할과 그로 인한 남북 정권의 변화에 주목하면서, 지금 강만길은 남북을 오가며 통일의 전령사 역할을 맡고 있다. 그는 주로 남한 내 분단세력을 비판하고 분단사학을 극복하는 데 주력했다. 민족의 평화통일과 대등통일을 위해 남한만이 일방적인 세계화를 추진하기에 앞서서 정치·경제·사회·문화 면의 남북 이질화를 극복하고 민족 동질성을 회복하려는 노력이 시급하다는 주장 역시 남한을 향한 주문이다. 이렇게 남한 내 '통일지형' 형성에 주목하는 그는 남북을 아우르는 민족사적 차원에서 북한을 어떻게 인식해야 할지에 대해서는 여전히 명확히 답하지 않고 있다. 남한 정권의 분단국가주의를 비판하면서도, 북한의 그것에 대해서는 언급하지 않는다. 아직도 8·15 이후 북한 현대사를 연구하는 학자가 극소수이고 아직 객관적인 역사 연구와 역사 교육이 부족하다고 개탄할 뿐이다.

남북 민중 주도의 통일을 근대의 완성으로 파악하고, 남북을 아우르는 통일 민족주의를 추구하는 강만길의 분단시대론은 여전히 시대정신이 살아 있는 '개념'이다. 하지만 대북문제나 대미관계 등 민족문제를 둘러싼 중층적 변수들

---

20) 강만길, 『통일운동시대의 역사인식』, 24~25쪽; 6·15남북정상회담에 대해서는 통일문제가 우리 민족 내부의 역량과 책임에 의해 다루어졌다는 점에 큰 의의가 있다고 평가한다. 강만길, 『강만길 선생과 함께 생각하는 통일』(지영사. 2000), 183쪽.

에 대한 분석이 소홀한 탓에, '분단극복사학'은 그가 그렇게도 강조했던 실천적이고 비판적인 '현재성'을 갖춘 민족주의론으로서의 역할을 제대로 못하고 있는 것은 아닌지 되짚어 보게 된다.


## 3. 백낙청의 분단체제론

### 1) 분단체제론의 제기: 특수 현실과 보편 세계의 만남

백낙청이 분단체제론[21]을 제기한 것은 1980년대 말이었다. 당시 '분단체제'라는 단어가 쓰이고는 있었지만 정리된 개념은 아니었다. 그가 분단체제의 개념화를 제창한 것은 분단된 우리의 현실을 좀더 총체적이고 체계적으로 인식하자는 의지의 발로였다고 한다.

분단체제론을 제기하게 된 촉매제는 1980년대 중반부터 진보적 사회과학계를 풍미했던 사회구성체 논쟁이었다. 백낙청이 가장 의문시한 것은 사회구성체의 단위 문제였다.[22] 논쟁에 참여한 학자들은 마르크스-레닌주의의 일국주의적 시각을 바탕으로 남한 사회를 하나의 완결된 단위로 전제하면서 그 사회구성체적 성격을 논했다. 민족해방파(NL) 논객 정도가 이러한 반국적(半國的) 시각 대신 한반도 전체를 대상으로 한 일국적 시각을 강조했을 뿐이었다. 민족문학론의 이론가였던 백낙청으로서는 남한만의 '국민문학'이 아니라 온

---

21) 백낙청의 분단체제론의 골격은 대체로 「분단체제의 인식을 위하여」, ≪창작과비평≫, 78(1992); 「분단체제 극복을 위한 통일운동의 일상화」(안동대학교 제2회 한국학 국제학술대회, 1997) 등 2개의 논문에 담겨 있다. 전자의 주장이 후자에서 더욱 정갈하고 분명해진 점은 있으나, 이 글은 그 진화적 측면보다는 두 논문의 주장을 함께 정리해 그의 주장을 명료화하는 방식을 취한다.
22) 백낙청은 1985년에 발표한 「민중민족문학의 새 단계」, ≪창작과비평≫, 57호에서 원론적 수준에서 사회구성체의 단위문제를 제기한 바 있었다. 백낙청, 『민족문학의 새 단계』(창작과비평사, 1990)에 재수록.

겨레의 '민족문학'을 지향하는 자신의 입장에서 남북한을 이미 별개의 국민국가 내지 사회구성체로 전제하는 논의를 수용하기 어려웠다고 한다. 또한 한반도 전체를 시야에 넣으면서도 그중 절반을 '외국의 점령지' 또는 '미수복지구'로 보는 논리도 이해 불가였다. 이 지점에서 이론적으로 주목한 것이 바로 일국 단위를 넘어선 사회분석을 주창한 월러스틴 등의 세계체제론이었다.[23] 그렇다면 한국 및 한반도에 관한 사회분석에서 분석의 기본단위로 무엇을 취할 것인가, 이 고민을 해결하는 과정에서 바로 '분단체제'가 등장한다.[24]

한편, 백낙청은 이러한 학문적 고민과 함께 분단현실에 대한 불충분한 인식이 실천영역에서 수많은 실패의 원인이 되어왔음에 착목한다. 가령, 남한 내부의 민주화운동 역시 분단문제의 개입으로 좌절되는 경우가 많았다. 공안세력은 남북대치 상황에서 당연히 그럴 수밖에 없다고 하고, 민주화운동 세력은 정권에 의한 남북관계의 '악용'이라고 비판해 왔다. 그렇지만 1987년 6월항쟁으로 폭압정치와의 싸움이 일단의 성과를 거두었으므로 통일문제와 남한 내 점진적 개혁문제 그리고 장기적인 민중해방 문제를 종합적이자 순차적으로 생각하는 작업이 시급하다는 것이 1990년대를 맞는 그의 현실인식이었다.

이러한 문제 인식을 바탕으로 백낙청은 남북한이 각기 다른 '체제'(사회제도)를 가졌으면서도 양자가 교묘하게 얽혀 분단현실을 재생산해 가는 구조적 현실을 '분단체제'라는 개념으로 설명하고자 했다. 그런데 문제는 체제라는 용어였다. 체제란 무엇인가에 대한 해명이 우선 필요했던 것이다. 백낙청은 현실에는 세 가지 층위의 체제가 존재한다고 보았다. 세계체제, 그 속의 분단체제, 그리고 분단체제를 구성하는 두 분단국가의 '체제'가 그것이다. 그것들이 서로 다른 차원에 속하면서도 구체적인 상호관계를 맺는 것이 우리 현실이라는 것이다.

본래 의미의 사회체제(social system)에 해당하는 것이 자본주의 세계체제이

---

23) 이매뉴얼 월러스틴, 『근대세계체제론』 1~3권(까치, 1999).

24) 백낙청, 「분단체제 극복운동의 일상화를 위해」, 『흔들리는 분단체제』(창작과비평사, 1998).

다. 이 경우 남한의 '자본주의 체제'는 세계체제의 하위 범주로 그 자체로 완결된 체제가 아니다. 북한과 같은 '사회주의 체제' 역시 자본주의 세계경제와 그 상부구조인 근대적 열국체제(interstate system)의 테두리를 벗어난 별개의 사회체제가 아니다. 그러므로 분단체제론적 시각에서 보면 남북 모두 완결된 체제가 아닌 것이다. 결국 분단되지 않은 국가들과는 달리 남북한이라는 두 개의 하위체제(subsystem)의 경우에는 그들이 세계체제에 참여하고 세계체제의 규정력이 그 내부에 작동하는 방식이 일정하게 구조화된 분단현실을 매개로 이루어지는 까닭에 분단체제라는 또 하나의 체제 개념이 끼어들 수밖에 없다. 즉, 분단체제라는 '중간항'을 생략하고서는 남북 어느 한 쪽 '체제'의 작동방식도 제대로 규명할 수 없다는 것이 분단체제론의 입론인 것이다.

이러한 분단체제론을 백낙청에게 문제의식을 던졌던 사회구성체 논쟁과 연관해 차별화해 보자. 그는 신식민지 국가독점자본주의론의 경우, 남한 자본주의의 일정한 성숙과 그 대외종속성 및 정치적 억압성을 동시에 주목하면서도 남한현실을 분단과 무관한 여러 사회에 통용되는 일반적 모형의 예로 설정하는 한계를 갖고 있다고 평가한다. 그리고 식민지반자본주의론의 경우, 남한의 정치·군사적 예속성과 전반적 낙후성을 강조하는 측면이 있다고 평했다. 그리고 1980년대 후반부터 부상했던 중진자본주의론의 경우, 남한경제의 예외적인 고도성장을 무엇보다 중시한다고 보았다. 그에 반해 분단체제론은 선진국 진입을 꿈꿀 정도의 경제적 성취와 이에 비견될 수 없을 정도로 강력한 정치·군사적 예속, 사상적 제약 등이 공존하는 현실에 주목하면서 이를 분단체제의 속성으로 파악하려는 것이다.

이러한 분단체제는 남북한 각각 체제의 지배자와 민중들 간의 대립을 주요 모순으로 하는 사회이다. 여기서 민중이란 단일 계급이 아니라 남북 내 다양한 내부 구성인자들의 연합을 뜻한다. 정권담당자를 포함한 쌍방의 기득권 세력의 경우, 실질적인 공생관계를 이루며 분단을 유지하지만, 이 공생관계가 적대관계를 수반하고 있어 양자의 이해득실이 완전히 일치하지는 않는다. 마찬가지로 민중세력도 남북으로 분열되어 있는 실정이다. 따라서 분단체제론은 남한 민중은 남한 자체의 개혁을 일차적인 과제로 삼고 북한 민중은 그들대로 북한 사회의 바람직한 변화를 우선 추구하는 가운데 그러한 양쪽의 운동이 한반도 민중의 생활주도력을 극대화하는 통일이라는 공통목표를 중심으로 연대한다는 구상을 갖고 있다.

그렇다면 분단체제론이 추구하는 분단 극복의 국가체제는 어떤 것일까. 백낙청은 일반적인 국가연합(confederation)이나 연방국가 등의 대안이 단일국민국가의 복원 내지 건설을 최종목표로 삼는 과도적 단계로만 설정되어 있는 점을 비판한다. 이는 세계체제 및 분단체제 변혁의 과제를 수용한 대안으로 볼 수 없다는 것이다. 그가 보기에 분단으로 남북간에 생활경험의 차이가 커졌고 세계사적으로도 다양한 국가연합 및 연방국가의 실험이 요구되는 오늘날, 굳이 단일국민국가 복원에만 집착하는 것은 곤란하다는 것이다. 더욱이 단일국민국가 복원의 욕구가 한민족만이 사는 한반도라는 종족적 배타성이나 현존 세계체제 속에서 무조건 통일한국의 위상만 높이려는 집단이기주의로 변질되는 것을 우려한다. 이를 위해 일국 내의 다양성을 좀더 확실히 보장하면서 타국 및 타국의 개별 지방을 향해 한층 개방된 국가형태를 창출할 필요가 있다는 것이 분단체제론의 입장이다. 분단체제를 극복하는 과정에서 분단시대를 거쳐온 민족의 구체적인 필요에 걸맞은 새로운 연방국가 형태를 창안할 기회를 갖자는 취지이다.

여기서 주목되는 것은 백낙청의 북한체제에 대한 인식이다. 그가 볼 때, 분단체제의 일익인 북한의 사회주의 체제는 '제대로'의 사회주의와 너무나 거리가 멀다. 또한, 개인이건 집단이건 진실로 자신에게 필요하고 자신이 소망하는 바를 남들의 간섭 없이 성취할 수 있는 상태가 자주라고 한다면, 조선민주주의인민공화국과 그 주민들이야말로 오늘날 매우 심각한 자주성의 제약을 겪고 있다.[25] 또한 북한의 공식이념인 통일지상주의 역시 객관적으로는 분단정권의 유지와 분단체제의 재생산에 복무하는 분단이데올로기일 수 있다.

---

25) 백낙청, 「분단체제의 인식을 위하여」, 『분단체제 변혁의 공부길』(창작과비평사, 1994), 19쪽.

이러한 입장에서는 남한사회의 개혁성과와 독자성을 간과한 채 북한의 체제 유지 노력을 무비판적으로 지원하는 남한 내 '친북적' 운동논리는 매서운 비판의 대상이 된다. 분단체제의 긍정적 효과로 남한의 높은 수준의 경제성장 등을 지적한 그가 북한에 대해서는 부정적 효과에 주목하면서 혹독한 평가를 내렸으니, 역설적이지만 어느 면에선 '반북주의자'에 가깝다고 할 것이다.

이러한 이론화 과정을 거치면서 백낙청은 분단체제론이 한반도에서의 근대 극복(=지양)에 관한 이론이라고 자평한다. 자본주의 세계경제가 탄생·성장·확산하여 다른 무엇으로 변모하기까지의 시대를 근대라고 볼 때, 분단체제론은 한반도의 통일이 한반도 안에서건 세계 전체에서건 곧바로 근대 이후를 실현한다고 믿지 않는 점에서 근대성의 일정한 성취를 빼버린 탈근대주의와 다르고 근대의 위세가 한창인 오늘날을 '근대 이후'로 규정하는 포스트모더니즘류의 탈근대론과도 구별된다는 것이다. 또한 분단체제의 진정한 극복이 세계체제의 바람직한 변혁을 위한 중요한 계기가 될 수 있다는 점에서, 그리고 이를 위해 '근대 이후' 지향이 철저히 무시된 독일식 통일과 '자본주의 이후'를 표방하기는 하지만 세계시장에 편입되는 데 결국 길을 에둘러 온 것에 불과한 베트남식 통일을 아울러 피할 구체적인 민중운동을 제창한다는 점에서 명백한 근대극복론이라는 것이다.[26]

한편, 백낙청은 분단체제론이 한반도의 현실을 특권화하는 민족주의 담론은 아니라고 주장한다. 그는 남북 양쪽에서 민족주의가 퇴행하고 있다고 본다. 남한에서는 경제성장에 성공하면서 약소국의 '저항적' 민족주의가 갖는 진보성을 거의 상실하고 오히려 일본의 군국주의를 닮은 듯한 국가주의·종족중심주의·제국주의적 성향이 점점 강화되고 있다. 또한 북한에서는 조선민족제일

---

26) 백낙청은 베트남의 경우, 한반도에서와 같은 '체제'적 안정성을 끝내 확보하지 못한 상태에서 민족해방전쟁에서 승리한 것으로 보고 있다. 독일의 경우, 분단은 냉전체제의 직접적인 산물로서 냉전이 지속되는 동안은 한반도보다 더욱 안정된 분단상태가 유지되었으나 냉전 이후까지 살아남을 독특한 분단체제는 아니었다고 평가한다. 백낙청, 「김일성 주석 사망 직후의 한반도 정세와 분단체제론」, 『흔들리는 분단체제』(1998), 93쪽.

주의라는 이념에서 드러나듯, 식민지시기 일본 군국주의의 부활이라 할 수 있는 유일체제가 강고히 온존하고 있다. 그럼에도 그는 여전히 민족주의라는 동력은 배제할 수 없다고 본다. 남북한 민중의 연대운동에서는 외세의 부당한 개입과 집권세력에 의한 인위적 이질화 책동을 거부하는 민족적 동질감과 저항의식이 큰 비중을 차지하기 마련이고 그것이 분단체제의 극복에 기여하는 만큼은 세계체제의 바람직한 변화에 이바지하는 진보성을 띠게 될 것이기 때문에 저항적·진보적 민족주의는 여전히 유효하다는 것이다.

남한 민중의 입장에서 볼 때, 이러한 분단체제론의 실천노선은 일차적으로 분단체제의 질곡 속에서나마 가능한 남한사회의 민주화와 자주화에 주력하면서 이를 통일로 이어지도록 힘쓰고, 동시에 북한 민중과 더불어 분단체제의 극복을 실현하여 세계체제의 변혁에 한 걸음 다가서도록 하며, 이 모든 과정과 그 너머로까지 세계 민중과 함께 근대 세계체제에 대한 근본적 대안을 찾아가는, 최소한 삼중의 운동을 벌여나가는 데 있다.

이처럼 사회구성체 논쟁에 관한 인문학적 성찰의 결과임을 입증하듯, 분단체제 극복과 체제변혁을 동시에 사유하는 것이 분단체제론의 특징이다. 이 과정에서 세계체제론의 입론을 한반도 상황에 적용하여 남북 '체제'를 아우르면서도, 또한 나름의 작동기제를 갖춘 '분단체제'를 '발견'하고 개념화한 것은 의미 있는 성과라 할 수 있다. 하지만 그가 극복하고자 했던 제반 사회구성체 이론과 마찬가지로 구체적 현실 분석이 뒷받침되지 않음으로써, 그 실천적 '역능'은 그리 크지 않았던 것으로 보인다.

## 2) 분단체제 극복운동론

분단체제론의 운동론, 즉 분단체제 극복운동론은 자주·민주·통일 운동의 일체화를 추구한다. 백낙청이 보기에 비자주성과 반민주성은 분단과 직결된 현상이다. 가령, 남한 정도의 경제력과 문화능력을 갖춘 국가가 대북관계에서 보여주는 대미의존성은 일반적 예속 범위를 벗어나는 것이다. 이는 분단국가 특유의 불안한 주권 탓이다. 한편, 반민주세력은 여차하면 국가안보를 내세워 국민을 협박하는데, 영토 및 주권상의 불안정성으로 인해 분단 상황에서 안보에 대한 위협은 항시적으로 일정한 근거를 갖는다. 이러한 특성이 자기재생산 구조를 확보한 현실 자체가 분단체제이므로, 분단체제 극복운동이 곧 통일운동이요, 자주화·민주화 운동의 일환이 되는 것이다.

백낙청이 1990년대에 주목한 통일운동은 북한동포돕기운동이었다. 그는 북한동포돕기 민간운동이 분단체제 극복운동을 일상화하는 시도라고 높이 평가하면서 굶주리고 병들어 죽을 위험으로부터 벗어나는 계기를 만드는 데 바로 남쪽 동포들이 크게 이바지했음을 북쪽 동포들이 알 때 남북 민중의 연대는 곧바로 몸으로 실감하는 현실이 될 것이라고 독려했다. 특히, 백낙청은 운동의 주체로 시민운동과 민중운동 진영이 함께 나선 것을 높이 평가했다.[27] 하지만 여전히 1980년대식 '계급논리'로 통일에 미온적인 태도를 취하는 계열에 대해서는 북한의 식량 위기야말로 민족문제인 동시에 계급문제라며, 동포돕기를 경시하는 풍토를 질타한다. 그에게 북한동포돕기운동을 통해 형성된 시민운동과 민중운동의 상호연합은 곧 범민주세력의 결집으로, 이들이 분단체제 및 세계체제 변혁세력으로 성장할 수 있기를 기대한다.

그런데 백낙청은 이들 범민주세력, 특히 시민운동의 경우 분단체제가 야기하는 온갖 거북하고 위험한 문제들을 분단시대의 모든 운동이 안고 있는 필연적 조건이라기보다는 무언가 불필요하게 돌출한 장애물처럼 인식하는 풍토를 우려한다. 총풍과 같은 우연한 사건들이 돌출하는 것은 분단체제의 필연적 현실로 보아야지 이를 구조결정론이나 음모론적 시각에서만 바라보는 것은 곤란하다는 것이다. 오히려 시민운동은 분단현실 속에서 다양한 사건들을 체제유지를 위해 창출하거나 활용할 줄 아는 남북 기득권 세력의 유연한 능력 못지않은 역량을 갖추는 데 주력해야 한다. 또한 일부에서 남쪽의 민생문제는 정부나 기업의 책임으로 돌리고 북쪽 걱정에 더 몰두하는 경향이 있음을 갈파

---

27) 백낙청, 「분단체제 극복운동의 일상화를 위해」, 35쪽.

하고 남과 북을 하나이자 둘로 보고 둘인 동시에 하나로 보아야만 제대로 보이는 것이 분단체제이므로, 남북의 많은 사람들이 각기 자신이 처한 위치에서 북녘돕기와 남녘돕기를 지혜롭게 결합하면서 체제극복을 위한 운동에 동참할 것을 주문한다.

그래도 역시 분단체제 극복운동의 주체는 남북의 민중들이다. 민중의 주도성과 창의력이 최대한으로 발휘되는 분단체제 극복운동이어야 하는 것이다. 하지만 민중과 기존 분단정권의 관계는 전적으로 우호적일 수도 적대적일 수도 없는 복잡하고 가변적인 관계이므로 통일과정의 국면과 정세에 따라 정부의 몫과 민간의 몫, 민간에서도 재벌의 몫과 근로대중의 상이한 몫을 각각 인정하는 가운데서, 다만 분단체제와 현존 세계체제의 존속으로 자신의 인간다운 삶이 위협받을 수밖에 없는 일반 민중의 몫을 최대한으로 늘리기 위한 노력을 기울이는 지혜가 요구된다. 특히, 백낙청은 통일사업에서 비민중 부분의 몫, 즉 정부와 대기업 몫을 인정하고 이들과도 연대하는 슬기를 요청한다. 재벌의 지향점이 분단극복일 수는 있어도 진정한 분단체제 극복은 아니라는 사실에 유의하면서 협력과 대결을 지혜롭게 수행하는 민중운동이어야 한다는 것이다. 그가 이와 같은 주장을 하는 이유는 분단체제하에서 개량세력과 변혁세력의 협동을 통한 중간단계의 성취가 가능하다고 보기 때문이다. 다음 단계가 진정한 변혁이 될지 여부는 그중 어느 쪽이 더 현실을 정확히 인식하고 적절히 대응하느냐에 좌우된다는 것이다. 민중 주도를 강조하면서도 통일과정에서 세력으로서의 '중도'가 일단의 역할을 수행할 수 있을 것이라는 그의 기대를 엿보게 하는 대목이다.

분단체제 극복을 위한 남북 민중의 통일운동은 하나의 분단체제라지만 남북 각기 '체제'가 하위체제로 기능하는 복합체 속의 운동으로, 각자의 일차적 과제는 남북 각각의 현장에서 벌이는 독자적인 현실개혁운동 겸 분단체제 변혁운동이어야 한다. 그리고 분단체제가 스스로 완결된 체제가 아니고 자본주의 세계경제의 하위체제 가운데 하나이므로 남북 민중이 연대한 분단체제 극복운동은 곧바로 세계적 차원의 현실개혁운동이 된다. 현존 세계체제가 인간다운 삶에 대한 세계민중의 욕구를 실현할 수 없을 뿐더러, 생태계 파괴를 통해 인류공동의 운명을 재촉하는 체제임을 인식하는 모든 사람들과 국경을 초월한 연대가 가능하기 때문이다. 이 지점에서 분단체제 극복운동이 보편성을 획득한다는 것이 백낙청의 시각이다. 즉, 남북 각각의 당면과제에 충실한 운동은 분단체제 극복이라는 중기 목표와 세계체제 변혁이라는 장기적 목표를 중심으로 하나의 큰 흐름을 이룰 것이고, 분단체제 극복운동은 세계체제 차원의 변혁운동과 남북한 각기의 내부 개혁운동 사이의 중간항으로 두 차원의 운동을 이어주는 연결고리 노릇을 할 수 있다는 것이다.

그런데 분단체제 극복을 위한 통일운동은 분단 극복을 위한 통일운동과는 다르다. '체제'라고 하면 그 안에 사는 사람들의 일상생활에 만만찮게 뿌리를 내린 사회현실을 뜻하는 것으로, 남북분단이 일정한 체제적 성격을 띠고 있다는 말은 분단이 고착되면서 분단구조가 남북 주민 모두의 일상생활에 그 나름의 뿌리를 내렸고 그리하여 상당수준의 자기재생산 능력을 갖추었다는 말이 된다. 그러므로 일상에 뿌리박은 지속적인 운동이 아니고서는 통일의 달성이 불가능하다. 남한이 경제성장을 지속하고 자유민주주의를 먼저 완성하면 통일은 언젠가 따라오리라는 발상, 민족해방을 최우선 목표로 삼는 통일운동, 남한에서의 민중혁명만을 중시하는 체제변혁운동, 이 모두는 대중의 생활현실·생활감정과 동떨어진 운동으로 일상성을 완전히 등진 운동일 뿐이다. 결국 분단체제 극복을 위한 통일운동도 일상화로까지 나아가야 성공한다.[28] 이와 같이 통일운동의 일상화를 추구하는 분단체제의 잔재를 청산하고 근대 국가의 체통을 갖추는 '남의 뒤 따라가기'만이 아니고, 현 단계 세계사에서 전인미답의 경지를 개척하는 일이라 평가한다.[29]

백낙청의 분단체제론과 분단체제 극복운동의 모색은 '보편'세계의 정치와 사회경제적 지형을 분석한 세계체제론과 분단 한반도라는 특수 현실을 접목하

---

28) 같은 글, 16~17쪽.

29) 백낙청, 「21세기 한국과 한반도의 발전전략을 위해」, 『21세기의 한반도 구상』(창비, 2004), 27쪽.

여 이론화하고자 한 인문학자의 고뇌의 산물이다. 분단과 통일에 관한 사회과학적 견지의 이론화가 미흡한 가운데, 전개된 인문학자의 문제제기는 예상대로 논쟁을 불러 일으켰으나, 이내 잦아들고 말았다. 아직도 분단체제론이라는 '통론'을 뒷받침할 각론적 연구는 미약하다. 강만길의 분단시대론과 마찬가지로 북한체제와 대미관계 등에 대한 구체적이고 현실적인 분석과 평가가 수반되지 않고 있다. 백낙청 스스로 지역주의와 분단체제의 문제, 생태주의나 여성주의와 분단체제 극복운동의 연관 문제 등을 제기했으나, 그 또한 담론적 계몽을 넘어서지 못하고 있다.30) 하지만 이러한 지체현상은 분단체제론의 이론적 한계보다는 친미 종속적인 학풍이 범람하면서 인문학이나 사회과학계가 한국적 '특수'인 분단문제에 대해 그만큼 심각하게 고민하고 있지 않는 데서 연유하는 것이라 볼 수 있다. 분단문제를 경시하는 지적 풍토 속에서 여전히 분단체제론은 학자 개인의 고군분투에 그 이론적 진전을 기대야 하는 현실인 것이다.

---

30) 백낙청은 분단체제론을 제기하면서 사회과학과의 대화를 요구했으나, 초기에 약간의 논쟁을 전개하는 수준에서 중단되고 말았다. 백낙청과 사회과학계의 논쟁을 비판적으로 정리한 성과로는 김종엽, 「분단체제론의 궤적」, 《동향과전망》, 61(2004)이 있다. 분단체제론 비판의 핵심은 분단체제론은 이론적 문제제기에 불과할 뿐 검증 가능한 이론으로서 체계화된 것이 아니라는 점과 분단결정론적 숙명론, 과잉분단론, 분단환원론으로 평가될 수 있다는 점 등에 있다. 교수신문 엮음, 「백낙청의 분단체제론」, 『오늘의 우리 이론 어디로 가는가』. 김종엽은 분단체제론이 자생적 이론의 하나로 사회적 현실을 해명하기 위해 가능한 모든 이론적 자원을 탐색하며 진력을 다해야 하는 사회과학의 신중한 검토대상이 되어야 함으로 앞으로 논쟁적 대화가 다시 시작되어야 한다고 주장한다.

## 4. 송두율의 통일철학

### 1) 독일 통일과 한반도 문제

동서독의 경우 통일 이후 16년이 지났으나, 경제적·사회적 개선에도 불구하고 아직까지 진정한 내적 통일의 길은 요원하다는 것이 일반적인 평가다. 즉, 정치경제 체제의 통합은 이루어졌지만 사회적·문화적·심리적 측면에서 보면 독일은 여전히 분단상태라는 것이다. 이처럼 서독이 동독을 흡수하는 형태로 통일이 진행되면서 신자유주의적 자본주의가 더욱 철저하게 관철되어 독일 사회가 발전적 통합을 이루지 못한 채 동독이 사실상의 식민지로 전락하고 만 냉엄한 현실은 아직도 분단국가에 사는 우리에게는 일종의 반면교사라 할 수 있다.[31]

1990년대 송두율이 한국 사회에 개입하면서 독일 통일의 성과와 한계를 지적하고, 독일 경험을 한국에 무비판적으로 수용할 경우의 위험을 경고한 것이 바로 이 지점이었다. 그는 독일 통일을 직접 목도하고 경험했던 한국 지식인으로서 독일 통일 과정에서 나타난 갈등과 모순을 분석하면서 독일 통일의 경험이 그대로 한반도에도 적용될 것이라고 믿는 상당수의 지식인들에게 양자간의 차이를 설득하고, 그 대안을 제시하고자 했다.

우선 송두율은 독일식의 체제통합을 지향한 통일은 한반도에서 불가능하다고 단언한다. 그것은 역사적으로 한반도는 독일과 달리 체제갈등이 동족상잔의 전쟁으로 비화된 경험을 갖고 있기 때문이다. 우리에게 체제문제는 아직 민감한 사안으로, 그것이 쟁점화될수록 통일의 공통적 지향점인 민족국가의 형성마저도 불투명해지기 때문이다.

송두율은 독일 통일과 한반도의 통일이 당면한 현실도 전혀 다르다고 본다. 독일 통일은 빌리 브란트 전 서독 총리의 동방정책을 토대로 고르바초프 전

---

31) 김누리, 「독일 통일과 지식인」, ≪역사비평≫(2001년 가을호) 참조.

소련공산당 서기장의 페레스트로이카에 의해 촉발된 소련 현실사회주의의 붕괴로 인해 동서간의 힘의 균형이 깨지면서 가능했던 역사적 사건이었다. 그러나 1990년대적 시각에서 볼 때, 한반도를 둘러싼 동북아정세는 독일의 경우와는 너무 달랐다. 중국을 업고 있는 북한과 미국·일본과의 공조에 기초한 남한의 경쟁구조가 고착되어 가고 있었던 것이다. 이러한 역사적·현실적 상황에서 만일 한반도에 독일식 흡수통일이 일어난다면 자칫 유혈사태와 민족공멸을 초래할 가능성이 크다는 것이 송두율의 우려였다.

송두율은 독일 통일과 한반도 통일의 역사적·현실적 조건이 다르다는 사실과 함께 북한이 제2의 동독도 아니라는 점을 거듭 강조했다. 우선 두 사회주의 국가가 각각 내세우고 있는 정통성이 본질적으로 다르다. 북한은 일본과 미국이라는 두 제국주의에 대한 투쟁의 역사에서 그들의 정통성을 찾는다. 따라서 북한의 정통성은 외세에 대한 경계를, 즉 일본의 군국주의와 미국의 제국주의에 대한 대항을 의미할 뿐만 아니라, 이에 상응한 민족 내부의 연대와 단결의 강화에 기초하고 있다. 하지만 동독의 반파시즘적 정통성은 바로 자신들의 역사적 산물인 나치즘과의 대결 속에 그 뿌리를 두고 있다.[32]

또한 동독 사회주의의 역사 전개과정도 북한과는 다른 양상을 보인다. 동독의 경우, 분단 이후 완전고용·경제성장·생활수준의 향상 등 주로 경제적 범주에서 서독과 체제경쟁을 벌였다. 그런데 '복지국가' 발전전략의 일환이었던 사회정치적 소비우선정책으로 인해 물적 재화의 생산부문에 반드시 필요한 투자를 억제한 결과, 경제발전이 정체되고 사회적 불만이 누적되어 갔다. 결국 반(反)서독 또는 사회주의 독일민족이라는 동독 공산당의 정통성과 자기 확인 노력은 동독인들의 동의를 얻는 데 실패하고 만다. 동독인들은 충족되지 않는 자신들의 일상적 희망을 서독에 투영시켜 거기서 그들의 정체성을 찾고자 했다. 동독인들의 사상의식구조가 서독화하기 시작한 것이다. 이처럼 동독 현실과 서독 동경이라는 이중적 상황 속에서 동독인들은 복종과 끊임없는

---

32) 송두율, 「독일통일: 한반도 통일의 기원인가?」, 『통일의 논리를 찾아서』(한겨레신문사, 1995), 26~27쪽.

기회주의를 강요하는 동독의 지배구조에 소극적이고 비협조적인 태도를 취할 수밖에 없었다고 한다.[33]

이처럼 동독인들이 그들의 상대적인 소비생활의 결손을 동독체제 자체 문제로 환원시키면서 문제해결을 개인주의적 차원에서 시도했다면, 북한 사람들은 그들의 소비생활의 상대적 결핍을 미제의 압력과 봉쇄 그리고 군사적 긴장에 따른 군사적 대응조처로 인한 과도한 군사비 때문이라고 보고 있다.[34] 그리고 그들에게는 강력한 사상 응집을 뒷받침하는 주체사상이 있다. 송두율은, 주체사상은 제3세계 주변부라는 정체성에 대한 철저한 자기긍정으로, 일련의 부정적인 결과에도 불구하고, 북한이 정치·경제·국방 등의 영역에서 자주와 자립을 고수하면서, 이를 통해서 현실사회주의의 붕괴로 인한 엄청난 충격으로부터 그들 스스로를 보호하는 데 결정적인 역할을 했던 것으로 평가한다.[35]

남북대화의 진전과정도 동서독에 비해 더딘 편이었다. 1991년의 '남북화해와 불가침 및 협력, 교류에 관한 합의서'는 1972년 독일 기본조약에 들어 있던 무력포기·경제협력·가족상봉 등을 포함하고 있다. 하지만 1972년 당시 동서독은 국방 분야를 제외한 거의 모든 분야에서 광범위하게 협력했다는 점에서 보면, '남북합의서'가 규정하고 있는 협력방식은 초보적 수준에 불과한 것이었다.[36] 이러한 우려는 2000년의 남북정상회담으로 상당 부분 불식되었지만, 여전히 동서독 대화의 궤적과 비교해 보면, 남북대화와 교류는 좁고

---

33) 같은 글, 28~29쪽.

34) 송두율, 「북한은 동독과 다르다」, 『역사는 끝났는가』(당대, 1995), 166쪽.

35) 송두율은 북한연구방법론으로 내재적·비판적 접근 방식을 제안한 바 있다. 그에 따르면, 타자의 이해를 위해서는 우선 타자의 본질을 타자의 내부에서 찾아야만 하지, 선험적으로 구성된 가치체계를 절대화해서 타자에게 그것을 받아들이도록 강요해서는 안 된다. 송두율, 「통일문제 접근의 방법론적 반성」, 『통일의 논리를 찾아서』, 242쪽. '내재적 접근법'은 북한에 대한 냉전적·전체주의적·선험적 접근을 획기적으로 바꾸는 계기가 되었으며, 내재적-외재적 접근법, 경험적-선험적 접근법을 둘러싼 논쟁을 야기했다. 교수신문 엮음, 「송두율의 내재적-비판적 접근」, 『오늘의 우리 이론 어디로 가는가』.

36) 송두율, 「남북대화의 현주소」, 『통일의 논리를 찾아서』, 49쪽.

얕다. 송두율은 바람직한 남북대화는 기존의 전략적 대화를 지양하고, 상호 이해를 추구하는 의사소통을 전제로 해야만 한다고 주장한다. 독일 통일 과정에서도 합리적인 비판 위에서 논의되었던 '협의의 정치'가 현실정치상에서는 무력화된 바 있지만, 다른 생활 경험에 대한 무지와 멸시가 오히려 더욱 큰 후과를 가져왔다는 독일의 교훈을 의미심장하게 받아들여야 한다는 것이다.[37]

그렇다면 독일 통일 과정이 남긴 가장 큰 교훈은 무엇인가? 송두율의 대답은 간단하다. 인적 교류 등을 통한 상호 이해가 절실하다는 것이다.[38] 분단 반세기 동안 남과 북에서 각각 달리 구축된 경험세계로 인해 남과 북 사이에는 여러 공통점에도 불구하고 차이점도 많이 생겼다. 그러므로 남과 북은 상대방을 각각 '자기 속에 있는 타자'로서 바라보려는 태도가 반드시 요구된다. 자기와 똑같지 않으면서도 남이 아닌 타자로서 상대방을 대하면서 남과 북이 관점을 서로 바꾸어볼 수 있는 합리성과 함께 관용과 여유를 배울 수 있어야 통일다운 통일이 가능하다는 것이다.[39]

이처럼 송두율이 우려한 독일 통일의 가장 큰 문제점은 바로 마음의 장벽이었다. 그렇기 때문에 독일과 달리 동족상잔의 전쟁경험을 가진 남북이 서로 알게 모르게 쌓은 마음의 장벽이 얼마나 높을지 우려하지 않을 수 없다는 것이다.[40] 결국 송두율은 통일에 있어서 '시장의 논리'보다는 '마음의 통일'이 중요함을 거듭 강조하면서 상호주의가 아닌 '나눔의 철학'에 뿌리를 둔 상생을 설파한다.

송두율의 상생의 통일철학은 남북사회의 사회구조적 동질성이 동서독의 그것보다 객관적으로도 적다는 우려에서 나온 것이기도 하다. 남북사회의

---

37) 송두율, 「통일문제 접근의 방법론적 반성」, 241쪽.
38) 《한국일보》, 2000.5.5.
39) 《동아일보》, 2000.6.14.
40) 송두율의 우려는 기우가 아니었다. 사문화의 지경에서도 여전히 「국가보안법」 체제가 작동함으로 인해 그는 37년 만에 밟은 고국에서의 시간을 차가운 구치소에서 맞아야 했다.

이질성은 6·25남북전쟁 이후 두 사회가 전면적으로 개편되었다는 데서 출발한다. 북한은 주체 사회주의 혹은 우리식 사회주의를 통해 상대적으로 빨리 독자적인 사회주의 모형을 만들었고, 남한은 경제성장을 기반으로 외연적 확장을 이루었다는 것이다. 하지만 이러한 이질성에도 불구하고 남북 모두 하나의 민족이었고, 앞으로도 하나의 민족으로밖에 남을 수 없다는 의식은 변하지 않는다는 것이 송두율의 생각이다. 독일의 경우와는 달리 남한의 비판적 지식인들은 민족과 민족주의를 전혀 금기시하지 않고 있으며, 통일이 공산주의의 모든 악으로부터 그들 자신을 구원한다고 믿었던 동독인들과 달리 북한 사람들은 통일이 민족 비극의 종말이라고 확신하고 있다는 점이 이러한 철저한 통일의지의 근거들이다.

소련과 동구 사회주의권의 붕괴와 독일 통일로 이어지는 일련의 과정이 한반도에서의 흡수통일을 기정사실로 받아들이게 만들었던 시절, 송두율은 독일과 한반도의 통일은 역사적으로나 현실적으로나 동일시할 수 없으며, 동독과 북한 역시 다른 사회라는 '상식'을 계몽하는 일종의 전도사 역할을 도맡았다. 특히, 강만길이나 백낙청처럼 분단을 해결하고 통일을 모색하는 데 역사철학적으로, 이론적으로 기여하고자 했던 인문학자들이 거론하지 못한 북한의 체제와 이념, 그 실상에 대해 분석함으로써, 탈냉전적인 북한 연구의 초석을 놓기도 했다.

## 2) 지구화와 현대화, 그리고 남북

송두율은 사회철학자로서, 서구 학자들의 이론을 빌려 남과 북의 동질성과 차이를 설명하는 데 상당한 노력을 기울였다. 그것은 통일 후 체제에 대한 문제에 접근하기 이전에 우리가 서 있는 좌표가 어디에 있는지를 먼저 확인하는 작업이 선행되어야 한다고 믿었기 때문이다. 그가 남북의 동질성과 차이를 설명하기 위해 끌어낸 화두는 지구화와 현대화였다.

우선, 지구화(globalization)는 울리히 벡(U. Beck)의 정의로 민족국가의 국경이 점차 무너지면서 전 지구적 범위에서 새로운 관계체계가 형성되는 과정을 의미한다.[41] 국경에 의해 구별되는 민족국가와 사회를 인식과 행동 양식의 테두리로 해서 살아온 지금까지의 삶을 근본적으로 문제 삼는다는 점에서 지구화는 새로운 변화이다. 지구화 담론은 점차 일상화되어 이제는 복지국가, 교육제도, 노동사회의 내용이 변하는 이유가 지구화 때문이라고 이야기되고, 대량 실업과 외채 위기, 지구 온난화 등의 원인도 지구화에 있다고 볼 정도가 되었다.

그런데 남한은 지구화를 세계화로 보고 낙관적으로 대하는 반면, 북한은 일체화로 보고 부정적으로 대한다. 남한의 세계화는 반(半)주변부인 남한과 중심부 사이에 등가적 구조를 형성하는 것을 목표로 한다. 반대로 북한의 일체화라는 시각은 중심부와 반주변부가 일방적으로 북한이라는 주변부를 응집·종속시키고 있다고 본다. 동서냉전의 종결과 더불어 유일한 초강대국이 된 미국이 자신의 의도대로 지구화를 통해 전 세계를 하나로 만들고 있다는 것이다.[42] 또한 북한은 지구화와 더불어 세계경영이 가능한 기구를 통해 새로운 국제정치적 질서의 창출이 가능하다는 낙관론을 정면으로 부정한다. 송두율이 볼 때, 한반도에는 이처럼 지구화에 대한 보편주의적 입장과 이를 비판적으로 평가하는 특수주의적 입장이 공존하고 있다.

현대 혹은 현대성(modernity)은 아직 진행 중인 인류사에서 하나의 중요한, 그러면서도 총체적인 변화를 포괄적으로 표현한 개념이다. 현대화를 물질적 조건의 충족으로만 축소해석하든, 물질적 조건은 물론 인간의 지적·윤리적·심미적 능력까지 포함하는 것으로 확대해석하든 간에, 현대라는 것은 아무런 모순도 내포하지 않은 총체성이 아니라 내적 구조에 많은 모순과 결함을 지니고 있다. 이는 주로 민족국가나 이러한 사회 내에서 발생하는 자본과 노동 사이의 적대적 대결을 전제로 한다.[43]

---

41) 송두율, 「'지구화'는 희망인가 재앙인가」, 『21세기와의 대화』(한겨레신문사, 1998), 43~44쪽.
42) 같은 글, 49쪽.

그런데 유럽에서는 '산업적 현대'가 이미 끝났고 민족국가 단위의 정치와 경제도 사라지기 시작했다. 송두율은 이러한 현실을 주목하면서 그동안 '산업적 현대'의 모순을 교정해 왔던 복지국가도 설 자리를 잃게 되었음을 우려한다. 우리의 경우는 남북이 '산업적 현대'를 경쟁적으로 건설하는 과정에서 정치·경제·사회·문화 등 모든 영역에서 위험사회적 징후를 양산해 왔다. 여기에 분단이 동반하는 엄청난 위험까지 안고 전전긍긍하는 나날을 보내고 있는 것이 현실이다.

그런데 송두율은, 지구화를 세계화로 읽으면서 세계 일등국가를 추구하는 남한의 기획을, 자기정체성을 허문 토대 위에서 가능했다며 비판적으로 인식한다. 또한 근대화에서 세계화까지의 과정은 중심부가 아닌 주변부에서 진행되었던 것으로, 결코 남한에서 미국이나 서구식 현대가 그대로 재현될 수 없다는 사실을 강조한다. 북한의 경우는 일체화를 거부하면서 '주체화'를 통해 현대화를 달성하여 조선민족제일주의를 실현하겠다는 전략을 갖고 있다. 이러한 주체화 담론은 외부세계에 대한 의식적인 저항을 암암리에 전제하고 있다. 소련이나 동구에서 일어난 현실사회주의의 몰락으로 북한의 주체 사회주의적인 현대도 위기에 당면해 있다. 주체화가 외부세계와 문을 닫고 사는 것은 아니라고 하지만, 그동안 진행된 '우리식대로 살자'라는 구호는 현대가 전제하는 동시성과 보편성의 유지에 적지 않은 손상을 입혔기 때문이다.

이처럼 근대화·세계화와 주체화를 통해 진행된 남북의 '산업적 현대'가 지니고 있는 한계성을 극복하기 위해 송두율은 남북이 탈현대(postmodern)를 지향하는 지구화나 정보사회에서 만나 연대를 통해 함께 한반도 통일이라는 새로운 길을 일구어갈 것을 제안한다.[44] 하지만 그는 탈현대적 징후인 지구화 '론'이나 정보사회'론'이 당연히 전제하고 있는 민족국가의 해체라는 도식으로 우리 문제를 풀어나갈 수 없기에 현대냐, 탈현대냐 하는 선택적인 도식으로

---

43) 송두율, 「우리는 어떤 '현대' 속에 살고 있는가」, 『21세기와의 대화』, 34쪽.

44) 송두율, 「현대와 탈현대의 기획으로서의 민족통일」, 『21세기와의 대화』, 72쪽.

남북을 가를 수 없다고 본다. 다만 남북이 각각 안고 있는 자기 문제를 서로 인정하는 바탕 위에서 이의 공동 해결을 위해 연대적인 공동체를 형성하는 길밖에 없다는 것이다.45)

송두율에게는 남과 북의 성취가 모두 소중한 것이었다. 동서냉전기에 전개된 세계 자본주의의 구조 개편에 적극적으로 참여함으로써 불과 30여 년 만에 신흥공업국의 선두주자의 하나로 OECD에 가입하게 된 경험과 동서냉전기에도 사회주의 대국인 소련과 중국 사이에서, 또 강도 높게 전개되는 초강대국 미국의 압력과 맞물린 경제위기 속에서도 주체를 지키려는 노력 모두가 우리 민족의 체험 공간 안에 들어 있다는 사실을 인정하자는 것이다.

그렇다면 송두율이 생각하는 통일방안은 무엇인가? 체제통합이라는 어렵고 또 위험한 해결책에 앞서 남북한 체제 모두가 공통으로 기초할 만한 하나의 통일된 민족국가의 연방적 구조를 구축하는 것이 가장 시급한 문제라고 본다. 연방제의 특징은 외교와 국방 분야를 연방정부가 전담해서 관장하고, 경제·교육·교통 등의 분야는 지방정부가 연방정부와 긴밀한 관계 속에 관장한다는 것이다. 한반도의 군사적 긴장 완화와 함께 동아시아 이해 갈등에 대비한 남북한 공동의 외교적 역량 강화라는 견지에서도 연방제 구조는 필수적이다.46)

송두율은 분단극복이나 통일의 주체에 관해 북한에서는 정부와 인민 간의 이해의 일치가 당연시되는 반면에, 남한에서는 정부와 민간 사이에 통일의 주체문제를 둘러싸고 많은 갈등을 야기하고 있다고 본다. 결국 집권세력 내부나 변혁세력 내부에도 하나의 움직이지 않는 실체로서의 통일 주체를 설정하기는 어렵다는 것이다. 그러면서도 송두율은 민중이라는 '주체'에 주목한다. 그는 민중을 남한의 근대화 과정 속에서 해방의 주체, 나라의 통일과 민주화를 위해 활동하는 주체, 그리고 대안적 사회를 설계하기 위한 중요한 이론적

---

45) 남북간의 정보유통은 특수한 집단의 이해관계를 일방적으로 관철하는 것이 아니라 남북이 쌍방향적으로 통일에 대한 의견을 교환하고 민족공론의 영역을 확충하는 데 기여할 수 있어야 한다. 같은 글, 77쪽.

46) 송두율, 「민족과 체제 사이에서」, 『통일의 논리를 찾아서』, 234~235쪽.

도구로 이해한다. 1990년대에 부상한 '시민', '시민사회'에 대해서는 지역주의와 계급문제, 그리고 반공주의가 여전한 우리 사회에서는 모호하고 자의적이며 제한적인 개념이라고 비판한다.[47]

한편, 송두율은 통일지향의 운동이 추구해야 하는 가치에서도 남북간에 차이가 있음을 주목한다. 북한은 민족대단결이라는 종족적 의미를 강조하고 남한은 민주적 가치를 더 강조하는 경향이 있다는 것이다. 이러한 차이를 극복하고 일민족 일국가 건설이라는 장기적 전망 속에서 남북의 체제가 스스로 민주적인 변화를 이루어나가야 하는데, 이를 위해서는 민주는 민족을 배제하지 않고 또 민족은 민주를 배제하지 않는 균형 잡힌 통일담론이 필요하다고 본다.[48]

이처럼 분단체제의 변혁이나 극복이 윤리적인 호소 수준 또는 우리의 의지나 능력과 무관하게 세계사회 속에서 저절로 이루어지리라는 낙관어린 전망 수준에만 머물지 않고 남북사회의 성원이 주체로 민주적 합의도출을 보장하는 길을 여는 것이 통일의 지름길이라는 것이 송두율의 생각이다. 분단체제론과 마찬가지로, 통일과 체제변혁을 함께 모색하고 있는 것이다.

송두율은 독창적 개념을 주창하지는 못했으나, 지구화·현대화라는 서구 근대의 '탈근대론'을 토대로 남북의 차이를 대비하고, 북한체제에 대한 분석과 평가를 시도하면서, 지금도 나름의 통일철학을 마련해 가고 있다. 그런데 강만길이나 백낙청에 비해 비교적 구체적인 현실분석이 수반되고는 있지만, 이론적 준거가 철저히 '남의 것'이어서 여전히 계몽적 담론으로만 와 닿는 것이 아쉬운 대목이다.

---

47) 송두율, 「남한의 정통성의 변화: '근대화'로부터 '복지사회'로」, 『통일의 논리를 찾아서』, 57~62쪽.

48) 송두율, 「민주주의를 다시 생각해 본다」, 『21세기와의 대화』, 126쪽.

## 5. 맺음말

이상에서 강만길, 백낙청, 송두율 3인의 인문학자의 분단과 통일에 대한 성찰을 살펴보았다. 이들 중 가장 확신에 찬 민족주의자이자 근대주의자는 강만길이다. 1970년대에 선구적으로 분단시대론을 제창한 그에게 통일은 근대의 완성을 의미했고 통일민족주의는 지상명령이었다. 1980년대 변혁이론의 논쟁과정을 거쳐, 분단체제론을 제기한 백낙청은 통일을 근대의 완성이자 근대의 극복이라고 해석한다. 송두율은 통일을 현대적인 동시에 탈현대적인 기획으로 파악한다. 물론 3인의 통일에 대한 적극적인 해석이 어떤 통일도 '선(善)'임을 의미하는 것은 아니다. 일방에 의한 흡수통일이 초래할 비극을 우려하면서, 결과로서의 통일보다 통일의 과정이 더 중요하다는 것이 그들의 공통된 생각이다. 그러기에 통일 이후 국가 체제 문제에 유연한 태도를 보인다.

이처럼 이들 인문학자의 모색은 민족주의, 근대, 평화와 같은 보편적 가치(혹은 개념)와 분단, 통일, 민중과 같은 특수한 개념(혹은 가치)을 함께 녹여 만든 '민족주의적 통일 전략'이라는 공통점을 갖고 있다. 그 속에는 통일지상주의가 아니라, 통일과 변혁을 동시에 고민하는 비판적 인식이 또한 녹아 들어가 있다. 그리고 이들의 성찰은 담론의 차원을 넘어 실천활동으로 이어진 공통점을 갖고 있다.

1990년대까지 진행되어 온 3인의 분단과 통일에 관한 담론은 2000년 남북 정상회담 이후 화해와 평화 공존의 '시대'에 어느덧 익숙해진 우리들에게 어떤 면에서는 엄숙하고 무겁기만 하다. 하지만 그들의 고민은 여전히 유효하며 또한 소중하다. 종종 이러한 모색이 구체성을 결여한 이상적인 '담론'에 불과하다는 비판이 등장하는 것은 그만큼 분단현실이 복합적이고, 통일이야말로 구체적 일상의 변혁을 요구하는 '혁명'이라는 인식이 일반적이기 때문이다. 그럼에도 불구하고 통일과 통일 과정에 대한 모색과 그것에 선행하는 분단현실에 관한 구체적인 분석과 이론화 작업은 예상외로 빈약하다. 이러한 학계 풍토는 학문의 종속성과 사대성에 기인한다. 그러므로 '분단'을 화두로 분단현실을 분석하고 그 극복의 가치로 통일을 추구하는 학풍의 조성은 학문의 주체성·자주성을 회복하기 위한 핵심적 실천과제 중 하나라 할 수 있다. 분단과 통일에 관한 강만길, 백낙청, 송두율의 성찰은 그러한 과제 해결의 초석을 놓았던, 즉 학문적 현재성과 실천성의 의미를 되짚게 한 성과들이라 할 수 있다. 그들에게 느꼈던 '결핍'은 이제 후학이 해결해야 할 몫이 아닐까.

# 참고문헌

강만길. 1978. 「한국독립운동의 역사적 성격」. ≪아세아연구≫, 59.

_____. 1978. 『분단시대의 역사인식』. 창작과비평사.

_____. 1990. 『통일운동시대의 역사인식』. 청사.

_____. 1991. 「통일사관 수립을 위하여」. ≪역사비평≫(가을호).

_____. 1995. 「분단 50년을 되돌아보고 통일을 생각한다」. ≪창작과비평≫(봄호).

_____. 2000. 『강만길 선생과 함께 생각하는 통일』. 지영사.

_____. 2003. 『우리 통일, 어떻게 할까요』. 당대.

교수신문 엮음. 2003. 『오늘의 우리 이론 어디로 가는가』. 생각의나무.

김누리. 2001. 「독일통일과 지식인」. ≪역사비평≫(가을호).

김인걸. 2000. 「현대 한국사학의 과제」. 『20세기 역사학, 21세기 역사학』. 역사비평사.

김종엽. 2004. 「분단체제론의 궤적」. ≪동향과전망≫, 61.

김진균. 1997. 「한국 사회과학의 현재적 과제」. 『한국의 사회현실과 학문의 과제』. 문화과
학사.

김진균·조희연. 1985. 「분단과 사회상황의 상관성에 관하여」. 『분단시대와 한국사회』.
까치.

박현채·조희연 엮음. 1989~1991. 『한국 사회구성체논쟁』 1~3. 죽산.

백낙청. 1990. 『민족문학의 새 단계』. 창작과비평사.

_____. 1992. 「분단체제의 인식을 위하여」. ≪창작과비평≫, 78.

_____. 1994. 『분단체제 변혁의 공부길』. 창작과비평사.

_____. 1997. 「분단체제 극복을 위한 통일운동의 일상화」. 안동대학교 제2회 한국학
국제학술대회.

_____. 1998. 『흔들리는 분단체제』. 창작과비평사.

_____. 2004. 『21세기의 한반도 구상』. 창비.

손호철. 1994. 「'분단체제론'의 비판적 고찰: 백낙청 교수의 논의를 중심으로」. ≪창작과비
평≫, 84.

송두율. 1995. 『역사는 끝났는가』. 당대.

_____. 1995. 『통일의 논리를 찾아서』. 한겨레신문사.

_____. 1998. 『21세기와의 대화』. 한겨레신문사.

역사문제연구소 엮음. 1999. 『학문의 길 인생의 길』. 역사비평사.

월러스틴, 이매뉴얼(I. M. Wallerstein). 1999. 『근대세계체제론』 1~3. 까치.

이효재. 1976. 「분단시대의 사회학」. ≪창작과비평≫(봄호).

조동걸. 1998. 『현대한국사학사』. 나남출판.

# 제8장

**'민중' 개념의 계보학**

이세영 | 한신대학교 국사학과 교수

## 1. 들어가는 말

레온 트로츠키(Leon Trotskii)는 『문학과 혁명』(1924)에서 1916년 무렵 이후로 러시아문학 연구에서 득세했던 '러시아 형식주의'를 "형식주의자들은 빨리 믿는다. 그들은 성 요한의 추종자들이다. 그들은 '태초에 말이 있었다'는 것을 믿는다. 그러나 우리는 태초에 행위가 있었다는 것을 믿는다. 말은 그것의 음성 그림자로서 따라 나왔다"라고 비판하면서 말과 실재(행위)의 관계를 언급했다. 즉, '말과 용어는 행위와 실재의 음성 그림자'일 뿐이라는 것이다. 거꾸로 말하면 의사소통의 모든 방법으로서의 단순한 말들을 넘어서 기호들, 상징들, 그리고 구조들까지를 포함하여 지시체계들로서 널리 간주되고 있는 언어는 자기의 지시대상인 실재가 있기 때문에 존재하게 된다는 것이다. 이 때 언어와 담론은 실재를 중개하고 전달하는 수동적 매체 이상의 의미를 갖지 못하는데, 과연 언어와 담론은 자기의 지시대상인 실재를 제대로 중개할 수 있고, 또 반영하고 있는 것일까?

1960년대 초 푸코(Michel P. Foucault)에 의해서 언어와 담론은 특별한 인식론적 지위를 얻게 되었다고 한다. 언어이론과 문학이론은 언어와 담론이 언어 밖의 실재와 컨텍스트와는 관련이 없는 자율적인 의미체계라는 점을 제기했다. 이후 철학과 문화, 문학이 선도해서 언어와 담론 분석을 연구주제로 부각시키고 발전시켜 왔다. 1980년대에 이르러서는 유럽과 미국의 역사학자들 가운데 특히 노동-계급사가들과 사회사가들이 언어와 담론 분석에 특별한 관심을 보이기 시작했다. 그들은 대개가 이전에는 역사적 유물론의 신봉자였는데 이제는 언어와 담론, 그리고 포스트모더니즘의 신봉자로 변신한 자들이었다. 1989년 이후에 그들은 이미 불신 받은 역사적 유물론의 분석 전제들을 폐기하는 한편, 언어의 비지시성과 결정 능력을 강조하면서 언어와 담론에 특권을 부여하고, 그것을 분석하고 '사물화해서' 실재를 말하려고 했다. 즉, 이제 언어는 더 이상 실재와 행위의 음성 그림자가 아니었다. 존재와 실재가 언어를 구성하는 것이 아니라 거꾸로 언어가 존재와 실재를 구성하며, 언어는 그 속에서 사회생활과 현실 역사가 배태되는 근본적인 배경이 되고 있었다. 텍스트 밖에는 아무것도 존재하지 않는다는 것이었다. 사회사에서 이러한 흐름을 팔머(Bryan D. Palmer) 같은 이는 '언어로의 전환', 혹은 좀더 논쟁적으로 '담론으로의 추락'이라고 불렀다.[1]

이 글은 '담론으로의 추락'이라는 흐름 속에서 1920년대와 1970~80년대에 유행했던 민중이라는 용어와 민중 담론을 분석하여 실재의 민중의 실체와 의미를 밝히고자 하는 것은 아니다. 또한 당시의 사회구조와 계급구조, 혹은 사상사와 심성사를 분석하여 민중의 실체를 규명하려는 것도 아니다. 다만 1970~80년대에 주로 비판적 지식인들과 학자들의 민중 담론을 통시적으로 제시함으로써 그들이 민중이라는 용어의 지시대상인 실체로서의 민중, 혹은 의식형태로서의 민중, 혹은 이 둘의 통일·결합으로서의 민중을 어떻게 형상화하고 상상하고 있었는지를 보이고자 한다. 즉, 민중개념이 어떻게 구성되는가를 보이고자 한다. 그런데 반드시 분석 대상이 되어야 하는 실재의 민중의 말과 언어, 담론과 전기 등은 검토되지 못하고 있다. 이 점은 차후 반드시 보완되어야 할 것이다.

---

1) Bryan D. Palmer, *Descent into Discourse: The Reification of Language and the Writing of Social History*, 이세영 옮김, 『역사적 유물론을 위한 변명』(한신대학교출판부, 2004).

그러나 어떤 경우라도 당시에 이미 어떤 권력의 효과를 내고 있는 민중 담론의 민중은 실재의 민중과 일치하지 않을 것이다. 왜냐하면 민중론자들이 자신들의 상상력과 언어에 의해서 형상화하고 의미 지시하는 민중은 엄격히 말하면 다만 그들의 '사유 속의 민중'일 뿐이지 실재의 민중은 아닐 것이기 때문이다. 그들의 상상력도 문제이지만 보다 근본적인 원인은 실재와 사물은 시간과 언어를 통과하는 순간 이미 그 실재성을 잃어버리기 때문이다.

## 2. 1920년대 이전의 민중론

우리 근현대사에서 실재의 민중을 지시하는 민중이라는 말과 용어가 크게 유행했던 때는 두 번 있었던 것 같다. 한 번은 1920년대이고, 또 한 번은 여기서 주로 다루고 있는 1970~80년대 전후다.

1920년대의 신문과 잡지에는 민중이라는 말이 자주 호명되고 기록되었다. 이때의 대표적인 민중론자는 신채호였는데, 그의 「조선혁명선언」(1923년)에서 민중은 '일제의 식민지배를 배격하는 민족독립운동의 주체'로서 인식되고 있다.

조선 민족의 생존을 유지하자면, 강도 일본을 쫓아내어야 할 것이며, 강도 일본을 쫓아내려면 오직 혁명으로써 할 뿐이며, 혁명이 아니고서는 강도 일본을 쫓아낼 방법이 없는 바이다.

그러나 우리가 혁명에 종사하려면 어느 방면부터 착수하겠느뇨. …… 금일 혁명으로 말하면 민중이 곧 민중 자기를 위하여 하는 혁명인 고로 '민중혁명'이라 '직접혁명'이라 칭함이여, 민중 직접의 혁명인 고로 그 비등(沸騰)·팽창(膨脹)의 열도가 숫자상 강약 비교의 관념을 타파하여, 그 결과의 성패가 매양 전쟁학상의 정해진 판단에서 이탈하여 돈 없고 군대 없는 민중으로 백만의 군대와 억만의 부력을 가진 제왕도 타도하며 외국의 도적들도 쫓아내니, 그러므로 우리 혁명의 제일보는 민중각오의 요구니라.

민중이 어떻게 각오하느뇨. …… 오직 민중이 민중을 위하여 일체 불평·부자연·불합리한 민중향상의 장애부터 먼저 타파함이 곧 '민중을 각오케' 하는 유일한 방법이니, 다시 말하자면 곧 먼저 깨달은 민중이 민중의 전체를 위하여 혁명적 선구가 됨이 민중 각오의 첫째 길이다. …… 조선 안에 강도 일본이 제조한 혁명 원인이 산 같이 쌓였다. 언제든지 민중의 폭력적 혁명이 개시되어 "독립을 못하면 살지 않으리라", "일본을 쫓아내지 못하면 물러서지 않으리라"는 구호를 가지고 계속 전진하면 목적을 관철하고야 말지니, 이는 경찰의 칼이나 군대의 총이나 간사하고 교활한 정치가의 수단으로도 막지 못하리라. …… 혁명의 길은 파괴부터 개척할지니라. 그러나 파괴만 하려고 파괴하는 것이 아니라 건설하려고 파괴하는 것이니, 만일 건설할 줄을 모르면 파괴할 줄도 모를지며, 파괴할 줄 모르면 건설할 줄도 모를지니라. …… 다시 말하자면 '고유적 조선의', '자유적 조선민중의', '민중적 경제의', '민중적 사회의', '민중적 문화의' 조선을 건설하기 위하여 '이민족 통치의', '약탈제도의', '사회적 불평등의', '노예적 문화사상의' 현상을 타파함이니라. …… 이제 파괴와 건설이 하나요, 둘이 아닌 줄 알진대, 민중적 파괴 앞에는 반드시 민중적 건설이 있는 줄 알진대, 현재 조선민중은 오직 민중적 폭력으로 신조선(新朝鮮) 건설의 장애인 강도 일본세력을 파괴할 것뿐인 줄을 알진대 조선민중이 한 편이 되고 일본강도가 한 편이 되어, 네가 망하지 아니하면 내가 망하게 된 '외나무다리 위'에 선 줄을 알진대, 우리 이천만 민중은 일치로 폭력파괴의 길로 나아갈지니라.[2]

즉, 신채호는 일제의 식민통치의 피지배자, 무산대중[3]으로서 피수탈자, 사

---

2) 신채호, 「朝鮮革命宣言」(1923년 1월), 안병직 엮음, 『申采浩』(한길사, 1979), 187~196쪽.

3) "우리의 세계 무산대중! 더욱이 우리 동방 각 식민지 무산대중의 피·가죽·뼈·골을 빨고, 짜고, 씹고, 물고, 깨물어 먹어온 자본주의의 강도제국 짐승 무리는 지금 그 창자가 뚫려지려 한다. 배가 터지려 한다. …… 아, 세계 무산민중의 생존! 동방 무산민중의

회적으로 차별받는 자, 노예적 문화사상을 강요받는 자로서의 민중이 직접 주체가 되어 폭력적 혁명의 길로 나아가야만 일제를 파괴하고 신조선을 건설할 수 있다고 선언하고 있다.

이만열은 "민족주의 사학자들(박은식, 신채호)은 1920년대에, 역사의 주역으로서의 영웅의 존재를 더 이상 거론하지 않고 그 대신 민중을 강조하게 되었다. …… 3·1운동은 민족지도자가 민중으로 바뀌는 중요한 계기가 되었다. 그해 조직된 상해임시정부의 헌법에 민중이 주인이 되는 국가의 수립을 명시했다. 이것은 또한 민족주의 사학자들이 민중을 역사의 주인공으로 인식하는 것과 시기를 거의 같이하는 것이며, 같은 시기(1920년대)에 신문·잡지에서 민중이 자주 거론되는 것과도 깊은 관련이 있는 것이다"라고 말하고, 이때의 민중은 "소수의 특권층이 아니고 다수의 피지배층이라는 점과 일제의 식민통치를 배격하는 민족독립운동의 주체로서 새 역사의 발전을 위해 투쟁하는 세력으로 지목되고 있었다"고 말한다. 즉, 1920년대의 민중은 '다수의 피지배층이자 독립운동의 주체세력'이었다.

한편, 이러한 민중은 언제부터 형성되었을까? 정창렬은,

민족해방의 과정(=민족형성의 과정)으로서의 한국의 근대화 행정에 가장 충실한 적합 관계를 이루었던 것이 민중적 민족형성의 코스였다. 그러한 코스의 내용은 인간해방, 사회적 해방, 민족해방의 유기적 통일과 그 수행이었다. 이러한 수행의 주체가 될 수 있는 조건은 봉건제도, 식민지반봉건제도, 제국주의에 스스로를 정면에서 맞서는 위치에 설정하는 일이었다. 우리는 그러한 주체의 성립을 농민전쟁을 수행한 농민층에서 볼 수 있고, 그 확립을 1920년대 후반기의 민중에서 볼 수 있다고 생각한다. 이렇게 볼 때 18세기 후반기 봉건체제의 동요에 따라 형성되기 시작한 민중은 18세기 후반기에서 1876년까지의 평민의식의 단계, 1876년에서 1910년까지의 '민중의식 1'의 단계를 거쳐 1910년

생존! 소수가 다수에게 지는 것이 원칙이라면, 왜 최대 다수의 민중이 초소수인 야수와 같은 강도들에게 피를 빨리고 고리를 찢기느냐?" 신채호, 같은 글.

이후의 단계, 특히 1920년대의 민중의식의 확립에 이르러 민중으로서 확립되었다. 1920년 후반기에, 위의 세 가지 과제의 해결을 담당할 주체로서의 민중과 그 해결에 필요한 의식체계로서의 민중의식은 일단 확립되었다. 그리고 그 세 가지 과제는 1945년 해방 이후의 새로운 조건 속에서 일정한 변모를 거쳐 다시금 그 해결을 요구하고 있으며, 그러한 요구에 바탕되어 민중의 재확립과 민중의식의 재확립이 오늘날에 와서 다시금 제기되고 있다.

라고 하여, 민중은 18세기 후반기 봉건체제의 동요에 따라 형성되기 시작했고 1920년대에 이르러 인간해방, 사회적 해방, 그리고 민족해방의 주체로서 민중의식을 갖게 됨에 따라 민중으로 확립되었다고 보고 있다.

해방 이후 민중이라는 말을 처음 쓴 것은 함석헌이었다.[4] 그는 5·16 군부쿠데타 후에 처음으로 그것을 반대하는 발언을 했는데, "군사독재가 계속되면 앞으로 군사혁명이 반복해 일어날 것이고 주리고 눌린 민중이 격분하여 터지는 날이 오면 인간의 이성이 힘을 잃고 사회는 피와 불과 연기 속에 빠져버리고 말 것"이라고 경고하면서 군인은 정치 일선에서 물러나라고 권고했다. 이즈음 그는 백성, 민중, 씨올이라는 단어를 혼용하고 있었다. 그러나 1970년대 초부터는 '씨올'이라는 단어만을 사용했다. 그가 백성, 민중, 인민이라는 말보다 씨올이라는 단어를 사용하게 된 이유는 민중, 인민이라는 말들이 민, 즉 씨올을 "속이려는 의도를 가지고 만들어진 말"이라고 믿기 때문이었다. 그에 의하면, "민이란 그저 사람인데, 봉건시대에는 신민이라 속였고, 민족주의 시대에는 국민이라 하면서 속였고, 공산주의는 인민이라면서, 민주주의는 민중이라면서 속인다"는 것이다. 그리고 이렇게 하는 것은 "정치가와 거기 붙어먹는 학자들의 장난"이고 그는 이게 싫기 때문에 아무것도 붙일 수 없는 씨올이란 말을 쓴다는 것이다. 즉, 씨올이란 어떠한 정치적·사회경제적 제도에 의해서도 오염되지 않은 원초적인 의미의 사람이자 민인 것이다. 따라서 그가 1960년대

---

4) 함석헌, 『함석헌 전집 14: 생각하는 백성이라야 산다』(한길사, 1985).

초에 백성, 민중, 씨올이라는 말을 같이 썼을 때, 민중은 하나님 앞에서 모두가 평등한 사람, 민의 의미를 가지고 있었던 것이다.

## 3. 1970년대의 민중론

1970년대에 들어서면서 민중이라는 말은 다시 유행하기 시작했다. 그러나 그것이 자주 그리고 널리 쓰이게 된 것은 1970년대 말경에 이르러서였다. 그러나 이때에도 민중이라는 말을 쓰는 것을 꺼리거나 기피하는 분위기가 일반적이었다. 유신체제의 반공이데올로기에 세뇌되어 무의식적으로 민중을 '인민대중'의 줄인 말로 생각하고 기피했기 때문이었다. 백낙청은 1979년 「민중은 누구인가」라는 글에서 "이 말('민중'이라는 말)이 꽤 널리 쓰이게 된 것이 겨우 최근 몇 해 사이의 일이고 아직도 완전한 분위기는 못 되는 것 같다. 민중이라는 말만 해도 수상쩍게 보는 사람들이 많던 풍토"였다고 말하고 있다.[5]

이러한 분위기 속에서도 맨 먼저 민중을 개념화하려고 시도했던 것은 1976년 11월에 있었던 송건호, 안병직, 한완상 등 세 사람의 좌담 「민중의 개념과 그 실체」였다.[6] 이 좌담에서 좌장을 맡았던 한완상은,

이미 오래 전부터 민중에 대한 관심을 가지고 역사 속의 민중이라든가, 우리 상황에서 민중이란 무엇인가에 대해 생각하는 사람이 많이 있어 왔지만 또 한편으로는 말을 많이 하면서도 민중에 대해 정확히 아는 것 같지도 않고 알려고 하지도 않는 듯한 인상을 씻을 수 없습니다. …… 특히 한반도와 같은 특수한 정치상황을 고려해 보면 혹시 북에서 쓰는 인민대중의 준말이 바로

---

5) 백낙청, 『인간해방의 논리를 찾아서』(시인사, 1979).
6) ≪월간 대화≫(1976년 11월호).

민중이 아니냐는 데서 오해는 더욱 심각해지는 것 같습니다. 그러나 이러한 오해는 민중에 대한 사회과학적인 이해에 의해 불식될 수 있다는 것이 나의 생각입니다.

라고 말하면서 민중을 '인민대중'의 준말로 오해하는 것을 피하기 위해서 사회과학적으로 이해하자고 제안했다. 여기서 송건호는 다음과 같이 말하고 있다.

민중이란 말이 옛날부터 있어 온 것임은 두말할 나위도 없습니다. 다만 최근에 이것이 관심의 표면에 떠오른 것은 사회과학 쪽보다 문학 또는 문단 쪽의 관심 환기에 의한 것으로 보입니다. …… 단적으로 말하면 민중이라는 말에는 사회과학적인 개념이 강한 것 같습니다. …… 공중과 대중은 다분히 서구의 민주사회의 발전을 따라 그 개념이 형성돼 온 말인 데 비해 민중이라는 것은 동양적인 개념이라는 것에 주목해야겠습니다. …… 그들은 비록 의식면에서는 자각을 했지만 현실적으로 그들 주축의 사회 건설에 나서는 데까지 발전하지 못하고(봉건영주에 대한 맹목적인 예속상태로부터 벗어나 자기 자신의 존재, 주체적·자주적 존재로 각성하고 생존을 위해 반항 투쟁하는 사회적 세력으로 존재 …… 서구에서처럼 시민세력으로 발전하는 과정을 거치지 않았던 만큼) 저항적인 존재로 머물러 있었는데 바로 이들이 동양적인 민중이 아니었던가 봅니다. 한마디로 이들은 정치적 의미를 내포한 다중 또는 대중이라고 봅니다. …… 한마디로 아시아 아프리카 등지의 식민지 또는 반식민지에서 억압과 식민통치를 배격하고 새 역사의 발전을 위해 투쟁하는 강력한 정치적 저항세력이 민중이라고 봅니다. …… 독립을 선언한 후진국에서의 민중이라는 개념을 생각해 보면 식민지적인, 구시대적인 요소, 즉 여러 가지 사회적인 전근대적 요소를 배제하고 새로운 것을 지향하는 세력이라는 의미에서 민중이라는 개념이 필요하다고 봅니다. …… 나는 어디까지나 민중이란 개념이 후진국 특히 동양의 정치적 상황에 적용되는 어휘라고 생각합니다.

즉, 동양의 민중은 서양에서 근대 시민사회를 건설한 시민세력(계급)으로까지 발전하지 못한 '시민의식은 가졌지만 그러나 저항적인 존재로 머물렀던 대중'이었으며, 이어서 아시아·아프리카 사회가 식민지·반식민지가 되었던 시기에는 '억압과 식민통치를 배격하고 새 역사의 발전을 위해 투쟁하는 강력한 정치적 저항세력'이었고, 독립 후 후진국이 되어서는 '여러 가지 사회적인 전근대적 요소(식민지 잔재)를 배제하고 새로운 것을 지향하는 세력'이었다는 것이다. 그리고 그는 우리나라에서 자유당이 지배했던 시기에 민중은 민권운동의 각도에서 검토해야 한다고 말하고 있다. 그 이후의 민중에 대해서는 언급하지 않고 있다. 결국, 식민지시기를 거쳐서 후진국이 된 우리 사회의 경우 민중은 '정치적 저항세력으로서의 다중 혹은 대중'이라는 것이다.

또 안병직은,

내 생각으로는 민중이라는 말을 사회과학적으로 파악하거나 정립하기는 어려운 것 같습니다. 민중도 대중, 공중, 백성, 서민이라는 말들과 개념이 비슷합니다. 모두가 다수라는 점입니다. 다음은 그 개념 속에 내포된 특권층이 아니고 비특권층이라는 요소입니다. …… 그런데 민중과 피지배층은 역사의 특수한 단계에만 존재하는 것이 아니고 초역사적으로 있어 왔습니다. …… 역사 속에서의 자기를 항상 지배 대상으로만 인식하는 것이 아니고 자기 자신이 역사를 이끌고 가는 하나의 주체로서 자기를 주장할 수 있는 단계에 있어서의 대중, 이것을 민중이라 불러야 하지 않을까, 이렇게 생각합니다. …… 역시 민중이라는 것은 그러한 역사적인 개념을 가진 단어가 아니겠느냐 하는 생각이 듭니다. 그래서 사회 계급이라든지 사회 계층의 면에서 생각하면 민중은 복합적인 존재가 되리라고 봅니다. …… 민중이라는 것은 계급적인 개념으로 파악할 수 없다고 봅니다. …… 1920년대를 보면 …… 농민이 압도적인 다수를 차지하고 있었고 일부 근대 산업노동자, 그리고 일부 중소기업가들도 독립운동에 참여하고 있습니다. 이 모든 계층의 사람들을 모아 민중이라는 말로 표현할 수 있을 것입니다. 이렇게 본다면 민중을 고전적인 계급 개념으로 파악한다는 것은 완전히 불가능하다는 사실을 알 수 있습니다. 그러나 민중은 비록 계급은 아니라고 하더라도 강력한 정치 지향성이 있다고 보아야 옳겠습니다.

라고 말하고 있다. 우선 그의 민중개념은 다분히 1920년대에 독립운동에 참여했던 여러 부류의 사람들을 염두에 두고 정의되고 있음을 볼 수 있다. 따라서 그에 의하면, 민중은 모든 역사시기에 존재해 왔던 비특권층이자 피지배층으로서 그 구성은 특정 계급이 아닌 여러 계급과 계층을 포괄하고 있는 '복합적인 존재'이지만 그러나 이들이 곧 민중인 것은 아니고 역사의 주체로서 자각하고 강력한 정치 지향성을 가질 때에 민중이 된다는 것이다. 즉, '역사 주체 의식'이나 '정치 지향성' 같은 '의식을 지닌 대중'이 곧 민중이라는 것이다. 이러한 민중은 역사적 시기에 따라 그 구성과 의식이 달라질 것이다. 그러므로 민중은 사회과학적이라기보다는 역사적으로 파악되어야 하며 민중은 역사적 개념이라는 것이다.

한완상은 다시 민중은 사회과학적으로 이해해야 한다고 전제하고, 다음과 같이 말하고 있다.

안(병직) 선생님께서 말씀하신 대로 수는 많지만 피지배자의 입장에 서 있고 반드시 단일 계층적인 것이 아니고 그 속에는 여러 계층적인 요소가 복합적으로 병존하는, 그러면서도 부당한 정치권력에 대해서는 과감히 저항하는 세력이 민중이 되겠습니다. …… 독립된 국가에서 민중을 어떻게 파악할 것인가? …… 토착민 중의 소수 엘리트가 부당하게 다수를 억누를 때 눌리는 다수가 저항한다면 이를 두고 민중이라고 말할 수 있지 않겠습니까? …… 오히려 경제적인 근대화가 잘 되는 가운데서도 정치적인 참여의 기회가 좁아지는 경우를 충분히 상상할 수 있지 않겠습니까. 이런 때에 비판과 저항이 생기리라는 것은 쉬이 짐작할 수 있습니다. …… 말하자면 미국과 같은 사회에서도 1920년대 30년대가 아니라 1960년대 70년대에도 그 사회 특유의 민중이 있다고 보아야 할 것입니다. 그러니까 저는 민중이란 개념을 어떻게 보고 싶으냐 하면 선·후진국을 막론하고 물론 식민지 사회를 겪은 사람들이 식민지 지배층에 대해 저항했을 경우 그들이 바로 민중이긴 하지만 식민주의자들의 나라에서도 지배계층이 잘못할 때 그것에 저항하는 사람들을 시민으로만 표현하기 곤란하다, 따라서 그 사람들도 민중이다, 나는 이렇게 보는 것입니다. 민중이란 개념이 지니는 정치 지향성을 강조하지 않을 수 없는 것은 바로 이 때문입니다. …… 36년간 민중이 저항해 온 표적, 즉 일제가 물러갔다고 해서 그 저항의 주체세력이었던 민중도 완전히 없어졌던가. 우리는 그 시기에 민중이 없었다고는 말하기 어려울 겁니다. 그렇다면 그 시대의 민중의 정체는 무엇이었던가 하는 것도 관심의 대상이 아닐 수 없습니다. …… (민중과 지식인)민중을 깨우쳐 주는 것은 역시 소수이겠지만 지식인 집단이 아니겠습니까? …… 민중이 나아갈 수 있는 방향 은 크게 두 갈래라고 생각합니다. 한편으로는 사회과학에서 말하는 비합리적으 로 사고하고 위험스런 비민주적인 운동을 일으킬 수 있는 세력으로서의 대중으 로도 나아갈 수 있고 또 한편으로는 건설적으로 비판하고 합리적으로 사고하는 공중 쪽으로도 갈 수 있습니다. 그렇기에 오늘의 상황에서 민중이 대중으로 전락되지 않도록 제도적으로 노력하면서 더 적극적으로 공중으로 고양시키도 록 최선의 노력을 기울여야 합니다.

즉, 한완상은 민중은 어느 시대나 어느 나라에서나 존재해 온 '여러 계층을 포괄하고 있는 다수의 피지배자로서 정치적 지향성을 지닌 저항세력'이라고 정의하고 있다. 그렇지만 민중은 또한 반동적인 대중으로 전락할 수도 있기 때문에 그들이 '저항하는 세력', 즉 '공중(public)'으로 나아가는 데 지식인들의 역할이 요구된다고 주장하고 있다.

결국, 세 사람의 견해를 종합해 보면, 민중은 '정치적 지향성을 갖고 지배세 력에 저항하는 여러 계층과 계급으로 구성된 복합적인 존재(대중 혹은 공중)'라 고 정의되고 있는 것 같다.

이어서 1978년에 한완상은 이 좌담에서 말한 자신의 민중개념을 더욱 발전 시키고 있다.

사회구조를 지배구조와 피지배구조로 이분하는 세 가지 기준이 있다. 하나는 정치적 지배를 가능케 하는 통치수단의 점유 여부이다. 사람을 부리고 조종하고 동원하고 억압하는 힘을 제공하는 것이 바로 통치 수단이라고 할 때 이 통치수단을 독점한 집단이 곧 그 사회의 지배집단이 된다. 더 정확히 말하면 통치수단을 독점한 집단을 우리는 정치적 지배집단이라고 부른다. 그리고 이 수단으로부터 소외된 집단을 우리는 정치적 피지배자 또는 정치적 민중이라고 부른다. 둘째는 생산수단의 유무로 구분 지을 수 있다. 생산·소비 및 분배 전반에 걸친 행위와 작용을 관장하는 경제수단으로부터 소외된 집단은 경제적 피지배 집단이 되고 만다. 이들은 경제적 강자에 의해 빼앗기고 조종당하는 객체로 존재하는 경제적 민중이다. 셋째로 명예 또는 위광(prestige)의 소유 여부로 구분할 수 있다. 사람들로부터 존경을 불러일으키는 사회적 매력과 도덕적 힘을 갖고 있는 집단을 우리는 문화적 지배집단이라고 부를 수 있겠다. 엄격하게 말하자면 대중문화와 구별되는 고급문화의 창조자 및 그것의 분배자들이 문화적 지배집단을 이루게 된다. 이것에 반해 다른 사람들로부터 존경을 받을 만한 문화수단을 갖고 있지 않은 사람들을 우리는 문화적 피지배자 또는 문화적 민중이라고 부를 수 있다. 이 몇 가지 기준들 가운데 또는 지배를 가능케 하는 수단들 가운데 어느 것이 상대적으로 우세한 것인가에 따라 지배집단의 성격과 민중의 성격이 달라진다는 사실을 알아야 한다. …… 오늘의 상황에서는 정치적 지배 수단의 점유 여부가 지배와 피지배를 조건짓는 가장 중요한 요인이 되고 있다. …… 현대의 민중은 일차적으로 정치적 힘으로부터 소외된 사람들임을 뜻한다. 통치수단으로부터 소외되면 경제적으로 약자가 될 뿐만 아니라 문화적으로도 경멸받게 될 가능성이 많아진다.[7]

이에 의하면, 오늘날의 민중은 '정치적 힘으로부터 소외된 사람들'이다. 그러나 이러한 민중은 전혀 다른 두 가지 얼굴을 나타낸다고 보고 있다. 하나는

---

7) 한완상, 「민중의 사회학적 개념」, ≪문학과지성≫, 9권 3호(1978년 가을호); 한완상, 「민중사회학 서설」, 『민중과 사회』(종로서적, 1980).

인류 역사가 있어 온 이래 언제나 존재해 온 '자기가 민중이라는 자의식을 갖고 있지 못한 민중', 즉 '즉자적 민중'이고, 또 하나는 '대자적 민중'인데 이 대자적 민중은 세 단계를 거쳐서 성장한다고 본다. '자의식의 민중', '비판적 민중', 그리고 가장 성숙한 민중으로서 '신앙적 민중(목적지향적 민중)'이다. 이 신앙적 민중은 "민중을 억압하고, 수탈하고, 차별하는 지배집단을 비판하고 나아가 새로운 질서의 형성을 위해 행동하다가 겪게 되는 고난과 죽음을 오히려 종교적 축복으로 믿는 신념의 대자적 민중으로 가장 성숙한 민중"이다. 그리고 자의식의 민중이 신앙적 민중으로 성장하도록 민중을 도와야 하며, 여기에 '민중사회학'이 요청된다고 역설하고 있다.

민중사회학은 지배와 피지배를 그 일차적 연구 과제로 삼는다. 현대처럼 정치적 힘이 다른 제도의 힘들보다 우세해지는 상황에서는 민중사회학의 학문적 적합성은 자연히 높아진다. 민중사회학이 지배-피지배의 문제를 그 일차적 연구과제로 삼는 까닭은 민중으로 하여금 객체에서 주체로, 대상에서 주역으로, 소외에서 참여에로 나아가도록 민중을 도와야 한다는 실천적이고 규범적인 요청 때문이다. 여기에 민중사회학의 현실적합성이 있다. …… 민중사회학은 민중과 지배세력간의 거리를 줄일 목적을 뚜렷하게 가지고 이 거리에 대한 면밀한 분석을 해야 한다. 이 말은 빈익빈부익부의 경제적 양극화와 분배체제의 모순에 관심을 가져야 한다는 뜻이요, 나아가 약익약강익강의 정치적 양극화 또는 정치적 힘의 불균형 문제에도 관심을 가져야 한다는 뜻이다. 다시 말하면 민중사회학은 빈곤의 문제와 무력의 문제를 문제 삼되 그것을 풍요의 문제, 권력집중의 문제와 함께 문제 삼아야 한다. 그리고 풍요와 권력을 일방적으로 누리고 있는 지배구조가 그것의 기득 이권을 계속 유지하고 강화하기 위해 만들어내는 허위의식을 민중사회학은 밝혀야 한다. 그리고 조국분단이 이러한 민중의 문제와 지배세력의 문제와 어떻게 연관되어 서로 강화되고 있는지를 비판적으로 그리고 종합적으로 파헤쳐야 한다.

한완상에 의해서 정의된 민중개념은 박현채의 정치경제학적 시각에 의해서 좀더 구체화되고 확장되고 있다.

박현채는 「민중과 경제」에서 민중과 그것의 변동을 다음과 같이 말하고 있다.

> 민중이란 역사에 있어서 부나 권력, 그리고 명성이나 특권적 지위에 가깝지 않은 생활을 하는 사람들의 총칭이다. 따라서 이것을 보다 구체적으로 개념지우면 다음과 같은 것으로 된다. 먼저, 민중이란 정치권력이라는 관점에서 본다면 피지배 상태에 있는 사람들이고, 경제활동이라는 관점에서 본다면 한 사회에 있어서 주로 사회적 생산의 직접 담당자로 되면서 노동의 산물의 소유자로 되지 못하고 노동의 산물에서 소외된 사람들이며, 사회적 지위라는 관점에서는 지도되는 저변에 있는 사람들, 즉 피동적인 성격을 지니는 사람들(시민 또는 대중)이라는 측면을 가지고 있다. 다른 측면에서는 정치권력에 대해서 저항하고 기존의 권력에 대항하는 정치운동에 참여하고 있는 사람들, 노동조합이나 농민조합에서의 활동을 통해 직접적 생산자로서의 여러 조건의 개선에 노력하고 있는 사람들, 그리고 지역 기타의 사회적 제 집단에서 저변의 소리를 대표하고 있는 사람들, 즉 능동적 성격을 갖는 사람들(인민 또는 시민)이라는 두 개의 측면을 동시에 갖는 역사적 집단이라고 이야기된다. 이로부터 민중이란 소외된 인간과 소외로부터 회복되려고 의도하고 있는 인간이 결합된 상태라고 이야기될 수 있다. …… 민중은 이와 같은 상호 모순되는 두 개의 측면 가운데 어느 것이 지배적인 것으로 되느냐는 역사적 집단으로서의 민중의 계급적·계층적 구성 그리고 그들의 민중의식을 결정하는 사회경제적 조건에 의해 달라질 수밖에 없다.[8]

즉, 민중은 정치·경제·사회적으로 소외된 인간집단과 그 소외로부터 회복하

---

8) 박현채, 「민중과 경제」, 『민중과 경제』(정우사, 1979).

려는 인간집단이 결합된 역사적 집단인데, 그 가운데서 어느 것이 지배적으로 되는가는 민중의 계급적·계층적 구성과 그들의 의식을 결정하는 사회경제적 조건의 변화에 달려 있다고 보고 있다. 특히 민중의식은 결정적으로는 사회경제적 조건의 변화에 따라 향상되어 가겠지만 "민중의 일상적·비일상적 체험이나 원망의 집적이 민중 상호간의 접촉과 내외의 투쟁의 과정에서 민중적인 공유 체험으로서 자각되고 어떤 추상적인 가치 가운데 응축되어 감에 따라 민중의식은 정도의 차는 있으나 보다 높은 차원의 것으로 진보해 간다"고 본다. 즉, 민중의식은 직접적으로는 현장에서의 민중생활과 민중운동의 경험과 공유를 통해서 향상되어 간다는 것이다.

그리하여 오늘날의 자본주의 사회에서 "민중은 수동적 민중, 피조작적 민중, 그리고 주체적·능동적 민중을 포괄해서 그 비중을 확대해 가면서" 민중의 구성도 "노동자, 농민, 소상공업자, 지식인을 주된 구성원으로 하게 된다"는 것이다. 그리고 이러한 민중이 소외를 회복하려는 '주체적이고 능동적인 민중'이 되기 위해서는 '민족의식 → 계급의식 → 민중의식'에로의 의식의 자기 발전과정이 주어지고 주된 계급구성으로 되는 노동자 계급의 능동성이 보장되었을 때라고 말한다. 또한 그 대다수가 역사의 주인으로 될 수 없기 때문에 민중의 한 구성원이 된 지식인들은 "민중의 개별적인 체험과 그 위에 서는 소망을 민중적인 공유체험으로 자각시키고 이들의 자각을 어떤 추상적인 가치 가운데 응축시켜 민중의식으로 정립하는 데 중요한 역할을 담당해 왔다"고 보면서 한완상과 마찬가지로 지식인의 역할을 특별히 지적하고 있다.

그러나 해방 후, 3·1운동을 계기로 전 민족적 구성(민족자산가, 노동자, 농민, 독립소생산자, 민족지식인 등)으로 되었던 민중은 새로운 분화를 가져오고, 그러한 민중에게 보다 나은 내일을 위한 주체적 능동적 성격의 발현을 위한 길이 주어지지 않고 있다고 보고 있다. 그것은 이제 민중의 주된 구성원이 된 노동자, 농민이 정치적 결사에로의 길이 봉쇄되어 있고, 경제적으로 열악한 상태에 있을 뿐만 아니라 민중적 체험을 민중의식으로 구체화시켜야 할 지식인의 민중운동에의 참여가 광범위하게 이루어지고 있지 않기 때문이며, 구조적으로는 국민경제의 성장 유형이 광범한 민중소외와 사회적 불균형을 계속 확대 심화시키기 때문이라는 것이다.

결국 사회경제적 조건의 변화에 따라 민중의 계급적 구성과 그들의 민중의식은 달라지는데, 오늘날의 자본주의 사회에서는 민중은 민중의 주된 계급구성원인 노동자·농민 계급과 그의 능동성이 담보될 때 '주체적이고 능동적인 민중'이 될 수 있다는 것이다. 특히 민중이 민중의식을 갖는데 지식인의 적극적 역할이 요구된다고 말한다. 그런데 당시 1970년대의 우리 사회는 이러한 민중의 주체적·능동적 성격의 발현의 길이 봉쇄되고 있다는 것이다. 그것은 구조적으로 국민경제의 성장 유형(독점자본주의 발전) 때문이며, 그리고 민중의 주된 구성원인 노동자, 농민의 정치 활동이 금지되고, 지식인의 민중운동에의 참여가 부진하기 때문이라는 것이다.

한편, 백낙청은 ≪월간 대화≫(1976.11.)에서의 한완상, 송건호, 안병직 등 세 사람의 좌담이 "민중의 내포 자체를 좀더 우리 시대의 실재하는 민중의 현실에 맞도록 세밀하게 규정하려는 노력"이었다고 평가하고, 또 박현채가 『민중과 경제』(1979)에서, 강만길이 『분단시대의 역사인식』(1989) 등에서 우리 역사 속에서 민중과 민중의 역할을 점검한 노력들은 이후 본격적인 토론을 위한 좋은 출발이 되었다고 말한다. 그러면서도 그는,

> 사전에 나오는 말뜻(이희승 국어대사전: '다수의 국민') 자체를 굳이 바꾸자고 할 일은 아니라고 본다. 민중이나 민서나 서민, 백성, 인민, 국민대중 들이 본디 비슷비슷한 말들이고 낱말 자체에 너무 신경을 쓸 것은 없을 듯하다. …… 그러나 '민중'은 우리 한민족의 언어생활에서 엄연히 필요가 있어 써온 낱말이며 전문적인 지식이 없이도 알아들을 수 있는 쉬운 단어이고 온갖 제약에도 불구하고 그 통용이 다시금 확보된 용어이다. 이제 우리는 이 낱말이 가리키는 수많은 사람들이 실제로 누구며 어떻게 살고, 그들이 더 인간답게 사는 길은 무엇인가에 대해 좀더 스스럼없는 연구와 토론을 가져야 할 때가 되었다.[9]

라고 말하면서 민중에 대한 구체적인 개념 규정은 하지 않지만 이제는 민중에 주목해야 할 때가 되었다고 지적하고 있다.

≪신동아≫ 1980년 7월호는 1970년대의 민중론을 검토한 특집이었는데, 여기서 유재천, 안병영, 한상범 등은 1970년대의 민중개념이 당시의 '실재의 민중, 현실의 민중에 맞는 개념'이었는지에 대해 문제를 제기했다.

우선 유재천은 「70년대의 민중에 대한 시각」이라는 글에서 1970년대의 민중론을 다음과 같이 정리한다.

첫째, 민중을 피지배계층으로 파악할 때 그것은 군주나 다른 형태의 지배자의 국민(혹은 신하)이라고 지칭되거나 또 귀족이나 지배계급과 구별되는 평민을 일컫는 인민(people)이라는 집합개념과 아무런 차이가 없게 된다.

둘째, 민중을 자의식을 가진 자각된 집합으로 보고 이들의 삶의 조건을 억압하는 세력과 제도에 대해 비판하며 이를 개혁하려는 집단으로 파악할 때 민중은 사회와 역사의 주인공으로 이해된다. 그러나 민중에 대한 이 같은 개념은 자신의 행동에 스스로 책임을 지는 시민이라는 개념과 같은 것이 될 뿐만 아니라 민주주의 사회에서 권력의 원천으로 생각되는 선거권(혹은 공민권)을 가진 인민이라는 개념과도 다를 바 없어진다.

또한 민중이라는 개념은 대중이라는 개념과도 유사성이 많다. …… 이 같은 대중의 개념은 여러 면에서 민중이라는 집단 개념과 유사성을 많이 나누어 가지고 있다. 다만 대중과 민중을 구별 짓는 점이 있다면 그것은 민중을 자각된 개인들의 집합체로 보거나 구성원들 사이에 공통의 문화와 관심사가 있다는 점, 그리고 민중을 능동적인 집단으로 보는 관점이라 하겠다 ……

한편 위의 민중이라는 개념 속에는 공중이라는 개념과 일치하는 부분이 있다는 것을 알 수 있다. 즉, 공중은 근본적으로 어떤 문제에 대한 의견을 나누어 가지고 있으며 그 문제에 대한 토론에 참여하고 있는 사람들의 집단으로

---

9) 백낙청, 「민중은 누구인가」, 『인간해방의 논리를 찾아서』.

서 파악된다. 그러므로 공중은 공동의 관심과 공통의 문화적 기반과 커뮤니케이션의 다양한 수단을 함께 가지고 있는 자연발생적인 집합체라 할 수 있다.[10]

즉, 1970년대의 민중론에서 민중은 '권력엘리트로부터 소외된 일반 백성, 즉 서민', 다시 말하면 '지배계층을 제외한 피지배층 일반'이라는 것이 공통된 관점이었다고 파악하고, 이러한 민중은 사실상 국민(혹은 신하), 인민(people), 시민, 대중, 공중 등과 크게 차이가 없다는 것이다. 그런데도 불구하고 민중을 '자각한 민의 무리'로 본 것은 "민중을 역사의 주인공으로 파악하고 민중을 역사의 전면에 내세우려고, 그리고 자의식을 갖지 못한 민중을 잠에서 깨우려고 의도적으로 노력했던 70년대의 지적 풍토" 때문이라는 것이다. 따라서 1970년대의 민중개념은 "떠받들어진 것"으로 어쩌면 "지식인의 관념, 올바른 삶을 지향하고자 하는 지식인의 자기반성의 그림자"로 보인다고 했다. 따라서 이러한 민중의 개념은 대단히 목적지향적인 개념이기 때문에 과학적이지 않다고 말한다. 말하자면 이러한 민중개념은 실재의 민중과 거리가 있는 것으로 '어쩌면 비판적 지식인의 관념'일 뿐이라는 것이다.

이어서 안병영은 「역사의 주체로서의 민중」[11]이라는 글에서 비판적 지식인들의 민중개념의 문제점을 지적한다.

그는 우선 개념 일반이 가지고 있는 문제점을 지적한다. 즉 학계에서의 학문적이고 이론적인 개념 사이에도 의미 내용이 서로 다를 뿐만 아니라 그것들과 또 일상 세계 속에서의 개념 사이에는 그 개념의 지시대상이나 의미에 있어서 차이가 있다고 지적한다. 그렇다면 민중개념은 어떤가?

민중이라는 용어는 최근 몇 년 동안 부쩍 많이 사용된 개념이다. 이 말은 민중 스스로에 의해서보다 오히려 사회의식이 강한 비판적 지식인들에 의해

---

10) 유재천, 「70년대의 민중에 대한 시각」, ≪신동아≫(1980년 7월호).
11) 안병영, 「역사의 주체로서의 민중」, ≪신동아≫(1980년 7월호).

더 많이 쓰인 상징적 표상이다. 이 개념은 또한 학문적 필요에 의해 창출된 분석적 개념이라기보다 이념적 합의가 담긴 실천적 개념의 냄새가 짙게 풍긴다. 분명 근년에 들어 그 개념적 특징이 부각된 용어이면서도 그것이 풍기는 역사성을 또한 부인하기 어렵다.

즉, 그는 근래의 민중개념이 '분석적 개념'이라기보다는 사회의식이 강한 비판적 지식인들의 '상징적 표상'으로서 '이념적·실천적 개념'에 가깝다고 말하고 있다.

민중이라는 개념은 "무엇보다 전체 사회의 지배질서를 거시적·구조적·역사적으로 파악하고, 정치·경제·사회·문화적 제 가치의 배분에 있어 보다 우위에 있는 (내지 독점적 지위에 있는) 집단과 그렇지 못한 열세한 집단으로 양분할 때 후자를 지칭하는 의미로 이해되는데, 민중개념을 즐겨 사용해 온 비판적 지식인들은 주로 정치적 지배관계에 초점을 맞추고 민중의 자의식의 성장을 매우 중시하고 있다"는 것이다. 또한 비판적 지식인들은 "민중이 스스로의 사회적 지위를 지배관계의 구조적 맥락에서 인식할 수 있는 의식수준의 개발을 강조하고 또 이 방향으로 민중을 깨우쳐 주는 것을 그들의 사회적 사명으로 생각하고 있다"는 것이다. 그렇기 때문에 그들의 민중개념에는 '인민주의의 이념적 속성'이 함축되었다고 보고 있다. 그것은 그들이 지배집단과 피지배집단의 관계를 기능주의 관점보다는 갈등론의 시각에서 이해하고 있기 때문이라고 지적하고 있다. 그러한 비판적 지식인들의 '민중관'은 몇 가지 문제점과 함께 또한 장점도 안고 있다고 말한다.

그 하나는 사회구조를 지배집단과 피지배집단으로 양분하는 논리의 단순성과 그것이 안고 있는 흑백 인식의 위험성이다. 다음 지배-피지배의 도식은 구조적 사고력을 강조하는 나머지 개인적 차원의 문제는 '私事化'의 메커니즘으로 경시하는 경향이 있다. 개인의 의식 및 행태에 대한 사회구조적·환경적 요인의 영향력은 물론 중요하나 행동주체로서의 개인의 성취 욕구 및 자기 지배 능력을 무시하기 어렵다. 대체로 사회구조의 인식을 지배-피지배의 관계로 단순화시키고 민중의식화에 의한 기존체제의 급진적 변화를 겨냥하는 경우 민중의 개념은 정치적 구호의 함의를 강하게 띠게 되고, 그 실천적 의미가 강조되게 된다.

민중이라는 개념은 민주정치의 정당성의 근원으로서 호소력이 강할뿐더러 이는 사회적 형평, 배분적 정의, 사회적 참여 확대 및 이동성의 제고 등 현대 정부가 발전위기의 관리를 위하여 필수적으로 펼쳐야 하는 주요 정책의 인적 대상이다. 따라서 민중의 복지 증진은 현대정치의 요체라는 맥락에서 개념의 상징력이 강하다. 또한 자본가 노동계급 등 생산수단의 유무에 따라 계급분화를 시도하는 범주 구성과 비교할 때 민중의 개념이 보다 복합적인 사회관계를 표상하며 마르크시즘적 유래와 전혀 무관한 사회해석이라는 면에서 강점이 있다.

즉, 비판적 지식인들의 민중개념은 주로 지배구조 양분론과 계급관계 갈등론, 행동주체론을 무시한 사회구조론, 그리고 사회변혁론에 근거하고 있다는 것, 또한 그것은 그들의 체제변혁적 민중의식화를 담고 있기 때문에 '인민주의의 이념적 속성'과 '정치적 구호의 함의'를 띠고 있다는 것이다. 그러나 다른 한편으로 그들의 민중개념은 현대 정부가 발전 위기의 관리 차원에서 반드시 고려해야 할 정책적 대상의 의미를 갖고 있다는 점, 마르크시즘적 사회해석에 의한 계급관계보다는 복합적인 사회관계를 표상하는 개념이라는 점에서 의미가 있다고 말한다.

한상범 또한 「민중론의 전개 방향」[12]에서 우선 민중이라는 말이 어떻게 쓰이고 있는가를 검토하고 있다. 민중이라는 말은 분단 상황에서 생겨난 특수한 용어로서 이에 대한 반응은 두 가지라고 말한다. 하나는 민중이라는 말을

---

[12) 한상범, 「민중론의 전개방향」, ≪신동아≫(1980년 7월호).

쓰기를 꺼려하거나 인민이라는 말 대신에 민중이라는 말을 쓰는 경우이며, 또 하나는 비판적 지식인들의 입장으로서 '역사를 이끌어온 이름 없는 대다수의 사회 밑바닥에 깔린 사람들'의 의미로 민중이라는 말을 쓰는 경우가 있다는 것이다. 그리고 후자가 바로 민중론의 구상이라고 말한다.

그렇다면 민중론의 민중과 시민·대중은 구체적으로 어떻게 다른가?

시민은 부르주아란 뜻이기도 하고 국가구성원으로 활동하는 공민이란 뜻도 있으며 또는 막연히 도시의 주민을 가리키는 말로도 쓴다. 시민 국가나 시민적 법치국 또는 시민적 민주주의라고 하면 재산과 교양 있는 계층을 가리키는 의미로 흔히 써온 것은 두루 안다. 그래서 시민이란 민중보다는 한정된 범주의 사람을 가리키는 것이 된다.

한편 대중이라고 할 때에는 두 가지 뜻으로 쓴다. 하나는 사회주의운동에서 '인민대중', '근로대중'이라고 할 때엔 사회혁명의 주체세력으로서 노동자·농민 등 근로계층을 가리키는 것이고, 다른 한편으로 현대사회학의 대중사회론에서 말하는 대중이란 시민이나 공중과 구별되는 조직이 안 된 수량적으로 원자화된 개개 인간의 집합으로서 관료제도나 대중매체를 통해서 조정되는 이른바 외부지향형의 비합리적인 객체화된 인간의 무리이다. 이 글에서 민중과 대중을 구별하자는 뜻은 바로 대중사회론의 대중을 염두에 두고 한 말이다.

즉, 시민은 민중보다는 '한정된 범주의 사람'을 가리키며, 민중은 대중사회론의 대중과는 구별된다는 것이다. 따라서 민중은 대중(mass)과 구별되는 인민(people)에 속하면서 "스스로의 의지를 지닌 자각된 주체로서 자기를 주장하고 그것이 사회발전에 건전한 힘이 될 때에" 그 의미를 갖는 것이라고 보고 있다. 말하자면 민중은 '능동적·주체적 인민'이라는 것이다.

이처럼 세 사람은 1970년대의 비판적 지식인들의 민중론에서의 민중개념은 '분석적 개념'이라기보다는 '이념적·실천적 개념'에 가깝다고 지적한다. 그리하여 그것은 비판적 지식인들에 의해 '떠받들어진 것' 혹은 그들의 '상징적 표상'으로서 '인민주의의 이념적 속성'과 '정치적 구호의 함의'를 띠고 있으며, 구체적으로는 '지배계층을 제외한 피지배층 일반', 혹은 '역사를 이끌어 온 이름 없는 대다수의 사회 밑바닥에 깔린 사람들', 혹은 '능동적·주체적 인민'을 가리키고 있다는 것이다.

1970년대의 민중개념이 '실재의 민중', '현실의 민중'에 맞는 혹은 다가가는 개념이 되기 위해서는 1980년대의 민중과 민중운동을 기다려야 했다.


## 4. 1980년대의 민중론

1979년 8월의 YH사건, 11월의 부마항쟁, 그리고 1980년의 광주민중항쟁을 거치면서 민중은 '역사의 주인'이자 우리 사회를 개혁할 수 있는 변혁주체 세력으로 인식되기 시작했다. 1980년대 벽두의 이러한 민중운동은 1970년대의 민중론에 일종의 사상적 충격으로 작용했다. 그리하여 1970년대의 민중론은 1980년대 초반의 종속이론에 입각한 주변부자본주의론의 변혁론과 변혁주체론으로 연결되어 전개되었다. 1980년대 중반에 이르러서 민중론은 사회성격론-변혁론-민중론의 연관 속에서 변혁주체로서의 민중에 관한 문제로 본격적으로 제기되기 시작했다. 그러나 1985년 2·12총선 이후 중간 제 계층의 민주화운동에의 적극적인 참여를 계기로 민주화운동의 주체 설정에서 민중과 중간 제 계층의 관련성이 주목되는 한편, 중간층의 계급적 지위와 정치적 성향에 대한 관심이 고조되자 학계 일각에서는 민중 문제의 위상과 민중의 내부구성 문제를 둘러싸고 '중산층적 민중론'이 제기되기도 했다. 그러나 이때에 사회구성체 논쟁과 함께 활발해지기 시작한 사회계급 연구는 '변혁적 민중론'과 '민중학'의 정립에 많은 시사점을 주었다.

## 1) 민중문학

　1970년대 말까지 민중문학이 아직 정립되지 않았음은 염무웅의『민중시대의 문학』[13])에서 확인할 수 있다. 염무웅은 우선 민중이라는 말이 명확한 사회학적 내지 비평적 내용을 갖춘 개념으로 쓰이지 못하고 있는 점을 일단 시인한다. 그러면서도 민중은 민중으로 자각하는 사람의 주체적 성장에 따라서 결정될 수 있다고 보고, 민중이 다방면에서 문제되는 현상 자체가 "민중적 각성과 성장의 표현이고, 민중시대의 한 징표"라고 말한다. 그리고 이러한 민중시대의 문학은 민중문학이어야 하는바, 민중문학은 "민중시대의 역사적 현실화에 참여한 모든 계층의 생활을 예술적으로 포용한 문학일 것이다"라고 말한다. 그러나 "민중이나 민중문학은 아직도 그 모습이 뚜렷이 드러나지 않았기에 분명한 실체로 그려낼 수 없다"고 말하고 있다.

　이러한 민중문학이 그 모습을 드러내는 것은 1980년대에 이르러서였다. 권영민은 한국 현대문학사를 시기 구분하면서, 1980년대에 이르러 1970년대 후반 이후 민족문학론은 민중론(문학적 이념으로서의 민중의식과 그 실천주체로서의 민중의 존재를 문제 삼는 데서 출발하여, 민족문학의 수용기반으로서의 민중과 그 문학적 양식개념으로서의 민중적 양식 창조에 이르기까지의 폭 넓은 논의)에 의해 주도된 민중문학에 대한 논의로 그 방향이 분명하게 전환되어 가고 있으며, 그리고 거기서 우선 민중의 개념화가 문제로 제기되고 있다고 정리하고 있다.

　　1980년대 이후의 민족문학론은 민중론에 의해 주도된 민중문학에 대한 논의
　　로 그 방향이 분명하게 전환되어 가고 있다. 민중문학론은 문학의 주체와 이념
　　과 토대를 민중 속에서 확인하고자 하는 노력으로 이루어진다. 특히 민중적
　　주체와 민중의식이라는 계층적·이념적 요건이 문학론의 기초를 이루고 있다.
　　민중적 주체란 민중개념의 규범화를 요구하는 것이지만, 대개 노동자, 농민,

---

13) 염무웅,『민중시대의 문학』(창작과비평사, 1979).

도시 저소득층, 현실 비판적인 지식층을 포괄하는 일종의 계층적 의미를 내포한다. 물론 이 같은 개념은 그 범주가 제대로 정립되고 있지 않기 때문에, 민중이라는 말에서부터 계층적인 대립의식을 끌어내는 편협한 주장도 없는 것은 아니다. 민중주체에 대한 논의가 계층개념에서 혼란을 야기하고 있는 가장 큰 이유는 현실 비판적인 지식층 또는 소시민적 지식계층을 민중의 범주에 포함시킬 수 있느냐 하는 의문과 직접적으로 연결되어 있다. 노동자, 농민 스스로가 자신의 위치와 존재를 인식함으로써 그 역량이 성숙되어 사회구성의 중대한 변화를 보일 수 있게 된다면, 소시민적 지식계층을 염두에 두지 않고도 민중주체의 확립이 가능해질 것은 당연한 일이다. 그렇기 때문에 민중의식을 지향했던 1970년대의 작가, 시인들은 소시민적 지식계층의 속성을 벗어나지 못하고 있다는 이유로 민중적 주체의 범주에서 제외되는 논리도 등장하고 있다.[14]

즉, 민중문학론은 문학의 주체와 이념을 민중 속에서 확인하고자 하는 것인데, 이때에 우선 문제가 되는 것은 민중의 개념화라는 것이다.

1980년대에 이르러 문학계에서 민중의 개념화 문제를 처음으로 제기한 것은 김주연의 「민중과 대중」이었던 것 같다. 그는 '민중'이라는 말과 '대중'이라는 말이 단순한 표현상의 차원을 넘어 문학이론 형성에 깊이 개입하고 있다고 판단하고, 문학계에서 이제 본격적으로 민중 문제를 다룰 수밖에 없을 것이라고 말하고 있다. 그는 민중을 대중과 비교하면서 개념화를 시도하고 있다.

양자(민중과 대중)가 모두 소수의 제한된 엘리트 계층이 아니라는 점에서 그 역사적 의미의 상이에도 불구하고 공통된 측면을 갖는다. 문학에서 이 문제를 논의할 때 세심하게 연구되어야 할 요소가 바로 이것이다. 한쪽은 농촌사회,

---

14) 권영민, 『한국현대문학사 1945-1990』(민음사, 1993), 225~229쪽.

다른 한쪽은 산업사회의 산물이라는 역사성을 갖고 있으면서 또 한쪽은 역사개혁의 능동적 의지를 위한 적극적 가치로, 다른 한쪽은 산업사회의 수동적 향유층으로 이해되고 있으면서 비엘리트층이라는 측면에서 공통점을 갖고 있다는 점이 문학작품을 평가하는 데 어떻게 작용할 수 있는 것인가. …… 그러나 문화 혹은 문학이 어떤 특정한 계층을 위해 귀족주의화하거나 권위주의적 우상을 보호해서는 안 된다는 것은 민중문학과 대중문학은 다 같이 요구하고 있는 것이다. …… 민중은 대중의 일부이지만, 대중이 곧 모두 민중인 것은 아닌 것으로 보인다. 이렇게 볼 때 대중은 실체개념이지만 민중은 가치개념으로 또한 보인다. 왜냐하면 다 같은 도시근로자나 농민이라 하더라도 그가 올바른 지향점을 갖는 순간은 민중이라고 불러주기 때문이다. 따라서 '민중'은 선택적이다. 그렇다면 누가 '민중'을 '선택'하는가, 즉 어떤 근로자나 농민을 민중으로 불러주는가 하는 문제에 우리는 부딪치게 된다. 여기에 이르면 결국 우리는 가치판단의 능력이 있고 또 실체로 가치판단을 그 업으로 하는 지식인의 존재를 상정하지 않을 수 없다.

이런 논리의 회로에서 바라볼 때, 그 실체를 대중의 일부로 하고 있는 민중이지만 그것은 사실상 지식인의 관념 ― 올바른 삶을 지향하고자 하는 지식인의 자기반성 ― 의 그림자임을 인정하지 않을 수 없다. 이것이 '민중'이라는 개념 구조의 이중성이다. 따라서 대중을 거부하는 민중도, 지식인을 거부하는 민중도 개념을 잃은 허상에 떨어지지 않을 수 없다. 참다운 민중은 대중 속에 뿌리를 내리고 지식인다운 고뇌를 통해 성립되는 그 어떤 깨어 있는 정신일 것이다.

우리는 '대중'의 실체를 인정하고, '민중'을 실체 아닌 방법·정신으로 인정함으로써 문학의 민주화를 향한 정직한 방법론을 개발할 수 있을 것이다.[15]

여기서 김주연은 민중을 지식인의 자기반성에 따른 지식인의 '올바른 삶을

---

15) 김주연, 「민중과 대중」, 『대중문학과 민중문학』(민음사, 1980).

지향하고자 하는 관념' 혹은 '그 어떤 깨어 있는 정신(가치)'이 투사된 대중의 일부(실체)라고 정의한다. 역사적·사회적 실체로서 대중의 일부를 민중이라고 부를 수 있는 것은 지식인이든 대중이든 "현실순응을 거부하고 인간된 삶을 지향하는 태도"를 지니기 때문이라는 것이다. 대중이 객관적 실체라면 민중은 실체가 아니 방법이나 정신이기 때문에 선택적이다. 따라서 대중이든 지식인이든 선택하는 그러한 가치(관념 혹은 정신)를 민중으로 볼 것을 제안한다. 민중개념이 그 구성상 두 가지 요소, 즉 실체와 가치로 성립된다고 본다면, 김주연은 민중을 가치개념으로 보고 있는 것이다.

한편, 가치(정신, 의식, 사상과 이념 등 의식의 제 형태)개념으로서의 민중을 더욱 추상화하고 보편화시킨 것은 김지하였다. 그는 우선 '민중'이란 그 말이 지시하는 대상으로서의 실체가 확고하게 잡히기 힘든 그런 개념들—'민중'·'주체'·'공동체' 등—중의 하나이며, 그것은 그러한 개념들 역시 끊임없이 살아 움직이는 생명체이기 때문이라고 말한다.

그는 현 시대를 인류역사·지구역사 전체의 변혁기로 규정하고 그 앞과 뒤를 '선천시대'와 '후천시대'로 구분한다. 그리고 우리가 후천 개벽시대로 들어간다면 후천 개벽시대는 진정 탁월한 의미에서의 민중시대, 민중이 진짜 현실적으로 주인이 되는 시대여야 하며, 이 때 민중 자신이 주인공인 바로 그 민중의 의미를 근본적으로 따져 봐야 할 때가 왔다고 말한다. 그는 이 민중의 의미를 다음과 같이 말하고 있다.

민중이 상대적으로밖에 규정되지 않는다면, 어떤 사회·어떤 시대·어떤 관점에 따라서 상대적으로밖에 얘기될 수 없다면, 민중의 절대성 곧 보편이고 근원적인 민중의 절대적 실체는 잡을 수 없는 것일까? 바로 그 점, 민중의 절대적 실체는 잡을 수 없다는 점, "이거다" 하고 딱 집을 수 없다는 점, 살아 생동하는 생명체라는 점, 여기에 착안해야 한다. …… 이러한 생명적 관점, 생명이라는 기초 인식에서부터 민중을 찾아 들어가야 민중의 실상이 보이지 않겠는가? …… 선천시대의 민중(종개념)은 한편에서는 수난, 소외된 정도, 소외와 고통, 뿌리 뽑힌 정도에 따라 민중을 규정하는 것이 있고, 다른 한편으로는 긍정적·적극적인 차원에서 생산노동의 직접적 담지자, 문명과 문화의 건설자, 역사 자체의 끊임없는 움직임을 개인 또는 집단적인 자기의 활동을 통해서 그대로 현시하며 그런 역사운동을 근원에 있어서 자기 노동생활을 통한 지혜를 통해 알고 있고 그것을 실천적으로 옮겨갈 수 있는 잠재적인 큰 가능성을 가지고 있으며 역사의 근원적인 움직임에 따라서 그 움직임에 반대되고 장애되는 요인에 대해서 저항하고 극복하는 총체적인 집단과 그 집단의 총 활동을 대체로 '민중'이라 불러오는 것이다. 그러나 이것도 종개념에 지나지 않는다. 지식인의 눈으로 본 민중의 모습일 뿐이다.

우리는 민중에 대해 보다 더 근원적인 인식을 해야 할 차원에 와 있으며, 보다 더 포괄적이고 보편적인 유개념을 찾아야 한다. 그렇다면 민중의 유개념, 민중의 근원적인 질적인 내용을 열고 찾아 들어가려면, '민중'과 '중생'을 연결시켜서 이해해야 할 것이다. …… 불교식 용어를 빌리자면, 생명 받은 모든 것을 '중생'이라 칭하고 있다. …… 민중의 실체·실상에 대해서 알려면 '중생이라는 차원'을 눈여겨보아야 하고, 중생이라는 차원을 진정하게 인식하려면 "이게 중생이다", "이게 생명이다" 하는, '중생이라는 분별'을 놓아버려야 한다. 그 얘기는 진정한 의미에서의 생명, 흐르고 움직이고 계속해서 변화하는 진정하고 탁월한 의미에서의 생명이란 것은 그 생명에 대한 귀의와 그 생명의 體認과 體現이 중요한 것이지, 현실적으로 상대적으로 그리 주장할 때는 이미 실체를 놓쳐버린다는 뜻이다. …… 그렇다면 생명의 실상을 집단적이고 적극적으로 인식·실천하는 자가 민중이다. 보편화되고 있는 반민중적이고 반생명적인 세계의 실상, 세계의 현실, 인간의 현실, 생명계의 현실에 포위되어 있는 사람, 그로부터 가장 구체적이고 직접적인 피해를 통해서 오히려 본래 있는 그대로의 생명의 본성에 대해서 적극적인 관심을 가지고 적극적으로 인식할 수 있는 잠재적인 큰 가능성을 가진 자, 또는 그 인식을 집단적으로 실천할 수 있는 자가 민중이다. …… 민중은 바로 인간의 역사·인간 사회·유기적 사회 안에서 생명의 본성에 가장 알맞게 생활하고 생존하고 창조하고 노동하는, 희망하고 꿈꾸고 욕구하고 그것을 성취시키기 위해서 애를 쓰는 가장 생명체다운 집단이다. …… 생명이 서식할 수 있는, 살아 움직이는, 생동하는, 끝없이 변화하며 반복 확장하는 장소가 바로 민중이다.

민중이 민중운동의 형태로, 집단적인 운동의 형태로 비우는 것, 공·무·허·케노시스·방하저·큰 굿·내어쫓는 것·버리는 것·겸허—이렇게 비울 때에만 정말로 개방되고 드러난다. 민중 속에서 생명이 생명의 실상에 가장 알맞은 모습으로 현실적으로 가시적으로 성취되고 드러나는 것을 '개벽'이라고 부른다. …… 앞으로의 민중운동, 민중주체의 운동, 진짜로 민중이 주인이 되는 운동은 생명이 민중의 주인공이라는 인식과 그 인식의 창조적·협동적 실천 확장과 그 인식과 실천을 저해하는 세뇌와 억압에 대해서 집단적으로 생명의 본성에 알맞게 저항을 하는, 그래서 결국 진정한 화해와 평화와 통일에 이르는 운동이 될 것이다. 그리고 이렇게 하는 자를 '민중'이라고 부를 수 있겠다. 이를 위해서는 자기 생명이, 거대한 생명·처음도 끝도 없는 생명·무변광대한 생명이, 모든 중생 안에 살아 움직이는 생명이 자기 안에서, 개인적인 자기와 집단적인 자기 즉 민중 안에서 주체로서·주인으로서 가장 신선하게·탁월하게·순결하게 끊임없이 변화하면서 생기차게 활동하고 있다는 인식·확신이 있어야 한다. 그러므로 민중은 부단히 변화하고 생동하고 있는 실체라는 점—이런 시각으로 세계와 인간 또는 민중을 바라보고 생명의 담지자로서의 민중의 실체를, 그 얼개를 한번 잡아볼 수 있을 것이다.[16]

즉, 민중은 생명의 담지자이며, 그 안에서 생명이 서식할 수 있는, 살아 움직이는, 생동하는, 끝없이 변화하며, 그리고 반복 확장하는 장소이다. 따라서 이러한 민중은 자기 안의 생명의 본성에 가장 알맞게 생활하고 생존하고 창조하고 노동하는, 희망하고 꿈꾸고 욕구하고, 그것(생명)을 성취시키기 위해 애를 쓰는 가장 생명체다운 집단이다. 그리하여 민중이 주인이 되는 운동은 생명이

---

16) 김지하, 「생명의 담지자」, 『밥』(분도출판사, 1984).

민중의 주인공이라는 인식과 그 인식의 창조적·협동적 실천 확장과 그 인식과 실천을 저해하는 세뇌와 억압에 대해서 생명의 본성에 알맞게 집단적으로 저항하는 운동이며, 그 결과 민중 속에서 생명이 생명의 실상에 가장 알맞은 모습으로 현실적으로 가시적으로 성취되고 드러나게 되면 '개벽'의 시대로 들어가는 것이다. 한마디로 민중은 생명의 담지자로서 생명이 요구하는 바에 따라 움직이는 생명체다. 따라서 선천시대와 지금의 변혁기에서 민중은 "'권력', '지배자', '착취자', '억압자' 또는 '지식인', '지도자', '선각자', '예언자', '선비', '부자', '지주', '귀족'이라고 부르는 역사적 개념들 — 이러한 것들이 역사 안에서, 사회 안에서 절대다수의 사람들에 대해서 노는 역할이 자연 그 상태로서의 사람들에게 있는 그대로의 일상적인 생 그 자체가 요구하는 바대로 살 수 없도록 강제하고, 억압하고, 장애하고, 가로막고, 빼앗고, 겁탈하고, 약탈하고, 짓누르고, 죽이고, 슬픔을 안겨다주고, …… 하는 이런 현실적인 체험 속에서 그에 대응해서 상대적으로 도드라지게 된다"는 것이다. 지금은 민중이 생명이 요구하는 바에 따라 개벽의 시대로 들어가기 위해 운동하는 시대다.

한편, 민중의 개념화 문제를 넘어서 민중과 문학의 관계, 즉 민중문학의 개념화 문제를 제기한 것은 김병걸이었다. 그는 '민중은 1970년대 말 좌파 이데올로기에 신들려 있는 일부 지식층과 문인들이 만들어낸 허상에 불과하다'는 모 철학교수의 글을 보고, '민중은 정말 허상인가'를 반문하면서 민중과 문학의 관계를 설명하고 있다.[17]

그는 1970년대에 양심적인 사학자들과 종교인, 문인들이 "역사에서 민중들이 보여주었던 민족적 투쟁의 역량과 공적에도 불구하고 제값을 받지 못한 것을 제자리에 환원시키는 데 힘을 다했다"고 평가하면서, "문학의 경우, 한 시대의 가장 넓은 의미에서의 삶을 형상화하고 그 삶에 가치와 빛을 부여하는 것이 다른 무엇보다 더 중요한 문학적 소명이라고 할 때, 민중의 문제가

17) 김병걸, 「민중과 문학」, 『예수·여성·민중』, 이우정 선생 회갑기념논문집(한신대학교출판부, 1983).

으뜸가는 주제일 수밖에 없었다"고 강조하고 있다.

그는 우리 문학이 조선시대부터 민중을 지향하거나 민중의식을 수용하여 형상화했다고 보고 있다. 그 대표적인 문학작품으로 『홍길동전』과 『춘향전』, 박지원의 소설 등을 들고 있다. 그러나 개화기의 창가와 신소설 등은 조선 후기의 민중지향적인 문학과 비교해 볼 때 오히려 퇴보했다고 평가한다. 이어서 1920년대에 민중문학에서 가장 뛰어난 작가로 최서해를 들고 그의 소설은 '신경향문학의 한 시대를 대표한 것'으로 높이 평가한다. 최서해의 작품은 "변방으로 밀려나고 사회에서 소외된 민중의 삶을 적나라하게 반항적으로 표출해 냄으로써 행동적 리얼리즘이라 할 수 있는 특수한 양상을 보인다"는 것이다. 오랫동안 끊어졌던 민중문학은 1960년대 후반에서부터 서서히 움트기 시작하여 1970년대 초반에는 한국 현대문학의 현장에서 큰 문학적 조류를 형성하게 되었다고 본다. 그리고 "하지만 오늘날의 민족적 위기에서 민중적인 문학이 수행해야 할 구실은 기존의 민중의식을 수동적으로 반영하고 전파하는 것만은 아니다. 반영작업은 동시에 민족생존권의 수호와 반봉건적 시민혁명의 완수라는 객관적으로 민중에게 주어진 사명을 민중의 각성된 인식과 실천으로 이끌어가는 예술작품 특유의 능동성을 발휘해야 한다"고 강조하고 있다.

그는 1960년대의 시에 있어서 민중의식을 수용한 시인으로 김수영, 신동엽, 이성부, 조태일 등을 들고, "민중에 대한 튼튼한 사랑을 노래한 조태일 등의 신작로를 통과해서 마침내 민중과 명실공히 일체감을 이루는 김지하의 꺾이지 않는 행동적 광장에 와 닿는다"고 정리한다. 또 소설에서 제일 먼저 거론되는 작가는 김정한이라고 하면서, "김정한은 시종일관하다시피 서민층, 특히 낙동강 유역의 볼품없는 촌민들의 애사를 소설로 구성하면서 작렬하는 행동미학을 제시한다. 그것과 병행하여 그의 소설은 정치적·경제적 문맥을 잡아서 그 비위 상황에 꿋꿋이 뻗선다. …… 그러나 어쨌건 김정한만큼 농촌문학을 새마을운동의 농민문학과는 다른 차원에서 건전한 비판력을 토대로 활기 있고 헌걸차게 구성한 작가는 거의 없다 해도 지나친 말이 아닐 것이다"라고 평가한다. 그리고 이어서 1970년대의 민중문학 작가들을 거명한다.

70년대의 민중적 또는 민중지향적인 작가는 김정한을 비롯해서 이호철, 최일남, 박경리, 천승세, 송기숙, 윤정규, 박태순, 신상웅, 오찬식, 조정래, 이문구, 황석영, 한승원, 윤흥길, 김춘복, 백우암, 방영웅, 조세희, 송기원, 현기영, 그 밖에 수십 명에 이른다. 시의 경우 60년대의 현실 참여적인 시인 김수영과 신동엽의 시정신을 이어받아, 김규동, 고은, 신경림, 문익환, 문병란, 이성부, 조태일, 김지하, 김준태, 최민, 양성우 등이 좋은 성과를 올렸다고 생각한다. 그러나 민중문학은 80년대에 들어와서 또다시 가시밭의 길을 걷게 되었다. 상당수 문인들이 반민중적인 체제를 받아들이거나 그것에 순응하고 있지 않나 하는 사실이다.

그리고 김병걸은 민중문학을 다음과 같이 정리한다.

민족주의를 문학의 기조로 하는 진정한 문학은 민족구성원의 절대다수가 되는 민중생활 실태에 밀착하지 않으면 안 된다. 예술의 위대성은 작가가 민중의 생활 내부와 전체 사회의 과정을 강도 있게 공동으로 체험하는 데서 얻어진다. 이와 같이 작가가 함께 체험함으로써 비로소 사회적인 여러 규정과 제약과 속박을 폭로하게 되고 그 사회적인 여러 규정과 제약과 속박의 모습을 자연스럽게 예술적으로 형상화할 수 있는 것이다. …… 작가의 작품세계는 억압되고 소외되고 위축된 민중을 원래의 인간됨의 자리에, 그리고 그 정당한 권리에 환원시키고자 분투하는 행동의 전개다.

즉, 여기서 민중은 역사적·사회적 실체로서 절대다수의 서민층, 촌민, 농민 등이며, 민중문학은 '민중의 삶을 형상화하는 것', '민중을 지향하거나 민중의식을 수용하여 형상화하는 것'이며, 그리고 이러한 민중문학의 역할은 '민중을 원래의 인간됨과 그 권리에 환원시키는 것'이자 나아가서는 역사적·객관적으로 "민중에게 주어진 사명을 민중의 각성된 인식과 실천으로 이끌어가는 것"이다. 그리고 그는 이러한 민중문학이 1970년대까지 좋은 성과를 보여왔지만

1980년대에 들어 와서는 상당수 작가들이 반민중적 체제에 순응함으로써 또다시 '가시밭길'을 걷게 되었다고 평가하고 있다.

그런데 이러한 민중문학의 개념과 특히 민중문학의 주체에 대해서 문제를 제기한 것은 이재현의 「민중문학운동의 과제」였다. 그는 1970년대의 문학운동을 "적어도 이 시점에서 문학운동의 주체는 불행히도 민중이 아니며, 잠정적 주체인 문학인은 민중문학의 이념을 효과적으로 실현시키고 있지는 않다"고 말하고, 지금도 계속 민중 주체의 민중문학 혹은 문학의 민주화가 문학운동의 이념으로 상정되고 있지만, 현재 그 주체는 민중이 아닌 지식인으로서의 문학인들인바, 이 지식인 주체의 민중문학운동이 정확한 방향성을 확보하지 못하고 있기 때문에 이념 실현의 방법론에 있어서나 실천의 성과에 있어서 매우 미흡하다고 평가한다.

그러나 1980년대의 문학운동에 있어서 최대의 성과는 "민중이 단지 문학 작품 속의 주인공이나 화자로서 등장하는 존재로서 그치는 것이 아니라 스스로를 대상화하는 주체, 문학적 자생 능력을 갖춘 어엿하고 당당한 주동적 집단이라는 인식"이 나타남으로써 기존 문학 개념을 수정하게 했다는 것이다. 따라서 민중이 문학의 창조자이며 동시에 향수자라는 인식이 문학전문집단이 생산해 내는 창작물(기록문학을 포함한) 속에서 민중이 수동적 대상으로만 다루어짐으로써 생기는 폐단—생활민중은 문학 생산물의 수동적 독자일 뿐이거나 실제로 그 독자층에 포섭이 되지 않은—을 극복할 수 있는 방법론의 모색으로 이어지고 있다는 것이다.

문학운동에 있어서 민중 노선의 문제는 크게 보아 전문성과 현장성의 문제로 귀결되는데, 지식인으로서의 문학인들에게는 현장성이 부족한 반면 민중들에게는 전문성이 문제가 되고 있다고 한다. 그렇다면 문학인들은 어떻게 현장성을 확보할 수 있는가?

그는 생활민중의 일상적·감성적 체험을 단순한 작품의 소재로 파악하는 것은 안 되며, 그런 태도는 여전히 오도된 전문성에의 집착일 뿐이라고 지적한다. 생활민중의 일상적·감성적 체험의 문제는 소재 차원의 문제가 아니라 현장성과 관련된 문제인데, 이 현장성은 단순한 형식적·장소적 의미를 지니는 것이 아니라 민중 주체의 문학적 자생 능력과 깊이 관련되어 있기 때문에 '민중언어에 의한 민중사실의 표현'으로 요약되는 이 자생 능력을 얻기 위해서는 민중을 섬기고, '민중사실'에 접근하고, '민중의 언어'를 살려야 한다고 말한다.

그렇다면 민중 자신이 작품 생산의 주체가 되는 '민중문학' ―'노동자문학'· '농민문학' ― 은 가능한가? 즉, 문학함에 있어서 전문성이 확보되고 있는가? 그는 박노해의 시집 『노동의 새벽』이 바로 '민중문학'의 가능성을 입증하고 있다고 말한다.

　　지식인 주체의 민중문학운동은 이제 전환기에 서 있다. 그 전환을 요구하는 단적인 예가 바로 최근에 출간된 박노해의 시집 『노동의 새벽』이다. 이것이 갖는 '구체적 현장성'과 '실천적 운동성'이 그리고 감동적 충격이 당분간 우리 문학운동 전체에 지속적인 자극으로 작용할 것이다. 물론 몇 사람의 노동자가 작가로 된다고 해서 기층민중의 문학적 자생 능력이 문학운동을 주도하게 될 정도라는 것은 아니다. 『노동의 새벽』에 실린 시들이 모두 일정한 수준에 닿아 있는 것도 아니며(그 '일정한 수준'이라는 개념도 문제가 없는 것은 아니다), 또한 그 시들이 공통적으로 지닌 정서가 생활민중의 일상적 그것과 거리가 상당히 멀다는 것을 생각해 보면 생활민중이 주도하는 문학운동을 너무 성급히 관념적으로만 내세우는 것도 옳지 못하다. 확실한 것은 이렇듯 훌륭한 기량을 지닌 시인이 나올 수 있을 정도로 생활민중의 자생적 역량이 확대되어 간다는 점과 이에 대해 지식인들이 단지 "주눅 들지 말고……"[18]

즉, 그는 이전의 문학인(지식인) 주체의 민중문학운동이 그 방향을 잃고 있는 상황에서 1980년대에 들어와 민중 자신이 작품 생산의 주체가 되고

---

18) 이재현, 「민중문학운동의 과제」, 《오늘의책》, No.4(1984년 겨울호).

있는 '민중문학'의 가능성이 열리고 있다고 말하고 있다. 그리고 기존의 문학인 중심의 민중문학운동은 생활민중의 '현장성'(민중을 섬기고, 민중사실에 접근하고, 민중의 언어를 살리는 것)을 확보하여 '민중언어에 의해 민중사실을 표현'하는 진정한 민중문학으로 나아가야 할 것이라고 지적하고 있다.

이제 '민중문학'이 무엇인가가 문제가 되고 있다. 즉, 민중문학의 주체와 문학하는 것(문학적 형상화)이 문제로 제기되고 있는 것이다.

이즈음에 채광석은 「민족문학과 민중문학」[19]에서 "문학의 보편적이고 궁극적인 지향점이 진정 인간다운 삶의 실현에 있는 것이라면 민족문학은 마땅히 민족구성원들의 인간다운 삶의 실현을 지향해야 하며, 이것은 그들의 삶을 비인간적인 것으로 얽어매고 있는 현실적 조건들을 밝히 드러내고 그 극복을 겨냥하는 데서 가능해지기 때문이다"라고 말하면서 '민족문학'을 정의하고, 이러한 '민족문학'은 민중에 기초한 '민중문학'에 의해 구체화되는 것이라고 말한다. 그렇다면 그가 말하는 '민중문학'은 무엇이며, 어떻게 가능한가? 그는 박현채의 '민중문학' 정의를 차용하고, 그것은 결국 리얼리즘에 의해 구체화되는 것이라고 말한다.

민중문학은 ① 생활하는 민중의 쪽에 서서 민중을 대상으로 하여, ② 역사적 진실을 주어진 사회적 상황에서 발현되는 삶의 고뇌와 인간적 요구의 감성적이고 일상적인 표현을 통해 드러내고, ③ 나아가 민중적 요구의 실현을 위한 길을 제시함으로써 민중의 사회적 실천에의 요구에 답하는 문학으로 규정된다.[20]

그리고 채광석은 민중문학의 리얼리즘과 그것에 의한 대표적인 민중문학의 예를 들고 있다.

---

19) 채광석, 「민족문학과 민중문학」, 『문학의 시대』 2권(풀빛, 1984).
20) 박현채, 「문학과 경제: 민중문학에 대한 사회과학적 인식」, 『삶과 노동과 문학』 실천문학 제4권(실천문학사, 1983). 99~103쪽.

반제·반매판을 기본 이념으로 하는 민중문학의 리얼리즘을 구체적 보편이라는 전형성의 바탕에 기초하되 제3세계 민중 내지 민중문학에게 부여된 민중해방에의 절실한 실천적 요구를 보다 강조하는 입장에서 구체적 현장성과 실천적 운동성의 통합이라는 틀 위에서 살펴보기로 한다. …… 어떻든 우리는 이러한 통합이, 시대적 상황과 민중역량의 성장 정도 및 작가의 역량에 따라 일정한 한계가 주어진 것이기는 하지만 60년대 신동엽의 시, 70년대 황석영의『객지』, 이문구의『우리 동네』및 김지하의 시 등에서 빼어나게 성취되었음을 확인했다.

즉, 이상의 작가들과 그 작품들은 생활민중의 삶의 고뇌와 인간적 요구의 실현인 인간적 해방과 반제·반매판의 시대적·사회적 과제의 실현인 사회적 해방의 길을 제시한, 말하자면 박현채의 '민중문학'의 '빼어난 성취'로 평가되고 있다. 그렇다면 '민중문학' 여부는 작품생산의 주체가 누구든 간에 그가 얼마나 민중의 구체적 현장성과 실천적 운동성의 통합을 확보하는가에 달려 있는 셈이다.

70년대 후반에 접어들면서 전문 작가들의 그러한 통합성 실현의 정도가 질적으로 별다른 진전을 보여주지 못한 반면 현장 근로자들의 체험수기·일기 등이 점차 대두하여 보다 성공적으로 민중문학의 성과를 이뤄낸 점에 주목할 필요가 있다. 이를테면 그 시기에 민중문학의 정통에 가장 접근한 노동소설은 단연 유동우의 체험수기『어느 돌멩이의 외침』이었던 것이다. …… 사업장 단위의 노동운동사 성격을 아우르고 있는 이러한 체험수기류는 80년대 들어서도 계속 출현하고 있고, 이 흐름의 연장선상에서 시, 마당극 대본, 수필, 소설 등의 형태로 확산되고 있는바 그 수준에 있어서도 가히 민중문학의 백미를 이루고 있다. 이 시를 보라. 박노해, 「손무덤」, 박노해 시집『노동의 새벽』, 85~88쪽; 김용택, 「마당은 비뚤어졌어도 장구는 바로 치자」, 17인 신작 시집 『마침내 시인이여』.

그리하여 1980년대에 이르러 민중(근로자들)이 작품생산의 주체가 되고, 이 민중에 의해서 '구체적 현장성과 실천적 운동성의 통합'이 일어남으로써 비로소 진정한 민중문학이 자리 잡게 되었다는 것이다. 그렇다면 지금까지 생활민중의 현장성을 결여할 수밖에 없었던 문학인·작가들은 어떻게 해야 그 '통합'을 확보할 수 있는가? 그는 "민중운동의 실천적 틀 위에서 작업의 협업화를 이룩하고 이를 기초로 지식인·문학인들은 새로운 진보적 세력과의 연대를 추구하고 기층민중은 그러한 세력으로서의 자기동일성을 추구하는 가운데서 그것은 보다 효과적으로 달성될 수 있다"고 말한다. 즉, 지식인·문학인은 우선 진보적 세력(민중세력)과 연대하고, 작품의 생산에 있어서 민중과 '협업'함으로써 민중문학의 정통에 다가갈 수 있다는 것이다.

한참 시간이 지난 1990년에 김재홍은 「한국문학 속의 민중의식 연구: 민중시를 중심으로」[21]에서 민중문학은 '민중의식을 담은 문학'이라고 정의하고, 1920년대부터 1980년대까지 민중시를 중심으로 민중문학사를 정리한다.

우선 진정한 민중시의 모델은 '민중의식을 그 내용으로 하고 민족(민중)형식과 그 미학원리에 의해 형상화된 것'이라고 정의하고, 민중시를 포함하여 민중문학 작품을 다섯 가지로 분류한다. ① 농민과 농촌문제를 다루는 작품군, ② 도시빈민과 노동자 및 산업화의 진행으로 인한 소외현상을 다루는 작품군, ③ 반봉건적 의식과 민주화를 지향하는 내용을 담은 작품군, ④ 반외세와 민족 자주의식을 담은 작품군, ⑤ 분단의 아픔과 통일에의 염원을 내용으로 하는 작품군 등이다. 이러한 민중문학 작품들과 민중문학론은 언제부터 출현했는가?

그에 의하면, 민중이라는 말이 각종 사회운동 혹은 예술의 가치지향적 개념으로 수용되기 시작한 것은 3·1운동을 전후한 시기이며, 이러한 분위기를 바탕으로 신흥문학으로서의 신경향파문학과 프로문학이 어느 정도 대중의 지지를 획득할 수 있었고, 따라서 한국문학에서 민중문학론의 본격적인 전개

---

21) 김재홍, 「한국문학 속의 민중의식 연구: 민중시를 중심으로」, 『한국민중론연구』(한국정신문화연구원, 1990).

는 계급주의 문학이 대두되기 시작한 1920년대 초반이라고 할 수 있다고 말한다. 대표적으로 김팔봉의 "생활은 예술이요, 예술은 생활이어야만 할 것이다"라는 주장에서 당시 민중문학론의 성격을 엿볼 수 있다는 것이다. 즉, 이러한 팔봉의 언급 속에서 프로문학의 초기에 나타나는 '생활에 대한 관심'과 민중의식의 고조, 그리고 종래의 문학에 대한 강도 높은 비판의 자세를 살필 수 있으며, 팔봉의 민중문학론에 박영희, 임정제 등이 동조하면서 문단의 커다란 세력권을 형성하게 되었다고 한다.

김팔봉의 민중문학론 이후 문단에 빈곤 계층을 다룬 작품이 무수히 쏟아져 나오게 되었는데, 소설로는 김기진의 「붉은 쥐」(≪개벽≫, 1924.11.), 조명희의 「땅속으로」(≪개벽≫, 1925.3.), 이익상의 「광란」(≪개벽≫, 1925.6.), 이기영의 「가난한 사람들」(≪개벽≫, 1925.5.), 주요섭의 「살인」(≪개벽≫, 1925.6.), 최학송의 「기아와 살인」(≪개벽≫, 1925.6.) 등을, 그리고 시로는 이상화의 시작들, 「빼앗긴 들에도 봄은 오는가」, 「緋音」, 「통곡」, 「거러지」 등을 들고 있다. 특히 이상화의 후기작에는 걸인, 노동자, 행상인 등 빈궁한 소외계층에 대한 옹호의 시선이 두드러지게 나타나고 있다고 한다. 이상화의 시에 등장하는 하층 소외계층의 빈궁한 삶과 울분은 항일민족의식 내지는 민중적 휴머니즘 정신의 한 표출이라고 여겨지는 것이다. 이상화는 「비를 다고」(≪조선지광≫, 1928)와 같은 시편에서 수탈과 한발에서 시달리는 농촌의 피폐상을 형상화했다. 이 시는 민중의 입장에 서서, 민중의 고통과 슬픔을 민중의 언어로 형상화한 민중시의 전범이 된다. 이상화의 시는 소외계층으로서의 농민, 노동자 등 빈궁계층의 고통스런 삶을 폭넓게 다루고 있음을 알 수 있다. 그러면서도 그러한 소재들을 관념적으로 이해하는 오류를 범하지 않았으며, 위선적 포즈나 연민 혹은 단순한 동정심에 근거한 지식인의 센티멘털리즘과도 일정한 거리를 유지하고 있다. 오히려 농민과 노동자의 궁핍하고 고통스러운 삶을 있는 그대로 제시하고, 그들과 하나가 되어 그들의 분노와 울분을 가장 온전하게 형상화했다는 데서 이상화 시의 본령을 찾을 수 있다는 것이다.

그런데 1920년대의 문학에 있어서 '민중'이라는 가치가 오로지 신경향파와 프로문학 측의 전유물만은 아니었다. 이와 대척적인 위치에 있던 민족문학 진영 역시 '민중'을 지고의 가치로 여기고 그것을 작품화하려고 노력했다는 것이다. 대표적으로 주요한의 시집 『아름다운 새벽』(조선문단사, 1924)[22]은 민족문학 진영이 이해하고 있는 민중문학관과 그 작품이라고 할 수 있다.

또한 1920년대의 민중문학을 고찰할 때, 민족주의·계급주의로 대표되는 양대 흐름과 무관한 몇몇의 민중 시인을 살펴보아야 하는데, 석송 김형원과 소월 김정식이 그에 해당한다는 것이다. 탁월한 현실인식과 역사 감각, 즉 민중의식 선위에도 불구하고 민중적 현실을 도외시했다는 경향파 시인들의 과오, 민족주의 시인들의 몰역사성과 관념주의, 그리고 석송의 비현실적 민중의식 따위를 소월은 일거에 극복했다. 지금까지의 소월시에 나타난 주된 정서인 애상과 한이 개인적인 상실에만 연유하는 것으로 흔히 오독되어 왔으나, 그의 전 작품을 면밀하게 검토할 때 그것은 오히려 민족공동체의 아픔, 즉 식민지적 상황에서 기인된 것으로 여겨진다는 것이다.[23] 그리고 여기에 만해[24]와 심훈(「그날이 오면」)의 민중시도 덧붙이고 있다.

해방 직후의 문단은 우익의 '중앙문화협회'(1945.9.18., 이후 '조선문필가협회'

22) "개념으로 노래를 부르려는 이가 잇습니다. 더욱이 민중예술을 주장하는 이, 사회혁명적 색채를 가진 이 중에 그런 이가 잇습니다. …… 첫째는 내가 의식적으로 테까단티즘을 피한 것이외다. '나'와 '사회'는 서로 떠나지 못할 것이외다. 그럼으로 엇던 한 적은 '나'의 행동이던지 '사회'에 영향을 주지 아늠이 업슬 것이외다. 나는 우리 현재 사회에 '데까단'덕 병덕 문학을 주기를 실혀합니다. …… 오직 건강한 생명이 가득한, 온갖 초목이 자라나는 속에 잇는 조용하고도 큰힘가튼 예술을 나는 구하엿습니다. 둘째로 자백할 것은 이삼년래로 나의 시를 민중에게로 뎌 각가히 하기 위하야 의식덕으로 로력할 것이외다. 나는 우에서도 말한 바와가치 '개렴으로 된 민중시'에는 호감을 가지지 안엇스나 시가가 본질덕으로 민중에 각가을 수 잇는 것이라 생각하며, 그러케 되려면 반드시 거긔 담긴 사상과 정서와 말이 민중의 마음과 가치 울리는 것이라야 될 줄 압니다. 그럼으로 이 책 중에 '나무색이', '고향생각' 등에 모흔 노래는 이런 의미로 보아 민중에 각가히 가려는 시험이외다." 주요한, 『아름다운 새벽』(조선문단사, 1924), 발문.

23) 유종호, 「임과 집과 길」, 『동시대의 시와 진심』(민음사, 1982).

24) 김재홍, 「만해의 문학과 사상」, ≪문학사상≫(1985년 10월호).

로 개칭 1946.3: 김광섭, 이하윤, 김진섭 등), 좌익의 '조선프로레타리아예술연맹'(1945.9.30: 윤기정, 홍구, 박세영 등), 중도좌익의 '조선문화건설중앙협의회'(1945.9: 임화, 김기림, 정지용, 이태준, 이병기)로 나누어 3파전의 양상을 띠게 된다. 그러나 '문건' 측과 '예맹'이 통합하여 '조선문학가동맹'(1945.12)을 결성하고, 이듬해에는 '문맹' 주최로 '전국문학자대회'를 개최함으로써 문단을 장악할 듯한 기세를 떨치게 된다. 이러한 '문맹'에 대응하기 위해 '문협' 측에서는 서정주, 김동리, 조지훈 등을 주축으로 한 '청년문학가협회'(1946.4)를 결성하고, 1947년에 이르러서는 이 두 단체가 통합하여 '전국문화단체연합회'를 결성하게 된다. 그리하여 문단은 1920년대에 프로문학과 국민문학이 대결한 양상과 흡사하게 '문맹'과 '문총'의 양대 진영으로 갈라지게 된다. 백범 암살을 기점으로 '문맹' 측 인사들이 대거 월북함으로써 문단도 분단 상태로 들어갔다. 1950년대는 문학의 빈곤시대였다.

4·19 이후 두드러지게 나타난 시단의 경향은 시와 현실과의 상관관계에 대한 급격한 관심의 대두였다. 시는 현실의 모순과 부조리를 비판하고 고발하는 사회적 기능을 회복해야 하며, 시인은 사회의 선도적인 비판적 지성이 되어야 한다는 주장이 크게 설득력을 갖게 된 것이다. 1960년대 시단에서 가장 주목받아야 할 시인으로 김수영(「풀」), 신동엽(「껍데기는 가라」), 이성부(「벼」), 조태일 등을 들고 있다.

1970년대에 들어와 문인들은 사회 전반의 갈등과 소외를 날카롭게 의식하면서 민중에 대한 애정과 신뢰를 부여하려는 시대적 소명의식을 전례 없이 강하게 표출하게 된다. 이와 함께 1970년대에 새롭게 대두된 '민족문학론'은 1960년대의 '참여문학론'을 뛰어넘으면서 우리 문학이 지녀야 할 이념적 지표를 제시했다.

1970년대에 제기된 '민족문학'은 1920년대의 국민문학 혹은 민족주의문학과는 엄연히 구분되는 것이며 해방 직후 좌·우익이 공히 주장했던 표리부동한 민족문학과도 구별된다는 것이다. 실상 해방 직후의 민족문학이란 그 외피만 민족문학이었을 뿐, 내용상으로는 한편은 계급문학이었고 다른 한편은 순수문학이었을 따름이라는 것이다.

1970년대 초반에 민족문학을 옹호하고 나선 김용직은 새로운 민족문학은 민족의 독자성을 보장하는 데 기여함과 동시에 예술의 자율성도 함께 고려되어야 할 것이라는 견해를 내놓았다.[25] 또한 염무웅은 "근대적 의미의 민족개념이 민주 및 민중개념과 결합한다"[26]고 주장함으로써 추상적으로 전개돼 오던 민족문학론에 구체성을 부여하게 된다.

이러한 민족문학론은 김병걸, 임헌영, 천이두, 백낙청 등과 같은 여러 논자들에 의해 더욱 구체화되어 1980년대의 민중문학론의 모태가 된다. 백낙청은 1970년대의 민족문학론이 국수주의적 문학론과 혼돈될 소지를 배제시키면서 진정한 민족문학의 개념을 제시했던바, 그에 따르자면 "민정한 민족문학이란 오늘날 우리 민족이 처한 극단적 위기를 올바로 의식하는 문학인 동시에 모든 일급 문학에서 요구되는 보편성과 세계성을 지닌 문학"[27]이라는 것이다.

이러한 비평계의 움직임과 궤를 같이하여 창작활동에서도 강력한 민족의식의 고취와 민중적 각성을 보여주는 시인들이 등장한다. 김지하, 신경림(「농무」, 1971), 조태일, 이성부 등이 그들이다.

한편, 김제홍은 이 땅의 민중시는 1980년대 중반 이후 하나의 전환점에 접어들고 있다고 판단한다. 이는 1980년대 초의 요란스러움에서 벗어나 이제 내적 성숙의 바탕을 마련하고 있다는 것이다. 도시빈민들과 농민의 척박한 삶을 노래하면서도 그것이 전투적인 구호와 적개심만을 드러내는 차원을 넘어서서 보다 큰 의미에서 자유와 평등, 평화의 사상을 담기 시작한 것으로 여기는 것이다. 사실 민중시는 무엇보다도 도식적인 소재와 제재 그리고 동어반복에 떨어진 분노와 저항의 목소리를 지양하면서 진정한 인간에의 길을 향한 자기반성과 자기극복의 몸짓을 보여주어야 한다는 것이다.

이상에서 그는 민중시의 전형을 이상화의 시에서 보고 있는데, 그것은 "농민

---

25) 김용직, 「민족문학론」, ≪현대문학≫(1971년 6월호).
26) 염무웅, 「민족문학의 어둠 속의 행진」, ≪월간중앙≫(1972년 3월호).
27) 백낙청, 「민족문학의 개념 정립을 위해」, ≪월간중앙≫(1974년 7월호).

과 노동자의 궁핍하고 고통스런 삶을 있는 그대로 제시하고, 그들과 하나가 되어 그들의 분노와 울분을 가장 온전하게 형상화"한 것이다.

## 2) 민중사학

'민중사학'에서 민중과 그의 역할은 무엇인가? 이만열은 「한국사에 있어서의 민중」에서 한국사에서 민중의 역할을 시대별로 추적하고 있다.[28]

그는 민중이란 말을 한국사에서 보이는 민·농민·인민과 노비·노복·천민 등의 피지배 계층을 망라하는 어휘로 일단 풀이하고, 한국사 서술에 있어서 소외당한 민중들의 의식 변천과 지배층의 존립의 전제 조건으로서의 이러한 민중의 역할을 고찰하고 있다. 따라서 시대마다 민중의식과 민중의 구성과 그 역할은 달리 나타나고 있다.

부족사회 시대에서는 민이 지배층의 생산을 담당한 존재들로서 나타나고, 고대사에 있어서는 농민·천민 등의 민중이 대외 항쟁의 선봉적인 역할을 했다고 보기 어렵지만 그러나 고려 후기 몽고의 침략으로부터는 그들이 대외 저항의 주체세력으로 등장했다는 것이다. 19세기에 일어난 소위 '민란'으로 지칭되는 각종 농민운동에서 민중은 스스로가 봉건사회의 모순을 극복하려는 움직임을 보였으며, 동학농민운동을 거쳐 의식화된 민중들은 의병운동에 가담하여 국가수호에 앞장서기도 하고, 자강·계몽운동에 참여하여 근대화운동을 전개했으며, 일제 강점하에서는 해외의 무장독립운동과 국내에서의 소작쟁의·노동쟁의 등을 주도하면서 반봉건 근대화운동과 반침략 민족독립운동을 전개하는 주체가 되었다는 것이다.

그리고 민중이 역사의 전면에 나서서 민족적 지도력을 발휘하게 된 것은 3·1운동이 분수령이 되었는데, 3·1운동은 민족지도자가 민중으로 바뀌는 중요한 계기였다는 것이다. 이때부터 민중은 한국사에서 새로운 주목을 받기

---

28) 이만열, 「한국사에 있어서의 민중」, 『한국근대역사학의 이해』(문학과지성사, 1981).

시작했는데, 이것은 "유교적인 역사관이 지배자의 영웅적인 행동을 중심으로 역사를 보았던 그러한 관점을 탈피하고, 역사의 주인공이라 할 인간 전체의 생생한 삶—사회구성과 발전, 경제생활 등—을 중심으로 한국사를 살피게 되었던" 근대역사학과 같이 했다고 본다. 또 3·1운동을 계기로 그해 조직된 상해임시정부의 헌법에 '민중이 주인'이 되는 국가의 수립을 명시했다. 이에 민족주의 사학자들(박은식, 신채호)은 1920년대에, "역사의 주역으로서의 영웅의 존재를 더 이상 거론하지 않고, 그 대신 민중을 강조하기 시작했다"는 것이다.

따라서 민중은 '지배층의 존재의 전제 조건으로서 민·농민·인민과 노비·노복·천민 등의 피지배계층'을 가리키는데, 시대마다 그 구성의 내포와 외연이 달라지며, 그리고 그들이 시대마다 주어지는 역사적 과제를 해결하는 주역이 되었다고 보고 있다. 특히 3·1운동 이후에 민중은 역사의 주체로서 민중으로 확립되었고, 1920년대에 박은식과 신채호에 의해서 이 민중이 비로소 역사의 주역(주체)으로 인식되는 '민중적 민족사관'이 수립되었다는 것이다. 이제 '역사의 주역을 영웅'으로 인식하는 '유교적 역사관'이 극복된 것이다.

다시 그는 「민중의식 사관화의 시론」에서 민중이란 말이 보편화되지 않았던 혹은 민중이란 말을 그 시대의 어떤 계층을 지칭하는 용어로서 보편적으로 사용하기 곤란한 시대의 역사관에서 그러한 시대에 보편적으로 사용되었던 용어인 '민', '인민'이 '민중' 대신 어떻게 인식되어졌는가를 살피고 나아가 '민중의식의 사관화'를 제창했다.[29]

한국사 연구에서 '민'의 존재가 역사의 주체로서 분명히 인식되어진 것은, 1920년대의 신채호와 같은 민족주의 사가에 의해서이다.

'농민', '민' 자신이 사회발전의 주체로 자임하고 나섰던 것은 특히 19세기에 이르러서였다. 지배층 중심의 역사 이해에서 '난'이라는 형식으로 인식된 홍경래난 등의 소위 '민란'은 '민'이 의식화된 후에 나타난 일종의 사회운동이었고,

---

29) 이만열, 「민중의식 사관화의 시론」, 『인간과 세계에 대한 철학적 이해』(삼중당, 1981).

역사적으로는 '민'이 역사주체로 상승하는 일종의 '민중화' 과정이기도 했다. ······ 동학농민운동은 그동안에 성장한 '민중'들의 의식을 응집시켜 표출된 사건이면서 이를 계기로 '민중'의 응집된 힘을 다시 확산시켜 주는 계기가 되기도 했다.

그러나 한말 봉건왕조가 지속되는 한에 있어서는, 당시의 지식인들 일반이나 역사가들은 아직도 민중을 역사의 주체로서 인식하는 단계에 이르지 못했다.

역사의식에서 민중이 새롭게 환기되고 역사의 주체로 인식되는 것은 국망 이후인 것 같다.

박은식과 신채호가 그들이 초기에 '영웅대망'의 역사관을 일정하게 비쳤음에도 불구하고, 1920년대에 '민중'을 독립투쟁의 기수로, 나아가서는 근대사를 이끌어갈 역사의 주역으로 인식해 갔던 것이다. 그 배경은 3·1운동에서의 민중의 역할, 의병운동과 해외 무장독립 운동에서의 민중의 역할, 일제의 토지조사 사업과 공업화 정책에 따라 착취당하는 농민과 노동자들의 생존권 투쟁과 반식민지 투쟁 등이다.

이제 우리는 민중의식을 기반으로 하고 민중을 역사의 주체로 하는 민족사를 보아야 할 단계에 왔다.

우리는 '민중의식에 입각한 민족사관'의 현재적 의의를 유념한다. 이러한 역사관은 민족사 인식의 폭을 넓히는 것은 물론, 민족사의 주체를 보다 정확히 이해하는 결과를 아울러 수반할 것으로 본다.

역사에서 민중을 발견하려는 이 민족사관은 이렇게 현대 사회의 주인공이라 할 민중의 가치를 인정하여 그 성장을 유도할 것이라 생각한다. ······ 이러한 역사관이 우리 사회에 공공해질 때 반역사적·반민중적이랄 수 있는 어떠한 소수 집단도 다수 민중의 의사를 무시한 채 혹은 그 의사에 반하여, 감언이설과 대의명분을 내걸고서 역사의 주체인 양 더 이상 군림할 수 없게 할 것이다. 더 나아가 우리는 그 소수 집단을, 이러한 역사관에 입각해서 반역사적·반민중적이라고 단죄할 수 있다고 생각한다.

즉, 19세기의 '민란'은 스스로를 사회발전의 주체로서 의식한 농민·민들이 사회발전의 주체임을 자임하고 실천한 것으로서, 그것은 곧 농민·민들이 역사발전의 주체로 상승하는 과정, 즉 '민중화' 과정이었다. 그리하여 '민란'의 정점인 동학농민운동에서 민중은 완성되었다는 것이다. 따라서 민중은 역사의 주체로서 의식하고 자임하는 농민·민이며, 동학농민운동을 통해서 역사의 주체임을 공고히 했다는 것이다.

그러나 이러한 민중과 민중의식이 민족사의 주체로 발견되고 인식된 것은 1920년대의 박은식과 신채호에 의해서였다. 즉, 1920년대의 박은식과 신채호에 의해서 비로소 민중과 민중의식을 민족사의 주체로 인식하는 '민중적 민족사관'이 수립되었다는 것이다. 그리고 1980년대에 이르러 '민중적 민족사관'은 다시 주류의 역사관으로 자리 잡아야 할 필요가 있는데, 그것은 민중이 또다시 현대 사회의 주인공이 되었고, 그러한 민중의 가치를 인정하고 그 성장을 부추김으로써 다수 민중의 의사를 무시하는 어떠한 소수 집단과 세력도 역사의 주체로 행세할 수 없게 하는 실천적 의의를 가지기 때문이라는 것이다.

그런데 이만열에 의하면 "'민란'은 '민'이 의식화된 후에 나타난 일종의 사회운동이었고, 역사적으로는 '민'이 역사주체로 상승하는 일종의 '민중화' 과정"이었다고 하는데, 여기서 '민'은 어떻게 의식화되었는가, 농민·민은 자신들이 사회발전의 주체라는 의식을 이미 어떻게 갖게 되었는가 하는 문제가 제기된다. '민'은 즉자적으로 '민의식' 혹은 '민중의식'을 갖는 것일까? '민란'은 이미 의식화된 '민'이 일으킨 것이라기보다는 '민'이 '민란'을 함께 겪으면서 동학농민운동 단계에 이르러서는 그러한 '의식'을 공유하게 됨으로써 민중으로 성장했다고 보아야 하지 않을까?

한편, 정창렬은 「백성의식·평민의식·민중의식」에서 한국 역사에서 민중과 민중의식이 어떻게 형성, 발전했는가를 추적하고 있다.[30]

---

30) 정창렬, 「백성의식·평민의식·민중의식」, 이돈명 선생 회갑기념논문집(1982).

그는 민중이라는 말이 널리 쓰이고 있던 1970년대에 "정치·경제·사회적인 모순에 의한 억압과 수탈을 받으면서 그러한 억압과 수탈을 해체시키기 위해 싸우는 주체로서의 인간집단"이라는 민중개념이 확립되었다고 보고, 이러한 민중의 역사적 연원을 추적하고 있다.

이렇게 볼 때 18세기 후반기 봉건체제의 동요에 따라 형성되기 시작한 민중은 18세기 후반기에서 1876년까지의 평민의식의 단계, 1876년에서 1910년까지의 '민중의식 1'의 단계를 거쳐 1910년 이후의 단계 특히 1920년대의 민중의식의 확립에 이르러 민중으로서 확립되었다고 생각할 수 있다.

1920년 후반기에, 위의 세 가지 과제의 해결을 담당할 주체로서의 민중과 그 해결에 필요한 의식체계로서의 민중의식은 일단 확립되었다. 그리고 그 세 가지 과제는 1945년 해방 이후의 새로운 조건 속에서 일정한 변모를 거쳐 다시금 그 해결을 요구하고 있으며, 그러한 요구에 바탕하여 민중의 재확립과 민중의식의 재확립이 오늘날에 와서 다시금 제기되고 있다.

즉, 민중은 18세기 후반기 봉건체제의 동요에 따라 형성되기 시작했고, 1876년까지의 '평민의식'의 단계, 1910년 이후의 단계, 특히 1920년대 후반기에 세 가지 과제, 즉 인간해방, 사회적 해방, 민족해방을 위한 의식(체계)으로서의 '민중의식'이 확립됨에 따라 민중으로 확립되었다는 것이다. 그런데 1945년 해방 이후 그 세 가지 과제는 다시금 역사적 과제로 제기되었고, 또 그것의 해결을 요구함에 따라 1920년대와 달라진 새로운 사회구조에 기초하여 민중과 민중의식은 재확립되어야 하는바, 따라서 1970년대의 민중은 "억압과 수탈을 해체시키기 위하여 싸우는 주체로서의 인간집단"이라는 민중개념이 재확립되었다고 본다.

민중개념의 성립 문제를 볼 때, 이만열과는 달리 정창렬은 사회경제적 조건의 변화에 따라 변동하는 실체로서의 민중이 시대적·사회적 과제를 해결하고자 하는 생각·의식으로서의 '민중의식'을 가질 때 비로소 민중개념이 확립되는 것으로 보고 있다. 그렇다면 실체로서의 민중은 어떻게 '민중의식'을 갖게되는가 하는 문제는 여전히 남는다.

이만열이 '민중의식의 사관화'를 주장한바, 1980년대 중반에 이르러 이른바 '민중사학'이 등장했다. 1920년대의 박은식·신채호의 '민중적 민족사관'이부활했다고 할 수 있다.

민중사학은 1980년에 대학에서 해직된 소수의 진보적인 교수들과 소장연구자들[1984년 망원한국사연구실, 1987년 한국근대사연구회, 이 두 단체를 통합한1988년 한국역사연구회, 1988년 구로역사연구소(1993년 역사학연구소로 개명), 1984년 역사문제연구소]에 의해서 주도되었다.

신진 연구단체들의 창립 목표와 취지에서 확인되는바, 이러한 연구단체들은 기성의 역사학을 비판하고 민중사학의 수립을 표방했다. 그들은 기존 역사학의 이론과 연구방법론, 그 전제와 계급적 성격을 비판함으로써 기존의 역사학을 현 지배질서의 형성을 역사적으로 정당화하고, 문화적·이데올로기적차원에서 주어진 지배질서의 유지와 재생산에 복무하는 '보수적 사학'이라고규정했다. 대신 그들은 자신들의 역사학이 사회의 민주적 변혁과 분단의 자주적 극복에 기여하는 데 그 의의가 있음을 분명히 하고, 그러기 위해서 한국사를다시 과학적으로 연구하고 체계화하고자 한다.

민중사학은 전체 사회의 구조와 발전, 그리고 그 모순구조를 파악하고, 그 모순의 해결 주체로서 민중을 설정하며, 그리고 민중을 '생산대중'으로간주한다. 생산적 노동에 종사하면서 사회변혁운동의 주체가 되는 '생산대중'은 사회의 체제와 그 발전단계에 따라 그 범주적 구성과 사회적 의식, 그리고정치적 지향을 달리하는 것으로 보고 있다. 원시공동체사회에서는 성원 전체가 생산대중이었고, 전근대 사회에서는 노예, 농민, 수공업자 등이 생산대중이었다. 전근대 사회에서 생산대중은 의식화된 주체로서 등장하지 못하지만그러나 노동자를 중심으로 하여 농민, 노동자, 빈민 등으로 구성되는 근대사회 이후의 생산대중은 자신을 역사의 주체로서 의식하고 행동한다고 본다.

그런가 하면 민중사학은 민중을 특정한 역사적 시기와 조건에 한정하여 파악하기도 한다. 즉, 민중을 세계 자본주의 체제의 후진 지역인 식민지 및 신식민지 사회에서 형성된 것으로 파악하는 것이다. 그리고 이러한 민중의 형성에서 계급적 요인보다는 민족적 요인을 강조하고, 근대 민족의 형성과 함께 민족주의·민족운동의 전개 속에서 민중이 형성되었다는 것이다. 그리하여 민중은 '민족해방운동의 주체세력'으로서 노동자·농민층을 중심으로 지식인·학생·청년·소시민·민족자본가 등으로 구성된다고 본다.

결국 민중사학은 역사의 모든 시기에 걸쳐서 기본적으로 '생산대중'이면서 계급모순과 민족모순을 해결하고 해결해야 하는 사회변혁세력을 민중으로 파악하고 있다. 따라서 민중의 범주적 구성과 민중의식은 주요 모순이 무엇인가, 그리고 그 모순의 구체적 내용이 무엇인가에 따라 달라진다고 보고 있다.

민중사학의 이러한 민중개념은 민중사학을 더욱 발전시킨 '과학적·실천적 역사학'에서 실재성과 구체성을 얻는다. '과학적·실천적 역사학'은 우선 한국사를 '사회구성체론'에 의해 사회의 모순과 사회변혁세력이 배태되는 사회구조에 대한 공시적·통시적 분석을 통해 '넓은 의미의 사회사' 혹은 전체사를 제시하고자 한다. 그것은 사회의 경제적·정치적·사상적 및 이데올로기적·문화적 영역 등 모든 영역과 이에 참여하는 모든 개인과 집단들이 어떻게 구조화되는가, 그리고 구조화 과정에서 배태되는 모순의 내용과 동시에 그 모순의 해결 주체를 파악하고 또한 그 '구조의 운동'을 설명하고자 하는 것이다. 특히 실재행위의 주체이자 사회변혁세력으로서 민중의 형성과 발전에 주목하고 있다. 민중은 어느 특정 계급·계층만을 가리키는 것이 아니라 여러 계급·계층이 연합된 운동체이며, 그것은 경제적 구조의 조건 변화와 변혁과 반(反)변혁의 정세변화에 따라 그 범주적 구성을 달리한다고 본다. 말하자면 '과학적·실천적 역사학'은 전체 사회의 구조와 발전 그리고 그 모순구조를 파악하고, 그 모순의 해결 주체, 즉 변혁주체로서 민중을 설정하며, 그 민중이 계급적·민족적 해방을 달성해 가는 과정으로 역사를 이해하고자 하는 것이다.[31]

---

31) 이세영, 「현대한국사학의 동향과 과제」, 『80년대 인문사회과학의 현 단계와 전망』(역사비평사, 1988).

한편, 정창렬은 「한국에서 민중사학의 성립·전개과정」[32]에서 위의 민중사학이 어떻게 성립·전개되었는가를 정리했다.

그에 의하면, 민중이라는 말이 1893년 전라도 고부지방의 사발통문, 1894년 3월 20일 농민군의 격문, 1894년 11월의 동학농민군의 호소, 또 1895년 2, 3월의 전봉준 공초에서부터 쓰였고, 이때의 민중 또는 '중민(衆民)'은 '썩어빠진 세상의 바로잡음'과 관련되었으며, 이를 바탕으로 '민족적 과제 해결의 담당 주체로서의 민중'이라는 '민중적 관점에서의 현실인식'이 성립되었다. 이러한 '민중적 관점에서의 현실인식'은 이후 의병 투쟁, 영학당 투쟁, 만민공동회 투쟁, 활빈당 투쟁, 의병 전쟁, 3·1운동, 무장독립 투쟁, 농민운동, 노동운동 등에서도 계승·발전되면서 나타났으며, 이러한 민중운동의 발전을 배경으로 1920년대의 신채호에 의해서 처음으로 '민중적 관점에서의 한국사 인식'이 나타났다. 즉, '민중적 민족사관'이 수립되었다는 것이다. 1920년대 이후에는 한국에서 자본주의적 계급관계가 점차 확대되면서 사회적 인간집단의 형성에 계급적 유대관계가 큰 역할을 하게 됨으로써, 민중의 형성에도 계급적 요인이 본격적으로 작용하게 되었다. 이러한 사정이 반영되어 한국에 대한 민중적 관점에서의 인식도 더욱 심화되었던바, 백남운의 유물사관 한국사학이 그 표현이었다. 그러나 신채호와 백남운에 의해 개척된 '민족적·민중적 관점에서의 한국사 인식'은 일제 식민지 지배하에서 확대·보편화되지 못했다. 해방과 전쟁 후에도 식민지체제는 그 내용과 형식을 달리하면서 여전히 계속되었다. 따라서 식민지주의적 한국사관·한국사학도 해체되지 않고 지속되면서 그 질적 내용을 약간 달리하게 되었다. 그 달라진 질적 내용이란 '근대화론'의 학계에서의 확장·보편화였다고 보인다. 근대화론에 바탕한 민족의식 결여의 실증사학이 해방 후의 한국사학계를 지배하고 있었다. 1960년 4·19혁명과 식민지 피압박민족들의 민족해방운동의 영향으로 신채호와 백남운을 재발견하고 그들의 역사학을 계승, 발전시키려는 노력이 1960년대 1970년대의 한국

---

32) 정창렬, 「한국에서 민중사학의 성립·전개과정」, 『한국민중론의 현 단계』(돌베개, 1989).

사학에서 전개되었던바, 한국사의 주체적 발전과 내재적 발전이 추적되었다 (내재적 발전에 기초한 민족주의 사학). 그러나 이 속에서 민중은 혹 언급되더라도 사회운동의 주체로서 인식되지는 않았다는 것이다.

그러다가 1970년대 후반 이후의 민중운동의 비약적인 발전(1979년 부마항쟁, 1980년 광주민중항쟁)과 '변혁적 민중론'을 배경으로 '민중사학'이 성립되었다고 말한다.

1970, 80년대의 한국의 지배적 조건은 외세·독점자본·군사독재정권의 3자 연합에 의한 민중수탈과 종속의 강화 그리고 민주주의의 형해화였다. 이러한 가혹한 지배조건 속에서 인간으로서의 해방, 계급으로서의 해방 그리고 민족으로서의 해방을 쟁취하기 위하여 혼신의 힘으로 그 가시덤불을 헤치고 나온 것은 노동자, 농민, 학생, 청년 등의 민중이었다.

1970, 1980년대에 민중이 체제를 변혁시키는 세력으로 확고한 자세와 실천성을 갖는 존재로서 역사 속에 정립되었고, 둘째는 그러한 현상을 목도한 역사 연구자들이 '민중이 역사의 주체이다'라는 관점에서 한국의 역사상을 재구성하게 되었다.[33]

한국 역사학의 직분은, 위의 격동의 예감을 변혁의 방향, 목표 지점의 밝힘으로까지 구체화시키는 전망의 차원에서 한국의 역사상을 재구성하는 것이지 않을 수 없으며, 그 표현이 '민중이 역사의 주체이다'라는 관점에서의 한국 역사상의 재구성이었다고 생각된다.

80년대의 민중론은 70년대 민중론의 실천적 의미를 긍정적으로 계승하면서 70년대의 피지배층 일반, 국민 일반이라는 다소 막연한 개념 규정을 넘어서

---

33) 이만열, 「한국사 연구대상의 변화」, 『한국 근대학문의 성찰』(중앙대학교 중앙문화연구원, 1988).

사회적 모순관계와 계급론적 분석을 결합시켜 민중을 과학적으로 파악하기 시작했다. 여기서 민중을 민족모순과 계급모순을 연관해서 볼 때 어느 모순을 관건으로 보는가에 따라 사회변혁운동의 주체설정과 전술상의 차이가 있을 수 있다.[34]

1970년대 후반기부터는 한국근대사의 기본 성격을 민족해방투쟁사의 시각에서 파악·인식하려는 경향이 나타나게 되었다. …… 민족의 입장은 계승하되 한국 근대 사회의 주체적 발전의 방향을 자본주의 사회가 아닌 다른 성격의 사회로의 방향에서 정립하려는 노력이 나타나게 되었다. 그 담당 추진세력으로서의 인간집단을 민중에서 찾으려는 노력이 함께 나타나게 되었다. 이것이 민중사학의 성립이었다고 생각된다.

즉, 1970~80년대에 '노동자, 농민, 학생, 청년' 등의 민중이 '인간해방, 계급해방, 민족해방'을 쟁취하기 위한 변혁세력으로서 확고하게 자리 잡게 되었으며, 이에 따라 1970년대 후반 이후 이러한 민중을 민족민주주의 혁명의 주체세력으로 파악하려는 '민중사학'이 성립했다는 것이다.

## 3) 민중신학

1975년에 '민중신학'을 제창한 서남동은 「민중(씨울)은 누구인가?」[35]에서 민중을 다음과 같이 정의하고 있다.

첫째로 인간, 혹은 사람이라고 하는 말 대신으로 근자에 '민중'이라고 하는

---

34) 이세영, 「현대한국사학의 동향과 과제」, 『80년대 인문사회과학의 현단계와 전망 』(역사비평사, 1988).

35) 서남동, 「민중(씨울)은 누구인가?」, ≪씨울의소리≫(1980년 4월호); 서남동, 「민중의 씨울은 누구인가」, 『민중신학의 탐구』(한길사, 1983).

말을 씁니다. 인간적이라는 말을 써야 할 경우에 민중적이라는 말을 써보려고 생각을 합니다. 한 발 더 나가서 민중적이다 하고 말하면 귀족적이라든지 교양 있다든지 지식 있다든지 그런 것이 가치의 척도나 기준이 아니고, 소박하고, 소탈하고, 단순하고, 솔직하고, 인정미 있고, 생겨진 그대로, 태어난 그대로의 그런 것을 민중적이다, 그런 것이 가치와 미의 표준이 된다는 말이 됩니다. …… 그런데 지금은 역사가 많이 진전되고 변화도 많이 와서 이 단계에서는 인간 존재를 생각할 때 사회적으로 집단적으로 생각해야 조금 더 사실에 가까운 인간 파악이 된다고 저는 생각합니다.

둘째 내가 대조하고 싶은 점은 백성과 민중의 대조입니다. 이건 봉건주의 사회에서 인간을 백성이라고 그랬습니다. 한 사람만이 주인이고 임금이고 그 외 모든 사람은 다 백성입니다. 백성은 복종하고 순종하고 하는 자세가 본래 정해진 인간의 길입니다. 그런데 민중이다, 그럴 때는 '우리는 백성이 아니다' 그 말입니다. 백성하고 대조가 되고 백성의 시대는 지났고 백성의 굴레는 벗었다고 하는 그런 자각에서 우리가 민중이다, 하는 말을 쓰게 됩니다. …… 백성이라고 하는 것은 지배자가 그렇게 이름을 붙여놓은 겁니다. …… 그건 백성이라고 하는 복종하는 자세를 내면화하고 거기서 자기 정체를 찾는 착각을 하고 있는 거야요. 민중은 자기 스스로가 주인이다, 그건 어떤 구체적인 것이 없으면 쉬운 말을 해도 민중의 언어는 아닙니다. …… 그런 의미에서 백성과 대조되는 것이 민중입니다.

셋째 말로는 부르주아, 우리 동양 말로 번역해서 '시민'이라고 하는 말하고 이것은 대조되는 말입니다. 서양의 근대 사회는 시민이 역사의 담당자, 주체가 돼 가지고 발전을 시켰고, 또 시켜가고 있습니다. …… 그러나 제3세계에 있어서는 서방 세계의 강대국들의 통치를 받은 오랜 기간을 통해서 그래도 외세의 강점 아래서 저항하면서 민족의 주체성을 찾으려고 하고 그리고 투쟁을 하고 저항을 한 세력을, 그 세력을 '민중'이라고 그럽니다. …… 제3세계에서 외세에 대해서, 안에서는 봉건지배세력에 대해서 민족적인 주체나 독립이나 자주를 그래도 지키려고 하고 누르는 세력에 대해서 저항을 시도하고 버텨 온 그

세력이 엄연히 있습니다. 그 세력을 우리가 '민중세력'이라고 그럽니다. 시민이 아닙니다. 민중입니다.

넷째 프롤레타리아하고 우리 민중의 신학자나 혹은 민중을 주제로 하는 일반 넌크리스찬의 문학이나 사상가들이 생각하고 있는 민중하고의 차이가 어디 있는가? …… 프롤레타리아하고 민중개념하고 어떻게 다른 것이냐 하는 것이죠. 그것이 제 얘기의 첫째 매듭입니다. 둘째 얘기는 역사와 민중이라는 매듭으로 생각을 조금 해 봤습니다. …… 민중이라고 하는 실체가 역사의 진전 과정에 따라서 달라진다고 사회경제사적으로 특별히 보는 사람들이 우리들한 테 알려주고 있습니다. …… 그런데 자본제 사회에서 노동자다, 그러면 시민혁 명이 일어난 다음부터는 노동자가 민중이라고 하는 실체의 주요 부분인데, 일단 사회사상적으로는 해방이 됐습니다. 동등한 인간입니다. …… 모든 인간 은 자연법적으로 다 동등합니다. 다 같은 권리라고 합니다. …… 그런데 문제는 뭐냐 그러면 그들이 창안해 내놓은 새로운 경제제도 사회체제 때문에 이 자본에 서 소외를 당한다 할까, 그 결과에서 분배를 덜 받는다 할까, 못 받는다 할까, 결국은 착취를 당하는 그런 신세니까 …… 인간은 다 같은 인간이다라는 것이 실제 실현은 되질 않았습니다.

이를 다시 정리한다면, 민중은 첫째로 원초적인 사람 혹은 인간으로서보다 는 사회적 관계를 맺고 있는 인간집단으로 파악되어야 하고, 둘째로 주체(주인) 의식을 갖고 있다는 점에서 봉건시대의 백성과 대조되며, 셋째 제3세계에서 반봉건적·반외세(제국주의)적인 저항세력이었다는 점에서 서양 근대 사회의 시민과 다르고, 넷째 시민혁명 이후 자본주의 사회에서 사회사상적으로는 해방되었지만 경제적으로 착취당하고 있는 노동자라는 것이다.

그리고 우리나라에서 이러한 민중은 홍경래 난에서 등장하여 3·1운동과 4·19를 거쳐서 1970년대에 이르러 하나의 사회세력, 즉 민중을 이루었다고 말한다.

4·19 10년 지나서 1970년대에 들어오면서 민중이라고 하는 것이 사회세력으로 형성이 됐습니다. 유신체제의 모순 속에서, 이 산고의 진통을 겪으면서 민중이라고 하는 사회세력이 형성이 됐습니다. …… 1975년쯤 되어서야 간략하게 얘기를 하면은 '민중'을 주제로 한 '창비'에 지성인들이 민중의 실질적인 모든 문화활동이나 또는 경제평론이나 정치논평이나 하는 것이 주제가 되고, 부각한 것은 75년부터라고 해서 큰 잘못은 아닌 것 같습니다. 그해부터 신학자들도 민중이라는 주제를 내걸고 '민중신학'을 시작했습니다. 사상적으로 말하면 한 15년 이전에 함석헌 선생님은 민중을 주제로 하고 민중을 섬기는 것으로, 삶의 본을 작성을 하셨고 승화를 하셨는데 ……

한편, 그는 '민중신학'에서 보면 민중은 예수에 의해서 초대받아서 구원되고 해방되어야 할 '오클로스'인데, 그것은 "사회의 모순된 구조나 혹은 우리가 항거할 수 없는 자연적인 재해라 할까 그런 것 때문에 소외가 되고 억압이 되고 신체불구 때문에 밀리고 그늘에 살게 되고 또 그러한 결말에서 그만 감옥으로 밀려가서 인간 울타리 밖에 살게 되고 하는 그런 집단까지를 다 포함"하고 있다고 말한다. 그리하여 역사적·사회적 실체로서 민중은 착취당하는 생산자(노예, 농노, 농민, 노동자 등)뿐만 아니라 "병자, 신체불구자, 가난한 자, 여인들, 세리(죄인이 아닌데 죄인이라고 딱지가 붙은)와 죄인들"이라는 것이다. 그리고 이들이 바로 새 역사의 주인(메시아)이 된다고 성경은 약속하고 있다고 말한다.

과연 민중은 메시아인가? 김용복은 「메시아와 민중: 정치적 메시아니즘에 대항한 메시아적 정치」[36]에서 민중의 실재와 정체는 철학적이거나 과학적인 정의로 파악될 수 있는 것이 아니라고 말한다.

민중은 항구적인 영원한 (종말론적) 역사의 실체이다. 왕국이나 왕조나 국가

---

36) 김용복, 「메시아와 민중: 정치적 메시아니즘에 대항한 메시아적 정치」, 『한국 민중과 기독교』(형성사, 1981).

는 흥망성쇠를 거듭하지만 민중은 정치권력의 진퇴를 경험하면서도 항구히 역사의 기반으로 남아 있는 것이다. 민중은 지배권력과의 관계에 의해 결정되지만 그러나 동시에 민중의 이야기를 펼쳐 보면 시간과 공간을 통틀어 권력구조를 초월하고 있다.

민중이라는 말의 정치적 정의 속에는 민중을 사회경제적 결정 요인으로 보는 관점은 물론이고 민중의 주체적인 모든 경험, 즉 그들의 모든 사회적 전기, 욕망 및 고난과 그들의 투쟁·패배와 같은 경험들이 포함된다. 따라서 민중에 대한 고찰은 객관적인 분석뿐만 아니라 민중이 표현하는 언어와 문화까지도 포함시켜야 한다.

민중의 실재(reality)와 정체(identity)는 민중의 성격이나 본질을 철학적이거나 과학적인 정의로 알 수 있는 것이 아니다. 민중의 실재와 정체는 민중의 이야기, 즉 민중 스스로 창조해 내고 그러므로 민중이 가장 잘 이야기할 수 있는 사회적 전기에 의해 알 수 있다. …… 민중의 이야기에는 민중을 객체가 아닌 그들 자신의 이야기와 운명의 주체로 보는 역사 이해가 뒤따르게 된다.

민중은 그리 쉽게 설명되거나 정의될 수 있는 개념이나 대상이 아니다. 민중은 역동적이고 변화하고 복합적인 살아 있는 실체(nature)이다. 이러한 살아 움직이는 실체는 자신의 존재를 창조하고 역사 속에서 새로운 움직임과 드라마를 만들어낸다. 그리하여 살아 있는 실체는 개념적인 용어로서 정의되는 것을 생리적으로 거부하게 되는 것이다.

민중이란 따로 정해져 있는 것도 아니며 완전하게 정의할 수 있는 개념도 아니다. 민중은 살아 있는 실체로서 끊임없이 펼쳐지는 드라마와 이야기를 갖고 있다. 즉 민중에게는 사회적이며 정치적인 전기가 있는 것이다. 우리는 이러한 민중의 사회적 전기, 민중의 이야기, 그리고 민중의 고통과 희망 속에서만이 민중의 실체를 발견할 수 있는 것이다. …… 바로 이 민중의 이야기 속에 민중의 고통과 아픔이 민중들의 희망과 욕망과 함께 표현되어 있는 것이다.

즉, 그는 민중은 '역동적이고 변화하고 복합적인 살아 있는 실체(nature)'이기 때문에 쉽게 설명되거나 정의될 수 있는 개념이나 대상이 아니라고 전제하고, 그들의 실체와 정체는 자신의 존재를 창조하고 역사 속에서 새로운 움직임과 드라마를 만들어내기 때문에 사회경제적인 분석뿐만 아니라 그들이 스스로 펼치고 있는 드라마와 이야기, 즉 그들의 전기(傳記, 민중의 언어와 문화)를 분석해야만 파악될 수 있다고 말한다. 민중의 정체와 실체를 파악하기 위해서는 그들의 언어와 담론 등도 분석되어야 한다는 지적은 민중의 개념화에 있어서 반드시 고려해야 할 점이라고 할 수 있을 것이다. 그래야만 정치적 메시아니즘을 넘어설 수 있다는 것이다.

## 4) 민족(민중)경제학

박현채는 1978년에 이미 「민중과 경제」[37]라는 글을 통해서 민중의 개념과 성격에 대한 논의에 개입한 바가 있다. 거기서 그는 민중의 계급적·계층적 구성과 그들의 의식은 사회경제적 조건의 변화에 달려 있으며 특히 민중의식은 결정적으로는 사회경제적 조건의 변화에 따라 향상되어 가겠지만 "민중의 일상적·비일상적 체험이나 원망의 집적이 민중 상호간의 접촉과 내외의 투쟁의 과정에서 민중적인 공유 체험으로서 자각되고 어떤 추상적인 가치 가운데 응축되어 감에 따라 민중의식은 정도의 차는 있으나 보다 높은 차원의 것으로 진보해 간다"고 본다. 그리고 민중은 지식인의 의식화를 통해서 민중의식을 자각하게 된다고 본다. 그러면 사회경제적 조건(사회구성체)의 변화에 따라 민중의 계급적·계층적 구성은 어떻게 변화하는가? 또 추상적인 가치로 응축되어 가는 민중의식은 무엇일까? 결국 민중은 역사적으로 파악되어야 할 것을 요구하고 있는 것이다.

그리하여 박현채는 「민중과 역사」[38]에서 민중을 사회적·역사적 실체로서

---

37) 박현채, 「민중과 경제」, 『민중과 경제』(정우사, 1978); 「민중과 경제」, 『민족경제론』(한길사, 1978).

38) 박현채, 「민중과 역사」, 『한국 자본주의와 민족운동』(한길사, 1984); 「민중과 역사」,

파악하고 있다. 우선 그는 "민중은 역사적 존재이다. 따라서 민중은 모든 역사를 통해서 같은 것으로 존재하지는 않는다. 민중은 또한 한 사회 안에서 인간 간의 사회적 관계 속에서 주어지는 실체이다. 따라서 모든 사회과학적 실체 또는 대상이 그러하듯 민중은 역사 속에서 보다 구체적으로 파악되어야 한다"고 말한다. 그리고 민중을 역사적으로 인식하고 개념화하는 데 필요한 전제를 다음과 같이 제시한다.

그것은 민중개념이 ① 역사적으로 변화 속에서 파악되어야 할 개념이고, ② 변화하는 주요 모순에 대응하는 확정되지 않은 개념이며, ③ 계급, 민족, 시민 등 여러 개념을 포용하는 상위개념으로서, ④ 그것을 보는 위치에 따라 그 표현이 달라지도록 되어 있다는 것이다.

민중개념이 역사적으로 변화 속에서 파악되어야 한다는 것은 다음과 같은 것을 뜻한다. 민중은 역사적 존재이고 사회적 실체이다. 따라서 역사에서 인간 간의 사회적 관계를 보다 근원적으로 규정하는 사회구성체가 달라짐에 따라 다른 것으로 될 수밖에 없다. 한 사회 안에서 인간 간의 사회적 관계는 기본적으로는 한 사회의 사회구성체적 성격에 의해 규정되면서 부차적으로는 이들 사회구성체에 존재하는 여러 경제제도에 의해서 규정되게 된다.

다음으로 민중 인식은 변화하는 주요 모순에 대응하는 확정되지 않은 것으로 주어져야 한다. 이것은 민중이라는 개념 또는 민중이 단일한 경제제도적 관계 위에서 주어지는 것이 아니라 여러 경제제도에서 주어지는 인간 간의 경제적 관계를 포괄하는 복합적인 것이라는 데서 온다. 그리고 이 경우 이들 여러 경제제도에서 주어지는 인간 간의 사회적 관계, 즉 계급·계층 관계를 넘어선 민중적 기반은 한 사회 안에서 주어지고 있는 민중적 차원에서의 모순이다. 이것은 한 사회에서, 경제제도적 관계에서 주어지는 인간 간의 사회적 관계를 기초로, 서로 다른 이해를 갖는 사람들을 경제제도적 이해 위에 그보다는 낮은

---

유재천 엮음, 『민중』(문학과지성사, 1984).

차원의 것으로 되는 공동의 이해 속에 결합시키는 인간 간의 사회적 관계·모순이 있다는 것을 전제로 한다. 그리고 이와 같은 주요 모순은 계급관계에서 주어지는 기본 모순과는 달리 고정적인 것이 아니라 가변적인 것이다. 주요 모순의 가변성은 한 사회가 처해 있는 상황에 따라 다른 것으로 된다.

셋째로 민중은 계급·민족·시민 등 여러 개념을 포용하는 상위개념으로 된다. 이것은 민중을 스스로 주체적인 그리고 능동적인 민중으로 설정하려고 하면 계급이라든가 민족이라든가 시민 그리고 인류라는 자기 한정을 1차 지나서 계급의식·민족의식·시민의식·인류의식 등을 매개로 하여 그 위에 서는 의식으로 주어져야 한다는 데서이다. 따라서 민중의식은 복합적이면서도 그것의 통일 위에 주어지는 상위개념으로 되어야 한다는 것이다.

넷째로 민중은 그것을 보는 위치에 따라 그 표현이 달라질 수밖에 없도록 되어 있다. 즉 민중이 갖는 계급·계층적인 복합성이 보는 사람으로 하여금 민중이 지니는 일면적인 성격을 강조함으로써 다른 것으로 표현케 한다는 것이다. 대중, 평민, 서민, 억압받고 있는 계급, 소외된 사람들, 하층계급, 빈곤에 허덕이고 있는 사람들과 같은 것은 민중 구성의 변화와 함께 주어지는 다른 표현이다.

즉, 민중은 ① 여러 경제제도로 이루어지는 사회구성체의 성격과 변화에 의해 규정되며, ② 계급적 이해보다 낮은 차원의 공동의 이해로 결합하게 하는 가변적 주요 모순에 의해 규정되고, ③ 주체적이고 능동적 민중은 계급·민족·시민 등 여러 개념을 포용하는 상위개념이며 따라서 민중의식은 계급의식·민족의식·시민의식·인류의식 등을 매개로 하여 그 위에 서는 통일된 의식이다. 그리고 ④ 민중은 계급·계층적 복합성을 가지기 때문에 보는 사람으로 하여금 그 일면성을 강조하여 다르게 표현하게 한다는 것이다.

이어서 그는 이러한 전제 위에서 다른 사람들의 민중개념을 수렴하여 민중의 개념 또는 실체를 규정하는 기준, 즉 민중의 기본 표지를 다음과 같이 제시한다.

① 민중은 장기적으로 보다 나은 자기 생활에 대한 요구를 충족시키기 위한 역사적 지향에서 진보의 편에 서고 사회변혁(역사발전)의 기초이면서 때로는 능동적 주체로 되는 계급 또는 계층 또는 사람들이다. ② 민중은 역사적으로 볼 때 사회적 재생산에서 기본적으로 자연과 인간을 매개하는 직접적 생산자로서의 성격과 위치를 갖는 계급 또는 계층 또는 사람들이다. ③ 인간 간의 사회적 관계에서 민중은 한 사회 안에서 대다수를 차지하는 피억압자 또는 사회적으로 생산된 경제잉여에의 참여에서 소외된 계급 또는 계층 또는 사람들인 것이다. 이것은 민중을 그 역사적 지향, 생산력적 측면 그리고 생산관계라는 측면에서 그 기본표지를 설정한 것이다.

즉, 민중 규정의 기본 표지는 역사적 지향에서 진보적·변혁적인 능동적 주체가 되며, 생산력적 측면에서 직접생산자이고, 생산관계 면에서 피억압자이자 경제잉여의 분배에서 소외된 계급 또는 계층 또는 사람들이라는 것이다.

그러면 역사적으로 민중(기본 구성과 외연)은 어떻게 나타났는가? 고대 노예제사회에서는 노예와 중산시민·자유하층민으로서의 빈민이었다. 중세봉건사회에서는 농노·예농과 장인·도제·일용 인부·영락한 장두(匠頭)·일부 자유민으로 이루어졌다. 그리고 근대 자본주의 사회에서는 노동자 계급과 근로자 범주의 농민, 소상공업자, 도시빈민, 일부 지식인으로 된다. 특히 근대 자본주의 사회가 독점자본주의 단계에 이르면 민중의 주된 구성은 노동자와 농민, 수공업자, 도시빈민, 지식인, 광범한 중소상인 등으로 일부 독점적 대기업을 제외한 나머지 대다수의 계급 또는 계층으로 된다는 것이다.

그에 의하면, 이러한 민중의 성향은 상호 모순되는 두 측면, 즉 이중성을 지니고 있다. 소외된 상태에서 현실을 그대로 받아들이고자 하는 성향과 소외로부터 해방되고자 하는 성향이 그것이다. 그런데 민중은 "일상적 체험이나 원망의 집적이 민중 상호간의 접촉과 안팎의 투쟁 과정에서 민중적인 공유 체험으로 자각되고 어떤 추상적인 가치 가운데 농축되어 감에 따라 민중의식은 보다 진보적이 된다"고 말한다. 이처럼 민중이 역사 속에서 능동적·주체적인 힘으로 자기 모습을 나타내는 것은 그들의 체험·원망·인식·행동에서 출발하여 그 가운데 원리와 이데올로기를 만들어내고 그것으로 역사를 능동적으로 가공해 가는 과정이라는 것이다.

한편, 그는 해방 이후 우리나라의 민중 구성은 "노동자, 근로농민, 독립소생산자, 중소상공인, 민족지식인 그리고 도시빈민으로 구성되었다"고 말한다. 그리고 (4·19 이후) "오늘의 민중은 복지국가적 환상과 국가 개입으로 인한 민중적 욕망의 주체적 해방이 아니라 수동적 수용, 즉 현실 수용적인 수익 태도가 지배적인 것으로 되고 있다고 할 수 있다"고 말함으로써 능동적·주체적 민중의 출현을 비관적으로 전망하는 한편, 민중 문제 인식의 실천성을 요구하면서 민중의 주체적 해방을 위한 길을 제시한다.

그러나 역사에서 자기 논리의 관철은 인간의 사회적 실천을 매개로 해서만 주어진다. 따라서 민중의 해방을 위한 길, 즉 민중을 역사의 현실적 존재로 등장시키기 위한 노력은 다음과 같은 원칙적 기준 위에 주어지게 되는 것이다. ① 변화하는 민중 구성 속에서 주체적 성격이 강한 계급·계층을 기축으로 한 개별적 생활 체험의 공유를 위한 사회적 실천을 갖고, ② 이것을 오늘의 역사에서 민족적 과제인 자주·자립·민주주의·통일이라는 요구와 결합시키며, ③ 광범한 민중의 생활상의 요구, 사회적 진보(경제 잉여의 직접적 생산자에의 보다 많은 귀속)에의 길에서 민중적 욕망(보다 높은 성장 결과에의 참여, 민주주의의 실현, 평화, 생활환경의 보존 등)의 주체적 해방이 시도되어야 한다는 것이다.

이어서 박현채는 「민중의 계급적 성격 규명」[39]에서 지금까지의 자신의 민중론을 발전시키는 한편, 민중의 계급적 성격을 규명하고, 당시 민중운동의 문제점과 노동자 계급 주도의 민중운동의 필요성을 제기한다.

그는 민중의 실체는 역사적으로 달라질 수밖에 없는바, 우리의 근대 자본주

---

39) 박현채, 「민중의 계급적 성격 규명」, 『한국사회의 계급연구』 1권(한울, 1985).

의 사회에 있어 민중 구성은 "노동자 계급을 기본 구성으로 하면서 소생산자로서의 농민, 소상공업자와 도시빈민, 그리고 일부 진보적 지식인의 주요 구성"으로 되며, 이 가운데서 큰 비중을 차지하는 '노동자·농민·도시빈민'은 자본주의 경제제도의 재생산과정의 산물이라고 말하고 있다. 그리고 이 주된 민중 구성은 서로 관련된 순환계열상의 다른 범주가 되면서 하나가 된다고 말한다.

그리고 주된 민중구성원의 개별적인 자본과의 대립관계는 바로 민중구성원에게 경제적 이해의 일치를 가져다주는 주요 기반이 되며, 이와 같은 경제적 이해의 일치는 그들이 생성과정에서 상호 관련된 순환계열상의 다른 범주라는 데서 밑받침된다고 본다. 그러나,

이들 주요 민중 구성 간에 있어서 경제적 이해의 일치가 보다 높은 차원의 대상에 대한 인식 위에서 주어지는 데 반하여 보다 낮은 차원에서는 그들의 이해가 반드시 합치하는 것은 아니다. 그것은 그들이 한 사회의 재생산과정에서 하는 역할과 그것을 기초로 주어진 의식에서 서로 어긋나고 있기 때문이다.

노동자와 도시빈민 간에 있어서도 대립은 존재한다. 노동자와 도시빈민은 자본주의가 낳은, 같은 것의 두 개의 모습이면서도 서로 대립한다. 먼저 그들은 노동시장에서 서로 경쟁한다. …… 다음으로 그들의 생활양식은 서로 다르고 그 위에 주어지는 생활의식 또한 다르다. 노동자의 의식이 생산자적 의식인 데 대하여 도시빈민의 생활의식은 기생적이다 …….

그 밖에도 민중 구성의 큰 부분인 농민과 도시빈민 간에도 대립은 존재한다. 노동자와 도시빈민의 대립보다 첨예한 양상을 띤다 …….

민중 구성에서 큰 부분을 이루는 노동자, 농민, 그리고 도시빈민 간에 있어서 체제인식이라는 차원에서 주어지는 이해의 일치는 원초적인 경제적인 이해, 그리고 생활의식에서 이와 같이 대립을 내포하고 있다. 따라서 민중은 그 논리적 일체성에도 불구하고 민중 구성 그 자체가 갖는 대립·모순 때문에 현실적으로 하나로 되는 것은 아니다. 민중이 현실적으로 하나가 되기 위해서는 각기 구성이 갖는 부정적 측면을 청산하고 긍정적 측면에서 동일성을 인식하기

위한 노력이 있어야 한다. 그것은 원초적인 경제적 인식을 보다 높은 차원의 인식으로 높이는 것이며, 종국에 정치적 차원까지 발전시키는 것이어야 한다.

라고 말하고 있다. 즉, 민중의 주된 구성인 노동자·농민·도시빈민은 원초적인 경제적인 이해나 생활의식에서 대립·모순되고 있기 때문에 현실적으로 하나로 되지 않는다. 그러나 민중이 현실적으로 하나가 되기 위해서는 내재적으로 안고 있는 경제적 이해와 생활의식에서의 대립·모순을 지양하여 그보다 높은 차원의 인식, 즉 체제인식·정치인식으로 제고되어야 한다는 것이다. 그렇다면 원초적인 경제적 인식은 어떻게 체제인식·정치인식으로 제고될 수 있는가?

민중을 주로 구성하는 노동자, 농민, 그리고 도시빈민은 모두 자본주의 아래 자본의 논리의 소산이기는 하지만, 그리고 그런 의미에서 자본주의 사회에서 주요한 민중 구성으로 되지만 자본주의 아래 자본·임노동관계 위에 자기재생산의 기반을 갖고 민중으로서 부단히 존속하는 것은 노동자 계급이다. 이런 뜻에서 노동자는 자본주의하 민중 구성에서 기본적인 것으로 되고 그 수적 구성에서 다수로 되며 그들의 요구는 역사에서 보다 진보적인 것으로 된다는 것이다. 여기에 우리는 민중적 구성의 현실적 실현에서 노동자운동의 주도성, 그리고 노동자적 이해 위에 선 모순의 통일을 제기하는 것이다.

즉, 자본주의 아래 민중의 기본 구성원인 노동자 계급이 주도하여 노동자적 이해 위에 모순의 통일, 즉 체제인식·정치의식을 갖도록 해야 한다는 것이다. 그러나 그동안의 민중운동은 노동계급에 의해 주도되지도 않았고, 그들의 의식은 정치의식으로까지 제고되지 않았다. 노동자운동은 취업노동자의 기성 권익을 위한 것 이상이 아니었고, 농민, 도시빈민, 심지어는 종소기업 근로자에 조차 관심을 갖지 않았다. 농민운동 또한 운동 자체가 거의 보잘 것 없는데다가 노동운동과의 연계, 도시빈민 문제에 대해 관심조차 갖지 않았다. 도시빈민의 문제는 그 심각성에도 불구하고 시민운동의 일환으로 제기되지 않고 있다.

여기에 민중과 민중운동이 이야기되면서도 그것이 민중의 실체에 대한 정확한 인식 위에 서는 것이 아니므로 관념적인 것으로 되고 진전이 없다는 것이다. 따라서 "민중은 하나로 존재하는 실체가 아니라 부단한 인식차원의 제고가 민중 구성의 보다 기본으로 되는 노동계급의 주도에 의해 주어질 때만이 하나로 되는 사회적 실체라고 말해진다"는 것이다.

박현채는 일찍이 1970년대 중반에 '민족경제론'을 제기한 바 있다. 그것은 일제의 식민지시기와 해방 후의 신식민지종속기의 '식민지종속형' 한국 자본주의 지배 아래서 한국 민족주의의 역사적 과제, 즉 어떻게 민족적 생존권을 확보하고 발전시킬 것인가의 문제에 답한 것이었다. 이 민족경제론에서 민중은 민족경제의 주체가 된다. 왜냐하면 민중은 우리 사회의 주요 모순에 대응하는 개념이고, 그들은 민족경제에 자기 재생산의 기반을 갖고 있기 때문에 민족적일 수밖에 없기 때문이다. 그런 의미에서 민중적인 것은 민족적일 수밖에 없다고 말한다. 그렇다면 그의 민족경제론에서 민중은 무엇인가?

그는 「민족경제론적 관점에서 본 민중론」[40]에서 '민족경제론'의 관점에서 1984년까지의 자신의 민중론을 재정리하면서 오늘날의 민중을 정의하고 있다.

민족경제론의 주요 구성부분의 하나로서 민중론은 민중을 민족경제론의 주체로 본다. 왜냐하면 민중이 기본적으로 역사의 주체, 진보의 주체, 역사에서 인간해방의 대상이기 때문이다. 민중은 인간의 원초적 존재양식이었으며 이것이 계급사회로 이행함에 따라 계급적으로 소외·억압당하고 있는 직접적 생산자이기 때문이다. 오늘 이런 것들은 구체적인 민족문제를 생각할 때에도 동일하다. 오늘 우리의 상황에서 민중은 민족의 자주독립, 통일, 민주주의의 주체로서의 민중이다. 따라서 민중은 민족경제론의 입장에서 볼 때 한 사회의 주요 모순에 대응하는 개념이고, 이들은 민족경제에 자기 재생산의 기반을 갖는 데에서 민족적일 수밖에 없고 그런 의미에서 민중적인 것은 민족적일 수밖에

---

40) 박현채, 「민족경제론의 관점에서 본 민중론」, 『한국민중론의 현 단계』(돌베개, 1989).

없다고 말해진다. 그뿐 아니라 그들은 역사에서 다중이고 본질적으로 자기 요구에서 민주주의적일 수밖에 없다. 식민지·신식민지 억압하에서 민중적 민족주의가 민족운동의 큰 흐름으로 될 뿐 아니라 민중이 민주주의의 옹호자로 되는 것은 이와 같은 점에서 연유한다. 자립적 민족경제의 확립을 위한 노력은 바로 민족의 통일의 길로 통한다. 그것은 민족경제의 완성된 형태인 자립경제에 대한 요구가 그 민족적 지향에서 통일지향적인 것으로 되기 때문이다.

즉, 민중은 사회의 주요 모순에 대응하는 개념이고, 민족경제에 자기 재생산의 기반을 갖기 때문에 민족적이며, 그들은 역사에서 다중이고 본질적으로 민주주의적이기 때문에 오늘날 민족의 자주독립, 통일, 민주주의의 주체가 된다는 것이다.

그리고 개념으로서 민중은 그 "기본속성에서 직접적 생산자로서의 민중, 생산의 결과에서 소외된 자로서의 민중"으로, 그리고 그 "부차적 속성에서 주요 모순에 대응하는 것으로서의 민중"으로 파악하고자 한다. 그것은 "민중의 존재양식이 역사에서 변화하면서 존재하는 사회적 실체임을 말해주는 동시에 민중을 여러 계급·계층의 결합으로 이해하도록 해준다"고 말하고 있다. 즉, 민중은 기본적으로(기본 모순에 대응해서) 계급적 관점에서 정의되어야 하고, 부차적으로는 주요 모순에 대응해서 여러 계급과 계층의 결합으로 이해되어야 한다는 것이다. 그리하여 민중은 고대 노예제사회에서는 노예와 중산시민·자유하층민으로서의 빈민이었으며, 중세 봉건사회에서는 농노·예농과 장인·도제·일용 인부·영락한 장두(匠頭)·일부 자유민으로 이루어졌으며, 근대 자본주의 사회에서는 노동자 계급과 근로자 범주의 농민, 소상공업자, 도시빈민, 일부 지식인으로 이루어진다는 것이다. 그리고 해방 후의 신식민지적 상황에서 민중은 '노동자와 근로농민, 도시빈민, 독립소생산자, 중소 상공인, 민족지식인 등으로 구성된다"고 말한다.

그는 현대는 민중의 시대이며, 따라서 "민중적인 것은 민족적인 것일 수밖에 없다"고 말한다.

첫째로 이 시기의 민중체험은 주요 모순에 대응하여 이루어지는 것으로서 현대(국가독점자본주의 단계)에 들어서 보다 두드러지게 제기된다. …… 그런 것들은 독점자본과 그 밖의 계급 및 계층들 사이의 모순을 첨예한 것으로 하게 하여 독점자본과 이들 간의 모순을 주요 모순으로 대두케 한다. 그리고 이와 같은 주요 모순은 이것을 매개로 하여 광범한 민중 구성을 하나로 묶어세운다.

둘째로 민중 구성이 크게 바뀌고 그 주된 구성 또한 역사에서 보다 진보적인 것으로 되면서 그 외연이 확대된다는 것이다. 그것은 노동자 계급이 민중의 기본구성으로서 큰 비중이며 주요 모순 관계의 설정, 즉 일부 독점적 대기업을 제외한 나머지 대다수의 계급 또는 계층을 민중적 범주로 편입시키는 사회적 상황을 말한다. 민족자산가로서의 중소기업가, 독립소생산자로서의 농민, 수공업자, 노동자, 지식인, 도시빈민, 그리고 광범한 중소상인들이 민중구성원으로 되면서 민중 구성은 한 사회에서 주요구성으로 된다.

셋째로 오늘의 시대적 상황은 민중을 역사의 주체로 등장시키는 현실적 조건을 갖추고 있다. 정치적으로 대중민주주의의 구체화는 광범한 민중의 정치 참여를 가능케 하고 있을 뿐만 아니라 그것을 위한 정당 그리고 노동자·농민조직을 갖게 하고 있다. 그뿐 아니라 국민교육의 보급 또한 이것에 덧붙여지는 조건들이다. 국가독점자본주의는 독점적 대기업을 위해 기능하는 반면 민중의 체제내화를 위한 제도적 기구로서 사회보장제도 등 복지정책적 측면을 갖는다. 이것 또한 민중의 사회적 실체로서의 등장을 위한 기초이다. 그러나 이것에 대한 반면으로서 장애적 요인이 없는 것은 아니다. 그것은 민중의 능동적 주체로서의 구성에서 다수의 이른바 '중산층'의 이탈과 이들에 의한 대중사회적 상황의 구체화, 둘째로 매스컴 등 대중조작수단, 셋째 산업사회의 고도화에 따른 정황의 복잡성 등이다.

즉, 현대 한국 사회는 국가독점자본주의 단계의 자본주의 사회다. 따라서 현대 사회의 주요 모순은 독점자본과 민중 간의 모순이며, 이 주요 모순에 대응하여 민중 구성은 노동자 계급을 중심으로 민족자산가로서의 중소기업가, 독립소생산자로서의 농민, 수공업자, 도시빈민, 광범한 중소상인, 그리고 지식인 등이 결합되는 것으로 된다는 것이다. 그리고 대중민주주의의 구체화, 국민교육의 보급, 그리고 사회보장제도 등은 민중을 역사의 주체로 등장시키는 조건들이라고 말한다.

다시 말하면, 국가독점자본주의 단계에 와 있는 한국 자본주의의 구체성[종속성(외부규정성), 자본논리의 일방적 관철(복지정책의 결여), 경제외적이고 매판적인 정부개입(정권과 자본 간의 전도된 관계), 그리고 불안정성(개방형) 등에 의해서 규정됨], 국가권력의 성격(자본, 전제적인 경찰국가적 요소, 그리고 반공이데올로기에 의해 주어짐), 그리고 그것 위에 기초하는 모순관계 등이 "한국 사회에서 민중을 일부 매판적 거대 독점자본과 매판적 국가권력에의 종사자를 제외한 전 민족적 구성원으로 되게 한다"고 말한다. 그러나 이것은 논리적인 것일 뿐 반드시 현실적인 것은 아니며, 그것은 민중의 민중의식에 의한 자기 각성 그리고 사회적 실천에 의해서만 사회적 실체로 될 것이라고 말한다. 즉, 오늘날 한국 사회의 사회구성체의 성격과 변화에 기초하여 구성되는 역사적·사회적 실체로서의 민중은 민중적 실천과 체험의 공유 속에서 계급·계급 별 경제적 이해나 생활상의 일상적 요구를 지양하면서 국가와 독점자본에 대한 적대적 의식, 즉 자주·민주·통일 의식을 가져야만 진정한 민중이 될 수 있으며, 오늘의 상황에서는 그렇게 될 수밖에 없다는 것이다.

## 5) 민중사회학

이미 1970년대 말에 '민중사회학'이라는 용어를 쓰면서 한국 사회학은 '민중사회학'으로 거듭나야 한다고 주장했던 한완상은 『민중사회학』[41]에서 다시 '민중사회학'의 수립을 촉구하고 있다. 그에 의하면, 민중사회학은 민중

---

41) 한완상, 「민중사회학 서설」, 『민중사회학』(종로서적, 1984).

과 지배세력 간의 거리를 줄일 목적을 가지고 그 거리를 면밀히 분석하는 것이다. 즉, 민중사회학은 경제적 체제와 분배체제의 모순, 정치적 양극화 또는 정치적 힘의 불균형 문제, 지배구조가 그 기득권을 유지하고 강화하기 위해 만들어내는 허위의식, 그리고 분단이 민중 문제와 지배세력의 문제와 어떻게 연관되어 서로 강화되고 있는지를 비판적이고 종합적으로 밝히는 것이라고 말한다. 그리고 한국 사회학은 이제는 "'민중사회학'의 시각을 가져야 하며, '민중사회학'의 규범적 요청에 귀를 기울일 때가 왔다"고 역설하고 있다. 한국 사회학은 그동안 지배세력의 '어용사회학'이었음을 반성하고, 미국과 일본의 식민지사회학의 성격을 탈피하며, 반민중적 한국현실에 대해 민중주의에 입각한 연구방법을 선택함으로써 '민중사회학'으로 탈바꿈해야 한다는 것이다.

한완상은 일찍이 '소외론'에 입각하여 민중을 개념화했었다. 민중은 '생산수단에서 소외되었기에 수탈당하게 되고, 통치수단에서 소외되었기에 억압당하게 되고, 위광(prestige) 수단에서 소외되었기에 차별당하는 피지배자'이다. 이러한 민중을 '즉자적 민중'과 '민중을 억압하고, 수탈하고, 차별하는 지배집단을 비판하고 나아가 새로운 질서의 형성을 위해 행동'하는 '대자적 민중'으로 구분하고, 민중사회학은 이 '즉자적 민중'이 '대자적 민중'으로 나아가도록 도와야 한다고 말한다.

이즈음 한국 자본주의의 구조와 성격, 변혁주체와 변혁노선 등의 문제를 둘러싸고 이른바 '사회구성체 논쟁'이 일어나고 있었다. 이 논쟁은 민중을 변혁주체로 설정하는 '변혁적 민중론'으로 연결되어 민중의 계급적 구성을 규명하려는 사회계급 연구를 촉발시켰다.

이때에 처음으로 민중에 대한 계급적 규명을 시도한 것은 공제욱의 「현대한국 계급연구의 현황과 쟁점」[42]이었다.

공제욱은 우선 "'계층' 개념은 일반적으로 사람들이 수입, 위세, 생활유형

---

42) 공제욱, 「현대한국 계급연구의 현황과 쟁점」, 김진균 외 엮음, 『한국사회의 계급연구』 1권(한울, 1985).

등의 측면에서 서로 상하로 층화되어 있는 상태를 기술하는 범주이다. 따라서 계층은 유사한 지위를 점유하는 것으로 간주되는 층인데 그것은 연구자의 이론적 또는 실천적 목적에 따라 임의적으로 구분될 수 있는 성격을 갖는다. 반면에 '계급' 개념은 오직 계급 이론의 맥락 속에서만 의미를 갖고 있는 분석적 범주이다. 계급은 사회성원 간에 현실적으로 형성되어 있는 관계에 기초한 범주, 즉 역사적으로 형성되었고 또한 구조변동에 영향을 미치는 실재적 집단에 도달하기 위한 범주"라고 전제하고, "한 사회의 계급구성을 파악하려는 시도는 그 시기의 사회 제 세력 간의 역관계, 전체 계급구조상에서의 각 세력의 지위 및 나아가서는 정치적·이데올로기적 지향을 이해하기 위한 것이라 할 수 있다. 이를 위해서는 그 사회구성체의 기본 골격을 파악하는 것이 중요하고, 그 역사적 전개과정을 이해하는 것이 필요하다"라고 말하고 있다.

따라서 한국 사회의 계급구조에 대한 분석은 한국 사회에서의 자본주의의 발전의 역사적 제 조건 및 그 진행과정의 특성들에 대한 고찰 위에서만 제대로 이루어질 수 있는데, 이 점과 관련해 볼 때 지금까지의 민중론은 현재의 계급분석 수준보다 앞서 나아간 측면들이 있다고 본다.

그리고 기존의 여러 계급모델에 대한 검토를 바탕으로 하여 '민중' 개념과 계급모델과의 관련을 도식으로 제시한다.

여기서 광의의 '민중' 개념은 중산층을 포함하지만, 민중의 주요 구성부분은 역시 노동자, 농민, 그리고 도시빈민이다. 도시빈민은 하층 쁘띠부르주아지와 주변적 노동자층을 합친 것과 거의 일치한다. 그리고 노동자는 공식부문 노동자를 주축으로 한다. 계급구성의 변화 추세와 관련하여 민중의 내부구성의 변화를 살펴보면, 노동자층은 절대적 규모에서도 상대적 비중에서도 증대해 온 반면, 농민은 절대적 규모에서도 상대적 비중에서도 감소했다. 그런데 도시빈민은 절대적 규모에서는 팽창했으나 비농업 부문 종사자 중의 상대적 비중은 감소하고 있다고 본다.

그리고 민중의 주된 구성인 노동자, 농민, 그리고 빈민 사이의 역학관계에

표 8-1. 민중개념과 관련시켜 본 계급모델

| 지배 관계 | 부문 간의 구분 | | |
|---|---|---|---|
| | 기업(조직) 부문 | 비공식 부문 | 농업 부문 |
| 지배 계층 | 자본가 계급 | - | - |
| 중산층 | 샐러리맨층 | 상층 쁘띠부르주아지 | - |
| 민중 | 공식 부문 노동자층 | 하층 쁘띠부르주아지 (반프롤레타리아트) | 농촌 쁘띠부르주아지 (자영농) |
| | | 비공식 부문 노동자층 | 농업노동자 |

대해서는 박현채의 설명을 인용하고 있다.

　노동자 계급은 자본주의화가 진전됨에 따라 보다 다수의 기본계급을 이루면서 민중 구성의 가장 기본적이고 가장 진보적인 계층으로 된다. 도시빈민은 그 원천을 주로 농민의 탈농민화와 노동자층에서 경기순환과 노동능력의 상실로 탈락한 계층에서 갖는다. 도시빈민은 자본주의 그 자체의 논리에 따라 끊임없이 재생산되는바, 이는 자본주의의 산업예비군 유지의 필요, 자본주의의 순환적 과정에서의 실업의 필연성, 그리고 산업재해의 발생논리 등에서 주어진다. 또한 농민과 수공업과 같은 독립소생산자의 광범한 분해와 분화에 의해 생겨나는 것으로, 이는 자본에 의한 이들 분야에 대한 장악과 경쟁의 격화에 따른 것이다.[43]

　이처럼 계급분석 수준에서 보면 민중의 주된 구성은 노동자, 농민, 그리고 도시빈민이며, 민중론에서의 광의의 민중개념은 여기에 중산층을 포함시키고 있다.

　일찍이 '민중사회학'을 제창했던 한완상은 「민중사회학의 몇 가지 문제점들」[44]에서 민중사회학의 정립을 추구하는 데 있어서 민중에 대한 사회과학적

---

43) 박현채, 「문학과 경제」, ≪실천문학≫, 제4권(실천문학사, 1983), 106~107쪽.

개념 규정의 문제가 매우 중요한 의미를 갖고 있다는 전제하에 그동안의 논의를 정리했는데, 그것을 다시 정리하면 다음과 같다.

1. '실체론적 접근': 민중을 역사적 실체로 파악하면서 민중 자체의 독자적 영역을 추구하려는 경향. 민중의 외연을 추상적으로 확대하려는 경향.
   1) 민중을 사회적·역사적 실체로 파악하는 경향
   2) 민중을 우주형이상학적 실체로 파악하는 경향(김지하)

2. '계급론적 접근': 한국 사회구조의 성격규명을 기축으로 하면서 민중론의 문제를 계급구조의 문제와 긴밀하게 관련된 계급형성의 수준에서 다룸. 민중의 외연을 좁혀나가면서 민중의 내포, 즉 민중의 내부구성 문제를 집중적으로 연구하는 경향.
   1) 계급구성과 계급구조 연구
   2) 계급형성 연구

3. '운동론적 접근': 계급동맹의 맥락에서 계급구조 문제를 중시. 민중운동의 진행과정에서 운동상의 전략·전술적 규정을 행하는 가운데 민중을 하나의 실천개념으로 파악.

여기서 1은 대체로 1970년대의 민중론, 그리고 2와 3은 1980년대 중반 이후의 민중론으로 볼 수 있겠다. 그리고 그는 이 세 가지의 접근방법 간의 관계와 현재의 민중론이 어떻게 전개되고 있는지를 다음과 같이 설명하고 있다.

이러한 실체론적 접근, 계급론적 접근과는 달리 운동론적 입장에서 민중의

___

44) 한완상·백욱인, 「민중사회학의 몇 가지 문제점들」, 『우리시대 민족운동의 과제』(한길사, 1986).

개념화를 시도하는 입장도 있다. 물론 운동론적 입장에서의 민중에 대한 접근도 사회·역사적 실체로서 민중을 상정하고 계급동맹의 맥락에서 계급구조의 문제를 중시하고 있기 때문에 엄밀하게 말해서 위의 두 가지 접근방식과 전혀 별개의 것이라고는 할 수 없을 것이다. 운동론적 접근에서는 구체적인 민중운동의 진행과정에서 운동상의 전략·전술적 규정을 행하는 가운데 민중을 하나의 실천개념으로 파악하기 때문에 실체론적 접근과 계급론적 접근의 양자를 모두 함께 활용할 수도 있겠다. 따라서 실체론적 접근, 계급론적 접근 모두가 운동론적 접근과 연관될 수밖에 없을 뿐만 아니라 실제의 진행과정도 이러한 접근법들이 혼재된 채로 행해지고 있다.

결국 한국 사회과학계는 1970년대 말부터 수입된 제3세계 사회이론과 서구 비판이론, 그리고 안으로부터의 민중운동과 민중론을 바탕으로 사회과학의 민족적 반성과 정치적 반성을 압축적으로 수행해 왔으며, 그 결과 늦게나마 '민중사회학'을 정립할 수 있게 되었다는 것이다. 즉,

민중사회학의 주체와 대상은 역사 주체로서의 민중이다. 민중사회학의 연구대상은 현실정치의 역학 관계 속에서 찾아져야 한다. 민중을 어떻게 구성하는가에 따라서 민중이 처한 객관적 조건과 주체적 조건에 대한 분석과 판단이 달라지기 때문에 일반론적으로 연구대상의 범주를 설정하기가 힘들지만 지배와 피지배의 객관적 조건을 분석하고 구조적 모순을 극복하려는 민중의 실천에 도움이 되는 지식을 생산하는 것이 민중사회학의 주요한 과제가 되어야 한다는 데는 이의가 없겠다.

이처럼 '계급론적 접근'에 의해 민중을 노동자, 도시빈민, 농민 등의 기층민중 중심으로 개념화하고, 민중과 지배계급 간의 대결구조를 부각시키는 한편, 기층민중을 체제변혁의 기본세력으로 간주하는 '변혁적 민중론'과 그것의 이론화인 '민중사회학'의 대두에 대해 한상진은 '민중주의'라고 단정한다.

한상진은 「민중과 사회과학」[45)]에서 1980년대에 이르러 분과학문별로 이른 바 '민중학'이 수립되는 경향을 '지성계 일부에서의 심상치 않은 변화들'인데, 그것은 '인식론적으로 본다면 민중을 역사 형성의 주체로 확고히 설정하려는 태도', 즉 '민중주의'라고 지적한다. 그러나 사회과학 방법론에서 이러한 인식 론적 경향보다 더욱 중요한 점은 '민중이 상황을 인식하고 행동하는 방식이 바로 현실을 구성하고 있다'는 점을 인식하는 것이며, 따라서 민중을 단순히 계몽과 분석의 대상으로 보는 추상적인 '민중주의의 사고 단계'를 극복하고 민중의 생활 세계에 관한 자료들, 즉 말·수기·수신·자서전·호소문·가계부·사 진 등의 자료들에 새롭게 접근하여 "민중의 구체적 삶이 과연 어떻게 이루어지 고 있으며, 그 안에 민중이 어떻게 사고하고 행동하는가를 생동하는 현실로 보여줘야 한다"고 강조한다.

그리고 그는 여기서 민중이라는 용어와 개념의 경험적 준거가 상당히 유동 적이고 복합적이라는 점을 지적하면서 민중을 일상적 수준에서 다음과 같이 정의하고 있다.

> (민중은) 순수하게 방법론적인 면에서 본다면 이것은 일상적인 삶을 꾸려나 가는 사람들을 뜻하지만, 정치적 함의에서는 현실적으로 소외된 계층들을 뜻한 다고 할 수 있다. …… 대중은 익명인 상태에서 서로 분리된 채 조직도 없고 단합된 행동 능력도 없으며 서로를 묶는 통일된 의식도 없는 집합체를 가리키지 만, 민중은 정치적으로 활성화될 잠재력을 지닌 채 역사적 경험에 근거하여 나름대로의 의식을 공유하고 그 끈으로 묶여진, 기본적으로 참여 지향적인 집합체를 가리킨다고 할 수 있다. 민중은 또한 계급의 개념보다 더 원초적이고 포괄적인 개념이라 할 수 있다. 민중은 계급들의 연합으로 이루어질 수도 있지 만, 공유하는 역사적 경험에 근거하여 계급 이전에 혹은 계급의 경계를 넘어서 서 다양한 사회집단들의 연합으로 이루어질 수도 있다. 이런 경우에 우리는

---

45) 한상진, 「민중과 사회과학」(원제: 「사회과학 방법론에 도전한다」), ≪정경문화≫(1984 년 11월호).

'민중주의'라는 말을 쓸 수 있을 것이다. 민중주의는 한편으로 이렇게 형성된 민중 부문의 이해를 공공정책에 우선적으로 반영시키고자 하는 정치적 입장을 뜻하지만, 인식론적으로 본다면 민중을 역사 형성의 주체로 확고히 설정하려는 태도를 가리킨다고 할 수 있다.

즉, 민중은 '정치적으로 소외된 일상적인 삶을 영위하는 계층'이며, '역사적 경험에 근거하여 '민중의식'을 공유한 참여 지향적인 집합체'이고, '계급 이전에 혹은 계급의 경계를 넘어선 다양한 사회집단들의 연합'이라는 것이다. 다시 말하면, 민중은 '역사적 경험의 공유 속에서 정치 지향적인 민중의식을 가진 다양한 사회집단들의 연합'이라는 것이다.

한상진은 이러한 자신의 민중개념을 '중민 개념'으로 발전시켰다. 이러한 '중민론'의 배경에는 1985년 2·12총선 이후 중간 제 계층의 민주화운동에의 적극적인 참여를 계기로 민주화운동의 주체 설정문제에서 민중과 중간 제 계층의 관련성이 주목되는 한편, 중간 제 계층의 계급적 지위와 정치적 성향에 대한 관심이 고조되고, 이에 따라 학계에서는 민중의 위상과 민중의 내부 구성문제에 대한 논의가 있었기 때문이었던 것으로 보인다.

그는 「'민중사회학'의 이론구조와 쟁점: 방법론적 논의」[46]에서 계급론적 접근에 의해 "노동자, 도시빈민, 농민을 기층민중으로 묶어 이들의 역할에 주목하는 민중사회학의 '경제결정론적 시각'이 완전히 잘못된 것은 아니지만 민중개념의 실천적 함의를 포괄적으로 살려내지 못하고 있다"고 지적한다. 그리고 이러한 한계를 벗어나는 하나의 길은 "민중을 경제적 박탈의 범주로 고정시키는 것이 아니라 사회과학의 상식을 존중하여 다양한 세력의 연합으로 민중을 상정하는 것"이라고 말한다. 즉, '사회에 작동하는 모순과 긴장의 축에 따라 다양한 집단들이 변화를 갈망하게 되는데, 비록 사회경제적으로는 이질적이라 하더라도 이들이 공통의 목표를 향해 연합하여 변혁을 추구해 갈 때

---

46) 한상진, 「'민중사회학'의 이론구조와 쟁점: 방법론적 논의」, 서울대학교 사회과학연구소 엮음, ≪사회과학과사회정책≫, 8권 1호(1986.8.).

민중이 형성된다'는 것이다. 따라서 민중 안에 기층민중이 있다고 한다면 중민(깨어 있는 중산층)도 있을 수 있다는 것이다. 중민은 민중의 밖에 있거나 변두리에 있는 실체가 아니라 반대로 민중의 중심을 가리키는 개념이다. '다양한 사회집단의 연합', '"다양한 민중집단' 가운데 사회의 중심부문에 위치한 변혁지향적 세력, 양극으로 분해되기보다는 기본적으로 중심을 키워나가는데 나름대로 역할을 할 수 있는 잠재력을 갖고 있는 민중, 이것을 개념화한 것이 '중민'이고, '중민노선'은 이런 '중민'의 역할에 의해 양극화를 막으면서 중심을 더욱 키워가려는 민주화운동, 변혁운동의 실천노선을 가리키는 개념"이라고 말한다.

그러자 조희연과 백욱인은 이러한 한상진의 '중민론'은 결국 '중산층'을 민중개념에 포함시키는 '중산층적 민중론'[47]이라고 비판하면서 '민중사회학의 발전적 심화론', '과학적 민중론의 정립'을 주장하고 나섰다.

백욱인은 「과학적 민중론의 정립을 위하여」[48]에서 민중개념이 과학성, 역사성, 실천성을 확보하기 위한 방법론을 제안한다.

---

47) 조희연, 「민중사회학의 발전적 심화론」, ≪신동아≫(1987.4.), 508~521쪽; 백욱인, 「과학적 민중론의 정립을 위하여」, ≪역사비평≫(1988년 여름, 계간 창간호), 120~ 121쪽: "'중산층적 민중론'은 중산층이란 이데올로기화된 개념을 사용하면서 중산층을 변혁주체로까지 확대평가하여 현 국면에서의 '중산층'이 차지하는 정치적 의미를 왜곡시키고 있다. 이러한 '중산층적 민중론'이 갖는 몇 가지 문제점으로는 첫째, 특정 이데올로기를 반영하는 정치주의적 편향, 둘째, 변혁내용에서 드러나는 개량주의적 편향, 셋째, 변혁주체 설정에서 드러나는 절충주의적 편향 등을 들 수 있다. '중산층적 민중론'에서는 민주화의 과제를 제기하고 있지만, 기존체제를 관료적 권위주의로 규정하기 때문에 지배체제의 성격과 민주화의 내용을 올바로 파악해 내지 못한다. 이는 변혁주체 설정에서 중산층을 민주화운동의 주체로 설정하는 데로 이어지는데, 이로 인해 변혁의 내용과 폭을 정치적 개량화에 국한시키는 결과를 가져오게 된다. 또한 제 계급이 근거하고 있는 물적 토대와 의식을 분리함으로써 의식의 자율성을 확대해석 할 뿐만 아니라 민중의식의 형성과 조직의 활성화를 배제시키게 된다. 중산층적 민중론자는 '중민', '중민의식' 등이 신조어를 창조해 내어 계급의식과 민중의식의 발전을 왜곡시키고 있다."
48) 백욱인, 같은 글.

그는 1970년대의 지식인 중심의 '관념적 민중론'에서는 "민중을 미분화된 관념적 실체로서 상정했기 때문에 민중을 구성하는 제 계급 계층의 생활상의 요구가 구체적으로 파악되지 않은 채 다분히 관념적인 용어로 민중의 소외와 피억압상태가 추상적 수준에서 서술되었다. 이와 같은 관념론적 민중론은 구체적인 사회모순에 대한 정치경제학적 분석과 민중운동의 역사적 전통의 계승이라는 역사적 관점을 결여했기 때문에 1980년대 사회상황과 사회운동의 발전을 따라가지 못하고 침체의 늪에 빠지게 되었다"고 평가한다.

그러나 이 '관념적 민중론'은 1980년 광주민중항쟁을 경험하면서 "80년대 초반의 종속이론에 입각한 주변부자본주의론의 변혁론과 변혁주체론(이러한 변혁주체 인식방법은 이념적 지향에서의 포퓰리즘, 방법론에서의 이분법적 오류, 인식론에서의 비변증법적 한계, 사회구성체론에서의 비정치경제학적 오류 등으로 인하여 비판받게 되었다)으로 연결되었고, 1980년대 중반에 이르러 그 동안의 사회운동의 발전과 사회구조의 급격한 변화에 따라 민중의 계급적 분화가 현저해지고 운동의 분화—특히 노동운동의 활성화—가 급진함에 따라 '사회성격론-변혁론-민중론'의 연관성 속에서 기층민중을 중심으로 한 '변혁적 민중론'으로 발전했다"고 말한다. 특히 1980년대 중반의 '사회구성체 논쟁'은 이 '변혁적 민중론'의 과학적 정립에 많은 시사점을 주었다고 평가한다.

그러나 1980년대 중반 이후에는 '변혁적 민중론'과 '중산층적 민중론'이 병존하게 되었는데, 이것들은 어떻게 '과학적 민중론'으로 정립될 수 있는가? 그는 한마디로 민중이 사회과학적으로 개념화되어야 한다고 말한다. 즉,

과학적 민중론의 정립을 위해서는 민중의 사회과학적 개념화가 이루어져야 한다. 이는 ① 정치경제학적 접근에 의한 과학성의 확보, ② 역사적 접근에 의한 역사성의 확보, ③ 운동적 접근에 의한 실천성의 확보라는 과제를 안게 된다.

민중개념의 과학성을 확보하기 위해서는 첫째, 한국 사회의 지배논리가 피지배층의 생활조건과 상태를 어떻게 규정하는가를 살핌으로써 구조변혁의 주체

를 객관적으로 드러내는 정치경제학적 방법이 필요하다. 이러한 접근방법은 한국 자본주의의 재생산구조 및 축적양식에 대한 분석에 기초해서 변혁주체로서의 민중을 설정하는 것이다. 민중개념을 '역사적으로 변화 속에서 파악되어야 하는 개념', '변화하는 주요 모순에 대응하는 확정되지 않은 개념'으로 설정하는 것은 민중을 사회구성체와의 관련성 속에서 파악함을 의미한다. ……'민중개념은 계급, 민족 등 여러 개념을 포용하는 상위개념이다'라는 언명의 진정한 의미는 민중(변혁주체)이 계급과 민족에 기반한다는 사실에서 찾아져야 할 것이다.

둘째, 민중개념의 역사성을 확보하기 위해서는 민중운동의 역사적 경과 속에서 민중의 주체 범주를 파악하는 민중운동사적 접근이 필요하다. 민중운동사적 접근방법은 근현대사의 과정 속에서 진행된 사회운동의 구체적 경과를 통해 역사주체로서의 민중의 성격을 밝힘으로써 민중형성의 주체적 측면을 해명하는 것이다.

셋째, 민중개념의 실천성을 확보하기 위해서는 현실 속의 민중운동에 뿌리내리는 것이 필요하다. 실체로 민중개념의 내용을 채워주는 것은 역사, 사회적 현실 속에서 행해지는 사회 제 계급·계층의 실천적 행위들이다. …… 민중운동의 내용과 민중 구성의 문제는 사회성격론-변혁론-구체적인 사회운동의 통일적 관련성 속에서 검토되어야 한다.

넷째, 이처럼 객관적 과학성, 역사적 계승성, 운동적 실천성을 계승하는 '변혁론적 민중론'은 민중적 당파성에 입각하는 것이어야 한다. 민중을 구성하는 제 계급·계층 중 자신의 객관적 존재조건으로 말미암아 민중운동의 선도세력으로 등장하는 특정 계급의 선진성과 지도성의 문제를 소홀히 해서는 안 될 것이다. 계급동맹과 이에 입각한 민중적 통일전선의 형성은 민중 구성 내부에서 특정 계급의 선도성과 지도성이 관철될 경우에만 현실화될 수 있는 것이다.

즉, '민중적 당파성'에 입각하여, 한국 자본주의의 재생산구조 및 축적양식에 대한 분석(과학성)과 민중운동사적 접근(역사성), 그리고 사회성격론-변혁론-

사회운동의 통일적 관련 속에서의 검토(실천성) 등의 방법을 통해 민중을 파악해야 하고, 그럴 때 민중개념은 과학화될 수 있다는 것이다. 말하자면 민중운동 속에서 민중이 변혁주체로 되는 주체적 역량과 외적 조건을 분석, 검토해야 한다는 것이다.

한편, 민중의식은 계급의식, 민족의식을 포괄하는 것으로서 기본적으로 모순인식에 근거한 변혁지향적 주체의식이며, 그것의 내용은 전선의 변화, 변혁대상의 변화, 해당 단계 민중운동의 성격변화에 따라 달라진다고 본다. 그리고 이러한 민중의식의 형성과정은 "민중이 그들의 체험, 원망, 의식, 행동에서 출발하여 그 가운데 원리와 이데올로기를 만들어내고, 그것으로 역사를 능동적으로 가공해서 가는 과정"[49]이라고 한다. 이러한 민중의식을 분석하는 데 있어서는 이데올로기 분석의 원칙이 관철되어야 하는데, "첫째, 의식의 물적 토대와 생활조건을 민중적 당파성의 관점에서 드러낼 수 있어야 한다. 둘째, 민중의식의 문제는 기본적으로 지배이데올로기와의 관련성 속에서 검토되어야 한다. 셋째, 지배의식과의 관련성 속에서 형성되는 제반 이데올로기의 현 상태가 갖는 본질을 드러낼 수 있어야 한다"는 것이다.

'변혁론적 민중론'의 입장에 서 있는 것으로 보이는 김진균은 「민중사회학의 이론화 전략」[50]에서 1980년대의 민중론을 종합, 정돈하면서 '민중사회학'이 하나의 대안적인 이론적 전망(시각)으로 성립될 수 있는가를 검토한다.

그는 '민중사회학'이 성립되는 배경의 하나는 민중에 대한 역사적 인식(민중론)의 발전인데, 그것은 크게 3단계로 진행되어 왔다고 본다.

① 3·1운동 후 신채호(1880~1936)는 '조선혁명선언'에서 민중을 민족과 동일시하고 민중을 민족혁명의 주체로 인식했다.

② 둘째 단계와 셋째 단계는 바로 연결되는 것이지만, 근래에 와서 민중에

---

49) 박현채, 「민중과 역사」, 『한국 자본주의와 민족운동』(한길사, 1984).

50) 김진균, 「민중사회학의 이론화 전략」, 『한국민중론의 현 단계』(돌베개, 1989).

대해서 새롭게 관심이 주어진 것은, 1970년 전후와 1980년을 계기로 1960년의 사월민주혁명을 역사적으로 재조명하는 데서 비롯되었다. 우선은 그간 사월혁명을 단순한 반독재운동으로 협소화시켰던 논의에 대하여, 사월혁명이 당시에 표출했던바 민주화, 자주화 및 통일을 추구하는 변혁적 차원으로 재정립되어야 한다는 인식에 근거했다. 물론 기초적으로는 민족주의 민중관이 지속되는 것이었지만, 1970~1980년대에 전개된 일정한 자본주의 발전을 주목하지 않을 수 없게 되었다. 즉, 기본 모순에 대한 인식은 곧 민중을 그러한 모순 속에서 주의하게 되었으며, 따라서 민족모순이 계급모순으로 매개되는 점을 주목하게 되었다. 여기서 일단 1960년 사월혁명의 주체세력을 구조적으로 보아 민중이라고 파악했을 때 그 민중의 계급구성을 분석하게 되었고, 그것이 더욱 발전해서 민중에 대한 계급구성의 일반화를 시도하기도 했다.[51]

③ (1980년대) 민중론 내지 민중에 대한 역사적 인식은 한국 민족사회가 식민지 또는 신식민지라는 데서 출발하고 있고, 소극적으로 제국주의 지배에 대한 (신)식민지적 종속의 피지배 민족구성원의 존재특성을 지칭하거나 그러한 피규정성으로부터 민족사회의 해방 내지 자주를 위한 변혁의 논리를 추구하는 데서 비롯되었다고 파악된다. 그리고 그러한 제국주의는 자본주의라는 보편적인 세계적 관철운동으로 한국 민족사회에 다가온 것이기 때문에 민중론은 항상 자본주의에 의해서 조성되는 계급구성과 긴장관계를 가지면서 그것을 내포하거나 외연하면서 변혁의 주체역량을 겨냥하고 있다고 보인다.

즉, 1920년대에 민중은 민족해방(혁명)의 주체로 인식되었고, 1970년 전후와 1980년에는 '사월혁명'을 재평가하는 가운데 민족모순이 계급모순으로 전환되는 데 주목하여 '사월혁명'의 주체를 민중으로 파악하면서 그 계급적 구성을 분석, 일반화하고자 했고, 1980년대의 민중론은 (신)식민지 자본주의 사회의 민족해방과 계급해방의 변혁주체로서 민중을 설정하고 그 계급적 구성

---

51) 강만길 외, 『사월혁명론』(한길사, 1983); 김진균, 「완성이 추구되는 4·19 민주혁명」, 「더 크게 보여지는 4·19 민주혁명」, 『사회과학과 민족현실』(한길사, 1988).

의 내포와 외연을 파악하고 있다는 것이다.

이어서 그는 1970년대 후반에 제기된 '민중사회학' 내지 '분단사회학'을 비판하고,[52] '민중사회학'의 이론화 전략을 제안한다.

민중을 규정할 때에는 계급모순과 민족모순에 근거해야 한다. 따라서 민중개념은 계급론적 근거와 제국주의적 근거가 동시에 확보될 것을 요구한다. …… '민중사회학'의 이론화 전략을 다음과 같이 논의하고자 한다.

① 우선 사회구성 내지 사회구조를 민중의 계급구성에 기초해서 파악하는 방법이 요청된다. …… 그간 '민중론' 발전 중에서 독특하게 제기되었던 '소회론'적 접근방법은 일단 민중을 정치·경제·사회문화 각 분야에서 총체적으로 소외된 피지배자라고 파악하고 있기 때문에 민중의 피지배적 상황을 총체적으로 인식케 하는 데 많은 도움을 주었다. 말하자면 민중은 '생산수단에서 소외되었기에 수탈당하게 되고, 통치수단에서 소외되었기에 억압당하게 되고, 위광(威光)수단에서 소외되었기에 차별당하는 피지배자'라는 것이다. 그런데 이러한 소외론적 접근은 그 피지배 상황의 영역을 세 가지 수단을 기준으로 하여 병렬적으로 취급해서, '소외'가 원래 개념화되어 나왔을 때 준거되었던 생산과

---

52) "한국에서 사회학이 성립된 이후, 반민족성의 지배적 전통으로서의 표준 미국사회학에 대한 안티테제로서의 '분단사회학', 반민주적 통치도구·이데올로기로서의 그것에 대한 안티테제로서의 '민중사회학'의 문제의식은 분명히 획기적이고 유망한 것이었다. 그렇지만 그것은 아직 '과학'이 아니라 암울한 현실에 대한 소박한 당위론적 비판과 도덕적 비난으로서의 '구호'에 머무는 것이었다. 즉, 과학적인 문제제기라기보다는 '소시민적 휴머니즘'의 표출이라고 규정하는 것이 정확할 것이다. …… 또한 '민중사회학'은 지배세력의 억압과 민중소외의 왜곡된 현실을 도덕적으로 비판하고 지식인의 도덕적 결단을 요청했지만, 그러한 현실의 발생기제와 유지구조, 변혁의 가능성을 문제영역으로 포착하고 있지 않았다. 덧붙인다면 이러한 문제제기조차도 사회학 연구의 자기발전을 통한 내적 결실에서 나온 것이라기보다는 사회운동의 발전에서 힘입은 것이었다고 하겠다 …… '민중사회학'의 관념론적 한계는 당시 운동의 발전수준을 정확하게 반영하고 있다. 그것의 실천적 논의의 수준도 사회 속에서의 운동역량의 발전정도에 좌우될 수밖에 없었다." 임영일, 「사회학 연구의 동향과 과제」, 『80년대 한국인문사회과학의 현 단계와 전망』(역사비평사, 1988).

생산관계의 총체적 측면의 구성으로서 사회구성을 인식하는 힘을 약화시키는 것이 되고, 따라서 계급을 단순히 경제적 시각이라는 영역구분의 범주로 약화시키는 결과를 가져오기도 한다.

② 각 계급 내지 각 계급 내의 구성 집단을 생산수단의 소유 및 생산과정에 노동을 투입하거나 통제하는 관계에 대한 직접 내지 간접적인 사회적 거리에 따라 구체적으로 객관적인 방법으로 규명한다.

③ 이와 같은 접근에 따라 민중을 계급연대 및 계급동맹의 맥락에서 개념 규정할 수 있다. 첫째로, 민중을 계급연대의 맥락에서 이해하는 데 있어서, 기본적으로 노동자·농민·도시빈민의 구성으로 파악하여 그것을 자본주의의 논리의 관철이라는 순환계열에서 설명하는 방식[53]은 자못 유용하다. 둘째로, 생산수단의 소유와 생산과정에서의 위치에 따라 계급을 파악하고 또한 노동자 계급 내의 구성 집단을 파악하는 것이 중요하다. 계급동맹은 우선 생산과정에서의 위치에 따라 분화된 구성 집단들을 하나로 결속하는 문제가 중요하다. …… 그리고 노동자 계급이 민중의 가장 기본적인 계급이라고 할 때, 노동자 계급의 인식론적·실천적 '우위성(특권)'이 객관적으로 해명되어야 한다. 민중도 변혁과정에 있어서 항상 이중성을 갖고 있을 수 있기 때문이다. 양 측면의 우위성은 민중이 혁명의 주체가 된다는 점에서 극명하게 표출되는 것이지만, 민중이 항상 그러한 진보성을 견지하는 것은 아니고 일상적으로는 '잠재적'이기 쉽다. 자본주의 사회에서 노동자 계급이 임금노예의 상태, 소외된 노동, 물화된 인간관계들, 부르주아와 쁘띠부르주아의 이데올로기적 영향력(헤게모니) 밑에 있다는 사실로부터 그들이 진보성을 획득하는 우위성을 확보한다는 것은 변혁주체로서의 조직을 의미하는 또 다른 차원의 문제로 넘어가는 것이다.

④ 각 계급에 대한 분석에서는 그 계급의 주관적 측면도 객관적으로 파악되어야 한다. 그렇게 함으로써 민중의 구성에 하나의 인식논리로서 결속되는 방법이 발전될 수 있다. 위와 같은 민중사회학의 이론화 전략은 결국 변혁주체로서의

---

53) 박현채, 「민중의 계급적 성격규명」, 김진균 외 엮음, 『한국사회의 계급연구』 1권(한울, 1985).

민중의 변혁역량을 파악하고 측정하는 것으로 될 것이다.

⑤ 제국주의 세력과 그 매개 지배세력의 성격, 지배역량 및 기능 작용도 모두 객관적으로 검토되어야 한다.

⑥ 이와 같은 이론화 전략은 궁극적으로 민중에 기초해서 사회를 재구성하는 전망으로 연결되어야 한다. …… 이론화 전략과 사회재구성 전략은 한편으로는 한국 사회를 신식민지 국가독점자본주의 사회로 인식하게 되는 사회구성체논의가 분명하게 진행되는 동시에 한편으로 민주화, 자주화 및 분단극복에 의한 통일추구라는 과제를 천착해 가는 데에서 정치하게 과학적으로 이루어질 것을 요구한다. 현재 한국 사회에 예속 국가독점자본의 운동이 관철되고 있다면, 민중사회학은 해결해야 할 과제로서 민주화문제를 제기, 민중의 반독점운동으로 풀어나가면서, 남북통일 문제도 단지 독점자본의 운동의 맥락에서 당면한 문제로 제기해야 할 것이다.

이에 의하면, '민중사회학'의 이론화 전략과 사회재구성 전략은 당시의 한국 사회를 신식민지 국가독점자본주의 사회라는 인식에 기초해서 민중을 노동자계급의 인식론적·실천적 우위성이 담보된 계급연대 및 계급동맹의 맥락에서 파악하고, 변혁주체로서의 민중의 변혁역량을 파악하고 측정하며, 민중의 반독점운동의 맥락 속에서 민주화 문제와 남북통일 문제를 당면의 문제로 제기하는 것이라고 볼 수 있다. 결국 '민중사회학'의 이론화 전략에서 민중은 민족모순·계급모순에 대응하여 조직되는 계급연대·계급동맹으로서 파악되고, 그것은 기본적으로 노동자·농민·도시빈민으로 구성된다고 본다.

한편, 이미 '변혁적 민중론'을 비판하면서 '중산층적 민중론'을 제기했던 한상진은 「중심화 변혁모델의 사회적 기반: '中民' 개념을 중심으로」[54]에서 '중민' 개념과 '중민노선'을 제시한다.

그는 1970년대 후반의 민중개념은 별다른 사회분석 없이 포괄적 저항의

---

54) 한상진, 「중심화 변혁모델의 사회적 기반: '中民' 개념을 중심으로」, 고려대학교 평화연구소 평화강좌(1990).

의미를 담은 정치적 상징으로 쓰였다고 말한다. 그런데 민중의 상징을 둘러싼 정치적·이데올로기적 공방에 주눅이 든 상태에서 "사회주의 혁명의 방향으로 질주한 일부 급진세력에 의해 민중의 상징이 독점되고 변형·왜곡되는 한편, 이른바 '좌경용공'에 대한 불안과 공포를 불러일으킴으로써 민중의 상징을 불순한 것, 좌경적인 것, 폭력적인 것"으로 단죄하는 정부의 억압 속에서 민중개념은 사회학적 분석 개념으로 정립되지 못했다는 것이다. 그러나 1980 년대 중반 이후에 민중개념의 '과학화'가 시도되면서 관심은 산업성장이 수반한 부정적·파괴적 효과에로 모아지게 되었고, 그에 따라 민중은 '섬세하게 다듬어진 계급이론적 접근'보다는 '경제결정론적 계급이론'에 의해 '경제적 박탈의 범주'(무산계급)로 개념화됨으로써 '기층민중'(노동자·농민·도시빈민) 중심의 민중개념으로 나타나게 되었다고 지적한다. 그리고 이처럼 민중개념이 계급화됨에 따라 이론과 실천에서 많은 혼란과 부담이 생겼다는 것이다. 특히 기층민중 노선은 자본주의적 발전의 부정적·파괴적 결과에 초점을 맞추면서 실천상에서 '양극적인 투쟁모델'을 지향하는바, 이것이 우리의 현실에 과연 어느 정도 타당한가의 의문이 제기된다는 것이다. 따라서 이제 '기층민중' 중심의 이론적·실천적 전략은 수정되어야 할 필요가 있는데, 그것은 곧 '민중개념이 갖는 원래의 복합성과 역동성을 복원시키는 것'으로서 '기층민중의 일면성을 보여주는 중민개념 및 중민노선을 도입하는 것'이라고 주장한다. 그는 중민개념과 중민노선의 의미를 다음과 같이 정리한다.

　　중민개념은 그동안 비록 우리 사회가 심한 정치적·사회적 억압을 대가로 치르기는 했지만 빠른 속도의 경제성장과 사회변동을 이룩하는 데 성공함에 따라 그 성공의 불가피한 결과로서 제반 억압 또는 체제모순에 도전하는 근대적 성격의 새로운 세력들이 사회의 중심부문에서 크게 성장했다는 점에 주목한다. 예컨대 노동자라고 하더라도 중심부문의 근대적 노동자세력이 크게 성장했다는 것이다. 중민은 이들을 포착하는 개념으로서 이들은 단순하고 전형적인 박탈과 피해의 범주 이상의 성격을 갖는다. …… 이들은 권리의식도 높고 체제의 모순과 비리, 상징조작의 효과를 꿰뚫어보는 능력도 강하다. 그럼에도 정치적·경제적·사회적 기득권의 구조는 크게 변하고 있지 않기 때문에 강한 불만을 가진다. 전면적인 체제부정은 이들의 생각과는 다른 것이지만 그럼에도 이들은 변혁에의 강한 열망을 갖는다는 것이다.

중민노선은 이처럼 사회의 중심부문에 성장한 근대적인 변혁세력의 역할을 강조한다는 점에서, 또 중심을 키워가는 방향의 이론과 실천을 추구한다는 점에서 근본적으로 양극화 모델을 상정하는 기층민중노선과 구별된다. 그러나 이 두 입장이 화해불가능의 대립을 보이는 것은 결코 아니다. 이들은 어쩌면 민중의 두 가지 측면을 포착한 것에 다름 아니며 따라서 서로 배타적이어야 할 이유는 없다고 본다.

즉, '중민'개념은 빠른 경제성장과 사회변동 과정에서 국가권력에 의해서 자행되었던 제반 억압과 체제모순에 도전하는 근대적 성격의 새로운 세력들이 사회중심부문에서 크게 성장했다는 점에 주목했다는 점, 그리고 '중민노선'은 그러한 세력들이 중심이 되어 기층민중과 더불어 중심을 키워가는 방향의 이론과 실천을 추구하는 것이라고 말한다.

이어서 그는 '중민'개념이 태동하는 두 가지의 역사적 배경을 들고 있는데, 하나는 정치적·경제적·사회적 민중배제를 본질적 특성으로 하는 관료적 권위주의이며, 또 하나는 산업의 급속한 성장과 사회변동의 가속화이다. 특히 민중의 대두가 자본주의 체제의 경제적 실패 때문인가 아니면 성공 때문인가의 쟁점을 제기하고 있지만, '중민'을 포함하는 민중의 대두는 산업성장의 불가피한 결과라고 말한다. 기층민중이 '경제적 박탈'의 범주로 개념화된다면 '중민'은 '경제성장의 결실'의 범주로 개념화되는 셈이다.

그는 '중민'을 개념화하기 위해서 우선 중간계급과 구별되는 '중산층'을 개념화한다. 직업, 소득, 교육을 객관적 기준으로 삼고, 생활수준이 중간에 속한다는 귀속의식을 주관적 기준으로 삼아 1981년과 1986년 경제기획원이 실시한 바 있는 사회통계 조사자료를 분석했다. 그 결과, 도시가구 중 중산층의 비율은 1980년 현재 27.2%였으나 1985년에는 35.0%로 증가했다. 중산층의 계급별 구성을 보면, 중산층은 1985년 신중간 계급(전문기술자, 행정관리자, 사무종사자)의 70.8%, 구중간 계급(판매자영업자, 서비스자영업자, 생산자영업자)의 41.2%, 노동자 계급(판매노동자, 서비스노동자, 산업노동자)의 19.9%를 차지한다. 따라서 "중산층은 어느 단일 계급의 성격을 독점적으로 대변한다기보다는 계급의 경계를 넘어서는 개념이며 산업화가 진전함에 따라 일정한 조건을 갖춘 집단이 커지면서 등장하는 사회적 범주라고 할 수 있다"는 것이다.

문제는 이러한 중산층이 민주화와 사회변혁의 과정에서 어떤 역할을 수행하고 있으며 또 수행할 수 있는가에 있는데, 중산층 안에는 기득권의 유지에 관심이 있는 집단, 즉 사회변혁보다는 어느 정도의 정치적 자유화에 만족하여 안정을 선호하는 집단, 그런 의미에서 권력연합에 흡수되는 집단이 있는가 하면, 반면에 젊고 학력이 높으며 민중적인 자기정체성을 지닌 중산층, 즉 민족모순과 계급모순을 인식하면서 사회주의 혁명과 같은 전면적인 체제 부정에는 동의하지 않지만 그럼에도 변혁을 요구하고 또 요구하는 운동에 공감을 갖는 중산층이 많이 있다는 것이다. 이처럼 중산층을 두 개의 집단유형으로 나누고, 후자 즉 "깨어 있는 중산층, 사회변혁의 주체로 이해된 중산층, 민중의 일부로 보는 중산층"을 '중민'으로 개념화하여 제안하고 있는 것이다. 이 '중민' 개념을 민중론의 '민중'개념과 관련시켜서 보자면, 민중 가운데는 '기층민중'(노동자, 농민, 도시빈민)으로 변혁을 요구하는 세력과 '중민'으로 변혁을 요구하는 세력이 있게 되는 셈이다. 그런데 두 세력 사이에는 상당한 성격의 차이가 있고, 사회가 양극화의 추세를 보이면 '중민'은 보수화되는 경향을 보일 것이지만, 그러나 장기적으로 양극화를 막을 수 있는 '중민노선'이 정착된다면 '중민'은 계속해서 변혁을 요구하고 이끌어가는 역할을 수행할 수 있을 것이라고 전망한다.

그는 이러한 '중민'의 구성에 대해서 다음과 같은 결론을 내린다.

첫째, 사회조직의 중심부문에 위치하고 있는 신중산층이 중민의 내포로서 중요하다. 그 핵심은 젊고 학력이 높은 증가추세의 전문기술직이며 사무직도 중요하다. …… 이들은 명백히 민주화와 자유화를 요구한다. 또 민주주의 원리의 사회적 확산을 통해 사회변혁을 이루려는 모든 운동을 적극 지지한다.

둘째, 산업의 중심부문에서 일하는 근대적 성격의 노동자 계급들이 중민의 내포로서 중요하다. 이들은 소외와 박탈의 범주가 아니라 적극적인 참여의 주체로서 오늘날 노동운동을 주도하고 있는 세력이다. 이들은 근본적으로 근대화의 결실로 성장한 세력인 한 '양극화 모델'보다는 '중심화 모델', 즉 중민개념과 중민노선으로 수용될 수 있다. …… 중심산업의 생산직 노동자가 주류를 이루면서 근대적 성격을 갖는 판매직 노동자도 그 일부를 이룬다고 할 수 있겠다.

셋째, 학생청년 세대는 사회경제적 범주가 아니기에 분석에서 제외되었지만 이들 학생청년 세대를 중민의 유기적 일부로 보아야 할 것이다. …… 이들은 기층민중과 가장 강력히 연대를 추구하는 중민이다. 신중산층은 학생들을 매개로 하여 기층민중의 문제에 관심을 갖게 되는 면이 강하다. 학생청년 세대의 중민적 성격은 이들의 절대다수가 졸업 이후 전문기술직이나 사무직으로 유입된다는 사실에서도 여실히 드러난다.

즉, 사회변혁의 중심세력으로 '중민'은 전문기술직을 핵으로 하는 신중산층, 근대적 성격의 조직화된 노동자 계급, 그리고 학생청년 세대로 구성된다고 할 수 있다는 것이다. 이러한 중민의 구성에서 특히 주목해야 할 집단은 신중산층이라고 말한다. 이들 중민은 어느 집단보다 근대적 비판정신을 공유한 세력으로서 관료적 권위주의 체제의 모순에 강한 저항의 체질을 가지고 있고, 자본주의의 모순에 대해서 비판적 성향을 갖고 있으며, 그리고 분단문제, 민족문제에 관해서도 정권안보적인 상징조작과 이데올로기적 억압의 효과를 꿰뚫어보는 능력을 가지고 있기 때문이다. 결국, '변혁적 민중론'은 '기층민중'을 중심으로, 그리고 이 '중산층적 민중론'은 '중민' 특히 신중산층을 중심으로 민중을 개념화하고 있다고 볼 수 있다.

1970년대 이래 전개되어 온 '민중론'과 '민중학'의 이론적 전제는 굳이 말하자면 '구조주의'라고 할 수 있을 것이다. 유럽의 사상·학계에서는 1960년 이후 이미 '후기구조주의'가 유행하고 있었고, 우리에게는 1980년대 후반에 유럽의 후기구조주의가 들어와 유행하기 시작했다고 보고 있다. 그러나 후기 구조주의는 아직도 학계 전반에 침투하지 못하고 있었다. 이럴 즈음에 김성기 는 「후기구조주의 시각에서 본 민중: 주체형성 논의를 중심으로」(1987)[55]에서, 당시 학계 일각에서 새롭게 유행하기 시작하는 후기구조주의 시각, 특히 주체 혹은 행위자(agency)의 범주를 문제 삼는 경향 속에서 '역사의 주체는 민중이 다'라는 명제에 대해 이의를 제기하고 있다.

그는 "'민중'이라는 말의 역사적 선례나 어원은 신채호의 사상에까지 혹은 훨씬 그 이전에까지도 소급될 수 있겠지만 1970년대에 이르러서 비로소 우리 의 일상생활 및 문화계에서 의미 있게 자각, 의식되었다"고 말하고 있다. 즉, 1970년대에 이르러서야 '민중'이란 말의 그 실체적 내용이 가시화되고 있다는 것이다.

그런데도 그 동안 '민중'이라는 말이 이론적인 용어나 진술로서 정착되지 못한 데는 그럴만한 이유가 있다고 말한다. 즉,

민중이란 말이 일정한 합의된 의사소통채널을 통해서, 그 채널을 기반해서 이론적인 용어나 진술로서 정착되지 못했다는 인식도 덧붙일 수 있겠다. 물론 여기에는 이유가 있다. 대강 말하여 이 용어의 지시대상이 현 지배문화의 영역 에서는 부정적 내지는 소극적인 위치를 점하고 있으며, 그러기에 공식문화 영역에서 주제화되기에는 친화성을 획득하기 어려웠다는 점이다. 그리하여 기본 학문영역에서도 이 개념이 '선언적' 및 '당위적' 이상의, 일정한 이론적 용어로서는 기피되지 않았나 하는 판단도 가능하겠다. 흔히 민중이란 것이 도대체 무엇이냐, 심지어는 그것이 역사적·사회적 실체냐 라는 식의 다그침이

55) 김성기, 「후기구조주의 시각에서 본 민중: 주체형성 논의를 중심으로」, ≪한국사회학연 구≫, 9(서울대학교 사회학연구회, 1987).

나오는 경우도 바로 이 같은 현실상황과도 무관하지는 않을 것이다.

이처럼 지배문화 영역에서 터부시되고 또 학계에서도 '당위적' 이상의 '이론적 용어'로서 사용되지 못함으로써 '이론적·분석적 개념'으로 정립되지 못한 민중개념을 둘러싼 논의 쟁점은 크게 보아 두 가지로 모아지고 있다고 본다. 하나는 민중을 역사주체 내지 사회적 실천주체로 규정하는 것이고, 또하나는 민중을 계급연합의 맥락에서 보고자 하는 것이다. 그런데 전자는 다음과 같은 문제점을 안고 있다고 지적한다.

그래서 "역사의 주체는 민중이다"라는 말, 명제가 어느 정도는 상식화되었던 것이다. 그러나 필자는 이 명제가 별 성찰 없이 '자명한' 혹은(그리고 '당위적'인 차원의 논의로 머물러 있으며, 잘 생각해 보면 따질 구석이 많다는 인상을 지울 수 없다. 이런 경우, 민중은 미리 존재하는, 고도의 동질성을 갖추고서 유기적인 상태에 있는 것으로 상정되곤 한다. 이러다 보면 민중논의는 미리 배후에 진화나 필연의 논리를 전제하는 목적론적 설명이나 당위론적 정당화에 빠지기가 쉬운 것이다.

다음으로 후자 또한 민중 범주 자체의 실체와 특성을 간과하고 있다고 지적한다.

흔히 노동자, 농민, 도시빈민 등의 여러 계급적 계층적 구성을 지닌 연합세력으로서의 민중개념이 바로 이에 해당한다고 볼 수 있겠다. 그런데 이렇게 민중을 계급연합으로 볼 경우 문제가 되는 것은 민중범주 자체의 실체와 특성이 간과될 우려가 있으며, 결국에는 계급범주에 환원되어 논의되는 경우가 많다는 점이다. 그러니까 민중의 구성부문들의 객관적 동질성, 이를테면 생산관계상의 객관적 위치나 경제적 이해관계의 공유가 계급연합으로서의 민중형성을 보장하는 것으로 된다는 말이다. 그러나 경제적 이해관계의 일치·공유라는

것이 여러 계급적 연합세력을 민중이라는 하나의 동질개념으로 묶는 자동적인
기준으로 될 수는 없다.[56] 왜냐하면 어떤 삶의 객관적 조건, 특히 경제적 이해관
계라는 것이 곧 일상적 행동이나 의식, 넓게 보아 삶의 주체적·주관적 조건에로
이어진다고 하는 것이 그리 흔한 경우는 아니기 때문이다.

즉, 계급연합으로서의 민중은 생산관계상의 객관적 위치나 경제적 이해관
계의 공유에 기초해서만 형성되는 것은 아니라는 것이다. 경제적 이해관계가
같다고 해서 일상적 행동이나 의식을 같이하는 것은 아니기 때문이라는 것이
다. 말하자면 '경제결정론적 계급이론'에 의해 민중을 개념화하는 것의 문제점
을 지적하고 있다.

따라서 그는 민중개념의 올바른 정립을 위해서는 어떤 형이상학적·분석초
월적·환원주의적인 전제나 가정을 버릴 것을 주문하고 있다. 그리고 보다
근본적으로는 '주체나 혹은 행위자(agency)의 범주' 자체를 문제 삼고자 한다.
후기구조주의에서는 주체나 행위자의 범주 자체를 부정하고 있기 때문이다.


## 5. 맺음말

이상에서 '비판적 지식인·학자'들의 1920년대와 1970~80년대의 '민중론'
을 소개했다. 1970년대까지는 그들이 '민중'이라는 말의 지시대상인 '실재의
민중'을 어떻게 그리고 무엇으로 상상하고 있는가, 즉 그들의 민중개념을
통시적으로 소개했고, 1980년대에는 그들이 터 잡고 있는 각각의 학문분야에
서의 그들의 민중개념과 그 추이를 소개했다.

1920년대와 1970~80년대에 민중이라는 말과 용어가 널리 사용되고, 비판
적 지식인들 사이에서 '민중론'이 일어났던 이유는 무엇일까? '말과 용어는

---

56) 한상진, 「민중사회학의 이론구조와 쟁점: 방법론적 논의」, 김경동·안청시 엮음, 『한국
    사회과학방법론의 탐색』(서울대학교출판부, 1986).

행위와 실재의 음성 그림자'라고 했다. 전근대시기에 1862년 임술민란과 1894년 농민전쟁 때에, 그리고 근현대사에서 1919년 3·1운동 때와 1979년 11월 부마항쟁·1980년 5월 광주민중항쟁·1987년 6~9월 민주화운동 때만큼 계급과 계층을 초월한 사회구성원의 대다수가 봉기했던 적은 없었다. 그들은 말 그대로 민중이었다. 그들은 당대에서 제기되었던 역사적·사회적 과제를 해결하고 새로운 사회를 건설하고자 구호를 외치면서 직접 실천으로 나아갔 다. 그들은 임술민란·농민전쟁 때에는 반(反)봉건·반외세(제국주의 국가들)운동 을 전개했고, 3·1운동 때에는 반(反)일제 민족해방을 요구, 실천했으며, 1970 년대 말부터 1980년대 말까지는 반독재·반자본 민주화운동을 치열하게 전개 했고, 1987년 6월에는 '민주혁명'을 이룩하기도 했다.

이러한 민중과 민중운동은 대개는 현실·현장과 일정하게 거리를 두고 있던 지식인들에게 그 역할과 관련하여 자기반성과 각성을 촉구했고, 그리하여 일부의 자기반성한 '비판적 지식인'들 사이에서는 민중과 민중운동을 개념·이 론화하는 '민중론'이 일어나게 되었다. 그러나 1980년대 중반까지도 '민중론' 은 보수학계와 독재체제·반공이데올로기로부터 자유롭지 못했다. 보수학계는 '사회주의 혁명의 방향으로 질주한 일부 급진세력에 의해 민중의 상징이 독점 되고, 변형·왜곡되고 있다'고 비판했으며, 독재정권은 이른바 '좌경용공'에 대한 불안과 공포를 불러일으킴으로써 민중의 상징을 불순한 것, 좌경적인 것, 폭력적인 것'으로 단죄하고자 했다. 이러한 환경과 분위기 속에서 민중개 념은 이론적·분석적 개념으로 정립되지 못했다. 그러다가 1980년대 중반부터 민중개념의 '과학화'가 이루어짐으로써 이론적·과학적인 민중개념이 정립되 기에 이르렀는데, 그 실질적인 배경은 다름 아닌 민중운동의 발전이었다. 즉, 1970년대의 지식인의 '관념적' 민중개념은 민중운동의 발전을 배경으로 '실 재성'과 구체성을 획득하여 이론적·분석적 개념으로 발전해 갔던 것이다.

1980년대 중반 이후의 '과학적 민중론'(특히 박현채의 민중론)에서 말하는 민중개념 구성의 기본 전제는 다음과 같이 정리된다.

첫째, 민중은 사회구성체의 변화, 즉 역사 속에서 파악되어야 한다는 것이다

(민중개념의 '역사성'). 민중은 역사적 존재이고 사회적 실체이다. 민중은 특정한 역사적 시점과 장소에서 자기를 구체화한다. 민중 구성은 역사에서 인간 간의 사회적 관계를 보다 근원적으로 규정하는 사회구성체가 달라짐에 따라 내포나 외연을 달리할 수밖에 없다. 한 사회 안에서 인간 간의 사회적 관계는 기본적으로는 한 사회의 사회구성체의 성격(예를 들면, 노예제인가, 농노제인가, 자본주의인가 등)에 의해 규정되면서 부차적으로는 그 사회구성체의 토대를 이루고 있는 여러 경제제도에 의해서 규정된다. 이 경우 민중은 원초적으로 '생산자 대중'으로 파악된다.

둘째, 민중은 역사 속에서 변화하는 주요 모순에 대응하여 확정되지 않는 것으로 인식되어야 한다(민중개념의 '과학성'). 이것은 한 사회에, 여러 경제제도의 관계에서 주어지는 인간 간의 사회적 관계를 기초로 서로 다른 이해를 갖는 사람들을 공동의 이해 속에 결합시키는 인간 간의 사회적 관계·모순이 있다는 것을 전제로 한다. 즉, 서로 다른 계급·계층적 이해를 갖는 사람들을 공동의 이해 속에 결합시키는 것이 바로 주요 모순이다. 주요 모순에 대응하여 민중을 계급·계층의 연합으로 파악하게 하는 것이다. 이와 같은 주요 모순은 계급관계에서 주어지는 기본 모순과는 달리 가변적이다. 한 사회의 주요 모순은 그 사회가 처해 있는 상황에 따라 달라진다. 이를테면 1980년대의 한국 자본주의의 사회구성체적 성격을 '신식민지 국가독점자본주의'라고 볼 경우, 민중은 계급적 모순관계 속에서 노동자 계급을 그 기본구성으로 하면서 민족 모순과 결합된 주요 모순 속에서 일부 독점적·매판적 대기업을 제외한 나머지 대다수의 계급 또는 계층을 민중적 범주로 편입시킴으로써 민족자산가로서의 중소기업가, 광범한 중소상인, 독립소생산자로서의 농민, 수공업자, 도시빈민, 그리고 지식인과 학생청년 세대 등을 그 외연으로 하여 구성되는 것이다.

셋째, 민중은 피지배자로서 국가권력과의 모순관계 속에서 파악되어야 한다는 것이다(민중개념의 '실천성'). 이것은 민중을 특히 1970년대 이래 반독재 민주화운동과 자주·통일 국가 건설의 변혁적 주체로 설정한다는 것을 의미한다. 이 경우 민중은 '민중민주주의'와 '민중적 민족주의'를 그 이념과 노선으로

취하여 '민중의 지배'를 실현하고자 한다. 정치적으로 '민중민주주의'의 실현
은 광범한 민중의 정치 참여를 가능하게 할 뿐만 아니라 그것을 위한 정당,
그리고 노동자·농민조직을 갖게 한다.

넷째, 민중의식은 '주체의 형성'이라는 관점에서 파악되어야 한다는 것이다
('주체'의 형성). 민중의식은 기본적으로는 사회경제적 조건의 변화에 따라 향상
되어 가겠지만 민중의 일상적·비일상적 체험이나 원망이 민중 상호간의 접촉
과 내외의 투쟁 과정에서 민중적인 공유 체험으로서 자각되는 한편, 계급·계층
별 경제적 이해나 생활상의 요구를 지양한 어떤 추상적인 가치, 즉 국가와
독점자본에 대한 적대적 의식, 자주·민주·통일 의식으로 응축되어 감에 따라
민중의식은 정도의 차는 있으나 보다 높은 차원의 것으로 진보해 간다. 이때에
민중개념은 계급·시민·민족 등 여러 개념을 포용하고 그것의 통일 위에 주어지
는 상위개념이며, 민중의식 역시 계급의식·시민의식·민족의식 등을 매개로
하여 그 위에 서는 의식으로 주어진다. 따라서 민중의식은 복합적이면서도
그것의 통일 위에 주어지는 상위개념이다.

지금, 1920년대와 1970~80년대의 민중은 흔적만 남겨놓았다. 그들의 생
생한 말을 들을 수도 없고, 그들의 생생한 행위를 볼 수도 없다. 기억되고
말해질 뿐이다. 그들을 기록한 텍스트만 남아 있을 뿐이다. 이제 남은 일은
'비판적 지식인'들의 민중을 파악하는 방법, 민중을 개념 짓는 방법 혹은
지표를 통해 '실재의 민중', 즉 특정한 시점과 장소에서 자기를 구체화하는
역사적·사회적 실체로서의 민중을 상상해 보는 일이다. 그리고 '비판적 지식
인'들의 '사유 속의 민중' 혹은 '개념으로서의 민중'과 그것이 지시대상으로
하는 '실재의 민중'의 상동성 여부에 따라 이론적·분석적 개념으로서의 민중
개념의 유효성은 판단될 것이다.

참고문헌

강만길 외. 1983. 『4월 혁명론』. 한길사.

강신철 외. 1988. 『80년대 학생운동사』. 형성사.

공제욱. 1985. 「현대 한국 계급연구의 현황과 쟁점」. 『한국사회의 계급연구』. 한울.

구중서. 1979. 『민족문학의 길』. 새밭.

권영민. 1993. 『한국현대문학사』. 민음사.

김동춘. 1990. 「사회구조와 학생운동: 60·70·80년대 비교분석」. ≪사상과정책≫(봄호). 경향신문사.

_____. 1999. 「한국 사회운동 100년: 정치개혁에서 '사회만들기'로」. ≪경제와사회≫, 제44호(겨울호).

김병걸. 1983. 「민중과 문학」. 『예수·여성·민중』. 한신대학교출판부.

김성기. 1987. 「후기구조주의의 시각에서 본 민중」. ≪한국사회학연구≫, 9. 한울.

김용기·박승옥 엮음. 1989. 『한국노동운동논쟁사: 80년대를 중심으로』. 현장문학사.

김재홍. 1990. 「한국문학 속의 민중의식 연구: 민중시를 중심으로」. 『한국 민중론 연구』. 한국정신문화연구소.

김주연. 1980. 「민중과 대중」. 『대중문학과 민중문학』. 민음사.

김지하. 1984. 「생명의 담지자인 민중」. 『밥』. 분도출판사.

김진균. 1988. 「민족운동과 분단극복의 문제」. 『사회과학과 민족현실』. 한길사.

_____. 1988. 『사회과학과 민족현실』. 한길사.

_____. 1989. 「민중사회학의 이론화 전략」. 『한국 민중론의 현 단계』. 돌베개.

박현채. 1978. 「민중과 경제」. 『민족경제론』. 한길사.

_____. 1978. 「민중과 경제」. 『민중과 경제』. 정우사.

_____. 1983. 「4월 혁명과 민족사의 방향」. 『4월 혁명론』. 한길사.

_____. 1984. 「민중과 역사」. 『한국 자본주의와 민족운동』.

_____. 1985. 「민중의 계급적 성격 규명」. 『한국사회의 계급연구』 1권. 한울.

_____. 1985.2. 「민중과 문학」. ≪한국문학≫.

박형준. 1993. 「시민사회론의 복원과 비판적 재구성」. 이병천·박형준 엮음. 『마르크스주의의 위기와 포스트마르크스주의』 2권. 의암.

백낙청. 1979. 『인간해방의 논리를 찾아서』. 시인사.

백욱인. 1988. 「과학적 민중론의 정립을 위하여」. ≪역사비평≫(여름호).

서남동. 1983. 「민중신학의 탐구」. 한길사.

실천문학사. 1985. 『민중교육』.

안병직 엮음. 1979. 『申采浩』. 한길사.

염무웅. 1979. 『민중시대의 문학』. 창작과비평사.

유재천. 1984. 『민중』. 문학과지성사.

이만열. 1981. 「민중의식 사관화의 시론」. 『인간과 세계에 대한 철학적 이해』. 삼중당.

_____. 1988. 「한국사 연구대상의 변화」. 『한국 근대학문의 성찰』. 중앙대학교 중앙문화연구원.

이병천. 1991. 「맑스 역사관의 재검토」. ≪사회경제평론≫, 제4호. 한울.

_____. 1992.8. 「포스트 맑스주의와 한국사회」. ≪월간 사회평론≫.

_____. 1993. 「세계사적 근대와 한국의 근대」. ≪세계의문학≫(가을호).

이세영. 1988. 「현대 한국사학의 동향과 과제」. 『80년대 인문사회과학의 현 단계와 전망』. 역사비평사.

이인영. 1997. 「학생운동: 선도투쟁에서 대중성 강화로」. ≪역사비평≫, 37호. 역사비평사.

이재현. 1983. 「문학운동을 위하여」. 『문학과 예술의 실천논리』. 실천문학사.

_____. 1983. 「문학의 노동화와 노동의 문학화」. ≪실천문학≫, 4권.

일송정 편집부. 1988. 『정치노선』. 일송정.

_____. 1988. 『학생운동논쟁사』. 일송정.

임영일. 1988. 「사회학 연구의 동향과 과제」. 『80년대 인문사회과학의 현 단계와 전망』. 역사비평사.

전영태. 1985.2. 「민중문학에 대한 몇 가지 의문」. ≪한국문학≫.

정창렬. 1982. 「백성의식·평민의식·민중의식」. 『이돈명 선생 회갑기념 논문집』.

_____. 1989. 「한국에서 민중사학의 성립·전개과정」. 『한국 민중론의 현 단계』. 돌베개.

조동일. 1985. 「민중·민중의식·민중예술」. 『한국설화와 민중의식』. 정음사.

조희연. 1987. 「한국사회의 민중과 변혁 주체론」. 김대환 외 엮음. 『한국현대사를 어떻게 볼 것인가(1945-1960)』. 열음사.

_____. 1987.4. 「민중사회학의 발전적 심화론」. ≪신동아≫.

_____. 1989. 「80년대 사회운동과 사회구성체 논쟁」. 박현채·조희연 엮음. 『한국사회구성체논쟁』 1권. 한울.

_____. 1989. 「현 단계 사회구성체논쟁의 구도와 쟁점에 관한 연구」. 박현채·조희연 엮음. 『한국사회구성체논쟁』 2권. 한울.

_____. 2001. 「5·18과 80년대 사회운동」. 광주광역시 5·18사료편찬위원회 엮음. 『5·18 민중항쟁사』. 고령.

채광석. 1985.2. 「민중문학의 당위성」. ≪한국문학≫.

최경환. 1993. 「운동권의 비합법·반합법 투쟁양상 분석」. ≪공안연구≫, 24집. 공안연구소.

팔머, 브라이언(Bryan D. Palmer). 2004. 『역사적 유물론을 위한 변명: 담론으로의 추락』. 이세영 옮김. 한신대학교출판부.

학술단체협의회. 1989.『1980년대 한국사회와 지배구조』. 풀빛.

\_\_\_\_\_. 1990.『사회주의개혁과 한반도』. 한울.

\_\_\_\_\_. 1993.『한국민주주의의 현재적 과제』. 창작과비평사.

\_\_\_\_\_. 1997.『6월 민중항쟁과 한국사회 10년』 I~II. 당대.

\_\_\_\_\_. 1999.『5·18은 끝났는가』. 푸른숲.

\_\_\_\_\_. 2000.『전환시대의 한국사회』. 세명서관.

한국기독교교회협의회 신학연구위원회 엮음. 1982.『민중과 한국신학』. 한국신학연구소.

한국기독교교회협의회 엮음. 1985.『한국역사 속의 기독교』.

한국신학연구소 엮음. 1984.『한국 민중론』. 한국신학연구소.

한상진. 1986.8.「'민중사회학'의 이론구조와 쟁점: 방법론적 논의」. 서울대학교 사회과학
연구소 엮음. ≪사회과학과사회정책≫, 8권 1호.

한신대학교 제3세계문화연구소 엮음. 1989.『한국 민중론의 현 단계』. 돌베개.

한완상. 1984.『민중사회학』. 종로서적.

\_\_\_\_\_. 1989.『민중과 지식인』. 정우사.

한완상·백욱인. 1986.「민중사회과학의 몇 가지 문제점들」. 장을병 외 엮음.『우리 시대
민족운동의 과제』. 한길사.

한흥수·김도종. 1993.「한국 학생운동의 평가와 전망」. ≪사회과학논집≫, 24집. 연세대학
교 사회과학연구소.

함석헌. 1985.『함석헌 전집 14: 생각하는 백성이라야 산다』. 한길사.

홍윤기. 1984.「현실학의 예고: 철학의 재생을 넘어서」.『한국문학의 현 단계』3권. 창작과
비평사.

# 제3부 창조적 개념 개발을 통한 학문 주체화

새로운 시도들

# 개발자본주의론 서설
## 홉스적 협력자본주의와 그 딜레마

이병천 | 강원대학교 경제무역학부 교수

## 1. 동아시아 자본주의 역사에서 무엇을 읽을 것인가 : 비교자본 주의 시각과 새로운 개념화의 탐색

스미스, 마르크스 그리고 리스트는 경제학의 위대한 거목들이다. 이 고전가들이 남긴 시장, 자본, 그리고 국민경제를 핵심개념으로 하는 이론의 큰 부분은 지금도 여전한 생명력을 갖고 있다. 그러나 오늘날 우리는 '제도가 중요하다(institution matters)'라는 사실에 대해 이들이 호흡했던 현실과 담론의 공간보다 훨씬 더 많은 것을 알게 되었다. 시장경제란 단지 가격에 의해서만 조절되는 것이 아니라 제도 속에 착근되는 제도적 구성 형태다. 그리고 시장경제의 불완전성, 즉 불확실성, 불안정성, 그리고 불평등과 여러 갈등들 때문에 그 제도 형태들의 어울림이 낳는 효과는 다양하고 미리 예측하기도 어렵다. 현실 역사는 머리 아픈 탁상논의보다 한결 생생하게 비시장적 제도와 제도 형태의 다양성, 그것이 사회경제적 성과의 차이를 낳는 데서 가지는 심대한 중요성을

---

* 이 글은 ≪역사비평≫, 74호(2006년 봄호)에 게재된 것을 수정·보완한 것이다. 신정완 교수의 격려가 없었더라면 이 글은 쓰이지 못했을 것이다. 신 교수께 감사드린다. 그러나 글의 내용은 모두 필자의 책임이다. 아울러 이 연구는 아직 시론적 수준에 머물러 있음을 밝힌다.

일깨워주었다. 이와 관련하여 20세기 후반의 역사에서 다음과 같은 사건들이 우리에게 특별히 큰 교훈을 준다.

- 중남미, 아프리카 등지에서 '워싱턴 컨센서스'에 기초한 유토피아적 자유시장 자본주의 실험의 실패, 소련 동구에서 '모스크바 컨센서스'에 기초한 유토피아적 계획사회주의 실험의 실패. 이들 동반 실패와 대조되는 동아시아 자본주의 경제성장.
- 국가사회주의로부터 시장경제로 가는 체제전환의 길에서 소련의 빅뱅식 '워싱턴 컨센서스' 실험의 실패와 이와 비교되는 중국의 점진적이고 창의적이며 제도 착근적인(institution-embedded) 개혁 실험 — 이 역시 여러 문제들을 낳고 있긴 하지만 — 의 성공. 이른바 '베이징 컨센서스'의 출현.
- 20세기 말을 장식한 동아시아 외환금융 위기, 그리고 위기를 전환점으로 한 동아시아 국가들의 전면 개방과 '신흥 신자유주의' 실험, 그리고 동아시아 자본주의의 내부 분화의 진행.

그렇지만 단지 제도가 중요하고 제도를 잘 정비하면 고도성장이나 경쟁력 제고가 가능하다는 생각에 그치지 않고, 어떤 제도가 어떻게 중요한지 그리고 그것에 내재된 한계와 구조적 모순은 무엇인지, 나아가 양적 성장주의를 넘어 삶의 질을 신장시키는 '질적 성장'을 가능케 하는 대안적인 '좋은 제도'를 어떻게 설계하고 구축할 것인지 하는 등에 대한 진전된 고민이 필요하다. 이와 관련하여 한국을 비롯한 동아시아의 '관리된 시장(governed market)' 경제의 역사는, 그 빛과 그늘의 양면성을 포함하여, 발전의 역사에 대한 재인식과 대안적 진로 찾기를 위해 매우 풍부한 교훈과 학습의 창고를 제공한다. 동아시아 발전의 경험 자산을 기초로 하면서 발전론과 정치경제학의 지평을 더욱 확장시키는 것은 우리에게 주어진 중요한 과제다. 그런데 연구의 현 단계에서 돌이켜볼 때, 발전의 정치경제학의 방법론상 다음과 같은 면에서 반성과 전환이 필요하다고 여겨진다.

- 후발 발전을 단지 선발국 따라잡기(catch-up)와 국가경쟁력 키우기로만 생각하는 발상을 정정해야 한다. 현재 제도의 다양성론과 '비교제도우위론'은 역사 해석과 대안론 모두에서 워싱턴 컨센서스 패권주의와 미국형 스탠더드론에 대항하는 중요한 이론적 근거와 교두보 역할을 하고 있다. 그러나 이 또한 선발국을 성공적으로 따라잡기 위한 전략, 또는 따라잡기 제도혁신론이나 대체론에만 갇혀서는 안 되고, 자국의 고유한 제도와 문화에 착근된 효율·평등·참여·생태의 동반 발전을 추구하는 비판적·역사적 제도주의로 전환되어야 한다.
- 정치를 성장과 효율의 수단이라는 관점에서만 바라보는 정치에 대한 경제주의와 기능주의적 사고에서 탈피해야 한다. 정치의 의미를 다시 복원하고 경제발전과 정치발전을 통합적으로 파악하는 시각과 분석 틀을 가져야 할 것이다.
- 특히 동아시아의 '관리된 자본주의' 연구에서 성장의 성공과 그 그늘, 국가와 자본의 개발 지배동맹이 갖고 있는 성장능력과 보수적 권력담합의 양면성을 통합적으로 해명해야 한다. 그리고 동아시아 경제의 상호 비교, 동아시아와 다른 지역 및 다른 시대 경험 비교를 통해 동아시아 성장 경험의 특수성과 일반성을 통합적으로 파악하는 길로 나아가야 한다.
- 발전을 경제성장 또는 효율성 증대 중심으로 생각하는 일면적이고 좁은 사고에서 탈피해야 한다. 경제성장이 삶의 질 증진과 주체 구성력, 즉 인간과 시민으로서의 자치력 및 연대력의 신장을 도모하고 생태 보전과 함께 할 수 있는 발전관으로 전환해야 한다.

그런데 더 좁혀 말해서 우리의 고민거리는 다음과 같다. 즉, 어떤 방식으로 동아시아 자본주의의 성장과 함께 그 성공 자체에 내재화된 빛, 정치경제적·제도적 모순을 통합적으로 해명할 수 있을까, 그리고 또 어떤 방식으로 동아시아 모델이 갖는 공통성과 다양성, 특수성과 일반성을 같이 보여줄 수 있을까 하는 것이다. 동아시아 모델이라 하지만 우리에게 가장 절실하고 육화되어 있는 체험은 두말할 나위도 없이 한국 모델이다. 한국 모델은 '한강의 기적'이라 불리는 놀라운 성장 기록을 달성했다. 그렇지만 동시에 이 신동원체제형 근대화의 성공에는 반공국가주의 독재, 국가독재와 특권적 독점재벌의 지배동맹, 그에 따른 정치경제적 실패와 대중의 희생 등, '반(反)근대화'의 그늘이 내재되어 있다. 이 그늘과 위험은 당대에 국한되지 않고 1980년 5월 민중항쟁과 '광주꼬뮨'을 야만적으로 유혈 진압한 신군부 독재의 반동, 민주화＝자유화 이후 왜곡된 재벌전횡 시장경제의 출현, 그리고 1997년 IMF 위기와 구조조정, 오늘의 다면적 양극화 현상으로 후속된다.

　　동아시아 발전 모델은 근현대 세계경제사상 그것에 고유한 새로운 특성을 보여준다. 소국 또는 중소국 개방경제 모델로서 세계시장에의 통합 정도가 아주 높고 후발성의 이익과 불이익 모두가 유례없이 커졌다는 것, 국가 역할이 현저히 증대되었다는 것, 프로토 공업화(proto-industrialization)의 선행단계와 자체 기술적 경쟁 자산이 결여되어 있는 상황에서 이른바 '학습을 통한 공업화'[1]가 중요한 특징이 되었다는 것, 성장률이 유례없이 높다는 것, 그리고 외부의 안보 위협과 냉전 반공주의가 위로부터 국민통합과 동원에 지대한 역할을 했다는 것 등이 그러하다. 자본주의의 다양성이라는 시각에서 볼 때 동아시아 모델이 갖는 이 같은 특성은 아무리 강조해도 지나치지 않다. 그렇지만 동아시아 모델을 역사상 완전히 새로운 것이라고 보기는 어렵다. 오히려 우리는 이 모델과 꽤 유사한 선례를 19세기 후발 발전사에서도 찾아볼 수 있다고 생각한다. 왜 그런 생각을 하는가. 첫째, 선발국의 주변화 압력 속에서 주변 발전으로 추락하지 않고 자본주의 산업국가의 성공적인 선두주자로, 이어 고성장국으로 부상한 후발 발전양식에는 시장을 조절하는 제도 형태의 구조상 어떤 유사한 특징이 있을 것으로 기대되기 때문이다. 또 그러한 후발 이행기 발전양식은 성장 성공의 기제와 함께 그 성공에 내재된 구조적 모순 또는 딜레마도 갖고 있을 것으로 생각한다. 둘째, 선행한 경험은 그와 유사한

---

1) A. Amsden, *Asia's Next Giant* (Oxford University Press, 1989).

길에 들어섰지만 아직 어떤 미래가 기다릴지 잘 모르고 있는 우리들에게 적절한 교훈을 제공한다. 우리는 그 발전 경로를 반복해도 좋은가, 아니면 궤도를 비틀어야 할 것인가, 어떤 단절이 필요하며 어떤 새로운 발전 비전과 전략을 가져야 할 것인가 하고 물을 수 있을 것이다. 요컨대 우리는 한국과 동아시아 모델을 발전의 정치경제의 더 넓은 역사적 경험과 지평 속에 집어넣으면서 그 특수성과 일반성, 그 성장 성공의 기제와 구조적 모순을 통합적으로 파악할 수 있기를 원하며, 이를 통해 그것이 주는 총체적 교훈을 얻고자 한다.

근대 자본주의 세계체제의 역사에서 후발국은 어떻게 선발국의 주변화 압박을 헤치고 신생 산업자본주의 국가로 등장할 수 있었는가. 그 추격 발전양식의 구조적 특성은 무엇인가. 거기에는 어떤 구조적 모순이 내재되어 있었는가. 우리가 보건대, 시장에 대한 관리와 유도를 통해 성공한 추격 이행 방식이 보여주는 공통적 특징은 내부적으로는 국가와 산업자본 간의 협력, 성장지향적인 장기 투자 시계(視界)를 가지면서 대중 억압과 통제에 기초를 둔 생산중심주의, 대외적으로는 선진 자본, 기술의 도입 등 세계시장 이익의 활용과 국내시장 보호주의의 결합이다. 영국이 베니스와 제노아, 네덜란드 등을 제치고 마침내 최초의 자본주의 산업국가와 세계 패권국이 된 이유 — '글로벌 스탠더드'의 역사적 한 전형으로서 하나의 시대를 주도했던 이유 — 에 대해서는 많은 연구와 논쟁이 있어왔지만, 그 기초에 소유자 혁명의 성격을 가진 시민혁명과 이에 힘입은 생산중심적인 자본 축적양식, 이를 지지하는 국가와 자본의 협력 및 세계시장이 제공하는 이익의 활용과 국내시장 보호주의의 결합이 있었다는 데는 의견이 대체로 일치한다. 그런데 선발 영국의 주변화 압력과 후발성 이익의 조건 아래 자본주의 산업화에 성공한 19세기 후발 선두 산업국가들을 보면, 국가와 자본, 산업과 금융, 자본과 노동의 관계에서 계급적·제도적 협력과 헌신(commitment)이 영국에 비해 한층 더 강력하고, 보호주의와 개방이익 활용의 선조합의 중요성도 훨씬 더 높다. 말하자면 19세기 후발 선두 산업국가들은 영국에 비해 한층 더 성장지향적이고 생산중심적인 협력자본주의(productionist, cooperative capitalism)를 추구했다고 할 수 있으며, 영국처럼 금융자본과 지주자본의 요구 그리고 대외팽창에 경도된 이른바 '신사 자본주의(gentle-menly capitalism)'적 특징은 찾기 어렵다. 뿐만 아니라 노동자, 농민 등 대중의 참여와 분배 요구에 대해서 한층 더 능동적으로 대처하는 방식으로 배제적 동원 체제를 구축해야 했다.[2] 독일, 일본의 이른바 '비스마르크-메이지 모델'은 대표적인 사례이다. 그렇지만 스웨덴, 벨기에, 그리고 이와는 좀 다르지만 미국조차도 유사한 특징을 보인다는 것이 우리의 생각이다. 역사적 자본주의의 계보학은 영국, 미국, 독일, 일본, 그리고 한국으로 갈수록 사적 자본이 투자를 주도하는 가운데 경제의 조직화의 정도가 높아지고 있음을 보여준다.[3]

우리는 이처럼 19세기 후발 이행기에 나타나는 고성장의 산업자본주의 발전양식, 즉 권위주의 국가와 권위주의적 자본의 지배동맹 아래 생산적 투자와 축적은 사적 자본이 주도적으로 수행하면서 독특하게 시장을 관리·조절하는, 성장지향적이고 생산중심적인 협력자본주의를 '개발자본주의'로 정의할 것이다. 개발자본주의에서는 생산중심적인 고도성장 체제를 구축함에 있어서 국가와 자본, 이 두 정치경제 권력과 권위중심의 지배동맹이 시장, 나아가 사회를 관리하고 대중을 배제적으로 동원하면서 '집단행동의 딜레마' 문제를

---

2) 영국의 '신사 자본주의'적 특성에 대해서는 P. J. Cain and A. G. Hopkins, *British Imperialism 1688~2000*, 2nd(Pearson Education Limited, 2001)을 참조하라. 일찍이 베블렌은 영국의 '신사적 투자자(gentlemanly investors)' 자본주의 경향과 대비되는 독일과 일본의 권위주의적이면서 생산주의적인 자본주의의 특성에 대해 주목했다. 그는 독일과 일본 자본주의의 강점뿐만 아니라, 국가 민족주의에 내재된 모순과 파괴력도 같이 읽었다. T. Veblen, *Imperial Germany and the Industrial Revolution* (The Macmillan Company, 1915). A. Marshall, *Industry and trade* (London, 1919)도 제도경제학과 비교 자본주의론사에서 빠뜨릴 수 없는 중요한 저작이다. 역사사회학쪽으로는 다렌도르프의 연구를 같이 참조하라. R. Dahrendorf, *Society and Democracy in Germany* (W. W. Norton & Company, 1967), pp.31~45, 김종수 옮김, 『분단독일의 정치사회학』(한길사, 1987), 49~64쪽.

3) 대국 모델과 소국 모델의 구분이 필요하다. 이와 관련하여 세계시장에의 위치와 통합양식의 차이, 그리고 당대 세계경제와 이를 주도하는 패권국의 성격의 차이가 대단히 중요하다. 이런 측면에서 자본주의 비교연구와 동아시아 자본주의 연구를 진전시키는 것은 별도의 과제이다.

해결한다. 이같이 성장지향적인 협력과 배제적 동원이라는 의미에서 우리는 개발자본주의가 그 핵심구조에서 '홉스적 협력'의 구조를 가지고 있다고 말할 것이다.

그런데 성장지향적인 홉스적 협력 체제에는 그 성장 성공의 능력만큼이나 권력블록과 제도형태에 내재된 특권성과 무책임성도 매우 높다. 이 이행기 체제는 참여와 민주적 감시, 분배 정의의 요구를 배제하는 경향이 있다. 따라서 또한 이 같은 홉스적 협력체제에 내재된 모순과 딜레마, 이행기 정당성의 불안정성 또는 정당성의 위기를 어떤 방식으로 해결할 것인가 하는 문제가 '산업화 이후 신경제질서' 형성의 기본 의제로 제기된다. 이처럼 산업화에 내재된 구조적 모순의 존재 때문에 산업화와 민주화는 흔히 말하듯이 단순 진화론적 과정으로 나타나지 않는다. 이 글에서는 이같이 이중성을 갖는 성장 지향의 홉스적 협력구조를 특성으로 하는 개발자본주의의 구조, 그 성공적 성장 기제와 내부 딜레마를 밝혀보려는 것이다.

연구사상 후발 산업화 이행의 성공 기제와 그 성공 자체에 내재된 모순구조를 통합적으로 파악하는 발전양식 개념으로서 '개발자본주의' 개념을 제시한 시도는 없었던 것으로 보인다. 근래 널리 퍼진 '자본주의의 다양성(varieties of capitalism: VOC)'론의 경우도 유형론에 치우쳐 있고 역사적 규정성을 분석 틀에 끌어들이지 못하고 있는 것 같다. 제도경제학 또는 경제학의 제도주의적 전환의 새로운 성과와 마르크스경제학 및 마르크스역사학의 성과를 통합하고자 하는 우리의 시도는 산업화 이행기에 국한되어 있지만, 근대 자본주의 이행 이론, 나아가 역사적 자본주의론에 대한 새로운 기여가 될 수 있을지도 모른다.[4] 연구사적으로 볼 때 개발자본주의론은 특히 개발국가론에 크게 빚지

---

4) 필자는 '개발자본주의' 개념과 별도로 산업화 이후 시민사회가 형성되면서 출현하는 규칙에 기반을 둔 자본주의로서 '질서자본주의' 개념이 가능하지 않을까 생각하고 있다. '개발자본주의'와 '질서자본주의' 사이에는 하나의 단절이 있게 된다. 이 단절은 일단 해당 자본주의의 정당화 양식(mode of legitimation)의 차이에 기인하며 흔히 헌법의 수정을 동반하기 마련이다. 그간의 연구에서는 자유경쟁-(금융)독점의 단계에 치중했고, 이 단절과 그 다양성에 대해서 덜 주목해 왔다.

고 있지만 이를 넘어서고자 하며 이에 대한 대항적 의식도 갖고 있다.

개발국가론에 의해 민족주의와 자본주의의 결합, 정치적 권위주의와 경제적 자본주의의 결합, 그리고 국가(=계획)와 시장의 협력에 기반을 둔 고성장 발전 양식이 하나의 이론으로 정립되는 기초가 마련되었다. 국가 통치의 정당성 원리와 성장 성공의 기제에 대한 해명은 자본주의 개발국가론의 핵심적 구성 부분이다. 개발국가는 경제질서의 근본적 전환을 추구하며, 성장 성과라는 목표, 즉 성장을 촉진하고 지속하는 능력을 정당성 원리로 삼는 국가로 정의된다. 또한 그것은 사기업에 대한 지원에 성과 규율을 연계시키는 국가로 파악된다. 개발자본주의론은 개발국가론을 중요한 이론적 자원으로 인정하지만 다음과 같은 점에서 견해가 갈라지며, 새로운 영역으로 연구를 진일보시킨다.[5]

첫째, 개발국가론은 이론 구성의 전략적 무게중심이 국가의 성격과 역할에 가 있는 국가중심주의 이론이다. 이에 반해 개발자본주의론은 국가론을 더 넓은 제도주의 정치경제학의 구성 부분으로 위치 짓고자 한다. 국가 능력만큼이나 사회 능력이 중요하며 사회 능력에 착근되고 연계되는 국가 능력을 생각해야 한다. 국가와 사회, 시장의 연계, 제도형태의 다양한 구성 방식 전반으로 시야를 확대하면서 그 속에서 국가의 역할과 위상을 파악해야 한다. 무엇보다 우리는 이행기 자본주의에 특수한 소유형태와 제도형태를 밝히고자 한다. 다시 말해 '국가의 복원' 이상으로 '제도의 복원', '자본의 복원(bring capital back in)'과 자본축적 양식의 복원, 그리고 '정치의 복원'이라는 관점을 가져야 한다. 그리하여 뛰어난 시장 관리력을 통해 거대한 부를 창출하면서 동시에 권력과 부가 집중되고 자기 반성력과 규율력이 취약한, 국가와 자본 동맹 주도하의 '홉스적 협력'의 소유형태와 제도형태는 이행의 성공 기제와 모순 구조를 통합적으로 밝힘에 있어 핵심적 구성요소가 된다. 이 문제는 개발국가 론만이 아니라 지금까지 후발 산업화론의 계보학 전반에서 체계적으로 탐구되

---

5) 개발국가론에 대한 전반적 검토는 이병천, 「개발국가론 딛고 넘어서기」, ≪경제와사회≫, 57호(2003년 봄); 이병천, 「개발독재의 정치경제학과 한국의 경험」, 『개발독재와 박정희 시대』(창비, 2003) 참조.

지 않았다.6)

둘째, 개발자본주의론에서도 발전양식의 정당성(legitimacy)과 실효성(effec-tiveness)을 갖춘 발전 시스템을 구축하는 데 대한 국가의 성격과 역할은 여전히 필수적인 이론적 구성요소다. 그렇지만 우리는 예컨대 한국의 박정희 모델에서 보는 바와 같이 국가의 거대한 금융적 지원과 돌진적 산업정책에서 나타나는 '지원과 성과의 연계' 방식을 개발자본주의의 일반적 특성으로 보지는 않을 것이다. 국가와 자본의 협력적 연계는 다양한 방식으로 나타날 수 있다. 산업화 이행을 정당성 원리로 삼는 국가라 하더라도 국가의 역할과 사적 자본의 역할이 배합되는 방식은 다양하다. 개발국가론은 독일과 일본 모델을 기본 모델로 제시하곤 하지만, 이 비스마르크-메이지 모델에서조차 사적 대자본과 사적 제도형태의 연계는 매우 중요하다. 독일의 산업화가 국가에 의해 위로부터 지휘되었다는 거센크론(A. Gerschenkron)의 견해는 의문에 부쳐지고 있으며 독일 부르주아지가 종속적 태도를 취하지 않았다는 견해가 강화되고 있다.7)

---

6) 예컨대 존슨은 후발 발전양식을 레닌-스탈린 모델과 비스마르크-메이지 모델로 나누어 이분법적으로 제시하고 있다. C. Johnson, *Japan: Who Governs? the Rise of the Developmental State* (W. W. Norton and Company, 1995). 앰스덴의 연구에서도 소유권에 대한 언급은 매우 희귀하다. 그녀의 연구에서 핵심적인 아이디어는 후발국 성장 성공의 관건은 성과 규율에 연계된 국가의 지원, 즉 '상호적 통제 기제'라는 것이다. 그녀는 상호적 통제 기제의 성공적 작동을 위해 소유권은 안정적이어야 하지만 이는 반드시 사적 소유권 제도를 필요로 하지는 않는다고 말한다. A. Amsden, *The Rise of 'The Rest'* (Oxford University Press, 2001), pp.286~289. 이는 역설적으로 매우 급진적인 의미를 가질 수도 있다. 그렇지만 거꾸로 소유-생산-계급 관계의 질적 차이와 다양성이 상호적 통제 기제의 작동에 심대한 영향을 미치게 될 것임이 분명한데, 이 점에 대해서는 침묵한다. 그럼으로써 국가와 자본 간의 협력과 갈등, 그 다양한 형태, 그것이 민주적 자본주의로 가는 길에서 갖는 의미 등의 문제를 제거한다. 또한 장하준의 경우 소유권은 지적 재산권 문제 정도가 간단히 언급되고 있을 뿐이다. Ha-Joon Chang, *Kicking away the Ladder* (Anthem Press, 2002), pp.82~85. 이 문제와 관련하여 장하준의 한국경제 연구가 갖고 있는 문제점에 대해서는 필자의 다음 글을 참조하라. 이병천, 「주식회사 한국 모델에서 이해당사자 한국 모델로」, ≪서평문화≫, 제56집(2004년 겨울호).

7) Dietrich Rueschemeyer et al. *Capitalist Development and Democracy* (University Of Chicago

우리가 개발자본주의의 기본형으로 설정하는바, 사적 자본이 투자를 주도적으로 수행하고 자본축적의 주된 담당 주체가 되는 산업화 자본주의에서 '강한 국가'는 자본을 유도하면서도 기본적으로 자본의 동의에 의존하며, 양자는 상호 의존과 협력 관계에 놓여 있다고 말해야만 한다.[8]

셋째, 후발 산업화 이행기에 정치적·사회적 정당성 원리는 결코 순수하게 민족주의로 일색화되지 않는다. 국민국가는 적어도 그 헌정 원리에서 구성원의 기본적 인권과 시민권을 규정해 놓고 있는 까닭이다. 그런데 국가가 사적 자본의 축적논리에 의존하여 산업화 이행의 과제를 담당하는 이상, 그것은 자본의 주권을 정당화하고 대중의 시민권적 요구를 억압하는 권위주의적 부르주아 국가로 나타난다. 그 때문에 산업화와 민주화는 분명 서로 별개의 과정이지만 이 두 과정과 운동은 서로 겹치고 뒤엉키면서 나타날 수밖에 없다. 다시 말해 산업화 정권과 축적 양식, 발전 모델의 정당성은 모순에 찬 '쟁투적 정당성'이며,[9] 산업화의 전개는 '쟁투적 산업화(contentious industrialization)'로 나타난다는 것이다.

넷째, 개발국가론은 강한 국가와 강한 자본 협력체제의 고성장 능력에만 주목한다. 그 때문에 이 이론은 본질적으로 민족주의적 추격 담론, 성장제일주의와 경쟁력 제일주의 담론의 성격을 갖고 있다. 그런데 높은 성장 능력이 곧 높은 민주화를 가져오는 것은 결코 아니다. 개발국가론은 국가와 자본의 두 권위주의 권력중심의 협력에 의한 도구적 합리성의 국가화와 전 민족화, 탈정치화의 헤게모니 전략이 시민적·민주적 대항력에 의해 견제되고 감시되지 못할 때 역사적으로 어떤 파괴적 결과를 가져왔는지, 그리고 가져오게 되는지에 대해 관심을 갖지 않는다. 개발국가론의 연구사에서는 소련식 계획경제, 미국식 자유시장경제와의 비교 속에서 개발국가 모델의 고성장 능력만

Press. 1992), 박명림 옮김, 『자본주의 발전과 민주주의』(나남, 1997), 197쪽.

8) D. Coates, *Models of Capitalism: Growth and Stagnation in the Modern Era* (Polity Press, 2000), 이영철 옮김. 『현대자본주의의 유형』(문학과지성사, 2003), 385쪽.

9) 이병천, 『개발독재의 정치경제학과 한국의 경험』, 39쪽.

부조적으로 강조되어 왔다. 우리는 그간의 연구사에서 마침내 군국주의, 제국주의와 파시즘으로 치달은 비스마르크-메이지 모델, 그리고 그 성장 능력과 구조적 모순의 이중성을 새로운 형태로 담지하고 있다고 할 20세기 후반 박정희 모델의 위험성을 자각하고 일깨운 연구를 잘 보지 못한다.

## 2. 발전양식의 다중 균형과 홉스적 협력 균형

### 1) 발전 균형의 다양성

한 나라의 산업화와 국민경제 형성은 기계제 공장공업이라는 생산력 체계에 생산적 투자가 지속적으로 일어나고 부문 간·산업 간 전후방 분업 연관이 제고되며 생산성이 증대됨으로써 실현된다. 자본주의적 산업화는 산업자본의 주도 아래 사적 이윤동기와 자본축적을 위한 특권적 유인체계 또는 기회구조가 지배하는 방식으로 산업화가 실현되는 것이다. 즉, 공장제에서 M-C(MP, LP)-P-C'-M'라는 자본주의적 생산과 축적의 논리가 작동하고, 그 속에서 자본의 노동력 상품에 대한 지배와 소비재-생산재 부문의 산업 연관 체계가 구축됨으로써 산업화가 달성된다.

그런데 산업화의 도약 앞에는 각종의 장애가 존재한다. 그 장애는 후발국일수록 심해진다. 낡은 기득권층의 저항, 성장능력과 분배기대 간의 비대칭성, 정보의 불확실성 및 불완전성과 그에 따른 투자의 위험성, 대외적으로는 선진국의 주변화 압력 등의 이유 때문에 개인적 합리성과 산업화라는 공적·장기적 목표 간의 괴리가 극심하다. 이런 상황에서 시장의 자생적 논리를 통해 개인적 합리성 또는 개인적 투자행위의 결과로서 국민적 과제인 산업화 도약이 이루어질 것으로 기대하는 것은 곤란하다. 우리는 후발 발전국가에서 국민적 산업화의 과제 앞에 제기되는 이 같은 집단행동의 딜레마와 조절 문제를 다음 두 가지 항목으로 구분해 볼 수 있다고 생각한다.

① 정치적·경제적 권력 분배의 딜레마: 정치권력의 분배 딜레마란, 산업적 근대화라는 통합된 발전목표를 추구하는 안정적인 정치적 권위의 형태와 정치적 시민권 요구 간의 상충을 말한다. 그리고 경제권력(의사결정권과 잔여청구권)의 분배 딜레마란, 사적 자본의 이해 및 그 동물적 이윤동기에 의존하는 특권적 산업화 방식과 대중의 사회경제적 시민권 요구 간의 상충을 말한다.10)

② 거센크론적 딜레마와 칼도적 딜레마: 거센크론적 딜레마에는 자본 동원의 문제가 물론 중요하다. 그러나 그 이상으로 중요한 것은 시장 불완전성, 불확실성과 위험, 갈등이 존재하는 상황에서 개별 경제주체가 신산업에 생산적 투자를 할 때 직면하는 장애다. 칼도적 딜레마란 규모의 경제나 실행에 의한 학습 등을 통해 생산성을 제고하고 혁신을 일으키는 데 직면하는 곤란이다. 이 두 집단행동의 딜레마를 극복하지 못하면 산업화 이전의 저개발국 처지를 벗어나지 못한다.11)

이 같은 집단행동의 딜레마에 대한 해법은 무엇인가. 제도주의 정치경제학의 관점에서 볼 때, 가장 중요한 것은 불확실성 및 위험과 정치경제적 분배갈등을 해결하는 제도적 조절 및 안정화의 양식과 그 조절 수준이다. 달리 말해서 조절 양식의 정당성(legitimacy)과 실효성(effectiveness) 양면에 대한 '제도적 거버넌스 능력(institutional governance capacity)'이다. 제도적 조절의 틀은 갈등과 선택의 산물이자 동시에 그것을 규정하고 행동을 일정 패턴으로 조절하는 한 시기의 역사적 구조가 된다. 이 제도적 틀이 구축됨으로써—물론 이는 잠정적이고 내부에 균열과 위기 요인을 갖고 있다—하나의 발전양식이 성립할 수 있는 것이다. 어떤 해법을 생각할 수 있을까. 특히 우리가 관심을 갖는

10) N. Mouzelis, *Politics in the Semi-Periphery* (Basingstoke: Macmillan, 1986), pp.129~133.

11) D. Walder, *State Building and Late Development* (Cornell University Press, 1999); H. M. Schwartz, *States versus Markets: The Emergence of Global Economy* (St. Martin's Press, 2000).

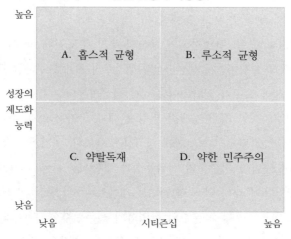

발전 균형의 다양성

| | 낮음      시티즌십      높음 |
|---|---|
| 높음 | A. 홉스적 균형      B. 루소적 균형 |
| 성장의 제도화 능력 | |
| 낮음 | C. 약탈독재      D. 약한 민주주의 |

것은 성장의 제도화 능력과 시티즌십(citizenship) 간에 어떤 결합이 나타날 수 있을까 하는 문제다. 하나의 해법이 아니라 다양한 해법을 생각할 수 있다. 다시 말해 단일의 조절 양식, 또는 제도적 균형이 아니라 다중 균형(multiple equilibria)이 성립할 수 있다(그림 참조). 여기서 우리는 산업화 이행기 발전양식으로서 스미스-로크적 모델을 배제하고 있다.[12]

첫째, 저개발 균형에서 산업화 정체(停滯) 또는 반(半)산업화 균형까지: 세 가지 하위유형을 생각할 수 있다. ① '국가 실패' 또는 '약탈독재' 같은― 자이레가 대표적이다―극단적인 경우다. ② 정치적 혼란을 수습하면서 목적의식적으로 농산물 수출국을 지향하는 경우다. ③ 산업화가 진행된다 해도 부진한 경우다. 국가 능력의 부족이나 사회적 능력의 부족, 또는 국가와 사회 또는 국가와 자본 간 협력이 미흡할 때 나타난다. 정치적 시민권은 조기에

12) R. D. Putnam, *Making Democracy Work: Civic Traditions in Modern Italy* (Princeton University Press, 1994), 안청시 외 옮김, 『사회적 자본과 민주주의』(박영사, 2000); S. Bowles, *Microeconomics-Behavior, Institutions and Evolution* (Russell Sage Foundation, 2004), p.381. '홉스적 균형', '루소적 균형'이라는 말은 이들로부터 빌려왔다.

도입되었으나 안정적인 정치적 조절 능력이 결여되어 지속가능한 산업화 성장 체제를 구축하지 못한 경우도 존재한다.

둘째, 홉스-칼도 균형: 산업자본의 생산적 투자 주도권과 그 계급구조적 이윤기회를 마음껏 보장하면서 생산중심적 성장주의 체제를 구축한 모델이다. 대중의 참여와 분배 요구가 억압되며 동시에 금융자본의 자유화도 통제된다. 그러면서 권위주의적인 정치-경제적 권력 분배와 국가-산업자본의 특권적 협력체제를 중심으로 칼도적 산업화에 성공한 모델이다. 여기서는 고(高)수준의 성장 제도화 능력이 저수준의 시티즌십과 결합(high growth capacity, low citizenship)되고 있다. 우리는 이 균형 해법을 개발자본주의 발전양식으로 파악하고자 한다. 19세기 후발 자본주의 산업화의 선두주자 중 독일과 일본이 대표적이다. 스웨덴과 벨기에도 이 유형에 속한다. 미국은 로크적인, 사적 소유권과 경쟁 시장, 자유주의적 공사분리의 전통을 가졌지만 남북전쟁 이후 독점화와 보호주의가 진전되는 시기는 홉스-칼도 모델의 성격을 공유하는 측면이 있다.[13]

---

13) 미국이 '시장친화적' 개발자본주의 성격을 갖고 있다면, 레닌 이래 정통 마르크스경제학에서 국가 독점자본주의단계에 도달했다고 말해지기도 했던 19세기 말 러시아는, 우리의 견해에 의하면, 오히려 개발자본주의에 속하지 않는다. 러시아는 국가와 사적 자본 간의 성장지향 협력이 원활히 이루어지지 못했다. 전통적 유제가 강력하고 제도적·주체적 기반이 취약하여 산업화가 충분히 개화되지 못한 나라라고 봄이 합당하다. 이는 러시아를 국가 주도 자본동원형으로 파악했던 거센크론의 견해와도 다르다. 이행기 스웨덴 자본주의가 갖고 있는 독일과의 유사성에 대해서는 Dietrich Rueschemeyer, et al. *Capitalist Development and Democracy*, pp.171~172; G. M. Luebbert, *Liberalism, Fascism or Social Democracy* (Oxford University Press, 1991), pp.68~69; S. M. Lipset, *The First New Nation* (Anchor Books, 1967), p.270. 한편 위트록은 "스웨덴적 메이지유신"이라는 표현까지 쓰고 있다. B. Wittrock, "The Making of Sweden," in *Theses Eleven*, Vol.77 No.1(May 2004). 스웨덴의 산업화에 대해서는 L. Jorberg, "Structural Change and Economic Growth-Sweden in the 19th Century," in P. K. O'Brien(ed.), *The Industrial Revolution in Europe* 2(Blackwell, 1994); P. Mathias and M. M. Postan(eds.), *The Cambridge Economic History of Europe*, Vol.VII part 1 chap XI (Cambridge University press, 1978); L. Magnussin, *An Economic History of Sweden*

셋째, 루소-칼도 균형: 정치경제적 권력 분배에서 평등주의 요구가 유난히 강하고 꺾이지 않았던 경우다. 그러면서 서서히 칼도적 길로 진입한 발전양식이다. 민주공화주의 전통이 강한 프랑스가 대표적 사례가 된다. 혁명과 반혁명의 처절한 투쟁을 겪은 프랑스는 부르주아적 축적의 개화를 막고 홉스-칼도 균형의 나라들에 비해 보다 평등하고 균형 잡힌 산업화 국면을 통과한 것으로 보인다. 자유소농민을 중심으로 한 두터운 소상품생산자의 존재와 농촌 공업화(rural inclusive development)는 프랑스 자본주의의 중요한 특성이다.[14] 이들과 노동자 계급의 동맹이 '원시적' 시초축적의 노골적 폭력을 저지했다.[15] 프랑

(Routldge, 2003); P. Höyfeldt, "The History and Politics of Corporate Ownership in Sweden," NBER project(2004); 안재홍, 「스웨덴 노동계급의 형성과 노동운동의 선택」, 안병직 외 엮음, 『유럽의 산업화와 노동계급』(까치, 1997); 장승규, 『존경받는 기업 발렌베리가의 신화』(새로운제안, 2006). 스웨덴과 노르웨이의 차이, 특히 대기업에 대한 권위 부여 또는 정당성 부여 방식의 차이에 대해서는 다음을 참조하라. F. Sejersted, "Capitalism and Democracy: A Comparison between Norway and Sweden," in *The Democractic Challenge to Capitalism: Management and Democracy in the Nordic Countries* (Copenhagen Business School Press, 2001); F. Sejersted, "Nationalism in the Epoch of Organized Capitalism: Norway and Sweden Choosing Different Paths," in A. Teichova and H. Matis(eds.), *Nation, State and the Economy in History* (Cambridge, 2003). 벨기에의 독일 모델과의 유사성에 대해서는 H. van der Wee, "The Industrial Revolution in Belgium," in M. Teich and R. Porter(eds.), *The Industrial Revolution in National Context* (Cambridge University Press, 1996); J. Mokyr, Industrialization in the Low Countries1795-1850 (Yale University Press, 1976); H. G. Schroter, "Small European Nations: Cooperative Capitalism in the Twentieth Century," in A. D. Chandler et al(eds.), *Big Business and the Wealth of Nations* (Cambridge University Press, 1997); M. da Rin and T. Helmann, "Banks as Catalysts for Industrialization," January 2001 참조.

14) 이는 스웨덴, 덴마크 등에서도 볼 수 있는 특징이다. M. Mann, *The Sources of Social Power*, Vol.2(Cambridge University Press, 1993), pp.717~718.

15) 프랑스에서는 민주공화주의의 전통이 쿠데타와 보나파르트주의의 정당성을 부정한다. M. Agulhon, *Coup d'etat et Republique(La bibliotheque du citoyen)*(Presses de Sciences po, 1997), 이봉지 옮김, 『쿠데타와 공화정』(한울, 1998). 아렌트는 이렇게 말한다. "프랑스 혁명은 인간을 입법자이자 시민(citizen)으로 파악하는 관념을 가졌던바, 부르

스만큼 갈등과 혼란은 없었지만, 자유농민의 평등주의와 종교적 민중 경건주의가 강했던 북구의 노르웨이 같은 경우도 이 유형에 포함시킬 수 있다.16)

넷째, 홉스-루소-칼도 균형: 홉스-칼도 균형의 하위 모델이라 할 수 있다. 20세기 후반 제2차 세계대전 후 동아시아 발전의 경험에서 타이완과 개혁사회주의 중국을 그 사례로 들 수 있다고 본다. 이 모델은 정치적 권력 배분에서는 전체주의적이다. 그러나 경제적 권력 배분에서는 국공유 부문의 비중이 높아 사적 자본주도 유형과는 구분된다. 그런 의미에서 — 정치적 시민권 보장이 아니라 — 루소적 균형의 성격을 갖고 있다는 것이다. 이런 관점에서 우리는 타이완 모델과 한국의 재벌지배 모델은 공통점도 있지만 중요한 질적 차이를 지닌다고 생각한다. 나아가 동아시아 모델의 내부 다양성에 대해서 새로운 시각을

---

주아가 필연적 과정으로서 자신의 역사에 대한 관념을 만개시키는 것을 막는 데 거의 성공했다." H. Arendt, *The Origins of Totalitarianism* (Harcourt: Brace and Company, 1951), p.144. 김경근에 따르면 19세기 프랑스는 영국과 달리 농민을 토지에서 내몰지 않고 수공업생산을 존속시키며 급격한 도시화가 없이도 근대화가 가능하다는 것을 보여주는 '전통속의 근대화'의 대표적 모델이다. 김경근, 『프랑스 근대사 연구: 평등과 자유를 통한 번영의 길』(한울, 1998). 김경근의 저서는 영국과 대조적인 근대사의 프랑스적·민주적 경로에 대한 뛰어난 연구로 평가받아 마땅하다. 이를 보면 프랑스는 루이 나폴레옹의 쿠데타 이후 제2제정기 보나파르트 체제가 개발자본주의의 프랑스판을 선보인 한 시기였던 것 같다. 프랑스 산업혁명의 후진성에 대한 수정론을 개관하고 있는 글로는 윤승준, 「수정주의적 프랑스 산업화론에 대한 일고찰」, 『프랑스 노동운동과 사회주의』(느티나무, 1988)를 참조. 영국은 농민에 대한 토지수탈형으로 잘 알려져 있지만, 이와 동시에 위계적 봉건적 권위주의 문화의 대부분이 손상되지 않은 채 근대세계로 진입했다는 면에서 '근대화 없는 산업화' 모델이기도 하다. 터너는 이런 면에서 영국을 오히려 일본과 유사한 사례로 묶고 있다. B. S. Turner, *Citizenship and Capitalism: The Debate over Reformism* (Controversies in Sociology, Vol.21)(Unwin Hyman, 1986), 서용석·박철현 옮김, 『시민권과 자본주의』(일신사, 1997), 109~112쪽. 이는 일면적이긴 하지만 일리가 있는 말이다.

16) 노르웨이는 스웨덴과 달리 은행이 공공부문이었다. Even Lange, "The Norwegian Banking System before and after the Interwar Crises," in A. Teichova et al(eds.), *Universal Banking in the Twentieth Century: Finance, Industry and the State in North and Central Europe* (Edward Elgar, 1994).

가질 필요가 있다.[17]

## 2) 발전양식의 규정 요인: 후진성, 문화 그리고 권력

그러면 위와 같은 다양한 균형 해법(解法)을 낳게 하는 요인은 무엇일까. 잘 알려져 있는 한 가지 설명은 거센크론의 후발 산업화론이다.[18] 그는 경제적 후진성을 가장 중요한 요인으로 제시했다. 그에 따르면, 나라가 경제적으로 후진적일수록 다음과 같은 경향이 나타난다. 즉, 산업화가 높은 성장률의 대질주(great spurt) 방식으로 진행되고, 최신 기술 도입을 더 강조하게 되고, 공장과 기업의 규모가 커지면서 생산재 비중이 높아지고, 자본 형성을 위한 소비 압박이 높아지고, 공산품 시장이나 생산성 증대 원천으로서 농업부문의 역할은 감소되고, 자본 동원을 위한 제도의 역할이 커지며, 정책 형성과 국민의 집단의지 형성을 위한 산업화 이데올로기의 역할이 커진다. 그는 특히 자본 동원을 위한 제도적 대체 방식과 혁신에 주목하여, 영국의 자생적 조달형, 독일의 투자 은행형, 그리고 러시아의 국가 주도형을 세 개의 패러다임으로 제시했다.

---

17) 존슨(C. Johnson)을 비롯하여 그간 동아시아 자본주의를 일본 모델의 변종으로 보는 견해가 우세했다. 그러나 필자는 결코 이에 동의할 수 없다. 앞으로 동아시아 모델의 연구는 시각을 전환하여 공적소유 및 규제가 시장의 활력, 전략적 개방의 이익과 어떻게 결합되었는지 하는 특성에 주목해야 한다고 본다. 또 이것이 '분배를 동반한 성장'을 낳은 중요한 요인이 될 수 있었던 것은 아닌가 하는 점에 대해 더 심층적인 연구가 필요하다. 예컨대 한국은 국가주도적 성격이 가장 강했다고 하지만 주택·부동산이 가장 시장화된 부동산 투기국가 또는 토건국가 모델이며, 반면 싱가포르는 시장 주도적 성격이 매우 강하지만 공공주택이 널리 발전되어 국민의 대다수가 공공주택에서 사는 주택-토지 공개념 모델이라는 사실에 주목해야 한다. 동아시아 성장에 대해 사적 자본 소유를 전제로 한, 기왕의 시장 대 국가의 이항대립은 크게 정정되어야 한다. 여기에도 '자본주의의 다양성'의 시각이 도입되어야 한다.

18) A. Gerschenkron, *Economic Backwardness in Historical Perspective* (The Belknap Press of Harvard University Press, 1962).

산업화 자체를 직접 주제로 삼지는 않았다 해도 베링턴 무어(B. Moore)의 견해를 빠트릴 수 없다. 그는 독재의 사회적 기원을 토지귀족의 힘과 부르주아지의 약체성에서 찾는 것으로 널리 알려져 있지만, 후발성 또한 중요한 변수로 파악된다.[19] 그에 따르면 후발국으로 갈수록 선발국과 발전 격차가 커지고 그만큼 주변화 압력을 극복하기 위해 중앙집권적 국가통제의 필요성도 높아지게 된다. 즉, 후발 근대화는 선발국의 압력에 대응하는 '방어적 근대화'의 성격을 띠게 되며, 산업화의 타이밍이 늦을수록 부르주아 민주주의에서 파시즘, 공산주의로 갈 가능성이 높아진다.

우리는 거센크론과 무어의 논의가 말하는바, 산업화 타이밍을 포함한 경제적 후진성의 정도가 후발 산업화 발전양식을 규정하는 중요한 변수임을 받아들여야 한다. 그러나 이를 결정적 요인으로 간주할 수는 없다고 본다.[20] 후진성의 정도가 유사하다 해도 서로 다른 균형이 나타난다. 상대적 후진성 외에 여러 요인들을 생각할 수 있겠으나 여기서는 문화와 권력을 중요한 두 변수로 파악하고 싶다.[21]

첫째, 문화적 변수가 중요한 것은 규범적 가치, 신념체계 또는 정치사회적

---

19) B. Moore, *Social Origins of Dictatorship and Democracy: Lord and Peasant in the Making of the Modern World*(Boston: Beacon Press, 1966).

20) 거센크론의 견해를 주제별, 국별로 재검토한 경제사학자들의 대표적 연구로는 R. Sylla and G. Toniolo, *Patterns of European Industrializaton* (Routledge, 1991); B. Supple, "The State and Industrial Revolution 1700~1914," in *Fontana Economic History of Europe* Vol.3(The Industrial Revolution, 1973), pp.351~353도 같이 참조.

21) 문화 또는 가치는 베버-파슨스적 전통에서, 권력은 마르크스-푸코적 전통에서 주요 변수로 다루어졌다. 군사적 동기, 국가권력적 동기 등 여러 변수를 포괄한 설명으로는 M. Mann, "Ruling Class Strategies and Citizenship," in *Sociology* Vol.21(1987); M. Mann, *The Sources of Social power* Vol.2, pp.299~300, 495~499. 뤼시마이어 등은 민주주의 이행과 관련하여 계급 세력, 국가권력, 계급과 국가 동맹, 초국가적 권력 등의 변수를 제시했다(『자본주의 발전과 민주주의』). 사회자본론으로 문화변수를 발전시킨 논의로는 다음을 참조하라. R. Putnam, *Making Democracy Work*, 안청시 외 옮김, 『사회적 자본과 민주주의』; P. Evans(ed.), *State and Society Synergy* (Berkeley, 1996).

정당성 담론 등이 사람들의 집단적 결속과 협력, 헌신을 좌우하고 산업화 정치경제체제를 규정하는 중요한 요인이 되기 때문이다. 설령 산업화와 산업 문명 형성을 국민적 과제로 받아들인다고 하더라도, 이를 중시하는 강도가 어느 정도인지, 그것을 어느 정도로 우선적 가치로 받아들이는지, 시장과 국가의 역할은 어떠해야 하는지, 사적 자본의 지배권에 대해 얼마나 우호적인지, 그리고 국가와 시장을 넘는 협력적 행동과 결속(commitment)은 어느 정도 가능한지 등이 문제가 된다. 산업화 방식의 이 문화적 착근성(cultural embeddedness)에는 식민통치나 분단, 국가형성 과정의 고유한 경험 등에 기인하는 민족주의의 강도나 부국강병 열망의 강도, 또는 이와 달리 자유-개인주의, 공화주의, 민주적 평등주의의 문화적 토양의 차이와 강도, 그에 따라서 사회구성원들의 자발적 협력을 통한 행위 조절을 용이하게 하는 공공재로서 이른바 '사회자본'이 어떻게, 어떤 질(質)로 축적되어 있는지 하는 것 등이 중요하다.

둘째, 사회 자본론, 그리고 이에 기초한 국가와 사회의 시너지론은 대개 암묵적으로 구성원들의 이해의 동질성을 가정하는 경향이 있다.[22] 그렇지만 어떤 문화도 이해의 갈등을 벗어날 수 없고 이쪽과 저쪽이 갈라지는 것은 필연적이다. 어떠한 문화형태 또는 사회자본도 권력관계, 권력전략과 그 효과, 따라서 지배와 저항의 대항 축을 떠나서 이해하는 것은 불가능하다. 동일한 사회자본도 다양한 권력관계와 권력전략 속에 배치될 수 있고, 그 성격과 역할이 달라질 수 있다.[23] 또한 동일한 후진성 수준에서도 권력전략과 권력의 분배방식, 이를 둘러싼 정치사회적 투쟁과 공방에 따라 균형 해법이 달라질 수 있다. 그러므로 자본주의적 산업화에 헌신하고 이를 위해 권위를 행사하는 특정한 지배블록의 출현과 이들이 주도하는 정치경제적 조절 양식이 결정적으로 중요하다. 성장지향 '홉스적 협력' 균형의 중핵에는 이 특수한 성격의

---

22) P. Evans(ed.), 같은 책, p.196.

23) 이를 잘 보여주는 대표적 사례로는 인도의 케랄라가 있다. P. Heller, "Social Capital as a Product of Class Mobilization and State Intervention: Industrial Workers in Kerala, India," in P. Evans(ed.), 같은 책.

지배권력 블록과 그 전략이 존재한다.

우리의 경우 '홉스적 협력'의 균형이란 우선 국가와 자본권력의 지배동맹 아래 성장지향적인, 즉 개발에 헌신(commitment to development)할 수 있는 집합적·제도적 조절능력(collective, institutional governance capacity)이 장치되어 있는 이행기 발전양식을 의미한다. 이 발전양식은 시장경쟁과 '자본의 자연권'의 기반 위에 서 있지만, 그것은 국민적 산업화의 견지에서 일정하게 조절되고 관리된다. 성장지향 홉스적 협력은 민주공화주의의 시민적 이해당사자 협력과도 대비되는, 강한 권위주의 국가와 강한 자본의 두 성장지향 권력중심이 주도하는 '수직적 협력' 체제다. 이 균형 해법은 다양한 형태의 기회주의와 '제한된 합리성', 또는 평등주의적 요구 등에 따른 제도적 조절 곤란으로 인해 산업화 이행을 위한 집단행동의 딜레마 문제를 극복하지 못하는 조절 실패 상황에서 나타난다고 할 수 있다. 또는 평등한 참여와 인정에 기반한 루소적 균형의 대안과 경합하고 이를 제압하는 방식으로도 나타난다고 보아야 한다.[24]

그런데 우리는 어떤 역사적 행위자 또는 역사적 블록의 집단의지와 전략은 필경 자신들의 특수이해, 즉 특정한 정치세력과 사회계급·계층의 이익을 보장하는 구조적 특권 또는 구조적·전략적 선택성을 갖고 있다고 생각한다. 지배세력의 구조적 특권을 확보하는 가운데 강제와 동의의 양면 작전을 구사하면서 피지배계급을 통합하는 권위와 권력관계의 체계, 전략과 시스템을 발전시킴으로써 헤게모니 전략이 되고, 역사적 헤게모니 체제가 된다. 그람시와 제숍의 헤게모니론을 따를 때 권력블록의 헤게모니 전략은 다음과 같은 세 가지 구성요소를 가지고 있다.[25]

---

24) R. Putnam, *Making Democracy Work: Civic Traditions in Modern Italy*. 퍼트남도 사회적 균형이라는 말을 사용하고 있다. 같은 책, p.296. 강한 국가는 게임이론에서 포괄적 이해를 담지하는 '스타켈베르크 선도자(Stackelberg leader)'의 위치에 있다고 할 수 있다. P. Bardhan, *Scarcity, Conflicts, and Cooperation* (The MIT Press, 2005), p.101.

25) B. Jessop, *State Theory: Putting the Capitalist State in its Place* (Polity press, 1990),

- 구조적 결정: 이것은 특정한 세력과 계급의 이익을 보장하고 여타 세력의 이익을 희생시키는 국가형태와 사회형태, 그리고 양자의 상호의존에 각인된 구조적 특권 또는 구조적·전략적 선택성을 말한다.
- 전략적 지향: 이것은 헤게모니 세력의 구조적 특권과 피지배계급의 동의 양자를 성공적으로 연계시킬 수 있는 프로젝트의 개발을 말한다. 헤게모니를 얻기 위해서는 정치적·지적·도덕적 지도력의 세 가지 영역에 개입해야 한다.
- 축적 전략과 성장 모델: 헤게모니 전략은 '경제적 토대' 없이는 성공할 수 없다. 헤게모니 기획의 성공적 추진은 작동 가능한 성장 모델 또는 축적전략의 뒷받침 위에서, 그리하여 피지배세력에 대한 물질적 양보의 제공에 의존한다.

그런데 산업화 과정에서 역사적 지배블록에 의한 피지배계급의 통합은 결코 완전할 수가 없게 되어 있다. 권력전략에서 동의와 강제, 배제는 쌍생아처럼 붙어다닌다. 그리고 권력의 전략은 국가적·사회적 폭력과 병행 발전하며, 이는 저항과 투쟁을 낳는다. 그리하여 산업화는 필경 쟁투적 과정이 된다. 우리는 이를 '쟁투적 산업화(contentious industrialization)'라고 부르고자 하는데, 여기서 폭력, 저항과 투쟁의 '흔적(traces)' 또는 '구성적 외부(constitutional outside)'는 삭제 불가능하다. '쟁투적 산업화'라는 인식은 산업화에 대한 진화론적·환원주의적·경제주의적 인식, 나아가 산업화가 지배권력의 승리주의적 권력 담론이 되는 것을 경계한다.[26] 그것은 산업화의 역사를 하나의 단일한 환원주의적 '대문자 역사(reductionist History)'가 아니라 위로부터의 역사와 아래로부터의

---

유범상·김문귀 옮김, 『전략관계적 국가이론』(한울, 2000), 제7장.

26) 마르크스는 선발 영국의 시초축적의 경험을 보고 피와 불의 문자로 새겨져 있다고 지적한 바 있다. 한편 푸코는 홉스의 절대주권 담론이 전쟁·정복 그리고 투쟁의 계기를 은폐하는 지배자와 승리자의 권력 담론이라고 비판한다. M. Foucault, *Il faut défendre la societe* (Seuil/gallimard, 1976), 박정자 옮김, 『사회를 보호해야 한다』(동문선, 1997).

역사가 중첩된 '일련의 역사들(overdetermined histories)'로 파악하게 한다. '홉스적 균형'의 협력자본주의란 바로 이런 쟁투적 의미에서 정치·경제 두 권력중심의 협력과 대중의 배제적 억압과 동원을 통한 자본주의 산업화의 헤게모니 전략이자 체제로 정의된다.

## 3. 개발자본주의 발전양식 : 홉스적 균형의 재량적 협력자본주의

### 1) 국가의 성격과 국가와 자본의 협력: '머리가 두 개 달린 리바이어던'

앞서 우리는 자본주의 산업화를 지향하는 후발 국가는 발전시스템의 구성원리상 다음과 같은 두 가지 큰 문제상황과 대면한다고 말했다. 첫째는 정치적 수준에서 공적 경합 및 대중참여 방식과 산업적 근대화라는 통합된 발전목표를 추구하는 '강한 국가'의 권위양식 간의 모순이고, 둘째는 사회경제적 수준에서 압축성장과 분배정의 또는 분배동맹 간, 그리고 산업적 축적의 요구와 지주 등 전통적 기득권 및 단기수익을 지향하는 유동적 금융자본의 이해 간의 모순이다.

민주공화주의는 그 자체 자기목적적인 가치이다. 그러나 문제의 까다로움은 그 정당성이 곧 산업화의 성공을 위한 필요조건이나 충분조건이 되지는 않는다는 데 있다. 정당성(legitimacy)과 실효성(effectiveness)은 구분되어야 한다. 민주주의는 속성상 다양한 의견과 이해관계를 개화시키고 그 합리적 조절을 통해 개인과 공동체의 진보를 가능케 하지만, 이는 정치적 불안정을 낳을 수 있고, 또 직접적인 소비나 불생산적인 지원 등 장기적 성장투자를 위축시키는 포퓰리즘적 압력에 취약할 수도 있다. 민주적 정당성과 실효성, 그 가치규범과 실제적 작동 가능성 간에는 큰 간극이 있다. 여기에 발전의 다중 균형이 성립되는 공간이 주어지게 되는 것이다. 그렇지만 억압적으로 강하기만 한 국가는 권력의 사익 추구와 축적은 물론, 사익을 위해 나라 경제잉여도 착복하는 '약탈국가'로 전락하기 쉽다.27) 그렇다면 위 두 문제에 대처하는 개발자본주의 강성국가는 어떤 내용을 가지고 있는가.

① 그것은 복지 또는 약탈 지향 국가가 아니다. 절차적 정의의 정립을 기본 임무로 하는 법치국가도 아니다. 개발국가는 성장지향성, 즉 발전이라는 공통의 실질적 목표에 '신뢰성 있는 헌신(credible commitment or precommitment to development)'을 가지고 안정적인 정치적 권위와 권력을 행사하는 국가다. 기득권층의 저항 등 사회의 약탈적 또는 단기주의적 압력에 대해 자율성을 가지고 있다.

② 사회 속에 침투하여 국가재정을 추출해 낼 수 있는 능력을 가지고 있다.

③ 개발국가는 '자본의 자연권'을 옹호하고, 사회 지배계급의 동의와 협력 위에 서는 '소유자의 국가'다. 그것은 자본계급의 특권을 옹호하고 시장경쟁과 단기주의적 금융적 축적을 적절히 관리·통제하면서 산업적 축적을 유도하는 국가다.28)

④ 발전 지향성을 갖지 못한 억압적 강권력, 그 자체는 개발국가가 될 수 없다. 그러나 대중의 참여 및 분배요구와 투쟁에 대한 억압과 통제는 개발국가의 필수적 구성 부분이다. 한편으로 자본에 대한 특혜적 지원, 다른 한편으로 대중의 기본권에 대한 억압이 이행기 개발국가의 기본적 특징이라고 할 수 있다.

우리의 개발자본주의 모델에서는 반드시 국가가 상위 파트너, 자본이 하위 파트너로 나타나지는 않는다. 국가와 자본 동맹의 구조는 다양할 수 있으며, 위의 네 가지 요건을 갖추면 개발국가로 규정된다. 홉스적 협력이라 할 때 '홉스적'이라는 말은 홉스의 원래 의미에서 변형된다. 지금까지 말해온 바와

---

27) P. Bardhan, *Scarcity, Conflicts, and Cooperation*, p.98.

28) 산업정책적인 조절능력, 지원과 성과 규율은 그 발전된 형태로 파악된다. L. Weiss and J. M. Hobson, *States and Economic Development* (Polity Press, 1995), p.7.

같이, 우리의 설명 틀에서 홉스는 성장지향성을 가진 홉스, 달리 말해 슘페터적 지향을 가진 홉스다. 그리고 홉스의 원판 리바이어던 모델과 달리 권력 중심이 둘이 된다. 원판 리바이어던 모델은 극단적으로 단순한 절대주권 모델로서 맥퍼슨이 지적한 대로 소유적 시장사회의 분열력에 대한 계급적·제도적 조절과 통합의 가능성을 간과하고 있다.[29] 우리의 모델은 주권 권력과 자본계급, 두 권력 중심의 성장지향 협력 모델이며, 따라서 머리가 두 개 달린 리바이어던이 된다. 권위주의적 강성국가와 그 특권적 비호와 유도를 받는 생산주의적 자본계급의 협력 아래 시민사회의 발전을 억압하고 노동대중을 배제적으로 동원함으로써, 대중이 산업 근대화 성공을 위한 비용을 가장 무겁게 짊어지는 모델이 '홉스적 협력'의 개발자본주의인 것이다.

## 2) 소유권 제도와 임노동 관계

개발자본주의는 소유권 제도와 자본-임노동 관계에서는 어떤 특성을 보이는가. 첫째, 개발자본주의에서 소유권 제도는 재량적(discretionary)이다. 이는 선발 영국의 반독점·반특권 '질서 자유주의'와 대비된다. 시민혁명 이후 영국은 고유의 중상주의=산업 민족주의와 더불어 노동자 단결 금지와 독점의 폐기를 한 세트로 하는 '질서 자유주의' 지향을 갖고 있었다. 스미스의 국부론은 단지 자유시장론이 아니라 '초기 독점'의 중상주의 구체제에 반대하는 질서 자유주의적 시장론임을 상기해야 한다. 이에 반해, 후발 개발자본주의에서는 단결 금지와 독점 방임이 결합되어 있다. 독점 금지-단결 금지는 공정 시장경쟁이라는 일종의 규칙에 기반을 두고 있다. 그런 의미에서 '질서 자유주의'라고 하는 것이다. 그러나 독점 방임-단결 금지에는 그 같은 경쟁시장 공정성마저 결여되어 있다. 그만큼 자본의 특권성 — 오늘날의 표현으로 하면

---

29) C. B. Macpherson, *The political theory of possessive individualism: Hobbes to Locke* (Clarendon Press, 1969), 황경식·강유원 옮김, 『홉스와 로크의 사회철학』(박영사, 2002), 107쪽.

규제 완화—이 옹호된다. 이는 법 원리상으로 보면, 19세기 후반 독일법원 판결이 잘 보여주는 바와 같이, 산업화와 성장, 효율성의 이름을 내세워 '계약의 자유(독점 방임)'를 '영업의 자유(자유경쟁)'에 우선시키는 것으로 나타나고 있다.30)

둘째, 이 발전양식은 선발 영국 자본주의가 남해(South Sea) 주식회사 투기사건 이후 약 1세기 동안 시행된 '거품법(Buble Act)'을 제정하면서 산업화시기 특별한 경우 외에는 주식회사 제도를 금지하고 개인 또는 가족 자본주의 형태를 취했던 것과 달리,31) 처음부터 주식회사 제도를 일반적으로 도입한 법인 자본주의 형태를 취했다.32) 그런데 개발주의 법인자본주의는 선발 영국식 개인 자본주의를 건너뛰었지만, 주주 가치와 금융 유동성에 의해 지배되는 주주가치 자본주의는 아니다. 그렇다고 챈들러가 말한바, 소유와 경영(통제)의 분리가 진전된 '경영자 자본주의'도 아니다. 말하자면, 개발 법인 자본주의는 양자 사이에 소유와 경영이 '반(半)분리'된 '비자유주의적' 특권 자본주의라 할 만하다.33)

주식회사 법인 자본주의를 허용한다는 것은 곧 자본의 이중화(실물자본과 주식자본)와 상품화, 그리하여 '부재 소유(absentee ownership)'의 자연권을 허용하고, 금융의 유동화와 단기화의 길을 연다는 것을 의미한다. 이는 개인주의적·고전적 자본주의와 매우 다른 자본주의의 성격 변질을 가져온다. 이제 자본주

---

30) 廣渡淸吾, 「競爭法の普遍化」, 『20世紀システム 5: 國家の多樣性と市場』(東京大學出版會, 1998); 岡田與好 編, 『經濟的自由主義』(東京大學出版會, 1987).

31) E. Chancellor, *Devil Take the Hindmost: A History of Financial Speculation* (Plume. Reissue edition, 2000), 강남규 옮김. 『금융투기의 역사』(국일증권경제연구소, 2001), 101~151쪽 참조.

32) 이 같은 제도형태의 변화는 기술적 조건, 달리 말해 생산력 구조의 변화에 부응하는 측면도 있다.

33) 챈들러는 이를 '금융 자본주의' 또는 '기업가 자본주의(entrepreneurial capitalism)'라고 말한다. 그렇지만 단지 경영자 자본주의로 가는 전사(前史)로서 다룰 뿐, 이행기 자본주의로서 갖는 특수한 내용과 성격에 대한 체계적인 분석은 발견할 수 없다.

의는 비정한 유동 자본의 요구에 맞추어 그 수익률을 보장해 주어야 하고 금융 거품에 시달려야 한다. 그러나 개발주의적 법인 자본주의에서 이 경향은 결코 개화되지 않는다.[34] 개발자본주의 소유권 체제에서 주식 소유는 아직 분산되지 않고 기업 간 및 기업과 은행 간 교차 소유 내부로 크게 집중되며, 이 소유 네트워크의 실질적 통제권의 중심에 대주주(owner-entrepreneurs)가 있다. 그리하여 개발자본주의는 대주주인 오너가 실질적 통제권을 장악한 '오너 통제체제'의 형태를 취하는 특권적 법인 자본주의의 성격을 갖게 되는 것이다.

주식회사 자본주의면서 1원 1표 소유권 원리와 괴리되어 있는 이 특권적 소유자 통제권 또는 가족 통제권은 콘체른(독일, 미국)이나 트러스트(미국), 재벌(일본) 등 다양한 형태로 회사법에 의해서도 지지된다. 산업자본과 은행자본의 연계방식에 따라서는 은행자본이 오너의 일부가 되어 통제권을 분점하는 경우, 나아가 은행자본이 산업자본에 대해 우위에 서는 경우(독일)도 있는가 하면 일본처럼 재벌체제의 일부로 은행이 편입된 경우도 있다. 한국처럼 은행이 국가 통제하에 들어가기도 한다. 그러나 어떤 경우이든 주식 발행을 통한 자본 동원은 대중적으로 확산되지 않았고, 산업금융은 대체로 은행차입과 채권발행에 대한 의존도가 높았다. 이같이 기업 간 및 기업과 은행 간 네트워크로 집중된 주식의 상호 보유와 대주주가 특권적 통제권을 갖는 소유권 체제가, 자본의 퇴장능력을 제한하고, 위험을 공유하고 금융헌신(financial commitment)을 낳는 '인내 자본(patient capital)'의 성격을 갖게 만든다. 뿐만 아니라 소유를 성장지향적인 전략적·조직적 이해로 결속시키는 제도 형태가 되는 것이다.[35] 또한 특권적 통제권은 개발국가가 공약(credible commitment)하는 산업적 축적

---

34) 미국에서조차 1890년대 이전까지는 공업 증권에 대한 국민적 시장이 존재하지 않았다. 미국 특유의 기업합동 운동도 이때부터 일어났다.

35) G. Jackson, "The Origins of Nonliberal Corporate Governance in Germany and Japan," in W. Streek and K. Yamaura(eds.), *Origins of Nonliberal Capitalism* (Cornell University Press, 2001), pp.123~124, 126~128.

의 유인체계이기도 하다.

그런데 개발주의 법인 자본주의가 특권적 소유권 체제라는 것은 단지 오너의 특권적 통제권만을 의미하는 것은 아니다. 주식회사에서 유한 책임제도는 사회적 자본의 동원과 거대 산업투자를 가능케 하는 혁신적 제도형태다. 그러나 이는 그만큼 투자자에게 소유의 사회적 책임을 면제시켜 주는 연성적 제도이기도 하다. 뿐만 아니라, 소유권의 비인격화, 즉 사적 소유와 투자, 자본의 '자연권'과 그 법적인 보호가 개별 인격에서 법인으로 이전된 것 자체가 거대한 특권이며 자본의 극적인 정치적 성공을 의미한다. 이는 자본주의의 새 단계의 도래를 알린다고 보아야 한다.[36] 개발 법인 자본주의는 산업화와 성장, 효율성을 정당성 원리로 하여 이해당사자 책임과 일체의 공적·사회적 책임으로부터 면제되고, 회사가 무책임한 경제권력의 아성으로 변질된 고도의 특권과 탈규제의 자본주의가 된다. 이런 의미에서 개발자본주의야말로 마르크스가 말한 '축적하라, 축적하라'라는 명령에 가장 충실한 '순수자본주의'의 성격을 갖는다.

노동계급과 대중의 참여 및 분배 요구에 대한 억압과 통제가 개발자본주의 소유권 체제에서 갖는 의미는 긴 설명을 필요로 하지 않는다. 여기서는 선발 자본주의와 비교할 때 나타나는 특징 한 가지만 지적해 두기로 하자. 앞서 말한바, 선발 영국에서 영업의 자유=독점 금지와 단결 금지는 적어도 법적으로는 노동과 자본 양측 모두에 적용되는 질서 원리였다. 반면 개발자본주의에는 이 같은 최소한의 '공정' 시장규칙조차 사라진다. 자본의 단결은 용인될 뿐 아니라 적극적으로 고무·조장된다. 그 반면 노동의 단결은 무자비하게 억압되고 폭력적으로 진압된다.[37]

---

36) S. Bowles and H. Gintis, *Democracy and Capitalism: Property, Community, and the Contradictions of Modern Social Thought* (Basic Books, 1987), 차성수·권기돈 옮김, 『민주주의와 자본주의』(백산서당, 1994). 274~281쪽; R. A. Dahl, *Democracy, Liberty and Equality* (Norwegian University Press, 1986), pp.136~137; 平野克明, 「營業の自由と企業規制」, 『資本主義法の形成と展開』 3(東京大學出版會, 1973).

## 3) 축적의 거버넌스 구조

거버넌스 구조로 본 개발자본주의의 특징은 소유-경영자가 재량적 통제권을 행사하면서 시장과 위계적으로 결합되는 재량적인 관계 기반(discretionary, relation-based) 거버넌스 형태로 파악된다. 재량적 거버넌스 형태는 규칙 기반(rule-based) 거버넌스 형태와 대비되며, 관계 기반 거버넌스는 시장 기반 거버넌스와 대비된다. 재량적인 관계 기반 거버넌스 형태는 기업구조에서는 위계적 대기업 집단, 금융구조에서는 은행이 중심이 된 금융헌신, 그리고 양자의 협력체제로 구성된다. 이는 위험과 비용의 공유시스템을 가짐으로써 자본동원과 기업의 투자행동에서 집단행동의 딜레마 문제를 해결하고 투자시계를 단기주의에서 벗어나게 해준다. 시장경쟁과 퇴장(exit)의 규율기제가 작동하고 이것이 위계적 기업집단과 결합됨으로써 시장과 조직, 시장과 계획의 시너지 효과가 발동한다. 그러나 시장의 규율기제는 제한된다. 개발자본주의 기업 지배(corporate governance) 구조는 소유＝경영자가 재량적 통제권을 행사하는 조직에 의한 통제(organizational control) 시스템의 성격을 갖고 있다.

개발자본주의 기업조직은 대기업 조직이 특징적이다. 이는 한편으로 후발성의 조건을 만회하기 위한 제도적 대체의 산물이며, 다른 한편 철도·제철·화학 등 거대 설비를 요구하는 기술적 조건(생산력 구조)에도 기인한다. 대기업 조직으로부터 '규모와 범위의 경제'를 실현할 수 있는 조직구조적 능력이 나올 뿐 아니라, 성장 헌신적 소유-경영자가 재량적 통제권을 행사하는 집권화된 위계구조가 효율적인 계획적 조절을 가능케 한다. 개인 자본주의와 달리 다소간 고용 전문 경영인이 존재하며 이들에 일부 권한도 이양된다. 그러나

---

37) 미국에 대해서는 다음을 참조하라. M. Davis, *Prisoners of the American Dream: Politics and Economy in the History of the US Working Class* (Verso Books, 1987), 김영희·한기욱 옮김, 『미국의 꿈에 갇힌 사람들』(창작과비평사, 1994); H. Zinn, *Declarations of Independence* (Perennial. Reprint edition, 1991), 이아정 옮김, 『오만한 제국』(당대, 2001), 263~323쪽; M. Mann, *The Sources of Social Power* Vol. 2, pp.644~654. 스웨덴에 대해서는 김수진, 『민주주의와 계급정치』(백산서당, 2001), 421~425쪽.

투자와 인사 등 경영의 핵심 사안에 대해서는 여전히 소유＝경영자가 결정권을 장악한다.

이 같은 거버넌스 구조에서 소유＝경영자는 어떤 존재인가. 그는 대주주라는 소유 자본가의 측면과 상품화된 노동력을 지배·착취하여 잉여가치를 생산하는, 마르크스가 말하는 '기능 자본가', 이 두 측면을 모두 지니고 있다. 그러나 좀더 생각해 보아야 할 문제가 있다. 경영자의 활동은 계급지배를 수행하는 노동과 함께, 공동의 협력을 통해 협력가치를 창조할 때 보편적으로 요구되는 지휘·감독 및 기업가 활동의 성격도 갖고 있다.[38] 왜냐하면 자본의 소유 그 자체가 잉여가치를 낳는 것이 아니기 때문이다. 착취가 가능하기 위해서라도 다수 노동의 협력을 통해 '협력가치'가 창조되어야 하며, 이때 경영자의 책임과 권위는 필수적이기 때문이다. 여기서 경영자의 지향과 조직 능력에 따라 대기업 조직의 성격과 가치창조의 성과는 크게 달라진다. 축적의 거버넌스 구조가 개발자본주의적 성격을 갖는다 함은 소유＝경영자가 대기업 조직의 재량적 통제권과 집권화된 권력을 갖는다는 것, 그러면서 계급지배 및 착취활동을 수행함과 동시에, 생산적 투자의 장기시계를 갖고 축적체제의 주도자로서 협력적 조절과 조직능력, 혁신능력을 발휘함을 말한다. 그렇다고 는 해도 개발 법인 자본주의가 소유적 자유주의와 주주 가치—제한되고 있지만—에 기초하고 있고 자본 간 경쟁의 지상명령에 종속되고 있는 한, 축적의 거버넌스 구조는 자본주의적 소유권 체제와 정합적이며, 경영자의 자율성은 기본적 한계를 갖고 있음에 유의해야 한다.[39]

개발자본주의 금융구조는 일반적으로 은행 중심 체제로 나타나며, 은행과 산업 간 밀접한 협력관계를 보인다. 여기에는 몇 가지 중요한 이유가 있다.

---

38) 마르크스는 계급지배 노동의 측면에 초점을 맞추었다고 할 수 있다. 그러나 『자본론』 3권에서는 협력적 조절 노동의 측면을 같이 말하고 있다. 반면 챈들러의 경영자 자본주의론은 계급지배 측면은 무시한 채 권위주의적 기업가 활동의 측면만 언급하고 있는 셈이다.

39) E. Screpanti, *The Fundamental Institutions of Capitalism* (Routledge, 2001), pp.272~274.

첫째, 기업의 내부자금만으로 대규모 설비투자를 감당하기에는 역부족이다. 둘째, 자본시장이 저발전되어 있어 시장금융을 조달하기가 곤란하다. 셋째, 자본시장이 발전된다 해도 여기에 고유한 금융 유동성과 단기수익주의 때문에 산업화 이행기 축적체제의 작동을 위한 '금융 억압'과 금융헌신(financial repression and commitment) 기능을 수행하는 개발 금융체제로서는 부적합하다.

개발주의 은행은 통상 장기설비 자금을 제공함과 더불어, 증권의 발행과 인수 업무를 겸하는 겸업은행(universal banking)의 업무를 담당한다.[40] 이런 형태로 은행은 단지 자금창구 역할을 하는 것이 아니라, 정보 불완전성과 비대칭성을 완화하고, 투자위험을 공유하며 소유-경영자를 감시하고 때로는 그 내부자가 되기도 하면서 개발자본주의 시스템의 기둥이 된다. 의외로 이런 개발 금융체제를 갖춘 나라들이 그리 흔하지는 않으며 거센크론이 역설했듯이 이를 구축하는 것 자체가 하나의 독자적인 과제다.

강조해야 할 것은 은행이 신용을 창조할 수 있는 고유한 능력과 특권을 가지고 있으며, 국가는 은행의 이 능력과 특권이 해당 사회의 생산적 투자 확대를 뒷받침하도록 유도할 수 있다는 것이다. 그리고 중앙은행은 이에 대해 곤란에 빠진 은행의 최종 대부자 역할을 수행한다. 이는 신용 인플레의 위험, 그리고 기업의 차입 의존 심화와 그에 따른 '연성 예산 제약'의 위험을 안고 있지만, 생산적 투자가 원활히 진전된다면 이 위험은 지속적 성장과 거시경제

---

40) 겸업은행의 전형은 독일이다. 미국에는 상업은행과 별도로 투자은행이 존재했다. 상업은행의 경우, 채권투자는 인정되었지만 주식투자는 인정되지 않았다. 김종현, 『공업화와 기업가 활동: 비교사적 연구』(비봉출판사, 1992), 301쪽. 스웨덴의 경우도 1911년의 은행법이 제정되기 이전에는 은행의 산업에 대한 주식 보유는 공식적으로는 허용되지 않았다. L. G. Sandberg, "Banking and Economic Growth in Sweden before World War 1," *The Journal of Economic History*, Vol.38 No.3(Sep. 1978); M. Larsson, "State, banks and industry in Sweden with some reference to the Scandinavian countries," in H. James et al(eds.), *The Role of banks in the interwar economy* (Cambridge University Press, 1991). 한국의 은행은 국가 통제 아래 신용할당 업무를 수행했다. 증권의 발행·인수 업무는 없었고 대부 일변도였다. 이는 19세기 개발자본주의국의 은행이 소유와 경영에서 자율성을 갖고 겸업은행 업무를 수행한 것과는 크게 다르다.

의 호순환을 낳게 된다. 금융 억압과 헌신에 안정적인 기업 통제권이 결합됨으로써 비로소 성장지향적 고투자 축적체제가 용이하게 작동할 수 있다. 소유-경영자가 기업 통제권을 유지하기 위해 주식금융(equity financing)보다 차입금융(debt financing)을 선호하는 것도 그만한 이유가 있다.[41] 이렇게 은행이 금융헌신, 투자위험의 공유, 기업 거버넌스의 일부를 구성하고 있는 형태를 두고 우리는 개발자본주의를 '은행기반(bank-oriented, bank-based) 자본주의'라 정의할 수 있다.[42]

## 4. 개발자본주의의 딜레마와 구조적 모순

### 1) 강한 성장능력 대 약한 감시능력

개발자본주의는 한 나라 경제의 근대화와 경쟁력 강화를 추구하는 산업적 민족주의, 그리고 '자본의 자연권', 다시 말해 정치적·공적 시민이 아닌 부르주아로서의 인간의 자연권을 옹호하되 이를 성장지향 목표에 맞추어 수정한 '소유적 자유주의'를 그 정당성 원리와 정당화 양식으로 삼는, 홉스적인 협력과 배제적 동원의 자본주의로 정의된다. 지금까지 우리는 권위주의적 주권권력과 대자본으로 구성되는 개발 지배동맹이 주도하는 이 특권적 법인 자본주의가 산업적 근대화를 성공적으로 달성하는 고성장의 제도적 기제를 갖추고 있음을 보았다. 그런데 문제는 고성장 능력을 가진 개발자본주의 기제가 동시에 자기 반성력과 책임성이 취약하다는 것이다.

이 시스템은 강한 권위주의 정치권력과 강한 경제권력, 즉 재량적 개입주의(discretionary intervention)권력과 재량적 통제권=실질적 소유권의 자본권력

---

41) J. B. Baskin and P. J. Miranti, *A History of Corporate Finance* (Cambridge University Press, 1997), pp.127~166.

42) E. Screpanti, *The Fundamental Institutions of Capitalism*, pp.275~276.

양자 간의 재량적인 발전 연계에 의해 지배되고 있다. '국력' 또는 '국익'의 확장과 이를 볼모로 권력축적을 추구하는 정치적 권위주의 국가, 그리고 맹목적으로 사적 이윤을 추구하는 경제적 자본 권력체 간의 협력은 성장 협력임과 동시에 상호 권력유착과 권력축적을 확대재생산하는 폐쇄적인 담합과 자기 묘혈을 파는 과두제적 지배체제가 될 수 있다. "자본주의 개발국가 모델의 중핵에는 엘리트 계층이 계속 권력을 장악하게 하는 은밀한 보수연합이 존재한다. 이 배열의 중요한, 그러나 의도하지 않은 결과는 민주적 발전을 저지하며, 이는 다시 이후 파시즘과 군국주의의 비옥한 토양을 제공한다."[43] 고성장을 낳는 높은 조절능력과 약한 감시능력 또는 규율능력 간의 비대칭성, 여기에 개발자본주의의 근본 딜레마가 존재한다.

개발자본주의 지배권력 블록의 퇴행을 견제하고 감시할 수 있는 항체는 사회세력의 힘 관계에서뿐만 아니라 시스템의 정당성 원리 수준에서부터 저지·억압되고 있다. 국민국가 간의 경쟁과 대립(national rivalry)이 국가-자본 동맹의 지배력과 정당성을 부단히 엄호한다. 이 때문에 경우에 따라서는 피억압 대중 스스로 자신들의 시민적 권리를 포기하거나 권력 감시의 사회적 책임을 포기하고 개발 지배동맹의 논리에 동화·포섭되는 군중이 될 수도 있다.

또 다른 한편 개발자본주의의 전개과정에서 국가권력과 자본권력 간 이해의 불일치가 생겨날 수 있다. 주권권력은 사적 자본과는 다르게 국민 대중으로부터 정당성의 압력을 받게 되고, 자본의 책임에 대해 규제력을 발동하도록 요구받게 되기 때문이다. 그러나 일단 자본축적이 진행되고 그 권력이 '유치자본' 수준을 벗어나 자기 뿌리를 내리고 경제와 정치 전체를 지배하기 시작하면 국가권력도 거기에 의존할 수밖에 없는 상황으로 빠져들 수 있다.

---

43) C. Johnson, *Japan: Who Governs? the Rise of the Developmental State*, p.47.

## 2) 개발자본주의에서 제도 왜곡, 연성 예산 제약

경제 제도적 측면에서도 개발자본주의는 고성장 능력만큼이나 감시·규율능력이 미약하고 무책임성이 높은 제도 왜곡 모델이다. 소유＝경영자의 재량적 통제권, 기업 간 교차 소유와 기업집단 수준의 조절방식, 은행기반 금융체제 등, 이 모든 것은 단기주의와 집단행동의 딜레마를 극복함으로써 고성장을 낳게 하는 권위·관계기반·헌신(commitment)의 제도형태가 된다. 그러나 소유＝경영자가 배타적 통제권을 행사하는 이 재량적 관계기반 자본주의는 기업집단의 내부와 외부 통제 어디에도 제도적 감시력이 미약하다. 물론 재화시장에서의 경쟁압력이 감시력을 발휘하고 있기는 하다. 그러나 주주·은행·노동자 등 어떤 부문도 소유＝경영자의 재량적 통제권과 '도적적 해이'에 대해 효과적 감시력을 발휘하지 못한다. 이 시스템은 소유＝경영자의 재량적 판단과 자기 이해에 따라 높은 도덕적 해이가 일어날 수 있는 데 반해, 그 교정력은 매우 미약하다. 경영 실패로 인한 비용은 주주·채권자와 예금자·노동자 그리고 사회 전체로 전가된다.

개발자본주의는 '은행기반 자본주의'로서 은행의 신용창조가 장기 설비투자 확대를 지원하는 구조를 가지고 있는데, 이 구조는 신용 인플레의 위험, 기업의 차입 의존과 고부채 위험, 그에 따른 기업파산의 도덕적 해이의 위험 등을 안고 있다. 이 위험들의 존재 자체는 개발자본주의에 고유한 '연성 예산 제약(soft budget constraints)'으로서 일정 정도 불가피하게 발생하는 '딜레마'의 성격을 갖고 있다고 보아야 할 것이다. 이 딜레마는 소유권의 문제라기보다 거버넌스 문제로서 사회주의 발전양식에서도 나타난다. 여하튼 이 이 위험을 얼마나 잘 관리하는가에 따라 개발자본주의의 건전성도 큰 차이를 보일 것이다. 은행이 부실한 소유＝경영자를 퇴출할 수 있을 만큼 적절한 규율기능을 발휘하지 못할 경우, 또는 금융자본과 산업자본이 결합되어 있는 경우, 나아가 은행이 국가권력의 사익추구 수단으로 전락할 경우에, 개발자본주의 축적의 거버넌스 구조는 외부 통제나 내부 통제의 두 측면 모두 매우 취약하기 때문에 그만큼 재량적·자의적으로 되고 무책임성을 갖게 된다.

국가-소유=경영자-은행으로 구조화되어 있는 '홉스적 협력'의 핵심 경제
권력 장치를 누가, 어떻게 감시할 것인가, 어떻게 '쟁투적 대항력(constesting,
countervailing power)'을 작동시킬 것인가 하는 문제는 권위주의 정치권력을
누가 감시하는가 하는 문제와 함께 개발자본주의 발전양식의 무책임성과 위험
이 집중되어 있는 가장 약한 고리다.

### 3) 사적 자본의 특권 대 근로대중의 헌신과 희생, 비용과 위험의 사회화 대 이익의 사유화

높은 성장능력과 낮은 권력 감시력 사이, 그리고 낮은 제도적 성찰력 사이의
비대칭성뿐만 아니라, 자본이 갖는 거대한 특권과 대중의 희생 간의 비대칭성
이라는 또 다른 수준의 중요한 모순, 즉 분배적 정의의 문제가 있다. 종종
간과되고 있지만, 우리는 자본주의 산업화가 민족적 프로젝트인 동시에 계급
적인 프로젝트임을 알아야 한다. 그것은 자본이 배타적 주도권을 행사하는
이행기 헤게모니 프로젝트이다. 그중에서도 홉스적 개발자본주의는 민족의
이름—국민경제 및 국가경쟁력이라는 정당성—과 소유적 자유라는 이름으로
자본의 생산적 축적과 이익을 위해 거대한 특혜와 특권을 제공하고 비용과
위험을 사회화함으로써 산업화 이행을 달성하는 발전양식이다. 개발자본주의
의 고성장의 비밀은 고특권의 계급적 유인구조에 있다고 해야 한다. 따라서
마르크스는 선발 영국 자본주의에서 시초축적의 폭력적 비밀에 대해 말했지
만, 우리는 이제 후발 개발자본주의에서 그 새로운 비밀에 대해 말해야 한다.[44]
그 대강의 항목을 들어보면 다음과 같다.

---

44) 마르크스는 『자본론』에서 스미스로 대표되는 고전자유주의의 목가적 시초축적 상을
비판하면서 그 폭력적·특권-특혜적 성격을 잘 폭로했다. 그러나 이때 그가 본 것은
선발 개발자본주의 영국이며 주식회사 자본주의 이전 단계인 소유=경영자 자본주의
였다. 후발 개발자본주의에서 그 폭력성과 특권-특혜성은 한층 심화된다.

- 주로 사적 자본의 이익으로 돌아가는 국내 시장의 온실적 보호.
- 국가의 재정, 금융적 지원.
- 소유＝경영자의 재량적 통제권과 불투명, 무책임.
- 주주 유한책임과 자본 자연권의 법인으로의 이전.
- 독점의 방임과 조장, 금융과 산업의 융합 또는 '금융과두제'의 용인.
- 신용창조 권한 때문에 어떤 영역보다 공공성이 높은 금융의 사유화의 허용.
- 채무자에 유리한 파산법.
- 노동자를 비롯한 대중의 참여와 분배권리에 대한 억압.
- 대대적인 환경파괴.

개발자본주의에서는 주식회사가 일반화되었지만, 이해당사자의 참여가 이루어진 것도 아니었고 소액 주주권이 확립된 것도 아니었다. 법인회사 형태의 자본은 불투명하고 무책임한 소유＝경영자의 재량적 통제권, 보호주의와 국가가 제공하는 막대한 재정적 지원, 독과점의 방임, 노동계급에 대한 억압과 '유혈적' 착취 등을 통해 시초축적의 폭리를 향유했던 것이다. 이는 달리 말해 자본이 비용과 위험을 사회적으로 전가시키면서 시초축적의 폭리를 전유했음을 의미한다.

개발자본주의 시초축적의 비밀은 한편으로 자본이 거대한 폭리를 향유한 반면, 대중은 근대화 비용을 가장 무겁고 힘겹게 짊어졌다는 데 있다. 베링턴 무어의 다음과 같은 지적은 개발자본주의에 대해 가장 적절하다. "문제의 비극적 사실은 가난한 사람들이 사회주의 후원체제와 자본주의 후원체제 모두에서 근대화의 비용을 가장 무겁게 짊어진다는 점이다. 가난한 사람들에게 비용을 그렇게 부담지우는 것을 정당화하는 유일한 대답이 있다면, 그것은 근대화를 하지 않고는 그들의 사정이 지속적으로 더 악화될 것이라고 하는 것이다." 그러면서 그는 근대화 이행기에는 자본주의 모델이든 사회주의 모델이든 할 것 없이, 강력한 강권적 요소가 필수적이며 시민권과 효율성 간에는

'잔인한 딜레마'가 존재함을 토로한다.[45]

우리는 무어가 말하는바, 이행기 시민권과 효율성 간의 딜레마를 받아들인다. 그렇지만 무어의 논의는 지나치게 결정론적이다. 앞서 우리는 개발자본주의의 홉스-칼도 균형 외에 루소-칼도 균형, 홉스-루소-칼도 균형이 존재함을 지적했다. 프랑스적·노르웨이적 발전양식이 독일·미국의 발전양식보다 못하다고 말할 어떤 근거도 존재하지 않는다. 또한 노르웨이·핀란드·오스트리아 그리고 제2차 세계대전 이후 대만 등은 은행의 국가소유와 함께 주요 산업의 국유화 형태를 취했다. 따라서 이는 은행의 신용창조 능력을 이익의 사회화를 위해 활용한 유형이라 할 수 있으며, 이는 은행의 신용창조 능력을 일방적으로 사적 자본의 이익을 위해 활용한 개발자본주의 형태와는 구분되어야 한다. 뿐만 아니라 다 같이 사적 자본이 주도권을 갖는 개발자본주의 길에 진입했다 하더라도, 그 내용과 이후 경로는 다양하다. 산업화는 그 과정 자체에 쟁투적 성격을 내장하고 있는바, 사회세력의 배치와 동맹·전략·투쟁의 여하에 따라, 또 사회자본의 조건과 재구성 방식의 차이 등에 따라 개발자본주의의 다양한 역사가 전개된다. 우리가 보기에 역사는 근대화론자들의 생각보다 훨씬 더 열려 있다.

---

45) B. Moore, *Social Origins of Dictatorship and Democracy: Lord and Peasant in the Making of the Modern World*, p.410. 원문은 다음과 같다. "In any case a strong element of coersion remains necessary if a change is to be made. ……The tragic fact of the matter is that the poor bear the heaviest costs of modernization under both socialist and capitalist auspices. The only justification for imposing the costs is that they would become steadily worse off without it. As the situation stands, the dilemma is indeed a cruel one. It is possible to have the greatest sympathy for those responsible for facing it. To deny that it exists is, on the other hand, the acme of both intellectual and political irresponsibility."

## 4) 개발자본주의의 발전 경향과 그 다양성

고성장 능력을 가지고 있으면서도 약한 감시력, 제도왜곡, 그리고 비용의 사회화와 이익의 자본화 등 구조적 모순과 무책임성을 내포하고 있는 개발자본주의는 권위주의적 산업화 이행기 이후 어떤 발전 경로를 걷게 되는가. 우리는 어떤 진화론적 사회발전 법칙이나 단선적 단계론이 이에 대한 해답을 제공해 줄 것으로 생각하지 않는다. 개발자본주의가 후발 발전의 필연적 통과 양식이 아닌 것처럼, 그 이후 경로에 대해 목적론적으로 자유주의적 자본주의 단계가 후속된다고 보거나,46) 또 이와 달리 보편적인 '금융 자본주의' 단계를 설정한다거나 하는 견해는 잘못이다. 오히려 통상적인 중상주의-자유주의-금융(독점) 자본주의의 단계적 진화론 자체를 재검토해야 한다. 개발자본주의 이후 경로는 사회발전의 정당성 규범 또는 정당화 양식과 제도규칙을 어떤 식으로 새롭게 수립하는가에 따라, 축적양식과 제도형태의 자기강화 관성이 얼마나 강한가에 따라, 사회세력의 힘 관계와 전략, 대중투쟁의 강도 등에 따라 다양하게 나타날 것이다.47)

그런데 권위주의-민족주의적 주권 국가의 권력 축적 논리와 자본의 축적 논리의 이해가 합치되고 이 권력 블록이 상호 의존하면서 보수적 특권을 확대 재생산할 때, 그 시스템의 무책임성과 위험성은 아주 높다. 투렌느(A. Touraine)는 근대화 과정이 내생적이지 않은 나라에서 민족주의적 동원형 근대화는 불가피한 점이 있음을 인정하면서도 이 방식은 개명된 전제주의나 독재에 의해 지도되는 약한 시민사회로 들어갈 기회가 많은 딜레마를 안고 있다면서

---

46) 이는 자유주의, 마르크스주의에 공통되게 나타나는 오랜 통념이다. 한국에서도 박정희 개발독재를 중상주의 단계로 보고, 이후 자유주의적 자본주의를 어떤 필연적인, 후속 발전단계로 생각하는 흐름이 있다. 이는 역사적 자본주의 파악에서 쟁투성, 또는 '정치적인 것'의 논점을 잃어버린 견해이다.

47) 초기 제도형태와 권력관계의 틀이 이후의 경로를 크게 좌우한다. N. Fligstein, *The Architecture of Markets* (Princeton University Press, 2001), p.40.

이렇게 말하고 있다. "권위주의적 근대화가 자립적 성장과 시민사회 형성을 위한 잠정적 과정으로 고려되지 않을 때에는 위험한 파국으로 치닫게 된다. 경제적 근대화를 추진하는 정권에 대항하여 시민사회를 발전시키는 데 기여한 것은 혁명적 지향성을 지닌 사회적 저항운동이었다."[48] 하버마스(J. Habermas) 도 유사한 취지의 지적을 했다. "민족적 정체성이 시민적 자유를 위한 혁명적 투쟁과 나란히 발전한 나라에서는 민주체제는 안정적인 반면, 외부의 적에 대한 민족운동과 해방전쟁이 우선적으로 발생기 국민국가의 경계를 창출해야 했던 곳에서는 민주주의는 불안정하다."[49]

따라서 후발 발전양식에서는 홉스적 권위주의 협력체로서 개발자본주의를 이행기의 잠정적 과정으로 인식하면서 그 변질 타락을 막고 민주적 발전양식 의 길을 열 수 있는 사회발전 규범, 제도적 항체 및 구성원의 비판적 반성 능력이 배양될 수 있는지, 자기 나라의 역사적 전통에서 비판적인 정치적·문화 적 사회자본이 얼마나 배태되어 있는지 여부가 대단히 중요하다. 이는 이행 경로의 다양성을 판가름하는 기본 시금석이 된다.[50] 이 때문에 우리는 산업화 방식과 그 과정 자체, 나아가 산업화 이후 경로 또한 일률적이지 않고 매우 쟁투적인 성격을 갖는다고 보는 것이다. 개발자본주의 발전경로의 다양성은 다음과 같은 세 유형으로 파악할 수 있을 것 같다.

---

48) A. Touraine, *Critique de la modernite* (Fayard, 1992), 정수복·이기현 옮김, 『현대성 비판』(문예출판사, 1995), 387, 430, 432쪽.

49) J. Habermas, "The European Nation-State: Its Achievements and Its Limits," in G. Balakrishnan(ed.), *Mapping the Nation* (Verso, 1996), p.284.

50) 뤼버트는 계급동맹이 형성되는 방식에 따라 발전경로가 자유주의·파시즘·사회민주주 의로 달라짐을 보여주었다. G. M. Luebbert, *Liberalism, Fascism or Social Democracy-Social Classes and the Political Origins of Regimes in Interwar Europe* (Oxford University Press, 1991). 그렇지만 우리는 19세기 후반 20세기 초, 독일·이탈리아 등을 전형으로 하는 인종적 민족주의 국가만이 아니라, 프랑스를 대표로 하는 시민적 민족주의 국가조차 제국주의 팽창과 전쟁의 파괴적 물결 속으로 휩쓸려 들어갔음을 기억해야만 한다. 아렌트의 경우 제국주의 시대에는 국가 일반이 홉스적 국가로 나타나며 부르주아지는 '정치적 해방'을 획득한다. H. Arendt, *The Origins of Totalitarianism*.

① 집단적 국가 민족주의: 독일은 정치경제적으로 심한 지방적 분열의 유산을 가졌고 중앙집권적 통일국가 수립에 뒤졌다.[51] 그리하여 공사 분리가 불명확하며 국가 민족주의가 '정치종교'와 같은 위상을 갖게 된 것이다. 이행기의 구조적 모순을 해결하는 새로운 사회규범과 규칙을 정립하지 못하고 그 지배적 관성을 확대·심화시켰다. 국가주의-인종주의적 민족주의의 힘에 이끌려 군국주의, 이어서 파시즘의 길로 나아간 반동적 유형이다. 일본 또한 유사한 길을 밟았다.[52]

② 질서 자유주의: 미국은 낡은 전통의 잔재가 없고,[53] 영국적 계몽의 전통을 이어받았다. '개인-자유주의적 민족주의'와 상업적 시민사회의 이념을 가

51) 자치도시가 발전했던 독일과 이탈리아가 통일국가 수립과 자본주의 근대화에 뒤진 반면, 자치도시 전통이 약하고 일찍이 강력한 중앙집권적 군주제를 수립했으며 사적소유권과 관습법의 전통이 강했던 영국이 근대세계 최초의 패권국이 되었다는 것은 흥미로운 하나의 역설이다. 이 문제와 그것이 갖는 역사적·이론적 함축은 앞으로 더 연구되어야 할 매우 중요한 주제다.

52) 그러나 독일과 일본의 차이에 대해서도 유의해야 한다. 독일에서는 국민통합, 그리고 노동운동 및 사회민주주의 위협에 대한 대응이 보다 중요한 목표였음에 반해, 일본은 추격과 이를 위한 개발이 더 중요한 목표였다. P. Manow, "Welfare State Building and Coordinated Capitalism in Japan and Germany," in *The Origins of Nonliberal Capitalism* (Cornell University Press, 2001). 자유민주주의 또는 사회적 자유주의의 관점에서 독일 국가주의 근현대사를 비판적으로 조명하는 다렌도르프도 독일제국의 '권위주의적 복지국가' 특징을 강조한다. R. Dahrendorf, *Society and Democracy in Germany*, 56, 79쪽. 이 구분으로 보면 한국의 박정희 모델은 독일-일본의 비스마르크-메이지 모델의 계보 속에 있지만, 그중에서도 역시 일본 코드를 따르고 있다. 그러면서 국가의 역할이 한층 더 커지고, 세계시장에의 통합도 월등 진전된 모델이 한국 모델이다. 사상사로 보자면 독일에서 비스마르크 모델을 변호한 대표적 사상가는 막스 베버 (M. Weber)였고 일본에서 메이지 모델을 대표한 사상가는 후쿠자와 유키치(福澤諭吉)였다. 그 대척점에 있는 비판 사상가는 한나 아렌트이다. 후쿠자와의 사상은 일본을 넘어 한국에도 큰 영향을 미쳤다. 개화파의 김옥균, 친일파의 이광수는 그 그늘 아래 있었던 대표적인 인물이다. 오늘날 우리는 이 그늘에서 얼마나 벗어나 있는지 자문해 보아야 한다.

53) 통상적인 이해이며 이에 대한 비판이 없는 것은 아니다. Orren Karen, *Belated Feudalism* (Cambridge University Press, 1991).

진 나라다.54) 19세기 말 반트러스트 법에서 보는 바와 같이, 자본의 독점을 규제하면서 동시에 노동자 단결권도 부정하는, 독점금지-단결금지형의 '질서 자유주의' 길로 나아갔다. 비스마르크-메이지 모델과 성격이 다르다 해도 미국 또한 제국주의 팽창에서 예외는 아니었다. 미국은 제1차 세계대전 이후 적색 공포와 '빨갱이 사냥'의 시기에 빠졌으며 대공황기에 와서야 비로소 노-자 타협, 금융통제, 그리고 사회복지 — 여전히 유럽 사회국가 모델에는 미달한다 — 를 포함하는 뉴딜의 노선으로 나아갔다.

③ 민주적 코포라티즘과 사회적 시장경제: 스웨덴은 자영농민이 두터운 계급구성과 평등주의적이고 사회합의를 중시하는 에토스를 가졌다. 뿐만 아니라, 노동자 계급의 빠르고 독자적인 정치적 진출과 노농동맹(red-green alliance)을 구축하는 데 성공한 공동체적 민족주의 전통을 가지고 있었다. 스웨덴은 이 기반 위에서 민주적 코포라티즘과 사회민주적 시장경제의 길로 나아갔다.

경제성장의 패턴과 관련해서는 약한 감시, 제도 왜곡, 비용과 위험의 사회화 등 구조적 모순을 어떤 새로운 제도원리와 제도형태로 푸는가, 그리하여 산업화 이후 시민사회의 형성과 더불어 어떤 규칙기반 신경제 질서 또는 '질서자본주의'를 수립하는가가 문제다. 미국식 자본주의와 스웨덴식 자본주의는 산업화 이후 질서자본주의의 대표적인 두 유형이다. 산업화 국면 이후 이윤주도 성장제일주의를 변형된 방식으로 지속하는가, 성장·참여·분배가 동행하는 길로 전환하는가 하는 쟁점에서 중요한 일차적 관건은 경제사회는 물론이고 정치공동체 전체에서 차지하는 노동의 위상과 정치적 진출이라고 생각된다. 미국식 자본주의와 스웨덴식 자본주의는 바로 이 점에서 결정적으로 달랐다. 전자는 노동배제적이면서 자본시장에 기반한 경영자 자본주의의 길로, 후자는 노동통합적이면서 은행에 기반한 사회적 자본주의의 길로 나아갔다.

산업화 이행기의 종료와 함께 개발자본주의는 두 가지 현상에 직면하게

---

54) 독립선언서의 '생명, 자유, 행복추구'라는 문구는 헌법 비준과 동시에 폐기되고 그 대신 '생명, 자유 또는 재산'이라는 새 문구가 들어갔다.

되었다.[55] 첫째, 노동력의 무제한 공급 상태의 소멸이다. 노동력이 희소해지면서 노동비용이 높아지게 된다. 둘째, 노동조합과 노동자정당 등 노동계급의 도전과 정치·경제적 조직화 현상이다. 외연적·노동 배제적 축적의 종료 이후 나타나는 이 새로운 도전을 어떻게 받아들이는가에 따라 포스트 개발자본주의의 경로와 성격이 갈라진다. 산업화시기를 특징짓는 노동의 배제적 동원 체제의 지속은 양극화-외향적 발전 모델을 낳고, 노동의 새로운 참여는 사회 통합적-내수 확장적 발전 모델을 낳을 것이다. 그런데 이때 주목해야 할 것은 자본과 노동관계의 성격은 금융제도가 어떻게 재편되는가에 따라 크게 좌우된다는 것이다. 우리는 역사적으로 시장중심 금융체제를 가지고 후발 산업화에 성공한 사례를 잘 보지 못하거니와, 사회민주경제로 진입한 사례 또한 보지 못했다. 역사적으로 유럽 사회국가 모델은 노자 공생 모델인 동시에 은행기반 금융체제 모델이었다.

노동의 발언과 분배 참여를 배제하고 자본권력이 일방적으로 독주하는 포스트 개발자본주의는 사회경제적 양극화가 심화되고 국내시장이 협소해지면서, 축적 애로의 출구를 내포적 심화와 반대되는 외연적이고 지리적인 확장으로 타개하려는 경향—물론 이 자체는 자본의 본래적 경향이다—에 박차를 가하게 된다. 자본이 대중에 대한 지배와 착취적 본성에도 불구하고 동시에 대중의 동의를 얻기도 하는 것은 그것이 부단한 확대재생산과 성장·성과의 일정한 확산을 통해 사회적 욕구를 물화(物化)하고 계급갈등을 완화시키고 그럼으로써 대중의 자치와 연대에 대한 더 높은 열망을 순치시킬 수 있는 그 물신

---

55) D. Senghaas, *The European Experience: A Historical Critique of Development Theory* (Berg Pub Ltd, 1985), 한상진·유팔무 옮김, 『유럽의 교훈과 제3세계』, 한상진 유팔무 옮김(나남, 1990), 303쪽. 젱아스는 19세기 후발 발전 문제를 세계시장에의 통합방식과 국내적 분업 연관을 중심으로 접근하면서 국내의 계급 배치가 자본주의 발전의 동학에서 갖는 의미에 주목하고 자율적 노동운동의 성장이 '자기중심적 발전', 즉 동반 성장과 내수시장의 확대를 가져오는 성숙한 민주적 자본주의로 가는 길에서 관건이 된다고 본다. 그는 한국 자본주의의 미래와 관련하여 이것이 갖는 교훈적 의미도 지적하고 있다.

권력으로서의 능력 때문이다. 그러나 자본 축적의 외향화는 자본의 배제적인 권력 논리와 근로대중 및 공동체 삶의 논리 사이에 모순을 심화시킨다. 국민국가 밖으로 상품과 자본의 수출 증강에 매진하는 외향적 축적과 경제적 제국주의의 경향은 자본의 맹목적 축적 충동이 노동 세력과 정치적 공공영역의 반성적 대항력(countervailing power)으로 억제되지 못할 때 나타나는 민주적 통제 없는 고삐 풀린 자본주의의 본래적 경향이다.56)

그렇지만 자본의 법칙은 결코 자연법칙은 아니다. 그 지배력은 언제나 대중의 주체적 구성력과의 상호작용과 항쟁, 쟁투 속에서 변형되고 수정된다. 오늘날 인간과 세계의 상품화를 심화시키고 있는 자본의 세계화와 양극화의 시대에, 구성원을 '두 국민'으로 분열시키고 생존권 위기로 내몰면서 이를 배제적으로 동원하고자 하는 일방적인 자본권력과 경쟁적 국력증강 체제는 참여와 연대·생태와 평화를 지향하는 대중의 주체적 구성력, 대항적인 자치력 및 연대력의 성장과 대면하지 않을 수 없다. 지금은 자본의 역사에서 새로운 정치적 해방의 시대이다. 그리하여 정치의 시장화와 국가화에 맞서 공화국의 새로운 귀환, 즉 정치의 공공화, 시민정치의 국민적이면서 동시에 지구적인, 그리하여 다중적인 급진적 재구성이 요청되는 시대이다.

---

56) S. Halperin, *War and Social Change: The Great Transformation Revisited* (Cambridege University Press, 2004); D. Harvey, *Spaces of Capital* (Routledge, 2001)도 같이 참조.

# 참고문헌

김경근. 1998. 『프랑스 근대사연구: 평등과 자유를 통한 번영의 길』. 한울.

김수진. 2001. 『민주주의와 계급정치』. 백산서당.

안재흥. 1997. 「스웨덴 노동계급의 형성과 노동운동의 선택」. 안병직 외 엮음. 『유럽의 산업화와 노동계급』. 까치.

윤승준. 1988. 「수정주의적 프랑스 산업화론에 대한 일고찰」. 『프랑스 노동운동과 사회주의』. 느티나무.

이병천. 2003. 「개발국가론 딛고 넘어서기」. ≪경제와사회≫, 57호(봄호).

_____. 2003. 「개발독재의 정치경제학과 한국의 경험」. 『개발독재와 박정희 시대』. 창비.

_____. 2004. 「주식회사 한국 모델에서 이해당사자 한국 모델로」. ≪서평문화≫, 제56집 (겨울호).

장승규. 2006. 『존경받는 기업 발렌베리가의 신화』. 새로운제안.


岡田與好 編. 1987. 『經濟的自由主義』. 東京大學出版會.

廣渡清吾. 1998. 「競爭法の普遍化」. 『20世紀システム 5: 國家の多樣性と市場』. 東京大學 出版會.

平野克明. 1973. 「營業の自由と企業規制」. 『資本主義法の形成と展開』 3. 東京大學出版會.


Agulhon, M. 1997. *Coup d'etat et Republique(La bibliotheque du citoyen)*. Presses de Sciences po. 이봉지 옮김. 1998. 『쿠데타와 공화정』. 한울.

Amsden, A. 1989. *Asia's Next Giant*. Oxford University Press.

_____. 2001. *The Rise of 'The Rest'*. Oxford University Press.

Arendt, H. 1951. *The Origins of Totalitarianism*. Harcourt: Brace and Company.

Bardhan, P. 2005. *Scarcity, Conflicts, and Cooperation*. The MIT Press.

Baskin, J. B. and P. J. Miranti. 1997. *A History of Corporate Finance*. Cambridge University Press.

Bowles, S and H. Gintis. 1987. *Democracy and Capitalism: Property, Community, and the Contradictions of Modern Social Thought*. Basic Books. 차성수·권기돈 옮김. 1994. 『민주주의와 자본주의』. 백산서당.

Bowles, S. 2004. *Microeconomics: Behavior, Institutions and Evolution*. Russell Sage Foundation.

Cain P. J. and A. G. Hopkins. 2001. *British Imperialism 1688~2000*. 2nd. Pearson Education Limited.

Chancellor, E. 2000. *Devil Take the Hindmost: A History of Financial Speculation*. Plume. Reissue edition. 강남규 옮김. 2001. 『금융투기의 역사』. 국일증권경제연구소.

Chang, Ha-Joon. 2002. *Kicking away the Ladder*. Anthem Press.

Coates, D. 2000. *Models of Capitalism: Growth and Stagnation in the Modern Era*. Polity Press. 이영철 옮김. 2003. 『현대자본주의의 유형』. 문학과지성사.

da Rin, M. and T. Helmann. 2001. "Banks as Catalysts for Industrialization." January.

Dahl, R. A. 1986. *Democracy, Liberty and Equality*. Norwegian University Press.

Dahrendorf, R. 1967. *Society and Democracy in Germany*. W. W. Norton & Company. 김종수 옮김. 1987. 『분단독일의 정치사회학』. 한길사.

Davis, M. 1986. *Prisoners of the American Dream: Politics and Economy in the History of the US Working Class*. Verso Books. 김영희·한기욱 옮김. 1994. 『미국의 꿈에 갇힌 사람들』. 창작과비평사.

Evans, P.(ed.). 1996. *State and Society Synergy*. Berkeley.

Fligstein, N. 2001. *The Architecture of Markets*. Princeton University Press.

Foucault, M. 1976. *Il faut defendre la societe*. Seuil/gallimard. 박정자 옮김. 1997. 『사회를 보호해야 한다』. 동문선.

Gerschenkron, A. 1962. *Economic Backwardness in Historical Perspective*. The Belknap Press of Harvard University Press.

Habermas, J. 1996. "The European Nation-State: Its Achievements and Its Limits." in G. Balakrishnan(ed.). *Mapping the Nation*. Verso.

Halperin, S. 2004. *War and Social Change: The Great Transformation Revisited*. Cambridege University Press.

Harvey, D. 2001. *Spaces of Capital*. Routledge.

Heller, P. 1996. "Social Capital as a Product of Class Mobilization and State Intervention: Industrial Workers in Kerala, India." in P. Evans(ed.). *State-society synergy*. UC Berkeley.

Jackson, G. 2001. "The Origins of Nonliberal Corporate Governance in Germany and Japan." in W. Streek and K. Yamaura(eds.). *Origins of Nonliberal Capitalism*. Cornell University Press.

Jessop, B. 1990. *State Theory: Putting the Capitalist State in its Place*. Polity press. 유범상·김문귀 옮김. 2000. 『전략관계적 국가이론』. 한울.

Johnson, C. 1995. *Japan: Who Governs? the Rise of the Developmental State*. W. W. Norton and Company.

Jorberg, L. 1994. "Structural Change and Economic Growth-Sweden in the 19th

Century." in P. K. O'Brien(ed.). *The Industrial Revolution in Europe 2*. Blackwell.

Karen, Orren. 1991. *Belated Feudalism*. Cambridge University Press.

Lange, Even. 1994. "The Norwegian Banking System before and after the Interwar Crises." in A. Teichova et al(eds.). *Universal Banking in the Twentieth Century: Finance, Industry and the State in North and Central Europe*. Edward Elgar.

Larsson, M. 1991. "State, banks and industry in Sweden with some reference to the Scandinavian countries." in H. James et al(eds.). *The Role of banks in the interwar economy*. Cambridge University Press.

Lipset, S. M. 1967. *The First New Nation*. Anchor Books.

Luebbert, G. M. 1991. *Liberalism, Fascism or Social Democracy: Social Classes and the Political Origins of Regimes in Interwar Europe*. Oxford University Press.

Macpherson, C. B. 1969. *The political theory of possessive individualism: Hobbes to Locke*. Clarendon Press. 황경식·강유원 옮김. 2002. 『홉스와 로크의 사회철학』. 박영사.

Mann, M. 1987. "Ruling Class Strategies and Citizenship." *Sociology*, Vol.21.

_____. 1993. *The Sources of Social power*, Vol.2. Cambridge University Press.

Mokyr, J. 1976. *Industrialization in the Low Countries 1795-1850*. Yale University.

Moore, B. 1966. *Social Origins of Dictatorship and Democracy: Lord and Peasant in the Making of the Modern World*. Boston: Beacon Press.

Mouzelis, N. 1986. *Politics in the Semi-Periphery*. Basingstoke: Macmillan.

Putnam, R. D. 1994. *Making Democracy Work: Civic Traditions in Modern Italy*. Princeton University Press. 안청시 외 옮김. 2000. 『사회적 자본과 민주주의』. 박영사.

Rueschemeyer, Dietrich et al. 1992. *Capitalist Development and Democracy*. University Of Chicago Press. 박명림 옮김. 1997. 『자본주의 발전과 민주주의』. 나남.

Sandberg, L. G. 1978. "Banking and Economic Growth in Sweden before World War 1." *The Journal of Economic History*. Vol.38 No.3(Sep.).

Schroter, H. G. 1997. "Small European Nations: Cooperative Capitalism in the Twentieth Century." in A. D. Chandler et al(eds.). *Big Business and the Wealth of Nations*. Cambridge University Press.

Schwartz, H. M. 2000. *States versus Markets: The Emergence of Global Economy*. St. Martin's Press.

Screpanti, E. 2001. *The Fundamental Institutions of Capitalism*. Routledge.

Sejersted, F. 2001. "Capitalism and Democracy: A Comparison between Norway and Sweden." *The Democractic Challenge to Capitalism: Management and Democracy in the Nordic Countries*. Copenhagen Business School Press.

_____. 2003. "Nationalism in the Epoch of Organized Capitalism: Norway and Sweden Choosing Different Paths." in A. Teichova and H. Matis(eds.). *Nation, State and the Economy in History*. Cambridge.

Senghaas, D. 1985. *The European Experience: A Historical Critique of Development Theory*. Berg Pub Ltd. 한상진·유팔무 옮김. 1990. 『유럽의 교훈과 제3세계』. 나남.

Supple, B. 1973. "The State and Industrial Revolution 1700~1914." *Fontana Economic History of Europe*, Vol.3. The Industrial Revolution.

Sylla, R. and G. Toniolo. 1991. *Patterns of European Industrializaton*. Routledge.

Touraine A. 1992. *Critique de la modernite*. Fayard. 정수복·이기현 옮김. 1995. 『현대성 비판』. 문예출판사.

Turner, B. S. 1986. *Citizenship and Capitalism: The Debate over Reformism (Controversies in Sociology, Vol. 21)*. Unwin Hyman. 서용석·박철현 옮김. 1997. 『시민권과 자본주의』. 일신사.

van der Wee, H. 1996. "The Industrial Revolution in Belgium." in M. Teich and R. Porter(eds.). *The Industrial Revolution in National Context*. Cambridge University Press.

Veblen, T. 1915. *Imperial Germany and the Industrial Revolution*. The Macmillan Company.

Walder, D. 1999. *State Building and Late Development*. Cornell University Press.

Weiss, L. and J. M. Hobson. 1995. *States and Economic Development*. Polity Press.

Wittrock, B. 2004. "The Making of Sweden." *Theses Eleven*, Vol.77 No.1(May).

Zinn, H. 1991. *Declarations of Independence*. Perennial. Reprint edition. 이아정 옮김. 2001. 『오만한 제국: 미국의 이데올로기로부터 독립』. 당대.

# 제10장

# 장외정치, 운동정치와 '정치의 경계 허물기'
## 비합법전위조직운동, 재야운동, 낙선운동, 광주꼬뮨

조희연 | 성공회대학교 사회과학부 교수

## 1. 들어가는 말

이 글은 한국현대사 속에서 나타난 운동정치의 사례들을 분석하고 이를 통해 '정치와 사회'의 관계에 대한 일반론을 새롭게 정립하기 위한 시도이다.

정치와 사회의 관계, 사회의 일부로서의 사회운동과 정치의 관계에 대해서는 다양한 견해들이 존재한다. 우리 현실에서는 통상 운동정치 같은 말이 사용되기도 하지만 다수의 국민들은 정치라고 하면 국회나 정당들이 수행하는 제도화된 정치를 떠올린다. 하지만 정치를 제도화된 정치에 국한할 경우, 정치를 대단히 협소한 것으로 만들며, 사회 내에 존재하는 다양한 정치적 활동 혹은 '정치적인 것(the political)'들을 배제하는 한계를 갖는다. 정치라는 것이 사회의 집단적 이슈에 대한 공적 결정과정에 다름 아니라고 할 때, 정치는 단순히 협애화된 제도정치 공간에만 존재하는 것이 아니다. 그런 면에서 운동

* 이 글을 작성하는 데 많은 분들의 조언을 들을 수 있었다. 특히 신정완, 김정훈 선생이 완성 과정에서 큰 자극을 주었다. 나아가 이병천, 정해구, 주성수, 조현연, 정대화, 정상호, 오연철, 이선미, 정규호, 김종법, 박병진 등 여러 분들로부터도 신선한 지적들을 들을 수 있었다. 일부는 반영했지만 많은 부분은 이후의 과제로 남겨 놓지 않을 수 없었다. 이 자리를 빌려 고마움을 전한다.

정치라는 말은 사회적 활동의 하나인 사회운동을 정치적 활동으로 파악한다는 점에서 진일보한 것이다. 그러나 이 경우에도 제도정치의 중심성을 인정하는 바탕 위에 다분히 은유적으로 사용되는 경우가 대부분이다. 우리 사회에서 흔히 사용되고 있는 장외(場外)정치라는 표현은 '장내(場內)정치만이 정치의 전부가 아니다'라는 점을 이미 우리에게 시사해 주고 있다[대만에서는 국민당 정부하에서 '당외(黨外)'운동이 존재하였다]. 이러한 시사를 일반화시켜 보면 우리는 장내의 제도화된 공간에만 한정되지 않은 정치에 대한 새로운 인식도 가질 수 있을 것이다.

이 글에서는 단순히 제도정치뿐만 아니라 사회에서 전개되는 다양한 정치적 활동들이 바로 '정치'라는 인식하에서, 이러한 사회적 정치가 제도화된 정치와 어떤 관계를 갖는지를 검토하고자 한다. 사회적 정치활동은 다양한 형태로 표현될 수 있는데, 그 조직화된 형태를 '운동정치'라고 본다. 이 운동정치는 제도정치의 외부에서 전개되는 장외정치이다.

역사적으로 근대 시민혁명은 '대중'정치 시대를 열었다는 점에서, 즉 대중이 정치의 주체가 되는 시대를 열었다는 점에서 크나큰 전환점으로서의 의미를 가진다. 그러나 곧이어 정치는 제도화된 대의적 정치로 한정되어 버렸다. 기실 정치라는 것은 사회의 정치적 측면을 이야기하는 것에 다름 아니다. 이런 점에서 정치는 사회의 한 측면을 반영하며, 그것은 고정된 것이 아니라 사회와의 관계 속에서 부단히 변화하는 것이다. 여기서 나는 근대 대의민주주의 정치라는 것은 결코 고정된 것이 아니며, 오랜 기간을 통해 위로부터의 힘과 아래로부터의 힘이 각축하면서 구조화된 어떤 것이라는 점을 지적할 것이다. 특히 '무엇이 정치인가'라는 정치의 '경계'와 '정치에서 무엇이 의제화되고 무엇이 정책화되어야 하는가'라는 정치의 '내용'을 둘러싸고 부단한 투쟁과정이 있었다는 점을 지적하고자 한다.

한국현대사는 이런 점에서 정치와 사회의 관계에 대한 풍부한 세계적 사례들을 보여주고 있다. 이 글에서 한국현대사는 정치가 특정한 방식으로 구조화되는 것에 저항하여, 사회에 부응하는 형태로 정치를 변화시키려는 '정치의 사회화'를 끊임없이 추구했던 복합적 투쟁의 역사였음을 밝힐 것이다.

이 글은 먼저 정치와 사회의 관계에 대한 이론적 논의에서 시작하여, 정치를 둘러싼 국가와 사회의 각축 과정을 정리한다. 그리고 한국현대사를 중심으로 정치의 사회화를 둘러싼 다양한 투쟁들로 표현되는 운동정치를 장외정치로 파악하고 그것이 어떻게 전개되었는가를 분석한다. 특히 1950년대의 비합법 정치, 1960~70년대의 재야운동, 2000년대 초의 낙선운동, 1980년 광주항쟁 등 전혀 연관관계가 없어 보이는 사례들을 정치와 사회의 관계에 대한 다양한 유형적 본질을 보여주는 사례로서 재분석하고자 한다. 이를 통해 나는 정치와 민주주의에 대한 새로운 시각을 제시하고자 한다.

## 2. 근대 민주주의에서의 정치와 사회의 관계

정치란 사회구성원들에게 영향을 미치는 집단적인 의제의 공적 결정을 둘러싼 집단과 개인들의 상호관계와 활동이다. 그런 점에서 모든 사회에는 '정치'라는 활동과의 관계가 존재한다고 볼 수 있다. '사회'의 구성원들이 사회의 집단적 의제를 자율적인 소통과 쟁투(爭鬪)를 통해 공적으로 결정하는 과정이 정치라고 할 때, 정치는 사회 그 자체만으로 고립되어 사고할 수 없는 것이다. 사회(혹은 사회구성원)에 의해 자신의 요구와 쟁점을 다루는 것이 바로 정치이기 때문이다. 여기서 정치에 대해 두 가지 문제가 제기되는데, 먼저 정치가 '얼마나 사회(혹은 사회구성원)의 요구에 부응하는가' 하는 문제와 '정치의 주체로서 사회구성원들에 의해 얼마나 수행되는가' 하는 문제이다. 전자는 정치가 얼마나 사회를 '위한' 것인가 하는 정치의 내용과 관련된 것이며, 후자는 정치가 얼마나 사회에 '의한' 것인가 하는 정치의 과정 및 경계와 관련된 것이라고 할 수 있다. 원리론적으로 볼 때, 이런 점에서 현실의 정치는 언제나 정치의 출발점이 되는 사회와 일치하는 것은 아니다. 한편으로는 사회 그 자체의 요구와 일치되지 못하기 때문에, 다른 한편으로는 사회구성원 자신에 의한 정치라기보다는 이른바 엘리트에 의한 정치로 작동하기 때문에 정치와 사회는 괴리되어 존재한다.

## 1) 근대 민주주의에서의 정치

주지하다시피 정치는 근대 사회에서 대의민주주의라는 형태로 구체화되었다.[1] 즉, 근대 대의민주주의에서 정치와 사회의 관계는 사회의 구성원인 민(民)이 정치의 주체로서의 상징적 지위를 부여받은 반면에,[2] 정치는 사회구성원들

---

[1] 민주주의는 민의 통치('rule' 'by' 'the people')라는 의미를 갖는다. 민주주의는 자신들의 삶에 영향을 미치는 결정을 스스로 — 혹은 스스로를 대표하는 대의자들 — 가 하는 제도를 의미한다. 민주주의의 이러한 개념적 문제에 대해서는 R. Harrison, *Democracy* (London: Routledge, 1993); David Held, *Models of Democracy* (Stanford: Stanford Univ. Press, 1996) 참조. 민주주의에 대한 함의는 민주주의의 가치에 대한 규범적 차원, 실제 민주주의가 어떻게 작동하는가에 대한 실제적 차원, 민주주의의 의미에 대한 의미론적 차원 등에 따라서 다양하게 파악된다. 이에 대해서는 Frank Cunningham, *Theories of Democracy: A Critical introduction* (London: Routledge, 2002), ch.1. 참조. 정치학의 주류적 흐름에서 민주주의는 '민주적 절차'로서 파악된다. 예컨대 달(R. Dahl)은 '민주주의가 무엇인가'에 대해 "효과적 참여, 투표의 평등, 계몽적 이해의 확보, 의제설정에 대한 최종적 통제의 행사, 성인들의 수용"이라는 기준을 제시했다. 로버트 달, 『민주주의』, 김왕식 외 옮김(동명사, 1998), 58~59쪽. 그러나 민주주의는 "절차적 수준에서의 최소한의 자유화, 민주화를 넘어서서, 사회적 수준과 정치적·국가적 수준을 동시에 포괄한다"라고 파악되어야 한다. 최장집, 『한국민주주의의 이론』(한길사, 1993), 376~377쪽. 민주주의에 대한 다양한 현대적 논의로는 한국정치연구회 사상분과 편저, 손호철 감수, 『현대민주주의론』 I~II(창작과비평사, 1992) 참조.

[2] 근대 민주주의는 '인민주권론'이 작동하는 새로운 형태의 지배방식이다. 임지현이 이야기하듯이, 근대적 지배는 대중들의 동의를 합리적 근거로 하는 지배라는 점에서 전근대적 지배와 구별되는 것이다. 임지현, 「대중독재의 지형도 그리기」, 임지현·김용우 엮음, 『대중독재: 강제와 동의 사이에서』(책세상, 2003). 이런 점에서 정치는 근대 국가의 유기적 일부로 '형성'되었다고 보아야 할 것이다. 물론 이것은 대중들의 투쟁에 의해서 지배에 강제된 것이라고 보아야 한다. 그런데 문제는 대중들의 지배에 대한 태도가 표현되는 자발적 영역으로서의 '정치'가 근대의 대의민주주의적 형태로 왜소화되어 작동한다는 것이다. 여기서 대중은 지배에 대한 동의 표현의 주체이기는 하지만 간접적

의 '협약적 위임'을 통한 대의자들의 정치로 구체화되었다. 이러한 대의민주주의에서 정치와 사회의 '과정적' 관계는 사회구성원을 대표하는 '대의자' 정치로, 정치와 사회의 '내용적' 관계는 사회구성원의 요구가 대의자를 통해 제도정치에 구현되는 것으로 나타났다. 이렇게 보면, 제도화된 정치는 정치와 사회의 과정적·내용적 관계를 실현하는 독점적인 정치영역이 된다. 그래서 우리가 통상 정치라고 할 때 국회나 정당정치로 나타나는 제도화된 정치를 연상하게 된다. 국민들이 선거를 통해서 정당에 속한 후보들을 선출하고 이들이 국민의 대표로서 의회 내에서 행하는 활동 같은 것을 정치로 이해하게 되는 것이다. 그러나 정치와 사회의 관계에 대한 이러한 일반적 인식은 두 가지 차원에서 문제점을 안고 있다. 첫째는 제도정치 중심주의적 시각이고, 다른 하나는 정치와 사회(사회 내의 정치적 활동) 간의 경계에 대한 고정화된 시각이다.

## 제도정치 중심주의적 시각 대 사회 중심적 시각

먼저 제도정치 중심주의적 시각의 문제부터 살펴보자. 근대 대의민주주의는 사회 내에 존재하는 다양한 정치행위 중의 일부를 제도화된 정치로 합법화하고 반영한 특수한 정치형태이다. 정치는 사회 내에 존재하는 다양한 활동 중의 하나라고 할 수 있는데, 문제는 이러한 제도정치가 바로 정치 일반을 독점적으로 대표하는 것으로 인식되고 있다는 것이다.

정치라는 것이 '사회구성원들이 공적 의제를 집단적으로 논의하고 결정하는 과정'이라고 할 때, 정치가 어떠한 제도적 형태로 이루어지는가 하는 것은 정치와 사회의 관계, 지배와 저항의 관계에 따라 달라진다. 주지하다시피 근대로의 이행과정에서, 신분제적 질서에 의해 일부 상층 귀족계급의 활동으로만 규정되어 오던 전근대 정치는 위기에 처하게 되었다. 대중의 주체화가 진전되자 이를 반영하지 못하는 전근대 정치질서는 도전을 받게 된 것이다. 이러한 도전의 정점에 시민혁명이 존재한다. 시민혁명을 정점으로 하는 아래로부터의

---

인 주체가 되며, 파시즘의 민족주의적·권위주의적·개발주의적 동원을 통한 대중의 동의의 의제적 창출이라는 현상이 나타나게 되는 것이다.

투쟁에 의해 전근대 정치는 근대 민주주의 정치로 전환된다. 전근대 사회에서 정치가 사회의 특정한 집단―귀족층이나 양반층 등―에게만 독점되어 있었던 반면에, 근대 대의민주주의하에서의 정치는 대중들에게 개방되었다는 점에서 물론 진보라고 할 수 있다. 하지만 다른 한편에서는 근대 민주주의 정치하에서 대중의 '정치적 주권'은 대의자를 뽑는 선거의 장에서만 표현되고, 정치는 다시금 '대의자의 정치'로 한정되는 결과가 나타났다. 다시 말해서 정치의 주인이 민(民)임을 확인하고 민이 선출하는 대표자의 정치로 만드는 데는 성공했으나, 정치를 대의자의 영역으로 한정시키고 민은 다시 그 대의자의 주기적 선출자로 전락하는 한계를 갖게 된 것이다.[3] 어떤 의미에서 근대의 지배적

---

3) 근대 민주주의는 전근대적인 절대주의에 대한 전 민중적 투쟁이 당시 민중투쟁을 선도하고 있던 부르주아지의 의지에 의해 실현된 것이다. 따라서 절대주의에 대한 혁명적 저항이면서도 부르주아 혁명을 뛰어넘는 혁명에 반대하는 타협적 제도화의 성격을 담고 있다. 나는 근대 민주주의가 일정한 성취이면서 동시에 타협적 제도화라는 이중성을 띠고 있다고 본다. 근대 민주주의를 볼 때 이러한 이중성을 보아야 하며, 그런 점에서 근대 민주주의의 한계와 그 긍정성도 인식되어야 한다. 물론 우리가 한계를 강조하는 경우에도 근대 민주주의 자체가 사회적·계급적 투쟁에 의해 획득된 것이라는 점은 고려되어야 한다. 민주주의 변화는 사회적 투쟁의 대상이면서 동시에 산물로 파악되어야 한다는 것이다. 민주주의 발전의 역사를 보면, 일정 단계의 계급적·사회적 투쟁을 통해 획득된 제도는 이후의 계급적·사회적 투쟁의 근거가 됨과 동시에 이후의 과정을 규정한다. 근대 부르주아 민주주의, 제도정치, 시민사회의 형성과 이 과정에서 획득된 정치적·시민적 권리들은 모두 그 이전 시기의 계급적·사회적 투쟁의 산물이라고 할 수 있다. 한국의 경우, 1987년 6월항쟁 이후 형성된 민주적 선거제도가 6월항쟁이 있기까지 전개된 전투적인 민주화 투쟁의 성과물임은 주지의 사실이다. 이러한 제도적 성과물은 그 제도를 통해 민중들이 동의할 수 있는 방향으로 지배의 재구조화를 도모한다는 점에서 타협이고 지배층의 '개량'의 시도라고 할 수 있다. 그런 점에서 보면, 특정 시기의 민주주의는 한편에서는 계급적·사회적 투쟁의 성과물이면서 다른 한편에서는 그를 통해 피지배세력의 체제내화와 지배의 안정화를 도모하는 지배층의 타협적 대응이라는 양면성을 지닌다. 근대 부르주아 민주주의 역시 오랜 계급적·사회적 투쟁, 즉 민중들의 고통스러운 투쟁의 결과물로 인식되어야 하고 동시에 타협의 제도화된 형태―'타협의 불안정한 균형'―로 인식되어야 한다. 이런 점에서 근대 대의민주주의는 한편에서는 정치의 대중으로의 개방화라는 진보를 내포하면서도, 다른 한편에서는 민주주의를 대의자 민주주의로 한계 지우는, 그래서 민중들 자신은 대의자를 뽑는, 즉 정치의 주체를

집단이 대중의 정치적 주체화에 대응하여 기존의 정치질서에서 '비정치'로 규정된 활동을 선택적으로 내부화하고 포섭하여 정치를 재구조화하는 방식으로 지배의 정치를 재생산하는 새로운 형식을 개발하게 된 것이라고도 볼 수 있다.

사회 내에 정치적인 것(the political)은 다양하게 존재하며 그중 일부만이 근대적 정치 프레임에 의해 제도정치로, 때로는 합법적인 정치로 규정되는 것이다. 이런 점에서 우리는 근대 대의민주주의의 이중적 성격을 주목하고, 제도정치만을 정치로 보는 시각을 탈피해야 한다. 또한 제도정치에 의한 정치 혹은 정치적인 것의 독점을 넘어서야 한다. 이를 위해서 이 글에서 장외정치로 서의 운동정치를 적극적으로 재평가하는 것이다.

## 정치의 구성적 성격

다음으로 정치를 고정화된 경계를 갖는 현상으로 인식하는 시각이다. 앞서 서술한 시각을 전제로 할 때, 정치와 사회의 관계는 새롭게 인식되어야 하며, 근대 대의정치의 틀 내에서 비정치로 규정된 활동도 재평가되어야 한다.

근대 민주주의는 제도정치의 외곽에 존재하는 다양한 정치적 사회활동을 '비(非)'정치로 규정하여 정치의 외부에 위치시킨다. 원리적 측면에서, 혹은 역사적 측면에서 보더라도, 근대 대의민주주의에서의 정치와 비정치의 경계, 정치의 내포와 외연은 가변적이고 '사회적으로 구성'된 것으로 파악될 필요가 있다.[4]

---

선출하는 주권자로만 위치 지워진다는 점을 강조할 필요가 있겠다. 민이 정치의 주체가 되고 제도정치의 대의자를 선출하는 '인민주권'을 보유하지만, 주권자로서의 민중의 지위는 직접적인 정치의 주체로 구현되기보다는 대의자를 뽑는 선출의 주체로 형식화된 다는 것이다.

4) 나는 정치의 경계의 가변성뿐만 아니라 모든 경계의 구성적 성격과 가변성을 사회이론적 으로 확대해서 논의할 수 있다고 생각한다. 모든 억압과 피억압의 이론은 '경계의 사회이 론'으로 확장해서 이야기할 수 있다. 몇 가지 예를 들어 경계론을 더욱 확장해 보자. 페미니즘을 포함한 사회적 소수자들의 저항이론은 어떤 의미에서 패권적 주체들이 설정

정치는 기본적으로 사회 내에 존재하는 정치적인 사회활동 중의 일부를 제도정치로 개념화하고 그 나머지는 사회적 활동으로 개념화한 것에 다름 아니다. 이런 점에서 모든 정치는 정치와 비정치 사이의 특정하게 구조화된 '경계(boundary)'를 갖는다. 예컨대 여성주의에서 쟁점화하고 있는 바와 같이, 근대적 프레임에서 사적인 영역—예컨대 가족의 영역 등—의 일(the personal)은 정치의 대상이 아니라 일종의 합의된 '비정치'의 영역이 된다. 합의된 비정치의 영역에서 그 영역에 속하는 행위자—특히 약자—가 이를 쟁점화하고 '정치화'할 경우 오랜 투쟁을 거쳐서 그것은 정치의 영역으로 이동할 수도 있고, 그렇지 않을 수도 있다. 경제정책 같은 경우는 '기술관료적 결정', 즉 국가행정의 영역에 위치하고 있다. 울리히 벡(U. Beck)이 지적하듯이 많은 환경정책 결정이나 경제정책 결정은 '전문성'에 의해 신비화되면서 정치의 영역에 존재하는 것이 아니라 기술관료적 결정영역에 존재하게 된다.[5] 또 다른 예를 서구의 신사회운동에서도 찾아볼 수 있다. 신사회운동은 근대 대의민주주의 프레임에서 '비정치'로 간주되었던 것들을 정치의 영역으로 끌어들이는 운동이었

---

한 고정화된 경계를 상대화하고 뛰어넘는 것을 핵심으로 하고 있다. 여기서 경계의 저편에 있는 하위주체들의 '주체화'가 대단히 중요하다. 장애인과 비장애인의 경계 역시 마찬가지이다. 경계를 둘러싼 패권적 집단들은 하위주체들의 주체화가 진행되면 그에 대응하여 경계를 재구성하는 방식으로 경계를 변형적으로 재생산한다. 1868년 베스트팔렌 조약 이후 서양의 근대적인 영토적 경계가 획정되었고, 이를 침범하면 주권 침탈의 문제가 되며, 이 경계 내부에는 민족국가의 치외법권이 존재하게 되었다. 하지만 현재와 같은 지구화시대에 우리는 '초(超)민족주의'적 관점에서 '영토의 경계'를 상대화할 수 있을 것이다. 이른바 '변경(邊境)론'도 이런 맥락에서 의미를 가질 수 있다. 단지 이러한 영토의 경계 허물기에서 위로부터의 권력과 자본에 의한 경계 재구성과 아래로부터의 민중의 주체화를 통한 경계 넘어서기가 각축하고 있다. 또 다른 예로서 우리 의학의 경계 역시 가변적이고 또한 구성된 것이라고 할 수 있다. 의학의 경계는 역사적으로 구성된 것이고 제도화된 의학권력이 이를 재생산하는 데 중요한 역할을 한다. 비(非)의학의 영역에는 많은 민간의학과 경계의학들이 존재한다. 의학과 비의학의 경계는 사회적인 것이며 거기에는 권력이 작동한다. 이러한 경계의 사회이론 작업은 이후의 과제로 남겨 둔다.

5) 울리히 벡, 『위험사회: 새로운 근대(성)을 향하여』, 홍성태 옮김(새물결, 1997) 참조.

다. 즉, 근대적인 공(公)과 사(私)의 구분에서 사의 영역에 존재하던 행위들 ─예컨대 가정폭력, 가정 내의 권력관계 등─ 을 집단적인 갈등의 주제로 이동시켰다. '지평 너머의 정치'가 정치로 전화된 것이다.

역사적으로 보더라도, 근대 정치와 민주주의 자체가 역사적 구성물이었음을 알 수 있다. 근대로의 이행에 분기점이 된 프랑스 혁명 이후에도 고정화된 제도정치가 선재(先在)했던 것이 아니라, 정치의 구성을 둘러싼 격렬한 투쟁이 오랜 기간에 걸쳐 전개되었다. 프랑스 혁명 과정에서 다양한 급진적 분파들은 근대 정치와 민주주의를 급진적으로 확장하려는 시도를 했다.

나아가 정치와 사회의 경계가 가변적이고 정치 자체가 사회적 구성물이라는 점은 여러 가지 거시적 변화를 통해서도 확인되고 있다. 먼저 한국 사회의 경우, 독재하의 정치와 민주주의 이행과정에서의 정치가 질적으로 달라졌다. 1960년대 이후 군부독재 체제하에서는 제도정치가 대단히 왜소화되어 존재했다. 군부독재는 사회 내에 존재하는 다양한 정치행위 중 군부에 '종속적인 정치'만을 합법적 제도정치로 보장하고, 그것에 반하는 다양한 사회적 정치행위를 억압하여 그것이 제도정치에 표출되는 것을 통제했다. 그러나 그러한 협소한 정치만을 정치로 규정하고 분석하는 것은, 한국의 정치를 일면적으로밖에 이해하지 못하는 것이 된다.[6] 이렇게 독재하에서 협애화된 정치는 민주주의 이행과정에서 현저하게 그 경계와 내용이 변화하기 때문이다.

한편으로 지구화에 의해서 국민국가적 정치와 민주주의가 상대화되기도 한다. 제솝(B. Jessop)이 이야기하듯이 지구화는 '정치의 탈국가화(de-statization of politics)'를 촉진한다.[7] 헬드(D. Held)가 지적하듯이, 국민국가의 국가와 다양

---

6) 특히 한국전쟁 이후의 반공, 분단, 냉전 질서와 권위주의 국가를 염두에 둘 때, 정치를 제도정치만으로 한정하는 것은 시민사회 내의 다양한 스펙트럼의 활동들이 한국 사회의 민주화 과정에 미친 영향을 제대로 반영하지 못하고, 독재권력에 반하지 않는 체제 순응적인 우익적 정당들의 정치활동만을 고려하는 문제점을 지니게 된다. 이런 점에서 우리는 확장된 정치의 개념으로 한국의 민주주의를 접근할 필요가 있다.

7) 밥 제솝, 『전략관계적 국가이론』, 유범상 외 옮김(한울, 2000), 24~25쪽.

한 정치적 행위들은 국경을 넘어 확장되는 초국민국가적 행위와 관계들에 의해서 재규정되고, 한계 지워지고 있기 때문이다.[8] 이미 국민국가의 정치는 일국 내적 변수들에 의해서만 좌우되지 않는다. 지구화라는 초국민국가적 변화가 국민국가 내부에서 고정화된 정치와 사회의 경계를 변화시키기 때문에, 우리는 양자 관계의 가변성에 대한 좀더 명확한 인식을 가질 수 있다.

이상에서 논의했듯이, 근대 대의민주주의 정치라는 것은 결코 고정된 것이 아니며 오랜 기간을 통해 정치와 사회의 역동적 상호관계에 의해서 구조화된 어떤 것이라고 파악되어야 한다. 무엇이 정치인가 하는 정치의 '경계'와 정치에서 무엇이 의제화되고 정책화되어야 하는가 하는 정치의 '내용'과 관련해서, 민주주의가 결코 고정물이 아니라는 것을 확인할 수 있다. 그 때문에 기존의 제도정치가 포용하지 못하는 사회적 활동은 비정치로 규정되어 정치의 외곽에 위치한다.[9]

## 2) 근대 민주주의하에서의 '정치의 국가화' 대 '정치의 사회화'의 각축: 계급적 · 사회적 투쟁으로서의 민주주의와 그 결과로서의 정치의 구성

그렇다면 근대 민주주의하에서 정치의 경계, 정치의 내용을 결정하는 요인은 무엇인가. 앞서 이야기한 것처럼 민주주의는 근대 사회에서 정치의 프레임으로 작용한다. 나는 민주주의를 단순히 선거절차나 제도정치의 규칙이 아니라 계급적·사회적 투쟁과정이자 그러한 투쟁에 의해서 정치의 경계와 내용이 규정되는 공간이라고 규정한다.[10] 이것은 민주주의하에서의 정치의 구성 자

---

8) David Held, *Democracy and the Global Order: From the Modern State to Cosmopolitan Governance* (Cambridge: Polity, 1995).

9) 정치와 비정치의 경계의 가변성과 구성성은 경계 자체를 주체적으로 허물 수 있다는 것을 의미하는 것이기도 하다. 근대 민주주의하에서 특정하게 경계 지워진 정치가 존재하고 그 정치는 특정한 방식으로 작동하고 있다고 할 때, 그러한 경계를 허물고 상대화하기 위한 활동들도 역시 존재한다.

10) 조희연, 『한국민주주의와 사회운동의 동학』(나눔의집, 2001), 1장.

체도 사회적·계급적 투쟁과정에 의해 규정되고 변화하는 것임을 의미한다. 즉, 근대 민주주의와 정치 자체가 계급적·사회적 투쟁에 의해 결정되는 가변적인 것이고, 투쟁의 결과에 따라 경계가 구성되는 것으로 파악될 필요가 있다. 근대 이후 민주주의가 사회의 정치적 삶의 보편적 형식으로 자리 잡은 것도 바로 이러한 이유 때문이라고 할 수 있다. 근대 이후 정치적 삶의 보편적 형식 속에 담겨지는 정치의 내용과 그 경계가 사회구성원들의 관계에 의해서 부단히 변화할 수 있다는 것이 바로 민주주의의 특징이자 장점이고 보편성의 근거이다. 하나의 역사적 제도로서의 민주주의는 분명히 계급적 투쟁의 과정이자 결과로서 존재하는 것이다.[11]

### (시민)사회적 정치와 국가적 정치

전통적인 마르크스주의 프레임 속에서 주된 관심은 국가와 사회의 관계, 특히 계급적으로 구조화된 국가와 사회의 관계였다. 이때 핵심적인 쟁점은 국가권력이 사회 내의 어느 계급의 손에 존재하는가 하는 것이었다. 여기서 정치는 크게 주목받지 않았다. 정치는 기본적으로 자발성을 전제로 하는 개인 간, 집단 간의 상호관계이기 때문이다. 마르크스주의 국가론의 흐름에서 정치라는 것을 국가와 사회와의 관계 속에서 고민한 이는 그람시(A. Gramsci)였다. 주지하다시피 마르크스주의적 국가론에 있어서 국가의 핵심적인 특징은 계급성과 폭력성이라고 할 수 있다.[12] 국가는 폭력이라는 강압적 수단을 가지고 지배계급의 계급적 이해를 위해서 활동하는 도구의 성격을 가진다. 그러나 그람시에게 국가는 이러한 폭력적인 도구적 국가를 넘어 정치의 실체로 등장

---

11) 여기서 계급적·사회적 투쟁이라는 표현을 사용하는 이유는 경제주의적으로 협애화된 계급적 투쟁만이 아니라 광의의 계급적 투쟁, 즉 사회적 투쟁이 정치를 규정하기 때문이다. 마르크스가 인류 역사를 계급투쟁의 역사로 규정한 것 자체가 자본주의 사회에서의 노-자 간의 계급을 넘는, 다양한 형태의 지배와 피지배 집단의 투쟁, 즉 광의의 사회적 투쟁을 의미한다.

12) 레닌, 「계급사회와 국가」, 『국가와 혁명』, 강철민 옮김(새날, 1991) 참조.

하게 된다. 최소한 근대 국가에서는 그러하다. 근대 국가는 정치 자체가 국가의 구성적 일부가 되는 새로운 지배형태이다.[13] 그람시는 마르크스주의 국가론의 틀 내에서 정치를 재발견했다고 할 수 있다. 이런 점에서 레스터(Jeremy Lester)가 이야기하는 것처럼, 그람시는 동-서의 문제에서 서(West) 국가의 특수성을 이야기하는 것이 아니라 국가 일반론을 이야기하는 것이 된다.[14]

물론 그람시의 중요한 관심 대상은 정치의 문제 자체보다도 헤게모니론을 중심으로 하는 각축의 장으로서의 시민사회였다. 그러나 부치-글룩스만(C. Buci-Glucksmann)이 적절히 지적했듯이, '정치는 곧 헤게모니'이다.[15] 지배의 헤게모니와 그것에 대항하는 대항헤게모니가 각축하면서 그 속에서 지배에 대한 동의가 만들어지는 활동이 바로 정치인 것이다.[16] 이것은 그람시가 정당을 시민사회 기구로 파악하는 것에서도 드러난다. 이렇게 보면, 그람시가 시민사회라고 보았던, 국가에 대한 동의가 창출되는 관계와 활동이 바로 이 글에서 이야기하는 정치가 된다.

---

13) 그람시 논의에 대해서는 Antinio Gramsci, *Selections from the Prison Notebooks*, trans. by Quintin Hoare(New York: International Publishers, 1971), 이상훈 옮김, 『그람시의 옥중수고 I: 정치편』(거름, 1999); 앤 S. 사쑨 편저, 「헤게모니와 동의: 정치전략」, 『그람시와 혁명전략』, 최우길 옮김(녹두, 1984); 샹탈 무페, 『그람시와 마르크스주의이론』, 장상철·이기웅 옮김(녹두, 1992); 임영일 편저, 『국가, 계급, 헤게모니』(풀빛, 1985) 참조.

14) Jeremy Lester, *The Dialogue of Negation: Debates on Hegemony in Russia and the West* (Londong: Pluto Press, 2000), ch.2.

15) Christine Buci-Glucksmann, *Gramsci and the State*, trans. by D. Fernbach(London: Lawrence and Wishart, 1980), p.vii.

16) 지배의 헤게모니와 저항의 헤게모니가 각축하는 정치의 장에서 지배에 대한 동의가 창출되고 또한 균열되기도 한다. 그람시가 근대 민주주의 국가에서 국가는 강압(협의의 국가)과 동의창출(정치)의 상호관계 속에서 작동하는 것으로 보았던 것은 이러한 맥락에서였다. 그람시가 국가를 강압적 국가로서만이 아니라 동의의 창출을 통해서 작동하는 윤리적 국가로 파악했음은 주지의 사실이다. 여기서 국가는 지배와 헤게모니의 양 측면에서 작동하는 존재가 된다. 국가는 시민사회를 통한 동의의 창출로 지배의 동의적 기반을 확충해 가는 것이다.

따라서 그람시가 이야기하는 시민사회적 활동을 두 가지로 나누어볼 필요가 있게 된다. 제도화된 정당들이 수행하는 정치와 시민사회의 자발적인 비정치적 기구들이 수행하는 정치가 그것이다. 전자가 제도정치이고, 후자가 바로 사회적 정치이며 그 일부로서 운동정치가 존재한다. 그람시가 이러한 두 가지 정치 자체를 모두 시민'사회'로 인식한 데에, 앤더슨(Perry Anderson)이 지적하는, 그람시 이론의 모순지점이 존재한다.[17] 즉, 그람시에게서 광의의 국가는 ─동의창출의 장이 되는─ 시민사회를 포괄하는 개념이다. 국가와 사회가 곧 동범위의 실체가 되는 것이다. 현재적 관점에서 보면, 그람시의 시민사회론은 강압과 동의창출의 '기능적' 측면을 지칭한 것으로 보아야 하고, 국가는 강압으로서의 국가와 제도화된 정치를 포괄하는 것으로 파악되어야 한다. 단지 그람시가 시민사회를 국가적 질서의 일부로 파악한 문제의식에서 바라보면, 제도화된 정치와 구별되는 시민사회적 정치가 존재하게 되는 것이다. 이는 순수하게 비국가적인 시민사회적 활동일 뿐만 아니라 제도화된 정치의 경계를 상대화시키면서 뛰어넘고자 하는 정치라고 할 수 있다. 이 글에서의 정치는

---

17) 앤더슨은 그람시가 말하는 국가와 시민사회, 헤게모니의 소재에 대한 세 가지 모델이 모순적으로 불명확하게 공존하고 있다고 보았다. 즉, 국가와 시민사회는 대칭되고 헤게모니는 시민사회에만 존재한다고 하는 모델, 국가와 시민사회는 대칭되지만 헤게모니는 정치적 헤게모니와 시민사회 헤게모니의 형태로 양자 모두에 존재한다고 하는 모델, 국가가 정치사회와 시민사회를 포괄함으로써 국가는 시민사회와 일체화되는 모델이 바로 그것이다. 페리 앤더슨, 「안토니오 그람시의 이율배반」, 페리 앤더슨 외 엮음, 『안토니오 그람시의 단층들』, 김현우 외 편역(갈무리, 1995), 62~80쪽. 임영일은 이러한 모순을 사회 유형들과 대응시키는 방식으로 해소하려고 한다. 임영일, 「한국의 산업화와 계급정치」, 한국사회학회·한국정치학회 엮음, 『한국의 국가와 시민사회』(한울, 1992), 176~179쪽. 최장집은 국가, 정치사회, 시민사회의 3원구도를 설정하는 방식으로 해결하려 한다. 최장집에게서 정치사회는 국가와 시민사회의 중간층위의 성격을 갖는다. 최장집, 『한국민주주의이론』(한길사, 1993), 379~386쪽. 이 점은 사실 개념적인 문제에서 발생하는 것이기도 하다. 그람시에게서 정치사회는 강압으로서의 국가와 동일시되는 개념인 데 반해, 최장집에게서 정치사회는 제도화된 정치의 대표체계로서의 정당정치영역이나 공적 의사소통을 매개하는 언론 등을 포괄하는 영역이다.

후자의 정치까지도 포함하는 것이다. 나의 관점에서 볼 때 그람시가 이야기하는 시민사회적 활동은 제도화된 정치와 (시민)사회적 정치를 포괄하는 개념이 된다.18)

전통적인 마르크스주의에서는 정치를 일부로 하는 국가가 사회로 흡수되고 그로 인해 국가가 소멸하는 것을 이상적인 것으로 생각해 왔다(마르크스주의의 '국가소멸론'). 이는 사회가 정치를 포섭하는 경우라고 할 수 있을 것이다. 여기에서 정치라는 것은 독자적으로 인정되지 않는다. 그런데 근대 민주주의적 공간은 자본주의의 계급적 관계에 의해 분열된 공간이면서 자본주의의 총체화 논리로 환원될 수 없는 공적인 공간 및 그를 통해서 작동하는 공론의 영역으로서의 정치의 공간을 내포한다. 마르크스주의의 맥락에서 이러한 의미의 정치를 발견한 것은 그람시였다. 다만 그것을 시민사회라는 틀로 바라본 것이다. 반대로 정치가 사회를 포섭하는 자유주의적 모델이 존재한다. 이는 근대 민주주의하에서 정치는 다양한 기제를 통해서 사회의 요구를 수용하고, 정치는 사회를 반영하는 개방된 장으로서 기능한다고 본다. 여기에 사회는 무시된다.

나는 마르크스주의적 맥락에서의 그람시의 논의를 따르되, 그람시의 정치를 제도화된 정치와 시민사회의 정치(사회적 정치, 그 일부로서의 운동정치)로 나누고자 한다. 이렇게 보면, 국가는 폭력을 본질로 하지만 폭력으로 환원될 수 없는 정치의 공간을 갖는다. 그러나 그것은 불완전한 것이며 (시민)사회와 불일치하는 것으로 작동한다. 여기서 정치를 사회화하고자 하는 사회적 정치가 작동하게 된다. 이 점은 그람시가 이야기하는 시민사회 — 이 글의 용례로 보면 제도정치와 시민사회의 정치를 포괄하는 — 정치가 지배적 집단의 헤게모니를

---

18) 오페(Klaus Offe)가 신사회운동을 분석하면서 그것을 비제도화된 정치라고 표현하는 것도 이러한 의미에서 이해될 수 있다. 신사회운동으로 표현되는 운동적 집단행위들은 제도화된 정치를 유일한 정치로 볼 때 비정치가 된다. 그러나 정치라는 것을 집단적 의제들을 결정하는 공적 과정으로 볼 때 이는 '비정치의 정치'가 되는 것이다. 우리는 바로 이러한 비정치의 정치의 정치성을 주목해야 한다. 이런 의미에서 정치와 비정치의 경계가 상대적인 것으로 보아야 한다. 클라우스 오페, 「신사회운동: 제도정치의 한계에 대한 도전」, 한국정치연구회 정치이론분과 엮음, 『국가와 시민사회』(녹두, 1993).

창출하는 방향으로 작동할 수도 있고, 반대로 피지배적 집단의 대항헤게모니를 창출하는 방향으로 작동할 수도 있다는 것이다. 나는 이러한 정치 발전의 쌍방향성을 '정치의 국가화'와 '정치의 사회화'로 표현한다.

### '정치의 국가화'에 대응하는 '정치의 사회화', 그 결과로서의 정치의 사회적 구성

이런 해석을 앞서 제시한 민주주의 규정에 적용하면 다음과 같다. 민주주의를 계급적·사회적 투쟁과정이라고 했을 때, 그 투쟁의 일부로서 정치의 구성을 둘러싼 투쟁도 존재한다. 근대 민주주의하에서는 이러한 정치의 구성을 둘러싼 투쟁이 합법적인 공간에서 일어날 수 있다. 근대 민주주의는 정치의 구성을 둘러싼 사회의 활동을 국민의 기본권으로 설정한 최초의 체제라고 할 수 있다. 이런 성격을 갖는 근대 민주주의하에서 정치는 '정치의 국가화'와 '정치의 사회화'라는 두 가지 흐름이 각축하는 과정이라고 할 수 있다.[19]

여기서 정치의 국가화라는 것은 정치라고 하는 장, 특히 제도정치가 국가화된 지배에 대한 동의가 창출되는 장으로 기능하도록 하려는 시도를 의미한다. 반대로 정치의 사회화는 정치를 사회와 일치시키도록 하는, 즉 정치가 사회적

---

19) 맥락은 다르지만, 폴라니(K. polanyi)의 이중적 운동도 이런 의미로 읽힐 수 있다. 폴라니에 따르면, 근대로의 이행과정은 '자기조정적이고 자기완결적인 시장'만이 아니라 그것의 사회적·제도적 형태를 둘러싼 저항적 운동의 과정이기도 했다. 시장체제 자체에 본질적으로 내재해 있는 이유들로 인해서 사회 계급들 사이의 갈등이 심화될 때 한쪽은 정부와 국가를, 다른 한쪽은 경제와 산업을 자신의 권력거점으로 하여 투쟁하게 된다. 사회에서 핵심적인 두 개의 기능, 즉 정치적인 영역과 경제적인 영역이 분파적 이익을 위한 투쟁의 무기로 사용되고 남용된다. 칼 폴라니, 『거대한 변환』(민음사, 1997); 칼 폴라니, 『전 세계적 자본주의인가 지역적 계획경제인가』, 홍기빈 옮김(책세상, 2002) 참조. 여기서 시장은 '자연적' 실체가 아니고 비자연적 구성물이다. 논의를 연장하면, 시장이 그러하듯 시장을 규정하는 정치 역시 '자연적' 실체가 아니고, 정치의 국가화와 정치의 사회화의 각축 속에서 구성되는 것이라고 할 수 있다. 그 투쟁의 결과로서 시장의 제도적·사회적 형태가 결정되듯이 정치 역시 그러하다. 폴라니는 근대 사회에서 시장이 사회로부터 분리되었다고 이야기하지만, 사실 근대 내에서도 시장은 사회나 정치로부터 완전히 분리된 실체로 존재하지 않는다고 해야 할 것이다. 정치 자체도 마찬가지이다.

요구를 실현하는 장이 되도록 하고 동시에 정치가 사회적 주체들의 직접적인 자기통치가 되도록 하는 시도를 의미한다.[20]

부언한다면, 정치의 국가화라고 하는 것은, 정치—특히 제도정치—가 사회의 요구들을 일정한 수준에서 수렴하는 기능을 수행함으로써 국가를 정점으로 하여 재생산되는 지배의 헤게모니가 유지될 수 있도록 하기 위한 일련의 노력들을 의미한다. 예컨대 근대 대의민주주의가 정착했을 때 지배가 대의민주주의를 불가피하게 수용하면서 이것이 파괴적인 방향으로 작용하지 않고 오히려 이것을 통해서 지배가 유지되도록 함으로써 지배일반과 정치가 충돌하지 않는 방향에서 정치가 이루어지도록 하는 노력을 의미한다. 즉, 정치가 폭력의 독점체로서의 국가의 지배에 대해 헤게모니를 확보하는 기제로 기능하도록 하는 것이다. 통상적인 마르크스주의 국가분석에서 이러한 국가와 정치의 관계는 쉽게 간과되고, '정치의 국가화'의 고정이 없는 '결과로서의' 국가의 본질을 서술한다. 정치의 국가화가 극단화될 때 정치는 국가적 지배의 하위기제가 된다. 근대 대의민주주의 정당정치의 영역에서 지배헤게모니가 '헤게모니 프로젝트' 등을 포함하는 전략적 실천을 통해 구성되는 것이라고 할 때 지배세력은 정치적 장에서의 전략적 실천을 통해 정치가 지배의 유기적 일부로 기능하도록 노력한다. 이렇게 볼 때 정치의 국가화란 지배의 헤게모니적 실천을 의미한다고 할 수 있다.[21]

---

20) 정치의 국가화를 통해 정치가 부단히 '국가정치(the state politics)'로 전화되어 간다고 하면, 정치의 사회화를 통해 정치는 부단히 '사회정치(the society politics)'로 전화되어 간다고 표현할 수 있다. 이 글에서는 "'사회'적 정치"라는 표현을 사용하고 있다.

21) 초기 사회에서 이러한 정치는 국가로부터 독립되어 있지 않았다. 인간의 집단적 결합이 사회이고 이 사회의 정치적 조직화가 국가라고 할 때, 초기 사회에서는 양자가 일체화되어 있었다. 그러나 근대 이후에는 정치가 국가와 곧바로 일치하지 않고 민주주의라는 장에서 지배의 구조적 선택성과 전략적 실천을 통해서 구성되는 것이 된다. 정치의 국가화의 의미는 지배계급의 이해에 충돌하지 않고 국가를 통한 지배의 일부로 기능하는 정치를 구현하도록 이러한 선택성과 실천이 작용하는 것을 의미한다. 이것은 근대 시민사회 이후 그람시가 이야기하는 헤게모니적 투쟁영역으로서의 시민사회가 존재하게 됨으로써, 그리고 그것의 기구로서 정당을 포함한 다양한 시민사회 기구들이 작동하

이처럼 근대 민주주의하에서 정치가 헤게모니적 실천의 각축장이 되는 것은 근대 권력의 특성 그 자체에서 기인하는 것이다. 근대 권력은 인민주권에 기초하여 권력의 근원이 근본적으로 민(民)에서 연원하는 것으로 보는 인식 위에 서 있는 체제이다. 통치의 정당성이 피통치자의 동의에 기초하는 체제 내에서 권력은 인민의 동의에 기초하는 '상대적인' 현상으로 나타나게 된다. 그래서 근대 민주주의하에서의 정치는 국가의 일부로서 '주어진' 것이 아니라 민중들이 개입할 수 있는 것으로 전환되게 된다.[22]

정치의 사회화는 국가에 의한 정치의 특정한 구조화—그 한계와 내용, 사회적 이슈에 대한 정치의 반영 등—에 대응하여 민중들이 자신들의 요구와 지향에 부응하는 형태로 정치를 변화·확장시키려는 노력을 의미한다. 특정한 방식으로 구조화된 제도정치로 정치를 한정하는 정치의 국가화에 대항하여 정치를 사회화하는 시도가 제기되는 것이다. 정치의 국가화는 기존의 정치적 질서—특히 근대 이후에는 근대 대의민주주의—가 지배와 충돌하지 않으면서 유지되도록 하는 노력인 반면에, 정치의 사회화는 기존 정치의 변화를 추구하는 흐름이기 때문에 변화의 동력은 사회 내에서 아래로부터 이루어지는 '정치의 사회화'를 위한 노력과 활동이 된다.

근대에서 정치는 기본적으로 인민주권론에 기초한 활동이고 폭력의 공간이 아니라 설득의 공간이기 때문에, 거기에는 정치의 국가화와 정치의 사회화의 치열한 상호작용이 존재한다. 이 글의 용례로 보면, 정치의 국가화는 시민사회 내에서 지배헤게모니가 창출되는 것을 의미하며, 정치의 사회화는 대항헤게모니가 창출되는 것을 의미한다. 물론 여기서의 정치의 사회화는 단순히 투쟁의 결과가 어느 계급의 헤게모니로 귀속되느냐 하는 점만을 이야기하는 것은 아니다. 정치 자체의 경계와 내용, 과정 등이 얼마나 사회(사회구성원의 이해)와

---

게 됨으로써 출현하는 것이다.

[22] 정치, 특히 근대 민주주의하에서의 정치는 이 점에서 이중성을 갖는다. 즉, 국가를 통한 지배의 재생산의 유기적 일부로 기능하는 반면, 반대로 국가가 설정하는 정치의 경계와 내용을 허물어뜨리면서 정치를 사회화하고자 하는 투쟁의 장이 되는 것이다.

일치되느냐 하는 다면적인 측면들을 내포하는 것이다.[23]

이런 점에서 정치는 그 자체로 고정된 것이 아니라, 정치의 국가화와 정치의 사회화의 두 대립 속에서 그 경계와 내용이 변화하는 역사적 구성물이라고 파악되어야 한다.[24]

---

23) 이처럼 민주주의라는 장을 정치의 국가화와 정치의 사회화의 각축장으로 설정하는 것은 근대 자본주의 국가의 민주주의적 형식을 단순히 '지배계급의 도구'로만 해석하려는 '경제결정론'적 관점이나, 국가를 일반이익의 대변자 또는 사적 이익들의 공정한 조정자로 보는 자유주의적·다원주의적 관점을 넘어서서, 그람시가 헤게모니로서의 정치를 파악하는 관점을 회복해야 한다는 것을 의미한다. 정치의 공간은 지배가 자신의 지배에 대한 동의를 창출하는 공간이기도 하지만, 동시에 노동자 계급과 민중들의 정치적·지적·도덕적 리더십이 형성될 수 있는 공간이기도 하다. 자본주의의 특정한 단계에서 국가가 내적으로 '지배계급의 도구'로 작동하지만, 민주주의가 발전하면서 외적으로 국가가 스스로를 일반이익의 대변자 또는 공정한 조정자로 표상하려고 한다는 사실은 국가의 양면적 성격을 잘 보여준다고 하겠다. 국가가 이러한 양면성 속에서 불일치와 긴장을 지닐 수밖에 없는 것은 국가의 계급성의 '적나라한' 관철에 저항하는 피지배계급의 투쟁이 존재하기 때문이라고 할 수 있다. 그래서 국가는 본질적으로 계급적이면서도 스스로를 비(非)계급적 실체나 공공적 실체로 '표상'하지 않을 수 없는 것이다. 이러한 국가의 공공적 표상을 국가의 내적 속성으로 파악하려는 입장이 자유주의적 입장이라고 한다면, 국가에 대한 도구주의적 입장은 이러한 공공적 표상을 지배의 은폐를 위한 왜곡일 뿐이라고 파악하고 있다. 즉, 부르주아 민주주의는 부르주아적 계급착취의 정치적 외피에 다름 아니라는 것이다. 그러나 나의 관점에서 볼 때, 이것은 계급적·사회적 투쟁을 통해 국가에 대해 강제된 것으로 파악되어야 한다. 특히 근대 민주주의의 확립은 국가가 일상적으로 '계급본질적'으로 행위하는 것을 억제한다. 결국 국가는 피지배계급의 계급적·사회적 투쟁 과정에서 양면적 성격 간의 긴장과 불일치를 보이면서 그 성격이 변화하지 않을 수 없게 된다고 할 수 있다. 이처럼 민주주의를 계급적·사회적 투쟁과정으로 규정하는 것은 민주주의를 제도정치의 문제로 한정하지 않고 제도정치와 제도정치 외부의 정치 — 근대 민주주의가 합법화하지 못한 정치 — 의 역동적인 상호관계로 인식하는 계기를 부여한다. 이것은 근대 대의민주주의의 형성 및 발전과정 역시 제도정치와 제도화되지 않은 정치, 곧 사회와의 상관관계 속에서 바라보도록 요구한다. 이러한 시각이 바로 마르크스주의의 합리적 핵심을 계승하면서 마르크스주의 정치론을 회복하는 것이 될 것이다.

24) 이런 점에서 우리는 '정치의 사회적 구성'을 이야기할 수 있다. 여기서 중요한 것은 이러한 정치·국가와 사회의 관계이다. 여기서 사회라고 할 때, 사회운동, 시민사회,

이러한 '정치의 사회화'를 위한 민중들의 투쟁이나 활동은 다양한 형태로 전개되겠지만 그 조직화된 형태가 바로 '사회운동'이다. 제도정치의 관점에서는 '비정치'라고 규정할 수 있으나 정치를 그 원천으로서의 사회와 일체화시키고자 하는 사회적 활동이 바로 사회운동이 되는 것이다. 이것은 사회가 수행하는 정치라는 점에서 '운동정치'라고 표현할 수 있다.[25]

그동안 사회운동과 관련된 논의에서 사회운동을 제도정치와 구별되는 사회적 정치로 규정하는 시도들이 있어왔다. '생활정치(life politics)', '영향력의 정치', '하위정치 혹은 아(亞)정치(sub-politics)',[26] '비제도적 정치',[27] '포괄의 정치'[28] 등이 그러한 예이다. 그러나 이러한 개념들은 스스로를 '정치'라고 규정하고 있음에도 불구하고 제도정치가 정치의 중심임을 전제로 한 개념들이다. 이 글의 관점에서 볼 때, 정치는 본원적으로 사회의 '정치적' 활동이라고 보아야 한다. 그것이 단지 전근대 사회에서는 특정한 사회집단에 독점되어 있었고 근대 사회에서는 제도정치로 협애화되었을 뿐이다. 나는 오히려 사회의 정치적 활동이 한편에서는 다양한 사회적 활동들로 표현되고 다른 한편에서는 제도화된 정치로 표현된다고 생각한다. 제도정치의 중심성을 전제하고 사회운동을 의제적(擬制的) 정치로 보는 인식에서 더 나아가 사회운동을 좀더 적극적으로 사회적 정치로 보는 인식을 가져야 한다고 보는 것이다. 이런 점에서 나는 제도정치와―그 제도정치를 사회화하고자 하는―운동정치를 일부

---

저항적 행위를 포함한 활동을 의미한다. 사회의 일부를 구성하는 경제는 별도의 범주로 다루게 된다. 이런 점에서 정치의 사회적 구성은 일정한 경제적 토대 위에서 이루어지는 정치, 그것의 국가와 사회의 관계를 다루는 것이라고 할 수 있겠다.

25) 논리적으로만 보면 운동정치는 정치의 사회화보다는 국가화에 복무하는 경우도 있을 수 있다. '국가조합주의'적 상태에서 국가에 의한 위로부터의 지배수성에 동원되는 사회적 조직들이 그러한 예가 될 것이다.

26) 울리히 벡, 『정치의 재발견』, 문순홍 옮김(거름, 1998); 울리히 벡, 『위험사회: 새로운 근대(성)을 향하여』참조.

27) 클라우스 오페, 「신사회운동: 제도정치의 한계에 대한 도전」.

28) Jean Cohen and Arato, *Civil Society and Political Theory* (Cambridge: MIT Press. 1992).

로 하는 비제도적 정치를 사회의 정치적 활동의 두 가지 형태로 규정한다.29)
제도정치가 근대 민주주의에서 제도적으로 위임받은 정치적 활동이라고 한다
면, 운동정치는 사회운동 등 다양한 사회적 주체들에 의해서 수행되는 비제도
적 정치로서 제도정치가 반영하지 못하는 사회적 요구와 이슈들을 쟁점화하고
대변하는 활동인 것이다.30)

　이처럼 제도정치만을 정치로 한정하지 않는 인식은 한국에서는 '장외정치'
라는 개념 속에 이미 발전되고 있었다. 장외정치라는 것이 한국에서 의미를
가지게 된 것은, 독재하에서 제도정치의 정당성이 극도로 약화되면서—후술
하는 재야운동과 같이—제도정치 외부의 사회운동적 활동이 정치적 활동으로
서 의미를 갖게 된 데서 기인한다. 장외정치는 장내정치 혹은 제도화된 공간에
서의 정치가 정치의 전부가 아니며 장외에서 전개되는 비제도적 활동 또한
중요한 정치적 활동이라는 의미를 내포하고 있다. 이러한 장외정치라는 개념

---

29) 코헨과 아라토(Jean Cohen and Arato)가 하버마스(Jurgen Habermas)가 이야기한
생활세계의 '제도적' 측면을 재발견하면서, 생활세계는 단순히 언어적·문화적 상호소
통의 영역일 뿐만 아니라 경제사회와 정치사회에 자신을 확장시키는 '영향의 정치'와
'포괄의 정치'를 한다고 본 것도 이런 맥락에서 이해될 수 있다. 이들은, 하버마스가
체계와 생활세계를 나누고 전자를 전략적 행위로 후자를 의사소통적 행위로 대응시킨
것에 대해, 생활세계가 화폐와 권력이라는 매체가 지배하는 정치 및 경제사회에 생활세
계적 가치를 이식하기 위한 '전략적' 활동들을 수행하는 것으로 보고, 이를 체계화된
생활세계제도의 대표적인 단위로서 사회운동에서 발견하고 있다. Jean Coehn and
Arato, 같은 책. 코헨과 아라토도 지적하고 있듯이, 이러한 사회운동의 정치적 행위는
결사의 행위와 자신의 주장을 공적 영역에서 표출시키는 행위로 구성되어 있다.
30) 이 글의 논리 틀에 의하면 정치는 다음의 표와 같이 구분해 볼 수 있다. 이 글에서는
사회의 요구를 반영하지 못하는 제도정치를 대행하는 비정치적인 '장외정치'의 사례들
을 다룬다. 그러나 운동정치에는 제도정치와 사회의 관계 속에서 제도정치의 불완정성
에 도전하는 정치만이 아니라, 사회의 자기표현을 목적으로 하는 다양한 '정체성의
정치' 활동들도 존재한다. 전자가 기본적으로 제도정치의 불구성과 불완전성을 문제시
한다면, 후자는 정치 자체가 제도적 공간의 활동이 아니라, 개인의 삶 자체의 문제라는
점에서 개인의 일상적 삶 속에 내재한 정치성(性)을 문제시한다. 이 글에서는 이러한
'정체성의 정치'의 사례들은 다루지 못했다.

은 독재라는 특수한 국면에서만 의미를 갖는 것으로 볼 수도 있겠지만(협의의 장외정치), 이러한 의미를 일반화시켜 본다면 정치가 정치의 본래의 주체이자 주인인 사회구성원의 의사와 불일치되는 상황에서는 언제나 존재한다(광의의 장외정치)고 보아야 한다. 특히 이 글에서 보는 바와 같이 정치라는 것이 근본적으로 사회와 불일치되어 있다는 전제 위에서 본다면, 장외정치라는 것은 정치 일반에 적용되는 보편적 의미로 확장할 수 있다. 민주화 이행의 맥락에서는 종종 '장외정치'라는 것이 부정적인 의미에서 제도정당들의 의회 바깥에서의 활동을 지칭하기도 한다. 우리의 장외정치라는 표현은 '정치는 장내에만 존재하지 않는다'는 점, 나아가 제도정치의 경계 너머에서 이루어지는 사회(운동)적 활동의 정치적 성격을 드러내 준다. 이렇게 보면 사회적 정치로서의 운동정치는 (광의의) 장외정치인 것이다. 이후 다루게 되는 비합법정치, 경계정치, 순수정치는 모두 이러한 장외정치의 사례들이라고 할 수 있다. 그런 의미에서 이 글에서는 독재하에서의 재야운동을 '협의의 장외정치'로 표현하고, 재야운동을 포함하여 한국 현대사의 전 기간에 걸쳐서 나타나는 비제도적인 사회적 정치활동을 '광의의 장외정치'로 본다.

표 10-1.

| 정치<br>(사회의<br>정치적<br>활동) | 제도정치 | - | - | 의회 등 제도화된 공간에서 이루어지는 정치 | - |
|---|---|---|---|---|---|
| | 비제도적<br>장외정치 | 비운동<br>정치 | - | 조직화된 사회운동의 형태가 아닌 형태로 표출되는 정치적 활동 | - |
| | | 운동<br>정치 | 대(對)제도<br>정치의 정치 | 제도정치의 외곽에서 혹은 경계에서 제도정치와 대결하면서 전개되는 운동정치 | 비합법정치<br>경계정치<br>순수정치 |
| | | | 정체성의<br>정치 | 일상적 삶에서의 새로운 정체성을 구현하는 정치 | '개인적인 것이 정치적'이라는 젠더 정치 혹은 섹슈얼리티의 정치 등 |

## 3) '정치의 국가화'의 기제들과 '정치의 사회화'를 위한 활동 형태들

그럼 여기서 정치의 국가화가 어떤 기제로 작동하는가를 보기로 하자. 정치가 지배의 헤게모니의 장으로 작동하도록 하기 위한 '정치의 국가화'의 기제들을 나는 금단(禁斷), 배제(排除), 선택적 포섭(包攝)으로 나누고자 한다.

### 금단의 기제

먼저 금단은 특정한 사회적 조건들을 매개로 사회 속에 존재하는 일정한 정치적 활동을 반(反)사회적인 혹은 반(反)국가적인 것으로 규정하여 정치의 장에서 표출되는 것을 '원천적으로' 제약하는 것이다. 금단의 대상이 되는 사회적 활동은 도저히 정치적으로 용납할 수 없는 것으로 사회적 구성원들이 '(의사)합의'[31]하는 것으로 전제된다. 이는 특정한 사회적 활동, 혹은 정치적 사회활동이 원초적으로 정치의 장에서 배제되는 것을 의미한다.

모든 사회에서 이러한 금단의 기제들은 작동된다. 세르비아계가 소수인종에 대한 인종청소를 자행하는 세르비아의 정치현장에서 소수인종에 우호적인 그리고 인종청소에 반하는 정치는 금단의 영역에 던져진다. 현존 이슬람 문화 속에서 이스라엘과의 공존의 정치는 금단의 영역에 존재하게 된다. 반대의 경우도 마찬가지이다. '(의사)합의'에 의해서 비정치로 규정되고 그것이 정치로부터 배제되는 경우에 바로 이러한 금단의 기제가 작동한다고 할 수 있다. 이것은 서구 선진국에서도 작동하고 있다. 이처럼 부정적인 의미에서의 금단도 있겠지만 사회성원들의 긍정적인 도덕적 합의로서 금단의 영역이 설정되는 경우도 있을 수 있다. 예컨대 '신나치즘'과 같은 정치활동을 금지하는 경우를

---

31) 여기서 '의사'합의라는 표현을 쓰는 것은, 완전한 합의가 불가능하기 때문이기도 하지만, 국가에 의해서 하나의 금단이 합의적인 것으로 부단히 구성되는 것이기 때문이다. 국가의 지배 구성적 실천의 결과로서 그것에 대한 현저한 반대가 존재하지 않는 방식으로 하나의 금단은 합의가 되는 것이다. 어떤 점에서 이의(異意)를 현저하게 주변화시킬 수 있는 상태가 조성되는 것을 의미한다.

들 수 있다. 합리적 소통이 확대될수록 이러한 금단의 영역은 축소될 가능성이 크다.

금단의 동학이 작동하게 되는 것은, 한 정치공동체가 특정한 경계를 따라서 '분단(分斷)'되기 때문이다.[32] 즉, 물리적으로는 하나의 법적 정치공동체에 속하고 있으나 특정한 경계를 중심으로 정치공동체가 분단되어 있고 그것이 구성원에 의해서 의사합의적으로 수용되어 있기 때문이다. 히틀러 체제하에서의 유대인 학살은 바로 이러한 인종적 분단을 전제로 하여 발생한 것이다. 금단은 이념적 경계에 따라 전개되기도 하고, 인종적 갈등이 존재하는 상황에서는 인종을 경계로 하여 금단의 활동이 규정되기도 한다. 이러한 금단의 결과 철저히 정치의 장으로부터 배제되는 정치적 활동이 나타난다. 이러한 예는 여성의 경우에서도 볼 수 있다. 근대 사회에 들어와서 보통선거권이 확립된 이후에도 여성의 참정권은 보장되지 않았다. 이것은 하나의 정치공동체가 성적 경계에 따라서 분단되어 있는 것을 의미하고, 이 경계선의 외부에 있는 여성이 정치에 참여하지 못하는 것을 지배적 집단인 남성들이 공유하고 더 나아가 여성들마저도 이러한 상황을 수용하는 조건에서 나타난 것이다. 여성참정권 운동이 실현되기까지 어떤 의미에서 여성은 정치의 장에서 금단의 영역에 존재했다고 말할 수 있다.

### 배제의 기제

배제는 국가가 사회 속에 존재하는 특정한 정치적 활동을 제도정치의 장에서 표출될 수 없도록 억압하는 것을 의미한다. 이러한 배제는 '사회적 합의'의 범위에 속하는 것이 아니지만, 국가의 유지를 위해서 강압적 수단을 활용하여 특정한 정치적 활동을 제도정치에 진입할 수 없도록 하는 것이다.

일반적으로 독재 혹은 권위주의하에서 이러한 배제의 기제가 강력하게 작동한다. 배제와 금단의 차이는, 금단이 의사합의에 기초하여 비정치를 창출한다

---

32) 이러한 분단선을 따라서 다수집단과 소수집단이 분리되고, 이것은 차별의 구조로 재생산된다. Iris Marion Young, *Inclusion and Democracy* (NY: Oxford Univ. Press, 2000).

고 하면 배제는 강압적 수단에 의해서 비정치를 창출하는 과정이라고 할 수 있다. 그만큼 배제에 대한 사회적 합의는 광범위하지 않다는 것을 의미한다. 금단이 대중들의 '상식'의 영역에 존재한다면, 배제는 '상식'에 의해 논란이 된다. 일부 집단은 그것을 당연하게 받아들이기도 하지만 다른 집단은 이를 강압적 배제로 이해하고 의문시하기 때문이다.

배제의 기제가 작동하는 경우는 정치의 경계 자체가 대중들에 의해 의문시 된다. 한국의 경우 1960년대 이후 개발독재하에서 배제의 기제는 특정한 정치적 사회활동을 제도화된 정치의 장으로부터 배제하는 식으로 작동했다. 특히 1972년 10월유신 이후, 박정희에 '반대하는' 일체의 정치적·사회적 활동은 제도화된 정치의 장으로부터 배제되었다. 많은 제3세계 군부정권하에서 국민의 상식에 속하지 않는 작위적인 배제들이 일어났고 이는 이후 군부정권 자체에 대한 저항으로 이어졌다. 배제가 금단과 다른 것은, 어떤 수준에서건 특정 정치집단이 제도정치의 경계 외부에 존재하고 있는 것에 대해서 저항과 논란이 존재한다는 점이다.

금단과 배제의 차이는 절대적인 것은 아니다. 금단과 배제는 모두 정치와 비정치의 경계를 만들고 재생산하는 과정이라고 할 수 있으며, 금단의 지배적 측면은 동의이고 배제의 지배적 측면은 강압이라고 할 수 있다. 즉, 금단의 경우는 공동체의 구성원들이 그 비정치의 획정을 자발적으로 수용하는 측면이 지배적이라고 할 수 있으며 배제의 경우는 자발적으로 수용하기보다는 강압에 의해서 비자발적으로 수용하는 측면이 지배적이라고 할 수 있다. 이런 점에서 금단의 경우는 '정치의 경계'와 특정 사회의 특정 국면에서 존재하는 '도덕의 경계'가 일치하는—최소한 일치하는 것으로 인식되는—경우라고 해야 할 것이며, 반면에 배제의 경우는 양자가—부분적으로건 전면적으로건—불일치하는 경우라고 해야 할 것이다. 사회구성원들이 특정하게 획정된 정치의 경계를 도덕적으로 타당하다고 인식하는 경우와 그렇지 않은 경우의 차이가 금단과 배제 사이에는 존재한다. 그러나 강압과 동의는 제로섬적 관계가 아니다.[33] 특정 시공간 속에서 대중들의 태도가 자발적·비자발적 순응의 형태로 나타날 때 우리는 금단을 이야기할 수 있으며, 비정치의 경계에 대해서 대중들이 저항적 태도를 강력하게 가지고 있을 때 우리는 배제를 이야기할 수 있을 것이다. 일정 국면에서 금단으로 인식되던 기제가 대중들의 인식변화에 따라 배제의 기제로 인식되는 경우도 있을 것이다. 예컨대 한국에서의 반공주의를 들 수 있다.[34] 사회주의 혁명 이후 반혁명적인 정치집단이 대중의 도덕적 동의에 의해 금단의 영역에 위치지워지나 사회주의 혁명의 스탈린적 타락이 장기화되면서 사회주의적인 금단이 점차 강압의 기제로 인식되어 가는 경우도 예로 들 수 있을 것이다.

---

33) 한국에서 박정희 시대를 근거로 하여 볼 때, 강압과 동의는 상호배제적인 것이 아니라. 그람시가 '강압으로 무장한 헤게모니'를 이야기할 때, 그것은 국가가 지배로만 통치하는 것이 아니라 동의창출의 과정을 통해서 국가를 윤리적 국가로 구성함으로써 존재한다는 것을 지적하고자 한 것이다. 그람시는 이때 강압을 협의의 국가, 즉 정치사회를 통해 작동하는 것으로, 동의는 시민사회를 통해 창출되는 것으로 보았다. 그러나 시민사회를 통해 형성되는 동의 자체의 내적 형성과정에 강압과 공포, 제도적 강제가 작동한다. 이런 점에서 나는 실제에 있어서는 '동의적 강압'과 '강압적 동의'의 형태로 존재한다고 보았다. 조희연, 「박정희 시대의 강압과 동의: 지배·전통·강압·동의를 다시 생각한다」, ≪역사비평≫, 67호(2004년 여름호). 이 점은 예컨대 1950년대 한국의 반공주의나 현 단계 일본의 천황제에 대한 국민적 동의가 과연 폭력적 강압에 의한 비자발적 순응인가 아니면 자발적 순응인가 하는 의문에도 적용될 수 있다. 여기서 1950년대에 반공주의에 반대하는 친북주의적 행위, 현 단계 일본의 천황에 반대하는 행위에 대해서 우리는 '공포'와 연관되어 있다는 점을 지적하지 않을 수 없다. 즉, 폭력을 사용하지 않아도 될 정도로 공포가 강력하게 존재하는 상황에서 나타나는 자발적 순응을 동의라고 해야 하는가 하는 문제가 존재한다. 반공주의의 경우, 1950년대의 반공주의는 '합의'적인 것으로 존재했지만, 그것은 한국전쟁 이후의 '백색테러리즘'이 난무하는 상황을 고려하지 않으면 일면적인 것이 될 수 있다. 김정훈·조희연, 「지배담론으로서의 반공주의와 그 변화: '반공규율사회'의 변화를 중심으로」, 조희연 엮음, 『한국의 정치사회적 지배담론과 민주주의 동학』(함께읽는책, 2003) 참조.

34) 1960년대 말 통일혁명당의 활동은 정치활동이라기보다는 '간첩'활동으로 일부 사람들에 의해 인식되었으나, 1980년대 말 사회주의노동자동맹(사노맹)은 보다 폭넓은 사람들에게 비합법 '정치'활동으로 인식되었다. 조희연, 『한국의 사회운동과 조직』(한울, 1993) 참조.

## 선택적 포섭의 기제

선택적 포섭은 금단이나 배제의 기제에 의해 작동하던 정치가 위기에 처하게 될 때, 정치와 사회의 괴리를 극복하기 위한 위로부터의 시도를 의미한다. 즉, 사회와 정치의 괴리에 대한 인식 위에서 기존 제도정치가 담아내지 못하는 사회적 정치활동을 제도정치에 흡수하는 것을 의미한다. 이때 흡수는 사회가 요구하는 의제들을 수용하는 것이기도 하고, 기존 정치와 괴리된 '사회'를 대표하는 인물들을 포섭하는 것으로도 나타날 수 있다. 여기서 선택적이라는 것은 지배의 관점에서 체제를 위협하지 않는 범위와 내용에서 이를 수용하는 것을 의미한다.

한국의 경우를 보면, 1987년 6월 민주항쟁에 의해 이전의 군부독재체제가 위기에 처하게 되면서 위기극복의 방향을 둘러싸고 능동혁명적 변화의 길과 일종의 수동혁명적 변화의 길이 각축하게 되고, 수동혁명적 변화의 길이 지배적으로 되면서, 이전의 정치를 재구조화하기 위한 선택적 포섭의 노력이 진행된다. 여기서 사회적 정치활동 중의 일정 부분을 '선택적으로 포섭'하는 방식으로 제도정치를 재구조화하는, 이른바 '변형주의'적 흐름이 진행된다. 이탈리아 리소르멘토의 기간에 온건파가 여타의 정치세력을 원자적·분자적 방식으로 흡수함으로써 지배와 그 일부로서의 정치를 재조직화하는 것이 바로 이러한 예가 될 것이다. 이러한 선택적 포섭의 과정은 구체적으로는 사회적 정치활동 집단 중에서 배제된 정치집단이나 비혁명적인 사회운동가들을 제도정치의 장으로 영입하는 형태로 나타난다.

## 국가, 정치, 사회의 관계에 대한 두 가지 '극단'의 유형

그람시가 지적하듯이, 국가는 폭력으로서의 정치사회와 동의로서의 시민사회로 구성된다고 할 때, 국가가 완전한 폭력과 강압으로 통치하는 경우와 완전한 동의로 통치하는 경우를 상정해 볼 수 있다.[35] 전자는 국가통치세력이

---

35) 완전한 폭력으로서의 국가와 완전한 동의로서의 국가는 사실 예외적이다. "누드로 존재하는 권력은 없"기 때문에 실제는 "동의적 '강압'"과 "강압적 '동의'"로서 존재한

민중의 동의를 전혀 획득하지 못한 상태에 놓여 있는 경우이며, 후자는 국가의 폭력성이 완전히 극복되거나 강압의 필요성이 전혀 없이 민중들의 절대적인 지지를 받는 경우를 의미한다. 국가가 완전한 혹은 압도적인 폭력으로 작동할 때 거기에서 정치는 소멸되거나 주변화된다. 후자는 '이상향'적인 상태라고 할 수 있으나, 전자는 현실에서 많이 나타난다. 극단적인 전체주의적 체제나 제3세계의 군부독재, 유고와 같은 내전적 상황에서의 소수파 인종에 대한 다수파 인종의 폭력통치도 그러할 수 있다. 후술하겠지만, 나는 광주 학살을 바로 국가가 폭력과 일체화된 경우라고 생각한다. 반대로 광주꼬뮨은 '정치와 사회의 일체화'가 실현된 경우라고 볼 수 있을 것이다.

여기서 한 가지 언급해야 할 것은 '정치의 사회화'의 최고 형태로서의 '정치와 사회의 일체화'는 '정치의 소멸'과 구별되어야 한다는 점이다. 폭력으로 환원될 수 없는 정치 고유의 공간이 존재한다고 보았던 그람시의 통찰력을 역으로 뒤집어 보면, 정치가 사회로 환원되고 사회와 일체화되어 결국 소멸해야 하는 것으로 파악되어서도 안 된다는 점을 도출할 수 있다. 이런 점에서 '우파 전체주의'적 형태의 '정치의 소멸'만 존재하는 것이 아니라 '좌파 전체주의'적 형태의 '정치의 소멸'도 주목해야 한다. 이 쟁점은, '국가와 시민사회의 분리'를 기본으로 하는 근대 사회의 모순의 극복태가 과연 '국가와 시민사회의 분리'의 극복 내지는 일체화로 갈 것인가, 아니면 국가의 억압성의 극복과 동시에 그 분리의 보존 위에서 '사회적 정치'를 구현할 것인가 하는 쟁점과 연관되어 있다.[36] 이 점에서 나는, '물 버리려다 애까지 버리는' 우(愚)가 되풀

<hr />

다고 보아야 한다. 조희연, 「박정희 시대의 강압과 동의: 지배·전통·강압·동의를 다시 생각한다」.

36) 이 점은 한국의 그람시 논쟁에서도 쟁점이 된 바 있다. 유팔무·김호기 엮음, 『시민사회와 시민운동』(한울, 1995), 2부. 나는 한국의 그람시 논쟁에서 핵심 쟁점은 '국가와 시민사회의 분리'의 긍정성을 인정할 것인가 하는 점과, 헤게모니 확장으로서의 계급적 국가의 극복이 가능한가 하는 점이었다고 생각한다. 이 논쟁과정에서 김세균은 그람시의 시민사회론이 "시민사회에서의 프롤레타리아 계급의 헤게모니 → 헤게모니 계급으로 된 프롤레타리아 계급에 의한 국가권력의 장악과 이를 통한 사회 전 영역으로의

헤게모니적 민주주의의 무한한 확산→시민사회의 자기규제력의 확대 및 강제력 사용 계기의 배제→궁극적으로는 '정치사회'의 '시민사회'로의 재흡수를 통한 '자기조절 적 사회'(그람시의 표현으로는 '조절된 사회')로서의 계급 없는 사회로의 이행이라는 전망을 제시하고 있다"(김세균, 「'시민사회론'의 이데올로기적 함의 비판」, 유팔무·김 호기 엮음, 같은 책, 162쪽)고 보고 이러한 논의가 '정치사회의 시민사회로의 재흡수론' 에 다름 아니며, 이는 "이행기 사회에서 '시민사회'의 극복 및 시민사회에 존재하는 부르주아지의 이데올로기적 국가장치들의 분쇄 내지는 비국가적 장치로의 혁명적 전환이라는 문제가 적극적으로 설정될 수 없다"(같은 글, 163쪽)며 비판하고 있다. 이러한 그람시의 시민사회론 논의가 헬드나 코헨과 아라토 같은 학자들에 의해서는 '국가와 시민사회의 분리'의 지양을 도모한다는 점에서 비판받고 있는 반면에 김세균 은 그람시의 논의가 국가장치의 혁명적 극복이라고 하는 문제의식이 사상되고 순수하 게 헤게모니의 확장으로서의 혁명을 구상하고 있다고 비판한다. 일부 시민사회론자들 은 그람시의 급진성을 우려하고 김세균은 그람시의 개량주의적 성격을 우려하는 형국 인 셈이다. 나는 '하나의 그람시'가 아니라 '다수의 해석된 그람시들'이 존재할 수 있다고 생각한다. 페리 앤더슨, 「안토니오 그람시의 이율배반」이 그람시의 '이율배반 들'이라고 파악한 것이 사실 그람시 내부에 다양한 해석가능성이 존재함을 말해준다고 생각한다. 이러한 쟁점과 관련해서, 나는 '국가와 시민사회의 분리'의 지양이라는 것은 마르크스주의의 스탈린주의적 해석의 핵심적인 사항이라고 생각하고 바로 이것 때문 에 현존사회주의가 좌익 전체주의로 전락한 것이라고 생각한다. 이 점에서 분리의 긍정성을 견지하는 관점이 필요하다고 생각한다. 그러나 김세균이 지적하듯이, 민주주 의의 확산으로 사회주의가 성취되는 것이 아니며(이 점은 유로콤을 둘러싼 핵심적인 쟁점이다. 이에 대해서는 요나스 폰투손, 「그람시와 유로코뮤니즘: 계급지배와 사회주 의로의 이행개념에 대한 비교연구」, 페리 앤더슨 외 엮음, 『안토니오 그람시의 단층들』 참조), 헤게모니적 민주주의의 확대로 폭력적 국가기구가 극복되는 것은 아니라고 생각한다. 후술하는 바와 같이 광주꼬뮨은 폭력화된 국가를 민중들의 자위무장투쟁이 극복했을 때 나타난 '정치와 사회의 일체화'의 모습인 것이다. 이런 점에서 김세균의 문제의식의 핵심인 '국가기구의 혁명적 극복'이라는 과제는 어떤 경로에서도 타당하다 고 생각한다. 단지 김세균이 그람시의 논의 속에 이 점이 없다고 주장하는 것에 나는 반대한다. 왜냐하면 그람시가 진지전을 주장하는 것은 러시아 혁명과 다른 서구 혁명의 특수성을 이론화하고자 하는 것이었으며, 당시의 그람시는 '레닌주의자'로서의 면모를 내장하고 있기 때문이다(칼 보그는 평의회 민주주의, 레닌주의, 서구 마르크스주의를 그람시의 세 가지 얼굴로 보고 있다. Carl Boggs, "The Three Faces of Gramsci," *The Two Revolutions: Gramsci and the Dilemmas of Western Marxism*, Boston: M.A. Cambridge: South End Press, 1984). 이는 진지전과 기동전의 관계에 대해서도 나타난

이되지 않도록, 근대 민주주의하에서 정치의 내적 속성으로 자리 잡은 성찰성과 공공성, 소통성을 보존하는 방향에서의 '사회적 정치' 모형을 추구해야 한다고 생각한다.

이런 점에서 정치에 '정치의 국가화'의 힘이 언제나 작용하며 '정치의 국가화'의 극단적 형태는 국가가 폭력과 일체화되는 것이라는 점, 그에 반대하는 '정치의 사회화'는 정치의 소멸을 지향하는 것은 아니라는 점, 국가의 폭력성을 극복한 이후에도 '정치와 사회화'의 현실적 제도형태들은 다양하게 구현될 가능성이 있다는 점에서 현존사회주의의 '좌익 전체주의화'의 경험을 성찰하고, '민의 자기통치'를 실현하는 현실형태들을 고민하는 것이 필요하다고 생각한다.

## 정치의 사회화의 전개: '정치의 경계' 허물기와 '경계투쟁'

앞서 서술한 것처럼 정치가 정치의 국가화 대 정치의 사회화의 각축 속에서 구성되는 것이라고 할 때, 그러한 정치의 사회적 구성은 두 가지 지점에서 전개된다. 하나는 제도정치의 경계를 확장하거나 뛰어넘으려는 행위로 나타나고, 다른 하나는 제도정치가 더욱 높은 수준에서 사회적 요구를 반영하도록 하는 행위로 나타난다. 전자는 기존의 정치에서 제도화된 것과 비제도화된 것의 경계, 합법과 비합법의 경계를 변화시키려는 것이며, 후자는 정치가 기득

---

다. Jeremy Lester, *The Dialogue of Negation: Debates on Hegemony in Russia and the West*; 샹탈 무페, 『그람시와 마르크스주의이론』, 6장, 8장; 앤 S. 사순 편저, 『그람시와 혁명전략』, 8장; 김학노, 「그람시의 혁명전략 연구」, 『국가, 계급, 사회운동』(한울, 1986). 진지전을 기동전의 대체물로 해석하는 견해도 있지만, 그람시에게서 — 비록 모호성의 여백이 존재하지만 — 진지전은 기동전의 보완적인 지위를 갖고 있는 것으로 파악되고 있다고 판단되기 때문이다. 이런 점에서 좌파 시민사회론의 과제는, '국가와 시민사회의 분리'의 긍정적인 측면을 계승하면서도(이 점에서 '정치의 사회화'는 정치의 소멸이 아니다), 그것이 '정치의 국가화', 그 극단적 형태로서의 국가의 폭력화에 대한 응전 속에서 '정치의 사회화'가 실현되는 것으로 파악해야 한다(정치사회의 시민사회로의 재흡수가 혁명이 아니다).

권 구조에 긴박되어 있는 상태를 변화시켜 제도정치가 기존에 반영하지 못하는 새로운 사회적 요구들을 반영하도록 하려는 것이다. 전자는 민의 직접적인 자기통치의 확장 여부를 둘러싸고 나타나며, 후자는 제도정치의 사회적 요구 수렴 여부를 둘러싸고 나타난다. 두 가지 모두에 경계라는 표현을 사용한다면, 전자는 정치의 '과정적 경계'를 넘어서고자 하는 것이고, 후자는 정치의 '내용적 경계'를 넘어서고자 하는 것이라고 할 수 있다. 후자와 같이 기존의 제도정치가 반영하지 못하는 사회적 요구를 담지하는 특정한 사회적 투쟁을 정치의 경계 외부의 비정치적 행위로 위치지운다는 점에서 후자 역시 경계투쟁이 된다.[37)

이런 점에서 정치의 국가화 대 정치의 사회화의 각축은 사실상 '경계투쟁'의 성격을 띠고 있다는 점이 강조되어야 한다. 즉, 과정적 경계와 내용적 경계를 둘러싼 투쟁의 성격을 띠고 있다는 것이다. 정치의 국가화는 정치의 경계를 여러 가지 기제를 통해 변화시키면서 동시에 그 경계를 부단히 고정화시키고 그 경계를 민중들이 동의하게 하고 적응하도록 만드는 노력이라고 할 수 있으며, 정치의 사회화는 경계의 부단한 상대화와 경계 뛰어넘기를 위한 노력이라고 할 수 있다.

정치의 사회화는 정치의 경계가 정치와 사회의 관계에 의해서 구성되는 것이라고 보고, 이를 변화시키려는 노력이 된다. 지배는 특정한 정치만을 제도정치의 경계 안에 위치지우고 민중들의 사회적 요구를 지배가 정한 수준과 방향에서 수용하고자 하기 때문에, 정치의 사회화는 바로 이러한 지배가 설정한 정치의 경계들에 도전하는 것이라고 할 수 있다.

정치의 국가화와 정치의 사회화를 민중의 주체성의 관점에서 보면, 전자는 지배의 질서에 순응하는 방향에서의 '민중의 수동화'를 지향하며, 후자는 지배의 질서를 넘어서는 '민중의 능동화'를 지향한다. 정치의 국가화는 민중들의

---

37) 공(公)·사(私) 간의 경계를 변화시키는 투쟁은 동시에 공·사의 분할을 성적 분할로 고착화하는 기존의 가부장적 질서를 변화시키는 투쟁과 동일한 것이다. 이런 점에서도 경계를 둘러싼 투쟁은 내용을 둘러싼 투쟁의 성격을 띤다.

요구가 제도정치를 벗어나지 않는 한계 내에 위치하고 그것을 통해서 흡수됨으로써 민중에 대한 지배의 동의가 유지되는 것을 지향한다. 반면에 정치의 사회화는 기존하는 정치의 국가화 기제를 뛰어넘는 민중들의 능동화가 정치를 새로운 방향으로 변화시키고자 하는 새로운 동력으로 작동하게 된다.

**정치와 사회의 괴리와 불일치에서 지속적인 '정치의 사회화' 동력 출현**

모든 공동체에서 정치와 사회 사이에는 괴리가 존재한다. 모든 정치는 사회와 일치될 수 없다. 그렇기 때문에 정치의 사회화의 동력은 어떤 사회에서건 지속적으로 생성된다. 정치와 사회의 괴리와 불일치는, 어떤 정치도 사회구성원들의 전체 요구를 수용할 수 없다는 것을 의미한다. 더구나 정치는 불평등의 법적 보증체로서의 국가에 의해서 기존 질서를 유지하는 방향으로 작동한다. 여기서 모든 사회에는 기존 정치를 변화시키고자 하는 동력이 지속적으로 발생하게 된다.

정치와 사회가 불일치하는 상황에서, 정치의 사회화를 향한 새로운 동력들이 출현하면 기성 정치에 대한 광범위한 도전이 나타나게 된다. 이른바 '기성정당에 반대하는 정당'[38]의 등장도 이런 맥락에서 이해될 수 있다.

**'정치의 사회화'의 온건한 흐름과 급진적 흐름**

정치의 사회화를 지향하는 행위들은 그 정치적 지향성에 따라 온건한 타협적 흐름과 급진적 흐름이 존재할 수 있다. 온건한 흐름은 기성 정치를 근원적으로 부정하지 않으면서 '개혁'하고자 하는 흐름이다. 근대 대의민주주의의 맥락에서 보면, 온건한 흐름은 근대 대의민주주의의 존재론적 긍정 속에서 이를 민주주의의 이상에 맞추어 보완하고 개혁하려는 노력으로 표현된다. 정치의 사회화의 흐름이 정치의 국가화와 각축하면서 존재한다고 할 때, 국가는 온건한 흐름 속에서 제기되는 요구를 선택적으로 수용하면서 기성 정치의 경계와

---

38) Amir Aabedi, *Anti-Political Establishment Parties: A comparative analysis* (Londong: Routledge, 2004).

내용을 재생산하려고 한다. 반면에 급진적 흐름은 기성 정치에 대한 단절과 변혁을 지향하는 흐름이라고 할 수 있다. 정치의 사회화를 지향하는 급진적 행위들은 근대 대의민주주의 내에서 이루어지는 현실의 정치를 뛰어넘고 그것을 재구성하려는 노력으로 표출된다.

여기서 '정치의 사회화'의 두 가지 지향—온건한 흐름과 급진적 흐름—과 그 내용—민의 직접통치와 사회적 요구와 일체화된 정치—을 실현하고자 하는 각각의 흐름을 교차시키면, 근대 대의민주주의의 형식성을 뛰어넘어 민의 직접적인 자기통치라는 이상을 실현하고자 하는 온건한 흐름과 급진적 흐름, 정치를 사회의 요구와 일체시키고자 하는 온건한 흐름과 급진적 흐름이 존재한다고 할 수 있다. 근대 대의민주주의의 형식성을 뛰어넘고자 하는 온건한 흐름은 참여민주주의, 토의민주주의 등 다양한 방식으로 표현되며, 정치를 사회적 요구와 일체화하고자 하는 온건한 흐름은 자본주의 내의 다양한 경제 개혁운동이나 이해당사자 자본주의(stake-holder capitalism)를 지향하는 흐름 등이 해당된다고 할 수 있다. 마르크스주의는 두 가지 흐름 모두에서 급진적 흐름을 대표한다고 할 수 있다.[39]

이러한 온건한 흐름과 급진적 흐름은 '정치의 국가화'의 각종 기제들—금단, 배제, 선택적 포섭 등—에 대응하여 다양한 형태로 표출될 수 있다. 즉, 금단의 기제에 대항하여 '정치의 사회화'를 지향하는 경우에도 온건한 흐름과 급진적 흐름이 나타날 수 있다. 예컨대 소수인종 집단에 대한 금단의 기제가

---

39) 특히 19세기 파리꼬뮨에 대한 마르크스의 분석에서 이러한 지향이 강하게 드러난다. 파리꼬뮨은 실패했지만 19세기적 '민주주의' 정치의 한계를 뛰어넘고자 하는 '사회'주의자들에게 있어서 하나의 이상적 시도였다. 마르크스는 국가와 시민사회의 분리를 뛰어넘어 '사회로부터 발생했지만 사회로부터 소외되어 그것에 군림하는' 국가와 정치를 사회와 일체화시키고자 하는 지향을 가지고 있었다. 엥겔스(Friedrich Engels)가 『가족, 사유재산, 국가의 기원』에서 기본적으로 국가의 발생을 사회의 계급적 분열에서 구하고 레닌주의자들이 계급적 분열의 극복과 동시에 국가사멸론을 이야기했던 것도 정치적 질서 자체가 사회와 일체화되는 순간 소멸해야 하고 소멸의 필연성을 갖는 것으로 인식했던 이러한 맥락에서 이해될 수 있다.

작동하는 하나의 사회에서 소수인종 집단이 다수자 집단에 편입되어 대의적 공간에 참여하기를 바라는 방식으로 투쟁할 수 있고, 반대로 다수자 집단에의 편입을 거부하고 새로운 독립공동체를 만들려고 하거나 혹은 상이한 지향을 갖는 국가 및 정치를 구성하고자 하는—예컨대 이슬람근본주의적 국가와 정치를 만든다거나 혹은 사회주의적 국가와 정치를 지향한다거나 하는 식으로— 투쟁으로 나타날 수도 있다. 심지어 국가가 폭력으로 일체화되는 경우에 있어서 그에 대항하는 '정치의 사회화' 운동도 묵종이나 침묵의 형태로 나타날 수도 있고 '저항폭력'적인 투쟁형태—테러나 무장투쟁 등—로 표현될 수도 있다.[40]

## 서구 역사에서의 '정치의 국가화'의 현실과 '정치의 사회화'의 실험

정치와 사회의 관계를 서구 역사에서 간단히 일별해 보도록 하자. 근대 민주주의하에서 설정된 정치와 사회의 관계에 대해서 정치의 사회화가 진전됨으로써 근대 민주주의에 대한 다양한 도전들이 전개되어 왔다.

먼저 프랑스 혁명 이후의 '프랑스 내전' 과정은 정치의 사회화를 위한 아래로부터의 투쟁과 정치의 국가화를 위한 위로부터의 시도가 각축하는 국면이었다. 정치의 사회화를 위한 투쟁의 가장 극적인 형태는 아마도 파리꼬뮨일 것이다. 파리꼬뮨의 좌절을 계기로 근대 부르주아적 대의민주주의가 정착하게 된다. 이는 특정한 방향으로 정치의 국가화가 정착하는 것을 의미했다.

---

40) 정치의 사회화를 지향하는 활동의 유형을 표로 정리하면 다음과 같다.

표 10-2.

| | | 온건한 흐름 | 급진적 흐름 |
|---|---|---|---|
| 정치의 '과정적 경계'를 둘러싼 투쟁 | 근대 대의민주주의의 대의성과 '민의 통치'라는 이상 간의 괴리를 극복하고자 한다. | 참여민주주의 등 | 파리꼬뮨, 광주항쟁 등 |
| 정치의 '내용적 경계'를 둘러싼 투쟁 | 민주주의가 자본주의의 규율로 작동하도록 한다. | 이해당사자 자본주의 등 | 사회주의 등 |

그러나 이러한 근대 정치는 그에 대한 다양한 형태의 도전을 출현시켰다. 이는 19~20세기를 걸쳐서 노동운동이나 사회주의운동 같은 '정치의 사회화'를 위한 투쟁이 지속적으로 전개되었기 때문이다. 이에 대응하는 '정치의 국가화'가 개방적으로 전개되지 못하고, '정치가 부재(不在)한 국가'가 출현한 것이 파시즘이었다고 할 수 있다. 파시즘은 정치의 국가화 대 정치의 사회화의 각축에서 정치의 국가화의 극단적인 형태라고 할 수 있다. 파시즘하에서 정치는 질식하게 되었고, 이에 대응하는 투쟁은 좀더 급진적인 형태의 '정치의 사회화'를 위한 투쟁으로 전개된다.

급진적인 형태의 '정치의 사회화' 시도들은, 자본주의적 국가를 뛰어넘어 사회주의적 정치를 실현하는 시도로 나타났다. 파시즘이 하나의 극단을 상징하는 만큼 그에 대응하는 투쟁 역시 일부는 민주주의를 전제로 한 자본주의적인 정치를 벗어나는 사회주의적 정치실험으로 귀결되었고, 다른 일부는 전후의 사회민주주의적 정치로 나타나게 된다. 후자는 전전(戰前)에 이루어진 '정치의 사회화'를 위한 투쟁이 실현된 것이지만 다른 한편에서는 자본주의적 국가질서가 사회주의적 요소를 '선택적으로 포섭'하는 과정이기도 했다. 즉, 자본주의는 사회민주당의 집권을 통해서 전전의 위기를 극복하고 전후의 새로운 ─상대적으로─ 안정적인 정치를 실현했다.

반대로 혁명적 공산주의의 흐름을 대표하는 동구 사회주의의 정치실험은 또 다른 의미에서의 전전의 '정치의 사회화'를 위한 투쟁의 성과이기는 하지만, 사회주의적인 국가, 정치, 사회의 관계에서 '정치의 국가화'를 의미했다. 단지 그 국가가 자본주의적 국가가 아니라 사회주의적 국가였던 것이다. 사회주의적 국가에 의해서 국가적 지배의 일부로 편제된 국가는 사회와 괴리되었고, 자본주의적 정치의 경계와는 다른 방식으로 사회를 배제하는 국가화된 정치를 출현시켰다. 정치는 사회주의적으로 정식화된 사회의 요구를 실현하는 국가의 일부로 되었고 여기서 정치와 사회의 일체화를 지향했던 사회주의 정치는 사회주의적 국가에 의한 사회의 포섭으로 귀결되었다.[41] 사회주의적 방식으로 국가화된, 더 협애하게는 '행정화된' 정치가 출현했고 이는 사회와의

괴리를 자본주의와는 다른 방식으로 출현시켰다.[42)]

제2차 세계대전 이후 자본주의하에서 정치와 사회의 관계는 새롭게 변화하게 된다. 2차대전 이후의 사회민주당 정부의 출현은 자본주의의 파시즘적 위기 속에서 정치와 사회의 극단적 괴리를 선택적 포섭을 통해서 새롭게 재구조화하고 이를 통해 재안정화하는 것을 의미했다. 그러나 이렇게 새롭게 재구조화된 전후 정치 역시 지속적인 안정성을 담보하는 것은 아니었다. 사회민주주의적 정치까지를 내포하는 전후 정치가 전전의 정치위기를 일정하게 극복하는 데 기여했으나, 전후의 사회변화에 의해서 이러한 전후 정치 역시 위기에 직면하게 된다. 그것이 1968년 5월혁명 등으로 상징되는 '정치의 사회화'를 위한 새로운 파고였다. 68혁명과 1960~70년대 서구 사회에서의 시민사회의 새로운 활성화는 기존의 사적 영역의 이슈들을 정치 혹은 사회적 정치의 영역으로 이동시키는 계기가 되었다. 이는 사회민주주의적 정치 속에서도 쟁점화되지 않았던 사회적 영역이 정치의 영역으로 됨으로써 정치의 경계가 새롭게 상대화되는 것을 의미했다.

이런 점을 고려할 때, 정치를 둘러싼 국가와 사회의 각축은 다양하게 전개되며, 하나의 '정치의 사회화'를 위한 노력은 이후 '정치의 국가화'의 소재로 작동하기도 하고, '정치의 국가화'는 새로운 '정치의 사회화'를 위한 저항의

---

41) 사회주의적 정치에서는 정치가 사회의 요구를 진보적으로 반영하는 것으로 인식되는데, 그렇다고 하더라도 사회주의적 국가가 성립한 이후에는 '정치의 국가화'의 경향이 관철된다. 그러나 사회주의 국가에서는 정치가 사회와 일체화되는 것으로 간주됨으로써 '정치의 국가화'가 갖는 내적 문제들이 충분히 인식되지 않았다. 여기서 사회주의적 국가는 존재하지만 사회주의적 정치는 부재한 상황으로 가게 된다. 정치는 국가화되고 행정화되며 이 과정에서 정작 정치의 원천으로서의 사회 ─ 그 일부로서의 사회집단들 ─ 은 수동화된다. 여기서 파시즘과 같은 우익 전체주의와 ─ 내용은 다르지만 ─ 그 작동양식은 동일한 좌익 전체주의가 출현하게 되는 것이다.

42) 민주주의 없는 사회주의의 위기에 대해서는 랄프 밀리반트, 「공산주의 정권의 위기에 관한 성찰」, 로빈 블랙번 편저, 『몰락 이후』, 김영희 외 옮김(창작과비평사, 1994); 위르겐 하버마스, 「오늘날 사회주의란 무엇인가: 만회의 혁명과 좌파 노선 수정의 필요」, 같은 책 참조.

출발을 야기하기도 한다고 말할 수 있다. 이것은 우리가 언제나 '(제도)정치의 상대성'을 전제해야 함을 의미한다. 정치와 사회의 관계, 정치의 외연과 내포는 언제나 사회와의 관계 속에서, 사회를 구성하는 민중들의 의식에 따라서 상이하게 달라지는 것으로 보아야 한다는 것이다.

## 3. 한국현대사에서 '정치의 사회화'를 시도한 네 가지 장외정치

이상의 논의를 한국현대사에 투영시켜, 정치의 국가화가 어떻게 작동했으며 그에 대응하여 정치를 사회화하기 위한 운동정치가 어떻게 표현되었는지를 분석해 보고자 한다. 한국현대사는 국가, 정치, 사회가 어떻게 역동적으로 상호작용하며 그 관계는 어떠한가에 대해서 다양한 유형의 사례를 동시에 우리에게 제시하고 있다. 나아가 한국현대사의 경험은 서구의 여러 사례들에서 다양한 방식으로 출현했던 '정치의 국가화' 대 '정치의 사회화'의 각축과정을 압축적으로 보여준다.

여기서 주목하여 분석할 세 가지 유형의 네 가지 사례에서 보이는 국가-정치-사회의 관계는 다음과 같다.

첫째, '정치의 국가화'를 위한 금단의 기제가 작동하는 조건 속에서 정치의 사회화를 위한 행위들이 '비합법정치'의 형태로 표출된 경우이다.

둘째, 배제의 기제에 대응하는 '정치의 사회화'의 시도들은 '장외정치' — 이는 배제의 조건하에서의 장외정치라고 할 수 있다 — 라고 할 수 있는 1960~70년대 재야운동의 형태로 표출되었다.

셋째, 선택적 포섭의 기제에 대항하는 사회적 정치의 모습은 시민정치라고 할 수 있는 낙선운동과 같은 형태로 표출되었다. 이 글에서는 둘째와 셋째의 사회적 정치를 '경계정치'라고 부르고자 한다. 경계정치라는 것은 기존의 제도정치가 국민적 지지를 받지 못하면서 그 경계 외부에 있는 '장외정치'가 제도정치가 제대로 수행하지 못하는 역할을 수행하는 경우를 말한다. 이는 제도정

표 10-3.

| | | 규정 | 제도정치의 외부에 존재하는 (광의의) 장외정치 | 한국에서의 장외정치의 내용 | 의미 |
|---|---|---|---|---|---|
| 정치의 국가화 기제들 | 금단 | 특정한 활동을 '비정치'로 규정하고 이것이 사회구성원의 일정한 (의사)합의로 존재하는 경우 | 비합법정치 (구체적으로 비합법전위조직들) | 반공주의가 의사합의로 존재하면서, 반공주의에 의한 금단이 작동함. 이에 대응하여 비합법정치조직들이 조직됨. | 대의민주주의 자체의 경계가 협소하게 존재 |
| | 배제 | 권위주의적 국가가 제도정치를 통제하고 특정한 정치집단이나 개인을 제도정치에 진입하지 못하도록 규제하는 경우. 이때 이러한 배제가 국민적 (의사)합의가 아닌 경우 | (협의의) 장외정치 (구체적으로 재야운동) | 제도정치가 국민적 지지를 잃어가면서 제도정치로부터 배제된 정치인들과 사회운동이 결합되어 '재야운동'이 출현함. | '경계정치' (보다 직접적으로 운동정치가 '대의의 대행' 역할을 하는 경우) |
| | 선택적 포섭 | 민주주의 이행 과정에서 나타나는 현상으로 제도정치가 개혁되는 과정을 의미하는데, 제도정치가 기존의 경계 외부에 존재하는 정치활동을 제도정치로 포섭해 들이는 과정 | 시민정치 (구체적으로 낙선운동) | 민주주의 이행과정에서 제도정치의 합리화가 진행됨에 대응하여, 그러한 선택적 포섭의 불철저성과 한계를 비판하면서 시민들이 주체가 되는 적극적인 '사회적 정치'를 실현하고자 하는 시도. | |
| | 정치와 (폭력적) 국가의 일체화 (국가의 완전 폭력화) | 정치가 소멸하고 국가가 완전히 폭력과 일체화되는 특수 상황 | 순수정치의 실현 | 1980년 광주에서는 폭력으로서의 국가에 묵종하는 대신에 폭력국가를 극복하고 '민중자치공간'을 확보하여 그 공간 속에서 정치와 사회가 일체화된 '순수정치'를 실현함. 정치와 사회의 괴리가 (단기적이지만) 극복된 유토피아적 정치의 모습을 보여줌. | 대의민주주의의 한계를 넘어섬 |

당들이나 의회가 '대의' 기능을 제대로 수행하지 못하는 상황에서 운동단체들이 제도정당의 기능을 대행하며, 이러한 제도적 대의 기능을 시민사회 기구들이 수행하는 '대의의 대행(代行)' 현상을 의미한다. 경계정치는 기본적으로 제도정치의 불구화를 비판하지만 제도정치 자체를 '존재론적으로 긍정'하는 인식 위에 서 있다고 할 수 있다.

넷째, 1980년 광주에서 이루어졌던 '순수정치'[43]의 경우이다. 순수정치는 정치가 소멸하고 정치가 폭력으로서의 국가에 흡수되는 상황에 대응하는 것으로서, 민중이 적극적으로 정치와 사회가 일체화되는 상황을 창조하는 경우를 지칭한다. 이러한 네 가지 운동정치의 사례들은 정치의 사회화를 지향했던 장외정치들이라고 할 수 있다.

## 1) 비합법정치: 비합법전위조직운동

앞서 서술했듯이, 금단은 특정한 사회적 활동, 그를 반영하는 정치적 활동을 제도정치 내에 반영하기보다는 금지되어야 하는 활동으로 (의사)합의되는 과정을 의미한다. 금단의 기제는 정치화되어서는 안 된다고 금기시하는 사회적 정치활동 영역을 조성하고 국가는 이러한 금단의 활동들을 정치로부터 '합의'적으로 배제하는 방식으로 '정치의 국가화'를 달성한다. 이는 정치와 비정치의 경계가 특정한 문화적·역사적 조건에 의해서 고착되어 있는 경우라고 할 수 있다. 정치라는 것은 하나의 정치공동체를 전제로 한다. 그런 의미에서 특정한 인사들이나 집단들이 육체적으로 공동체의 경계 내에 존재하나 정신적으로는 공동체의 진정한 성원으로 인정받지 못하는 경우라고 할 수 있다. 배제의 기제와 금단의 기제의 차이는 전자의 경우 배제의 정당성이 공동체 내부에서

---

43) 나는 광주항쟁 일주일간 광주에서 시민군을 중심으로 이루어진 민중 자치정치를 순수정치로 개념화하고자 하는데, 이에는 '원형으로서의 정치'라는 의미와 '이상적 정치'라는 의미가 동시에 함유되어 있다. 전자가 정치의 시원적 모습을 지칭한다면, 후자는 정치의 규범적인 모습을 지칭하는 것이다.

쟁점이 되는 경우이며, 후자는 이 배제 자체가 의사합의적인 것으로 간주된다는 점이다.

한국에서 금단의 기제는 한국전쟁 이후 남북이 분단되고 남한 사회에서 (극우)반공주의가 일종의 의사합의처럼 간주되는 상황 속에서 작동된다. 어떤 의미에서 1953년 '한국전쟁 후 정치'[44]라는 아주 특수한 공간 속에서 출현했다. 한국은 내전을 통해서 ― 남북 어느 한쪽도 승리하지 못하고 ― 휴전형 사회로 돌입하고 이 휴전형 사회 속에서 반공이 의사합의적인 규율체계로 작동하는 '반공규율사회'[45]가 고착화된다. 여기서 남한에서는 친북적 사회활동, 북한에서는 친남적 사회활동을 반체제적이고 반'국가'적인 활동으로 규정하여 탄압하게 되고, 금단의 대상이 되는 사회적 정치활동 혹은 정치적 사회활동은 정치화되지 못하고 '반국가단체', '반인륜단체', '간첩' 등의 형태로 나타나게 된다. 일종의 간첩적 행위 혹은 좌익적 행위는 정치의 공간에서 금단의 영역에 속하게 된 것이다. '간첩활동이 정치활동인가'라는 물음이 한국전쟁 이후의 남한 사회에서는 도저히 성립할 수 없는 물음이라는 것을 감안해 보아도 금단의 의미를 잘 알 수 있다. 비합법전위조직으로 규정된 정치적 활동들은 「국가보안법」에 의해서 처벌을 받았을 뿐만 아니라 '운동정치'를 수행하는 사회운동가들에 의해서도 동일한 정치공동체의 활동으로 간주되지 않았다. 흥미로운 것은 이러한 집단들의 구성원들이 자신의 정체성을 ― 비록 비합법적이지만 ― 정치적 활동조직 ― '당(黨)'이라는 명칭에서도 드러나듯이 ― 으로 규정하고 있었다는 점이다. 여기서 원초적으로 배제되는 정치적 사회활동은 이른바 '비합법조직', '비합법반국가단체' 같은 형식으로 출현하고 국가는 이러한 금단의 사회활동들을 '절멸'하고자 억압하게 된다.

1950년대에는 이러한 금단의 영역이 설정되었을 뿐만 아니라 백색테러리즘의 형태로 혹독한 탄압의 대상이 되었다. 친북적이거나 북한과 연계되어

---

44) 박명림, 「한국전쟁과 한국정치의 변화: 국민통합, 헌법정치, 한미관계를 중심으로」, 『한국전쟁과 사회구조의 변화』(백산서당, 1999), 109~117쪽.

45) 조희연, 『한국의 국가·민주주의·정치변동』(당대, 1998), 2장 1절.

있는 활동은 정치의 영역에 대의되거나 반영되어서는 안 되는 것은 물론, 혹독한 탄압을 받았다. 심지어 조봉암의 경우와 같이 '사형' 당하는 경우도 있었다. 이른바 반국가단체, 반국가단체와 연계된 개인이나 조직들의 경우가 그러하다.[46] 이러한 탄압의 법적 기제는 한국에서는 「국가보안법」으로, 대만에서는 「공산반란 진압을 위한 동원시기 임시조치법」이었다.[47]

금단의 기제들은 법적 형태로 작용할 수도 있고 문화적 형태로 작동할 수도 있다. 사람들이 도저히 정치활동으로 인정할 수 없는, 배제를 당연시하는 활동이 법적인 방식으로 규제될 수도 있고, 아니면 비법적인 혹은 관습적인 방식으로 규제될 수도 있다는 것이다. 모든 사회에서 이러한 두 가지 방식은 다 작용한다. 한국의 경우에서는 「국가보안법」을 포함하는 법제적 형태로 많은 활동들을 금단의 영역에 위치시켰다. 이러한 금단적 상황에 대해서 순응하고 묵종할 수도 있을 것이다. 실제 많은 사람들은 이러한 경로를 따랐다. 그러나 이에 저항하려는 흐름은 '비합법정치' 활동으로 표출되었다. 금단의 기제에 의해 제도정치는 특정한 사회적 정치를 정치로부터 배제하고, 이러한 제도정치의 폐쇄화에 대응하는 사회적 노력이 비합법정치의 형태로 나타났던 것이다. 특히 정치적 지향점을 명확히 가지고 제도정치의 일면화에 대항하면서 금단의 기제에 의해서 억압된 의제들을 대의정치로 표현하고자 하는 노력이 바로 그것들이었다.

---

46) 주지하다시피 "국헌(國憲)을 위배하여 정부를 참칭하거나 그것에 부수하여 국가를 변란한 목적으로 결사 또는 집단, 즉 반국가단체를 구성하는" 자를 처벌할 목적으로 1948년 제정된 「국가보안법」은 "반국가단체 구성, 목적 수행, 자진 지원, 금품수수, 잠입·탈출, 찬양·고무, 회합·통신, 편의 제공, 불고지, 특수직무유기, 무고·날조 등"의 행위를 최고 사형까지 포함하여 폭넓게 처벌하고 있다.

47) 대만 국민당은 1949년 대만으로 이주한 이후 동원·반란 진압 시기의 전시비상조치법을 제정하여 대만의 지배질서에 반하는 저항정치를 억압해 왔다. 김준, 「아시아 권위주의 국가의 노동정치와 노동운동: 한국과 대만의 비교연구」(서울대학교 사회학과 박사학위 논문, 1993), 131쪽; 김준, 「대만의 민주화」, ≪동향과전망≫, 26호(1995년 6월호). 이 법은 1991년 폐지되었다.

한국에서 금단의 동학은 이데올로기적 대립의 경계, 즉 냉전적 경계를 중심으로 작동했다. 내전을 거쳐 분단의 형태로 휴전이 이루어지면서 남북한을 포괄하는 하나의 한반도 정치공간이 분절되고, 남한과 북한이 독자적인 '의제적인 독립적 정치공간'으로 전환되었기 때문이다. 여기서 북한과 연계된 다양한 정치적·사회적 활동은 남한의 정치공간에서는 금단의 활동으로 원초적 배제를 당하게 된다.

금단의 방식으로 이루어지는 '정치의 국가화' 속에서, 제도정치는 극우적인 세력만을 포괄하는 대단히 협소한 것이 되고, 사회 내의 진보적 요구들과 목소리들은 정치의 장에 전혀 반영되지 않는 상황이 된다. 이것은 금단의 기제에 의해서 정치와 사회의 괴리가 더욱 커진다는 것을 의미한다.

그렇다면 구체적으로 한국현대사 속에서 비합법정치의 모습은 어떤 식으로 나타났을까.[48] 이 글에서는 비합법정치의 대표적인 예로서 비합법전위조직운동을 들고자 한다. 이러한 사건들로서는 다양한 소규모 사건들이 존재하나, 상대적으로 규모가 컸던 사건들로 1960년대 인민혁명당 사건과 통일혁명당 사건, 1970년대 남조선민족해방전선 사건을 들 수 있다.

### 1960년대 비합법정치

비합법 혁명전위조직운동은 금단의 기제에 의해 합법적 활동으로 인정받지 못하기 때문에 활동 자체가 비밀리에 이루어지고, 그 활동은 나중에 공안기관에 의해 검거되는 경우에 수사발표의 형태로 드러난다. 먼저 1960년대 초반 인민혁명당은 4·19혁명 이후 혁신계 청년운동에 관여했던 청년세대들이 중심이 되어 이루어진 조직이다. 이들은 5·16 이후 합법적인 영역에서 활동할 수 있는 가능성이 부재한 상황에서, 비합법적인 조직을 통해 혁명적인 정치활동인자들을 결집시켜 급진적 정치활동을 수행하고자 했던 것으로 보인다. 물론 이 조직이 얼마나 '조직적'이었던가 하는 점에 대해서는 현재에도 명확히

---

48) 해방 이후 비합법전위조직의 활동에 대한 자세한 서술로는 조희연, 『한국의 사회운동과 조직』(한울, 1993) 참조.

드러나지 않았다. 왜냐하면 이 사건 연루자들 대부분이 사건 자체를 부인하여 경미한 처벌만을 받고 풀려났었기 때문이다.[49] 이 사건은 1964년 8월 14일 한일회담 반대투쟁이 최고조에 오르던 시기에 중앙정보부에 의해서 발표되었다. 당시 발표에 따르면, 한일회담 반대투쟁의 배후에 과거 좌익운동과 연계된 일단의 지하조직이 있고, 이들은 전(前)혁신계 일부 인사와 일부 현역 언론인, 대학교수, 학생 등 57명으로 조직된 단체라고 한다. 이것은 당시 제도화된 정치 혹은 사회운동적 정치의 외부에 비합법정치조직운동이 존재하고 있었다는 것을 말해준다.

1960년대의 대표적인 비합법혁명조직으로서 1960년대 중·후반에 활동한 것으로 알려진 통일혁명당이 있다.[50] 1950년대의 맥락에서 급진적인 정치활동은 운동의 영역에 속한 것이 아니었다. 그러나 4·19혁명과 혁명 이후의 정치적 경험, 5·16군사쿠데타, 그 이후의 한일회담 반대투쟁 등을 통해 학생운동가들이 이념적으로 급진화되어 갔고, 나아가 한일회담 반대투쟁이 국민적으로 고양되어 급진적인 운동의 공간이 확장되면서 이러한 비합법정치조직이 만들어진다. 당시 공안기관의 발표에는, 통일혁명당이 여러 조직들을 포괄하는 것으로 되어 있었다. 즉, 최영도, 정태묵, 김수상 등이 연루된 이른바 임자도 사건(통혁당 전라남도 창당준비위원회 사건)과 김종채, 김질락, 이문규, 신영복 등이 연루된 통혁당 서울시 창당준비위원회 사건이 있었다. 통상 통혁당이라고 할 때는 통혁당 서울시 창당준비위원회 사건을 말한다. 통혁당은 해방공간에서 좌익운동을 했던 인사들을 상층으로 하고, 한국전쟁 이후 새롭게 반독재

---

49) 이 사건으로 13명이 기소되었는데, 2명에게만(각 3년과 2년) 실형이 언도되고 나머지는 모두 무죄로 풀려났다. 세계 편집부 엮음, 『공안사건 기록: 1964-1986』(세계, 1986), 9~16쪽.

50) 1968년 8월 24일 중앙정보부가 발표한 통일혁명당 사건의 내용은 세계 편집부 엮음, 같은 책, 61~86쪽에 수록되어 있다. 동시에 유동렬, 『한국좌익운동의 역사와 현실』(다나, 1996), 38~41쪽 참조. 당시의 사회적 상황과 통일혁명당의 문제의식에 대해서는 다음에 풍부하게 기록되어 있다. 박태순·김동춘, 「통혁당 사건과 청맥」, 『1960년대의 사회운동』(까치, 1991).

학생운동을 통해 성장해 오던 젊은 활동가층을 하층으로 하여 성립했다. 이 조직은 김종태 등 구(舊)남로당 인사들이 1964년경부터 학생운동가들을 포섭하는 형태로 조직화되었다.

통일혁명당은 엄밀하게 말하면 당적 존재는 아니었다. 당을 구성하기 위한 준비위원회 단계였다고 할 수 있다. '남조선 혁명'의 독자성을 인정하는 새로운 전략방침하에서[51] 각 지역에 산재하는 좌익적 혹은 친북적인 비합법 소조직들이 통혁당 서울시 창당준비위원회를 중심으로 당적 통합을 하고자 하는 과정에서 대대적인 검거를 맞게 되었던 것이다. 어떤 의미에서 독재정권에 의해 구상 혹은 초기적 준비 단계였던 것이 '현실' 혹은 완성태로 둔갑된 셈이다.

여기서 흥미로운 것은 해방공간에서 정치활동이었던 것이 한국전쟁 이후 남한 사회가 극우반공주의적 사회로 전환되면서 금단의 영역으로 재위치지워지게 되었다는 것이다. 남로당과 관련된 활동이나 인자들의 경우가 바로 그러한 것이 될 것이다. 이는 정치가 상황에 따라서 어떻게 상이하게 구성되는가를 보여주는 것이다. 1960년대의 맥락에서 통일혁명당은 '고정간첩' 같은 것으로 인식되었고 사회운동적 활동이나 더 나아가 정치적 활동으로 인식되지 않았다. 그런 점에서 정확히 '금단의 영역'에 속하는 것으로 간주되었다고 할 수 있다.

이런 점에서 보면, 1960년대는 제도화된 정치와 운동, 합법과 비합법의 경계가 대단히 고착된 것으로 인식되고 있었으며, 특히 금단의 경계영역이 의사합의적인 것으로 여전히 존재하고 있었음을 알 수 있다.

## 1970년대 비합법정치

1970년대에는 이러한 조건에 변화가 나타난다. 비합법전위조직운동과 일반 사회운동의 경계가 점차 좁혀지고 있는 것이다. 극우반공주의적 의식조건

---

51) 조희연, 「북한의 통일노선과 통일정책에 대한 연구」, 한신대학교 제3세계문화연구소 엮음, 『한국민중론과 주체사상과의 대화』(풀빛, 1989).

하에서 준(準)간첩적 활동 정도로 간주되던 활동들은, 1970년대를 경과하면서 학생운동 및 기층민중운동이 발전하는 것에 대응하여—그리고 이 과정에서 이념적으로 급진화된 인자들이 생성되면서—고착화된 정치와 비정치의 경계를 상대화시켜 보게 되고, 금단의 영역에 속하는 활동에 참여하게 된다. 이는 금단의 경계를 사회운동가들이 넘는 것을 의미한다. 이 점은 1970년대 남조선 민족해방전선(이하 남민전이라고 한다)의 구성에서 확인할 수 있다.

1970년대 학생운동의 발전과정에서 변혁적 지향—여기서 변혁적 지향은 1950~60년대적 질서에서 고착화된 합법과 비합법, 정치와 운동의 경계를 상대화하여 볼 수 있는 인식이 형성되었다는 것을 의미한다—이 발전되고 일부이지만 기층민중운동 인자들 중에서도 변혁적 지향을 갖는 인자들이 형성되어 간다. 1970년대 비합법전위조직은 이러한 변화 속에서 학생운동 및 민중운동의 인자들이 참여하는 식으로 구성된다.[52] 이러한 변화를 남민전 사건을 통해 확인할 수 있다.[53] 이 조직은 긴급조치가 선포되어 제도정치의 영역이 극도로 축소되고 이후 서술하는 장외정치라고 할 수 있는 '재야'운동이 오히려 장내정치를 대체하던 바로 그 시기에 이루어졌다. 이러한 비합법전위조직운동은 제도정치는 물론이고 그에 대항하는 저항적 재야운동까지도 포괄할 수 없는 급진적

---

52) 1960~70년대의 전 과정은 반파시즘민주화운동의 지속적인 고양 및 기층민중운동의 점진적인 성장의 과정이었기 때문에, 1970년대의 조직운동은 1960년대의 조직 사건들보다 대중운동의 발전된 수준을 근거로 하여 성립하고 있다는 특징을 가지고 있다. 즉, 1960년대에는 학생운동의 반파시즘 민주화투쟁이 낮은 수준에 있었고 거기서 배출된 이념적 학생운동인자 역시 수적으로 제한되었으며 더구나 특정 학교에 집중되어 있었고, 또한 기층민중운동의 미성장으로 인하여 기본계급출신 인자의 참여가 제한되었으나, 예컨대 1970년대 후반의 남민전의 경우 반파시즘투쟁의 발전 및 기층민중운동의 발전을 반영하여 1960년대 조직사건의 한계가 일정하게나마 극복된 수준에 이르게 된다는 것이다. 조희연, 『한국의 사회운동과 조직』, 207쪽.

53) 이 조직에 대해서는 다음의 글 참조. 세계 편집부 엮음, 『공안사건 기록: 1964-1986』; 박석률, 『푸른 하늘을 향하여』(풀빛, 1989); 안병용, 「1960·70년대 공안사건의 전개양상과 평가」, 한국역사연구회 현대사연구반 엮음, 『한국현대사(3): 1960·70년대 한국사회와 변혁운동』(풀빛, 1991) 참조.

정치활동을 내포하는 것이었다. 공안기관의 발표에 따르면, 이 조직은 1976년 경부터 활동을 시작하여 유신체제가 붕괴되어 가던 1979년 10월 초 검거될 때까지 약 3년 10개월에 걸쳐 활동한 것으로 되어 있다. 당시 안기부 발표를 보면, 남민전 조직구성원의 특징은 1960년대 비합법전위조직 — 인혁당, 통혁당, 해방전략당 등 — 의 구성원들이 상층을 구성하고 4·19, 6·3, 민청학련으로 대표되는 학생운동 및 민주화투쟁 출신들이 하층을 구성하고 있었다는 점이다. 이재문이나, 신향식 같은 인물은 전자를 상징한다고 하겠다. 이렇게 본다면 남민전은 비공개 이념서클 및 조직에서 활동했던 진보적 학생운동가들이 여러 형태로 사회에 이전하면서 기성 정치가 극도로 억압되는 상황에서 기존의 지하 혁명세력과 연결되어 결성된 조직으로 보인다. 이런 의미에서 기존의 지하당전통을 계승하면서 동시에 자생적인 민주화운동가들의 결합조직의 성격을 띠고 있었다고 할 수 있다.

남민전은 "70년대 중반까지 존재하고 있었던 구혁명운동 인자들이 상당 부분 참여하여 만들어진 조직이라는 점에서, 비합법전위조직으로서의 목적성, 그에 상응하는 조직성을 지니고 있었다는 점, 70년대의 비록 제한된 반정부투쟁이었지만 그것의 투쟁발전을 일정하게 반영하고 있으며 그러한 투쟁에서 성장한 인자들이 일정하게 참여하고 있다는 점, 4년에 조금 못 미치는 긴 기간을 통해 선진적으로 당시의 정권에 대해 비타협적인 혁명적 반정부투쟁을 수행했다"[54]는 점에서 1970년대 비합법 혁명전위조직의 전형을 보여준다. 또한 1960년대 당시 저항운동을 주도하던 학생운동과 이러한 금단의 영역에 속하는 비합법정치운동이 완전히 분리되어 있었고 학생운동 인자들이 이러한 운동들을 '질적으로 구별되는' 활동으로, 혹은 '간첩으로 신고해야 하는' 활동으로 인식하던 상태에서 벗어나서, 반독재·비합법 정치운동으로서 그것을 인식하기 시작했다.

---

54) 조희연, 『한국사회와 조직』, 122~123쪽.

## 1980년대 비합법정치

1980년대 비합법전위조직운동은 금단의 정치에 대응하는 비합법정치의 또 다른 예를 보여주고 있다. 이 예는 더구나 금단의 영역의 경계가 가변적인 것이며 공동체 구성원들의 인식의 변화에 의해서 어떻게 상대화되고 그 경계를 뛰어넘게 되는가를 보여준다.

1980년 광주항쟁을 거치면서 반독재 민주화운동이 이념적으로 급진화되고 투쟁양식은 전투적이 되어 가는데, 이러한 변화에 힘입어 금단의 기제에 의해 정치의 영역에 속하지 않는다고 인식되었던 주제와 활동이 정치의 영역으로 나오게 된다. 1980년대적 맥락에서 '정치의 사회화'를 지향하는 사회적 활동들은 사회주의운동 혹은 혁명적 지향과 같이 국가화된 정치의 기본구조를 바꾸려는 혁명적 운동으로 변화하게 된다. 예컨대 사회주의운동은 1970년대까지의 정치지형 속에서는 금단의 영역에 속하는 활동이었지만, 1980년대가 되면서는 그 경계가 상대화되고 많은 사회주의운동들이 학생운동이나 노동운동의 연장선상에서 이루어지게 된다.

이처럼 금단의 경계가 상대화되면서 금단의 영역에 있던 활동은 이제 사회운동의 영역으로, 나아가 제도정치의 협소성을 뛰어넘는 정치활동으로 — 예컨대 사회주의 정치운동 같은 식으로 — 인식되어 전개된다.

1980년대의 비합법정치운동은 1970년대와는 달리 다양한 방식으로, 운동정치의 급진적 형태로 전개되었다. 1980년대 이루어진 전위조직을 유형화하면, "① 일정한 부문운동의 전위조직인 경우와 전체운동의 통일적 지도를 지향하는 전위조직인 경우, ② 조직의 결합의 수준이 협의체적 성격의 조직인 경우와 일사불란한 지휘통솔체계를 갖는 조직인 경우, ③ 대중적 기반이 취약한 학생운동 출신의 인자들이 대다수인 조직의 경우와 학생운동 출신이 많더라도 사회운동 속에 일정한 대중적 기반을 갖는 조직의 경우, ④ 조직이 소그룹적 결합의 수준을 부분적으로 넘어선 수준에 있는 경우와 동맹의 수준에 이른 경우, ⑤ 조직의 지역적 범위가 서울 및 수도권에 한정되어 있는 경우와 비록 제한되기는 하나 전국적인 범위에 걸쳐 있는 경우"[55]로 분류할 수 있다.

1980년대 초반 비합법전위조직들의 예로는, 전국민주노동자연맹, 전국민주학생연맹(1980년 5월 결성, 1981년 6월 검거), 1980년대 중반에는 반제동맹당(1985년 10월경부터 활동, 1986년 10월 검거),[56] 마르크스-레닌주의당(1986년 10월 검거),[57] 제헌의회그룹(1986년 초부터 활동, 1986년 11월~1987년 1월 검거),[58]

---

55) 같은 책, 133쪽.

56) 반제동맹당 사건은 1986년 10월 검거된 조직이었다. 이 조직은 당시 학생운동에서 광범한 반향을 불러일으키고 있었던 민족해방민중민주주의혁명론에 기초하여, 노동자 대중의 정치적 조직체를 건설하려던 시도라고 할 수 있다. 당시 노동운동에서는 서노련의 실질적 붕괴 이후 다양한 소그룹이 분립하는 상태로 전화되고 있었는데, NL적 경향을 갖는 학생운동 출신 현장활동가들이 소그룹적 연계구조의 극복을 시도하면서 대중적인 정치적 조직체를 건설하려던 초기과정에서 검거된 사례라고 할 수 있다. 민주화실천가족운동협의회·민족민주연구소 엮음,『80년대 민족민주운동: 10대 조직 사건』(아침, 1989), 163~184쪽 참조.

57) 1986년 10월 말에 검거된 마르크스-레닌주의당 사건은 학생운동 출신 현장활동가들의 지역현장운동 조직이었다. 서울노동운동연합의 해체 이후 새로운 노동운동의 정치적 조직을 건설하려는 과제가 현안으로 제기되고, 여기서 지역현장운동론이 제기되었다. 마르크스-레닌주의당은 이러한 지역현장운동론에 기초하여 구로공단을 중심으로 지도적 인물 간의 지역협의체를 운영하면서 활동하던 조직이다. 세계 편집부 엮음,『공안사건 기록: 1964-1986』, 309~319쪽; 민주화실천가족운동협의회·민족민주연구소 엮음, 같은 책, 185~203쪽 참조.

58) 1985년 무렵의 제헌의회그룹은 전국민주학생연맹에 참여했던 김철수, 윤성구, 민병두와 새롭게 최민 등이 중심이 되면서 1986년 5월경에 결성된 조직이다. 당시 직선제 개헌을 슬로건으로 하고 있던 NL진영에 대립하여 파쇼하의 개헌반대, 혁명으로 제헌의회 소집을 내걸면서, '개량적·자유주의적 부르주아지'를 대표하는 신민당을 비판하고, 약 반년 동안 학생운동의 민민투 조직을 지도하면서 반파쇼투쟁을 수행했던 조직이다. 이 조직은 1986년 11월경부터 1987년 1월까지의 시기에 대대적 검거를 맞아 파괴된다. 제헌의회그룹은 1980년대적인 비합법 혁명정치조직의 대표적인 예라고 할 수 있다. 이 제헌의회그룹이 검거로 파괴되면서 잔류성원들이 제헌의회그룹을 재건한 것이 바로 노동자해방투쟁동맹(노해동)이다. 이후 노동자해방투쟁동맹 그룹은 다수파와 소수파로 분립된다. 1988년 4월경 분리된 소수파가 17개월여의 과도기를 거쳐 재결집하여 결성한 것이 사회주의노동자동맹이다. 강형민, 「1980년대 조직운동의 전개과정에 대한 연구」,≪경제와사회≫, 제6호(이론과실천사, 1990); 권형철,『한국변혁운동논쟁사』(일송정, 1990) 참조.

노동자해방투쟁동맹(2차 제헌의회그룹, 1987년 중반 재건됨, 1988년 4월 분화),
구국학생연맹(구학련),[59] 인천지역민주노동자동맹(1987년 6월 ≪노동자의 길≫
발간),[60] 민족통일민주주의노동자동맹(1987년 11월 결성), 사회주의노동자동맹
(1988년 4월 준비위 구성, 1989년 11월 결성), 노동계급,[61] 자주민주통일그룹,[62]
반파쇼투쟁그룹,[63] 국제사회주의자들[64] 등이 있다.

1980년 광주항쟁을 거치면서 사회운동가들이 급진화되었고 이 과정에서
혁명을 목표로 하는 비합법정치가 사회운동의 새로운 활동영역으로 나타나게

59) 구학련은 1985년 말부터 정립되기 시작한 NLPDR론(민족해방민중민주주의혁명론)에
기초하여 1986년 3월 결성되었으며, 주체사상적 입장에서 학생운동의 투쟁을 주도해
갔던 조직이다. 이 단체가 발행한 대표적인 문건의 하나가 「해방서시」이다. 구학련은
품성론과 반종파 투쟁을 벌임으로써 학생운동 사상 최초의 '사상운동'을 전개해 갔다.
민주화실천가족운동협의회·민족민주연구소 엮음, 『80년대 민족민주운동: 10대 조직
사건』, 185~203쪽 참조.

60) 1986년 여름 인천 지역에서 소그룹으로 결집되기 시작한 인천민주노동자연맹은 1987
년 2월 살인, 강간, 고문 정권 타도를 위한 인천지역노동자투쟁위원회(타도투위)를
중간과정으로, 1987년 6월 26일 인천 지역의 다른 활동가 그룹과 결합하여 결성되었다.
이 그룹은 ≪노동자의 길≫이라는 소책자를 계속하여 발간했다. 이 그룹은 1990년
당국에 의해 조직의 중심적인 많은 인자들이 검거되었고, 이후 '노동자정당추진위원회'
와 그 후신으로 탄생한 '진보정당추진위원회'로 전화되었다. 이 그룹들의 일정 부분은
1990년대를 거치는 변화를 겪은 후 현재는 민주노동당의 일부로까지 참여하고 있다.

61) 1989년 조직원들의 대거 검거를 맞게 된 조직으로서, 반제반독점민중민주주의혁명론
(PDR) 노선에 기초하여 ≪노동계급≫이라는 팸플릿을 4호까지 발행한 바 있다.

62) 민족해방(NL) 계열의 활동가 조직을 지하 반국가단체로 규정하여 발표(1990년 12월
26일)한 경우인데, 이에 대해서는 최진섭, 「한민통과 한민전」, ≪말≫(1991, 2월호)
참조.

63) 반제반파쇼 PDR론에 기초하여 활동하고 있던 그룹으로서 1989년 조직원들이 수사당
국에 의해 검거된 바 있다.

64) 1991년 3월에 일부 조직원이 검거됨으로써 수사당국의 일제검거 대상이 되었다. 정치
사상적으로는 레닌의 일국혁명론에 대립하는 영구혁명론에 기초한 트로츠키주의에
기초하고 있는데, 소련사회주의의 붕괴 이후 소련사회주의를 타락한 '국가자본주의'로
규정하면서 기존의 정통 마르크스-레닌주의 노선에 기초한 혁명운동의 전환을 주장했
다. ≪사회주의란 무엇인가≫ 1~2 등의 팸플릿을 발행했다.

된다. 또한 이전에 준간첩적 활동이라고 간주되었던 활동들은 이제 급진적 사회운동의 활동으로 인식된다. 사회운동을 기반으로 하는 혁명적 정치활동의 출현은 이미 제도화된 정치의 경계를 상대화시키면서 혁명적 정치의 영역을 열게 되는 것이다. 이로써 금단의 영역에 속하는 비정치의 활동은 이제 정치활동으로 인식된다.

이는 금단의 기제 자체가 사회구성원들에 의해 상이하게 인식되어 간다는 것을 말해준다. (의사)합의적으로 받아들여졌던 금단의 기제 자체가 쟁점화되고 그에 대한 비판적 의식들이 민중들 사이에 확산되면서 금단의 기제도 약화되어 간다. 금단의 기제에 의해서 희생자로 되는 집단이나 개인들이 그것에 저항하고 그것이 사회구성원들의 공감을 얻게 되고 그 결과 금단의 의사합의로부터 벗어나는 것이 가능하게 된 것이다. 1960년대부터 1980년대에 이르는 비합법정치의 위상 변화는 금단의 영역에 속하던 '정치의 사회화'를 위한 운동들이 점차 금단의 영역을 넘어서서 운동정치의 영역으로 나오는 과정을 의미했다. 이는 정치와 운동의 경계, 정치와 비정치의 경계가 특정한 정치사회적 조건 속에서 구성된 것임을 다시 한 번 확인해 주는 것이다.[65] 그리고 이것은 독재에 저항하면서 사회가 저항적으로 변화하게 되고 이렇게 변화된 사회와 — 독재국가에 의해 금단의 기제로 왜곡화된 — 정치의 괴리를 극복하기

---

65) 비합법정치의 위상과 관련하여 1960년대에서 1980년대로 이행해 가면서 그 변화를 읽을 수 있다. 비합법조직은 기본적으로 자신을 드러내지 않는 조직형태라고 할 수 있다. 비밀스러운 운동정치이기 때문에 어떤 의미에서 '사회로부터 잊혀진' 활동의 성격을 띠고 있다. 즉, 사회 속에서 발생한 사회적 정치이고 그것이 금단의 기제에 의해 억압된 정치적 요구들을 급진적으로 대변하고자 하는 활동이기는 하지만, 정작 사회구성원에게는 '감추어진' 존재로 있었다는 특징을 갖는다. 1960년대의 통혁당이나 1970년대의 남민전은 실체가 감추어지고 활동도 자신의 이름으로 수행하지 않았으나, 1980년대 비합법전위조직들은 실체 자체는 감추어졌으나 활동은 제도정치의 경계를 부정하면서 적극적으로 공개적인 정치활동을 하는 조직의 성격을 가지고 있었다. 또한 각 시기의 비합법전위조직들이 자신의 장외정치적 활동을 당, 전선체, 동맹 등의 이름으로 지칭하는 데에서도 알 수 있듯이 그 장외정치적 활동의 위상에 대해서는 상이성을 가지고 있었다는 점을 지적할 수 있다.

위한 '정치의 사회화' 활동이었다고 할 수 있다. 이러한 의미에서 나는 비합법
정치들은 금단의 기제가 강력하게 작동하는 1953년 이후의 조건 위에서 '정치
의 사회화'를 위한 장외정치였다고 해석한다.

## 2) 경계정치와 '대의의 대행': 재야운동과 낙선운동

여기서는 한국에서의 1970~80년대 재야운동과 2000년 낙선운동 사례를
중심으로 독재시대와 민주주의 이행의 시기에 정치의 경계 밖에 놓여 있는
비정치가 어떻게 대의민주주의에서 대의기구가 수행하는 역할을 대행하고
대체하는가를 살펴보고자 한다. 이것은 배제와 선택적 포섭의 기제를 통해
'정치의 국가화'의 흐름이 전개되는 것에 대응하여, '정치의 사회화'를 위한
노력이 국면에 따라 상이한 방식으로 표현된 과정을 분석하는 것이다. 나는
한국의 압축적 근대화의 경험이, 특히 정치와 사회의 관계, 정치와 비정치의
관계, 제도정치의 상대성을 인식할 수 있는 풍부한 사례로서 작용할 수 있다고
생각한다.

재야운동과 낙선운동의 경우 그 지배적 지향은 기성의 제도화된 정치의
중심적 지위를 전제로 한 운동이라고 할 수 있다. 그런 점에서 앞서 분류한
바에 따르면, '정치의 사회화'를 위한 온건한 흐름이라고 할 수 있다. 재야운동
과 낙선운동은 사실상 '준(準)정당'적 기능을 수행하는 것인데, 흥미로운 것은
이 두 운동이 제도정치의 중심성을 공유하고 있으면서 동시에 그 제도정치
자체가 불구화되어 있다는 것도 공유한다는 점이다. 그래서 제도정치의 입장
에서 보더라도, 재야운동과 낙선운동이 수행하는 준정당적 정치 자체가 —
자신들이 수행했어야 했으나 수행하지 못하고 있는 — 제도화된 정치의 모습이라고
판단한다. 그런 점에서 불구화된 대의기구들이 수행하지 못하고 있는 '대의의
대행(代行)'을 직접적으로 수행하는 것이며, 재야운동이나 낙선운동은 경계정
치의 성격을 지니고 있다고 할 수 있다. '경계'정치는 경계 내부의 정치행위자
들과 경계 외부의 비정치행위자들 모두가 기성 정치의 한계성을 인정하고

있으며 그런 점에서 제도정치의 행위자들과 제도정치 외부의 행위자들이 비정
치의 정치성을 인정하고 있다는 것을 의미한다.

## (1) 재야운동

그럼 먼저 재야에 대해서 살펴보기로 하자.[66] 재야라는 개념은 한국적 맥락
에서 독특한 의미를 갖는다. 재야는 1960년대 경부터 의미를 갖기 시작했던
것으로 보인다. 1960년대 반정부운동이 학생운동 중심의 운동에서 제도정치
로부터 배제된 제도정치인들과 지식인들이 참여하는 국민적 운동으로 확산되
어 가는 것에 대응하여 특별한 의미를 갖게 된다. 물론 대중 사이에서나 언론에
서 주목받는 개념으로 된 것은 1970년대 이후이다. 재야는 한국의 독재체제하
에서 출현한 독특한 반(半)제도권적인 정치적·사회적 세력이라고 할 수 있다.
말 그대로 재야(在野)이니 들녘, 즉 제도권 외부에 있다는 의미이다.[67] 제도권

---

66) 재야운동에 대해서는 다음을 참조. 이정희, 「재야 정치집단의 민주화운동」, 『1997년
연례학술대회 자료집』(한국정치학회, 1997.12.4.~6.); 정해구, 「한국 민주주의와 재야
운동」, 조희연 엮음, 『국가폭력, 민주주의 투쟁, 그리고 희생』(함께읽는책, 2002); 기쁨
과 희망 사목연구소, 『암흑속의 햇불: 7, 80년대 민주화운동의 증언』 1~4권(1997);
박종성, 『인맥으로 본 한국정치』(한울, 1997); 윤일웅, 『재야세력들』(평범서당, 1985);
임춘응, 「재야세력이란 누구인가」, ≪신동아≫(1980년 6월호); 정용대, 「한국의 진보
정당과 정치발전: 생성과정을 중심으로」, ≪한국정치학회보≫, 23집 2호(1989); 한승
헌, 『유신체제와 민주화운동』(삼민사, 1985); 예춘호, 『서울의 봄, 그 많은 사연』(언어문
화, 1996); 류근일, 『권위주의체제하의 민주화운동연구: 1960-70년대 제도 외적 반대
세력의 형성과정』(나남출판, 1997); 조진경 외, 『한국사회의 성격과 운동』(공동체,
1987); 한국기독교 교회협의회 인권위원회, 『1970년대 민주화운동』 전5권(동광출판
사, 1987).

67) 이정희는 「재야 정치집단의 민주화운동」에서 재야라는 개념의 과학적 엄밀성을 강조하
기보다 역사성과 공간성을 함께 지니는 포괄적 의미로 사용하고자 한다. 즉, '장외(場
外)' 정치세력으로서 기존 정치체제에 대항하는 반체제 인사들과 체제에 맞서 투쟁하
고 고통당한 세력들, 그리고 체제에 도전하는 비판적 응결체"로 정의하고 있다. 류근일
은 여기서 분석하는 재야를 '제도 외적 반대세력'으로 규정하고 이들의 출현과 그

외부에 있으면 제도정치권의 입장에서는 관심을 가질 필요가 없다. 그러나 제도권 자체가 협애화되어 있고 그것이 대중들의 상식에 의해 불신을 받고 있었기 때문에, 재야는 단순히 비정치의 행위자만이 아니었다. 많은 반독재적인 저항인사들을 '배제'하면서 작동했던 1970~80년대 한국정치 상황에서, 재야는 독특한 의미를 가지면서 한국정치의 한 특징을 구성하는 단어로 존재했다. 이런 점에서 재야라는 것은 기본적으로 '불완전한' 혹은 제도정치로서의 국민적 정당성을 현저하게 상실한 제도권과의 관계 속에서 사용되는 개념이라고 할 수 있다.

재야라는 개념 자체는 다음과 같은 몇 가지 의미를 갖는다. 첫째, 대의민주주의의 형식적 기준에서 제도권 외부에 존재하는 개인이나 집단이다. 배제의 기제가 작동하는 조건에서는 제도정치와 비제도정치의 경계가 확연하지 않다. 그런 의미에서 경계정치가 바로 재야정치라고 할 수 있다. 재야의 경우, 제도정치의 '경계'가 가변적인 것임을 잘 드러내준다. 재야는 제도화된 정치는 아니지만 국민들 사이에서는 정치세력으로 실질적으로 인정받는다. 재야는 운동정치의 형태로서 정치를 수행하는 것이 된다. 둘째, 재야는 형식법적인 지위의 차이에도 불구하고 재조(在朝)와 동등한 혹은 그 이상의 영향력을 가지고 있다. 제도권 외부에 있지만 제도권에 일정한 영향력을 가지고 있으며 — 제도권에 있었을 수 있으나 — 제도권 밖에서 활동하면서 실질적인 의미에서 제도권적

---

정체성의 고착과정을 구성원들의 '신념 획득'을 중심으로 분석하고 있다. 류근일, 같은 책. 김세중은 '비제도권 대항엘리트'를 사용하고 있는데, 이는 "정당, 국회 등의 제도를 통한 정치참여를 거부하고 대학, 교회 등 시민사회의 비정치적 제도 또는 그 밖에 시민사회 차원에서 자발적으로 형성된 조직에 기반을 두고 활동하는 집단"으로 규정된다. 한국정치학회 엮음, 『한국현대정치사』(법문사, 1995), 458쪽. 최장집은 정치적 반대운동을 ① 야당(제도야당) 및 제도권 반대운동, ② 재야 또는 비제도권 반대운동, ③ 노동자·농민운동을 중심으로 하는 기층민중운동으로 나누고 있으며, 재야를 "제도권의 정치공간이 폐쇄된 조건하에서 하나의 대체공간이 정치의 합법적 틀 밖에서 성장"한 것이라고 보고 있다. 최장집, 「군부권위주의체제의 내부 모순과 변화의 동학, 1972-1986」, 『한국현대정치의 구조와 변화』(까치, 1989), 191쪽.

지위를 가지는 것이다. 이럴 때 재야라는 의미 속에는 제도권적 활동만으로는 전체 정치를 포괄하는 것이 불가능하다는 의미가 담겨 있다. 셋째, 그런 의미에서 '대의의 대행' 역할을 한다. 재야라는 개념이 성립하는 것 자체가, 유신체제라는 극단적인 배제의 기제가 작동하는 체제하에서 제도권 정치 자체가 대의기관으로서의 명백한 한계를 가지고 있다는 의미를 담고 있다. 이러한 유신체제의 탄압과 배제로 인하여 제도권의 외부에 존재하면서 제도권이 담아내지 못하는 주장과 목소리를 반영하는 준정당적, 대의의 대행기관적 성격이 재야에 있게 되는 것이다.[68] 넷째, 제도권의 일반적인 행위양식과 다른 행위양식—데모나 피케팅—대중동원적 행위양식을 채택한다. 제도권은 분명히 제도정치가 요구하는 특정한 방식으로, 이미 국가화된 정치의 규범에 따라서 행위한다. 그러나 재야는 제도권에만 전적으로 의존하지 않으면서, 운동정치와의 결합 속에서 그리고 국민적 동원의 기조 위에서 존재하게 된다. 다섯째, 재야운동에는 '정치의 국가화'의 기제들 중에서 배제의 기제가 지배적으로 작동하고 있지만 금단의 기제 역시 정치와 사회의 경계를 획정하는 데 중요하게 작동하고 있었다. 그런 점에서 재야를 광의로 보면 앞서 서술한 바와 같은 비합법정치도 포함된다.

이런 점에서 재야라는 개념은, 정치라는 것이 의회공간이나 정당정치의 공간 등 제도화된 정치공간에서 이루어지는 활동만이 아니라 그 외부에서 이루어지는 활동임을 잘 보여주는 개념이다. 재야는 제도화된 정치를 상대화시켜 주고, 제도화된 정치 외부의 정치를 정치로서 인정해 주는 개념이라고 할 수 있다. 그리고 재야라는 개념은 제도화된 정치가 정당성이 약화될 때 더욱 부각되는 개념이고 그런 점에서 정치의 경계는 정치의 사회적 정당성에

---

68) 재야 민주화세력이라는 말은 1983년 말 유화국면 이후, 즉 제도정치권이 확장되기 시작한 이후부터 제도권에 진입하기 시작한다. 이때부터 제도정치권에 진입하는 정치인들이나 정치권 진입 이후의 분화와 합종연횡을 다루는 언론의 기사에 등장하게 된다. 1980년대 이후에는 재야라는 재조에 대응하는 개념보다는 노동자, 농민, 도시빈민 등의 영역으로 운동이 확장되면서 사회운동을 지칭하는 용어로서는 많이 사용되지 않게 된다.

의존하는 가변적인 것임을 잘 보여준다. 나는 1960~70년대 재야를 지칭했던 장외정치라는 것을 더욱 확장하여 그것이 제도정치 외부에 존재하는 사회적 정치 일반을 지칭하는 것으로 본다.

## 재야의 형성과정

재야의 형성과정은 기존의 제도화된 정치의 경계가 국민들에 의해 상대화되어 인식되는 것과 궤를 같이 한다. 한국에서 재야는, 배제의 기제를 중심으로 작동하는 독재 정치가 국민적 지지를 상실하면서, '비(非)정치의 정치'가 주목을 받게 되는 것을 의미한다. 즉, 정치와 사회의 괴리가 일정한 국민적 공감의 범위를 넘게 되면서 나타난다.

재야의 선구적인 형태는 1960년대 중반 한일회담 반대투쟁 과정에서 보였다. 정부와 여당이 추진하고 있던 한일회담에 반대하는 투쟁이 국민적으로 전개되면서 야당이 국회라는 공간을 뛰어나와 국회 외부의 사회운동과 결합하고, 국회 외부의 사회운동을 주도하는 종교계 및 지식인들의 그룹이 나타나면서 이러한 주도그룹들을 제도화된 정치세력과 구별된 장외정치세력으로 인식하게 된 것으로 보인다.[69] 그러나 이 당시에는 제도정치의 공간과 의회공간에서 형식적 민주주의가 일정하게 존재하고 있었기 때문에, 재야라는 의미가 국민적 의미를 가지고 존재했다고 말하기는 어려웠다.

그러나 3선 개헌 이후 시민사회가 저항적으로 활성화되고 시민사회의 요구를 제도정치가 반영하지 못함으로써 정치와 사회의 괴리가 확대되는 것에 대응하여 재야라는 것이 실체적 의미를 갖게 된다. 그리고 이러한 재야가 조직의 형태로 구현되며, 이 조직과 그 활동이 비록 제도화된 정당은 아니지만,

---

69) 김도현은 한일회담 반대투쟁 및 한일협정 비준 반대투쟁 과정에서 '반체제운동'이 시작되었고, "윤보선 씨 등 강경야당이 학생운동과 연대하기 시작하고 기독교, 문인, 교수 등 재야세력이 형성되기 시작했다"고 말하고 있다. 동아일보사, 『현대한국을 뒤흔든 60대 사건: 해방에서 제5공화국까지』, 《신동아》(1988년 1월호), 별책, 143쪽. 한일회담 반대투쟁 및 한일협정 비준 반대투쟁에 대해서는 이재오, 『해방 후 한국학생 운동사』(형성사, 1984), 195~249쪽 참조.

국민들 사이에서는 제도화된 정당에 버금가는 정치적 영향력을 갖게 된다. 1970년대 재야운동은 1971년 '민주수호국민협의회', 1974년 11월 '민주회복국민회의', 1978년 '민주주의국민연합' 등과 같은 조직을 경과하면서 구체화되었다.[70] 재야운동이 제도화된 정치에 대응하는 영향력과 지지를 갖게 되면서 점차 저항적 개인들의 느슨한 네트워크에서 일정한 집행력을 갖는 조직으로 변화되어 갔다.

특히 1972년 도입된 유신헌법에서는 대통령이 국회의원의 1/3을 임명할 수 있게 된다. 이것은 제도정치가 독재국가에 의해서 전면적으로 통제되면서 정치의 국가화가 억압적으로 진행되는 것을 의미했다. 또한 강압적 수단에 의해서 정치를 독재국가의 요구에 따라 재편하는 것을 의미했다. 여기서 국가와 사회적 요구들이 각축하면서 공존하는 정치의 공간이 소멸함으로써 정치는 사회를 대의하는 기구가 아니라 국가의 요구를 추인함으로써 사회적 요구의 출현을 봉쇄하는 기제로 작용하게 된다. 즉, 국가로부터 자율화된 정치가 소멸하게 된다. 여기서 불구화된 제도정치의 대의적 역할을 대행하는 '장외정치'가 활성화되고, 그것을 선도하는 집단이 바로 재야집단이 되는 것이다.

제도정치와 사회운동의 연합으로서의 재야가 정치적 선도역할을 하게 되는 하나의 중요한 정치적 사건은 1974년 '개헌청원 1백만인 서명운동'이었다. 1972년 10월유신 후 잠복기를 거친 사회운동은 1973년 10월 2일 서울 유신반대 데모를 계기로 재활성화되며, 이어 12월 24일에는 전(前)의원인 장준하와 백기완 씨 등의 인사들이 중심이 되어 서명운동을 시작한다. 1974년 4월 3일 발표된 '전국민주청년학생총연맹'(민청학련) 사건은 재야운동이 확산되는 중요한 계기가 된다. 한국기독교교회협의회(NCC)에 인권위원회가 만들어진 것도 이 무렵이었다.[71] 1974년 11월에는 '민주회복국민회의'가 "범국민단체

---

70) 1970년대 민주화운동의 전개과정에 대한 일지로는 다음을 참조. 한국기독교사회문제연구원, 『1970년대 민주화운동과 기독교』(민중사, 1983), 237~391쪽.

71) NCC 인권위원회는 1974년 4월 11일 만들어진다. 1974년 1월 이해학, 김진홍, 인명진 등 교역자의 구속사태가 발생하고 또한 민청학련 사건 등이 계기가 되어서 창립된다.

로서 비정치단체이며 그 활동은 정치활동이 아닌 국민운동"72)으로 스스로를 규정하면서 범국민적 민주화운동을 조직적으로 전개한다. 1976년 3월 1일 서울 명동성당에서 있었던 '3·1 민주구국선언' 사건도 재야운동의 확산을 상징하는 사건이었다. 이 선언에는 윤보선, 김대중, 정일형 등 정치인과 함석헌, 문익환, 문동환, 윤반웅 등 기독교 인사, 그리고 이문영, 서남동, 안병무, 이우정 등 학계 인사들이 참여했다. 흔히 '명동사건'으로도 불리는 이 사건은 배제된 제도정치인들과 새롭게 부상하는 사회적 저항세력이 '비정치의 정치집단'으로서 결합하는 것을 의미했다.73) 1978년 1월 24일에는 다양한 재야단체들의 연합기구가 '한국인권운동협의회'라는 이름으로 만들어지기도 했다.74) 1979년 3월 1일에는 윤보선, 함석헌, 김대중 등 재야인사들이 '3·1운동 60주년에 즈음한 민주구국선언'을 발표하고, 이전의 상층 저항운동 조직이었던 '민주회복국민회의'와 '민주주의국민연합'의 활동을 계승하는 의미에서 '민주주의와 민족통일을 위한 국민연합'을 결성했다.75)

한국기독교교회협의회 인권위원회, 『1970년대 민주화운동 I: 기독교 인권운동을 중심으로』(한국기독교교회협의회, 1986), 468~471쪽.

72) 한국기독교사회문제연구원, 『1970년대 민주화운동과 기독교』, 149쪽.

73) "'3·1민주구국선언'은 유신체제에 반대, 항의하는 범재야민주세력의 새로운 연합을 시도하는 성격을 띤 것이었는데, "보다 정확히 이야기하자면, '3·1구국선언'은 그 자체가 연합의 산물이라기보다 '3·1민주구국선언'이라는 이름 아래 유신체제가 재야 민주세력을 연합, 연대"한 것이라고 표현할 수 있다. 홍성우, 「3·1민주구국선언사건」, 『현대한국을 뒤흔든 60대사건: 해방에서 제5공화국까지』(동아일보사, 1988), 233쪽.

74) 이 단체에는 NCC 인권위, 천주교정의구현사제단, 한국교회사회선교협의회, 가톨릭노동청년회, 각 도시산업선교 단체, 가톨릭농민회, 기독자교수협의회, 교회여성연합회, 동아 및 조선 자유언론수호투쟁위, 자유실천문인협의회, 석방학생·양심범 가족협의회, 한국기독학생총연맹, 한국기독청년협의회 등 25개 단체가 가입했다(회장 조남기, 부회장 김승훈). 1978년 6월에 회장을 함석헌으로 하여 확대개편했다. 한국기독교교회협의회 인권위원회, 『1970년대 민주화운동 II: 기독교인권운동을 중심으로』(한국기독교교회협의회, 1987), 1164~1182쪽.

75) 민주주의와 민족통일을 위한 국민연합은 1970년대 말과 1980년대 초에 중요한 조직으로 활동한다. 이 단체는 윤보선, 김대중, 함석헌 등 3인을 공동의장으로 하고 중앙위

그런데 흥미로운 것은 '민주회복국민회의'나 '민주주의와 민족통일을 위한 국민연합' 등 거의 대부분의 재야조직들이 자신을 반독재운동을 하는 '범국민단체'로서 그 활동은 정치활동이 아닌 국민운동으로 규정했다는 점이다. 그러나 이 글의 맥락에서 재야가 갖는 독특한 의미는 정작 비정치적 사회운동이 제도정치의 실추된 위상을 대체하는 '정치적' 운동으로 작동하는 데 있다.

앞서 서술했듯이 재야라는 것이 의미를 갖는 것은 국가화된 정치가 사회를 반영하지 못하고 그 결과로서 국민적 지지를 상실해 가는 것과 정확히 대응하고 있다고 생각한다. 통상적인 정치와 사회의 관계에서, 사회와 사회를 구성하는 개인들은 제도정치권의 대표자를 뽑는 유권자로 위치지워지게 된다. 그러나 그 제도정치권이 강압적 국가에 의해 사회와 괴리되어 있다고 국민들에 의해 인식될 때 제도정치의 공백을 상쇄하는 장외정치의 위상이 강화되는 것이다. 이것은 제도정치와 사회의 경계가 구성된 것이며 가변적인 것임을 다시 한 번 확인해 주는 것이다.

## 1970~80년대를 거치면서 변화하는 재야의 구성

1970년대의 재야의 인적 구성은 1980년대로 들어서면서 변화한다. 1970년대의 재야운동은 한편에서는 교수, 성직자, 문인, 언론인 등 새롭게 저항운동으로 나온 지식인 중심의 사회운동세력과 다른 한편에서는 제도정치로부터 배제

---

간사격으로 문익환을 필두로 하여 고은, 박형규, 이우정, 김승훈, 예춘호, 김종완, 김윤식, 박종채, 이문영, 서남동, 안병무, 함세웅, 계훈제, 김병걸, 이태영, 문동환, 백기완, 김관석, 한승헌, 백낙청, 서경석, 심재권 등을 중앙위원으로 했다. 이들은 1970년대 말부터 1990년대에 이르기까지 여러 형태의 재야운동을 주도하는 지도적 위치에 선다. 박종성, 『인맥으로 본 한국정치』, 126쪽; 예춘호, 『서울의 봄, 그 많은 사연』, 70쪽; 송건호, 「분단정치 40년」, 『변혁과 통일의 논리』(사계절, 1987), 75~76쪽. "NCC를 모태로 하여 탄생한 인권운동협의회가, 기독교 인권운동과 재야 지식인들이 연합전선을 형성하여 침해받는 인권회복을 위한 운동에 중점을 두었다면, 국민연합은 그보다 정치투쟁적 성격을 강화한 조직이었다"고 표현할 수 있다. 한국기독교교회협의회 인권위원회, 『1970년대 민주화운동(IV)』(한국기독교교회협의회, 1987), 1716쪽.

된 구(舊)정치인들로 구성되어 있었다. 1970년대 재야운동은 분명 이념적으로도 제도정치의 회복을 지향하는 운동이었으며 이념은 '비판적 자유주의' 혹은 '저항적 자유주의'의 성격을 띠고 있었다.76) 물론 구성도 상층 명망가 중심이었다.77) 자유주의적 지향은 장기독재 타도, 민주헌법 쟁취, 민주정부의 회복과 같은 슬로건으로 표현되었다.

그러나 1980년대에 오면 재야운동은 구성이 더욱 다변화된다. 1970년대 재야가 상대적으로 균질적이었던 반면에, 운동이 급진화되면서 자유주의적 경향을 보이는 그룹과 새롭게 급진주의적 경향을 보이는 그룹이 분화되는 것이다. 더불어 저항적 자유주의와 구별되는 혁명적 지향 ― 마르크스주의, 레닌주의, 모택동주의, 주체사상 등 각종 혁명적 조류들 ― 들이 사회운동세력 일반으로 확대되어 갔다. 1980년대 사회구성체 논쟁 과정의 초기 단계에서 CNP 논쟁이 전개되었는데, 여기서 1970년대 재야적 인식이 시민민주주의로 비판되고 '민족민주주의혁명' 지향과 '민중민주주의혁명' 지향이 지배적으로 확산되어 갔음을 알 수 있다. 이렇게 되어 재야는 제도정치로부터 배제된 제도정치세력, 그들과 자유주의적 지향을 공유하면서 독재정치를 극복하고 정치를 민주화하고자 하는 1970년대적 저항인사들, 1980년대 새롭게 급진화된 사회운동세력들로 구성되었다.

이것은 재야 내부에 '정치의 사회화'를 지향하는 온건한 흐름과 급진적 흐름이 공존하게 됨을 의미한다. 온건한 흐름은 사회운동세력 내부에도 존재하고 제도정치에서 배제된 구제도정치인들 ― 결국 제도정치로 회귀하고자 하는 집단 ― 도 포함된다. 이제 재야의 의미는, 불구화된 제도정치, 독재적 국가에 의해 왜곡된 정치를 보완하고 그것의 회복을 지향하는 운동이라는 의미와, 제도정치와는 독립된 위상과 독자적 의의를 갖는 제도정치 자체를 극복하고자

---

76) 각종 정치사회세력의 이념적 변화를 보수주의, 중도자유주의, 진보주의의 상호관계 속에서 분석한 글로서는 조희연 엮음, 『한국사회의 정치사회적 지배담론과 민주주의 동학』(함께읽는책, 2003) 참조.

77) 조진경 외, 『한국사회의 성격과 운동』, 288쪽.

하는 운동이라는 의미를 동시에 갖게 된다. 전자가 제도정치를 지향하고 '정상화된' 제도정치로 수렴되기를 바라는 비정치적 운동이라고 한다면, 후자는 제도정치를 뛰어넘는, 제도정치를 극복하고자 하는 운동이라고 할 수 있다. 후자에서는 사실 재야라는 용어 자체도 널리 사용되지 않고 대신에 민족민주운동, 민중운동, 반파쇼운동이라는 개념들이 중요하게 부각된다. 전자가 제도정치의 경계를 확장하고자 하며 제도정치와 비제도정치의 경계선상에서, 제도정치의 '존재론적 긍정' 위에서 전개되는 '경계정치'라고 한다면, 후자는 제도정치 자체를 존재론적으로 부정하면서 제도정치를 넘어서서 정치를 사회와 더욱 일체화된 형태로─당시에는 이를 사회주의적 정치로 인식하고 있었다─ 재편하고자 하는 급진적인 사회적 정치활동이라고 할 수 있었다. 전자가 '정치의 사회화'의 온건한 흐름을 대표한다고 하면 후자는 급진적 흐름을 대표한다고 할 수 있을 것이다.

### 1980년대 '운동의 정치화' 과정에서의 재야

그런데 1980년대 중반부터 배제의 기제가 선택적 포섭의 기제로 전환되면서 제도정치의 협애화로 제도정치인들이 운동으로 합류하는 '정치의 운동화'[78] 현상에서 이제 제도권 외부의 사회운동가들이나 배제된 구정치인들이 제도정치로 복귀하는 '운동의 정치화' 현상이 나타나게 된다. 이러한 운동의 정치화 과정에서 배제된 구정치인들이 제도정치로 복귀하는 것뿐만이 아니라 1980년대의 급진적인 운동세력들도 제도정치로 진입하게 된다.

이렇게 되면서 재야라는 개념은 제도정치권으로 진출한 사회운동 출신을 지칭하는 의미로 사용되고, 일반 언론에서 '재야 출신 정치인'이라는 말이 널리 사용된다. 1970년대와 1980년대 초반에 재야라는 개념이 배제된 구정치인들과 저항적 사회운동세력을 통칭하는 것이었다고 하면, 이제 재야가 제도권에 진입해 있는 상황이기 때문에 비제도권에서 존재했던, 특히 반독재 민주

---

78) 조희연, 2005, 「민주항쟁 이후 사회운동 변화와 그 특성: 네 가지 측면을 중심으로」, 『한국시민사회운동 15년사, 1987-2002』(시민의신문, 2004).

화운동 과정에서 운동정치에 참여했던 인사들이라는 의미에서 사용된다는 것이다.

주지하다시피 1980년 신군부 정권이 출현한 이후 '정치 피규제자'가 광범 위하게 양산된다. 신군부 정권은 정치정화라는 이름으로 1970년대 김영삼이 나 김대중 등 야당의 지도적 인물을 배제하는 차원을 넘어서서, 김대중·김영 삼·김종필 등 3김 계열의 정치인사들 및 부패에 연루된 인사들을 광범위하게 배제한다. 1980년대 전두환 정권은 정치적 정당성이 더욱 취약해지는데, 제도 정치로부터 배제된 인사들의 폭은 더욱 확대된다. 여기서 사회와 극단적으로 괴리된 정치는 그 자체가 정당성을 가질 수 없는 상태에 이르게 되고, 제도정치 권 내의 여당과 야당을 포함하는 '장내정치'와 — 비록 재야가 사회운동의 형태로 존재하고 있으나 실질적인 제도정당을 대체하는 — '재야정치'가 각축하는 방식으 로 정치가 운영된다. 이는 제도정치가 거의 (독재적) 국가의 부속물로 전락함으 로써 제도정치의 고유한 위상을 상실하게 됨을 의미한다. 이는 역설적으로 국가가 구성하고자 하는 제도정치의 경계가 허물어지는 것을 의미한다. 오히 려 국민적 지지를 받는 정치의 일정 부분이 제도정치의 경계 외부에서 이루어 지는 것이었다.

1980년대의 맥락에서 재야는 1970년대보다 더욱 국민적 지지를 받는 집단 이고 상대적으로 제도권 정치는 더욱더 대의정치로서의 기반을 상실해 있는 상태에 놓인다. 여기서 재야라는 의미는 제도정치 외부의 저항운동을 지칭하 는 개념으로서보다는, 형식적으로는 제도정치가 아니라 실질적인 의미에서의 제도정치의 대행적 역할을 하는 준(準)제도정치세력의 의미로 사용된다. 미디 어에서도 정치를 보도하기 위해서는 제도권 정치동향과 재야의 동향을 동시에 보도하지 않을 수 없는 상황이 되었다.

### 1980년대 재야조직과 그 분화

1980년대 재야조직은 1970년대에 비해서 더욱 발전되었다. 1983년 9월 학생운동 출신의 최초의 연합운동 조직인 민주화운동청년연합의 출현,[79]

1984년 6월 김승훈, 김동완 목사를 공동대표로 하는 민중민주운동협의회의 결성,[80] 1984년 5월 민주화추진협의회(민추협)의 결성,[81] 1984년 가을 문익환 목사, 계훈제 선생, 백기완 선생, 박형규 목사 등을 상층 명망가로 하는 민주통일국민회의의 결성,[82] 1985년 3월 29일 민중민주협의회와 민주통일국민회의의 통합을 통한 '민주통일민중연합'(민통련)의 결성[83] 등을 들 수 있다. 이러한 조직적 변화를 통해서 재야연합조직들은 1980년대 장외정치를 주도해 갈 수 있었다. 재야의 조직적 구성은 1985년 2·12총선 이전에는 민중민주운동협의회나 민주통일국민회의와 같은 순수 사회운동조직과 민추협 등으로 상징된다고 할 수 있고, 2·12총선 이후에는 민추협의 대부분이 제도정치권으로 재진입하게 되기 때문에, 민추협을 구성하는 김대중계(동교동계)와 김영삼계(상도동계), 신민당, 민통련 등의 사회운동조직 등으로 구성된다.[84]

---

79) 조진경 외, 『한국사회의 성격과 운동』, 291쪽.

80) 민중민주운동협의회는 1970년대의 명망가 중심의 운동을 벗어나서 조직운동으로 발전해 보고자 하는 지향을 가졌다. 그러나 당시의 운동이 가진 일반적 한계인 대중적 기반, 조직적 기반의 취약성을 지니고 있었다. 이부영, 「내가 겪은 사건. 1980년대 재야운동과 세 차례의 투옥: 이돈명 변호사 구속사건과 박종철 고문치사 배후폭로의 진상」, ≪역사비평≫, 13호(1991년 여름호), 316쪽.

81) 민추협에 대해서는 구자호 엮음, 『民推史』(민주화추진협의회, 1988) 참조.

82) 이부영, 「내가 겪은 사건. 1980년대 재야운동과 세 차례의 투옥: 이돈명 변호사 구속사건과 박종철 고문치사 배후폭로의 진상」, 317쪽.

83) 민주통일민중운동연합은 자유실천문인협의회, 동아 및 조선 자유언론수호투쟁위원회, 한국교회사회선교협의회 등과 같은 중간층 지식인 조직을 포함하여, 서울노동운동연합회(서노련), 한국노동자복지위원회(노협), 기독교농민회(기농), 가톨릭농민회(가농) 등의 기층민중운동조직들을 포함하여 구성되었다. 최웅, 「재야세력의 민주화운동」, 조진경 외 엮음, 『한국사회의 성격과 운동』(공동체, 1987), 293~294쪽. 이는 1970년대와 1980년대 초반의 연합조직에 비해서 상대적으로 조직적 결속력이 강하게 존재했으며, 상이한 기층민중·중간층운동의 상층조직으로서의 상징성을 가지고 있었다. "온건 보수야당과는 별개의 대안적 도전연합"이면서 "전두환 정권 출범 이후 가장 광범위하고 강력하게 조직된 운동권의 도전연합"이라고 볼 수 있었다. 성경륭, 「한국정치민주화의 사회적 기원: 사회운동적 접근」, 경남대학교 극동문제연구소 엮음, 『한국 정치·사회의 새 흐름』(나남, 1993), 116쪽.

여기서 중요한 변화를 보게 되는데, '민주화추진협의회'는 기본적으로 배제된 제도정치인들을 중심으로 하는 공개조직으로서의 의미를 갖는다. 1970년대에는 배제된 제도정치인들이 재야연합조직의 개인적 구성원으로서 존재하고 있었다. 그러나 1980년대에는 운동이 분화되어 가면서 큰 구성에서 배제된 —혹은 제도정치로 진출할— 제도정치인들과 순수 사회운동으로 구분되어진다. 전자를 대표하는 조직이 바로 민주화추진협의회이다. 1987년 후반 유화국면 이후 전두환 정권도 제도정치공간을 확장하고자 하는 전략을 선택하고 있었기 때문에, 민주화추진협의회를 중심으로 하는 재야'정치'도 활발하게 전개된다. 이를 기초로 1985년 2·12총선에서 민추협과 사회운동을 기초로하는 장외정치세력은 창당(신민당) 1개월여 만에 당시 제도권 야당인 민한당을 제치고 제1야당으로 부상하게 되었다.

2·12총선은 국가화된 제도권 여당과 야당 대 사회(운동)와 결합된 '장외정치'세력의 대결로 치러진 셈이었다. 이 장외정치세력은 민추협 등이 주도하는 신생 야당과 저항운동 진영의 일종의 '선거연합'에 기초한 것이었다. 특히 저항운동의 일부를 구성하는 학생운동이 선거투쟁의 '전위대'적 역할을 담당하면서 선거가 치러졌다.

여기서 재야의 온건한 흐름은 전두환 정권의 타도보다는, 내각제를 매개로 타협하고자 하는 현실적 경향을 드러내게 된다. 1986년 4월 30일 이른바 '이민우 파동'은 막 제도정치권에 재진입한 장외정치세력이 권위주의적 국가와 타협하고자 하는 흐름이었다. 이것은 재야의 노선 분립과 분영을 의미하는 것이었다. 즉, 군부독재의 퇴진을 지향하는 사회운동세력과 군부독재와의 타협을 통해서 제도정치를 타협적으로 재편하고자 하는—재야의 일부를 구성하는 —배제된 제도정치 세력 간의 분열이 나타나게 된 것이다. 통상 전자는 '최소주의적' 전략을 지향하고 후자는 '최대주의'적 전략을 지향하게 된다.[85] 이러

---

84) 1980년대 초반의 정당변천에 대해서는 심지연, 『한국정당정치사』(백산서당, 2004), 7장; 호광석, 『한국의 정당정치: 제1공화국에서 제5공화국까지 체계론적 분석』(들녘, 2005), 7장 참조.

한 지향의 차이는 1987년 6월 민주항쟁까지 지속되었다.

이는 사실 '국가화된 정치'의 개혁과 정치와 사회의 괴리의 극복을 지향하는 온건한 흐름과 사회를 출발점으로 하여 '정치의 사회화'를 지향하는 급진적 흐름 간의 균열을 의미했다. 이미 재야 내부에 이러한 분립이 존재하고 있었다. 1987년 이전 민주화의 결정적 국면에서 민추협 내부의 분열이나 민추협과 민통련의 갈등 등도 이를 반영한다.

그러나 당면 반독재 투쟁의 절박성, 1987년 2월 박종철 사건 폭로와 같은 절박한 현안의 출현, 재권위주의화를 지향하는 4·13호헌 조치의 발표 등으로 인하여, 제도정치세력과 사회운동세력의 새로운 저항연합이 1987년 5월 27일 '민주헌법쟁취국민운동본부'(국본)라는 형태로 만들어지게 된다. 1985년 2·12 총선을 통해서 배제된 제도정치세력들이 이미 제도정당으로 진입한 상태이기 때문에, 당시의 신민당[86]과 저항운동세력이 연합하여 건국 후 최대의 저항연합전선이라고 할 수 있는 국본이 만들어진 것이다.[87] 이 국본의 선도로 1987년 6월 민주항쟁이 전개되고 이로써 군부독재시대가 막을 내린다.[88]

---

85) 이러한 민주화연합의 분열조짐은 1986년 4월 25일 신민당의 지도자인 김대중이 급진 학생운동의 전투성을 비난하는 발언을 한 데 뒤이어 4월 30일의 여야 영수회담에서 신민당의 이민우 총재가 급진좌익 학생운동권에 대한 탄압을 묵인하겠다는 입장을 천명함으로써 가시화되었다.

86) 1985년 12대 총선(2·12)에서 지역구에서 민한당이 26석, 신한민주당이 50석을 확보했다. 전국구를 합하여 신한민주당은 67석, 민한당은 35석을 확보했다. 이런 상황에서 민한당 소속 의원과 원외지구당위원장이 민한당을 탈당하여 신한민주당에 입당하는 형식으로 통합이 달성되었고 신한민주당은 103석의 의석을 갖는 거대야당으로 변화했다. 호광석,『한국의 정당정치: 제1공화국에서 제5공화국까지 체계론적 분석』, 279~281쪽. 이후에 이민우 파동을 계기로 1987년 4월 신민당 의원 90명 중 78명이 탈당하여 통일민주당을 만들게 된다.

87) 국본의 조직과 확대에 대해서는 민족민주연구소,『국민운동본부: 민주쟁취국민운동본부 평가서(1) 자료편』(1989년 10월) 참조.

88) 재야의 연합조직이라고 할 수 있는 민통련은 1987년 대선 기간 동안에 '비판적 지지', '후보단일화', '민중후보'로 3분되어 응전하고 여기서 군부 출신 노태우 후보가 당선됨으로써 6공화국이 열린다. 이후 1988년 4·26총선을 거친 후, 1989년 1월 재야조직이

1987년 당시에는 재야의 구성에서 한편에서는 제도정치로부터 배제된 장외정치인들이 존재하고 있었고 다른 한편에서는 순수 사회운동세력이 존재하고 있었다. 후자에서도 온건파적 그룹과―1980년대 이념적 급진화 속에서 변혁적 지향을 가지는― 급진자적 그룹이 존재하게 되었다. 재야에 속했던 배제된 제도정치인들은 1985년 2·12총선 전 한 달 전쯤인 1984년 12월에 정치 피규제자의 위치에서 벗어나게 된다. 또한 1985년 4월 김대중과 김영삼이 최후의 정치 피규제자의 위치에서 벗어나게 된다. 이로써 재야의 구성에서 배제된 제도정치인과 저항적 사회운동세력에서 전자가 제도정치권으로 복귀하게 된다. 이것의 계기는 2·12총선이었다.

재야는 군부독재정권의 퇴진으로 소멸한 것이 아니라, 이후에도 지속적인 의미를 가지면서 사용된다. 그것은 1987년 6월 민주항쟁으로 형식적 민주주의가 회복되고 구독재체제의 민주개혁이 시대적 과제가 되면서 제도정당의 민주화를 위한 노력들이 진행되는데, 이 과정에서 정치적 정당성을 충분히 갖지 못한 제도정당들이 자신들의 정당성을 강화하기 위해, 재야에 속했던 반독재 민주화운동가들을 영입하는 방식으로 이루어진다. 때로는 그룹별로 때로는 개인별로 제도정치권의 정당성 강화를 위해 '수혈'되는 방식을 밟게 된다. 이는 정치와 국가의 입장에서는 '선택적 포섭'이 과정이라고 할 수 있다. 이로써 많은 재야 출신 사회운동인사들이 제도정치권에 진입하게 된다. 이후 재야라는 표현은 사회운동 내부에서보다는, 제도정치권 내에서 운동권 출신 정치인을 의미하는 각도에서 '재야 출신'이라는 식으로 사용된다. 제도정치로의 진입은 재야를 벗어나는 의미를 갖는다.[89] 우리는 이러한 재야의 개념

---

다시 재통합하는 방식으로 '전국민족민주운동연합'(전민련)이 결성된다.

89) 여기서 흥미로운 것은 1987년 이후의 시민운동이나 민중운동을 재야라는 표현으로 지칭하지는 않는다는 것이다. 이는 재야라는 개념이 제도정치의 국가화 속에서 형식적인 제도정치의 경계를 넘는 실질적인 의미에서의 장외정치를 의미하는 것으로 사용되었던 데서 연유한다. 사회운동 자체를 재야라는 의미에서 사용하기보다는, 제도정치의 국가화로 제도정치가 본래적인 제도정치로서 기능할 수 없는 상황에서의 '대의의 대행' 활동적 의미에서 재야가 사용되었던 것을 의미한다. 즉, 국가화되고 불구화된 제도정치

을 통해서 특정 시기의 제도정치와 비정치의 경계가 가변적인 것임을 알 수 있다. 재야의 부침에서 알 수 있듯이, 제도정치가 국가화되고 사회로부터 유리되는 상황에서, 본래의 정치의 출발인 사회를 대표하고 대의하는 사회적 정치가 제도정치를 보완하고 대행하는 상황이 출현하게 되는 것이다.

이러한 한국의 재야 장외정치는 대만의 '당외(黨外)운동'과 정확히 대응하는 것이라고 할 수 있다. 1970년대 말부터 구체화되기 시작한 대만의 당외운동은 형식적 민주주의 제도와 다당제적 형식이 유지되고 있었던 한국과는 달리 국민당 일당체제로 유지되던 대만의 권위주의적 제도정치의 외부에서 장외정치를 시도한 것이라고 할 수 있다. 이미 독재에 의해서 '국가화된 정치'가 사회의 요구를 반영하지 못하는 현실 속에서 대만의 당외운동은 '정치의 사회화'를 지향하는 운동으로서의 성격을 지니고 전개되었다. 물론 이것은 한국의 재야 장외정치운동이 배제된 제도정치인들과 사회적 저항운동인사들로 구성되었다고 한다면, 대만의 당외운동은 전자보다는 후자를 중심으로 구성되었다고 할 수 있다. 물론 이는 한국의 재야의 예처럼 이후 제도정치로 진입하고자 하는 '제도정치의 개혁을 지향하는 온건한 흐름'과 사회의 정치를 실현하고자 하는 급진적 흐름 혹은 순수 사회운동적 흐름이 공존하고 있었다고 할 수 있다. 주지하다시피 한국에 비해 대만에서는 후자가 상대적으로 약했다.

이는 독재하에서 정치의 국가화가 극단적으로 진행됨으로써 (제도)정치와 사회의 괴리가 극단화되면 '정치의 사회화'를 지향하는 사회 내적 운동이 자생적으로 형성된다는 것을 보여준다. 또한 사회적 정치활동으로부터 경계지워진 제도화된 정치라는 것이 명확히 구획되어진 것이 아니라 특정 조건 속에서 구성되어진 가변적인 것임을 다시 한 번 확인해 주는 것이라고 할 수 있다.

---

를 상쇄하는 장외정당 및 장외정치라는 의미를 갖는 사회운동적 활동을 지칭하는 것이라고 한다.

## (2) 낙선운동

다음으로 낙선운동을 살펴보자. 낙선운동은 민주적 전환 이후 제도정치의 '선택적 포섭'의 기제가 작동하고 그를 통해 제도정치의 재구조화를 위한 혁신이 진행되는 상황에서 출현한 '정치의 사회화'를 위한 노력이라고 할 수 있다. 낙선운동 역시 제도정치의 경계를 문제 삼는 운동으로서의 성격을 지니고 있다.

주지하다시피 1987년 이후 민주화가 본격화되면서, 과거 독재시대의 국가와 정치를 민주화하기 위한 개혁이 진행된다. 이러한 국가와 정치의 민주화는 다양한 방식으로 진행되지만, 그 중요한 내용은 과거 반독재 민주화운동의 요구와 인물들을 포섭하는 방식으로 진행된다. 나아가 반독재 민주화운동이 요구했던 이슈들—악법개폐, 재벌개혁, 정치개혁 등—이 제도정치권의 핵심적인 의제로 수용된다. 즉, 제도정치의 개혁과정에서 '선택적 포섭'의 동학이 작동하게 된다. 물론 이는 반독재 민주화운동으로 민주주의 혹은 민주개혁이 시대정신이 되었기 때문이었다. 이는 정치의 국가화가 금단이나 배제의 방식으로 이루어질 수 없게 된 상황, 정치와 사회(변화해 가는 사회)의 괴리가 극단화되어 정치 자체의 위기가 출현한 상황에서 정치의 재구조화가 나타나는 것을 의미한다.

여기서 '정치의 사회화'를 지향하는 사회활동들은 한편에서는 제도정치에 진입하는 시도로 나타나기도 하고, 다른 한편에서는 선택적 포섭을 통해 이루어지는 제도정치의 재구조화를 감시하는 활동으로 나타나기도 한다.

전자가 1987년 이후 이루어진 사회운동의 제도정치화 현상이라고 할 수 있으며, 후자는 시민운동의 정치개혁운동이나 2000년 낙선운동과 같은 것이라고 할 수 있다.

선택적 포섭의 동학하에서는 위기의 구제도정치가 새로운 제도정치로 재구조화되는 과정이기 때문에 제도정치의 가변성이 더욱 극명하게 드러난다. 즉, 정치의 영역이 무엇이고 무엇이 비정치적인 사회의 영역인가가 사회구성원들의 태도와 저항에 의해서 가변적으로 변화하게 된다. 이 과정에서는 정치와 사회의 괴리를 축소하기 위한 정치의 개혁이 진행되는데, 기존의 제도정치에 의해서 반영되지 않았던 다양한 사회적 요구와 목소리들이 분출되고 따라서 불안정한 변동의 과정이 된다. 여기서 금단의 대상이 된, 혹은 배제의 대상이 된 사회적 요구와 목소리를 반영하기 위한 다양한 시도들이 나타난다. 예를 들면 시민운동의 여러 가지 개혁활동들이 그것이다. 시민운동의 이러한 활동은 배제의 정치가 선택적 포섭의 정치로, 파시즘적 정치가 민주적 정치로 전환되는 과정, 즉 정치개혁의 병목지점에서 사회적 정치가 제도정치를 '대행'하는 일종의 '대의의 대행'[90]이 이루어지는 것을 의미한다. 대의의 대행은 대의정치의 불구화 상황에서 시민사회가 준정당적 활동을 수행하는 독특한 상황이다. 이러한 의미에서 나는 낙선운동을 1970~80년대의 재야운동과 같이 '경계정치'로 파악한다. 이는 제도정치의 경계를 상대화시키면서 제도정치가 수행하지 못하는 역할을 오히려 운동정치가 담당하는 것이라고 할 수 있다. 형식상으로는 제도정치 외부의 운동정치이지만 사실상의 제도정치 대행적 활동이라고 할 수 있고, 그런 점에서 경계정치라고 할 수 있다.

낙선운동을 주도하는 시민운동과 정치의 관계를 보면, 한국의 신사회운동은 서구에서의 신사회운동적 성격과 함께 구독재체제의 민주적 개혁을 지향하는 구사회운동적 성격을 지니고 있다.[91] '구'사회운동은 정치적 민주주의의

---

90) 나는 "한국처럼 의회민주주의가 저발전되어 있고 개발독재국가에 의해 왜곡된 조건하에서는 '정치사회'의 대의 기능이 왜곡되어 있고 따라서 시민사회운동 조직에 의한 '대의의 대행' 현상이 나타나게 된다"고 보았다. 조희연, 「'종합적 시민운동'의 구조적 성격과 변화 전망에 대한 연구」, 유팔무·김정훈 엮음, 『시민사회와 시민운동』 2권(한울, 2001).

91) 조희연, 「시민운동의 성격」, 『비정상성에 대한 저항에서 정상성에 대한 저항으로』(아르케, 2004). 총선시민연대에서 발행한 다음의 자료는 낙선운동의 전 과정을 자료에 기초하여 보여주고 있다. 2000총선시민연대 엮음, 『총선연대 백서』 상·하(2001. 4.13.). 낙선운동 지도자의 체험기적 서술로는 다음을 참조. 박원순, 『한국의 시민운동: 프로크루스테스의 침대』(당대, 2002), 3장 호랑이 등에 타다: 다시 보는 낙선운동. 취재기자에 입장에서의 구체적인 서술로는 문경란, 『총선연대, 유권자 혁명의 100일

확충과 대의민주주의의 실질화와 같은 서구 근대 대의민주주의의 강화라는
지향을 가지고 있기 때문이다. 그러나 신사회운동이라는 측면에서 보면, 근대
대의민주주의 자체의 한계를 넘어서고자 하는 성격도 지니고 있다고 보인다.
서구에서 그렇듯이 신사회운동은 근대 대의민주주의 프레임에서 '비정치'로
간주되었던 것들을 정치의 영역으로 끌어들이는 역할을 했다. 앞서 서술했듯
이 한편에서는 근대 대의민주주의에서 구성된 정치 자체의 확장이라는 성격을

드라마: 우리에게는 꿈이 있습니다』(나남, 2000) 참조. 낙선운동에 대한 분석으로는
다음을 참조. 김인영, 「총선시민연대의 낙천·낙선운동과 정치개혁」,『시민운동 바로
보기』(21세기북스, 2001); 이병하, 「총선시민연대를 통해서 본 시민운동 연대 형성과
낙천, 낙선운동」(연세대학교 정치학과 석사논문, 2000); 김혜진, 「정치적 기회구조와
사회운동의 미시동원기제: 총선시민연대와 민주노동당의 사례에 대한 구성주의적 접
근」(연세대학교 사회학과 석사학위논문, 2001); 은수미, 「한국 노동운동과 시민운동의
경쟁, 그리고 헤게모니: 이념과 쟁점형성을 통해서 본 사회운동의 동시성장과 정치세력
화」(서울대학교 사회학과 석사학위논문, 2001); 조진만, 「낙선운동이 16대 총선에
미친 영향」, ≪연세사회과학연구≫, 7집(2001); 장재영, 「정치개혁과 한국시민운동에
관한 연구: 총선연대의 '낙천·낙선운동'을 중심으로」(국민대학교 정치외교학과 석사학
위논문, 2000); 정해구, 「4·13총선시민연대 활동과 한국의 민주주의」, 참여사회연구
소·한국정치연구회 공동심포지엄, "4·13총선, 시민·민중운동 그리고 한국민주주의"
발표문(2000); 조희연, 「정치지체와 낙천·낙선운동」, ≪창작과비평≫(2000년 봄호);
김호기, 「낙선운동과 시민운동의 정치적 과제」,『한국의 시민사회, 현실과 유토피아
사이에서』(아르케, 2001); 김동춘, 「4·13 총선: 사회운동의 도전」, 제38대 연세대학교
대학원 총학생회 학술국 엮음,『시민사회 성숙과 사회운동의 전개』(2000); 박상병,
「4·13 총선 결과와 정당체제: 변화와 한계」,「4·13 총선」(문형, 2000); 박상훈, 「4·13
총선, 결과분석: 지역, 세대, 계급을 중심으로」, 참여사회연구소·한국정치연구회 공동
심포지엄, "4·13 총선, 시민·민중운동 그리고 한국민주주의" 발표문; 손혁재, 「2000년
총선에서 낙선운동의 필요성」, 2000년 총선시민연대 정책자문교수단 엮음,『정치개혁
과 낙천·낙선운동』(2000); 조기숙, 「16대 총선과 낙선운동: 언론보도와 논평을 중심으
로」(집문당, 2002); 오현철, 「시민불복종과 낙선운동의 정치학적 정당성」, 2000년 총선
시민연대 정책자문교수단 엮음,『정치개혁과 낙천·낙선운동』(2000); 이정희, 「16대
총선과 한국의 민주주의: 극복과제를 중심으로」, 국회사무처 엮음,『제16대 총선과
한국 민주주의』(2001); 정대화, 「낙천·낙선운동의 전개과정과 정치적 의의」,「4·13
총선」; 정종권, 「시민운동에 대한 비판적 평가」, ≪경제와사회≫, 45호(2000년 봄호);
조현연, 「진보정당운동의 도전과 가능성: 민주노동당의 경험」,『4·13 총선』.

지니고 있다는 것이다. 낙선운동이 상징하는 것은 '대의'민주주의의 실질화라는 성격도 있지만, 대의민주주의에서의 제도정치 자체를 사회적 요구가 반영되어야 하는 가변적이고 구성적인 현실로 인식하는 의미를 담고 있다. 낙선운동은 정치라는 것이 제도정치로만 한정될 수 없는 것이며, 제도정치는 사회적 정치를 반영해야 하는 '종속변수'적인 성격도 동시에 지니고 있음을 확인시켜 준 운동이었다고 할 수 있다. 그런 점에서 낙선운동으로 표현된 비정치의 정치는 독재하에서 배제적 기제로 인하여 왜곡되고 — 선택적 포섭 과정에도 불구하고 — 불완전하게 작동하는 대의민주주의의 불완전성을 보완하는 운동으로서 뿐만이 아니라 그것을 뛰어넘어 대의민주주의 자체를 상대화하고, 정치와 사회의 관계 속에서 재위치지우려는 운동으로서의 성격도 지니고 있다고 볼 수 있다.

## 낙선운동의 구체적 전개과정

낙선운동은 독재시대의 재야운동과 같이 '경계정치'의 대표적인 사례라고 할 수 있다. 그렇다면 이제 낙선운동의 전개과정에 대해 구체적으로 살펴보기로 하자.[92)]

낙선운동은 1990년대 초반부터 시민운동에 의해 전개되어 온 정치개혁운동의 정점을 상징하는 운동이라고 할 수 있다. 1987년 6월 민주항쟁 이후 제도정치적 공간이 확장되면서 새롭게 출현한 시민운동은 제도정치 자체의 개혁을 강제하는 활동을 해왔다. 앞서 재야운동에서 설명한 바와 같이 1987년 6월 민주항쟁 이전의 운동은 제도정치의 존재론적 긍정 위에서 이를 민주화하고자 하는 운동과 제도정치 자체의 혁명적 극복을 지향하는 운동의 성격이 공존하고 있었다. 그러나 1987년 6월 민주항쟁 이후 '위로부터의 보수적 민주화'가 지배적이 되면서 후자는 주변화되었고, 이제 제도정치 자체의 존재론적 긍정 위에서 — 제도정치에 진입하거나 복귀하는 운동보다는 — 이를 감시하고 개

---

92) 여기서의 논의는 다음을 기초로 함. 조희연, 「정치개혁과 낙천·낙선 운동」, 『비정상성에 대한 저항에서 정상성에 대한 저항으로』(아르케, 2004).

혁하고자 하는 운동이 출현하게 된다. 이는 1987년의 격변을 거치면서 '정치의 사회화'의 급진적 흐름이 주변화되고 온건한 흐름이 지배적인 된 것을 의미한다. 이러한 성격을 갖는 정치개혁운동은 1990년대 초반부터 활성화되었는데 공명선거감시운동, 의정감시운동, 조례제정 및 개폐운동, 국정감사를 포함한 정기국회 모니터운동 등의 형태로 전개되었다. 이러한 활동들은 기본적으로 제도정치의 외부에서 '압력'을 가하는 운동의 성격을 띠고 있으나, 낙선운동은 정당정치의 '내적' 과정 자체에 개입하여 정당의 활동을 특정한 방향으로 유도하고 제약하는, 그러한 의미에서 대의 기능 자체를 대행하는 경계정치운동이었다고 할 수 있다.

낙천·낙선 운동은 기존의 정치개혁 압박운동, 외부에서의 제도정치의 감시운동을 뛰어넘어, 큰 틀에서 민주적 공천과 부패·무능 정치인의 퇴출을 목표로 한 직접적인 정치개혁 압박운동이었다. 낙선운동을 조직적으로 추동하기 위해 참여연대, 환경운동연합, 여성단체연합 등 주요한 단체들을 중심으로 총선시민연대가 구성되었고 이 조직에는 1,000여 개에 이르는 전국의 시민·사회단체가 결합했다. 처음에는 참여연대, 환경운동연합, 여성단체연합, 녹색연합 등 주요 시민단체들을 중심으로 시작된 총선시민연대의 낙천·낙선 운동은 점차 지역과 부문으로 확대되어 갔다. 종교계, 학계, 보건의료계 등 각 부문운동별로 총선시민연대가 조직되기도 했다. 1980년대 후반부터 활발한 활동을 벌여왔던 900여 개의 자생적인 지역적 시민·사회 운동단체들이 선거 국면에서 선거혁명과 정치개혁이라는 단일 사안을 중심으로 전국적 연대망을 형성하고 이 연대망을 중심으로 전국적인 수준에서의 활동을 추진하는 상황은 한국사에서 획기적인 사건이었다. 이 운동은 부패 정치인을 반대하는 '부정적' 캠페인이었기 때문에 적극적으로 대안적인 정치세력을 형성하는 운동으로서의 한계는 있었지만, 부패와 결합된 제도정치를 정화시키는 데 획기적인 계기를 제공했다고 평가된다. 이는 낙천·낙선 운동의 기부금 액수로도 확인할 수 있는데 5,667명의 후원자로부터 총 3억 5,000만 원이 모금되었다.

낙선운동으로 통칭되는 이러한 경계정치는 두 단계로 나눌 수 있다. 첫째 단계는 시민·사회 단체들이 만든 부패인사 리스트에 포함된 인사들을 제도정당들이 공천하지 못하도록 하는 '낙천(落薦)운동'이었으며, 둘째 단계는 제도정당의 공천을 획득하여 입후보한 정치인들 중에서 부패인사 리스트에 포함된 인사들을 당선되지 못하도록 하는 '낙선(落選)운동'이었다.

총선시민연대는 부패에 연루된 국회의원들에 대한 각종 정보 — 재판기록, 이를 보도한 신문기사 등 — 를 종합하여 부패 정치인들의 명부인 '블랙리스트(blacklist)'를 만들었고 이를 낙천운동과 낙선운동의 자료로 활용했다. 낙천·낙선 운동의 대상이 되는 부패 정치인을 선발하는 기준으로는 부패행위, 선거법 위반, 헌정 파괴·반인권 전력, 지역감정 선동행위, 의정활동의 성실성, 개혁법안 및 정책에 대한 태도, 기타 선관위에 등록토록 되어 있는 기초사항의 진위(재산등록, 병역사항, 납세실적, 전과기록 등) 등이었다. 총선시민연대는 각종 자료에 기초하여 낙천·낙선 명단을 만들었다.[93]

처음 총선시민연대가 발표한 공천반대자는 102명이었는데, 이 중 총 64명이 공천되었다. 여기에 추가로 입후보한 부패 정치인들을 망라하여, 2000년 4월 3일 총 86명의 명단을 낙선명단으로 발표했다.

낙선운동 기간에도 다양한 캠페인 전략이 동원되었다. 전국을 몇 개의 권역으로 나누어 지역별 총선시민연대가 지역별 캠페인을 전개했고, 중앙 총선시민연대 지도부는 전략 지역을 중심으로 낙선운동을 하는 형태로 진행되었다. 지역감정 극복 캠페인, 낙선운동을 지지하며 개혁적 투표를 하기로 약속하는 유권자 서약운동(227개 선거구별로 만 명의 서명을 모은다는 취지에서 유권자 약속 227만 명 모으기 운동으로 전개되었다), 전국 버스 투어(2000.3.20~26.), 22개 전략 지역을 중심으로 하는 집중 낙선운동, 대학생 및 청년유권자 투표 참여운

---

93) 당시에는 낙천·낙선 명단을 발표하는 것이 선거법상(특히 선거법 87조) 불법이었기 때문에, 캠페인 기간 동안 선거법 개정운동도 동시에 전개되었다. 낙천운동의 단계에서는 다양한 캠페인 전략이 동원되었다. 낙천·낙선 명단 기자회견, 각 정당 항의방문 및 농성, 공천규탄 전국 집회, 공천 철회를 위한 서명운동, 공천철회 공익소송 등을 예로 들 수 있다.

표 10-4. 낙선대상자 수 및 낙선율

|  | 낙선 대상자 수 | 실제 낙선자 수 | 낙선율 |
|---|---|---|---|
| 전국 | 86 | 59 | 68.6 |
| 수도권 | 20 | 19 | 95.0 |
| 전략 지역(22개) | 22 | 15 | 68.2 |
| 수도권 집중낙선 지역 | 7 | 7 | 100.0 |

동, 미국의 반전 페스티벌이었던 우드스톡과 유사한 정치문화행사로서의 '레드 2000' 페스티벌 개최 등이 시도되었다.

총선시민연대의 상대적으로 성공적인 실제적 결과는 <표 10-4>에서 잘 드러난다. 한국 보수정당의 지역적 근거지인 영남 지역에서의 결과는 성공적이지 못했지만, 기타의 전국적 지역에서 낙선운동은 예상 밖으로 국민들의 지지를 받으면서, 유력한 낙선대상자들을 대거 낙선시키는 효과를 거두었다. <표 10-4>에서 보는 바와 같이, 전국의 낙선율이 70%에 이르고 있으며, 지역주의가 상대적으로 적게 작용하는 수도권만을 놓고 보면 95%의 낙선율을 기록하고 있다. 특히 총선시민연대가 전략적 지역으로 선정한 수도권 지역에서는 압도적인 우위를 보이던 후보들이 낙선하는 등 크나큰 영향력을 발휘했다.[94]

낙천·낙선 운동은 여러 가지의 직·간접적 효과를 가져왔다고 평가된다. 먼저 '정치의 국가화'와 '정치의 사회화'의 상반되는 압력 속에 존재하는 제도정치로 하여금 '사회'의 압력을 재발견하는 기회를 제공했다. 제도정치권이 부패할 경우 시민사회로부터 '응징'당할 수 있다고 하는 선례를 만들었으며, 제도정당의 공천과정이 주로 밀실에서 카리스마적 지도자의 의중에 따라 이루어지던 상태에서 여론의 향방을 의식하면서 — 즉, 사회의 요구를 반영하도록 — 이루어지도록 하는 효과를 발휘했다. 개별 정당들에게는 밀실공천, 뇌물이

---

94) 낙선운동과 관련해서, 호남권과 수도권에서는 의미 있는 영향력을 가졌으나, 영남권에서는 그러지 못했고 부분적으로는 역효과가 있었다는 분석도 제출되었다. 안문석·황민섭, 「시민단체의 공직후보 낙선운동의 영향력 평가: 16대 총선에서의 '총선시민연대'의 낙선운동을 중심으로」, ≪한국정책학회보≫, 11권 2호(2002).

오가는 부패한 공천 등을 개혁할 수 있는 계기를 제공했다. 또한 선거와 연관된 각종 국가기구들 — 선거관리위원회 등 — 이 전향적으로 각종 개혁조치를 취할 수 있는 계기를 마련했다.

또한 낙선운동은 의회 및 제도정당, 시민사회의 자체적 변화와 상호관계구조의 변화를 촉진했고 국가, 정당, 기업들에 대항하여 시민사회, NGO, 사회운동의 영향력을 획기적으로 제고하는 효과를 가져왔다. 낙선운동은 '정치의 사회화'를 위한 온건한 흐름이라고 할 수 있기 때문에 제도정치 자체의 구조적 변화를 촉발하지는 못하지만, 제도정치 자체의 합리화와 민주화를 촉진함으로써 정치와 사회의 괴리를 축소하는 계기로 작용했다. 그리고 낙선운동을 계기로 민중들의 자신감과 능동성이 회복됨으로써 이후 다양한 시민사회의 능동적인 개혁운동이 전개되는 계기를 마련했다.

이처럼 시민사회의 능동성의 확대는 시민사회를 '대변'한다는 시민·사회운동단체들의 대(對)제도정치적 위상을 강화하는 효과를 동반한다. 시민·사회운동의 국민적 위상이 강화됨으로써 시민·사회 단체의 정치적·사회적 영향력이 증대되는 결과를 가져온 것이다. 4·13총선 이후에는 강화된 시민·사회운동단체들의 위상 때문에 이들이 전국적 수준에서나 지역적 수준에서 중요한 정치적·사회적 행위자로 인정받게 되었다.

제도정치 내에서도 자정적 잠재력과 개혁 잠재력이 현재화되는 계기를 제공했다. 그 하나의 표현으로서, 제도정치 내의 중요한 행위자들로 하여금 — 제한적이지만 — 탈(脫)지역주의적·반(反)부패적 방식으로 행위할 수 있는 잠재력을 확산시키는 계기로 작용하게 된다. 나아가 시민사회의 위상이 강화되면서 시민사회의 요구에 대한 제도정치의 감수성과 개방성을 이전에 비해 증대시키게 되었다. 시민사회, 특히 시민·사회 단체의 각종 요구에 대해서 이전에는 제도정치권이 배타적인 태도를 취했고, 그래서 시민·사회 단체의 의한 입법요구 활동에 높은 장벽이 존재하던 상태에 일정한 변화가 나타나는 계기가 된 것이다.

그러나 낙천·낙선 운동은 제도정당의 계급적 한계나 그 정치적 성격을 문제시하기보다는 부패한 정치인 개인들을 쟁점화하는 운동이기 때문에 역설적으로는 제도정치의 '존재론적 긍정'의 의식을 대중들에게 전파하는 효과를 가지고 있었다는 비판을 받았다. 이는 낙선운동이 정치의 사회화를 지향하는 운동이면서도 제도정치의 투명성과 민주성을 제고시키고자 한다는 점에서 제도정치를 '지향'하는 운동이었음을 의미한다. 나아가 부패한 정치인 개인들을 타깃으로 삼음으로써 당시의 정책적·이념적 쟁점들 — 예컨대 '신자유주의'라든가 기성 정당의 반노동자적 성격 등 — 을 주변화시키는 효과를 가지고 있었다고 비판받았다. 또한 낙선운동은 정치 부패라는 특정 정당 지향을 초월하는 운동으로 전개되었기 때문에 '국민적' 운동이 될 수 있었지만 반대로 바로 그 때문에 낙선운동의 성과를 어떤 정당이 '전유'하는 것에 대해서 특별한 개입을 할 수 없었다. 정치 부패를 쟁점화하는 낙선운동의 도전에 '편승'하거나 적절히 응전하는 정당 — 당시의 민주당 — 은 그 정치적 성과를 폭넓게 향유할 수 있었다. 반면에 당시 제도정치권에 진입하고자 하는 민주노동당 같은 정당은 기성 정당을 총체적 부패정당으로 쟁점화하고 싶었고 또한 기성 정당의 계급적 한계를 쟁점화하려 했지만, 정치인 개인들의 부패가 쟁점화된 낙선운동의 국민적 캠페인 속에서 제도정당과 비제도정당의 차별성을 부각시키고자 하는 노력은 주변화될 수밖에 없었다. 이 점은 낙선운동이 재야운동과 같이 양면적인 성격, 즉 제도정치 자체를 긍정하는 한편 급진적인 방식은 아니지만 제도정치의 경계를 상대화하면서 그것을 재구성하고 제도정치 자체의 사회화를 지향하는 운동으로서의 성격을 지니고 있었음을 의미한다.

### 재야운동과 낙선운동의 비교적 성격

여기서 '대의의 대행'을 담당하는 장외정치의 두 가지 예인 재야운동과 낙선운동은 현재 고찰하고 있는 '정치와 사회의 관계'의 맥락에서 아래와 같은 의미를 띤다.

먼저 재야운동은 배제의 정치에 대응하는 경계정치이며, 낙선운동은 '선택적 포섭'의 정치에 대응하는 경계정치로서의 성격을 가지고 있다. 이러한 형태들은 기존의 제도정치의 경계를 허물면서 그것을 뛰어넘어 정치를 확장하는 것이며 그 자체가 '비정치의 정치'의 성격을 가지고 있다고 할 수 있다. 경계정치는 기성 제도정치가 획정해 놓은 경계를 뛰어넘어 그 경계 위에 존재하는 정치를 의미한다. 재야운동은 독재적 국가가 설정한 정치의 경계의 외부에서 그 경계를 상대화시키는 장외정치를 행하는 것이라고 할 수 있다. 낙선운동 역시 경계 자체를 상대화시키면서 동시에 그 경계 내에 존재하는 정치의 '질'을 사회적 요구에 따라 개혁하기를 요구하는 장외정치였다고 할 수 있다.

둘째, 재야운동과 낙선운동은 '대의의 대행' 운동으로서 '정치의 사회화'를 지향하는 운동이라고 할 수 있는데, 이들은 근대 대의민주주의의 형식성을 뛰어넘어 '민의 자기통치'를 실현하고자 하는 온건한 타협적 흐름의 사례들이라고 할 수 있다. 즉, 이러한 운동은 근대 대의민주주의를 전제로 하여 그 대의성이 갖는 한계를 뛰어넘어 실질적인 참여성을 강화하고자 하나 또한 제도정치를 근본적으로 혁파하거나 재구조화하기보다는 제도정치 자체의 혁신과 개혁을 지향하는 운동이라고 할 수 있다.

셋째, 재야운동과 낙선운동은 제도정치의 상대성과 불완전성을 상징한다. 정치와 사회의 관계에서 정치는 사회적으로 재구성되는 것이라는 전제 위에서 볼 때, 제도정치는 사회를 완전히 반영할 수 없고 또한 사회와 일체화될 수 없는 것이라는 점에서 정치와 사회의 괴리가 상존하게 된다. 더구나 제도정치가 독재에 의해서 국가화되는 경우 이러한 정치와 사회의 괴리는 더욱 커지게 된다. 독재하에서 우리는 정치와 사회의 괴리라고 하는 보편적인 문제가 특수한 형태지만 더욱 투명하게 드러나는 것을 알 수 있다. 재야운동과 낙선운동의 존재 자체가 그리고 그것이 다른 방식으로 사회적 구성원의 지지를 받는 현실 자체가 제도정치의 상대화에 대한 대중들의 인식을 강화하는 근거가 된다.

이 두 가지 운동은 제도정치가 갖는 형식적 정당성을 상대화하는 효과를 가지고 있다. 이러한 경계의 상대화는 제도정치의 불완전성과 한계성을 상징하고 있다. 재야운동은 독재하에서 사회와 괴리되어 대의적 장치로서의 기능을 수행하지 못하는 제도정치의 불구성에 대항하는 것이며, 낙선운동은 선택적 포섭의 기제를 통해서 변화하고 있는 제도정치—스스로의 정당성을 보충하고 자 함에도 불구하고—의 불완전성에 대항하는 것이라고 할 수 있다. 재야운동은 그 자체가 독자적인 정치세력으로 성립했는가 하는 점에 관계없이, 또한 낙선 운동은 그것이 얼마나 성공적이었는가에 관계없이 존재 자체로 제도권 정치의 불완전성과 상대화를 상징하는 것이다.[95]

### 3) '순수정치': 광주꼬뮨

다음으로 광주항쟁의 예를 보기로 하자. 나는 '정치의 사회화'를 위한 사회 적 투쟁에 있어서 광주항쟁은 독특한 의미를 갖고 있다고 생각한다. '정치의 사회화'의 최고의 형태가 정치와 사회의 일체화 상태라고 한다면, 광주항쟁에 서 바로 이러한 정치와 사회의 일체화가 실현되었다고 보며, 나는 이를 '순수정 치'라고 부르고 있다.

광주항쟁은 우리에게 국가, 정치, 사회의 관계에 대한 중대한 세계사적 경험모델을 보여주고 있다. 광주항쟁은 두 가지 측면을 지니고 있는데 하나는 광주학살이며, 다른 하나는 광주무장투쟁과 해방광주의 실현이다. 전자는 이 논의의 맥락에서 보면, 정치가 소멸하고 국가가 폭력 그 자체가 된 상황을 의미한다.

먼저 광주학살은 '본질로서의 국가폭력'이 '현실로서의 국가폭력'이 된 사 건이었다. 통상 '본질로서의 국가폭력'이 '현실로서의 국가폭력'이 되지는 않는다.[96] 지배에 대한 자발적인 동의의 장으로서의 정치가 완전히 소멸되는 경우는 드물기 때문이다. 그러나 혁명적 위기상황이나 지배세력이 피지배세력 의 저항에 대해 극단적인 불관용을 보이는 상황도 존재할 수 있다. 이때 국가는 폭력으로 일면화되고 정치는 소멸하게 된다. 이러한 정치의 소멸상황, 그람시

---

95) 박종성, 「인맥으로 본 한국정치」, 124쪽.

96) 조희연·조현연, 「국가폭력, 민주주의투쟁 그리고 희생: 총론적 이해」, 조희연 엮음, 『국가폭력·민주주의투쟁 그리고 희생』(함께읽는책, 2002).

적 표현으로는 헤게모니가 전적으로 부재한 강압 그 자체로서의 국가상황에 대한 전형적인 예가 1980년 광주학살이다. 국가가 폭력 그 자체가 되는 순간이 1980년 광주에서 일어났던 것이다.

그런데 이러한 정치의 소멸과 국가의 폭력화에 대해 사회와 그 구성원인 민중이 어떻게 응전하는가는 여러 가지 방식이 존재할 수 있다. 통상적인 방법으로서 침묵, 묵종, 도피 등이 있을 수 있다. 국가의 압도적인 폭력에 직면하여 생존 자체가 문제시되는 상황에서 민중들이 굴종을 선택하는 것이다. 이러한 굴종이냐 아니면 순수정치로 가느냐의 기로에서 중요한 계기는 평상시에 걸치고 있던 동의의 갑옷을 벗어던지고 순수폭력으로 드러난 국가와 대결할 수 있느냐 없느냐이다.[97] 근대 권력이 '인민주권론'의 기초 위에 서 있다는 점을 상기할 때 국가가 '순수폭력'으로 드러나는 상황은 오히려 예외적일 수 있다. 일체의 정당성의 외피를 벗어던진, 이미 정당성을 상실해 버린 국가에 대해 광주민중은 바로 그 순수폭력을 넘어서기 위한 민중자위투쟁을 전개하게 된 것이다. 이러한 민중자위투쟁을 통해서 순수폭력으로서의 국가를 넘어선 지점에 순수정치가 나타날 수 있는 공간이 형성된다. 여기에 광주의 위대성이 존재한다.

물론 1992년 LA 사태나 최근의 일련의 혁명들, 즉 튤립 혁명이라고 불린 키르기스스탄 사태, 오렌지 혁명이라고 불렸던 우크라이나 사태, 장미 혁명(벨벳 혁명)이라고 불린 그루지야 사태에서도 보이는 바와 같이 폭력으로서의 국가가 물러난 자리에 그대로 순수정치가 출현하는 것은 아니었다. 이른바 '무정부주의'적 상황은 다양한 모습을 보여준다. 예컨대 대중들의 약탈이나 방화 등 무정부주의적 모습들이 현상할 수 있다. 그러나 광주에서는 민중 스스로가 국가가 되는, 민중 스스로가 공적 규율의 주체가 되고 폭력의 기제가 필요 없는, 정치와 사회가 일체화된 상태를 실현한 것이다. 여기에 광주의

---

97) 민중의 저항에 대응하는 폭력의 수위. 저항하지 않으면 폭력적이지 않다. 즉, 어떤 질서를 순수하게 받아들이면 국가는 결코 폭력적이지 않다. 민중이 기존의 질서를 뛰어넘는 요구를 할 때 비로소 국가의 폭력성이 발현된다.

또 다른 위대성이 있다.

광주는 국가, 정치, 사회의 관계에서 '정치의 사회화'의 유토피아적 모습을 구현한 사건이었다. 해방광주에서는 '정치의 사회화'의 최고의 목표인 '정치와 사회의 일체화'가 실현된 꼬뮨적 형상을 구현했다. 이런 점에서 80년 광주에서 실현된 광주꼬뮨은 국가의 순수폭력에 대응하는 순수정치의 세계적 모델이라고 생각한다.98) 근대의 지형 속에서 파리꼬뮨과 광주꼬뮨이야말로 '정치와 사회의 일체화'가 구현된 두 가지 세계사적 꼬뮨인 것이다.

그러나 광주꼬뮨에서 실현된 '정치의 사회화'의 최고의 형태로서의 '정치와 사회의 일체'는 '정치의 소멸'과는 구별되어야 한다. 왜냐하면 정치와 사회의 일체화가 실현된 현실제도적 모습은 다양할 수 있기 때문이다. 정치가 사회로 환원되는 것만으로 정치의 온전한 모습이 실현되는 것은 아니다. 현존 사회주의의 경험에서도 보았듯이 자율적인 소통과 쟁투를 통한 사회적 의제들의 결정공간으로서의 정치는 좌익 전체주의의 모습으로 드러났다. 현존 사회주의에서의 민주주의의 부정은 바로 '정치와 사회의 일체화'를 정치 소멸의 관점에서 바라보았기 때문이라고 생각한다. 광주꼬뮨이나 파리꼬뮨이 과도기적인 유토피아적 형태를 넘어서서 '지속적인 정치형태'로서 자리 잡는다고 가정하면 여기에는 다양한 가능성이 있음을 인정해야 한다. 그런 점에서 광주꼬뮨은 파리꼬뮨과 같이 순수정치의 원형을 보여준 것이지 완성태를 보여준 것은 아니라고 인식되어야 할 것이다.99)

---

98) 극단적인 특수 사례가 보편적인 본질을 더욱 전형적으로 드러내 줄 수 있다. 광주항쟁이라는 극단적인 사례 속에서 오히려 더욱 분명하게 정치와 사회의 상호관계의 본질적인 모습을 확인할 수 있다(프로이트의 정신분석학 이론이 사실 정신질환자와 같은 '비정상' 사례를 근거로 하여 ─ 정상인들 속에서는 잘 드러나지 않는 ─ 인간의 보편적인 성이론을 발전시킨 것을 상기해 보자).

99) 그런 점에서 해방광주라는 독특한 짧은 공간에서 우리는 미래적인 모습의 일단을 체험하게 된 것이다. 그러나 이것이 어떤 현실제도적 형태를 띨 것인가에 대해서는 다양한 가능성을 열어놓고 있어야 한다. 말하자면 광주는 국가의 극단적 모습과 그에 반대하는 순수정치의 유토피아적 모습의 일단을 단기적으로 불완전하게 체험하게

## 광주항쟁의 전개과정 속에서의 정치와 사회

구체적으로 광주학살과 광주항쟁의 전개과정을 보기로 하자. 먼저 1979년 박정희 체제가 종말을 고하는 10·26사태 이후 한국 사회는 박정희 체제의 연장을 도모하는 신군부세력과 완전한 민주화를 요구하는 아래로부터의 민중 투쟁이 격돌하는 국면으로 전환된다. 12·12사태를 계기로 신군부세력이 국가 권력의 물리적 근거로서의 군대를 장악한 후 더 나아가 국가권력을 제도적으로 장악하고자 하는 시도가 공식적·비공식적으로 전개되는 한편에서, 이러한 재(再)권위주의화의 과정을 저지하고 민주주의를 회복하려는 아래로부터의 투쟁이 전개된다. 1980년 '서울의 봄'은 이러한 아래로부터의 투쟁이 만개한 시기였다. 1980년 봄, 학원가에는 제적 학생들의 복학이 이루어지고 학원민주화투쟁과 정치민주화투쟁이 점차 가열되어 갔으며, 유신체제하에서 억압당했던 민주노동조합들도 새롭게 활발한 활동을 재기하기 시작했다. 군대를 장악하고 나아가 국가권력을 장악하기 위한 작업을 진행해 오던 군부세력은 1980년 5월, 학생들의 시위가 광범위하게 전개되는 것에 대응하여 '5·17 비상계엄 확대조치'라는 형태로 군사쿠데타를 시도한다. 1961년의 군사쿠데타에 이은 제2의 군사쿠데타가 광주항쟁의 직접적인 계기가 된 것이다. 1980년 봄 이후 전국적으로 확산되고 있던 학생들의 민주화투쟁과 노동자들의 생존권투쟁을 진압하고 국가권력을 장악하기 위해 신군부세력은 1980년 5월 18일 0시를 기해 전국에 비상계엄을 실시했다. 계엄사령부는 '모든 정치활동의 중지 및 옥내외 집회·시위의 금지, 언론·출판·보도 및 방송의 사전검열, 각 대학 휴교, 직장 이탈 및 파업 금지' 등의 조치를 취하게 된다. 그리고 김대중, 김종필 등 정치인들을 학원 분규, 노사 분규 선동과 권력형 비리 등의 혐의로 연행하고 김영삼은 가택연금을 시킨다. 이와 같이 제2의 군사쿠데타를 위한 일련의 조치 속에서 비상계엄조치의 일부로서 전북 금마에 주둔하고 있던 7공수부대가 17일 저녁 10시경 광주에 투입되어 전남대, 조선대, 광주교육대 등에 진주

─────────────

된 것으로 보아야 한다.

한다.

광주항쟁은 여기서의 관점에 따를 때, 크게 세 시기로 나눌 수 있다. 첫째는 5월 17일 비상계엄부터 5월 19일까지의 시기이다. 계엄군이 투입되고 민중들의 낮은 수준의 저항이 시작되는 시기이다. 이 시기에는 낮은 수준의 국가폭력과 그에 대항하는 낮은 수준의 민중투쟁이 각축했다. 둘째는 5월 20일부터 5월 21일까지의 시기이다. 이 시기에 국가의 잠재적인 폭력성은 민중의 저항에 대항하여 준전시적인 학살폭력으로 점차 발전되어 갔고 이에 대응하는 민중들의 자위투쟁이 전개되어 계엄군을 광주에서 퇴각시킨다. 셋째는 해방광주가 실현된 이후부터 광주항쟁이 종결되는 5월 27일까지의 시기이다. 이 시기는 민중자위투쟁의 승리로 국가폭력이 물러난 자리에 순수정치가 출현하고 이것이 전면적인 학살 작전에 의해 진압되는 시기이다.[100]

## 낮은 수준의 폭력과 평화적 저항

먼저 첫째 단계의 전개과정을 보기로 하자. 5월 18일 10시경 휴교령이 내려진 전남대에서 학생들과 출입을 제지하는 계엄군 사이에 충돌이 발생한다. 계엄군의 주둔에도 위압당하지 않았던 100여 명의 전남대 학생들은 '계엄군 물러가라' 등의 구호를 외치면서 시위를 하게 되고, 이에 계엄군은 학생들에 대한 무차별 구타와 연행, 인근 집의 수색 과정에서 일반인에 대한 가혹한 구타 등 포악한 진압을 한다. 이것이 광주에서 국가폭력이 점차 현재화되는 과정에서의 일차적인 사건이었다. 이 과정에서 계엄군은 국가를 대표하여 낮은 수준의 폭력을 행사하고 이에 대응하는 학생들은 피해의 증언자이자 평화적인 시위투쟁의 주체로 나타나게 된다.[101]

---

100) 광주학살과 광주항쟁의 구체적인 내용에 대해서는 다음의 선구적이고 고전적인 작업 참조. 전남사회운동협의회 엮음·황석영 기록, 『죽음을 넘어 시대의 어둠을 넘어』(풀빛, 1985).

101) 계엄군의 성격과 이동, 이와 관련된 연구주제에 대해서는 노영기, 「'5·18항쟁과 군대'에 대한 연구」, 《민주주의와인권》, 5-1(2005); 정해구, 「군작전의 전개과정」, 광주광

이후 학생들은 전남대에서 발생한 계엄군의 포악한 진압을 알리기 위해 시내로 진출하여 가두선전과 가두시위를 조직하고, 이에 따라 계엄군들도 시내로 투입되어 진압작전을 행한다. 이 과정에서 노인 및 여자들에게까지 무차별 곤봉세례를 가하게 되고, 이러한 계엄군들의 폭력에 분노한 시민들과 학생들이 광주 시내에서 대규모 시위를 행하게 된다. 여기서 이미 시위는 학생들의 범위를 넘어 시민 일반, 민중 일반으로 확대된다. 학생과 시민의 전통적 경계선이 초월된 것이다. 19일에는 2,000~3,000명이 참여하는 시민들이 운집하고 이들은 계엄군의 만행에도 불구하고 계엄군 및 경찰과 대치한다. 이때 11공수여단 군인들 1,000여 명이 시청과 금남로에 진출하여 이른바 '화려한 휴가'라는 이름의 무차별 구타와 연행 및 진압작전을 수행하게 된다. 여기서 우리는 국가가 점차 전면적인 폭력의 실체로 변화해 가는 것을 발견할 수 있다. '공포의 금남로'[102]와 '공포의 광주'가 출현한 것이다. 이 사건은 18일과 19일 공용터미널 부근에서 계엄군의 무자비한 폭력행위를 목격한 시외버스 승객들의 입을 통해 전남 일원으로 알려졌고 시민들 중 일부가 보다 적극적으로 전남 일대에 광주 참상을 알리는 홍보활동을 하기도 했다. 이로 인해 화순, 나주, 영암, 강진, 무안, 해남, 목포 등 전남 일원에도 항쟁이 확대되어 갔다.[103]

처음에는 구호를 외치거나 시위대에 참여하는 등의 통상적인 투쟁을 전개하던 민중이 이제 낮은 수준의 자위투쟁을 전개하게 된다. 비록 총을 들지는 않았지만 몽둥이나 각목 등으로 스스로를 무장한다. 이 단계에서 계엄군은 처음 일부 학생을 대상으로 한 구타 진압과 같은 낮은 수준의 폭력에서 시위대중 전체를 대상으로 한 무차별 구타와 연행을 포함하는 더욱 높은 수준의 폭력을 행사하는 존재로 변해간다.

---

역시 5·18사료편찬위원회 엮음, 『5·18광주민중항쟁사』(고령, 2001) 참조.

102) 광주광역시 5·18사료편찬위원회, 『5·18광주민중항쟁』(1997), 109쪽.

103) 외곽지역의 항쟁에 대해서는 오유석, 「외곽지역의 항쟁으로 본 5·18 민중항쟁」, 학술단체협의회 엮음, 『5·18은 끝났는가』(푸른숲, 1999), 132~171쪽 참조.

## 준(準)전시적 학살폭력과 민중의 자위무장투쟁

다음 2단계는 준전시적 학살폭력이 자행되자 이에 대응하는 민중들의 무장 자위투쟁이 전개되고 이를 통해 폭력으로서의 국가를 극복해 가는 단계이다. 5월 20일, 광주 시내에는 10만여 명이 운집하여 계엄군의 폭력적 만행에 대해 항의하는 시위를 전개한다. 계엄군의 왜곡된 선무방송에 맞서기 위해 「투사회보」 등104)이 뿌려지고 시민들이 자신의 진정한 정보의 공동체를 형성하며 항쟁의 열기도 고조되어 간다. 여기에 200여 명의 택시 기사들이 '차량시위'로 참여하게 됨으로써 계엄철폐, 계엄군의 만행 규탄 등의 요구를 담은 시위들은 급속히 확산되어 간다. 계엄군들은 때와 장소를 가리지 않고 시민들에게 무차별 구타를 행했으며, 팬티바람으로 줄줄이 묶어 연행했다. 연행된 시민들은 몇 백 명씩 수감 장소에 갇혀 굶주림과 구타를 경험해야 했다. 상무대로 붙잡혀온 사람들은 보안대에서 갖은 고문도 당했다.

20일에는 광주 전역에서 계엄군, 공수부대와 시위대 간의 충돌이 일어난다. 밤 11시경 광주역을 지키던 공수부대와 시위대 간의 대치 속에서, 시위대가 차량을 앞세워 군의 저지선을 돌파하려 하자 최초의 발포가 이루어진다. 다음날인 5월 21일은 살육의 날이었다. 광주항쟁에서 문제가 된 학살이 의식적으로 광범위하게 자행된 날이었다. 광주가 국가폭력에 의해 피로 물들여지는 날이 시작된 것이다. 개개인에 대한 구타, 학살은 물론 21일 1시에는 도청에서

---

104) 광주의 사회운동 진영은 「투사회보」, 「광주시민총궐기문」, 「민주수호 전남도민 총궐기문」, 「전남민주회보」, 「선언문」, 「우리 겨레와 세계 자유민에게 보내는 목포시민의 결의문」, 「우리는 피의 투쟁을 계속한다」 등을 제작·배포하면서 항쟁의 의의를 공유하고(광주광역시 5·18사료편찬위원회, 『5·18 광주민주화운동자료총서』, 제2권, 1997, 31~38쪽; 전남사회문연구소 엮음, 『5·18광주민중항쟁 자료집』, 광주, 1988, 107~142쪽. 성명서 등에 대한 분석에 대해서는 박찬승, 「선언문·성명서·소식지를 통해 본 5·18」, 광주광역시 5·18사료편찬위원회 엮음, 『5·18 광주민주화운동 자료총서』 참조), 대항이데올로기를 형성해 나갔다고 할 수 있다. 광주항쟁 시 동원이데올로기와 대항이데올로기에 대해서는 김무용, 「한국현대사와 5·18 민중항쟁의 자화상」, 학술단체협의회 엮음, 『5·18은 끝났는가』 참조.

애국가가 울려퍼지는 것을 계기로 시위대를 향한 집단발포도 이루어진다. 이 과정에서 5월 21일 저녁에는 이른바 '김대중 내란 음모사건'이 발표된다. '광주 사태는 김대중으로부터 사주를 받은 광주 지역 불순분자들이 국가 전복을 목적으로 선동하여 일으킨 내란 폭동이며 김대중으로부터 거사자금을 받은 정동년이 광주에서 폭동을 일으켜 학원소요사태를 민중봉기로 유도·발전시켰다'고 발표되었다. 광주민중은 국가가 순수한 폭력으로 드러나는 이 순간에 묵종과 침묵이냐, 아니면 항쟁이냐를 선택해야 하는 순간에 직면한다. 여기서 광주민중들은 무장자위투쟁을 전개하기 시작한다. 민중들이 계엄군의 기관총을 빼앗아 발포하기도 하고 경찰서, 예비군 무기고 등에서 M1소총, 카빈소총, 기관총, 탄약, 심지어 TNT까지 획득하여 스스로를 '시민군'으로 조직하고 공수부대에 대항한다. 침묵을 선택하기보다는 국가의 폭력성에 맞서서, 목숨을 건 무장자위투쟁을 전개하게 된 것이다. 이는 광주민중항쟁의 '새로운 역사적 지평'이 열리게 됨을 의미한다.[105] 심지어 도청 앞에서는 시민군과 계엄군의 시가전까지 전개되었으며 이 과정에서 많은 사상자들이 발생했다. 광주 이외에 전라남도 인근의 16개 도시로 광주항쟁이 확산되어 갔는데, 광주 시민군이 계엄군의 외곽 포위선을 뚫으려다가 혹은 인근의 지원군이 광주로 진입하려는 과정에서도 계엄군에 의해 많은 사람이 희생되었다. 이 과정에서 자연스럽게 시민군의 지도부가 형성되어 자율적인 무기관리를 실시하게 되고 일반차량에 대한 통제도 실시하게 된다. 이는 민중들의 스스로 '통치의 주체'로 나타나게 되는 것을 의미한다. '본시 사회로부터 나왔으되 그것에 군림하면서 스스로를 부단히 소외시키는' 국가에 맞서서, 사회를 구성하는 민중 스스로가 새로운 국가형성을 하는 것이었다.

이러한 민중들의 무장자위투쟁에 의해 계엄군들이 광주에서 퇴각한다.[106]

---

105) 김홍명·김세균, 「광주 5월민중항쟁의 전개과정과 성격」, 한국현대사사료연구소 엮음, 『광주5월민중항쟁』(풀빛, 1995). 김홍명과 김세균은 이러한 투쟁형태의 변화와 함께, 항쟁주체가 학생으로부터 노동계급을 중심으로 하는 기층민중으로 전환되어 가고 있다고 분석하고 있다(131~135쪽).

민중들의 자위투쟁이 국가폭력을 넘어서게 된 것이다. 여기서 광주에는 새로운 공간이 출현하게 된다.

## 꼬뮨과 순수정치

셋째 단계는 민중 스스로가 정치의 주체가 되어 공동체의 문제를 결정하면서 스스로 자율적인 통치의 주체로서 행동하고 그러한 '순수정치'가 27일 새로운 준전시적 국가폭력에 의해 진압되는 단계이다. 7일간의 순수정치의 시기가 출현한 것이다. 나는 파리꼬뮨의 21세기적 구현태라고도 할 수 있는 '광주꼬뮨'을 정치와 사회의 관계라는 점에서 '순수정치'라고 표현한다.

5월 22일 민중들의 무장항쟁에 의해 계엄군이 퇴각하면서, 민중 스스로가 다양한 방식으로 자신들의 문제를 해결하고 결정해야 하는 상태로 이행하게 된다. 여기서 '시민공동체',[107] '광주공화국'[108] 등 다양하게 표현되었던 '해방광주'가 출현한다. 시민군은 공간적으로도 '도청'을 장악해서 민중통치의 시대가 개막된다. 각계를 대표하는 '5·18수습대책위원회'가 결성되었고 나아가 '학생수습대책위원회', '일반수습대책위원회' 등도 구성되었다. 스스로의 통치기구를 구성하게 된 것이다.

또한 국가적 통치기구가 부재한 것에 대응하여 시민들이 어지러운 거리를 스스로 청소하고 스스로 질서의 주체로 나서게 된다. 과거 국가기구의 공무원은 새로운 통치질서하에서 전기, 수도 등의 지원사업도 행하게 된다. 상점에서는 식사를 무료로 나누어주었다. 계엄군의 반격을 대비해 자발적으로 지속적인 경비를 서기도 했다. 모든 사람들이 '해방광주' 속에서 각자 도울 수 있는

---

106) 무장투쟁의 세부적 전개과정에 대해서는 김창진, 「광주민중항쟁의 발전구조: 무장투쟁과 '민중권력'」, 『광주민중항쟁연구』(사계절, 1995); 김창진, 「시민의 저항과 무장항쟁」, 광주광역시 5·18사료편찬위원회, 『5·18광주민중항쟁사』(2001) 참조.

107) 광주광역시 5·18사료편찬위원회, 『5·18광주민중항쟁』.

108) 나의갑, 「5·18의 전개과정」, 광주광역시 5·18사료편찬위원회 엮음, 『5·18 민중항쟁사』(고령, 2001), 243~246쪽.

일을 찾아 자발적으로 헌신했다.

이 과정에서 흥미로운 것은 은행 같은 금융기관이나 금은방 등에 대한 약탈 사건이 한 건도 없었다는 것이다. 기타 일반 상점에 대한 약탈행위도 전혀 없었다.[109] 새로운 통치기구와 민중자위군대의 식사 등도 민중들의 자발적인 지원에 의해 해결되었다. 시민군 지도부는 차량통행증, 유류발급증, 상황실 출입증을 만들기도 하고, 기동타격대를 편성하는 등 시민군 전체를 아우르는 통치질서를 스스로 구성하게 된다. 민중의 전사(戰士)로 변화한 시민군은 민중을 학살하는 '국가의 군대'와 달리 스스로가 헌신과 모범의 선도자처럼 행동했다. 카치아피카스(George Katsiaficas)는 "이러한 해방된 순간에 시민들이 보여준 행동은 자치(self-government)와 협동이라는 고유한 능력이 있음을 드러냈다"[110]고 쓰고 있다. 이러한 것은 국가폭력이 민중자위투쟁에 의해 극복된 공간에 정치와 사회가 일체화되어 있던 본래의 모습이 회복된 것을 의미한다. 국가에 의한 통치에 대응하여 민중의 자치가 대두한 것이며, 이 과정에서 국가통치 속에서 나타난 민중의 도덕성을 뛰어넘는 민중자치적 도덕성이 나타나게 되었다고 표현할 수 있다. 이것이 바로 순수정치의 모습이었다. 물론 단편적이거나 일시적인 것이었을 수도 있다. 그러나 이는 국가통치와 국가화

---

109) 광주에서의 '질서'와 약탈·방화 등의 부재를 광주시민들이 너무 '도덕적'이었기 때문에, 그리고 지배가 부여한 소유권 질서에 적용했기 때문이고 만일 급진적인 계급의식을 가졌더라면 '약탈적 재분배' 같은 행위나 급진적인 재분배 같은 일도 일어났을 것이라고 하는 견해도 존재한다. 그러나 이는 단기적인 민중자위투쟁의 과정에서 피어난 단기적 꼬뮨의 특성, 그리고 신속하게 구성된 민중자치 지도부에 적극적으로 협력하고자 하는 행위 등이 어우러져서 나타난 행위로 해석되어야 한다고 생각한다.

110) 조지 카치아피카스, 「역사 속의 광주항쟁」, 《민주주의와인권》, 2-2(2002), 231쪽. 그는 "지난 두 세기 동안, 세계 역사의 두 사건이 수천 명의 민중들이 스스로를 통치하는 자발적 능력을 보여주는 독특한 신호탄이 되었다"(228쪽)고 말하면서, 파리꼬뮨과 광주꼬뮨의 유사성을 "① 민주적인 의사결정을 하는 대중조직의 자발적 출현, ② 아래로부터 무장된 저항의 출현, ③ 도시범죄 행위의 감소, ④ 시민들 간의 진정한 연대와 협력의 존재, ⑤ 계급, 권력 그리고 지위와 같은 위계의 부재, ⑥ 참여자들 간의 내적 역할 분담(internal divisions)의 등장"(229쪽)으로 정리하고 있다.

된 정치를 넘어서서, 사회와 일체화된 정치, 사회와 민중 자신의 통치의 원형을 보여주는 것이었다.

이러한 민중 주체적 통치와 사회와 일체화된 순수정치는 단명할 수밖에 없었다. 5월 26일경부터 계엄군은 탱크 등 중화기를 앞세우고 광주에의 재진입을 시도한다. 이에 대응하여 시민군에 의한 '죽음의 행진'이 이루어지게 되고 계엄군의 광주진입은 미루어지게 된다. 그러나 계엄군의 전면적인 진압작전이 예견되는 상황에서, 항복이냐 죽음이냐를 선택해야 하는 상황이 다가오고 있었다. 시민군 내부에서는 고등학생이나 여성의 귀가를 종용했다. 순수정치의 공간을 지키기 위한 최후의 항쟁에서도 순수정치의 공간에서 발휘된 높은 도덕성이 발휘되고 있었다. 27일 새벽 4시에 최후의 거점으로서의 도청에 대한 진압작전인 '충정작전'이 시작되었다. 탱크와 중무장 헬기, 자동화기와 수류탄으로 무장한 공수부대원들은 구식 무기로 도청을 지키던 시민군들에 대한 무차별 사살작전에 들어갔다. 작전개시 1시간 30분 만에 도청진압이 완료되었다. 구식 무기로 마지막까지 항쟁하던 민중 무장자위투쟁의 지도부는 피를 흘리며 죽어갔다. 그리고 생존자들은 '특수폭도', '반란행위자'로 분류되어 국가의 감옥으로 끌려갔다. 이로써 10일간의 광주항쟁, 7일간의 순수정치의 시대는 막을 내리게 된다.

많은 사람들은 '해방광주'를 한 번의 극적 사건으로 해석한다. 그러나 5·18 비상계엄전국확대와 함께 군대가 국가를 대표하는 폭력적 위압으로 진입해 오는 상황에서 민중들은 침묵과 외면을 선택할 수도 있었다. 하지만 광주민중들은 총을 들고 자위투쟁으로 나아갔다. 나아가 계엄군이 광주에서 퇴각한 이후 광주가 '무법천지'로 변화할 수도 있었을 것이다. 그러나 광주는 민중적 자치를 구성하여 갔으며 민중들은 이러한 민중적 자치의 자발적 참여자이자 협력자가 되었던 것이다. 더 나아가 계엄군의 재진주 속에서 죽음이 엄습해 오는 상황에서 도피와 굴복을 선택할 수도 있었다. 그러나 광주항쟁의 지도부는 폭력적 지배에의 굴종이 아니라 완전한 해방을 향한 죽음을 선택했다. 이처럼 해방광주는 여러 번의 선택의 기로에서 자신의 잠재력을 해방광주를 향한 인간적 방향을 선택함으로써 혹은 자신 속에 잠재화된 해방의 잠재력을 현재화해 감으로써 다단계로 '구성'되어 갔던 것이다.

앞서 서술한 금단, 배제, 선택적 포섭이라는 정치의 국가화의 기제들은 기본적으로 정치와 사회의 괴리를 전제로 한 상태에서 정치를 통해 사회를 국가가 통솔하는 방법들이라고 할 수 있다. 1980년 광주에서는 정치와 사회의 괴리를 전제로 한, 정치의 국가화 대 정치의 사회화의 각축을 뛰어넘어 마르크스가 파리꼬뮨에서 발견했던 꼬뮨적 형상이 실현되었던 것이다. 사회구성원들이 집단적인 의제들을 공적으로 결정하는 과정으로서의 정치는 이제 사회와 괴리된 모습이 아니라 완전히 일체된 모습으로 짧은 해방광주 시기에 출현했다. 나는 광주항쟁은 파리꼬뮨에 뒤이은 근대적인 '순수정치'의 모습이라고 생각한다. 순수정치하에서 정치와 사회의 경계가 해소되고, 정치와 사회가 일치하는 순수한 유형의 정치가 출현하게 된다. 나는 여기서 정치와 사회의 경계는 없어지면서 자연스럽게 사회의 집단적 의제를 민중 자신이 결정하는 상황, 민중 자신이 자기규율의 주체가 되는 상황, 그리고 국가화된 정치가 소멸된 상황에서 사회 그 자체가 곧 정치가 되는 모습이 광주에서 나타났다고 생각한다. 정치와 사회의 일치는 정치가 필요하지 않은 상황을 의미한다. 정치의 억압적 기능은 소멸하고 정치의 '협의적' 기능만이 존재하는 어떤 상황을 의미한다.

광주의 경험은 국가폭력이 민중들의 자위투쟁을 통해서 극복된 시공간에서 비로소 가능하다는 것을 말해준다. 1980년 광주민중들이 무장항쟁을 통해 폭력적 국가집단을 후퇴시킨 상황은 일종의 '위로부터의 권력'이 부재한 공백 상태이고 여기서 '아래로부터의 권력'인 민중자치의 순수정치가 실현된 상태가 된 것이다. 광주항쟁은 정치가 실종된 절대폭력 상황에서 민주주의의 원형이라고 할 수 있는 민중의 정치적 자치가 순수하게 출현하는 상황을 의미한다.

혹자는 이것을 광주항쟁의 '이상화'라고 생각할지도 모르겠다. 그러나 10일간의 광주의 경험은 일상 속에서 발견하기 어려운, 아니 쉽게 노정되기 어려운 순수한 정치의 모습을 비록 불완전하게나마 체득할 수 있는 기회를 제공하고

있는 것이다. 어떻게 보면 비정상성의 공간 내에서 정상성 속에서 발견할
수 없었던 정상성의 본질을 발견할 수 있을는지도 모른다. 이런 의미에서
광주의 10일은 '세계사적 10일'이라고 할 수 있다.

광주항쟁은 배제의 동학으로 운영되던 정치가 위기에 직면하면서 '정치의
사회화'를 위한 저항들을 폭력적으로 억압하는 과정에서 생겨난 현상이라고
할 수 있다. '정치가 부재한' 순수하게 폭력적 국가로 운영되는—정치란 지배에
대한 동의를 창출하는 계기이다—상태, 극단적인 정치의 위기 상황에서 변화를
거부하는 세력이 '절대적 폭력'으로 자신을 운영하는 상태, 이때 정치가 실종
되며 국가의 폭력성은 순수하게 드러난 상태에 대응하여 '정치의 사회화'를
위한 사회활동은 '절대공동체'¹¹¹⁾ 혹은 순수한 민중자치로 나타난 것이다.
광주항쟁은 국가가 정치를 말살할 때, 어떻게 민중자치적 정치, 순수한 사회적
정치가 출현하는가를 잘 보여주고 있다. 가장 순수한 국가는 가장 순수한
사회, 가장 순수한 정치를 출현시킨다고 표현할 수도 있다. 이것이 아마도
민주주의의 '묵시록'적 모습일 수도 있을 것이다.


## 4. 요약 및 맺음말

이 글에서 나는 정치라는 것이 장내 제도정치로만 한정되지 않는 사회
속의 다양한 정치적 활동을 의미하는 것이라고 해석했다. 우리가 사용하는
장외정치라는 개념은 1970~80년대의 재야 활동만을 의미하는 것이 아니라
정치 일반에서 장내 제도정치를 상대화하고 그것이 정치의 전부일 수 없음을
시사해 주는 보다 일반적인 개념일 수 있음을 지적했다. 그런 취지에서 우리의
현대사에서 나타나는 다양한 운동정치들을 '정치의 사회화'를 지향하는 장외
정치로 재해석했다.

---

111) 최정운, 『오월의 사회과학』(풀빛, 1999); 최정운, 「절대공동체의 형성과 해체」, 광주광
   역시 5·18사료편찬위원회, 『5·18 광주민중항쟁』 참조.

정치란 무엇인가. 나는 먼저 정치란 사회구성원들에 영향을 미치는 집단적인 의제들의 공적 결정을 둘러싼 집단 및 개인들의 상호관계와 활동이라고 규정했다. 그런데 현실의 정치는 언제나 정치의 출발점이 되는 사회(혹은 사회구성원)와 괴리되어 존재한다. 이러한 성격을 갖는 정치는 근대 사회에서는 대의민주주의라는 형태로 구체화되었다. 근대 대의민주주의에서 정치와 사회의 관계는 사회의 구성원인 민(民)이 정치의 주체로서의 상징적 위치를 부여받은 반면에, 반대로 정치는 사회구성원들의 '협약적 위임'을 통해 대의자들의 정치로 협애화되었다. 이러한 정치와 사회의 관계에 대해서는 통상 제도정치 중심주의적 시각과 정치와 사회(사회 내의 정치적 활동) 간의 경계에 대한 고정화된 시각이 존재하는데 이를 넘어서야 함을 지적했다. 전자에 따를 때, 근대 대의민주주의에서 정치는 제도화된 정치를 의미하고 이것의 외부에 있는 것은 비(非)정치로 규정된다. 근대 대의민주주의는 한편에서는 소수의 상층집단에 한정되어 있던 정치를 국민을 대표하는 대의자들의 정치로 재정립해 냈지만, 다른 한편에서는 정치를 제도정치로 한정하는 한계를 가지는 이중성을 드러낸다. 정치와 사회의 경계는 결코 고정화된 것이 아니며, 정치와 사회의 역동적 상호관계에 의해 구조화된 어떤 것이라고 파악되어야 한다. 무엇이 정치인가라는 정치의 '경계'와 정치에서 무엇이 의제화되고 정책화되어야 하는가 하는 정치의 '내용'과 관련해서, 민주주의는 결코 고정물이 아니라는 것이다.

그렇다면 근대 민주주의하에서의 정치의 경계, 정치의 내용을 결정하는 요인은 무엇인가. 여기서 나는 민주주의를 단순히 선거절차나 제도정치의 규칙이 아니라 계급적·사회적 투쟁과정이자 그러한 투쟁에 의해서 정치의 경계와 내용이 규정되는 공간이라고 규정했다. 이러한 전제 위에서 근대 민주주의하의 정치공간에서는 '정치의 국가화'와 '정치의 사회화'를 지향하는 두 가지 흐름이 존재한다는 점을 지적했다. 정치의 국가화라고 하는 것은 정치라는 장이 국가화된 지배에 대한 동의가 창출되는 장으로 기능하도록 하려는 시도를 의미한다. 반대로 정치의 사회화는 정치를 사회와 일치시키도록 하는, 즉 정치가 사회적 요구를 실현하는 장이 되도록 하며, 동시에 정치가 사회적 주체들의 직접적인 자기통치가 되도록 하는 시도를 의미한다. 이러한 '정치의 사회화'를 추구하는 운동의 조직화된 형태를 운동정치로 규정했다. 한국에서 재야운동을 지칭하기 위해 사용된 '장외정치'는 정치가 제도정치로 한정될 수 없는 것임을 말해준다.

다음으로 나는 정치가 지배의 헤게모니의 장으로 작동하도록 하기 위한 '정치의 국가화'의 기제들로서 금단, 배제, 선택적 포섭을 지적했다. 특정한 정치활동을 특정한 정치공동체의 (의사)합의에 의해서 비정치의 영역으로 유폐시키는 금단, 강압적 수단에 의해서 특정한 정치활동을 제도정치의 장으로부터 억압하는 배제, 정치와 사회의 괴리가 극단화된 위기상황을 극복하기 위해 사회의 요구와 인자를 제도정치로 흡수해 들이는 선택적 포섭 등을 지적했다. 이 외에도 국가가 완전히 폭력으로 일체화되어 정치가 소멸하는 상황이 존재함을 지적했다.

이러한 기제들을 통해 작동하는 '정치의 국가화'에 대응하여 정치를 사회의 요구와 일치시켜 변화시키고자 하는 '정치의 사회화' 시도들이 다양하게 전개된다. 정치의 사회화를 지향하는 행위들은 그 정치적 지향성에 따라서 보면 온건한 타협적 흐름과 급진적 흐름이 존재할 수 있다. 온건한 흐름은 기성 정치의 경계를 넘으면서도 그것이 기성의 정치를 근원적으로 부정하지 않는, 기성의 정치를 '개혁'하고자 하는 흐름이라고 한다면, 급진적 흐름은 기성의 정치에 대한 단절과 변혁을 지향하는 흐름이라고 할 수 있다. 근대 대의민주주의의 맥락에서 온건한 흐름은 대의민주주의의 존재론적 긍정 속에서 이를 민주주의의 이상에 맞추어 보완하고 개혁하고자 하는 노력으로 표현된다.

'정치의 사회화'의 흐름은 과정적 측면에서 정치를 사회구성원의 직접적인 자기결정의 과정으로 만들고자 하는 흐름과, 내용적 측면에서 사회구성원의 요구와 정치를 일체화시키고자 하는 흐름이 존재할 수 있다. 전자가 정치의 과정적 경계를 확장하려는 흐름이라고 한다면, 후자는 정치의 내용적 경계를 둘러싼 흐름이라고 할 수 있다. 이런 점에서 '정치의 사회화'는 정치의 경계를 둘러싼 투쟁이라고 할 수 있다.

이상의 논의를 한국현대사에 투영시켜 정치의 국가화가 어떻게 작동했으며, 그에 대응하여 정치를 사회화하기 위한 장외정치로서의 운동정치가 어떻게 표현되었는가를 분석하고자 했다. 여기서 한국현대사에서 드러나는 '정치의 사회화'를 위한 네 가지 사례를 분석했다. ① '정치의 국가화'를 위한 금단의 기제가 작동하는 조건 속에서 정치의 사회화를 위한 행위들이 '비합법정치'의 형태로 표출된 경우이다. ② 배제의 기제에 대응하는 '정치의 사회화'의 시도들은 '장외정치'라고 할 수 있는 1960~70년대 재야운동의 형태로 표출되었다. ③ 선택적 포섭의 기제에 대항하는 사회적 정치의 모습은 시민정치라고 할 수 있는 낙선운동과 같은 형태로 표출되었다. 여기서는 둘째와 셋째의 '사회적 정치'를 '경계정치'라고 불렀다. 둘째와 셋째의 경우는 제도정당들이나 의회가 '대의' 기능을 제대로 수행하지 못하는 상황에서 운동단체들이 제도정당의 기능을 대행하며, 제도적 대의 기능을 시민사회 기구들이 수행하는 '대의의 대행' 현상임을 지적했다. 마지막으로 ④ 1980년 광주에서 이루어졌던 바와 같이 국가가 순수폭력으로 드러나고 이에 대응하여 정치와 사회가 일체화되는 '순수정치'가 실현된 상태이다. 이러한 네 가지 유형들은 정치의 사회화를 지향하는 '장외정치'적 활동이라고 할 수 있다.

먼저 정치의 금단화와 그에 대응하는 비합법정치와 관련하여, 한국전쟁 이후 한국 사회가 극우 반공주의적으로 구조화되면서 급진주의적 정치는 금단의 영역에 위치 지워지게 되고 이에 대응하는 '정치의 사회화'를 위한 노력이 비합법적인 활동, 반국가적인 활동으로 표출되었다.

이러한 비합법정치의 예로서 비합법전위조직들을 주목했는데, 1960년대의 인민혁명당, 통일혁명당, 1970년대의 남조선민족해방전선, 제헌의회나 사회주의노동자동맹 등 1980년대 각종 혁명 지하조직들을 정치와 사회의 관계 속에서 분석했다. 그런데 (의사)합의적으로 받아들여졌던 금단의 기제 자체가 쟁점화되고 그에 대한 비판적 의식들이 민중들 사이에 확산되어 가면서 비합법정치들의 정치적 위상도 변화해 간다. 비합법정치는 금단의 영역에서 존재했으나 점차 운동정치의 영역으로 이동했는데, 이는 정치와 운동의 경계, 정치와 비정치의 경계에 대한 고정화된 인식이 점차 극복되면서 그 경계들이 상대화되는 것을 보여준다는 점을 지적했다.

다음으로 '대의의 대행' 기능을 하는 경계정치의 예로서 재야운동과 낙선운동의 예를 살펴보았다. '경계'정치는 경계 내부의 정치행위자들과 경계 외부의 비정치행위자들 모두가 기성 정치의 한계성을 인정하고 있으며 그런 점에서 제도정치의 행위자들과 제도정치 외부의 행위자들이 비정치의 정치성을 인정하는 경우라고 할 수 있다.

구체적으로 1970년대 이후 재야의 출현과 그 의미, 정치적 성격, 나아가 낙선운동의 경과와 결과 등을 살펴보았다. 이 두 가지 경계정치는 기존의 제도정치의 경계를 허물면서 그것을 뛰어넘어 정치를 확장하는 것이며 그 자체가 '비정치의 정치'의 성격을 가지고 있다는 점을 지적했다. 재야운동은 독재적 국가가 설정한 정치의 경계의 외부에서 그 경계를 상대화시키는 '장외정치'를 행하는 것이라고 할 수 있다. 낙선운동 역시 경계 자체를 상대화시키면서 동시에 그 경계 내에 존재하는 정치의 '질'을 사회적 요구에 따라 개혁하기를 요구하는 운동이었다고 할 수 있다. 이러한 두 가지 운동을 통해서 볼 때 독재정권이 강요하고 구성했던 '정치와 사회의 경계'는 사회구성원들의 정치의식이 발전하게 되면서 상대화되었으며, 그 결과 제도화된 정치의 외부에 존재하는 사회적 활동 그 자체가 제도정치를 대체하는 정치의 성격을 지니게 된다고 할 수 있다. 이런 점에서 재야운동과 낙선운동은 배제의 기제에 의해서 정치가 왜곡되어 국가화되는 것에 대응하여, 정치를 사회화하기 위한 장외정치로 파악할 수 있다.

마지막으로 광주항쟁을 검토했는데, 이를 통해 정치가 소멸되고 국가가 폭력 그 자체로서 일체화된 준전시적 학살폭력에 대응하여 민중들이 무장자위투쟁을 전개하여 국가폭력을 극복한 상태에서 '정치와 사회가 일체화'되는 순수정치 상황이 형성되었음을 지적했다. 해방광주에서는 국가에 의한 통치에 대응하여 민중의 자치가 대두했으며, 이 과정에서 국가통치 속에서 나타난 지배의 도덕성을 뛰어넘는 민중자치적 도덕성이 나타나게 되었다. 1980년

해방광주에서 실현된 광주꼬뮨을 나는 순수정치의 예로 파악했고 이 순수정치
하에서 정치와 사회의 경계가 해소되고, 정치와 사회가 일치하는 순수한 유형
의 정치가 출현하게 되었음을 지적했다. 여기서 정치와 사회의 경계는 없어지
면서 자연스럽게 사회의 집단적 의제를 민중 자신이 결정하는 상황, 민중
자신이 자기규율의 주체가 되는 상황, 그리고 국가화된 정치가 소멸된 상황에
서 사회 그 자체가 곧 정치가 되는 모습이 광주에서 나타났음을 지적했다.

  이 글에서 나는 정치는 고정된 것이 아니며 부단히 그 경계와 내용이 변화하
는 각축의 현장이라는 점을 출발점으로 했다. 그러면서 정치를 지배의 재생산
의 유기적 일부로 편제하는, 특정하게 구조화된 정치에 도전하는 다양한 '정치
의 사회화'의 시도들을 한국의 사례에서 유형화하여 분석하고자 했다. 이
글을 통해서 나는 정치의 경계와 내용이 고정화되어 있는 것이 아니며, 지배에
대한 동의를 창출하는 공간으로 만들고자 하는 '정치의 국가화'의 흐름과
반대로 사회의 요구를 실현하는 장으로서 위치 짓고자 하는 '정치의 사회화'의
각축의 장이라고 파악했다. 이 점은 사회운동이 정치와의 관계 속에서 갖는
의의를 보다 구조적 관점에서 파악할 수 있도록 해준다.
  이 글은 우리의 현대사 속에서 나타난 다양한 정치적 변동의 경험들을
보다 보편적으로 파악하게 해주는 하나의 해석의 통로를 제공해 준다고 생각
한다. 압축적인 정치변동 속에서 정치와 사회의 관계, '정치의 사회화'의 다양
한 유형적 사례들이 나타났고 이는 정치와 사회의 관계에 대한 보다 보편적인
통찰력을 제공해 주고 있다고 생각한다.
  그런데 '정치의 사회화'는 정치와 사회가 일체화되어 정치가 소멸되는 것을
의미하는 것으로 인식되지 않기를 바란다. 이 점이 사실 '정치의 사회화'라는
프리즘으로 한국현대사의 운동정치를 분석한 이 글의 한계이기도 하다. 단지
여기에서는 '한나 아렌트적인 고민'을 배제하는 것이 아니라는 점을 밝혀두고
자 한다. '정치의 사회화'의 동력은 그 자체가 현존 사회주의에서 보였듯이
'좌익 근본주의'적인 위험성도 그 자체 안에 내재해 있는 것이 사실이다.

그런 점에서 정치 자체가 내포하는 소통성과 반(反)독점성을 보존하는 위에서 '정치의 사회화' 형태들이 다양하게 추구되어야 할 것이다.

이 글은 여러 가지 한계도 가지고 있다. 먼저 정치의 사회화를 추동하는 사회 자체의 내적 복합성과 다양성, 균열적 성격을 충분히 전제하고 서술하고 있지 못하다는 점이다. 사실 어떤 의미에서 이 논문은 억압적 독재국가에 대항하면서 저항적으로 활성화된 (시민)사회를 전제로 하고 그것을 대표하는 것으로서 장외정치로서의 운동정치를 중심으로 서술하고 있는 셈이다. 보수적 사회도 존재하는 것이며 국가에 의해 동원되는 사회, 새롭게 자본에 의해 포섭되어 가는 사회도 존재한다. 여기서 사회를 구성하는 민중과 시민은 진보적 존재이며 제도정치의 억압성과 협소성에 대결하는 존재로 전제되고 있다는 점이다. 이러한 점이 분석에서 충분히 고려되지 못했다는 점이 이 글의 한계이다. 다음으로 앞서 이미 이 글의 범위를 한정지었지만 여기서는 제도정치에 대항하는 운동정치만을 다루고 있을 뿐 반(反)제도정치적이고 자기표출적인 '정체성의 정치'를 전혀 다루고 있지 못하다는 점이다. 이 점은 한계이자 후속 논문을 쓴다면 거기에서 다루어야 할 과제라고 하겠다.

마지막으로, 정치와 사회의 경계, 정치의 내용이라는 것이 고정되어 있는 것이 아니고 구성되는 것이라는 이 글의 논지에서 볼 때, 현존 정치 역시 역동적인 상호관계 속에서 구성의 각축 과정에 있다고 할 수 있다. 이런 점에서 두 가지 새로운 도전을 지적하는 것으로 이 글을 마치고자 한다. 먼저 독재에 저항하면서 진보적으로 활성화된 사회는 1987년 이후 선택적 포섭에 기제에 의해서 제도정치의 일부로 포섭되어 가고 있다. 이는 새로운 '정치의 국가화'로 이어질 수 있다. 이에 대응하여, 정치의 사회화를 추동할 수 있도록 사회 자체가 내부의 보수화의 경향이나 자본에 의한 새로운 포획을 넘어서서 자신을 새롭게 급진적으로 재활성화해야 할 것이다. 이것이 운동정치에 주어진 과제일 것이다. 그래야 민주화의 맥락에서, 혹은 민주정부의 일부가 국가의 담지세력이 되는 조건 속에서, 정치의 국가화를 뛰어넘는 정치의 사회화가 촉진될 수 있을 것이다. 이 주제와 관련해서, '민주화 이후의 민주주의'를

고민하고 있는 최장집 교수는 제도정당질서의 정상화와 대표체계의 민주화
―나의 표현으로는 정치와 사회의 괴리를 극복하는 정치의 재구조화―를 대안으로
제시하고 있다. 나는 이러한 과제의 진보성을 인정하면서도―이것은 나의 표현
으로는 선택적 포섭 방식의 '정치의 국가화'이다―민주화되는 제도정당을 뛰어넘
는 '정치의 사회화' 동력이 사회 내부에서 창출될 수 있어야 한다고 생각한다.
이것은 사회의 새로운 정치성(性)을 창출하고 활성화하는 것이 될 것이다.
이런 점에서 운동정치의 새로운 풍부화가 필요한 것이다. 다음으로 신자유주
의적 지구화의 도전 속에서 '정치의 사회화'를 향한 동력을 풍부화하는 것이
다. 현재 우리는 신자유주의적 지구화 속에서 국민국가의 민주주의와 정치가
재편되어 가는 과정 속에 놓여 있다. 신자유주의는 정치의 대상이 되었던
정치의 내용을 시장자율적인 동학으로 전치하는 의미를 담고 있다. 이런 점에
서 현재 우리는 신자유주의적 지구화의 맥락 속에서 정치의 재구성을 둘러싼
각축과정에 있다고 할 수 있다. 이런 점에서 지구화 시대에 '정치의 사회화'를
위한 방향이 무엇인가 하는 점이 새로운 과제로 우리에게 제기되고 있다고
하겠다.

# 참고문헌

2000년총선시민연대 엮음. 2001.4.13. 『총선연대 백서』 상·하.

강준만. 2003. 『한국현대사 산책, 1980년대 편(1): 광주학살과 서울올림픽』. 인물과사상사.

강형민. 1990. 「1980년대 조직운동의 전개과정에 대한 연구」. ≪경제와사회≫, 제6호. 이론과실천사.

광주광역시 5·18사료편찬위원회. 1997. 『5·18 광주민주화운동 자료총서』, 제2권.

_____. 1997. 『5·18광주민중항쟁』.

구자호 엮음. 1988. 『民推史』. 민주화추진협의회.

권형철. 1990. 『한국변혁운동논쟁사』. 일송정.

기쁨과 희망 사목연구소. 1997. 『암흑 속의 햇불: 7, 80년대 민주화운동의 증언』 1-4권.

김동춘. 2000. 「4·13 총선: 사회운동의 도전」. 제38대 연세대학교 대학원 총학생회 학술국 엮음. 『시민사회 성숙과 사회운동의 전개』.

김세균. 1995. 「'시민사회론'의 이데올로기적 함의 비판」. 유팔무·김호기 엮음. 『시민사회 와 시민운동』. 한울.

김인영. 2001. 「총선시민연대의 낙천·낙선운동과 정치개혁」. 『시민운동 바로 보기』. 21세 기북스.

김정훈·조희연. 2003. 「지배담론으로서의 반공주의와 그 변화: '반공규율사회'의 변화를 중심으로」. 조희연 엮음. 『한국의 정치사회적 지배담론과 민주주의 동학』. 함께읽는 책.

김준. 1993. 「아시아 권위주의 국가의 노동정치와 노동운동: 한국과 대만의 비교연구」. 서울대학교 사회학과 박사학위논문.

_____. 1995. 「대만의 민주화」. ≪동향과전망≫, 26호(6월호).

김창진. 1995. 「광주민중항쟁의 발전구조: 무장투쟁과 '민중권력'」. 『광주민중항쟁연구』. 사계절.

_____. 2001. 「시민의 저항과 무장항쟁」. 광주광역시 5·18사료편찬위원회. 『5·18광주민 중항쟁사』. 고령.

김학노. 1986. 「그람시의 혁명전략 연구」. 『국가, 계급, 사회운동』. 한울.

김혜진. 2001. 「정치적 기회구조와 사회운동의 미시동원기제: 총선시민연대와 민주노동당 의 사례에 대한 구성주의적 접근」. 연세대학교 사회학과 석사학위논문.

김호기. 2001. 「낙선운동과 시민운동의 정치적 과제」, 『한국의 시민사회, 현실과 유토피아 사이에서』. 아르케.

나간채·정근식 외. 2004. 『기억투쟁과 문화운동의 전개』. 역사비평사.

나의갑. 2001. 「5·18의 전개과정」. 광주광역시 5·18사료편찬위원회 엮음. 『5·18 광주민중항쟁사』. 고령.

노영기. 2005. 「'5·18항쟁과 군대'에 대한 연구」. ≪민주주의와인권≫, 5-1.

달, 로버트(R. Dahl). 1998. 『민주주의』. 김왕식 외 옮김. 동명사.

동아일보사. 1988. 『현대한국을 뒤흔든 60대사건: 해방에서 제5공화국까지』. ≪신동아≫ (1월호). 별책.

레닌(V. I. Lenin). 1991. 「계급사회와 국가」. 『국가와 혁명』. 강철민 옮김. 새날.

류근일. 1997. 『권위주의체제하의 민주화운동연구: 1960-70년대 제도 외적 반대세력의 형성과정』. 나남.

무페, 샹탈(Chantal Mouffe). 1992. 『그람시와 마르크스주의이론』. 장상철·이기웅 옮김. 녹두.

문경란. 2000. 『총선연대, 유권자 혁명의 100일 드라마: 우리에게는 꿈이 있습니다』. 나남.

민족민주연구소. 1989.10. 「국민운동본부: 민주쟁취국민운동본부 평가서(1) 자료편」.

민주화실천가족운동협의회·민족민주연구소 엮음. 1989. 『80년대 민족민주운동: 10대 조직사건』. 아침.

밀리반트, 랄프(Ralph Miliband). 1994. 「공산주의 정권의 위기에 관한 성찰」. 『몰락 이후』. 김영희 외 옮김. 창작과비평사.

박명림. 1999. 「한국전쟁과 한국정치의 변화: 국민통합, 헌법정치, 한미관계를 중심으로」. 『한국전쟁과 사회구조의 변화』. 백산서당.

박상병. 2000. 「4·13 총선 결과와 정당체제: 변화와 한계」. 『4·13 총선』. 문형.

박상훈. 2000. 「4·13 총선, 결과분석: 지역, 세대, 계급을 중심으로」. 참여사회연구소·한국 정치연구회 공동심포지엄. "4·13 총선, 시민·민중운동 그리고 한국민주주의" 발표문.

박석률. 1989. 『푸른 하늘을 향하여』. 풀빛.

박원순. 2002. 『한국의 시민운동: 프로크루스테스의 침대』. 당대.

박종성. 1997. 「인맥으로 본 한국정치」. 한울.

박찬승. 1997. 「선언문·성명서·소식지를 통해 본 5·18」. 광주광역시 5·18사료편찬위원회 엮음. 『5·18 광주민주화운동 자료총서』

박태순·김동춘. 1991. 「통혁당 사건과 청맥」. 『1960년대의 사회운동』. 까치.

벡, 울리히(U. Beck). 1997. 『위험사회: 새로운 근대(성)을 향하여』. 홍성태 옮김. 새물결.

_____. 1998. 『정치의 재발견』. 문순홍 옮김. 거름.

사쑨, 앤 S.(Anne S. Sassoon) 편저. 1984. 「헤게모니와 동의: 정치전략」. 『그람시와 혁명전략』. 최우길 옮김. 녹두.

성경륭. 1993. 「한국정치민주화의 사회적 기원: 사회운동적 접근」. 경남대학교 극동문제연구소 엮음. 『한국 정치·사회의 새 흐름』. 나남.

세계 편집부 엮음. 1986. 『공안사건 기록: 1964-1986』. 세계.

손혁재. 2000. 「2000년 총선에서 낙선운동의 필요성」. 2000년총선시민연대 정책자문교수단 엮음. 『정치개혁과 낙천·낙선운동』.

손호철. 1999. 『신자유주의 시대의 한국정치』. 푸른숲.

심지연. 2004. 『한국정당정치사』. 백산서당.

안문석·황민섭. 2002. 「시민단체의 공직후보 낙선운동의 영향력 평가: 16대 총선에서의 '총선시민연대'의 낙선운동을 중심으로」. ≪한국정책학회보≫, 11권 2호.

안병용. 1991. 「1960·70년대 공안사건의 전개양상과 평가」. 한국역사연구회 현대사연구반 엮음. 『한국현대사(3): 1960·70년대 한국사회와 변혁운동』. 풀빛.

앤더슨, 페리(Perry Anderson). 1995. 「안토니오 그람시의 이율배반」. 페리 앤더슨 외 엮음. 『안토니오 그람시의 단층들』. 김현우 외 편역. 갈무리.

예춘호. 1996. 『서울의 봄, 그 많은 사연』. 언어문화.

오도넬, G.(G. O'Donnell) 1990. 『제3세계 정치체제와 관료적 권위주의』. 한상진 옮김. 한울..

오유석. 1999. 「외곽지역의 항쟁으로 본 5·18 민중항쟁」. 학술단체협의회 엮음. 『5·18은 끝났는가』. 푸른숲.

오페, 클라우스(Clause Offe). 1993. 「신사회운동: 제도정치의 한계에 대한 도전」. 한국정치연구회 정치이론분과 엮음. 『국가와 시민사회』. 녹두.

오현철. 2000. 「시민불복종과 낙선운동의 정치학적 정당성」. 2000년총선시민연대 정책자문교수단 엮음. 『정치개혁과 낙천·낙선운동』.

유동렬. 1996. 『한국좌익운동의 역사와 현실』. 다나.

유팔무·김호기 엮음. 1995. 『시민사회와 시민운동』. 한울.

윤일웅. 1985. 『재야세력들』. 평범서당.

은수미. 2001. 「한국 노동운동과 시민운동의 경쟁, 그리고 헤게모니: 이념과 쟁점형성을 통해서 본 사회운동의 동시성장과 정치세력화」. 서울대학교 사회학과 석사학위논문.

이병하. 2000. 「총선시민연대를 통해서 본 시민운동 연대 형성과 낙천, 낙선운동」. 연세대학교 정치학과 석사학위논문.

이부영. 1991. 「내가 겪은 사건: 1980년대 재야운동과 세 차례의 투옥 - 이돈명 변호사 구속사건과 박종철 고문치사 배후폭로의 진상」. ≪역사비평≫, 13호(여름호)

이재오. 1984. 『해방 후 한국학생운동사』. 형성사.

이정희. 1997.12.4.~6. 「재야 정치집단의 민주화운동」. 『1997년 연례학술대회 자료집』. 한국정치학회

_____. 2001. 「16대 총선과 한국의 민주주의: 극복과제를 중심으로」. 국회사무처 엮음.

『제16대 총선과 한국 민주주의』.

임영일 편저. 1985. 『국가, 계급, 헤게모니』. 풀빛.

임영일. 1992. 「한국의 산업화와 계급정치」. 한국사회학회·한국정치학회 엮음. 『한국의 국가와 시민사회』. 한울.

임지현. 2003. 「대중독재의 지형도 그리기」. 임지현·김용우 엮음. 『대중독재: 강제와 동의 사이에서』. 책세상.

임춘웅. 1980. 「재야세력이란 누구인가」. ≪신동아≫(6월호).

장재영. 2000. 「정치개혁과 한국시민운동에 관한 연구: 총선연대의 '낙천·낙선운동'을 중심으로」. 국민대학교 정치외교학과 석사학위논문.

전남사회문화연구소 엮음. 1988. 『5·18광주민중항쟁 자료집』. 광주.

전남사회운동협의회 엮음·황석영 기록. 1985. 『죽음을 넘어 시대의 어둠을 넘어』. 풀빛.

정대화. 2000. 「낙천·낙선운동의 전개과정과 정치적 의의」. 『4·13 총선』. 문형.

정영태. 2004. 『한국정치의 희망찾기』. 인하대학교출판부.

_____. 2005. 「아직도 민주주의 타령인가」. 학술단체협의회 엮음. 『사회를 보는 새로운 눈』. 한울.

정용대. 1989. 「한국의 진보정당과 정치발전: 생성과정을 중심으로」. ≪한국정치학회보≫, 23집 2호.

정종권. 2000. 「시민운동에 대한 비판적 평가」. ≪경제와사회≫, 45호(봄호).

정해구. 2000. 「4·13총선시민연대 활동과 한국의 민주주의」. 참여사회연구소·한국정치연구회 공동심포지엄, "4·13총선, 시민·민중운동 그리고 한국민주주의" 발표문.

_____. 2001. 「군작전의 전개과정」. 광주광역시 5·18사료편찬위원회 엮음. 『5·18광주민중항쟁사』. 고령.

_____. 2002. 「한국민주주의와 재야운동」. 조희연 엮음. 『국가폭력, 민주주의 투쟁, 그리고 희생』. 함께읽는책.

제솝, 밥(B. Jessop). 2000. 『전략관계적 국가이론』. 유범상 외 옮김. 한울.

조기숙. 2002. 『16대 총선과 낙선운동: 언론보도와 논평을 중심으로』. 집문당.

조진경 외. 1987. 『한국사회의 성격과 운동』. 공동체.

조진만. 2001. 「낙선운동이 16대 총선에 미친 영향」. ≪연세사회과학연구≫, 7집.

조현연. 2000. 「진보정당운동의 도전과 가능성: 민주노동당의 경험」. 『4·13 총선』. 문형.

조희연. 1989. 「북한의 통일노선과 통일정책에 대한 연구」. 한신대학교 제3세계문화연구소 엮음. 『한국민중론과 주체사상과의 대화』. 풀빛.

_____. 1993. 『한국의 사회운동과 조직』. 한울.

_____. 1998. 『한국의 국가·민주주의·정치변동』. 당대.

_____. 2000. 「정치지체와 낙천·낙선운동」. ≪창작과비평≫(봄호).

_____. 2001. 『한국민주주의와 사회운동의 동학』. 나눔의집.

_____. 2004. 「박정희시대의 강압과 동의: 지배·전통·강압·동의를 다시 생각한다」. ≪역사비평≫, 67호(여름호).

_____. 2004. 「시민운동의 성격」. 『비정상성에 대한 저항에서 정상성에 대한 저항으로』. 아르케.

_____. 2005. 「민주항쟁 이후 사회운동 변화와 그 특성: 네 가지 측면을 중심으로」. 『한국시민사회운동 15년사, 1987-2002』. 시민의신문.

조희연·조현연. 2002. 「국가폭력, 민주주의투쟁 그리고 희생: 총론적 이해」. 조희연 엮음. 『국가폭력·민주주의투쟁 그리고 희생』. 함께읽는책.

최웅. 1987. 「재야세력의 민주화운동」. 조진경 외 엮음. 『한국사회의 성격과 운동』. 공동체.

최장집. 1989. 「군부권위주의체제의 내부 모순과 변화의 동학, 1972-1986」. 『한국현대정치의 구조와 변화』. 까치.

_____. 1993. 『한국민주주의의 이론』. 한길사..

최정운. 1999. 『오월의 사회과학』. 풀빛.

최진섭. 1991. 「한민통과 한민전」. ≪말≫(2월호).

카치아피카스, 조지(George Katsiaficas). 2002. 「역사 속의 광주항쟁」. ≪민주주의와인권≫, 2-2.

폰투손, 요나스(Jonas Pontusson). 1995. 「그람시와 유로코뮤니즘: 계급지배와 사회주의로의 이행개념에 대한 비교연구」. 페리 앤더슨 외 엮음. 『안토니오 그람시의 단층들』. 김현우 외 옮김. 갈무리.

폴라니, 칼(Karl Polanyi). 1997. 『거대한 변환』. 민음사.

_____. 2002. 『전 세계적 자본주의인가 지역적 계획경제인가』. 홍기빈 옮김. 책세상.

하버마스, 위르겐.(J. Habermas) 1994. 「오늘날 사회주의란 무엇인가: 만회의 혁명과 좌파노선 수정의 필요」. 로빈 블랙번 편서. 『몰락 이후』. 김영희 외 옮김. 창작과비평사.

한국기독교 교회협의회 인권위원회. 1986. 『1970년대 민주화운동(전5권)』. 한국기독교교회협의회.

한국기독교사회문제연구원. 1983. 『1970년대 민주화운동과 기독교』. 민중사.

한국정치연구회 사상분과 편저. 손호철 감수. 1992. 『현대민주주의론 I, II』. 창작과비평사.

한국정치학회 엮음. 1995. 『한국현대정치사』. 법문사.

한승헌. 1985. 『유신체제와 민주화운동』. 삼민사.

한인섭. 2002. 「국가폭력에 대한 법적 책임과 피해회복: 5·18민주화운동의 법적 해결을 중심으로」. ≪法學≫ 제2호(서울대학교).

호광석. 2005. 『한국의 정당정치: 제1공화국에서 제5공화국까지 체계론적 분석』. 들녘.

Aabedi, Amir. 2004. *Anti-Political Establishment Parties: A comparative analysis*. Londong: Routledge.

Boggs, Carl. 1984. "The Three Faces of Gramsci." *The Two Revolutions: Gramsci and the Dilemmas of Western Marxism*. Boston: M.A. Cambridge: South End Press.

Buci-Glucksmann, Christine. 1980. *Gramsci and the State*. trans. by D. Fernbach. London: Lawrence and Wishart.

Cohen, Jean and Arato. 1992. *Civil Society and Political Theory*. Cambridge: MIT Press.

Cunningham, Frank. 2002. *Theories of Democracy: A Critical introduction*. London: Routledge.

David, Held. 1995. *Democracy and the Global Order: From the Modern State to Cosmopolitan Governance*. Cambridge: Polity.

Gramsci, Antinio. 1971. *Selections from the Prison Notebooks*. trans. by Quintin Hoare. New York: International Publishers. 이상훈 옮김. 1999. 『그람시의 옥중수고 I: 정치편』. 거름.

Harrison, R. 1993. *Democracy*. London: Routledge.

Held, David. 1996. *Models of Democracy*. Stanford: Stanford Univ. Press.

Lester, Jeremy. 2000. *The Dialogue of Negation: Debates on Hegemony in Russia and the West*. Londong: Pluto Press.

Young, Iris Marion. 2000. *Inclusion and Democracy*. NY: Oxford Univ. Press.

# 제11장

# 한국 노동자 저항의 동력
## '권리' 담론과 '대동의 감각'

김동춘 | 성공회대학교 사회과학부 교수

## 1. 들어가는 말

자본주의하의 자본-노동관계에서 대체로 불리한 노동조건하에 있는 노동자 대다수는 왜 주어진 현실을 감내하고 묵종하지만 때로는 기존 질서에 격렬하게 저항하는가? 노동자들은 어떤 조건에서 어떤 방식으로 사용자 혹은 국가와 갈등상황에 들어가게 되고, 또 그러한 갈등과정 혹은 갈등을 겪은 이후 하나의 사회적·정치적 주체로 등장할 수 있는가?

이것은 동아시아권 학문의 역사는 물론 근대 사회과학의 역사만큼이나 오래된 질문이다. 특히 마르크스(K. Marx)에서 푸코(M. Foucault)에 이르기까지 거의 모든 사회과학자들은 이 문제에 대해 나름대로 대답을 해왔고, 또 그에 대한 반론도 계속 제기했다. 사회과학에서는 주로 이것을 권리의식, 계급의식, 주체화의 개념으로 설명하고 이해해 왔다. 그러나 한 인간 혹은 집단이 저항의 주체, 갈등의 주체로 등장하는 과정을 단순히 '권리' 담론으로만 설명할 수 있을까? 더욱이 자본주의 사회 내에서의 노동자가 단순한 저항에서 시작하여 자기희생, 심지어 목숨까지 각오한 투쟁의 주체로 등장하는 과정은 억압과

---

\* 이 글은 「대동주체론」(≪중앙일보≫, 2000.9.6.)에 기초하되 그것을 보완·확대한 것이다.

부정의라는 일반 상황 아래에서 진행되는 인간(집단)의 정신세계의 근본적인 변화를 이해하지 않고서는 설명하기 어렵다. 분신과 같은 극한적인 저항이나, 전투적인 노동투쟁의 경험을 가진 한국에서는 서구의 소외론, 계급형성론, 혹은 합리적 선택이론 등에서 제시되었던 저항 및 주체형성의 이론 틀로서는 만족스럽게 설명할 수 없는 여러 가지 양상들이 나타났다. 이미 서구의 학자들도 인간의 창조적 잠재력, 혹은 '관계' 속에서 형성되는 유대, 우애, 연대, 사랑 등의 도덕적 측면이 저항의 동력이 된다는 것에 주목한 바 있다.[1] 그러나 산업화 이후 한국 노동운동과 노동저항의 경험은 그러한 문제제기를 예외적인 것, 부수적인 것이 아니라 보다 높은 일반성 속에서 재정립할 수 있는 자료를 제공해 주고 있다.

어떤 경우든지 민중들이 저항을 통해서 주체로 등장하는 과정에서는 새로운 자아인식 혹은 정체성(identity)의 확립을 수반한다. 즉, 타인과의 관계 재정립 혹은 사회 내에서의 자신의 위치에 대한 자각의 과정을 수반하지 않는 저항, 그리고 주체의 형성은 상상할 수가 없다. 자본주의 사회에서 노동자의 계급적 주체로서의 등장은 바로 노동자의 자기정체성, 즉 계급 정체성의 자각, 자본과 노동의 관계의 인식, 자신과 세계의 관계에 대한 감각의 형성을 수반한다. 인간은 우선 자신의 생명을 보존하기 위한 본능적인 투쟁에서부터 시작하여 높은 단계에서는 자신의 존엄성을 확보하기 위해 투쟁한다. 이 과정이 서구의 사회과학에서는 주로 '권리', '이익'의 개념으로 설명되어 왔다. 인간이 자신을 노예화하는 사회적 관계에서 자신의 권리를 찾으려 할 때 초보적인 형태의 투쟁은 시작되고 자신의 권리만을 찾는 데서 그치는 것이 아니라 보편적 자아

---

1) 톰슨(E. P. Thompson)이 개념화한 도덕경제(moral economy)가 대표적이다. 그는 영국의 식량폭동의 원인을 설명하면서 지역단위의 공동체적 소유와 규범이 어떻게 저항의 동력이 되는가를 주목했다. 판타지아(R. Fantasia)도 연대의 문화가 어떻게 노동자 저항의 동력이 되는지 주목한 바 있다. Rick Fantasia, *Cultures of Solidarity: Consciousness, Action and Contemporary American Workers* (Berkerly: University of California Press, 1988). 물론 무어(B. Moore)도 일찍이 이 점을 주목한 바 있다. Barrington Moore, *In justice: The Social Bases of Obediences and Revolt* (New York: M. E. Sharpe, INC, 1978).

를 획득할 때 투쟁은 보편화되고 역사화된다는 것이 헤겔에서 마르크스로 연결되는 근대 서구사상의 일관된 흐름이다.

노동운동사를 보면 노동자는 투쟁을 통해서 낮은 수준의 인륜성의 문제의식 속에서 연대의 필요성을 자각하고, 투쟁을 통해서 그리고 투쟁의 결과로서 성숙한 인륜적 관계를 성취하게 된다. 그래서 권리의 자각은 반드시 개별적인 상태에서만 진행되는 것이 아니라 연대를 수반하며, 또 집단적으로 공유된다는 특성을 갖는다. 투쟁은 연대, 즉 공동체를 전제로 하여 진행될 수 있고, 또 투쟁의 결과로서 공동체를 지향하는 특징을 갖는다는 것이다.

그런데 여기서 개인적 저항이 연대로 변화되는 과정, 특히 노동자들이 생존이나 권리를 찾기 위해서 초보적으로 저항하다가 연대로 전화하는 과정을 어떻게 설명할 것인가는 여전히 블랙박스로 남아 있다. 무시, 굴욕의 체험, 권리의 상실과 이익의 박탈이라고 하는 자기부정의 현실을 바탕으로 하여, 투쟁의 당위성 인지 및 동료에 대한 적극적인 신뢰를 전제로 해서 성립하는 연대로 나아가기 위해서는 분명한 도덕적인 동기가 있어야 한다. 호네트(A. Honneth)는 마르크스 이론의 공리주의적 측면의 한계를 인지하고 헤겔과 미드(H. Mead)에서 나타나는 도덕적 측면에 주목했다.[2] 그는 마르크스는 노동자들이 계급적 연대를 갖게 되는 과정을 존엄성 상실이라는 도덕적 차원을 배제하고서 설명했다고 비판했다. 이것은 마르크스가 영국의 자유주의, 공리주의를 배격하면서도 그들이 설정한 권리, 이익의 개념을 그대로 수용한 데서 초래된 문제가 아닌가 생각한다. 재산권의 사상에 기초한 부르주아의 개인주의 권리 개념과 노동자들이 임금 노동자로서의 종속적 지위를 극복하기 위해 감행하는 집단적 저항은 분명히 상이한 것임에도 불구하고 전자의 모델이 근본적인 비판과 수정 없이 후자에게 적용될 수 있는 위험성이 있는 셈이다. 즉, 갈등과 투쟁에서 도덕적 요소가 갖는 중요성은 말끔하게 정리되지 않은 채 서구 사회과학에서 지금까지 논의되어 왔다.

---

2) 악셀 호네트, 『인정투쟁: 사회적 갈등의 도덕적 형식론』, 문성훈 옮김(동녘, 1992).

사회과학에서 아직 노동자의 의식과 무의식에 대한 연구는 여전히 초보적인 단계에 있다.[3] 사회과학의 모든 연구대상이 그러하듯이 노동자를 하나의 대상 혹은 '주체'로 가정하는 것 자체가 노동자에 대한 실제적 인식을 방해하는 지도 모른다.[4] 대상과 자신이 분리될 때, 언제나 대상은 신비화되고 동시에 그 진면목을 파악하지 못하게 되는 경향이 있는데, 그것은 현대 사회과학이 직면하게 된 근본적인 딜레마라고 할 수 있지만 이러한 비판들을 일단 감안하면서 노동자 저항의 동력을 살펴볼 필요가 있다.

## 2. 권리(權利), 집단이해와 주체화

### 1) 권리 담론의 한계

순응과 복종에 길들여진 사회적 약자, 빈자들이 자신의 '권리'를 제기하는 것 자체가 혁명적인 사건인 것은 틀림없다. 한국에서 나타난 1970년대 이후의 노동자들의 줄기찬 저항, 1987년 7~8월 노동자 대투쟁, 그리고 1997년의

---

3) 부르디외(Pierre Bordieu)는 노동자 행동에서 의식과 무의식의 구분을 없앨 필요가 있다는 점을 제창했다. 그의 계급 아비투스(habitus de class)의 개념은 의식과 무의식의 대립을 해소한 개념이라고 설명한다. 그것은 주체에 내면화된 객관성이라는 것이 그의 주장이다. 피에르 부르디외, 『자본주의의 아비투스: 알제리의 모순』, 최종철 옮김(동문선, 1995), 127~129쪽.

4) 노동자들에게 저항은 오히려 예외적이고, 불리한 조건에서 생존을 도모하는 것이 훨씬 보편적이다. 그래서 민중적으로 산다는 것은 "내가 역사의 주체인 민중이다"라는 생각을 버리는 것이라는 지적도 있다. 김지하, 『밥』(분도출판사, 1984), 138쪽. 즉, 도교적 냄새가 나는 이러한 지적은 민중메시아주의를 버려야만, 혹은 주체라는 자각 자체를 넘어서야만 진정한 민중성에 도달할 수 있다는 이야기다. 이러한 지적은 왜 1980년대의 현장 투신 학출 지식인들이 노동자들에게 '배반감'을 느끼고 현장을 나오게 되었는지를 설명해 준다. 그들은 실체로서 노동자를 본 것이 아니라 '노동자'라는 기호를 좇았는지도 모른다.

총파업 등은 바로 노동자들이 집단적 '권리'의 주체로 등장하게 된 중요한 사건들이었다. 그래서 한국의 노동현장에서 사용자에 대한 '일방적 복종'은 구시대적인 것이 되어가고 있다.

한편 노동자의 저항과는 성격이 다르지만 1990년대 이후 도시 재개발 철거 지역에서의 주민들의 항의, 지난 2000년 의약분업이 쟁점이 되었을 당시 사회의 상류층에 속하는 자영업 의사들의 집단저항과 '의권(醫權)' 주장, 그리고 동강 등지에서 환경보존을 위한 항의, 원자력 발전소 설치를 둘러싼 지역 주민이나 피해자들의 집단적인 항의, 소송, 그리고 생존권 요구 등의 현상에서 나타난 것처럼 정치권력의 억압성이 이완된 이후 한국 사회의 모든 구성원은 이제 자신의 이익과 권리를 적극적으로 옹호할 능력을 가진 당당한 '주체'로 성장한 듯이 보인다. 그러나 노동자를 비롯한 이들 모든 사회구성원들의 집단 이익의 요구 제기가 곧 이들이 능동적인 사회주체로 형성된 것을 의미하는 것은 아니다. 의사들의 권리주장은 시민의 건강하게 살 권리와 충돌할 수 있고, 파업권은 지속적인 고용안정 보장 문제에 해답을 갖지 못하고 있다. 여러 사회구성원의 권리주장이 우선 자신의 존재에 대한 자각과 전 사회구성원의 행복한 삶의 보장 문제와 연결되지 않을 때, 그것은 브뤼크네르(P. Bruckner)가 강조한 것처럼 '희생자 의식', 피해자 의식으로 충만된 '유아기적 행동경향'에서 벗어나지 못하고[5] 결국은 이후 적극적인 사회적·정치적 주체로 등장하는 것을 가로막은 것은 물론이고 그러한 의식만으로는 당장 자신의 이익조차 확보하지 못하는 결과를 초래한다.

그렇다면 노동운동 혹은 노동자들이 제기하는 '권리', 혹은 이익 담론은 의사들과 같은 전문 직업집단 혹은 지역 주민들의 이익, 권리주장과 어떤 점에서 차별적인가? 실제로 양자간에는 심각한 차이가 존재하는가? 노동자들은 무슨 근거로 자신의 요구와 주장이 의사 등 전문직 종사자, 지역개발의 피해자인 주민들의 것과 다르다고 주장할 수 있는가?

---

5) 파스칼 브뤼크네르, 『순진함의 유혹』, 김웅권 옮김(동문선, 2000).

노동자가 자신의 노동의 몫을 전유하지 못한 데서 오는 권리주장, 혹은 이익추구의 관념은 노동조합 조직화, 노동저항의 출발점이 되는 것은 분명하다. 이것은 자본주의 생산관계에서 자본의 한 도구로 존재하는 임노동자로서의 자신의 소외된 존재조건을 바탕에 두는 것이 아니라, 고용자와의 관계 속에서 임노동을 제공하는 단순한 거래주체가 요구하는 임금의 몫의 확대, 즉 분배의 요구라 할 수 있다. 그것은 재화나 권력의 박탈에서 출발하고 있으며, 생존기회의 불평등을 극복하려는 노력이다. 물론 집단이해의 추구가 기존 질서에 대한 도덕적 분노, 정치적 변혁의 열정과 분리되어 존재하는 것은 아니다. 자신의 불리한 처지를 극복하려는 저항은 대체로 엄밀한 타산 속에서 진행되는 것이 아니고 권력관계 변화의 열정, 인간적인 자존심 훼손에 따른 정서적 분노 등과 결합되어 존재한다.[6] 그리고 이것은 대중적인 차원에서의 저항운동과 참여의 동력이 된다.

그러나 상대적 박탈감, 집단이익의 추구가 저항을 지속적으로 지탱시켜 주지는 못한다. 특히 탄압이 심각하여 저항의 위험부담이 클 때, 그리고 다수의 잠재적 우군이 소극적인 태도를 보일 때, 주변의 지원세력이 제대로 움직이지 않을 때, 저항은 집단적 이해의 인지와 공유만으로는 지속되기 어렵다. 즉, 자신의 문제를 보편화시키지 못하거나, 저항세력 내부의 강력한 내부결속과 연대가 없이는 저항을 이끌어가는 것은 불가능하다. 저항이 목적의식을 가진 주체에 의해 주도되고, 또 저항세력의 힘이 배가되기 위해서는 저항세력의 대상에 대한 인식의 확대와 저항세력 내부의 엔진이 필요한데, 그것이 바로 집단 내부의 결속 그리고 공동체다. 자신의 이해의 인지와 직접행동은 공동체적 유대 없이는 지속될 수 없다는 이야기다.

마르크스가 제기하는 계급형성(class formation) 이론은 저항이 전국화, 노동자가 대안세력화되는 과정에서 '노동자의 동질화', '지배이데올로기의 허구성

---

6) 현대 자본주의는 열정을 이해관계로 대치했다. 그러나 이해관계의 세상에서 열정이 설자리를 상실할 것인지는 논란의 여지가 있다. 이에 대한 논의로는 앨버트 허쉬만, 『열정과 이해관계』, 김승현 옮김(나남, 1994) 참조.

에 대한 비판적 인식의 확대', 나아가 '계급 이익의 보편화'의 측면에 대해서는 잘 설명하고 있으나, 저항세력 내의 상호 주관적인 집단의식의 형성의 내재적 과정에 대해서는 다소 애매한 점이 많다. 즉, 착취의 강화, 부르주아 사회제 관계의 폭로와 노동자의 의식화, 투쟁을 통한 연대와 노동자 내부의 동질성 강화 등의 자본주의 모순의 '과학적' 성격 및 그 객관적 조건과 결합된 주체형성 문제는 마르크스, 엥겔스의 여러 저작에서 잘 제시되고 있다. 그런데 단순한 계급의식의 혁명적 의식으로의 비약의 문제를 비롯하여 그의 초기 저작에서 제시된바, 비인간화에 대한 저항으로서의 자본주의 혹은 자본주의화된 노동질서에 대한 전면적 부정 의식이 어떻게 만들어지는가에 대해서는 이론적으로 불분명한 점이 남아 있다. 이것은 이후의 학자들에 의해서 마르크스 '과학' 이론에서의 '도덕'이 설 자리가 없다는 문제제기로 나타난 바 있다.[7]

여기서 베버(M. Weber)가 제기한 마르크스 이론의 문제점이 다시 부각된다. 이익집단에서 출발한 '계급'이 과연 '공동체'일 수 있는가 하는 질문이 바로 그것이다.[8] 계급의 객관적 존재조건은 노동시장 상황의 공유에서 오는 것인데, 이것은 이해관계의 공통성에 기초해서 잠정적인 공동행동을 가능케 할 존재조건은 되지만, 가치와 목표를 공유하는 공동체로 변화될 수는 없다는 것이 그의 주장이었다. 즉, 노동자 계급은 권리와 이익의 주체일 수 있을지언정, 운명을 같이 할 수는 없기 때문에 노동조합은 하나의 결사체가 될 수 있어도 '공동체'가 될 수 없다는 것이 그의 반론이었다. 물론 이러한 반론은 자본-노동관계의 본질적 성격, 즉 자본주의하에서 임노동이 생산의 도구로 사용될 수 있는 측면과 인간의 속성으로서 노동 간의 근본적인 모순, 즉 노동력과 노동의 모순이라는 마르크스의 설명을 통해서 어느 정도 반박할 수 있다. 그리고

---

7) Steven Lukes, *Marxism and Morality* (Oxford: Oxford University press, 1985); David McLellan and Sean Sayers, *Socialism and Morality* (London: Macmillan Press LTD, 1990).

8) "어느 경우이든 계급 그 자체만으로는 공동체를 구성할 수 없다. 그렇기 때문에 계급이 공동체와 개념적으로 동가라고 다루는 것은 왜곡이다." 막스 베버, 『막스 베버 선집』, 임영일 외 옮김(까치, 1990), 135쪽.

노동자들의 저항은 비록 아주 초보적인 상태라고 하더라도 단순히 노동력의 가격상승, 교환가치의 증대만을 목표로 하는 것이 아니라 인간성의 실현, 임노동의 노예상황에 대한 극복의 의지가 담겨 있는 것도 부인할 수 없는 현실이다. 어떤 노동자의 저항도 단순히 임노동의 판매조건 제고, 혹은 제공한 노동력에 대한 보상 몫의 증대, 박탈된 권리 확보라는 것에서만 출발하지는 않기 때문이다.

## 2) 노동자들에게 권리와 이익

노동자의 권리, 이익 주장이 현상적으로는 노동자와 유사하지만 미래에 대한 전망이나 이상을 갖고서 저항을 하는 지식인들 그리고 노동자들보다 더 낮은 열악한 처지에 있는 사회의 극빈층이나 주변세력의 저항과 다른 점이 여기에서 발견된다. 지식인들의 경우 저항은 권리, 이익의 담론보다는 주로 보편적 가치, 혹은 이상과 현실의 괴리를 극복하려는 시도 속에서 출발하는 경향이 있다. 민족해방의 대의, 민족주의적 저항은 대체로 이러한 양상을 지니고 있다. 한편 빈민층처럼 조직화되지 않는 사회의 바닥층의 저항의 경우 투쟁의 방법과 양상은 대단히 과격할 수 있지만 그들을 묶어주는 목표와 유대의 끈이 약하기 때문에 지배권력 측의 대응 여하에 따라 쉽게 흩어질 위험성이 있다. 노동자들은 집단적 이해가 저항의 출발점이 된다는 점에서는 빈곤층의 저항과 동일한 점이 있지만, 일단 저항의 과정에서 모순의 객관성과 일반성이 자각되고 또 자신의 존재에 대한 존엄성을 찾으려는 경향이 태동한다는 점에서는 전자와 차별적인 성격을 갖고 있다. 그러나 노동자들의 저항운동에는 바로 노동운동을 후자의 방식으로 고착화시키려는 강력한 유인이 존재하기 때문에 실제 노동운동은 집단 이익추구운동의 양상으로 나타나기도 하고, 반대로 전자와 같은 주체형성의 양상을 드러내기도 한다. 그런데 집단이익이 계급적 주체형성, 즉 '즉자적 의식'에서 '대자적 의식'으로 이전하는 과정에 대한 문제는 마르크스에게는 여전히 양적인 누적적 측면이 강하고, 그 단절의 측면, 질적인 단절의 문제는 제대로 주목되지 않았다. 그래서 이 공백이 주로 지식인 혹은 당의 역할로 삽입되었다. 계급의식 형성에서의 실증주의와 역사주의의 논쟁 역시 이 점을 둘러싸고 전개된 바 있다.9)

마르크스나 베버가 제대로 주목하지 못한 저항과 투쟁 과정에서의 자기존중감의 형성을 포함한 주체형성, 그리고 주관적인 도덕적 동기부여의 측면이 주목된 것은 바로 이런 이유 때문이다. 이익과 권리의 개념은 저항의 출발점을 설명해 줄 수는 있지만 그 지속성과 완강성을 설명해 주지 못한다. 호네트가 강조한바 무시에 대한 집단적 경험에서 인정투쟁을 위한 도덕적 동기가 발생하는 점을 주목해 볼 필요가 있다. 톰슨이 노동자 저항의 과정을 분석하면서 사회적 봉기가 경제적 궁핍과 곤경의 표현이 아니라 '도덕 경제', 즉 구성원들이 공동체 조직에 대해 갖고 있던 규범적 기대의 훼손의 반영이라고 본 점이 바로 그것이다.10) 결국 노동자들이 수동적 저항자가 아니라 적극적 투쟁자가 되는 것은 자신에 대한 새로운 정체성의 수립, 인정의 요구, 자기존중감 등이라는 것이 호네트의 설명이다.

그런데 여기서 도덕적 요소는 일차적으로는 빈부의 격차에 대한 인지와 더불어 그것의 부정의함에 대한 분노와 자각, 그리고 빈자들 간의 상호작용 과정에서의 인정을 받으려는 욕구 등으로 집약된다. 도덕이라는 것이 인간관계에서 형성되는 것이지만, 여기서 인간은 순수하게 근대적 주체, 즉 개인으로 상정된다. 즉, 자주적이고 개성화된 존재, 자신의 목적을 추구하는 존재로 설정되는 셈이다. 인간의 존엄성의 실현이라는 가치와 개인으로서 주체적인 존재로서 거듭나려는 욕구가 맞물려서 투쟁이 가능하게 된다는 것이다. 확실히 노동투쟁을 비롯한 근대 사회운동은 모두 이러한 개인 해방의 한 표현이라

---

9) 루카치의 '역사와 계급의식'을 둘러싼 논란에 대한 학자들의 논평에 대해서 Istvan Meszaros, *Aspects of History and Class Consciousness* (London: Routledge and Kegan Paul, 1971).

10) E. P. Thompson, *The Poversity of Theory and Other essays* (New York: Monthly Review Press, 1978); 에드워드 파머 톰슨, 『영국노동계급의 형성』 상·하권, 나종일 외 옮김(창작과비평사, 1999).

볼 수 있다.

한국 노동사, 노동운동사를 보면 특히 이러한 점들이 두드러진다. 초보적인 저항은 감내할 수 없는 고통, 생존의 위기의식에서 시작되지만 그것을 지속시킬 수 있는 힘은 인간으로서 자신의 존재에 대한 자각이 있을 때 가능해진다. 노동문제에 눈을 뜨고 노동운동의 적극적 주역으로 나서게 된 노동자들은 하나같이 '노동자로서 자긍심'을 가지고, 그것이 '의미 있는 삶'이라는 것을 자각하고 있다.[11] 이 경우 노동자는 자신을 개인으로 경험하는 것이 아니라 마르크스가 말한 유적인 존재로서 자각을 한다. 즉, 저항은 언제나 개별성의 극복, 특히 공동체 구성원으로서의 자각을 수반하는 셈이다.[12]

그러나 여기서 투쟁하는 개인이 이끌어내는 '공동체'의 상이 과연 자본주의적 착취와 억압이라는 경험을 통해서 저절로 생겨난 것인지 아니면 자신이 체험했던 자본주의 이전의 인간관계라는 정신적 자원 속에서 만들어진 것인지에 대해서는 여전히 논란거리이다. 바로 이 점에서 우리는 노동자들이 자의식을 형성하는 과정에서 나의 개성과 주체성을 부정하지 않으면서도 스스로를 계급적 존재로 자각하고 노동자들 내부에서 타인과 나를 개인 대 개인의 관계로 보지 않는 독특한 주체형성의 과정, 즉 대동(大同)적 주체형성의 측면에 주목해 볼 필요를 느끼게 된다. 즉, 자본주의 이전의 가족관계 그리고 우애 등의 덕목이 자본주의의 착취구조와 맞물려 어떻게 독특한 주체화를 가능케 하는 점을 주목해 볼 필요가 있다. 이것은 자유주의의 권리와 이익의 담론, 그리고 그것의 영향권에서 자유롭지 못했던 마르크스와 베버가 갖고 있었던 근대주의 혹은 서구주의 인식의 한계를 보다 철저하게 인지할 필요가 있다.

---

11) 이옥순, 「원풍모방과 산업선교」, 영등포산업선교회 40년사 기획위원회 엮음, 『영등포 산업선교회 40년사』(대한예수교 장로회 영등포산업선교회, 1998), 478쪽
12) 노동자의 '본질의 자각', 그것은 인간의 공동체적 본질을 의미한다. 마르크스의 초기 저작에서 이 점은 잘 드러나 있다. 이상린, 『수치심의 철학』(한울, 1996), 134쪽.

## 3. '나'의 실종과 '나'의 확대의 문제

전태일은 유서에서 "나를 아는 모든 나여, 나를 모르는 모든 나여 ……
그대들의 전체의 일부인 나"라고 자신의 존재를 규정하고 있다. 이는 "나라가
망하면 도가 망한다 …… 이 세상에 지식인 노릇하기 정녕 어려워라"라고 절명
시를 남기고 자결한 황현의 정신과는 시대의 거리를 고려하더라도 상당한
차별성을 보이고 있다. 전태일은 국가나 민족을 위한 어떤 사명감, 그리고
국가나 민족, 노동자 계급 내에서의 자신, 혹은 자신과 유사한 처지에 있는
사람들의 위치를 설정하지 않고 있다. 그러나 황현은 "국가가 선비를 기른
지 5백 년이 되어 나라가 망하는 날 한 사람도 난국에 죽지 않는다면 오히려
애통하지 않겠는가"라고 독서인(선비)의 책무를 중시하면서 스스로 목숨을
끊었다. 즉, 전태일은 노동자로서의 억압과 굴욕, 인간적 모멸감을 확대된
자아, 즉 노동자 일반, 인간 일반의 문제 해결을 위한 저항의 방법으로 분신을
택했다면 황현은 국가 혹은 민족의 지도자로서의 책무를 다하지 못한 데 대한
자책 속에서 목숨을 끊었다. 이 어느 쪽도 권리와 이익의 담론만으로 자신의
저항을 표현하지 않고 있다. 그러나 전태일은 "근로기준법을 준수하라"라고
노동자의 권리박탈의 문제를 자신의 저항의 기저에 깔고 있다.

우선 전태일이 죽음을 결행하기까지의 자기인식의 형성과정을 살펴보면
우선 고통에 대한 사각이 가장 일차적이다. 그리고 그러한 고통을 통해서
인간의 자존심을 찾으려는 열망을 갖게 된다. 한편 자신을 고통에 빠트리는
사회현실을 통해서는 정의와 부정의에 대한 관념을 갖게 된다. 사용자들이
자신을 포함한 노동자들의 '피땀 흘린 대가'를 정당하게 주지 않고 가로채는
것을 억울하다고 느끼는 것이다. 즉, 자신의 권리가 침해되었다는 자각은 곧
사용자와 노동자들 간의 관계의 '부정의'함에 대한 인식으로 확대되었다. 그에
게 노동자, 특히 바닥 노동자인 시다들의 참상은 그 자체가 부정의하고 부도덕
한 일이며 비인간화된 사회현실을 집약해 주고 있었다. 그리고 이들 노동자들
에 대한 그의 최초의 행동은 자선이다. 당장 그들에게 필요한 먹을거리를

사주는 것이 그의 실천이었는데, 그러한 실천을 하게 된 동기는 바로 그들은 자신과 같은 처지에 있는 형제로 인식했다는 데 있다. 여기서 전태일은 아무런 혈연관계도 갖지 않는 불쌍한 노동자들을 자신의 형제, 나아가 자신의 일부로 인식하게 되고 자신과 그들을 위해서 조직화를 시도하고 근로조건 개선을 위한 운동을 한다. 그리고 그 운동이 벽에 부딪쳤을 때 자신을 버리는 행동을 통해서 자기를 찾으려 했다.

전태일이 만든 '바보회'라는 조직 명칭은 바로 그의 정체성을 집약하고 있다. 그는 똑똑한 사람과 그들의 압제를 받고서도 그것을 자각하지 못하는 노동자들을 '바보'로 통칭하고, 바보들의 단결을 통해서 자신의 비인간화된 처지를 개선하기 위해 노력했다. 그것은 조영래가 표현했듯이 '바보'라는 자조가 아니라 거꾸로 된 가치관에 대한 도전이었으며, 자신이 가는 길이 올바른 길이라는 확신에 기초한 것이었다.[13] 즉, 계급적 정체성이 이해관계의 결집체로서가 아니라 운명공동체성으로 발전해 가는 점을 엿볼 수 있다. 여기서 전태일이 노동자 일반을 '확대된 나'로 인식하게 되는 점을 우리는 주목해 볼 필요가 있다.

우선 그는 '개인'으로서 나의 길을 걷기 위해 노력한다. 기술을 배워 재단사가 되고 공부를 계속하여 가난에서 벗어나는 것, 그리고 어려운 여공들을 도와주는 것, 그것이 개인으로서 '나'가 추구하는 길이었다. 그런데 그것을 이루는 길이 너무나 험난하거나 거의 불가능해 보였을 때, 그리고 그것을 이루는 과정에서 '나'의 상실, 즉 기계화된 자신의 모습이 참을 수 없었을 때, 그는 '개인으로서 나'의 길을 서서히 포기하기 시작했다. 가장 일차적인 문제는 '나의 상실'이었다. 인간으로서 자신과 임노동자로서의 자신이 분열되고, 기계로서의 자신을 감당할 수 없는 상태에 도달한 것이다. 마르크스가 말했듯이 생존의 수단으로서의 노동은 그를 '경제 계산기'로 만들었으며, 원하지 않는 노동은 그를 '무아지경', 즉 자신의 의지와 노력이 개입되지 않는

---

13) 조영래, 『전태일 평전』(돌베개, 2001), 158쪽.

기계의 일부로서의 자신으로 변화시켰다. 이것은 마르크스가 말한 노동소외의 교과서적인 상태다. 삶의 보람을 찾을 수 없는 노동, 그리고 인간으로서 자신을 도저히 자각할 수 없는 노동과정, 즉 자신의 생활을 감내할 수 없는 상황이 '나'의 완전한 실종을 가져온 것이다. 나의 실종, 그것은 바로 노예상태, 자유를 누리지 못하는 상태다. 자유가 없는 인간, 그것은 인간으로서 자존심을 가질 수 없고 비굴하고 부도덕하게 될 수 있는 상황이다. 상당수의 노동자들은 상품 혹은 기계로서 순응하거나, 그것은 경제적 보상과 맞바꾸려 한다. 그런데 그는 다른 방식으로 상황돌파를 감행한다.

'상황돌파'란 바로 자신의 비애를 좌절로 연결시키지 않고, 같은 처지에 있는 사람들에 대한 연민의 마음과 행동으로 표현하는 것을 의미한다. 여기서 '나'가 이제 개인이 아니라 같은 처지에 있는 주변 사람들로 확대되기 시작한다. '나'가 철저히 부정되는 현실 속에서 '확대된 나'를 얻게 된다는 것은 대단히 역설적이다. 전태일은 '전체의 일부', '나의 전체'라는 표현을 자주 사용한다. 그는 공사장 인부, 사과장사 아줌마, 시다들 등 '부의 환경에서 거부당한 사람들을 친구, 동료, 그리고 나'로 인식했다. 그러면 그의 정신세계의 어떤 점이 자신을 전체의 일부로, 자신과 같은 처지에 있는 노동자를 '나'로 인식하도록 만들었을까? 자신과 타인을 분리시킨 상태에서도 공감, 연민, 동정은 가능하다. 그러나 자신과 타인이 분리되지 않는다면 이제 공감, 연민의 상태에서 나아가 사신을 완전히 던져버리는 행동이 가능하다. 이것이 사랑이다. "부모님과 가족은 버릴 수 있어도 동지는 버릴 수 없다"는 1980~90년대 노동운동가들의 동료 노동자에 대한 절대적 애정은 여기서 나온다.[14]

그래서 감내할 수 없는 상황을 돌파할 때 그 종착점은 사랑이다. 공동체는 사랑에 기초해 있다. 사랑이 저항의 실질적인 동력이 되는 셈이다. 이해와 관점의 동일성, 그것만으로는 결코 공동체를 만들 수 없다. 이 점에서 베버는 시장상황에서의 계급이 공동체가 되기 어려운 점을 정확하게 보았다. 그러나

---

14) 마창노련 활동 중 사망한 임종호의 평소 발언. 김하경, 『내사랑 마창노련』(갈무리, 1999), 666쪽.

자본주의에서의 노동의 소외, 권력의 박탈, 자존심의 훼손이 자유를 향한 강렬한 열망과 현상학적 차원에서 노동자들을 계급적 정체성을 갖는 존재로 만들어주는 점에서 마르크스는 옳았다. 그렇다면 노동자가 개인에서 '확대된 나'로 나아가는 과정, 즉 저항의 과정에 대해서 우리는 더 천착해 볼 필요를 느끼게 된다.

그런데 죽음으로까지 나아간 저항과정에서는 이와 유사한 정신적 발전과정을 엿볼 수 있다. 비정규직 차별철폐를 외치면서 2003년 10월 26일 분신한 이용석의 경우 역시 자신이 일용직 노동자이면서도 공부방 학생들에 대한 헌신을 통해서 노동자의 현실에 대한 자각을 실천적으로 표현했다. 근로복지공단 일용직 노동자의 처우개선을 위한 노조활동, 사이버 투쟁의 조직화, 1인 시위 등의 일련의 투쟁을 거치면서 결국 분신이라는 방법을 택하는데, 그 역시 전태일과 마찬가지로 동지들에 대한 애정, 그리고 절대적 자아에 대한 확신 속에서 세속사회의 인간관계를 초극하려는 모습을 보여주었다.

1987년 7~8월 대투쟁 당시, 그리고 1988년 전국의 각 사업장에서의 노조 조직화 활동 및 노동법 개정운동 과정에서 저항에 나선 노동자들의 의식 역시 이와 대단히 유사한 모습을 보여주었다. 대체로는 나의 문제에서 '우리'의 문제로의 인식의 전이가 일어나고, 투쟁과정에서 분노가 공유되고, 자신의 처지를 개선할 수 있다는 의식이 확대되면서 자신감으로 발전한다. 그리고 자신감의 확인은 동료에 대한 사랑과 병행되었다.[15)]

황현의 경우처럼 지식인들에게는 비굴함과 굴욕감, 그리고 자아의 처지와 슬픔이 곧 대승적 자아, 국가와 민족으로 비약을 하는 경향이 있지만, 노동자들에게는 가까운 이웃에 대한 동료애로 표현된다. 억압적 상황하에서 지식인들에게는 개인과 추상적이고 보편적인 자아, 즉 공공적 대의에 대한 헌신이 개인적인 결단으로 나타난다. 이것은 지식인이 외세침략, 민족적 억압 등을

---

15) 2003년 10월 17일 자살한 한진중공업 김주익 위원장 유서에는 "나 한 사람 죽어서 많은 동지들을 살릴 수가 있다면 그 길을 택할 수밖에 없지 않겠는가"라고 전태일과 유사한 심정을 토로하고 있다. ≪프레시안≫(2003.10.17.).

겪으면서 자손심의 훼손을 느끼는 존재이기는 하나, 일상적 노동과정에서 비인간화를 경험하는 주체는 아니라는 점과 연관시켜 볼 수 있다. 지식인도 '확대된 자아'에 대한 관념을 가질 수 있고, 자신을 전체의 일부로 여길 수 있다. 그러나 그들은 대체로 자신의 상실, 자기의 비인간화, 자신의 처지의 비참함과 비애감이 없기 때문에 비인간화된 현실 속에서 '확대된 나'를 발견하지 못하며, 동료들과 자신을 일체화시키는 일상의 과정이 생략된다. 개인, 즉 사적인 존재로서 자신을 초극하려는 동기는 양자에게 동일하지만 그 과정에서 지식인과 노동자의 대응양상은 상이하다. 노동자들에게는 비인간화를 인간화에 대한 열망으로 비약하려는 의지가 훨씬 더 강렬하다. 특히 노동자에게 의식화는 상황에 대한 과학적 분석보다는 경험을 통해서 획득된 정의의 관념, 과거 자본주의 현실 속에서 침잠되었던 자신에 대한 철저한 부정과 자기비판, 이기적 자아를 강요하는 노동현실에 대한 상황돌파의 의지가 수반된다.

물론 이 의식의 비약이 모든 억압받는 노동자들에게 나타나는 것은 아니다. 누구에게서 어떤 조건에 있는 노동자들에게서 그러한 의식의 비약, 주관적 상황돌파가 일어나는지를 파악하는 문제는 훨씬 더 심오한 고찰을 필요로 하며, 따라서 이 글의 범위를 벗어난다. 그러나 '나의 확대', '초자아'가 형성된다는 것은 틀림없는 사실이며, 그것이 마르크스의 '혁명적 계급의식'과는 다른 차원의 자본주의 질서에 대한 전면 부성이라고 볼 수 있다. 즉, 자본주의 혹은 자본주의 사회관계는 혁명가가 됨으로써만 전면 부정되는 것이 아니라, 개별성의 극복으로서 절대적 헌신 혹은 '분신'과 같은 저항을 통해서도 부인된다. 완전한 헌신, 절대적 자기 부인은 자아의 확대, 공동체적 자아의 획득의 표현이다.

## 4. 가족관계의 사회적 유추(類推) : 분노, 헌신, 연대

자본주의 사회에서 개인들 간의 자유로운 계약관계로 표현되는 노사관계는 가족관계와 성질을 달리한다. 우선 가족관계는 혈연에 기반을 둔 운명공동체이기 때문에 공정한 교환 혹은 권익의 관계가 아니다. 전자는 자유의지에 의해서 해지될 수 있는 것이지만 가족관계는 그렇지 않다. 특히 유교문화권인 한국에서 가족은 단순한 혈연적 관계로 끝나는 것이 아니라 사회관계의 원형이기 때문에 도덕적 질서의 기초가 된다. 모든 사회윤리는 가족윤리를 출발로 해서 형성되어 있으며 가족과 사회 간에 단절은 없는 것으로 전제된다. 전통사회에서 가족관계와 사회관계의 일치성은 현대 사회에도 상당부분 잔존해 있다. 특히 국가 혹은 공공영역에 참여할 기회가 제한되어 있는 민중들에게는 생명의 원천이자 모든 관계맺음의 기초가 가족이며, 또 가족이 자신의 세계의 전부를 구성하고 있다.

그런데 노동자들의 의식과 행동은 외양으로는 권익의 담론으로 표현되어 있다고 하더라도 내용적으로는 가족관계를 유추한 양상을 지니게 된다. 즉, 노동자들의 계급 아비투스 혹은 정신세계는 권익관계의 형식에 도덕적 내용을 담는 경우가 많다. 가족은 자신의 생명을 존재하게 해준 원천이고 또 생명이 유지되어야 할 가장 중요한 근거이기도 하다. 그리고 노동은 바로 생명을 유지하는 활동이다. 노동, 혹은 노동의 도구는 일차적으로는 수단이지만, 생명의 자각을 한 노동자들에게는 자신의 일부로서 여겨진다.[16] 그래서 한국의 노동자들은 대체로 회사라는 하나의 확대된 가족을 통해서 자신의 생명과 발전을 도모하기를 희망한다. 그런데 노사관계는 가족관계가 아니고 사용자는

---

16) 어느 노동자의 수기를 보면, "이제 와서 생각해 보니 미싱은 곧 우리 몸의 일부였다. 아니 차라리 우리의 희망 그 자체였다. 추운 겨울 회사에 출근해서 미싱을 밟으며 우리는 우리 가족의 생계를 유지하고 내일의 꿈에 부풀지 않았던가"라는 내용이 있는데 노동과 가족의 관계를 잘 보여주고 있다. 마산창원노동운동연합 엮음, 『어깨걸고 나가자: 마창노련 1년을 되돌아보며』(새길, 1989), 188쪽.

아버지가 아니라는 뼈아픈 사실을 자각하게 된다.[17] 사용자는 이윤을 위해 필요시 노동자들의 임금을 삭감하거나 해고할 준비가 되어 있는 존재다. 노동자들이 자신의 작업장에서 저항을 하게 된 가장 일차적인 계기는 바로 사용자가 자신을 가족의 구성원으로 간주하지 않는다는 점을 자각하고부터이다. 그것이 격렬한 분노를 일으킨다.

즉, 노동자의 분노는 '나'가 집단 속에서 한솥밥을 먹을 수 없는 '남'으로서 취급되어 추방당하는 것, 가족관계의 이방인으로 분류되는 것에서부터 시작한다. 그것은 노동자를 기계와 같이 취급하는 것을 자각하는 것이다. 노동이 자본에게 단지 생산의 도구에 불과하다는 것은 노사가 한몸이 될 수 없다는 것, 기업이 가족이 될 수 없다는 사실에서부터 노동자는 통상적인 이해타산의 관계에서 맛볼 수 없는 거리감과 분노를 갖게 된다. 1987년 이후 대다수 사업장에서의 노사분규의 격화, 노동자들의 전투적인 자세는 대체로 사용자의 억압적 통제에서만 유래하는 것이 아니라, 사용자의 '악랄함', 배신적인 행위 등에 기인한 도덕적 분노에 기인하고 있으며, 이 분노는 평소에는 사용자가 가족임을 강조하다가 가족이 아님을 폭로하는 여러 계기들에 의해 촉발된다.[18] 노동자들이 자본주의하의 자본/노동관계에 눈뜨는 것은 단지 마르크스가 말한 자신의 소외된 존재조건에 대한 자각에서만 출발하는 것이 아니라, 가족 이데올로기의 허구성을 자각하는 것과도 연관되어 있다.

지난 시절 한국의 노동자들은 회사 내의 인간관계 그리고 자본주의 노사관계를 가족이라는 범주를 갖고서 이해했다. 왜냐하면 가족은 그에게 가장 익숙한 사회관계이며, 모든 세상일을 판단할 수 있는 기본적인 사회관계였기 때문이다. 가족 관념은 인간에게 원초적 관념이다. 따라서 그는 이해관계로 이루어지는 세상의 사회관계를 가족이라는 범주로 이해하는 경향이 있다. 그래서 사용자의 노동탄압은 훨씬 더 비인간적인 것으로 받아들여진다. 사용자의

---

17) 김원, 『여공 1970, 그녀들의 반역사』(이매진, 2005)의 여성노동자들의 수기 참조.
18) 마산창원노동운동연합 엮음, 『어깨걸고 나가자: 마창노련 1년을 되돌아보며』의 문건들과 기록들 참조.

부당노동행위는 단순한 이익추구의 행동이 아닌 도덕적 행위로 이해되기 때문이다. 신뢰의 상실은 합리적 계약의 파기보다 인간에게 더욱 격렬한 분노를 일으키게 된다.

노동자들이 동료에 대해 느끼는 사랑과 일체감도 바로 가족관계 내의 형제애에서 유추된다. 노동운동 과정에서 발생하는 동료에 대한 헌신성, 윤리적 책임감 역시 겉으로는 이해관계의 일치라는 전제 위에 서 있는 것이지만 실제로는 이러한 도덕적 요소에 의해 작동되고 있다. 개인의 이익추구, 이기적 성향에 대한 전면 부정, 그것은 가족에서 쫓겨난 사람들끼리 새로운 가족을 만드는 작업이다. 위기의식이 심각할수록 형제적 결속은 강화된다. 혈연중심 공동체의 한 구성원으로서 자아인식은 익명적인 동료, 그리고 권익관계로 특징지워지는 사회관계에 투사되어 기본 틀을 이루고 있다. 노동자들의 투쟁이 강력하고, 연대가 강고한 것은 반드시 자본주의적인 산업관계의 결과만은 아니며 가족관계의 유추가 이들의 정신세계 속에서 작동하기 때문이라고 볼 수 있다.

결국 자본주의 산업화 단계에서 대다수가 농촌 출신 한국의 노동자들에게 가장 익숙한 사회적 관계는 바로 가족이며, 이것을 모태로 해서 그들은 새롭게 맞는 사회관계를 자신의 정신영역 속에서 재구성하게 되었다. 따라서 이해의 자각, 혹은 이해의 공통성의 확인만으로는 노동자 저항을 제대로 설명할 수 없으며, 그것이 어떻게 가족의 관념으로 해석되는가를 살펴보아야 한다. 가족관계는 자본주의 사회관계에 선행하거나 부수하는 것이 아니라 그것과 병행하면서 그것의 재생산의 기반은 물론 도덕적 토대를 이루고 있다.

## 5. '대안의식'과 대동(大同)의 감각[19)]

자본주의 사회관계에 대한 과학적 인식에 기초한 탈자본주의 대안의식으로서 계급의식과 계급감각, 계급본능에 기초한 반자본주의 의식과 대동(大同) 사회에 대한 감각은 별개의 것이다. 통상의 노동자들에게 계급의식이라는 것은 사실 후자를 주로 의미한다. 그런데 레닌 이후 마르크스주의에서는 노동자의 혁명적 계급의식을 말할 때 전자를 주로 지칭하고 있다. 마르크스 자신은 양자의 측면을 함께 고려한 흔적이 있지만 그것을 명료하게 밝히지는 못했다. 자본주의 현실과의 단절을 추구한다는 점에서 양자는 동일한 지평 속에 있다. 그러나 전자는 경험에 뿌리를 제대로 내리지 못하고 있으며, 후자는 일관성과 과학성의 결함을 갖고 있다. 그래서 양자는 각각의 결점을 갖고서 평행선을 그리며 갔다.

한국 노동운동사를 보면 지식인 출신 운동가들과 현장 노동자 출신 운동가 간의 거리감을 확인할 수 있는데, 그 역시 이러한 맥락에서 이해할 수 있다. 양자는 모두 이기주의 혹은 사적인 이해관심의 극복이라는 도덕적 대명제에 충실하지만 그것에 도달하는 과정이 상이하다. 후자는 앞에서 말한 것처럼 사회관계를 가족관계에서 유추하는 경향이 있다. 가족관계는 가장 익숙한 사회관계의 모델이기 때문이다. 그러나 지식인들에게 공공적인 것에 대한 관심과 봉사는 정치적 관심, 즉 공공성 혹은 국가나 민족이라는 전체에 대한 윤리적 헌신의 양상을 지니고 있다. 양자는 대체로 억압과 차별을 겪으면서 그 속에서 비인간화되는 노동자가 인간으로서 승인받으려는 투쟁을 벌이는 점에서 공통된다. 그러나 학생 혹은 지식인 노동자들은 국가, 민족, 계급이라는

---

19) 대동이란 차별이 없고 모두 합동하여 화평하게 잘 다스려지는 세상을 말한다. 禮記(예기), 禮運(예운) 편에는 소강과 대동이 거론되어 있다. 캉유웨이(康有爲)는 "세상의 모든 법도를 두루 살펴볼 때 대동의 도를 버리고는 고통에서 벗어날 길도 즐거움을 구할 방도도 없다. 대동의 도는 지극히 균등하며 공적이며 어진 것으로서 통치의 가장 훌륭한 정치라 할 수 있다"라고 지적했다. 캉유웨이, 『대동서』, 이성애 옮김(민음사, 1991), 45쪽.

공적 질서와 자신을 일체화시키지만, 노동자들은 동료를 위해서, 즉 노동자 계급이라는 확대된 자아를 갖고 그 속에서 '나'를 넘어선다. 여기서 지식인과 노동자들이 각각 행동하는 주관적인 기반의 차이가 존재한다.

그래서 현장 노동자들에게는 대안의 추구, 혹은 대안에 대한 의식적인 자각 보다 '대동'의 감각, 그리고 인간관계의 매개체로서 사랑과 연대가 더욱 중요하다.[20] 그것은 '나'가 세상과 분리되어 존재하는 것이 아니라 세상의 일부라는 것을 확인하는 것에서 출발하고, 더 나아가 동료 노동자들을 자신의 몸과 같이 사랑하며, 하나의 '가족'과 같은 공동체로서 인지하게 되는 것을 말한다. 이것은 집단행동 과정에서 형성되지만 동시에 집단행동을 가능케 하는 동력이 되기도 한다. 이러한 공동체성의 감각은 '처지'의 공통성에 대한 자각과 공유, 외적인 상황의 어려움 등이 맞물려 형성된다. 예를 들어 1988년 당시 노동법 개정투쟁을 위해 상경한 노동자들이 거대한 노동자들의 대열에 환호하면서 "마치 몇십 년을 생이별해 있던 부모형제를 껴안듯이 그 억센 팔뚝으로 뜨겁게 부둥켜안고 …… 떨리는 가슴을 억누르지 못해 눈시울을 물들이면서 열광하던 모습"이라고 묘사했는데 노동자들이 갖게 된 공동체의 자각, 즉 대동의 감각을 잘 표현해 주고 있다.[21] 노동자들이 사용하는 언술 중에서 '피', '하나' 등이 유난히 많이 나오는 것도 그러한 이유 때문이다.

대동의 감각은 분명히 자신의 처지의 비참함에 대한 자각, 그리고 객관적으로 주어진 탄압 등으로 인한 위기의식 등 노동자로서의 생명의 유지와 존속을 부인하는 상황과 맞물려 형성된다. 사용자의 임금삭감, 정리해고는 모두 노동자의 생존, 나아가 생명까지 부인할 수도 있는 엄청난 위기상황이다. 그래서 노동자들은 사용자와 '거래'를 위해서 저항을 하는 것이 아니라 분노를 표시하

---

20) 여기서 사랑에 대한 강조는 순수 개인적인 차원에서 해석되는 것이 아니라 개인주의의 극복이라는 사회적 의미로 해석될 수 있다. 대립하고 갈등하는 관계에서 사랑을 강조하는 것은 전복적인 측면이 있다. 중국 고대 사상에서 묵자의 겸애설이 반전평화사상과 연결되는 것도 그러한 이유다.

21) 마산창원노동조합총연합 엮음, 『어깨 걸고 나가자』, 102쪽.

고 생명을 지키기 위해 본능적으로 움직인다. 우리 역사를 보면 전쟁, 혁명, 국난, 외침, 자연재해 등이 발생했을 때 노동자나 농민 등 민중이 가장 앞장서서 움직인 사례를 많이 발견할 수 있는데, 그것은 노동자 자신의 생명의 유지와 직결되어 있기 때문이다.[22]

대동의 감각은 연대 속에서 형성되지만, 동시에 추구해야 할 하나의 유토피아이기도 하다. 여기서 대동세상은 반드시 사회주의 등의 구체적 정치경제체제를 의미하는 것은 아니다. 이 대동의 세상은 노동자들이 형제처럼 함께 살 수 있는 세상, 혹은 노동해방의 상태 등으로 표현된다. 어느 구속된 해고노동자의 언술에서 그것을 엿볼 수 있다.

> 내 형제들이 사는 현장으로 돌아가자
> 쇳소리에 심장이 멈추더라도
> 내 뼈를 묻어야 할 현장으로 돌아가자
> 살을 깎고 있을 형제들에게 달려가
> 복직의 노래를 함께 부르고
> 해고 없는 세상을 위해
> 약속의 날
> 노동해방의 그날을 향해
> 힘껏 달려 나가자.[23]

전태일이 죽음을 목전에 두고 "가야 한다"고 외쳤던 '곳'과 이 시의 작성자가 추구하고 있는 '형제', 혹은 '약속의 날'은 아마도 같은 곳을 지칭하는 듯이 보인다. 이들의 표현을 그대로 빌리면 '높낮이 없는 세상', '구속과 해고가 없는 세상' 등이 그것이다.

---

22) 김지하, 『밥』, 131쪽.
23) 마산창원노동조합총연합 엮음, 『어깨 걸고 나가자』, 172쪽.

그런데 이러한 가족, 국가 등 모든 이기적일 수밖에 없는 사회 단위의 극복, 완전한 균등성을 내용으로 하는 대동세상은 개인주의 혹은 자본주의의 이해타산의 원리와 양립하기 어렵다. 대체로 한국의 경우에도 초기 산업화 단계에서 노동자들이 자본주의에 대해 눈을 뜨는 것은 학습을 통해서가 아니라 역설적으로 회사 내에서 사용자가 노동자들을 대하는 일상적인 부당한 처우를 통해서이다. 이들은 사용자들이 노동자들을 인간으로 취급하지 않고, 인간보다는 돈을 중시하는 것을 피부로 체험한다. 그래서 돈의 논리에 의해서 자신이 비인간화되는 것을 뼈저리게 느낀 나머지 저항을 하게 되고 저항을 통해서 자신의 존엄성을 발견하게 되고, 존엄성의 자각은 곧 확대된 자아의 인식과 동시에 진행된다. 그래서 "권력과 돈보다는 인간을 중시하자"는 이들 의식화된 선진 노동자들의 외침은 구체적 정치경제 상을 그리고 있는 것은 아니지만 그 자체가 반자본주의, 혹은 탈자본주의의 잠재력을 갖고 있다.

1990년대 중반 이후 다수 대기업 노동자들의 경제주의화 경향들과 노조무력화, 비정규직에 대한 차별을 용인하는 노조집행부와 조합원은 모두 노동자들이 자본의 개인화 전략에 포섭되어 들어가 대동의 감각을 상실하게 된 상황이다. 예를 들어, 1930년대까지만 하더라도 무기생산을 거부하면서 파업을 했던 미국의 노동자들이 베트남 전쟁 참전을 지지하게 된 것은 바로 미국 노동운동의 타락과 몰락을 예견케 해준 징후들이었다.

## 6. 맺음말

자유주의의 언술과 이론은 노동자의 의식과 행동을 설명하는 데 충분하고 적절한 도구를 제공해 주지 못한다. 권리의 담론이 특히 그러하다. 자유주의, 개인주의, 시민적 권리개념은 노동자를 봉건적 속박에서 해방시켜 준 근대의 한 표현양식이다. 자유주의는 억압에 대한 저항의 동력을 마련해 주었고, 개인을 전체와 분리시킴으로써 인간이 인격체로서 '승인' 받을 수 있는 길을 열었지만, 개인을 상품화된 질서, 소비주의, 푸코가 말한 미시권력의 올가미에 새롭게 매몰시키는 결과를 가져왔다. 결국 이익추구형 인간관을 견지한 자유주의와 공리주의적 마르크스주의[24]는 노동자 주체화에 대해 극히 제한적인 설명만 제공해 준다. 노동조합의 관료화·권력집단화, 시민들의 정치적 무관심, 사회적 소수자(minority)의 주변화, 비이성적이고 야만적 현상에 대한 집단적 무감각증, 그리고 자본주의 물질문명과 반문명적인 전쟁에 대한 동조와 그러한 정치권력과의 결탁은 노동자 주체화의 실패를 웅변하고 있으며, 권리담론의 한계를 동시에 보여주고 있다.

여기서 '자기의 것'을 찾는 것으로서의 주체화에 머물지 않고, 자기가 타인에게 인정과 사랑을 받고 타인과 같은 배를 타고 있는 존엄한 존재라는 것을 인식함으로써 획득되어지는 주체화의 이론들에 주목을 하지 않을 수 없다. 즉, 투쟁을 통한 '개인'의 승인과 권익의 쟁취에 그치지 않고 투쟁을 통한 하나됨, 혹은 투쟁의 전제로서의 하나됨의 과정에 주목할 필요가 있다. 이것은 일부 사회이론이나 페미니즘 이론에서 이미 제기한 바 있지만, 어떤 사회집단이 성숙한 사회적 주체로 자리 잡는 것은 구성원인 개인이 자신과 부당한 지배질서를 분리시키는 수동적인 저항만으로는 불충분하며 자신이 타인과 차별이 존재하지 않으며, 사랑을 받는 존재 혹은 존엄한 존재라는 점을 인정받을 때이다. 이것이 바로 권익의 담론에 기댄 주체화의 논리가 아닌 대동의 정신에 입각한 주체화의 논리이다.

한국인들은 극히 우연한 계기에 대동주체의 형성을 체험한 바 있다. 1960년 4월 26일 이승만 하야의 날 당시 거리로 쏟아져 나온 온 국민, 1980년 광주민주화운동 당시 시민군과 주민들 사이에 형성되었던 '절대 공동체',[25] 그리고 가까이는 1983년 이산가족 상봉의 며칠 동안, 그리고 노동자들에게는 1987

---

24) 마르크스 이론에서 영국 정치경제학의 전통이 있다는 의미이다. 그러나 마르크스 이론을 공리주의적인 것이라고 간주하기는 곤란하다. 이에 관해서는 많은 논란이 있다.

25) 최정운이 1980년 5·18 당시 형성되었던 저항세력 내부의 공동체를 이렇게 명명한 바 있다. 최정운, 『오월의 사회과학』(풀빛, 1999) 참조.

년 7~8월 대투쟁 당시 노조 설립이 인정을 받았을 때 등이 그것이었다. 그때 사회 내에서는 범죄가 사라졌고, 사람들은 벅찬 희망과 동시에 부끄러운 마음을 가졌다. 그것은 오랜 장마구름 뒤로 번개같이 스쳐가는 푸른 하늘처럼 극히 순간적인 것이었으나 한국의 시민과 노동자들은 그 속에서 추구해야 할 이상적 사회의 모습을 엿볼 수 있었다. 이 모든 대동주체화의 국면은 분명히 희생을 각오한 투쟁과 저항, 그리고 직접 참여와 자신감 속에서 가능한 것이었다. 그것은 권익의 세계를 넘어서는 도덕세계였다. 그들에게 대립, 투쟁보다 상위의 것은 하나됨이었다. 사회는 학자, 정치가, 관료들의 청사진에 의해 만들어지는 것 이전에 생활대중의 의식 속에서 만들어진다. 그렇게 본다면 이들의 대동의 감각이 체제의 청사진을 결여하고 있다는 비판은 일면적일 수 있다.

한국 사회과학은 한국의 시민·노동자의 권리의식과 계급의식의 부재, 수동적이고 복종적인 의식, 청년들의 정치적 무관심과 개인주의를 한탄해 왔다. 이러한 접근은 분명히 타당하다. 봉건적 권위주의의 잔재, 식민지 지배의 체험, 오랜 군사독재의 억압은 자신의 권리를 포기하고 사회에 대해 비판의식을 결여한 대중들의 복종적 문화를 만연시켰다. 따라서 이들이 자신의 권리와 이익이 무엇인가를 알지 못하고 있다는 점을 지적하는 일은 여전히 중요하다. 그러나 그것은 주체화 이론의 최저치(minimum)에 머물러 있는 것이며, 목적론적 시각하에 대중들을 수단화·대상화하는 우를 범할 수 있다. 최저치에 시야를 고정시키면 실제 이들이 어떤 때에 엄청난 저항력을 드러내며, 동시에 자신의 잠재 능력을 완전히 발휘하는지 보지 못한다. 사회과학은 어떻게 인간이 권리의식을 가진 주체가 될 수 있는가를 분석하는데 여전히 중점을 두어야 하지만, 동시에 '더불어 존엄성을 유지하며 살려는 요구', 그리고 도덕적 실천이 인간의 에너지를 극대화시키는 최고치(maximum)로서 행동의 동력을 이루고 있다는 점에 주목해야 한다.

이제 주체의 형성을 단순히 개인, 혹은 집단의 이해관계 인식의 발전과정, 혹은 권력 혹은 지배질서의 정당화의 과정으로만 보기보다는, 자본주의적인 개인화·차별화·파편화의 압력에 대한 '사회'의 자기주장이라는 관점에서 볼 필요가 있다. 이 점에서 이러한 주체형성론은 서구 사회과학의 담론을 그대로 번역한 시민사회, 사회운동, 사회갈등, 노동계급형성의 개념을 우리의 것으로 소화하여 새롭게 이론화하는 데 기여할 수 있을 것이다.

# 참고문헌

김원. 2005. 『여공 1970, 그녀들의 반역사』. 이매진.

김하경. 1999. 『내사랑 마창노련』. 갈무리.

마르크스, 칼(K. Marx). 2005. 『자본론』 I. 김수행 옮김. 비봉출판사.

마산창원노동운동연합 엮음. 1989. 『어깨걸고 나가자: 마창노련 1년을 되돌아보며』. 새길.

베버, 막스(M. Weber). 1990. 『막스 베버 선집』. 임영일 외 옮김. 까치.

부르디외, 피에르(Pierre Bordieu). 1995. 『자본주의의 아비투스: 알제리의 모순』. 최종철 옮김. 동문선.

브뤼크네르, 파스칼(P. Bruckner). 2000. 『순진함의 유혹』. 김웅권 옮김. 동문선.

이상린. 1996. 『수치심의 철학』. 한울.

이옥순. 1998. 「원풍모방과 산업선교」. 영등포산업선교회 40년사 기획위원회 엮음. 『영등포 산업선교회 40년사』. 대한예수교 장로회 영등포 산업선교회.

조영래. 2001. 『전태일평전』. 돌베개.

최정운. 1999. 『오월의 사회과학』. 풀빛.

캉유웨이(康有爲). 1991. 『대동서』. 이성애 옮김. 민음사.

톰슨, 에드워드 파머(Edward Palmer Thompson). 1999. 『영국노동계급의 형성』 상·하권. 나종일 외 옮김. 창작과비평사.

황현. 1994. 『오하기문』. 김종익 옮김. 역사비평사.

허쉬만, 앨버트(Albert Hirshman). 1994. 『열정과 이해관계』. 김승현 옮김. 나남.

호네트, 악셀(Axel Honneth). 1992. 『인정투쟁: 사회적 갈등의 도덕적 형식론』. 문성훈 옮김. 동녘.


Fantasia, Rick. 1988. *Cultures of Solidarity: Consciousness, Action and Contemporary American Workers*. Berkerly: University of California Press.

Lukes, Steven. 1985. *Marxism and Morality*. Oxford: Oxford University Press.

McLellan, David and Sean Sayers. 1990. *Socialism and Morality*. London: Macmillan Press LTD.

Meszaros, Istvan. 1971. *Aspects of History and Class Consciousness*. London: Routledge and Kegan Paul.

Moore, Barrington. 1978. *In justice: The Social Bases of Obediences and Revolt*. New York: M. E. Sharpe, INC.

Thompson, Edward Palmer. 1978. *The Poversity of Theory and Other essays*. New York: Monthly Review Press.

제12장

# 출세의 지식, 해방의 지식
## 1970년대 민주노동운동과 여성

김경일 | 한국학중앙연구원 교수

## 1. 1970년대 여성노동자의 자기의식과 지식

1970년대 여성노동자들의 자기정체성 형성에서 가장 중요하게 작용했던
것은 아마도 빈곤과 지식의 문제일 것이다. 가난하다는 것과 무식하다는 것은
이들 여성들의 자기의식의 근저에 평생 동안 따라다녔던 지울 수 없는 상흔이
었다. 가난하기 때문에 배울 수 없었고, 그로 말미암아 세상으로부터 무시당하
고 인정받지 못한다는 사실은 여성노동자들의 배움에 대한 열망을 설명하는
유력한 단서가 된다. 이러한 열망은 흔히 여성노동자들이 자신의 희생을 통해
오빠나 남동생을 대신 교육시키는 전형적인 양상(여공 희생 담론)을 통해서
표출되어 왔다.

그러나 오빠나 남동생에 대한 헌신이라는 어떻게 보면 진부한 이야기에는
몇 가지 함정이 숨어 있다. 하나는 지식과 앎에 대한 욕망을 강조하는 것은
때때로 이들 여성들이 당면한 가난과 빈곤의 의미로부터 눈을 떼게 만들 수
있다는 점이다. 서울대학교 행정대학원 행정조사연구소의 「근로 여성의 노동
력 보존 및 활용에 관한 연구」에 의하면, 여성노동자의 가장 큰 고민은 '빈곤'
으로 25%를 차지하며, '좀더 공부를 계속하고 싶은데 사정이 허락하지 않는
것'이 18%를 차지하는 것으로 나타났다.[1] 동일방직의 정명자가 "야간고등학

교에 진학하여 낮에는 일하면서 더욱 열심히 공부해 보라고 수차례 권유하시던 담임선생님의 말씀도 귀에 들어오지 않고 오로지 하루빨리 그 당시 유행하던 최희준의 노래 '자가용 타고 친정가네'처럼 나에게는 돈 버는 일이 중요했다. 빨리 돈 벌어서 아버지를 술로 사시게 한 사람들, 엄마를 고생하게 만든 그 사람들에게 여보란 듯이 뭔가를 보여주고 싶었다"라고 적었던 것에서 보듯이,2) 대개의 경우 가난은 배움에 대한 열망에 선행했던 것이다.

다음에 이러한 '여공 희생 담론'에는 시간의 요소가 결락되어 있다. 농촌에서 도시로 갓 올라온 여성노동자들의 경우 가족에 대한 일체감이 강하기 때문에 자신의 앎에 대한 욕구가 남자 형제에 대한 교육으로 쉽게 대체되지만, 시간이 지나 도시에서의 생활에 어느 정도 익숙해진 여성노동자들은 점차 개인적인 차원에서 자신에 대한 자각을 해나가게 된다. 즉, 이들 여성노동자의 생애 주기 초기에 형성되었던 가족과의 동일감은 도시 생활을 통해 형성된 개인의식에 의해 점차 대체되면서, 가족에 대한 희생이라는 생각도 변화를 가져온다. 이와 관련해서 흥미로운 일화가 있다. 원풍모방의 이옥순은 여행버스 안에서 동료들끼리 토론한 이야기를 소개하고 있다. 한 노동자가 "동생 학비라도 대려고 계(契)를 부었다. 돈을 쥐게 되니까 고민이 된다. 동생 학비를 댈 것이냐, 아니면 제가 시집가는 데 쓸 것이냐? 이게 고민"이라고 얘기를 꺼낸 것이다. 놀라운 것은 이 질문에 대한 다른 노동자들의 반응이었다. "한 사람도 빼놓지 않고 결혼 비용 쪽에 손이 올랐"기 때문이다. "동생 공부는 자기가 알아서 하라고 해. 그러다 노처녀 되면 어쩔 거야"라는 것이 이유였다. 이옥순은 "놀러갔다 돌아오면 분명 동생 학비로 쓰일 것"이라고 단정하고 있지만,3) 어쨌든 이러한 반응은 기존 연구들에서의 논의와는 다른 점이다.

1) 이태호, 『불꽃이여 이 어둠을 밝혀라: 한국 여성노동자들의 투쟁』(돌베개, 1985), 89쪽 재인용.

2) 정명자, 「1분에 140보 뛰고 일당 870원」, 『내가 알을 깨고 나온 순간』(공동체, 1989), 90쪽.

3) 이옥순, 『나 이제 주인되어』(녹두, 1990), 116~117쪽.

여기서 생각할 것은 위의 이야기가 1980년의 시점에서 일어났다는 점이다. 만약 1970년대 전반이었다면 이러한 반응은 상상도 할 수 없었을 것이다. 역사적인 시각에서 보면 1970년대 후반에서 1980년대로 넘어가면서 사회 전반의 분위기가 점차 개인화되어 갔던 것을 배경으로 노동자의 의식도 그로 부터 자유로울 수 없게 되어갔다.

그러나 문제는 남자 형제를 통한 욕구의 대체를 통해서도 여성노동자들의 앎에 대한 갈증은 해소될 수 없었다는 점이다. 하얀 칼라를 한 교복을 입은 여학생들을 선망하거나 질시한다든지 공단 주변의 학원이나 야학 등에 한 번쯤은 적을 두고 다녀봤다든지 하는 경험은 여성노동자들에게서 쉽게 찾아볼 수 있었다. 장시간의 강도 높은 노동과 가난에 찌든 일상에서 현실이 주는 중압감이 더하는 것에 비례해서 이들은 비록 그것이 실현될 수 없다는 것을 알면서도 공부에 대한 꿈을 버리지 않았다. 공부를 하고 싶다는 바람과 정말 자신이 그것을 원하는 것은 별문제일 수도 있었다. 어느 경우이건 '공부'는 비참한 공장 생활을 벗어나 좀더 좋은 곳으로 취직할 수 있는 거의 유일한 수단이었다.

그러나 학교를 다닐 수 있다는 자신들의 바람이 실현될 수 없는 허망한 꿈이라는 것을 깨달으면서, 이들은 기존의 지식과는 다른 효용을 갖는 지식들 을 추구하게 되었다. 원풍모방의 장남수가 "2년 전만 해도 나는 못 배웠으니까 동생들이라두 공부시키는 게 목저의 전부였는데 지금은 그렇지 않아요. 말로 잘 표현은 못해도 노동조합을 통해 무척 많이 배운 것 같아요. 어설프게 학교 다니는 것보다 이렇게 배우는 게 더 낫다고 생각"한다고 말했던 것은 이러한 맥락에서 이해된다.[4]

---

4) 장남수, 『빼앗긴 일터』(창작과비평사, 1984), 143쪽.

## 2. 지식과 권력의 성정치학

이 새로운 형태의 지식은 자신들이 그때까지 선망해 왔던 지식을 단순히 대체하는 것만이 아니었다. 전자를 통해서 이들은 후자를 이해하고 비판할 수 있는 새로운 틀과 아울러 일종의 세계관을 갖게 되었다. 나아가서 이들은 넓은 의미에서의 권력이라는 개념이 어울리는 일정한 현상을 경험했다. 비록 일부에 한정된 것이라고 하더라도 1970년대 여성노동운동에서 여성노동자들이 이와 같이 새로운 지식에 눈을 뜨고 그를 통해 노동자로서의 자기의식을 획득해 가는 과정은 매우 드물고 극적인 경험을 수반했다. 실제로는 가난과 무식을 의미했던 '공순이'라는 말에 대한 거부감과 반감은 어느 사이엔가 강한 자기긍정과 자부심으로 변했다. 자신이 노동자임을 인정하고 그것을 통해서 삶의 의미를 찾아나가는 과정은 남들 못지않게 자기 자신에게 그것을 각성시키는 자신과의 치열한 싸움이기도 했다.

이 새로운 지식은 자기의식의 고양과 각성에서 멈추지 않았다. 그것은 순종과 모욕으로 특징 지워졌던 작업장의 남성 관리자들과 자본에 대항하는 새로운 무기를 제공했다. 이들은 "열심히 익히고 배워서 나를 지배하려 드는 적들을 물리칠 수 있는 힘을 기르"고 "담임이나 과장이 회사의 입장에서 자기네의 입장을 합리화하고 우리들을 꾸짖을 때 노동자 입장에서 우리 행동의 정당성을 주장하며 맞설 수 있는 실력"을 기르고자 했다.[5] 근로기준법을 공부하고 노동조합을 결성하면서 이들은 주어진 권리를 모르고 살았다는 사실을 깨우치는 기쁨을 맛보았다. 노동을 통해서 자신의 정당한 대가를 받는다는 사실을 알게 되면서 이들은 관리자들 앞에서 당당해질 수 있었고 서로가 똑같은 사람이라는 사실을 자각하게 되었다. 콘트롤데이터의 한명희는 노동조합을 결성한 이후 자신을 무시해 왔던 관리직 남성들이 자신들의 요구를 할 수 없이 받아들이는 것을 보고, "세상을 다 얻은 것 같은" 든든한 느낌을 술회하고 있다.

---

5) 석정남, 『공장의 불빛』(일월서각, 1984), 72쪽.

5년 동안이나 자신이 미국계 회사 사무직에 근무한다고 부모에게 숨겨오다가 노동조합이 "너무나 멋있고 힘이 있어 보"인 다음부터는 자랑스럽게 자신이 노동자라는 사실을 부모를 비롯한 주위에 알리기 시작했다.[6] 동일방직의 석정남 역시 비슷한 경험을 피력했다. 그녀의 회상에 따르면 노동현장에서 "담임이 화를 내면 벌벌 떠는 건 옛날 얘기였다. 담임 한 사람의 기분에 따라 울고 웃던 건 이미 옛이야기였다. 이제는 그 고비를 넘어서 슬슬 담임을 망신주고 골려주는 일이 재미가 있기도 했다."[7]

18세기 중반 유럽 산업화의 초기에 여성의 교육에 대한 열망은 그것이 공공권력의 세계에 대한 남성들의 특권적 접근에 도전한다는 의미에서 필연적으로 정치적이었다고 한다면,[8] 1970년대 여성노동자들의 새로운 지식 역시 비슷한 맥락에서 기성 공장체제의 기득권에 대항하고 도전한다는 의미에서 정치적이었으며, 이를 통해 이들은 노동현장의 관리자들과 나아가서는 공장체제에 대해 일종의 권력을 행사할 수 있었다. 만일 공식 교육을 통한 지식의 효용 중의 하나로 유력하게 꼽을 수 있는 것이 출세를 위한 기능적인 성격이라면 이 새로운 지식은 기존의 지식을 거부하는 해방적이고 실천적인 지향을 가지는 것이었다. 이러한 의미에서 우리는 출세와 기능의 지식 대 해방과 실천의 지식이라는 대조적이고 상이한 지향을 갖는 지식의 두 유형을 구분해 볼 수 있을 것이다.

해방과 실천의 지식의 원초적 형태는 예컨대 이 시기 노동야학에서의 교육의 목적과 방향을 둘러싼 고민을 통해서 찾아볼 수 있다. 1977년 6월 YH물산 노조는 국어, 영어, 수학, 역사, 사회, 한문, 가정, 음악 등의 과목을 매일 2시간 동안 1년에 걸쳐 가르치는 녹지중학교를 설립했다. 교과목은 고등학교

---

6) 성공회대학교 사회문화연구소, 『1970년대 산업화 초기 한국노동운동사 연구』(노동부, 2002), 227쪽.

7) 석정남, 『공장의 불빛』, 70쪽.

8) Sheila Rowbotham, " 'Thefts of Knowledge': Women, Education and Politics," *Asian Women*, Vol.20(2005).

검정고시를 위한 중학교 과정을 이수하는 것이었지만 노조는 교사들에게 "노동문제와 기초적인 사회과학, 생활 교양 등의 교육내용을 주문"했다. 그러나 8명의 교사 대부분은 검정고시 위주의 교육에 치중한 반면 "노동문제의 해결에 도움이 되는 교육을 하려고 노력"하는 교사는 이 중에서 불과 2명에 지나지 않았다.[9] 이 사례는 앞에서 말한 출세와 해방의 지식이라는 두 형태의 갈등을 원초적 수준에서 드러내고 있다. 검정고시를 통해 공식 학교에 진학하려는 학생들의 욕구도 무시할 수 없었지만, 노조설문지에 대한 학생들의 답변은 해방의 지식을 지향하는 흐름을 그에 못지않게 보이는 것이었다.

한 학생은 "내가 이 학교에 입학한 것은 검정고시를 목적으로 한 것이 아니다. 다만 선생님들과 이야기하고 그 이야기 속에서 생각과 교양과 말과 행동 등을 배우기 위해 온 것"이라고 말한다. 또 다른 학생은 "나는 검정고시가 목적이 아니다. 공부는 사람이 되기 위해서 하는 것이라고 지부장님도 강조했다. 나는 일상생활에서 필요한 것을 배웠으면 한다"고 주문했다.[10] 동일방직의 석정남이 "정상적인 절차를 거쳐 하는 공부만이 제일이라고 생각하는" 여동생에게 "검정고시의 헛된 꿈을 버리고 다른 형태의 공부, 즉 노동야학 같은 데 나가는 것이 우리 현실에 맞는 올바른 공부를 할 수 있다고 설득도 하고 강요"도 했던 것도[11] 같은 맥락에서 두 지식의 대립을 보이는 것이었다. 나아가 그녀는 기능적 지식을 "학문을 닦아 머릿속에만 담아두는 지식"이라고 하면서, 실천적 지식과 그것을 통한 자기의식의 변화를 다음과 같이 묘사했다.

> 우리의 배움이란 학문을 닦아 머릿속에만 담아두는 것이 아니라 실지 생활, 즉 노조 현장에서 필요하고 아는 것만큼 찾아 쓰는 그런 배움이었다. 예를 들면 근로기준법을 앎으로써 월차·생리휴가를 찾아내는 등의 것이었으니, 이것을 회사가 좋아할 리 없었다. 이렇게 그룹 활동을 통해 나는 너무나 많은

---

9) 전YH노동조합·한국노동자복지협의회 엮음, 『YH노동조합사』(형성사, 1984), 115쪽.
10) 같은 책, 117~118쪽.
11) 석정남, 『공장의 불빛』, 104쪽.

것을 배웠고, 노동문제에 깊은 관심을 가지고 조합에 드나들면서 주제 넘는 얘기 같지만 나랏일까지도 걱정을 하게 되었다. 그러한 의식은 나에게 있어서, 곧 건전한 사회발전이라는 차원으로 변화되어 갔고 인간으로 태어난 이상 무언가 사회를 위해 조그만 일이라고 해야겠다는 결의에 불탔으며, 정의를 위해서는 어떤 두려움도 각오했고, 그야말로 세상에 무서운 것이 없었다.[12]

삼원섬유에서 여성노동자들과 함께 소집단 활동을 하면서 노조를 결성했던 유동우 역시 이와 비슷한 경험을 피력한 바 있었다.

이러는 사이 우리들 사이에는 무언가 새로운 인간적·사회적 관계가 싹트고 있다는 기분이 들었다. 어느새 우리는 어느 누구도 떼려야 뗄 수 없는 우애와 신뢰로 뭉쳐진 하나의 견고한 운명 공동체로 발전하고 있었다. 하루라도 동료를 보지 못하면 아쉽기만 하고 만나면 친형제보다 더 반가운 관계가 맺어졌고 같이 자고 같이 고락을 나누며 함께 공동으로 운명에 대처해 나간다는 연대감을 서로 나눌 수 있었던 것이다. 이와 더불어 체념, 자포자기, 동료에 대한 시기나 질투심, 상사에 대해 눈치 보기 등과 같은 우리들이 예전에 갖고 있던 부정적 측면들이 사라지기 시작했다. 또한 비록 못살고 어려운 처지에 있지만 일하지 않고 떵떵거리며 사는 무위도식자를 부러워할 것이 하나도 없고 일하는 우리야 말로 세상에서 가장 소중한 존재라는 근로자로서의 긍지감과 자부심을 아울러 가지는 것이었다.[13]

---

12) 동일방직복직투쟁위원회 엮음, 『동일방직노동조합운동사』(돌베개, 1985), 368쪽.

13) 유동우, 『어느 돌멩이의 외침』(대화출판사, 1978), 160쪽.

## 3. 해방의 지식의 내용과 실체

그렇다면 이와 같은 해방과 실천의 지식의 구체적인 내용은 무엇일까? 그것은 인권의 존중, 노동의 가치에 대한 강조, 자신의 권리에 대한 인식, 주체성과 자주성, 창의성과 자발성, 집단과 공동에 대한 헌신, 폭력과 불의에 대한 저항 등의 덕목으로 요약될 수 있을 것이다. 민주노조의 개념에 대한 명확한 정의가 이루어지지 않은 사실은 흔히 지적되어 왔거니와 기존의 논의가 다소는 소극적이고 제한적이었던 차원에 머물러 있는 현실에 비추어 볼 때,[14] 이들 내용은 동시에 이 시기 민주노조운동에서 '민주'개념의 실체를 이루는 것으로 적극적으로 평가해 볼 수 있을 것이다.

---

14) 이광택은 민주노조의 민주성은 유신체제 아래에서 "국민학교, 대학의 반장 선거마저 없어진 상황에서 노조 선거가 유일하게 남아 있는 선거"였다는 통제 구조와 관련하여 이해되어야 한다고 주장한다. "억압 구조하에서 저항을 하는, 그런 의미에서 민주적이라고 정의"될 수 있다는 점에서 "상당한 한계가 있"다는 것이다. 이러한 소극적 이해와는 달리 이원보는 동일방직의 사례를 들면서 연고 채용 등의 위계질서가 견고히 자리 잡고 있는 지배체계 아래에서 "자기가 바라는 대의원을 뽑았다는 것은 거의 혁명적"이라고 평가한다. 노동조합의 생명이 자주성과 민주성이라고 할 때 선거를 자주적으로 자기 결단에 의해 행했다는 점이 민주노조의 특징이라는 것이다. 그러나 그 역시 민주성이라는 점에서는 당시의 노조들이 투쟁에 치우칠 수밖에 없었기 때문에 운영의 민주성은 확보하기 힘들었다고 평가한다. 이광택 외, 「1970년대 노동운동사를 어떻게 볼 것인가」, 『1970년대 산업화 초기 한국노동사 연구: 노동운동사를 중심으로』, 361~362쪽. 노동자들 스스로에 의한 평가가 연구자들의 이러한 제한적 자세와는 미묘하게 엇갈린다는 점은 흥미롭다. 1970년대 민주노조를 회고하는 좌담회에 참석한 노동자들은 민주노조의 정의로 도덕성이나 참여와 같은 요소들을 거론했다. "막강한 기업체계, 막강한 재원과 산업, (사측의 사주를 받고 노동조합을 깨려는) 오만 가지 전략이 다 있"었던 상황에서 노조가 "조합원의 지지를 받지 않으면 살 수가 없"었고, "민주적이지 않으면 운동이 발붙일 데가 없었"다는 것이다. 김지선 외, 「노동운동과 나(좌담회)」, 같은 책, 391쪽.

## 1) 인권의 존중과 인간에 대한 배려

인권의 존중과 인간에 대한 배려는 해방적 지식의 첫 번째로 꼽을 수 있는 내용이다. 일찍이 전태일은 "인간을 물질화하는 세대, 인간의 개성과 참인간적 본능의 충족을 무시당하고 희망의 가지를 잘린 채, 존재하기 위한 대가로 물질적 가치로 전락한 인간상을 증오한다"고 밝힌 바 있었다. "인간이 가져야 할 인간적 문제"는 그것이 어떠한 문제이든 외면해서는 안 된다는 것이다. 그는 자신이 "한 인간이 인간으로서의 모든 것을 박탈당하고 박탈하고 있는 무시무시한 세대"에 속하는 시대에 살고 있다고 보았다. 이러한 점에서 인간적 가치를 박탈한 인간상에 대한 증오에서 나아가 자신은 "절대로 어떠한 불의와도 타협하지 않을 것이며 동시에 어떠한 불의도 묵과하지 않고 주목하고 시정하려고 노력할 것"이라고 외치면서 스스로를 불태우고 말았다.[15] 그는 말한다.

종교는 만인이 다 평등합니다. 법률도 만인이 다 평등합니다. 왜 하물며 가장 청순하고 때 묻지 않은 어린 연소자들이 때 묻고 더러운 부한 자의 기름이 되어야 합니까? 사회의 현실입니까? 빈부의 법칙입니까? 인간의 생명은 고귀한 것입니다. 부한 자의 생명처럼 약한 자의 생명도 고귀합니다. 천지만물 살아 움직이는 생명은 다 고귀합니다. 죽기 싫어하는 것은 생명체의 본능입니다. 선생님, 여기 본능을 모르는 인간이 있습니다. 그저 빨리 고통을 느끼지 않고 죽기를 기다리는 생명체가 있습니다. 그리고 죽어가고 있습니다. 그것도 미생물이 아닌, 짐승이 아닌 인간이 있습니다. 인간, 부한 환경에서 거부당하고 사회라는 기구는 그를, 연소자를 사회의 거름으로 쓰고 있습니다. 부한 자의 더 비대해 지기 위한 거름으로.[16]

---

15) 전태일, 『내 죽음을 헛되이 말라: 일기, 수기, 편지 모음』(돌베개, 1988), 18, 35쪽.
16) 같은 책, 154쪽.

"그저 빨리 고통을 느끼지 않고 죽기를 기다리는" 청계천의 "어린 노동 형제들"에 대한 한없는 연민을 표시하면서, 그는 가난한 자건 부유한 자건 살아 움직이는 생명은 다 고귀한 것이라고 주장한다. 이러한 그의 정신은 1970년대 노동운동에서 살아 움직이는 교훈이 되었다. "사람을 사람으로 대접 하지 않고 기계보다도 사람을 함부로 다루는 것에 가슴 아파하는" 어린 여성노 동자[17]가 이 시기 민주노조운동의 저변에 있었다고 한다면, "인간답게 살고 싶은 욕구, 인간다운 대우를 받는 삶을 내가 이루어내겠다"는 자각을 통해서[18] 여성노동자들은 인권에 대한 존중과 인간에 대한 헌신을 발전시켜 갔다.

## 2) 노동의 가치와 의미

인간에 대한 배려가 구체화되는 계기는 노동의 가치에 대한 의미 부여였다. 따지고 보면 노동과 일에 대한 노동자들의 태도는 이중적이었다. 한편으로 공장에서 일은 지루하고 단조롭게 되풀이되는, 혐오스럽고 그로부터 벗어나고 싶은 어떤 것이었다. 동일방직의 정명자는 "오로지 생산만을 위해서 현장 분위기에 맞춰야 하고, 기계가 돌아가는 것에 따라서 우리도 돌아가야 되는" 노동시간에 자신은 "이미 사람이라는 것을 잊어버리고" 일을 해야 했다고 회상했다.[19] 기능적 지식은 이러한 상황을 유지하고 거꾸로 또 그것을 지향하 게 하는 경향이 있다. 그러나 기능적 지식에서 벗어나 해방의 지식을 접하면서 노동자들은 일과 노동에 대한 인식 자체의 변화를 경험한다.

자신의 존재에 대한 의미를 찾지 못하던 상황에서 노동자들은 외부단체나 지식인들로부터 들은 지식을 체화함으로써 자신의 존재를 되새겨보게 되었다. 노동의 신성이나 일하는 인간으로서의 가치, 예수도 노동자였다는 사실을 받아들임으로써 이들은 자신의 존재 자체를 새로 보게 된 것이다. 원풍모방의

---

17) 송효순, 『서울로 가는 길』(형성사, 1982), 112쪽.
18) 김지선 외, 「노동운동과 나(좌담회)」, 370쪽.
19) 같은 글, 370쪽.

장남수는 노동자로서의 긍지와 일하는 가치가 사람을 변화시킨다는 것을 배웠다고 말한다. 그래서 "공연히 배운 사람, 가진 사람 앞에 서면 졸아들고 움츠러드는 것을 이제는 부끄럽게 생각하게 되었고", "일하는 사람이 자랑스럽고 떳떳함을 느끼며 가슴이 벅찼"다고 서술하고 있다.[20] 자신의 이러한 경험이 만약 사상이라고 한다면, 그것은 "기계가 아닌, 일하고 창조하는 숭고한 인간으로서 떳떳하고 가치 있는 인간다움으로 살고픈 사상"일 따름이라고 그녀는 주장한다.[21]

이미 언급했듯이 '공순이'라는 표현에 거부감을 느끼고 그것을 혐오하거나 혹은 짐짓 자신은 '공순이'가 아닌 것처럼 행세했던 허위의식에서 벗어날 수 있었던 것도 노동의 가치에 대한 인식과 그를 통한 자기정체성의 변화 때문이었다. 콘트롤데이타의 한명희가 배를 타고 여행을 갔을 때 주위의 시선에 개의치 않고 직업란에 자신 있게 '공순이'라고 써넣었다는 일화는 이러한 변화를 단적으로 보여주는 것이었다.[22] 삼성제약의 김은임 역시 자신이 노동자라는 걸 숨기고 약사라 속이는 생활을 하다가 노조활동을 하면서 어디에 가서든 자신이 노동자임을 떳떳이 밝히기 시작했다. "노동자는 절대 창피한게 아니고, 누구 앞에서든 당당해야 한다는 것"을 강조한 것이다.[23]

노동의 가치와 일의 의미에 대한 인식은 자기의식의 변화에 그치지 않았다. 나아가서 그것은 노동현장에서 상품의 생산과정과 상품, 생산 자체의 의미에 대한 새로운 인식을 제공했다. YH무역의 박태연은 "기계의 부속품과 똑같은 톱니바퀴 속에서 생활할 수밖에 없"었던 공장생활이 나중에 YH사건으로 감옥에서 겪었던 생활하고 다름이 없었다고 회상하면서도 그나마 공장생활에서는 "생산하는 기쁨"이 있었다고 술회한다.[24] 지긋지긋한 생산과정에서 그

20) 장남수, 『빼앗긴 일터』, 55쪽.

21) 같은 책, 119쪽.

22) 성공회대학교 사회문화연구소, 『1970년대 산업화 초기 한국노동운동사 연구』, 227쪽.

23) 배지영, 「가슴에 남은 사람: 30년을 3년처럼 살아온 김은임 여성국장」, ≪노동사회≫, 통권 63호(2002년 3월호), 116쪽.

나마 위안이 된 것은 일하는 기쁨이었다는 것이다. 원풍모방의 장남수는 보다 실제적이고 심원한 경험을 피력하고 있다. "단순한 물건, 그냥 무심코 지나치는 사물도 그것이 어떻게 해서 만들어졌는지 알게 되면 새롭게 보이고 그리고 내 자신이 그 물건의 출생과 성장을 안다는 자각이 새로운 경이감을 갖게 해주었"다고 그녀는 적었다.[25]

### 3) 자신의 권리에 대한 자각

노동의 가치에 대한 자각은 나아가서 자신의 권리에 대한 인식과 주장을 수반했다. 동일방직의 정명자는 '젊은이로서 바르게 사회에 적응하는 삶'을 주제로 한 노조 모임에서 당혹스러웠던 경험을 떠올리고 있다. "공장에서나 집에서나 성실히 일하고 윗사람을 존중하는", 즉 순종하는 게 삶의 미덕이고 현실에 적응하는 삶이라고 생각한 그녀는, "자신의 올바른 권리주장을 위해 노력하는 삶이 사회 현실에 적응하는 삶"이라는 다른 노동자들의 말이 자신의 삶에 전환을 가져오는 계기가 되었다고 술회했다.[26] 고통스러운 공장 생활을 감내하면서 삶의 의미를 끊임없이 고민했던 여성노동자들은 노동자로서의 권리에 대한 지식을 배우는 데 주저하지 않았다. 이러한 맥락에서 추송례는 "연약해 보이기만 한 여공들이 자신들의 권리를 찾기 위해 한덩어리가 되어 자신들이 일한 만큼의 정당한 대가를 지불해 달라고 외치는 소리와 단결된 힘으로 노동시간을 단축하고 근로조건을 개선해 나가는 모습"이 동일방직에서 힘든 훈련과정을 견디게 한 힘이 되었다고 회상했다.[27]

24) 김지선 외, 「노동운동과 나(좌담회)」, 373쪽.

25) 장남수, 『빼앗긴 일터』, 26쪽.

26) 정명자, 「1분에 140보 뛰고 일당 870원」, 95쪽.

27) 추송례, 「어김없이 봄은 오는가」, 『실업일기』(전태일기념사업회, 2001), 36쪽.

## 4) 주체성과 자주성

해방적 지식의 또 다른 내용으로는 주체성과 자주성을 들 수 있다. 1970년대 민주노조의 주류가 어용노조에 대한 투쟁이었다는 사실을 고려할 때, 지식의 주체성과 자주성이 가지는 의미는 자명할 것이다. 민주노조의 정의와 관련하여 봉건적 노사관계가 지배하고 있는 현실에서 자기의 의사를 반영하는 대표를 뽑았던 것은 거의 혁명적인 시도로 평가할 수 있다는 의견에 대해서는 이미 언급한 바 있다. 대일화학의 송효순이 동료 노동자들과 함께 "반장들이나 우리를 이끌어야 할 사람들"을 자신들의 직접 투표로 뽑게 해달라고 회사에 요구했던 것에서 보듯이,[28] 이는 노조의 간부에 그치지 않고 때로는 생산현장에서 노동 조직의 직접선거에 대한 요구로 표명되기도 했다.

이러한 의식의 형성을 배경으로 동일방직의 정명자는 "어느덧 나는 학교 다닐 때 배운 민주주의가 말 그대로 우리 노동자들에게는 노동자에 의한, 노동자를 위한, 노동자의 조직인 노동조합을 통해 이루어져야 한다고 인식하고 깨달으면서 열성 조합원으로 변했다"고 고백했다.[29] 주체성과 자주성은 1978년 2월 노동조합의 대회를 똥물세례와 폭력으로 무산시켜 버렸던 이른바 동일방직 사건을 기념하는 1주년 행사에서 발표된 선언문을 통해서도 확인할 수 있다.[30] 나아가서 주체성은 어용노조나 회사, 혹은 1970년대 후반으로 갈수록 그러했지만, 경찰과 같은 국가기구에 대해서만 적용된 것이 아니었다. 산업선교와 같은 외부 지원 단체와 관련해서도 주체성의 문제를 언급할 수

---

28) 이들은 "일하는 사람들의 기분과 분위기에 따라 좋은 상품이 나오고 안 나오고가 좌우된다"는 점에서, "마음과 모든 일이 잘 맞아 좋은 상품을 많이 생산할 수 있다"고 주장했다. 송효순, 『서울로 가는 길』, 90쪽 참조.

29) 정명자, 「1분에 140보 뛰고 일당 870원」, 96쪽.

30) 해고노동자들은 「노동자를 배신한 어용노조 각성하라」는 글에서 "우리는 이제 노예처럼 따라 하는 바보들이 아니라 자기 주장과 고통을 말할 수 있는 인간이라는 점을 알려주어야" 한다고 주장했다. 동일방직복직투쟁위원회 엮음, 『동일방직노동조합운동사』(돌베개, 1985), 214쪽.

있기 때문이다.

## 5) 창의성과 자발성

주체성과 자주성에 대한 강조는 창의성과 자발성의 덕목으로 이어졌다. 어떠한 경로를 통해 교육을 받았다고 하더라도 주목할 것은 이러한 교육의 내용을 여성노동자들이 그대로 받아들이지는 않았다는 사실이다. "어느 누구도 예상하지 못한 기상천외한 정도의 창의성과 투쟁성을 발휘했"기 때문이다.[31] 셀 수도 없이 많은 제안과 프로그램들이 노동현장에서의 필요에 따라 이들 스스로에 의해 고안되고 운영되었다. 콘트롤데이타의 유옥순은 "조합운영과 일상 활동, 여러 가지 사안을 토대로 한 투쟁 등은 모두 조합원들의 열정과 땀으로 일구어낸 것이며 머리를 짜내어 개발해 낸 새로운 전술들이었다"고 말한다. 나아가서 그녀는 이러한 모든 일들을 "우리가 스스로 다 했다"고 말한다. 창의성과 자발성을 가지고 "누구도 감히 꿈꾸지 않았던 일들을 주체적이고 자립적으로 했"다는 것이다.[32]

원풍모방의 사례 역시 이러한 창의성과 자발성의 역량을 잘 보여준다. 1975년 2월 원풍노조는 지부장이 구속되자 긴급상임위원회를 열어, "누가 우리를 구속했나?"라는 리본을 전 조합원의 가슴에 부착할 것을 결의로 채택하여 실행했다. 3월에 들어와 지부장 석방을 위한 서명운동을 전개하면서, 리본의 구호는 "왜 재판을 받아야 하는가?"로 바뀌었다. 이들은 이 리본을 달고 3~4명씩 손을 잡고 줄을 지어 지부장이 갇혀 있는 고척동 구치소까지 항의행진을 했다.[33] 리본의 구호는 노동자들에게 구속과 재판이 가지는 부당함을 일깨우는 좋은 교육의 자료가 되었다. 이어서 노조에서는 집단 면회를 기획했다.

---

31) 같은 책, 33쪽.

32) 성공회대학교 사회문화연구소, 『1970년대 산업화 초기 한국노동운동사 연구』, 286쪽.

33) 원풍모방 해고노동자 복직투쟁위원회 엮음, 『민주노조 10년: 원풍모방 노동조합 활동과 투쟁』(풀빛, 1988), 125~127쪽.

이는 "조합원을 결속시키고 관에 대한 두려움을 갖지 않도록 하기 위"한 구상의 일환이었다. 3월 22일부터는 노조에서 지부장 구속에만 신경을 집중하면 회사 측에서 조직 내부의 분열 공작을 진행하리라는 판단 아래 "물가 올라 못살겠다. 임금인상 빨리 하라"는 리본으로 바꿔달고 임금인상 요구투쟁을 병행하기 시작했다. 조합원의 결속을 강화하면서 그동안 구경만 하던 회사를 싸움의 대상으로 끌어넣은 것이다.[34]

## 6) 집단과 공동에 대한 헌신

해방적 지식이 가지는 다음의 특성으로는 연대에 대한 고려와 집단에 대한 헌신을 들 수 있다. 노동운동에서 연대는 지속적으로 논의되어 온 주제였다. 그러나 노동자들이 어떻게 연대에 대한 지식을 가지게 되고 그를 바탕으로 연대를 형성해 나가는가 하는 것은 시대에 따라 다르다. 1970년대 민주노조운동에서 집단에 대한 헌신은 말할 것도 없이 전태일의 희생적인 죽음에서부터 시작했다. 청계천의 한 여성노동자는 "주어진 똑같은 환경 속에서 많은 동료들을 위해 몸부림치다 죽음으로 항의"한 전태일을 떠올리면서, 자신이 무엇인가를 묻고 있다. "고작 생각하는 게 나 자신을 위한 남을 원망하는 감상적이면서 안이한 것"으로 "언제 많은 대중을 위한 일을 생각한 적이 있었던가"라는 질문 앞에서 "얼굴이 붉어짐을 의식하며 한없이 부끄러워졌다"는 것이다.[35]

---

34) 같은 책, 128쪽. 원풍노조는 1981년에 들어와 민주노조 말살정책의 일환으로 전개된 탄압 국면을 맞았다. 이해 3월 노동절 기념행사 현수막을 회사가 철거한 것에 항의하여 노동자들은 8월에 관악산 산책을 시도했다. 경찰의 개입으로 노조의 집회가 금지된 상황을 산책이라는 방식으로 타개하면서 탄압 국면에서 노동자들의 결속을 꾀하고자 하는 의도에서 기획된 것이었다. 약수터에서 노래를 하고 회사로 돌아와서 운동장 체조 등을 하여 단결력을 과시하는 노동자들 앞에서 회사는 요구 조건을 받아들일 수밖에 없었다. 노조는 이후에도 영화 <사막의 라이온> 집단 관람, 벚꽃놀이, 여자 축구시합 등 예상하지 못한 집단적 움직임으로 회사나 경찰을 당황하게 했다. 같은 책, 242쪽; 이옥순, 『나 이제 주인되어』, 112~130쪽 참조.

산업선교회와 같은 외부단체가 노동자들의 연대에 대한 지식을 형성하게 된 계기를 제공한 측면도 부정할 수는 없을 것이다. 동일방직의 추송례는 산업선교의 조화순 목사로부터 자신이 이해하는 성서의 카인과 아벨에 관한 전혀 다른 이야기를 들었던 때의 충격을 서술한 바 있다. 그에 따르면 "카인아 동생 아벨이 어디 있느냐?"라고 하느님이 물었던 것은 노동자 형제를 돌보아야 한다는 하느님의 부름을 말하는 것이고, 따라서 노동형제들을 외면하는 삶은 얼마나 부끄러운 삶이며, 단결하지 않음으로써 얼마나 노동자들이 어렵고 힘든 생활을 해야 하는가 하는 사실을 깨닫게 되었다는 것이다.[36] 전태일의 죽음이건, 성서의 이야기이건 이러한 과정을 통해 노동자들은 점차 집단과 단결의 필요성에 대한 지식과 아울러 집단으로서의 정체성을 형성했다. 집단에 대한 헌신을 외면한 경험을 이야기한 동일방직 석정남의 사례는 그러한 좌절이 어떠한 힘으로 작용하게 될지를 예고한다. 퇴근 시간에 동료들의 농성 현장을 지나 회사 밖으로 나올 수밖에 없었던 여성노동자들은 말한다.

"우리가 사람이니? 우리는 인간도 아니야." 누군가가 겨우 이 말을 내뱉고는 털썩 주저앉아 울기 시작했다. 여기저기서 다 큰 처녀들이 부끄러운 것도 잊고 마구 소리 내어 울기 시작했다. 슬퍼서 흘리는 눈물도 아니었고, 벅찬 기쁨의 눈물도 아닌 너무도 비참한 자신의 처지를 새삼 발견했으므로 서러움에 북받쳐 우는 눈물이었다. 여기까지 나오긴 했지만, 분명히 내 발로 걸어 여기까지 왔지만, 그건 허수아비가 걸어나온 것이다. 내 자신은 회사에 빼앗기고 남은 껍데기가 매서운 눈길에 밀려 같은 동료들에게 부끄러운 죄를 짓지 않을 수 없었던 것이다. 우리들은 정말이지 서러웠다.[37]

35) 유정숙, 「뜻과 보람에 산다」, ≪노동≫, 제6권 3호(1972), 74쪽.
36) 박승옥, 「새로운 삶이 거기 있었지요: 동일방직 추송례 씨를 찾아서」, ≪기억과전망≫ 창간호(2002), 117쪽.
37) 석정남, 「불타는 눈물」, ≪월간 대화≫(1976년 12월호), 233쪽.

이 시기 민주노조운동에서 가장 극적이고 또 비참한 이야기 중의 하나는 1976년 7월 25일, 동일방직에서 노조에 대한 회사의 개입에 항의하는 시위 중 일어난 이른바 나체 시위 사건이었다. 회사와 경찰의 탄압 아래에서 농성을 계속하던 노동자들이 무장경찰의 강제 해산에 나체로 맞선 잘 알려진 이 이야기에서 여성노동자들이 나체가 된 이유는 누군가가 "벗고 있는 여자 몸엔 남자가 손을 못 댄다"고 했기 때문이라고 설명되어 왔으며,[38] 이후의 연구들 역시 이러한 설명을 따르고 있다. 그러나 추송례는 자신들이 나체가 된 이유를 이와는 전혀 달리 "목숨과도 같은 동료애" 때문이라고 설명하고 있다. 경찰의 무자비한 진압 앞에서 무차별적으로 끌려갔던 동료들을 옆에 두고 "다 같이 벗으면 덜 부끄러울 것"이라고 생각해서 "그들만 부끄럽게 할 수 없다, 우리도 같이 벗자"고 했다는 것이다. 그녀는 30년이 다 되어가는 "지금도 그 울음 섞인 절규를 생생하게 기억"하고 있었다.[39]

동일방직 노동자들의 집단과 연대에 대한 헌신은 1978년 3월 민주노조가 와해된 이후에도 지속적인 투쟁을 가능하게 한 힘이 되었다. 해고 이후 복직 투쟁을 전개하던 어느 날 열린 소모임의 토론회에서 김영순은 단순히 생존을 위해서 현장에 돌아가는 복직이라면 차라리 복직하지 않고 밖에서 싸우겠다는 결의를 다진다. "개인의 문제를 떠나서 비록 복직은 못하더라도 굽히지 않고 싸우는 그것만으로도, 더 이상 우리와 같은 꼴의 희생자를 내지 않는다면 그게 훨씬 값있는 일이라고 생각"하기 때문이라는 것이다. 그녀가 덧붙인 말, 즉 "전에는 나에게 능력이 없어서 못한다고 생각했지만 이제는 그렇게 생각하지 않아. 모르는 것은 배워가면서 함께 하면 되지 뭐"라는 언급에서 보듯이,[40] 배움을 통해서 그녀는 기능적 지식의 주술을 훌쩍 뛰어넘었던 것이다. 마찬가지로 추송례는 "동일방직 노동조합 활동을 통해서 더욱 깨치고

38) 석정남, 『공장의 불빛』, 49쪽; 동일방직복직투쟁위원회 엮음, 『동일방직노동조합운동사』, 60쪽.
39) 박승옥, 「새로운 삶이 거기 있었지요: 동일방직 추송례 씨를 찾아서」, 117~118쪽.
40) 석정남, 『공장의 불빛』, 146~147쪽.

단단해진 내 의식은 동일방직보다 더 열악한 환경에서 일하고 있는 수백만의 노동자들 곁으로 달려가고 있었다"고 술회했다.[41] 이러한 사례는 동일방직에만 그치는 것이 아니었다. 원풍모방의 이옥순이 원풍 10년의 공장생활을 통해서 "무엇보다도 사람은 일하고 먹고 자는 것으로 끝나지 않고 동료들 속의 한 사람이며 …… 이 사회와 역사의 한 주인으로서 살아가게 된다는 걸 깨닫게 하고 배"웠다고 한 것에서 보듯이[42] 노동자로서의 집단 정체성은 이 시기 노동자들이 민주노조운동을 통해 배운 지식의 효과였던 것이다.

### 7) 정의에 대한 지향

해방적 지식이 지니는 마지막 내용으로는 폭력과 불의에 대한 저항, 혹은 같은 말이지만 정의에 대한 지향을 들 수 있다. 이 시기 여성노동자들을 괴롭힌 것은 공장 내의 임원이나 관리자들에 의해 일상적으로 행해지는 폭력과 불의였다. 여성노동자들에 대한 임원·관리자들의 관계는 여성과 남성 사이의 문제이기도 하지만 동시에 그것은 무식한 사람, 못 배운 사람과 지식인 사이의 문제이기도 했다. 이러한 맥락에서 대일화학의 송효순은 "못 배운 사람들을 탄압하는 것이 지식인들의 역할"인가를 반문하면서, 기능적 지식을 주된 내용으로 하는 회사의 노동자 교육을 거부하고 남성 지식인들을 비판했다.[43]

이러한 인식은 노동현장에만 그치는 것이 아니었다. 파업 등으로 구속된 이들은 법제도를 장악하고 있는 판검사와 같은 지식인들에 대해서도 매우 비판적인 인식을 보였다. 원풍모방의 부조합장이었던 박순애는 구속된 이후 최후진술을 통해서 "힘 없는 사람들이 당하는 거꾸로 된 현실"은 정의로운 사회가 아니며, "공부를 많이 한 사람들은 옳고 그른 것을 잘 판단하는 줄 알았는데 그렇지가 않"다고 비판하면서, "돈 많은 사장의 목숨이 귀한 것만큼

---

41) 추송례, 「어김없이 봄은 오는가」, 58쪽.
42) 이옥순, 『나 이제 주인되어』, 38~38쪽.
43) 송효순, 『서울로 가는 길』, 192~193쪽.

가난한 우리 노동자들의 목숨도 귀중"하다고 주장했다.[44] 전태일의 어머니 이소선 역시 구속된 법정에서 판·검사의 편파적 재판에 항의했다. "판·검사라면 공부를 많이 해서 지식이 많은 사람들인 걸로 알고 있는데, 내 상식으로 생각할 때 많이 배운 사람의 태도가 아니라고 생각"했고 "배운 사람들이 그렇게 진실되지 못하게 사람을 업신여기고 야비하게 몰아붙이는 것"에 분노할 수밖에 없었다는 것이다.[45]

비록 가난하고 '무식'하지만 공장생활과 노동조합 등을 통해서 이들은 "양심을 지키고 불의에 굴복해서는 안 된다"는 정의의 원리를 배웠다.[46] 1978년 12월 동일방직의 해고 노동자들이 발간한 《월간 동지회보》 창간호에서 윤춘분은 "우리가 생각하는 올바른 삶은 의를 위해 살고 정의 편에 서서 눌린 자, 억압받은 자를 위해 투쟁하는 그런 삶"이라고 말한다. 때로는 일상에서 "남들처럼 아무 생각 없이 그럭저럭 속 편하게 살아버릴까 하다가도 …… 의를 위해 싸우다가 해고된 내가 그럴 수는 없지" 하는 자부심을 가진다는 것이다.[47] 이와 같이 정의에 대한 감각과 불의에 대한 비판의식은 이들 여성노동자들이 해방의 지식을 통해 획득한 주요한 내용의 하나였다.


## 4. 해방의 지식의 형성과 계기

이제 주제를 바꾸어 해방과 실천의 지식이 어떠한 계기와 경로를 거쳐 형성되었는지를 알아보자. 1970년대 민주노조운동이 가장 중시한 것은 노동자의 의식과 지식의 형성을 위한 교육 활동이었다. 노조를 운영하면서 교육에 대한 지출을 최대한 보장하는 원칙을 세웠던 원풍노조의 사례에서 보듯이,[48]

---

44) 장남수, 『빼앗긴 일터』, 247쪽.

45) 이소선, 『어머니의 길: 이소선 어머니의 회상』(돌베개, 1990), 322~323쪽.

46) 동일방직복직투쟁위원회 엮음, 『동일방직노동조합운동사』, 76쪽.

47) 같은 책, 203쪽.

이 시기 노동운동의 활력과 조직력의 원천은 노동자에 대한 교육에서 나왔다고 할 수 있는 것이다. 교육에서 중심 역할을 했던 것은 노동조합이었다. 민주노조에서는 대의원과 중견간부 교육, 일반 조합원에 대한 대중교육, 소모임 팀장 교육 등을 했다. 이들 교육은 본조의 간부가 지원하는 경우도 있었지만 조합의 지부장이나 간부들이 자체적으로 교육을 했다. 여기에서 이들은 노조의 현황을 알리고 노조의 목적, 조합원의 자세 등에 관한 산지식을 전달했으며,[49] 이러한 자체 교육은 다른 무엇보다도 조합원들의 적극적인 호응을 받았다.[50] 이와 아울러 계절에 따라 공개 강연이나 교양 강좌, 역사 교실, 야외 교육, 다른 노조 노동자와의 연합 모임 등을 조직했다. 드물기는 하지만 YH물산의 경우에는 정부가 주도하는 공장 새마을 교육의 장을 이용하여 교육 내용을 바꿔가면서 노동조합의 기본정신을 교육하기도 했다.[51]

노동자들에게 노조는 자신들의 권리를 공동으로 주장하고 단결된 힘으로 착취에 항의할 수 있는 주요한 장이었다. 무엇보다도 노조는 자신들이 처한 상황을 설명하고 자신들의 존재에 의미를 부여하는 어떤 것이었다. 그것의 부재는 인간 이하의 이전의 상태로 되돌아가는 것을 의미한다는 것을 너무나 잘 알고 있었던 노동자들은 노동현장의 현실이 억압적이고 불합리할수록 결사적으로 그것을 지키고자 했다. 동일방직 시기를 회상하면서 추송례는 "모두들 하나같이 하는 말이 노동조합이 있어서 우린 정말 인간답게 살았다"고 언급하

---

48) 원풍모방 해고노동자 복직투쟁위원회 엮음,『민주노조 10년: 원풍모방 노동조합 활동과 투쟁』, 151쪽.

49) 예컨대 동일방직의 경우 지부장이 조합원을 대상으로 노조의 목적, 조합을 보호하는 법, 조합원의 자세와 의무 및 권리, 가족계획, 공동 생활인의 태도 등을 교육했다. 동일방직복직투쟁위원회 엮음,『동일방직노동조합운동사』, 42~43쪽.

50) 같은 책, 33쪽.

51) 근면, 자조, 협동이라는 새마을 정신이 노동조합의 근본정신과 크게 어긋나지 않고 또 기업 측에서 조합 교육에 필요한 시간이나 장소를 허락하지 않았기 때문에 이를 역이용하는 것이 좋겠다는 노조의 판단에 따른 것이었다. 전YH노동조합·한국노동자복지협의회 엮음,『YH노동조합사』, 87~88쪽 참조.

고 있다.[52] 원풍모방의 장남수 역시 노동조합을 통해 노조의 필요성을 배웠다. 근로기준법을 가르쳐줄 수 있는 대학생 친구를 절실하게 원하면서 죽어간 전태일을 염두에 두면서 그녀는 노동자에게 "어느 대학생이 친구일 수가 있겠는가?"라고 반문한다. "왜 친구일 수가 없는지 알 수 있는 곳, 그곳이 바로 노동자들의 노동조합"이라는 것이다.[53] 노동조합의 교육은 그녀에게 대학생들의 출세의 지식과는 다른 해방의 지식을 일깨워 주었던 것이다.

노동조합의 활동과 중복되면서도 중요한 역할을 한 것은 소모임 활동이었다. 소모임은 대개는 7~8명 정도의 인원으로 공장 내의 부서나 반별로 구성되는 것이 보통이다. 소모임은 매우 다양한 방식의 분화 과정을 거치면서 민주노조의 발전에서 중요한 역할을 했다. 그것은 노동조합의 주요 구성요소로서의 역할을 했는가 하면 YH노조나 청계노조에서처럼 노조의 주요 성원들이 상위 모임을 따로 결성하고 그 아래에 다시 여러 개의 소모임을 운영한 경우도 있었다.[54] 소모임은 시기적으로 결성과 해체, 그리고 침체와 같은 부침을 거듭하기 때문에 전체적으로 그 규모를 파악하는 것은 불가능하다. 단일 공장을 보면 소모임 활동의 대표적 사례였던 원풍모방에서는 50~60개 정도의 소모임에서 400~500명의 조합원이 활동한 것으로 보고되고 있다.[55]

소모임은 영등포의 원풍모방에서 1970년 무렵에 출현하여 이듬해인 1971

---

52) 추송례, 「어김없이 봄은 오는가」, 59쪽.

53) 장남수, 『빼앗긴 일터』, 31쪽.

54) 상위 모임인 영클럽은 1977년 5월 25일 노조 조직부장 곽영자를 중심으로 24명의 조합원들이 모여 결성한 것으로, 노동자 상호간의 자질 향상과 친목도모를 목적으로 했지만 일단 문제가 발생하면 노조를 중심으로 신속히 결집할 수 있는 기동력을 가진 것이 이 모임의 특징이었다. 회원들은 영클럽 산하에 취미 소그룹을 다시 구성하여, 뜨개질 그룹('꿀벌'), 레크리에이션 그룹('바윗돌') 이외에 자선회로 구성된 세 그룹을 운영하면서 회원을 넓혀 나갔다. 전YH노동조합·한국노동자복지협의회 엮음, 『YH노동조합사』, 120쪽 참조. 청계노조의 아카시아회도 이와 비슷한 성격의 모임이었다.

55) 원풍모방 해고노동자 복직투쟁위원회 엮음, 『민주노조 10년: 원풍모방 노동조합 활동과 투쟁』, 162~163쪽의 소모임 활동 현황표에 의하면 A, B, C 3개 반 모임의, 이름이 소개된 것은 이보다 조금 많은 72개에 이르고 있다.

년 무렵에는 인천이나 청계천 등지에서도 이와 비슷한 조직들이 활동을 시작했다. 소모임은 꽃꽂이, 요리강습, 기타 강습, 한문 공부, 종교별 신자들의 모임과 같이 노동자들의 정서와 요구에 맞는 다양한 프로그램을 운영했다. 인천의 동일방직을 보면 소모임을 중심으로 다양한 일상 활동을 했다. "그룹끼리 연합해서 고아원, 양로원을 방문하기도 하고 한문 공부나 노동의 역사를 공부"하기도 하는 등 모임의 요구에 따라 다양한 공부들을 했다.56) 이러한 활동을 통해 소모임에 속한 노동자들은 서서히 의식화되어 갔다. 시기적으로는 1970년대 후반으로 갈수록 소모임의 이러한 목적의식성은 강화되는 경향을 보인다.57)

흥미로운 것은 노동자들의 정서적 요구와 의식화의 필요가 반드시 상호 배제적인 방식으로 작용하지는 않았다는 점이다. 산업선교회의 조화순 목사나 일부 연구자들은 여성노동자들이 의식화의 초기에는 요리강습이나 꽃꽂이, 혹은 몸단장이나 화장 등에 관심을 가지다가 점차 의식화되면서 이를 부정적인 것으로 비판하고 거부하는 것으로 제시한다. 이러한 경향은 때로는 의식화된 노동자들에게서도 나타난다. 동일방직의 석정남은 소모임에서 무엇을 할 것인가를 논의하는 자리에서 요리강습, 꽃꽂이, 고고춤 등을 배우자는 제안이 나오자 "저임금과 중노동에 시달리는 노동자들"이 그런 것을 배우고 싶어 하는 심리의 이면에는 "현실을 망각한 환상과 헛된 꿈이 도사리고 있고 그런 것을 조장할 여지가 있"다는 점에서 "지나친 사치요, 불필요한 시간 낭비"라고 비판한다.58) 그러나 그녀의 이러한 불만은 친구에게 호된 비판을 받는다.

---

56) 김지선 외, 「노동운동과 나(좌담회)」, 380쪽.

57) 그러나 단일 공장의 경우 비록 그 기간이 짧았다 하더라도 소모임이 밟아온 자연발생성에서 목적의식성의 단계를 뛰어 넘지는 않았다. 그 좋은 사례가 YH물산이었다. 이 공장에서 소모임 결성은 1977년 중반으로 다른 사업장보다 상대적으로 늦었는데, 그것은 "특정한 목적이라기보다는 우선 회원 상호간의 생활에 관한 이야기를 주고받는 과정을 통해 자신들의 삶의 중요성을 인식하고 창조적이며 진실된 삶을 선택할 수 있도록 서로 돕는 데 역점"을 두는 방식으로 운영되었다. 전YH노동조합·한국노동자복지협의회 엮음, 『YH노동조합사』, 113~114쪽 참조.

오늘의 첫 모임에서 내가 실망한 이유를 이쯤 설명하자 순애는 오히려 눈을 치켜뜨며 나를 꾸짖는 게 아닌가. "건방진 년, 너는 너대로 그런 걸 배우고 싶은 거고 개네들은 개네들대로 그런 게 배우고 싶은 거지. 네 생각만이 절대적으로 옳다고 믿는 건 교만이다. 상대방 의사도 존중할 줄 알아야지. 네가 배우고자 하는 것이 정말 필요하고 옳은 것이라면 실망부터 할 것이 아니라 개네들 스스로 필요성을 인식하도록 유도해야지." 나와 함께 그들을 흉보고 경멸하기는커녕 오히려 나보고 건방진 년이라고 고함을 지르는 순애가 밉고 원망스러웠다. 그러나 …… 역시 순애 말이 틀린 게 아니다.[59]

자신의 생각만이 절대적으로 옳다고 믿는 독선과 교만을 지적하면서 비록 그것이 허영이나 헛된 꿈이라고 하더라도 상대방의 의사를 우선 존중해야 한다는 안순애의 의견은 주목할 만하다. 나아가서 만일 자신이 배우고자 하는 것이 필요하고 옳은 것이라면 동료들에게 실망하거나 그들을 비난하기보다는 그들이 자신의 생각을 받아들일 수 있도록 설득하고 깨우쳐줘야 한다고 안순애는 지적한다. 이와 같이 독단적이고 절대적인 사고를 거부하고 상호 소통적이고 유연한 이해 방식을 가지고 있었기 때문에 노동자들은 소모임을 통한 정서적이고 사적인 일상 활동들을 배제하거나 비난하지 않았다. 1970년대 민주노조운동 진영에서 1980년대 이후 이른바 학생운동 출신들이 주도한 민주노조운동에 비판적 의견을 보이는 지점 중의 하나도 이 문제와 연관된다.

소모임은 노동조합과 마찬가지로 노동자들의 중요한 활동의 장이었다. 이러한 맥락에서 소모임은 본격적인 노동조합 "조직의 핵",[60] 혹은 "노동조합을 강화하기 위한 수단"[61]으로 평가되었다. 그러나 소모임은 노동조합과는 구분

58) 석정남, 『공장의 불빛』, 76쪽.

59) 같은 책, 77쪽.

60) 김지선 외, 「노동운동과 나(좌담회)」, 380쪽.

61) 원풍모방 해고노동자 복직투쟁위원회 엮음, 『민주노조 10년: 원풍모방 노동조합 활동과 투쟁』, 162쪽.

되는 독특한 성격을 가지고 있다. 비교적 큰 규모의 공식 조직으로서의 노동조합이 가지지 못한 사적이고 정서적인 만족과 충족감을 소모임은 제공할 수 있었기 때문이다. "소그룹 활동으로 결속된 인간적 사랑"이 노동조합의 단결된 힘의 원천이라는 지적은[62] 바로 이러한 정서적인 차원을 표현한 것이었다. 원풍모방의 이옥순은 공식적인 노동조합을 통해서는 얻을 수 없었던 소모임 활동을 통한 극적인 의식의 변화를 다음과 같이 표현했다.

> 모임을 통해서 우린 돈을 쓰는 법, 친구를 대하는 바른 태도, 모임을 잘해나가기 위해 할 수 있는 일 등을 이야기하기도 하고 서로 어려운 일을 돕기도 하고 노동자가 가난한 이유, 우리가 살아야 할 바른 삶 등에 대해서 배우기도 했다. 완전히 딴 세상이었다. 오로지 나와 우리 집만 생각하고 어쩌다 한 번씩 노동조합의 행사에만 참여하던 내게는 정말 새로운 세상이 열리는 것만 같았다. 동료들과의 관계, 사회가 돌아가는 것, 우리나라의 실정, 새로운 인생관, 모든 것이 새롭게 열리고 있었다.[63]

노동조합이건 소모임이건 중요한 것은 이러한 조직을 통해서 노동자들이 자신의 노력과 역량에 의해 스스로의 지식을 갖게 되고 의식을 변화시켜 나갔다는 사실이다. 출세의 지식으로 대변되는 공식적인 교육의 기회를 가질 수 없었던 이들은 노동현장과 일상생활의 모든 국면을 이용하여 스스로의 지식과 의식을 계발하고자 했다.[64] 노조의 대회나 임금인상투쟁을 위한 농성, 혹은 체육대회나 야유회, 여행, 등반대회 등의 생산과 일상의 전반이 이들에게는 살아 있는 교육장이었던 것이다.[65] 무엇보다도 노동자들의 해방의 지식은

---

62) 추송례, 「어김없이 봄은 오는가」, 42쪽.

63) 이옥순, 『나 이제 주인되어』, 57~58쪽.

64) 서통전자의 배옥병은 "우리는 그때 당시 어디서 교육을 받고 이런 적이 없었으니까, 그런 사건만 있으면 이것을 교육의 기회로 삼자는 게 우리의 철칙"이었다고 말하고 있다. 김지선 외, 「노동운동과 나(좌담회)」, 381쪽 참조.

스스로의 지적 자원에 의존한 것이었다. 전태일의 분신 소식을 들은 그의 어머니 이소선은 "'그 놈의 책'이 기어이 일을 저질렀다는 생각이 퍼뜩 떠올랐다"고 술회한 바 있었다.[66] 대학생 친구에 대한 전태일의 갈망은『근로기준법』책을 통해 그가 스스로 독학하여 깨우친 해방의 지식의 경전으로 승화되었다. 시간이 가면서 노동자 자신들이 쓴 공장체험기나 생활수기 등이 더해지면서 해방의 지식은 그것의 저장고를 점차 확장해 나갔다.

패시픽에 입사한 지 일 년이 다 되어가던 무렵 원풍모방에 다니던 언니가 내 앞으로 ≪월간 대화≫ 정기구독을 신청해 주었다. 석정남의 「불타는 눈물」, 유동우의『어느 돌멩이의 외침』등을 읽으며 정말 가슴이 불타올랐다. 그것은 정말 내게 새로운 눈뜸, 새로운 사회의식에의 계기였다. 마치 내 각막에 붙어 있던 어떤 막이 벗겨지고 보다 깨끗한 세계, 보다 치열한 세계를 내 눈으로

---

65) 임금인상투쟁에서도 이들은 단순히 얼마만큼의 인상분을 쟁취했느냐 하는 것만을 중요시하지는 않았다. 소수의 조합 간부들이 회사와의 교섭을 통해 얻어낸 임금인상보다는 최저생계비에 비해 자신들이 얼마나 낮은 임금을 받고 있는지, 따라서 자신들의 요구는 인간다운 생활을 위한 정당한 것이라는 사실을 노동자들이 깨닫고 그것을 쟁취하기 위한 투쟁에 자신이 직접 참여하는 교육적 과정을 보다 중시했다. YH무역의 박태연이 말하듯이 비록 요구 조건이 "덜 관철된다 하더라도 얼마만큼 많은 사람이 의사결정과정에 참여를 했느냐"가 중요하다는 것이다. "조합 간부가 시혜적으로 갖다주는 것은 '참 고맙다'라고 하지만 힘이 거기서 발생하는 건 아니"기 때문이다. 같은 책, 380~381쪽. 삼원섬유의 유동우 역시 비슷한 경험을 서술한 바 있다. 노조의 간부 몇 명이 노력하여 40%를 인상한 것과 전 조합원이 더불어 같이 노력해 30%를 인상한 것은 전적으로 다르다고 그는 말한다. 후자의 경우에는 자기 자신의 귀중한 노력이 배어 있기 때문에 설령 인상률이 낮다 하더라도 자기들에게 값지고 보람 있는 것이라고 그는 주장한다. 이를 통해 "능동적으로 움직이는 운명의 주체라는 체험 속에서 조합을 중심으로 함께 일해야 하고 끝까지 조합을 지켜나가야 한다는 적극적인 자세가 생겨"날 수 있다는 것이다. 유동우,『어느 돌멩이의 외침』, 174쪽. 이와 같이 자신의 권리에 대한 주장이나 조합원의 참여 및 교육적 의미를 임금문제에 부여한 사실은 1970년대 민주노조운동이 경제투쟁이었다고 하는 기존의 평가가 피상적이고 일면적이라는 점을 잘 보이는 것이다.

66) 이소선,『어머니의 길: 이소선 어머니의 회상』, 19쪽.

보게 되는 것과도 같은 충격과 경이의 체험이었다. 동일방직의 여공들, 생존의 문제를 해결하려는 몸부림으로 노동조합을 지켜나가려는 노동자들, 그것을 방해하는 회사 측 사람들의 비인간적인 처사, 그에 항의하여 모질게 싸우는 장면들, 그것이 날 밤새도록 생각하게 만들었다. 유동우 씨의 글도 비슷한 얘기들인데, 진실하게 살려는 의지와 투쟁이 내 가슴을 뛰게 만들었다. 또한 평화시장에서 "노동자의 인권을 회복하라"고 외치며 분신자살했다는 고 전태일 씨의 얘기도 내게는 새로운 의식과 깨우침을 주었다. 바로 내가 석정남이며 유동우이며 전태일이란 것을 느꼈다.[67]

이야기는 여기에서 끝나지 않는다. 장남수 역시 그가 배운 석정남이며 유동우며 전태일과 마찬가지로 다른 노동자들에게 배움의 재료를 제공했기 때문이다. 장남수와 비슷하게 서통전자의 배옥병은 "삼원섬유 유동우 선배의 『어느 돌멩이의 외침』을 읽고 그 다음에 전태일 열사의 일기장을 복사본으로 읽으면서 몇날 며칠을 울었"다고 말한다. 그녀는 그 시기를 "이제 우리가 이 노예와 같은 삶에서 해방될 것 같은, 금방 해방될 것 같은 기쁨에 젖어서 좋아했던" 시기로 기억하고 있다.[68] 원풍모방의 이옥순 역시 전태일과 청계피복노조에 대한 이야기를 하고 YH무역의 김경숙의 편지나 일기를 복사해서 돌려 보면서, 그들이 보인 동료애와 열성적 조합 활동, 그리고 단호한 결단 등을 회상한다.[69] 이러한 것들을 소재로 이들은 소모임 활동이나 기숙사 등에서 "엎치락뒤치락하는 논쟁으로 몇 번이나 밤새는 줄 모르고 날을 밝"히면서 "이상에 들뜬 대화들"을 나누었다.[70] 그것은 스스로의 지적 자원을 동원하여 배우면서 동시에 자신이 또 다른 배움의 자료를 제공하는 것을 통해 해방의 지식을 생산하는 과정이었다.

---

67) 장남수, 『빼앗긴 일터』, 25쪽.
68) 김지선 외, 「노동운동과 나(좌담회)」, 374~375쪽.
69) 이옥순, 『나 이제 주인되어』, 107쪽.
70) 석정남, 『공장의 불빛』, 32쪽.

## 5. 외부단체의 역할과 한계

이와 같이 노동자들 스스로의 전통에 의거한 해방의 지식을 강조하는 것은 1970년대 민주노동운동에서 산업선교회나 가톨릭노동청년회(JOC)와 같은 외부단체의 역할을 강조해 온 기존의 연구 경향과는 다른 것이다. 우선 말할 수 있는 것은 노동자 스스로의 자원에 의거한 지식의 생산에 대한 강조가 이들 지식의 생산과정에서 외부단체들이 행한 역할을 부정하거나 폄하하는 것을 의미하지는 않는다는 것이다. 민주노조는 내부에서의 교육 활동에 대한 강조에 못지않게 외부에서 열리는 각종 대회와 세미나, 연구과정 등을 중시했다. "구체적인 사례연구와 공동과제 작업, 대화시간, 명상, 노래, 잔치, 촛불의식" 등의 프로그램으로 운영된 크리스찬 아카데미의 노동교육은 참가자에게 "자아성찰과 조직 속의 개인이라는 공동체 의식"을 높이는 데 기여를 한 것으로 평가된다.[71] 이 밖에도 산업선교회의 노동자훈련 프로그램이나 평신도지도자 교육, 고대 부설 노동문제연구소의 노조간부 교육 등이 있었다. 동시에 외부의 노동교육은 때로는 한 공장이 아니라 다른 지역의 여러 공장 노동자들이 함께 참여하여 노동자 상호간의 교류와 연대에 이바지했다.

그럼에도 불구하고 1970년대 민주노조운동에 대한 기존의 연구들은 이들 외부단체들, 특히 산업선교회나 가톨릭노동청년회의 역할을 지나치게 강조해 왔다는 것이 필자의 생각이다. 마르크스나 레닌을 빌리지 않더라도 노동운동이 발전하는 초기에 지식인들의 개입이나 도움은 세계 노동운동사에서 공통적으로 나타나는 현상이지만, 유감스럽게도 양자가 유기적으로 결합된 사례는 생각보다 많지 않았다. 양자 사이에는 어느 정도의 간격이 존재했으며, 이 경우 노동사가나 연구자들은 흔히 노동자보다는 지식인 쪽에서 보는 방식을 택해왔다. 1970년대 민주노동운동에 대한 기존의 연구에서도 그러한 경향이 있어왔던 것을 부정할 수는 없을 것이다. 이미 언급했듯이 그것은 1970년대와

---

71) 전 YH노동조합·한국노동자복지협의회 엮음, 『YH노동조합사』, 89쪽.

1980년대 사이에 설정될 수 있는 대립 쌍들—경제투쟁 대 정치투쟁, 고립 대 연대, 경공업 대 중공업, 여성 대 남성—의 균열이면서 동시에 후자에 의한 전자의 전유이자 종속화였다.

기존의 연구들에서 지적되어 온 것처럼 1970년대 민주노동운동, 특히 영등포와 인천의 노동현장에서 산업선교회나 가톨릭노동청년회는 지속적이고 깊은 영향을 남겼다. 노동운동에서의 이러한 '성과'는 노동자들과 종교 지도자들 사이에 형성된 강한 인간적 믿음과 유대에 의해 뒷받침된 것이었다. 산업선교 자치회에서 주최한 수련회에 참석한 송효순은 그곳에서의 생활이 "모든 시름이 다 잊히고 기쁨뿐이었다"고 하면서, "이곳이 천국인가"를 자문한다.[72] 동일방직의 정명자는 구속된 조화순 목사의 석방을 기원하는 편지에서 조 목사를 "우리 노동자의 어머니, 700만 노동자의 어머니"로 일컬으면서, "당신이 뿌려놓은 사랑과 정의와 진실의 씨앗들이 언젠가는 삼천리 방방곡곡에서 우람하게 열매 맺을 것"이라고 썼다.[73] 같은 공장의 추송례가 자신을 구원한 것이 "하느님이셨는지 노동조합이었는지 구분은 잘 되지 않지만 어쨌든 나의 삶은 구원의 삶 그것이었다"고 한 것도[74] 종교 지도자와 현장 노동운동가 사이의 강력한 유대를 잘 드러내는 것이었다.

노동자들과 외부 지원자들의 이러한 일체감은 이 시기 노동운동에서 종교단체의 역할이 얼마나 중요한 것인가를 잘 보이고 있다. 그러나 그럼에도 불구하고 그것이 양자 사이의 균열과 갈등을 해소하는 것은 아니었다. 무엇보다도 존재 조건이나 생활환경에서 서로 이해하기 힘들고 건널 수 없는 심연이 가로놓여 있었다는 사실이 먼저 지적되어야 할 것이다. 종교단체의 목사나 신부들은 여성노동자들이 처한 빈곤과 생존의 절박함을 거의 이해하지 못했다. 이들에게 노동자들의 결핍이나 빈곤은 종종 노동운동가로서 현장에서 활동하기 위한 소재들 중의 하나로 인식되었으며, 노동자들이 일상생활에서 받는 절박한

---

72) 송효순, 『서울로 가는 길』, 128쪽.
73) 동일방직복직투쟁위원회 엮음, 『동일방직노동조합운동사』, 311쪽.
74) 추송례, 「어김없이 봄은 오는가」, 44쪽.

궁핍이나 자아의 고통에 대해서는 상대적으로 무감각했다. 노동자들은 이들 외부 지원자들에게 본질적인 이질감과 거리감을 가지고 있었다는 것이다.

양자 사이의 존재조건의 또 다른 차이로는 외부의 지원자들이 노동현장에 직접 접근할 수는 없었다는 점을 들 수 있다[75]. 이러한 조건은 노동자들이 현장에서 스스로 알아서 판단하고 결정할 수 있는 '자율권'을 부여했다. 이러한 과정에서 노동자들과 외부 지도자들 사이에는 노동운동의 흐름이나 정세를 판단하는 데 의견 차이가 생기기 마련이었다. 다른 한편으로 종교 지도자들은 농성과 같은 직접 행동을 실행하는 경우 현장의 노동자들과 일정한 의견차를 보이는 경우가 많았다.[76] 크게 보아 노동자와 외부 지원자로 나눈다면 대개의 경우 노동자들의 의식이나 행동은 외부 지원자의 요구를 앞서 나갔다. 예를 들어 해태제과에서 8시간 노동제 요구를 결의할 때 영등포 산업선교의 인명진 목사는 "8시간 노동제로 싸움하기에는 전체적 수준이 안 되어 있으므로 시기가 너무 빠르다"는 이유에서 "아직은 8시간 노동제를 주장할 때가 아니다"는 의견을 표명했다. 그러나 이러한 조언에도 불구하고 노동자들은 8시간 노동제 쟁취를 밀고 나갔다. "인 목사가 조종을 한다느니 산선의 꼭두각시가 된다느니 하는 말을 하는 것은 이 땅의 노동자들을 더없이 바보로 만드는 말이며 …… 노동자는 노동자 나름대로 듣고 보는 노동자로서의 견해가 있"다는 것이다.[77] 또한 회사나 경찰에서는 노동자들이 외부의 조종에 의해 움직인다고 판단하고 인명진 목사를 구금했으나,[78] 노동자들의 태도는 회사의 생각대로 되지 않았

---

75) 조화순 목사의 경우처럼 1970년대 초반 자신이 직접 현장에서 일한 경험은 있었지만, 오래 지속된 것은 아니었다.

76) 예컨대 1977년 5월에 있었던 남영나일론의 노동자들 농성은 도시산업선교회 소속 여성노동자들이 앞장서서 이끌었지만, 그것이 산선 목사의 지시에 따른 것은 아니었다. 이태호, 『불꽃이여 이 어둠을 밝혀라: 한국 여성노동자들의 투쟁』(돌베개, 1985), 126쪽 참조.

77) 손점순, 『8시간 노동을 위하여: 해태제과 여성노동자들의 투쟁 기록』(풀빛, 1984), 79~80쪽.

78) 1979년 8월 17일 인명진 목사는 YH사건의 '배후 조종' 혐의로 구속되었다.

다. "누가 시켜서 주장한 것이 아닌 만큼 산업선교 목사님의 구속은 우리의 싸움과는 아무런 상관이 없"기 때문에 "꿋꿋이 의연하게 노동자 문제는 노동자들 스스로 해결할 수밖에 다른" 도리가 없다는 것이다.[79]

해태제과의 노동자들은 말한다. 자신들이 산업선교회원이었음을 부인하지는 않지만 "도산이기 이전에 이 땅에서 가난하게 태어나 공장에서 18시간, 12시간의 철야노동을 숙명처럼 받아들이고 힘들다는 것을 몸으로 체험"한 노동자라고.[80] 실제로 8시간 노동운동의 전개에서 산업선교의 도움은 많지 않았다. 경찰과 국가의 대대적인 탄압을 배경으로 그럴 수밖에 없었던 산업선교의 입장도 있었지만, "호소문을 만드는 일과 배포방법, 그리고 처음 탄원서를 만들 때의 도움뿐 이렇다 할 커다란 도움이 없었"던 것이다.[81] 경찰에 끌려가서도 이들은 자신들의 투쟁이 "어떤 세력의 조종이 아니라 바로 우리의 선배 노동자들이 싸워서 얻어낸 것임을 열심히 설명"해야 했다.[82]

노동자들이 자신의 욕구와 의지에 의해 움직이지 않고 외부의 의사에 의해 움직인다고 보는 경찰이나 회사의 의견은 노동자들의 지식과 인격과 자율성이 들어설 여지를 전혀 인정하지 않는다는 점에서 노동자들의 심한 반발과 비판에 부딪혔다. 이에 대한 사례들은 헤아릴 수 없이 많았다. 동일방직 해고노동자들의 유인물 살포 사건에서 유인물을 작성한 추송례는 조화순 목사가 유인물을 작성해 주지 않고 자신이 직접 작성했다는 사실을 인정받기 위해 수차례의 시험과 수모를 겪어야 했다.[83] 위에서 말한 해태제과의 손점순도 1980년 12월 군 수사관에 의해 연행되어 추송례와 마찬가지로 계속 글을 쓰도록

---

79) 손점순, 『8시간 노동을 위하여: 해태제과 여성노동자들의 투쟁 기록』, 117쪽.

80) 같은 책, 12쪽.

81) 같은 책, 159쪽.

82) 같은 책, 237쪽.

83) 동일방직복직투쟁위원회 엮음, 『동일방직노동조합운동사』, 162쪽; 추송례, 「어김없이 봄은 오는가」, 64~65쪽; 박승옥, 「새로운 삶이 거기 있었지요: 동일방직 추송례 씨를 찾아서」, 120쪽.

요구받는다. 그에 대해 그녀는 "호소문들이 직접 우리들의 손에 의해 씌어졌나를 시험하기 위한 것이라는 생각이 든다"고 말했다. 노동현장의 현실이 그만큼 비참했고 따라서 자연적으로 노동자 스스로에 의해 발생했다는 것조차 인정하려 하지 않는 그들은 무식한 노동자가 호소문을 썼다고 하는 사실에 대해 굳이 인정하려고 하지 않았던 것이다.[84] 구속된 이후에도 이들은 구치소나 교도소 등에서 비슷한 상황에 부딪힌다.[85] 원풍모방의 부지부장 박순희는 법정에서의 최후진술을 통해 "어찌하여 근로자들이 말만 잘 해도 도산, 글씨만 잘 써도 도산, 친구가 많아도 도산, 모범적으로 현장에서 일만 잘해도 도산으로 몰아붙"이는지를 묻는다. 그러면서 그녀는 "노동부는 권력에 의해 꼭두각시가 될 수 있을는지 몰라도 우리는 그 누구의 꼭두각시가 될 수는 없"다고 강하게 주장한다.[86] 장남수는 자신의 경험을 다음과 같이 서술한다.

그리고 무엇보다 약 오르는 건 누가 시켰느냐고 물어볼 때였다. 계속해서 "산업선교에서 시켰지?" "인 목사가 시켰지?"였다. 우리들은, 아니 노동자들은 무엇 하나 주체적으로 하지 못하는 꼭두각시란 말인가? 누가 시키면 감옥도 가는 그런 사람들이란 말인가? 너무 신경질 나고 분해서 견딜 수가 없었다. 그래서 대답을 숫제 안 해버리면 그들은 소리를 지른다. 어쩌란 말이냐, 단상에 뛰어올라간 것도 우리 의지였고 소리 지른 내용도 우리 얘기인데, 우리를 꼭두각시처럼, 작대기에 꿰어져 너풀거리는 허수아비처럼 취급하는 것이 너무 억울했다.[87]

---

84) 손점순, 『8시간 노동을 위하여: 해태제과 여성노동자들의 투쟁 기록』, 224쪽.

85) 이옥순, 『나 이제 주인되어』, 180~181쪽은 도시산업선교회에서 알려준 대로 세상을 본다는 구치소 검사의 말에 "우린 허수아비예요? 자기 생각도 없는 줄 아세요. 다 나름대로 판단하고 행동해요"라고 대꾸한다. 장남수, 『빼앗긴 일터』, 87쪽은 글씨도 잘 쓰고 글도 잘 쓰는 데 "국민학교도 다니듯 말듯 했다"는 그녀의 말을 믿지 않는 교도관의 "공순이치곤 똑똑하다는 식의" 태도에 분노한다.

86) 장남수, 같은 책, 25쪽.

87) 같은 책, 73쪽.

이와 같이 노동자들은 노동자로서의 자기 의지와 인간으로서의 인정을 거부당한 것에 대해 강하게 반발하고 분노했다. 그것은 기능적 지식에 입각한 기득권 세력에 대한 항의이자 동시에 자신들의 운동에서 종교 지도자들의 개입과 영향력의 한계를 보이는 증표이기도 했다. 해방적 지식에 의거한 노동자들 자신의 운동은 지금까지 평가되어 온 것 이상으로 노동자들 스스로의 의지와 역량에 의해 전개되었던 것이다. 1970년대 후반 이후 빈번하게 나타난 노동현장 바깥에서의 노동자들의 투쟁 — 예컨대 1978년 3월 26일 여의도 광장에서 열린 부활절 예배 시위투쟁이나, 같은 해 9월 서울 기독교회관에서 열린 동일방직 사건 연극 공연 등 — 에서 외부 지원자들의 개입은 눈에 띄게 약화되었다. 노동자들 입장에서 외부 지원자를 '보호'한다는 배려도 작용했고 정부의 탄압으로 이들의 입지가 현저하게 제약되었기 때문이다. 정부가 노동현장에 산선의 '침투'를 대대적으로 선전하는 가운데에서 실제로는 정반대의 현상이 나타난 것은 흥미롭고 또 역설적이다.

마지막으로 이 시기 민주노동운동에서 외부 종교단체의 역량 자체가 제한되어 있었던 사실도 지적되어야 할 것이다. 한 조사에 따르면 1978년 6월 현재 개신교회와 천주교회 소속 실무자는 전국적으로 보더라도 46명에 지나지 않았다.[88] 양적 규모가 모든 것을 설명하는 것은 아니지만 아무래도 영향력의 범위에는 한계가 있었다고 볼 수 있을 것이다. 따지고 보면 종교단체들과 민주노조 사이의 상호 관계의 정도는 일직선 위에 배열할 수 있는 척도로 표시할 수 있었다. 한쪽 극단에는 인천의 동일방직이나 영등포의 원풍모방과 같이 양자가 매우 밀착된 사례가 있었다. 위에서 언급한 서로간의 본질적 제약은 벗어날 수 없었다 하더라도 노동자들은 노동현장 바깥에서 생활의 대부분을 산선 회관에서 보내면서, 노동현장에서 일어나는 일들을 긴밀하게 이들 외부 지원자들과 상의했다.[89] 다른 한쪽에는 종교단체와의 관련이 전혀

---

88) 이태호, 『불꽃이여 이 어둠을 밝혀라: 한국 여성노동자들의 투쟁』(돌베개, 1985), 125~126쪽.

89) 나아가서 영등포 산선이나 인천 산선 자체에서 종교 지도자들의 성향과 지향의 차이도

없이 독자적으로 운영된 경우가 있었다.

그리고 양 극단의 중간에는 다양한 사례들이 배치될 수 있었다. 아마도 독자적 운영에 바짝 붙어 있는 사례로는 YH노조를 들 수 있을 것이다. YH노조가 외부의 영향을 전혀 받지 않은 것은 아니었다. 노조 결성의 디딤돌이 된 최초의 계기라고 할 수 있는 1975년 3월의 파업에서는 가톨릭노동청년회 북부지구의 이철순이 활동했으며,[90] 나중에 1979년에 이른바 신민당사 농성 사건 당시 농성장소를 결정하는 과정에서 YH노조는 "처음으로 산업선교회, 기독청년들과 접촉해 상의"를 했다고 한다.[91] 그러나 어느 경우이건 외부 지원자들의 개입은 매우 제한된 상태에서 이루어졌다. 두 경우를 논외로 하면 YH노조는 "조합원들의 소집단 활동과 교육 강화"만에 의해서 민주노조로 성장했다.[92] 『YH노동조합사』의 「서문」에서 고은은 "그들에게는 어떤 사회조직의 배경도 없었"으며, "오직 그들 자신의 조직, 노동자로서의 자력과 결단에 의해서만 YH노조의 노동공동체는 가능했"다고 적었다. "그들 자신의 의식화 작업으로서의 교육 및 진지한 수련을 실시"함으로써 "외부에 의존한 일이 없는 그들 자신의 유격적 프로그램을 탄생"시켰다는 것이다.[93] 이른바 YH사건 이후 정부가 도산에 대한 전면적인 공세를 강화해 나가는 것을 배경으로 한국기독교 교회협의회 산업선교대책위원회는 7개 도시산업선교회 명의로 "도산에서는 YH 근로자들과 과거 어떤 관계를 가졌거나 특수교육을 한 바가 전혀 없다. 그러나 이들이 당해온 어려운 고통에 참여하지 못하고 그들과 함께 보다 좋은 결과를 가져오지 못한 데 대해 심히 부끄럽게 생각한다"[94]는

---

있었다. 크게 보아 후자가 노동자들에 대한 '지원'의 입장을 고수했다고 한다면 후자는 자주 지원의 범위를 벗어나 '지도'의 차원으로 넘어갔던 것으로 보인다.

90) 전YH노동조합·한국노동자복지협의회 엮음, 『YH노동조합사』, 24쪽.

91) 최순영, 「70년대 말 노동운동의 외침: YH」, 《기억과전망》, 3호(2003년 여름호). 154쪽.

92) 같은 글, 154쪽.

93) 전YH노동조합·한국노동자복지협의회 엮음, 『YH노동조합사』, 10~11쪽.

94) 같은 책, 225~226쪽.

반박 설명을 발표했던 것은 이러한 맥락에서 이해된다.

1970년대 말 노동운동에 대한 유신체제의 억압이 가중되어 갔던 상황을 배경으로 양자의 관계는 파국으로 치달았다. 1970년대 말 동일방직이나 YH 물산, 그리고 1980년대 초 원풍모방의 사례에서 보듯이 정치적 억압은 노동자들의 직접 행동과 외부 투쟁을 유발했으며, 이는 종교 지도자들이 감당할 수 없는 부담을 부과했다. 거슬러 올라가 보면 이러한 갈등은 민주노조운동의 내부에서 이미 1970년대 중반기부터 잠재해 왔던 것이었다. 나아가서 이러한 갈등은 노동현장에서 복합적인 양상을 띠고 나타났다. 외부의 종교 지도자들과 노동자들 사이의 관계가 있었는가 하면 종파를 달리하는 종교단체들 및 각각 그와 연계된 노동자들 사이에서도 전선이 형성되었다. 그렇지 않으면 종교단체와 연계된 노동자들과 '순수' 노동운동 집단 사이에서의 반목과 경쟁이 은밀하게 때로는 노골적인 방식으로 지속되었다. 종교 지도자들과 그 대리자들, 그리고 '순수' 노동자들이 서로 얽혀서 복잡하게 진행되어 갔던 1970년대 민주노동운동의 전모는 아직 드러나지 않았지만, 확실한 것은 종교단체의 개입이 민주노조운동의 싹을 트게 하는 데 결정적인 역할을 했지만 동시에 전자는 후자의 기반 자체를 서서히 침해해 갔다는 사실이다.

청계노조에서는 1970년대 중·후반 이후 가톨릭노동청년회의 지원을 받은 노동자 집단이 직접 행동과 집단적 투쟁을 요구하는 주류 노동운동 집단으로부터의 배척에 직면했다. 불행하게도 양자의 관계는 1970년대 말에 이르러 상호 대립적인 관계로까지 나아갔으며, 이는 지금까지도 지워지지 않는 깊은 상흔을 남겼다. 노동조합사와 당사자들의 기록과 구술들에 나타나듯이 동일방직에서는 가톨릭노동청년회와 산업선교회 사이에 잠재되어 왔던 반목과 갈등이 1978년 2월의 대량 해고 이후에 현재화되면서 지속되었다. 원풍모방에서도 1982년의 이른바 9·27사태 이후 원풍노조를 지원하던 종교 지도자들이 가혹한 시험에 들었다. 국가의 강력한 탄압은 농성 장소 문제로 개신교와 가톨릭의 양쪽으로부터 냉대를 받은 노동자들과 성직자들 사이에 메울 수 없는 감정의 골을 남겼다.[95] 민주노조운동의 시련과 좌절은 종교 지도자들의 문제만은 아니었다. 동시에 그것은 민주노조운동의 당사자들이 가지고 있던 한계를 반영하는 것이었다. 이러한 점에서 종교단체의 한계를 지적하고 결별을 선언한 노동자들이나 교리를 앞세워 노동자들로부터 등을 돌린 종교 지도자들이나 시험에 들기는 마찬가지였다. 이옥순이 적절히 지적하듯이 감정적 앙금이 남은 상태에서의 결별이 아니라 주체적으로 독립하여 서로 돕는 새로운 관계의 정립을 모색할 수도 있었을 것이다.[96] 1970년대 민주노동운동의 독자적인 활력과 성과를 고려해 볼 때 양자가 지극히 소모적이고 감정적인 방식으로 파국을 맞았다는 것은 매우 실망스럽고 또 불행한 것이었다.

---

95) 자세한 내용에 관해서는 원풍모방 해고노동자 복직투쟁위원회 엮음, 『민주노조 10년: 원풍모방 노동조합 활동과 투쟁』, 299~300쪽; 박순희, 「원풍모방 노동조합과 박순희」, ≪이론과실천≫(2001년 10월호), 76~77쪽 참조. 원풍모방 노동조합사에서는 9·27사태 이후 표면화된 산선과의 갈등에 대해 "감정적 차원을 넘어선 것으로 노동운동에 대한 기본 입장과 한계를 드러낸 전도된 주체 설정의 본질적 문제로 대두"된 것이라고 평하고 있다. 원풍모방, 같은 책, 339쪽. 그러나 이 평가는 선후 관계가 바뀐 것이라고 생각한다. 종교단체의 성격을 고려한다면 '노동운동에 대한 기본 입장과 한계'는 양자가 기본적으로 인정하고 들어가야 할 부분으로 '전도된 주체설정의 본질적 문제'라고 평가할 수는 없다. 입장의 차이와 개입의 범위를 양자가 인정한다면 이 문제는 아예 성립할 수가 없는 것이며, 이러한 점에서 보자면 오히려 문제는 '감정적 차원'으로 끝나버린 것이 아닌가 한다.

96) 이옥순, 『나 이제 주인되어』, 209~210쪽.

# 참고문헌

김지선 외. 2002. 「노동운동과 나(좌담회)」. 성공회대학교 사회문화연구소 엮음. 『1970년
　　대 산업화 초기 한국노동운동사 연구』. 노동부.
동일방직복직투쟁위원회 엮음. 1985. 『동일방직노동조합운동사』. 돌베개.
박순희. 2001. 「원풍모방 노동조합과 박순희」. 《이론과실천》(10월호).
박승옥. 2002. 「새로운 삶이 거기 있었지요: 동일방직 추송례 씨를 찾아서」. 《기억과전망》
　　창간호.
배지영. 2002. 「가슴에 남은 사람: 30년을 3년처럼 살아온 김은임 여성국장」. 《노동사회》,
　　통권 63호(3월호).
석정남. 1976. 「불타는 눈물」. 《월간 대화》(12월호).
　　　　. 1984. 『공장의 불빛』. 일월서각.
성공회대학교 사회문화연구소 2002. 『1970년대 산업화 초기 한국노동운동사 연구』. 노동부.
손점순. 1984. 『8시간 노동을 위하여: 해태제과 여성노동자들의 투쟁 기록』. 풀빛.
송효순. 1982. 『서울로 가는 길』. 형성사.
원풍모방 해고노동자 복직투쟁위원회 엮음. 1988. 『민주노조 10년: 원풍모방 노동조합
　　활동과 투쟁』. 풀빛.
유동우. 1978. 『어느 돌멩이의 외침』. 대화출판사.
유정숙. 1972. 「뜻과 보람에 산다」. 《노동》, 제6권 3호.
이광택 외. 2002. 「1970년대 노동운동사를 어떻게 볼 것인가」. 『1970년대 산업화 초기
　　한국노동사 연구: 노동운동사를 중심으로』. 성공회대학교 사회문화연구소.
이소선. 1990. 『어머니의 길: 이소선 어머니의 회상』. 돌베개.
이옥순. 1990. 『나 이제 주인되어』. 녹두.
이태호. 1985. 『불꽃이여 이 어둠을 밝혀라: 한국 여성노동자들의 투쟁』. 돌베개.
장남수. 1984. 『빼앗긴 일터』. 창작과비평사.
전YH노동조합·한국노동자복지협의회 엮음. 1984. 『YH노동조합사』. 형성사.
전태일. 1988. 『내 죽음을 헛되이 말라: 일기, 수기, 편지 모음』. 돌베개.
정명자. 1989. 「1분에 140보 뛰고 일당 870원」. 『내가 알을 깨고 나온 순간』. 공동체.
최순영. 2003. 「70년대 말 노동운동의 외침 - YH」. 《기억과전망》, 3호(여름).
추송례. 2001. 「어김없이 봄은 오는가」. 『실업일기』. 전태일기념사업회.

Rowbotham, Sheila. 2005. " 'Thefts of Knowledge': Women, Education and Politics."
　　*Asian Women*. Vol.20.

# 찾아보기

한울아카데미 852

# 우리 안의 보편성: 학문 주체화의 새로운 모색

ⓒ 신정완·이세영·조희연 외, 2006

지은이 | 김경일·김동춘·김정인·김정현·신정완·원지연·
　　　　이병천·이세영·장시기·조경란·조석곤·조희연
펴낸이 | 김종수
펴낸곳 | 도서출판 한울

편집책임 | 안광은
편집 | 김현대

초판 1쇄 인쇄 | 2006년 5월 10일
초판 1쇄 발행 | 2006년 5월 20일

주소 | 413-832 파주시 교하읍 문발리 507-2(본사)
　　　 121-801 서울시 마포구 공덕동 105-90 서울빌딩 3층(서울 사무소)
전화 | 영업 02-326-0095, 편집 02-336-6183
팩스 | 02-333-7543
홈페이지 | www.hanulbooks.co.kr
등록 | 1980년 3월 13일, 제406-2003-051호

Printed in Korea.
ISBN 89-460-3538-2 93330

이 책은 민주사회정책연구원이 한국학술진흥재단의 2004년도 기초학문육성 인
문사회 분야 지원사업으로부터 지원받아 수행한 연구인 '창조적 개념 개발을 통
한 학문 주체화 전략'(KRF-2004-073-BS3004)의 성과물입니다.

* 가격은 겉표지에 있습니다.